커뮤니케이션 연구와 방법

나남
nanam

나남신서 1340

커뮤니케이션 연구와 방법

2008년 8월 28일 발행
2008년 8월 28일 1쇄

저자_ 金寓龍 외
발행자_ 趙相浩
발행처_ (주) 나남출판
주소_ 413-756 경기도 파주시 교하읍
출판도시 518-4
전화_ 031) 955-4600 (代)
FAX_ 031) 955-4555
등록_ 제 1-71호(79. 5. 12)
홈페이지_ www.nanam.net
전자우편_ post@nanam.net

ISBN 978-89-300-8340-9
ISBN 978-89-300-8001-9 (세트)
책값은 뒤표지에 있습니다.

나남신서 1340

커뮤니케이션 연구와 방법

김우룡 外

나남
nanam

Communication Research Methods

by

Kim, U-Ryong et al.

nanam

머리말

조사연구는 상당한 시간과 비용, 노력을 요한다. 기업이나 정부, 연구소 등에서도 조사연구를 위탁하든가 직접 시행하고 있지만 조사연구가 일과(日課)처럼 이루어지는 곳은 대학이다. 세미나의 발제문 작성이나 기말 페이퍼 등은 대학 재학생이나 대학원생들이 매 학기 몇 차례 해야 할 숙제이다.

석사·박사 논문을 위한 조사연구는 학생으로서 제일 중요한 일이고 그 밖에 연구비를 받기 위한 리서치 프로포절의 작성, 그리고 학술지에 등재하기 위한 단독 혹은 공저자로서의 연구 등 대학생활이란 리서치의 연속이라고 해도 과언이 아니다.

연구방법은 문제를 해결하는 일종의 툴(*tool*)인데, 문제의 성격이나 연구할 수 있는 시간과 소요예산 등에 따라서 연구방법도 달라지게 된다.

목공소에 가보면 수없이 많은 연장들이 있다. 이 연장은 저마다 쓰임새가 다르다. 못을 박을 때, 나무를 자를 때, 표면을 고르게 다듬을 때 쓰이는 연장은 각기 다르다. 망치와 톱과 대패의 용도가 서로 다르듯 연구에도 여러 가지 방법이 개발되이 쓰이고 있다. 서툰 연구자는 한 가지 연장을 고집한나. 또 어떤 이는 서베이 만능주의에 빠져 있다. 복삽한 문제의 경우 한 가지 연구방법으로 해답을 찾기 어려운 경우도 있다, 그러므로 두 가지 또는 세 가지 도구를 써야 한다. 이런 점에서 연구자는 먼저 공방(工房) 투어를 할 필요가 있다.

공방에는 어떤 연장들이 있으며 그 연장들은 무슨 용도로 쓰이고 있는가를 제대로 이해하고 있어야 한다. 그래야만 톱으로 못을 박든가 끌로 표면을 고르게 하는 일이 없게 된다.
—김우룡 교수의 원고 중에서

이 책은 바로 이러한 '공방 투어'를 위한 길라잡이이다. 커뮤니케이션과 미디어 현상을 어떻게 연구할 것인가 하는 방법론에 대해 폭넓게 다룬 책이다. 이 책은 사회과학 분야의 다양한 방법론 중에서 커뮤니케이션과 미디어 현상을 연구하는 데 자주 사용되는 방법론들을 25명의 학자들이 나누어 집필하였다. 커뮤니케이션 미디어 방법론에 대한 국내의 저작들이 적지 않지만 이렇게 수십 명의 학자들이 자신의 전공분야에서 사용되는 방법론을 집대성한 것은 처음 있는 일이다. 한 명의 연구자가 모든 방법론을 통달하기는 어려운 일이다. 그렇기 때문에 방법론 분야별로 저자를 세분화한 것은 저술의 심도를 높이기 위한 것이었다.

이 책을 저술하는 데 있어서 필자들이 초점을 맞춘 것은 두 가지이다.

첫째, 이해하기 쉽도록 쓰자는 것이었다. 방법론 과목은 커뮤니케이션학을 연구하는 학부와 대학원생들의 필수과목이지만 대부분 학도들이 어렵다고 생각하는 경향이 있다. 학생들의 이러한 어려움을 조금이라도 덜어주기 위해 가급적 이해하기 쉽게 쓰고자 노력했다.

둘째, 방법론의 활용을 다루고자 하였다. 방법론을 방법론으로만 이해하게 되면 방법론의 유용성과 활용도를 이해하기 어렵다. 어떤 현상에 어떤 방법론을 사용할 것인가 이해할 수 있도록 하기 위해 각 장의 말미에는 국내의 연구사례를 제시하여 현상과 방법론을 동시에 이해할 수 있도록 하였다.

이 책은 총 25개의 장으로 구성되어 있으며, 이를 전체 4부로 나누었다.

제1부는 방법론에 대한 개괄적 설명과 동향을 두 개의 장으로 나누어 다루었다.

제2부에서는 양적 방법론을 주로 다루었으며, 자주 사용되고 있는 방법론 여섯 가지를 다루었다. 가설설정과 개념화, 변량에 대한 이해, 사회조사방법, 실험연구, 시청률조사, 온라인 리서치 등에 대해 설명하였다.

제3부는 질적 방법론에 대한 내용으로서 총 아홉 개의 장으로 구성되어 있다. Q방법론, 심층면접법, FGI 방법론, 델파이분석, 네트워크분석, 기호학, 정치경제학 분석, 문화연구와 담론분석, 수사분석 등에 대한 내용이 포함되어 있다.

제4부는 분야별 응용연구방법론으로서 총 여덟 개의 장으로 구성되었다. 브랜드분석, 미디어정책연구방법, 미디어법제연구방법, 웹미디어연구, 정치커뮤니케이션방법론, PR 조사연구, 영상분석, 광고텍스트분석 등이다.

이 책의 오리지널 아이디어 아이디어는 2008년 8월 정년퇴임을 하시는 한국외국어대 언론정보학부의 김우룡 교수에게 있음을 특별히 밝히고자 한다. 이 글 앞머리의 인용문은 선생님의 강의를 들은 학생이라면 아마 귀가 따갑게 들었을 것이다. 신생님은 아수 오래 전부터 다양한 방법론을 실제 그 방법론을 자주 사용하는 학자들이 직접 작성하여 책으로 엮어보면 좋겠다는 아이디어를 내놓은 바 있다. 오래 묵은 아이디어가 드디어 빛을 보게 된 것은 매우 의미가 있는 일이다. 선생님의 아이디어에 뜻을 같이하는 한국외국어대 언론정보학부의 동료 교수들, 제자들, 학계의 동료들이 함께 모여 선생님의 정년퇴임에 맞추어 한 권의 책을 엮어 내놓게 되니 그 의미가 한층 더함을 느낀다.

2008년 8월

저자 일동

나남신서 · 1340

커뮤니케이션 연구와 방법

차 례

■ 머리말 5

제1부 연구방법론의 개요와 동향

제1장 연구와 방법 ············ 김우룡 · 19
1. 연구란 무엇인가? / 20
2. 연구의 기능 / 23
3. 질적 연구와 양적 연구 / 28
4. 연구의 특성 / 32

제2장 분석방법의 개관 및 최근 동향 ············ 강남준 · 35
1. 통계란 무엇인가? / 36
2. 통계의 뿌리를 찾아서 / 38
3. 어떠한 통계기법이 주로 사용되는가? / 40
4. 최근의 통계분석기법 동향에 대하여 / 48

제 2 부 양적 방법론

제 3 장 연구문제의 설정과 개념화 .... 이상식 · 57
1. 연구의 출발 / 57
2. 과학적 연구과정에서 가설의 역할 / 58
3. 가설설정 방법 / 60
4. 가설의 요건 및 서술방법 / 64
5. 연구문제, 가설, 조작적 정의의 사례 / 68

제 4 장 변량의 이해 .... 강형철 · 73
1. 변인의 이해 / 74
2. 변량의 활용 / 76

제 5 장 사회조사방법 .... 황 근 · 89
1. 기술적 서베이와 분석적 서베이 / 90
2. 서베이의 장점과 단점 / 90
3. 설문 구성 / 92
4. 설문지 설계 / 96
5. 예비조사와 사전조사 / 98
6. 서베이의 자료수집 / 99
7. 서베이의 문제점 / 103
8. 표본추출 방법 / 104
9. 측정 / 106
10. 서베이 방법론을 사용한 연구사례 / 106

제 6 장 실험연구 ················· 박정의 · 111
1. 실험연구의 개요 / 111
2. 실험설계의 유형 / 118
3. 실험연구의 사례 / 127

제 7 장 시청률 조사 ················· 심미선 · 133
1. 들어가면서 / 134
2. 시청률 조사의 역사 / 135
3. 피플미터 방식에 의한 시청률 조사 / 138
4. 시청률 조사의 다양한 개념 / 146
5. 융합환경 하에서의 시청률 조사의 방향 / 149

제 8 장 온라인 리서치 ················· 김국진 · 153
1. 들어가면서 / 153
2. 온라인 리서치의 과정 및 유형 / 154
3. 온라인 리서치의 장점 및 한계 / 166
4. 온라인 리서치의 한계를 보완하기 위한 방법 / 169

제 3 부 질적 방법론

제 9 장 Q 방법론 ······ 김흥규 · 175
1. Q 방법론의 과학철학 / 175
2. Q 방법론과 R 방법론의 비양립성 / 179
3. Q 분석방법 / 181
4. QUANL 프로그램을 이용한 자료의 분석 / 196
5. Q 요인의 해석 / 201

제 10 장 심층인터뷰 방법론 ······ 정인숙 · 207
1. 심층인터뷰 방법론의 유용성 / 207
2. 심층인터뷰 방법론의 과정 / 209
3. 심층인터뷰 방법론을 사용한 연구사례 / 217

제 11 장 심층 그룹인터뷰 (FGI) ······ 마동훈 · 225
1. 심층 그룹인터뷰의 방법론적 근원 / 225
2. 심층 그룹인터뷰의 유형 / 227
3. 심층 그룹인터뷰의 과정 / 230

제 12 장 델파이 분석 ······ 원종원 · 239
1. 들어가면서 / 239
2. 델파이 기법의 기원 / 241
3. 델파이 기법의 특징 / 243
4. 델파이 기법의 종류와 의미 / 244
5. 델파이 기법의 연구방법 / 247
6. 델파이 기법의 장점과 단점 / 250

제 13 장 네트워크 분석 ………………………… 최 영 · 255
1. 관계의 패러다임 / 255
2. 네트워크 분석 / 258
3. 네트워크 분석 사례 / 263
4. 네트워크 분석 프로그램 / 268

제 14 장 기호학: 광고분석을 위한 방법 ………………………… 이수범 · 271
1. 기호학을 적용한 광고연구 / 271
2. 사회기호학적 분석방법 / 279
3. 나오면서 / 281

제 15 장 미디어 정치경제학 ………………………… 안임준 · 285
1. 미디어 정치경제학 개요 / 285
2. 미디어 정치경제학의 연구과정 / 292
3. 미디어 정치경제학의 주요 용어 및 개념 / 295
4. 미디어 정치경제학의 연구 사례 / 296

제 16 장 문화연구와 젠더 ………………………… 김영찬 · 305
1. 여성과 미디어 / 305
2. 페미니스트 미디어연구 / 308
3. 민속학적 수용자연구에서 통합적 미디어연구로 / 312
4. 나오면서 / 315

제 17 장 수사 분석 ………………………… 박성희 · 319
1. 수사 분석의 개요 / 319
2. 수사 분석의 과정 / 323
3. 수사 분석의 주요 용어 및 개념 / 324
4. 수사 분석 연구사례 / 330

제4부 분야별 방법론

제18장 브랜드 커뮤니케이션의 이해와 연구방법 ············ 김유경 · 337

1. 브랜드 커뮤니케이션의 구성과 의미 / 337
2. 브랜드 커뮤니케이션의 목표와 연구방법 / 344
3. 브랜드 구성 요소의 측정방법 / 356

제19장 정책연구방법론 ············ 정윤식 · 365

1. 정책연구의 활성화와 그 배경 / 365
2. 정책연구의 공과와 한계 / 367
3. 미국과 일본의 정책연구 동향 / 369
4. 정책연구의 방법론 / 370
5. 나오면서 / 377

제20장 미디어법제 연구방법 ············ 유승관 · 379

1. 미디어법제 방법론의 개요 / 379
2. 미디어법제 연구방법의 과정 / 383
3. 미디어법제 연구방법의 주요 용어 및 개념 / 388
4. 미디어법제 방법론을 적용한 연구사례 / 393

제21장 인터넷 미디어 연구방법론 ············ 성동규 · 399

1. 인터넷 미디어의 개요 / 399
2. 인터넷 조사의 접근 방법 / 403
3. 인터넷 미디어 연구방법과 적용사례 / 408

제 22 장 정치 커뮤니케이션 메시지 내용분석 …… 김춘식 · 419
1. 들어가면서 / 419
2. 정치 커뮤니케이션 / 421
3. 내용분석 연구방법 / 422
4. 사례논문 / 432
5. 나오면서 / 438

제 23 장 PR 조사연구 …… 이유나 · 443
1. PR의 정의 및 PR조사연구의 역사 / 443
2. PR 영역에서의 조사연구의 역할 / 445
3. 나오면서 / 452

제 24 장 방송영상 분석 …… 이현숙 · 455
1. 방송영상 커뮤니케이션 / 455
2. 언어적 메시지 / 458
3. 비언어적 메시지 / 460
4. 방송영상 분석의 실제 / 466

제 25 장 광고조사와 연구방법 …… 이희복 · 471
1. 연구대상으로서 광고, 과학인가? 예술인가? / 471
2. 광고조사와 광고연구 / 475
3. 광고연구방법의 사례 : 내용분석 / 486
4. 광고조사와 연구, 어떻게 할 것인가? / 492

■ 저자 약력 495

1

연구방법론의 개요와 동향

- 제 1 장 연구와 방법 _김우룡
- 제 2 장 분석방법의 개관 및 최근 동향 _강남준

제 1 장

연구와 방법

김 우 룡

학술적인 의미에서 연구는 세 변인 사이의 인과관계를 밝혀내기 위한 일련의 과정이다. 지식의 확충, 문제해결 그리고 이론을 적립하기 위해서 행하는 연구는 형식적이고 체계적이며 집중적인 특성을 갖는다.

신문방송학 또는 언론정보학은 사회과학의 하나로서 현상의 연구에 과학적 도구를 이용한다. 과학적 지식은 "증명된 지식"이고 객관적이므로 우리 모두가 믿을 수 있다. 우리가 무엇을 알게 되는 데에는 '집착 · 권위 · 직관 · 과학' 등 네 가지 길이 있다. 이 가운데 가장 좋은 방법이 바로 과학이다.

연구는 크게 기초연구와 응용연구로 나누어 볼 수 있는데 서로 유리되어 있지 않고 상호 교직(交織)되어 있다. 연구를 하기 위해서는 올바른 도구를 써야 하는데 이를 연구방법이라고 한다. 지금까지 많은 연구방법이 고안돼 왔는데 크게 질적 방법과 양적 방법으로 나뉜다. 이 장에서는 각각의 대표적인 유형에는 어떤 것이 있는지 살펴보기로 하겠다.

끝으로 연구는 정직해야 한다. 연구의 설계가 과학적으로 되어 있지 않으면 결과는 비과학적이 되고 만다. 증거가 있는 '주장 - 논증'은 연구의 생명이다.

연구는 과학이자 윤리이다.

주요 용어: 연구, 과학, 가설, 기초연구, 응용연구, 할머니 방법, 질적 연구, 양적 연구, 역사적-비평적 방법, 질적 관찰 방법, 사례 연구, 해석적 연구, 참여관찰 방법, 민속지학적 방법, 담론/대화 분석, 창의적 연구, 서베이 방법, 기술 혹은 관찰 조사, 내용분석, 여론조사, 실험방법, random sampling

1. 연구란 무엇인가?

말이란 참 이상하다. 예컨대 '연구'라고 하면 꽤 거창하게 느껴지고, 무엇에 대하여 '알아본다'고 하면 아무것도 아닌 것처럼 생각된다. 영화를 한 편 보기 위해 극장을 찾아간다고 가정해 보자. 가고자 하는 극장을 〈시네시티〉라고 해두자. 제일 첫 번째 "시네시티가 어디에 있는가?", "그곳의 위치와 가는 방법을 알아보려면 어떻게 해야 하는가?" 라는 의문이 생긴다. 이러한 의문을 해결하기 위해서는 첫째, 친구에게 물어볼 수 있을 것이다. 둘째, 114에 시네시티의 전화번호를 알아내서 직접 전화를 걸 수 있을 것이다. 셋째, 인터넷에 들어가서 지도를 찾아볼 수 있을 것이다. 넷째, 자동차의 GPS 맵을 보고 찾아갈 수 있을 것이다.

이 가운데서 어느 것을 택하든 당신은 이미 조사연구를 시작하고 있다. 이처럼 리서치(*research*)란 일상생활 속에서 모든 사람들이 행하고 있는 일이기도 하다. 궁금한 것을 알아보는 일, 의문을 풀어가는 과정 혹은 어떤 문제에 대해 해답을 찾는 일을 모두 조사연구[1]라고 말할 수 있다. 터커(Tucker) 등은 조사연구란 사실이나 이론의 발견 또는 수정을 위해서 어떤 주제를 파고드는 체계적인 의문이라고 정의하였다. 동사로서 'research'는 공부하다(*study*), 탐문하다(*inquire*), 검토하다(*examine*), 면면히 조사하다(*scrutinize*)는 뜻을 갖고 있다.[2]

이렇게 볼 때 조사연구는 정도의 차이일 뿐 누구나 생활 속에 행하고 있다고 말할 수 있다. 다만 일반인의 조사연구와 전문연구자 간의 학술적인 조사연구의 차이는 그 'research'가 'systematic' 한가 여부일 뿐이다. 학술적인 뜻의 조사연구는 제 변인 사이의 인과관계를 밝혀내기 위한 일련의 과정을 의미한다. 이런 연구는 지식체계의 발견이나 발견을 위한 형식적이고(*formal*), 체계적이고(*systematic*), 집중적인(*intensive*) 과정을 말한다.

"왜 연구하는가?"에 대한 답변은 이미 나와 있다. 문제의 해결을 찾는 일 또는 인과

---

1) 'research'는 연구로 번역될 수 있으나 넓은 뜻의 'study'와는 좀 차이가 있으므로 이 글에서는 '조사연구'로 쓰고 뒤에 가서 '연구'로 줄여 쓴다.

2) Tucker, Raymond T. and other(1981), *Research & Speech Communication*, England Cliffs, NJ: Prentice-Hall, p. 4.

관계를 규명하는 것이 조사연구의 목적인 것이다. 그러나 "무엇이 문제인가?"의 문제를 찾는 일은 쉽지 않다. "왜 그러한 결과가 일어났는가?"에 대해 그 원인을 찾는 과학적이고 체계적인 접근이 조사연구이다. 옛날이야기지만 미국의 유수한 자동차회사가 의욕적으로 신차를 출시했는데, 이 차가 미국에서는 불티나게 팔렸지만 멕시코 시장에서는 영 신통치 않았다. 그 원인을 조사해 봤더니 신차의 이름이 문제였다. "Nova"는 스페인어 "no va"와 비슷했는데 그것은 "안 감(*no go*)" 이란 뜻이었다. 안 가는 차가 어찌 잘 팔릴 수 있겠는가.

조사연구는 이렇게 기업의 문제를 해결하는 데 꼭 필요하다. 문제가 심각하고, 복잡할수록 그 해결책을 찾는 일은 쉽지 않다. 또한 조사연구는 상당한 시간과 비용, 노력을 요한다. 기업이나 정부, 연구소 등에서도 조사연구를 위탁하든가 직접 시행하고 있지만 조사연구가 일과(日課)처럼 이루어지는 곳은 대학이다. 세미나의 발제문 작성이나 기말 페이퍼 등은 대학 재학생이나 대학원생들이 매 학기 몇 차례 해야 할 숙제이다. 석사, 박사 논문을 위한 조사연구는 학생으로서 제일 중요한 일이고 그 밖에 연구비를 받기 위한 'research project'의 작성, 그리고 학술지에 등재하기 위한 단독 혹은 공저자로서의 연구 등 대학생활이란 'research'의 연속이라고 해도 과언이 아니다.

그렇다면 연구는 어떻게 시작되는가? 사물이나 현상에 대한 의문이나 호기심이 연구의 첫 출발점이다. 왜 그럴까? 무엇 때문일까? 원인이 무엇일까? 이런 의문과 호기심에서 연구는 시작된다. 연구문제를 찾기 위해서는 현상을 날카롭게 관찰하고, 다른 사람의 연구보고서나 관련자료들을 섭렵하고 '원인-결과' 관계를 따져보아야 한다. 막연한 호기심을 체계적으로 탐색하기 위해서는 '짐작'이나 '유추'가 아니라 과학적 연구방법을 활용해야 한다.

사회적 문제를 연구하는 학문분야를 사회과학이라고 부른다. 사회문제를 다루는 학문분야의 원조는 사회학이었다. 여기서 신문방송학, 사회복지학, 심리학, 경제학, 인구학, 인류학 등이 분리·독립했으나, '사회문제'를 다룬다는 점에서는 모두가 사회과학에 속한다. 다만 과학(*science*)이라고 부르는 것은 현상의 조사연구에 자연과학적인 도구를 활용하고 있기 때문이다.

> 과학적 지식은 증명된 지식이다. 과학적 이론은 관찰과 실험을 통해서 획득한 경험적 사실에서 비롯된다. 과학이란 우리가 보고 듣고 만질 수 있는 것에 바탕을 두고 있다. 개인적 의견이나 선호 그리고 짐작은 과학과는 거리가 멀다. 과학은 개관적이어야 한다. 과학적 지식은 객관적으로 입증된 지식이기 때문에 믿을 수 있는 지식이다.[3]

막연한 호기심을 연구문제로 만들기 위해서는 대체로 다음과 같은 과정을 거친다.

1) 호기심: 왜 학생들이 불평하고 있는가?
2) 문제: 학생들이 대중연설 과제를 싫어하고 있다.
3) 추정 원인: 학점, 개별능력 차이, 두려움.
4) 가설: 학생들이 대중연설을 두려워한다면 아마 그들은 과제를 부정적으로 평가할 것이다.
5) 함의: 교실 과제에 대한 두려움과 과제에 대한 부정적 태도 사이에는 긍정적 관계가 있을 것이다.
6) 수정 가설: 교실 과제에 대한 두려움이 크면 클수록 과제에 대한 부정적 태도가 클 것이다.
7) 관찰: 설문 조사
8) 평가: 가설 수용 또는 거부

이것은 한 예이다. 모든 연구가 이러한 절차로 이루어지는 것은 아니다. 서베이도 있고 문헌연구도 있으며 실험연구나 참여관찰을 위주로 행하는 연구도 있다. 그것이 연구방법이다. 연구방법은 문제를 해결하는 일종의 툴(*tool*)인데, 문제의 성격이나 연구할 수 있는 시간과 소요예산 등에 따라서 연구방법도 달라지게 된다.

목공소에 가보면 수없이 많은 연장들이 있다. 이 연장은 저마다 쓰임새가 다르다. 못을 박을 때, 나무를 자를 때, 표면을 고르게 다듬을 때 쓰이는 연장은 각기 다르다. 망치와 톱과 대패의 용도가 서로 다르듯 연구에도 여러 가지 방법이 개발되어 쓰이고 있다. 서툰 연구자는 한 가지 연장을 고집한다. 또 어떤 이는 서베이 만능주의에 빠져 있다. 복잡한 문제의 경우 한 가지 연구방법으로 해답을 찾기 어려운 경우도 있다. 그

---

3) Chalmers, A. F. (1982), *What's This Thing Called Science?*, 2nd ed., Milton Keynes: Open University Press, p. 1.

러므로 두 가지 또는 세 가지 도구를 써야 한다. 이런 점에서 연구자는 먼저 공방(工房) 투어를 할 필요가 있다. 공방에는 어떤 연장들이 있으며 그 연장들은 무슨 용도로 쓰이고 있는가를 제대로 이해하고 있어야 한다. 그래야만 톱으로 못을 박는다든가 끌로 표면을 고르는 일이 없게 된다.

2. 연구의 기능

연구를 왜 하는가? 이미 앞에서 문제를 해결하기 위해서, 그리고 현상의 인과관계를 밝히기 위해서 연구한다고 말했다. 거창하게 말하면 진리탐구요, 이론의 정립이요, 현상의 기술, 설명, 예측, 통제가 연구의 목적이다. 대학원생의 입장에서 보면 석사, 박사 학위를 취득하는 데 필수적인 논문(일반적으로 석사논문은 *thesis*, 박사논문은 *dissertation*)을 쓰기 위해서 조사연구를 실시해야 한다. 석사논문은 기초적인 훈련과정이라고 할 수 있고, 박사논문은 향후 독립된 연구자로서 가능성을 입증하는 데 의의가 있다.

터커(Tucker) 등은 연구의 기능을 다음과 같이 설명하고 있다.[4]

1) 기초 대 응용 연구: 지식의 향상이냐, 문제해결이냐?

연구의 목적은 대체로 둘로 나누어 볼 수 있다. 첫째는 지식의 향상을 모색하는 기초(*basic*) 혹은 순수연구(*pure research*)이다. 우리를 에워싸고 있는 세계를 설명하려는 욕구는 기본적인 인간의 호기심에서 나온다. 이런 호기심을 충족시키는 해답을 찾음으로써 지식의 보고는 늘어난다. 두 번째 유형의 조사연구는 응용연구(*applied research*)로서 문제해결의 지식을 찾고자 하는 것이다. 기초연구가 왜(*why*)의 문제를 푸는 데 있다면 응용연구는 어떻게(*how*)의 문제를 다룬다.

순수연구와 응용연구는 두부 자르듯 분명히 구별되는 것은 아니다. 모든 훌륭한 연구는 기존의 지식과 이론의 토대 위에서 가능한 일이고 궁극적으로 모두 인간의 행복

4) Tucker & others, 앞의 책, pp. 10~23.

을 향상시키는 데에 기여하게 된다. 연구의 이분법적 분류는 연구수행의 동기와 조건 등에 따라서 구별된다. 기초연구, 또는 순수연구는 상아탑 안에서 학자 스스로의 지적 욕구와 판단에 따라서 연구주제를 정하고 외부의 지원이나 간섭 또는 요청을 받지 않는 연구를 가리킨다. 이에 반해서 응용연구는 지원기관이나 회사가 요구하는 과제를 수행하는 경우를 가리킨다. 순수 학술연구라기보다는 기업이나 공공기관의 주문에 따라서 주제를 결정하고 쌍방이 의논하고, 경우에 따라서 연구의 세세한 부분까지 감독받는 형식의 연구를 말한다. 사회과학이나 공학, 경영학 등에서 연구는 후자가 압도적이며 이와 같이 외부기관의 필요에 따라서 수행하는 연구를 '행정적 연구'라고 부르기도 한다.

앞서도 지적했듯이 연구에는 시간과 돈, 노력이 많이 소요되는 탓에 독자적인 순수연구에는 한계가 있다. 그러나 어떤 연구든 지식의 증대와 문제해결에 목적이 있는 만큼 순수연구와 응용연구는 상호 유리되어 있지 않고 밀접한 관계에 놓여 있다. 순수연구에서 정립된 이론은 응용연구의 밑바탕이 되고, 응용연구의 결과가 다시 쌓여서 이론이나 법칙이 만들어지기 때문이다. 모든 훌륭한 연구들이 기존의 지식과 이론에서 출발한다면 순수한 연구란 있을 수 없다. 기초연구로 획득한 지식은 향후 심화연구에 활용된다. 그렇게 본다면 처음의 연구는 응용연구로 바뀌게 된다.

응용연구는 연구비를 지원하는 기관이나 회사가 안고 있는 문제해결을 목적으로 행하는 연구를 가리킨다. 총체적으로 보면 모든 연구는 지식의 향상과 문제해결이라고 하는 두 기능을 수행하고 있다.

2) 기존 지식의 조직화: 우리는 무엇을 이미 알고 있는가?

"아는 것이 힘이다"라는 말을 모르는 사람은 없을 것이다. 그러나 "아는 것이 무엇인가?", 또 "사람은 무엇을 어떻게 알게 되는가?"라는 질문에는 쉽게 답할 수 없을 것이다.

스택스(Stacks)와 호킹(Hocking)은 "한 대통령이 다른 대통령보다 훨씬 더 윤리적인 메시지 소구 기법을 사용한다는 것을 우리는 어떻게 아는가?", "우리는 역할 커뮤니케이션이 집단의 의사결정에 무슨 역할을 하는지 어떻게 알 수 있는가?", "정치토론이 유권자들의 후보자의 신뢰인식에 어떤 영향을 주는가?" 등의 질문을 하고 있다.[5)]

사물을 어떻게 알게 되는가를 연구하는 분야를 인식론이라고 한다. 인식론은 개인이나 집단이 믿고 있는 것을 어떻게 믿게 되는지를 다룬다. 대체로 우리가 무엇을 알게 되는 방법에는 4가지가 있는데 그것은 집착(*tenacity*), 권위(*authority*), 직관(*intuition*), 그리고 과학(*science*)이다.

교육심리학자 컬링거(Kerlinger)는 사람이 신념에 이르게 만드는 첫 번째 방법을 '집착'이라고 하였다. 우리는 무엇을 이미 믿고 있기 때문에 단순히 믿는 것이다. 우리는 그것이 거짓일 수 있다고 생각조차 해보지 않는다. 몇 세기 전 사람들은 지구는 평지라고 믿었고 해와 달 그리고 별들이 우주의 중심인 지구 주위를 돌고 있다고 믿었다. 그렇지 않다는 생각은 이단이었고 전통적인 지혜를 무시하는 것은 죽음을 의미하기도 하였다.

아는 방법의 두 번째는 '권위'이다. 권위란 확립된 지식인데 우리는 이를 쉽게 믿고 인용한다. "성경 말씀에 의하면…" 또는, "○○○박사에 따르면…" 등 많은 지식은 권위에 의존한다. 권위주의적 방법은 '할머니 방법'(*granny method*)이라고도 한다. 집안에서 가장 어른인 할머니의 지혜가 손자의 궁금증에 해답을 제공하기 때문이다. 그러나 권위는 틀릴 수 있다.

앎의 세 번째 방법으로 '직관'을 내세웠다. 직관은 'priori method'라고도 한다. 기본적으로 이 아이디어는 진리는 스스로 입증되고 만약 합리적인 사람들이 열린 마음으로 토론을 하게 되면 문제의 올바른 해답은 마침내 드러나게 된다는 점을 강조한다.

네 번째 앎의 방법은 '과학'인데 과학이 가장 좋은 방법이라고 하겠다. 커뮤니케이션 연구에서도 과학적 접근방법이 동원되는 이유가 여기 있다.

과학의 특징은[6] 첫째, 권위에 얽매이지 않는다. 연구는 누가 했는가에 의해서 평가되지 않고 어떻게 했는가에 의해서 평가된다. 둘째, 과학적 지식은 언제나 공개된 지식이다. 연구의 정직성과 공개성은 과학의 생명이다. 셋째, 과학적 방법을 이용한 연구는 절차와 방법을 자세히 공개하기 때문에 다른 연구자가 같은 절차로 혹은 일부 수정하여 같은 결과를 도출 낼 수 있다.

---

5) Stacks, Don W. and Hocking, John E. (1992), *Essentials of Communication Research*, New York: Harper Collins, pp. 11~21.

6) 위의 책.

연구기능의 하나는 이러한 세상의 지식을 의미 있게 조직·종합하는 일이다. 연구결과는 하나하나 편집되고 체계화되고 종합화되어 지식체계를 이룬다.

3) 반복되는 틀린 연구결과: 우리는 누구를 믿는가?

성숙하지 못한 이론은 결과의 불일치를 가져온다. 하나의 연구만 가지고서 무엇을 입증한다든가 입증하지 못하게 되는 것은 아니다. 많은 연구자들은 같은 가설을 반복 검증한다. 여러 연구자들이 특정현상을 연구했을 경우 반쯤은 같은 결과를 찾아내고 다른 반은 반대의 결과를 제시할지 모른다. 연구설계가 정교하지 못하든가 X-Y 관계에서 다른 중개변인을 찾아내지 못했다면 연구결과는 일치하지 않고 서로 상충될 수도 있다. 그러므로 연구는 내적, 외적 타당도를 갖도록 해야 하고 결과를 올바르게 해석할 수 있는 능력을 키워야 한다.

4) 새로운 정보와 기존의 정보: 하늘 아래 정말 새로운 것이 있는가?

세상에 대해 알고 있는 우리들의 지식은 세상에 대한 우리들의 기억과 관계와의 비교 능력에서 비롯된다. 사실상 우리가 쓰는 어휘의 추상적 개념은 상호 비교에서 의미를 갖는다. 만약 우리가 슬픔을 모른다면 진정 행복에 감사할 수 있겠는가? 미움을 모르는 사람이 사랑을 알 수 있겠는가? 부와 가난, 일과 놀이, 기쁨과 고통이 서로 비교될 때 의미를 갖는다. 연구과정에서의 새 것 또는 알지 못하는 것과 옛 것 또는 밝혀진 것을 비교하고 관계지어 보고, 개념화하는 것은 가장 기본적인 일이다. 누구나 다 아는 이야기지만 옛 아이디어와 새 아이디어를 서로 견주어 보는 일은 창의력 개발의 핵심이다. 어제 없는 오늘이 없듯이 오늘이 없다면 내일도 있을 수 없다.

5) 사건의 이해, 설명 그리고 예측: 그 다음 무엇이 일어날까?

연구는 이론의 인도를 받아 이루어지고 다시 이론의 정립에 기여한다. 조사연구의 주요 기능이 이론의 발전이다. 그러나 이론의 정립은 생각처럼 쉽지 않다. 많은 사건과 현상은 원인-결과 관계로 설명된다. 무슨 일이 왜 일어나는지 안다면 우리는 그 원인을 알게 된다. 이론은 어떤 현상과 다른 것의 관계를 기술할 뿐만 아니라 현상 사이에 존재하는 관계를 설명해 준다. 사건의 원인을 안다면 미래에 일어날 것 같은 사건을 예측할 수 있다. 미래의 사건을 예측할 수 있는 능력이 있다면 그 사건을 통제할 수 있게 된다. 이론은 우리들로 하여금 사건이나 현상을 이해하고 설명하고 예측하며 통제할 수 있게 해준다.

6) 연구방법론의 개선: 우리는 좋은 도구를 쓰고 있는가?

문제해결을 위해서 연구계획을 세울 때 우리는 우리가 채용하려는 연구방법이 적절한지를 검토해야 한다. 철학자들은 추상적인 문제를 풀기 위해 이성과 논리의 방법을 쓰듯이 신문방송 등 사회과학자들 역시 무슨 방법을 이용하는 것이 좋은지 사전에 면밀히 검토해야 한다. 추상적 개념에 대하여 자료를 수집하고 분석해서 인과관계를 규명하는 일이 연구의 핵심이지만 연구의 폭과 방법은 매우 다양하다. 언론학 연구에 역시 실증주의적 연구가 상당한 부분을 차지하는 것이 우리 현실인데 '통계'가 능사는 아니다. 인간의 심리상태나 가치, 의식, 태도 등은 측정하기 어렵기 때문에 면접이나 설문을 통해서 계량화하는 예가 많다. 어떤 면에서 양적(*quantitative*) 방법은 매우 유용한 도구지만, 모든 것을 숫자로 나타낼 수는 없다. "통계는 거짓말만 한다"는 말도 염두에 둘 필요가 있다. "연구(*research*)는 도서관 작업이 아니다. 연구는 통계숫자도 아니다. 또한 현장의 관찰도 아니다. 연구는 논증(*an argument*)이다. 특히 커뮤니케이션 연구는 메시지가 관련된 행위에 대한 정보를 수집해서 문제에 답하고 결론을 도출하려는 하나의 과정이다."[7)]

7) Reinard, John C.(2001), *Introduction to Communication Research*, 3rd ed., New York: McGraw-Hill, 서문.

3. 질적 연구와 양적 연구

1) 질적 연구방법

질적 연구방법(*qualitative method*)이란 숫자와 관련 없이 관찰을 기술하는 데 주안점을 둔다. 질적 연구에 통계 숫자가 쓰이는 예도 있으나 그것은 어디까지나 부차적인 것이다. 메이슨(Mason)의[8] 질적 연구는 아마도 사회해석학적 전통의 범주에 해당되고 일단의 학자들, 특히 현상학, 민속방법론 및 상징적 상호작용론과 밀접히 연계되어 있다. 인류학 역시 질적 연구의 오랜 전통을 지키고 있으며 근자에는 언어학 분야에서도 기호학의 전통을 이어받아 담론분석에 관심을 보이고 있다.

언론학에서 질적 연구는 커뮤니케이션 교환을 기술하고(*describe*), 해석한다(*interpret*). 질적 연구에서 '질적(*qualitative*)'의 의미가 무엇인지 확인하는 일은 쉽지 않다. 메이슨은 이를 다음과 같이 포괄적으로 설명한다.

① 질적 연구는 사회적 실체와 현상이 어떻게 해석, 이해되고 경험되거나 생성되는가에 관심을 둔다는 점에서 넓은 의미로 '해석주의자'(*interpretivist*)적인 철학적 입장에 뿌리를 내리고 있다. 질적 연구의 형태에 따라 이러한 요소들을 이해하고 접근하는 방법은 다르겠지만(예를 들어, 사회적 의미, 해석, 시행, 담론, 과정, 또는 형성에 초점을 맞추는 등), 모두가 최소한 이들의 일부를 복합적, 다층적으로 구성된 사회의 유의미한 구성요소로 간주한다는 점에서 공통점을 지닌다.

② 질적 연구는 자료를 만들어내는 방법이 융통적이고, 자료가 창출되는 사회적 맥락에 보다 관심을 기울인다(엄격한 표준화나 구조화, 그리고 일부 실험적인 방법에서 '생생한' 사회적 맥락을 등한시하는 것과 대비된다).

③ 질적 연구는 분석과 설명방법에서[9] 복합성, 세부사항, 그리고 맥락을 이해하는 데에 중점을 둔다. 질적 연구는 풍부하고, 상황적이며, 세부적인 자료를 바탕으로 완숙한 이해를 창출해 내는 데 목적을 둔다. 이러한 점에서 피상적인 유형, 추세나

---

8) Mason, Jennifer(1996), *Qualitative Researching*, London: Sage (김두섭 역, 《질적 연구방법론》, 나남, 1999), pp. 18~20.

9) Priest, Susanna Hornig(1996), *Doing Media Research: an Introduction*, California: Sage, P. 5.

상관관계의 묘사보다는 '본질적인' 형태의 분석과 설명을 보다 강조한다. 질적 연구에서도 통상적으로 일정한 형태의 양화(*quantification*) 기법이 적용되기는 하지만, 통계적인 분석이 핵심적으로 간주되지는 않는다.

질적 연구는 숫자로 표현할 수 없는 현상이나 사건을 다루기 위해서 고안되었다. 타 문화의 의식에 대한 기술적인(*descriptive*) 관찰 그리고 신문사설의 톤(*tone*)에 대한 언어적 분석 등은 질적 연구의 좋은 예이다.

〈표 1-1〉 질적 연구의 유형

역사 비평적 방법 (*Historical-critical methods*)

역사적 시기, 사람 혹은 커뮤니케이션에 대한 해석이나 평가를 목적으로 하는 현상을 설명하기 위해 설계된 연구 그리고 그 효과들.

- 링컨의 게티즈버그(Gettysburg) 연설이 실제로 부정적 반응을 불러일으켰는지 여부에 관한 연구
- 1938년 오손 웰즈(Orson Welles)의 〈우주전쟁〉(*War of the Worlds*)의 방송이 실제적으로 미국인들에게 끼친 영향에 관한 연구
- 최근 200년 동안의 말더듬 치료의 방법에 관한 연구

비 평 (*Criticism*):

- 대통령 토론에서 빌 클린턴(Bill Clinton)의 논법 사용에 대한 평가
- 미국의 코소보-알바니아 위기 개입에 대해 신문기자들은 정치적으로 균형을 유지했는가의 여부에 대한 평가
- 19세기 언어장애 환자의 치료에 있어 수술의 윤리적 적용에 대한 평가

질적 관찰연구(*Qualitative observational studies*)

동시발생적인 커뮤니케이션 상호작용을 해석하기 위해 지배적인 태도유형 데이터를 사용하여 설계하는 방법.

사례연구와 해석적 연구 (*Case studies and interpretive studies*)

단일 사건, 사람 혹은 사회적 조직들에 관한 집중적인 조사 (해석적 연구들은 사례를 이해하고 해석하는 데 도움이 되는 이야기 혹은 테마를 찾고자 함).

- 몇몇의 지침(*pointers*)을 이끌어내기 위한 성공적인 언어치료사(*speech therapist*)의 관행에 관한 조사
- 신문사의 커뮤니케이션에 관한 연구

참여 관찰연구 (*Participant observation studies*)

연구수행과정에서 연구자가 활동적인 행위자(*agent*)의 역할을 하는 조사방법(때때로 양적 데이터를 수

집하기 위해 실행됨) • 텔레비전 방송뉴스 작성과정에 관한 연구 • 정치캠페인의 공공전략 발전을 조사하기 위한 관찰 연구
민속지학적 방법 (*Ethnomethodology*) 본래 인간들의 사회집단을 연구하기 위한 민속학자들에 의해 개발되었으며, 연구자가 소수민족 그룹과 함께 생활하며 그들의 문화에 대한 통찰을 이끌어 내기 위해 시도하는 접근 방법; 숨겨진 의미를 발견하고 사람들이 그들의 세계를 이해하기 위해 사용하는 관행적 규칙을 발견해 내는 것에 주안점을 둠. • 텔레비전이 없는 환경에서 지내는 그룹이 텔레비전에 어떤 반응을 보이는지 그리고 텔레비전 도입 후 반응에 대한 연구 • 장기간에 걸친 거리 갱단(*gang*)의 언어특성에 관한 연구
담론/대화 분석 (*Discourse/conversational analysis*) 사람들이 구조화하고, 결론내리고 차례로 발언하는 규칙과 전략들을 나타내기 위한 목적으로 교환하는 언어에 대해서 사람들의 상호작용을 통해서 조사하는 방법. • 남편과 아내의 대인관계 논쟁의 구조에 대해 조사 • 법정에서 판사와 변호사들이 주고받는 약어의 구조에 따른 커뮤니케이션을 연구함 • 여섯 살과 여덟 살의 취학아동들 사이의 언어능력 수준 조사
창의적 연구 (*Creative studies*) 미적 혹은 창의적 경험을 조사하기 위해 실행(*performance*) 혹은 증명(*demonstration*)의 방법을 사용하는 연구. • 르네상스 시대의 시가 구술적 해석을 통해 요즘 학생들에게 수용되는 과정을 조사 • 멀티미디어 뉴스 홍보자료가 PR 캠페인에 사용되는지 여부 조사

* 출처: Reinard, John C., *Introduction to Communication Research.*

2) 양적 연구

일부 연구자료는 숫자로 표시된다. 양적 연구방법(*Quantitative Methods*)은 관찰자료가 모두 숫자로 표시된다. 양적 연구의 대표주자는 서베이와 실험이다. 양적 연구를 통계적 연구방법이라고 하는데, 이 통계는 설명의 힘을 갖는다. 서베이나 여론조사처럼 정교한 통계모델은 인간 커뮤니케이션에 대한 포괄적인 이해를 돕는다. 과정을 분석하여 커뮤니케이션 행위를 설명하게 되면 미래의 행위를 예측할 수 있게 된다. 양적 연구는 실증적 연구로서 커뮤니케이션 과정의 특성을 설명하고 있으므로 커뮤니케이션 행위를 연구하기 위해서는 양적 연구방법이 매우 유용하다. 물론 연구문제가 무엇인가에 관해서 질적 혹은 양적 연구방법 가운데 하나를 선택해야 할 것이다.

양적 연구든 질적 연구든 연구는 우수한 수준을 유지해야 한다. 양적 연구는 많은 평가조사, TV 프로그램의 편성비율 조사 등에서 보듯, 설문구성이나 실험기기 같은 측

〈표 1-2〉 양적 연구의 유형

서베이 방법 (*Survey methods*) 변인들 사이의 관계를 양적으로 주의 깊게 기록
기술 혹은 관찰조사 (*Descriptive or observational surveys*) 측정도구를 사용해서 행동을 직접적으로 관찰함 (연구자는 어떤 변인도 바꾸거나 조작하지 않음) • 새로운 그룹 리더를 소규모 그룹의 커뮤니케이터들은 어떻게 예견하는가를 살펴봄 • 정기적으로 구독하는 신문과 그것들이 보도하는 사회적 공포간의 관계에 대한 조사
내용분석 (*Content analysis*) 인어석으로 커뮤니케이션된 자료(기사, 연설, 영화)의 특정한 아이디어, 개념 혹은 용어의 빈도를 결정하는 체계적인 양적 연구 (*Longman Dictionary of Psychology and Psychiatry*, 1984, p.176) • 어린이 텔레비전 프로그램의 폭력에 관한 연구 • 여성운동과 신문기사에 관한 연구 • 어린이들의 언어사용의 결점 유형분석
여론 조사 (*Opinion survey*) 관심사에 대한 개인들의 의식 및 평가조사 • 정치논쟁에서 어떤 후보가 승리할 것인가에 관한 분석 • 공립학교에서 언어교정치료를 위해 더 많은 자금이 필요한지 여부에 대해 조사함 • 시청자들의 선호프로그램 조사
실험적 방법 (*Experimental methods*) 어떤 특정현상에 대한 변인들의 효과를 알아보기 위한 방법. 영향을 알아보기 위해 변인들은 통제되거나 설정하게 됨 • 한 그룹은 증거가 있는 연설에 노출시키고 다른 한 그룹은 증거가 없는 연설에 노출시켜 증거의 사용에 따른 영향을 연구함 • 한 그룹에게는 컬러로 인쇄된 광고를 노출시키고 다른 한 그룹에게는 흑백 광고를 노출시켜 색채에 따른 효과를 연구함

* 출처: Reinard, John C., *Introduction to Communication Research*.

정 도구의 정확성과 정밀함이 생명이다. 특히 장르의 구분이나 유형 구분에서는 상호 배타적인 카테고리의 사용이 절대적으로 중요하다.

4. 연구의 특성

연구의 특성을 터크맨(Tuckman)은 다음과 같이 요약하고 있다.

① 연구는 체계적이다. 제대로 된 연구는 계획된 절차를 쫓아서 이루어진다. 연구자는 문제를 설정한 뒤 관련자료를 분석하여 연구문제의 해답을 찾고자 한다. 때론 예측하지 못한 결과가 나오기도 한다. 이를 횡재(*serendipity*)라고 말한다. 마치 심장약을 개발하다가 비아그라를 얻어낸 것처럼 다른 것을 찾다가 보다 중요한 것을 얻게 된 경우를 이르는 말이 '횡재'이다. 체계적 연구를 수행하다보면 뜻밖에 중대한 발견을 할 수도 있게 된다.

② 연구는 자료를 바탕으로 한다. 연구에서 검증할 수 없는 것을 아무리 조사해 보아야 해답을 얻을 수 없다. 예컨대 "하나님은 존재하는가?"를 입증할 수는 없다. 새로운 데이터가 있어야만 연구자는 마음을 바꾸게 된다. 관련자료를 수집할 수 없다든가 우리의 의견을 변경할 의향이 없다면 그 문제는 연구하기에 적절치 않다고 하겠다.

③ 연구는 건전한 논증이다. 연구란 논증을 발전시키는 하나의 과정이다. 이 말은 연구자들이 똑똑한 소구를 통해서 남을 이기려고 한다는 뜻이 아니다. 비록 일상생활 속에서는 사람들이 자신의 스타일이나 개성의 힘으로 설득될 수 있지만 연구는 자료와 정보를 갖고 논증함으로써 결론을 도출해내게 된다. 그러므로 여기서 논증이란 증거에서 나온 이성을 바탕으로 진전된 주장을 가리킨다. 경솔하거나 조잡한 발상은 금물이다.

④ 연구는 복제할 수 있어야 한다. 연구를 반복 실시해서 같은 결과를 얻을 수 있을 때 이 연구결과는 참(*true*)이라고 말할 수 있다. 연구방법을 구체적으로 밝히지 않으면 연구과정을 되풀이해 볼 수 없게 되고 이런 연구는 아무런 학술적 가치가 없게 된다.

⑤ 연구는 일부분일 뿐이다. 연구주제에 대한 할 말은 언제나 많이 있다. 우리가 얻은 결과가 아무리 훌륭해도 그것은 일부를 충족시킬 뿐이다. 함부로 '진리'를 발견한 것처럼 말해서는 안 된다. 한 연구는 현상에 대한 잠정적 혹은 의미 있는 하나의 통찰

에 지나지 않는다.

터크맨(Tuckman)은 위와 같이 연구자들이 명심해야 할 점들을 잘 정리해 주고 있다. 끝으로 연구윤리에 관해서 몇 가지 밝히고자 한다.

연구자는 연구계획을 세울 때 첫째 이 연구가 과학적 연구로서 이점이 있는지, 둘째는 연구가 실제로 가능한지 그리고 윤리적으로 적정한지 등을 살펴보아야 한다.[10]

특히 샘플링이 잘못되었든가(흔히 랜덤 샘플링을 했다고 말하는 연구자가 많은데, 이것은 거짓이다. 무작위 표본추출은 너무 과학적인 방법이어서 실행이 거의 불가능한데다가 사회과학에서 실제로 이용되는 예가 없다. 대부분 편의주의적 또는 의도적 샘플링이나 체계적 다층적 샘플링을 막연히 그렇게 부르는 예가 많다). 데이터의 조작, 응답자나 피실험자의 프라이버시 침해나 명예훼손 등 유의해야 할 점이 적지 않다. 많은 설문의 경우 앞머리에 "귀하의 답변은 익명으로 통계처리되며 학술적 목적을 위해서만 이용됩니다"라고 밝히는 이유도 이 때문이다. 특히 전화인터뷰에서 대학 연구소나 공공기관의 조사가 아니면서도 공적 기관을 거짓으로 말하는 예가 있는데 이 역시 옳지 못하다. 신문이나 방송에서 여론조사결과를 보도할 때 조사시기, 조사방법, 표본의 수, 조사기관, 오차범위, 조사위탁 기관 등을 소상히 밝히도록 한 것은 조사의 공정성, 객관성을 담보하기 위한 조치라고 하겠다.

한마디로 연구는 과학이자 윤리이다.

10) Schloss, Patrick J. & Smith, Mayreln A. (1999), *Conducting Research*, NJ: Prentice-Hall, p. 7.

•◦• 참고문헌

Albrecht, Joseph Nelson & Schroth, Melissa Nelson & Smith, William J. (1999), *Conducting Research*, New Jersey: Merrill Prentice-Hall.

Berger, Arthur Asa(1998), *Media Analysis Techniques*, 2nd ed., London: Sage.

______(1998), *Media Research Techniques*, London: Sage.

Butler, Jeremy G. (2002), *Television: Critical Methods and Applications*, 2nd ed., London: LEA.

Clarke, Peter(1973), *New Models for Communication Research*, London: Sage.

Goode & Hatt(1952), *Methods in Social Research*, New York: McGraw-Hill.

Kreps, Gary L. & Kunimoto, Elizabeth N. (1994), *Effective Communication in Multicultural Health Care Settings*, London: Sage.

Lazarsfeld, Paul F. & Rosenberg, Morris(1955), *The Language of Social Research*, New York: The Free Press.

Lerner, Daniel & Nelson, Lyle M. (1977), *Communication Research: a Half-Centry Appraisal*, Honolulu: East-West Center.

May, Tim(1993), *Social Research : Issues, Methods & Process*, 2nd ed., Buckingham England: Open University Press.

Priest, Susanna Hornig(1996), *Doing Media Research*, London. : Sage.

Reinard, John C. (2001), *Introduction to Communication Research*, 3rd ed., New York: McGraw Hill.

Williams, Frederick & Rice, Ronald E. & Rogers, Everett M. (1988), *Research Methods and the New Media*, New York. : The Free Press.

Wimmer, Roger D. & Dominick, Joseph R. (1983), *Mass Media Research: an Introduction*, California: Wadsworth.

•◦• 연습문제

1. 'research' 란 무엇인가? 그리고 그 기능을 설명하라.

2. 구체적 사례를 들어서 질적 연구와 양적 연구를 비교하라.

3. 연구의 특성은 무엇인가?

제 2 장

분석방법의 개관 및 최근 동향

강 남 준

일반적으로 사회현상을 연구할 때 사용하는 방법에는 질적 방법과 양적 방법 두 가지가 있다. 이 두 방법은 다음과 같은 3가지 차원에서 서로 다른 관점을 취한다. 우선 실재(*reality*)를 어떻게 보느냐의 관점이다. 양적 방법은 실증주의 전통에 입각해 관찰자로부터 독립해 객관적 실재가 존재한다고 가정한다. 하지만 질적 연구방법에서는 실재는 관찰자를 떠나서는 있을 수 없어 객관적 실재의 존재에 대해 의문을 품는다. 두 번째 차원은 위의 차이점에서 유추할 수 있는 것으로 양적 관점은 모든 인간이 본질적으로 동일한 감정이나 욕구에 의해 지배된다고 해석한다. 그래서 행동의 일반이론을 인간에 대한 관찰을 통해 만들어 낼 수 있다고 주장한다. 하지만 질적 방법에서는 자유의지를 가진 모든 인간은 본질적으로 서로 다르므로 획일화하여 한데 묶을 수 없다고 본다. 그 결과 세 번째 차원은 인간행동에 대한 보편적 설명이론을 만들 수 있다(양적 방법론)는 입장과 환경에 따라 사람에 따라 각기 고유한 행동을 나타내기 때문에 보편적 이론을 만들 수 없다(질적 방법론)는 입장의 차이를 만들게 된다.

하지만 앞에서도 언급한 것처럼 이 두 방법이 나타내는 차이점은 현상을 바라보는 패러다임의 차이이지 방법론적 우열 때문에 생긴 것은 아니다. 이 글에서는 양적 방법론의 기본 분석도구인 통계분석방법에 대해 개괄적인 해석과 커뮤니케이션 연구에서 자주 사용되는 통계기법에 대해 설명하고 최근 추세에 대해 언급하겠다.

주요 용어: 기술통계, 추정통계, 측정수준, 통계적 가설검증, 차이의 통계, 관계의 통계

1. 통계란 무엇인가?

통계는 수학적 논리를 사용하지만 수학은 아니다. 또한 회계나 인구조사와 같은 단순한 숫자 세기(*enumeration*)도 아니다. 통계는 숫자가 나타내는 정보나 논리를 넘어서는 나름대로의 구조를 가지고 있다. 역사상 최초의 통계학회인 영국의 '왕립통계학회(Royal Statistical Society)' 문장은 밀 짚단(*wheat sheaf*)이다.

커다란 밀밭의 수확량을 다 알기 위해 밀알 하나하나를 세는 것은 대단히 비효율적이다. 그래서 일정하게 짚단으로 묶어 놓으면 전체 수확량을 쉽게 유추할 수 있고 또 이리저리 난잡하게 흩어져 있는 밀밭 풍경을 가지런하게 정리해 보기 좋게 만들어 준다. 왕립통계학회의 문장이 나타내고자 하는 뜻을 좀더 공식적으로 표현하면 통계란 얼핏 보기에 무질서하고 방대한 데이터를 일정한 규칙에 의해 묶어주어 그 안에 있는 특정 패턴을 찾아내는 기법이라고 볼 수 있다.

이러한 통계기법은 크게 두 가지로 나눌 수 있다. 하나는 기술통계기법(*descriptive statistics*)이고 다른 하나는 추정통계기법(*inferential statistics*)이다. 기술통계는 말 그대로 데이터 안에 어떤 의미가 숨겨져 있는지를 간략하게 설명해 주는 기법이다. 대표적인 기술통계 값이 바로 평균이고 다른 말로 '대표값'이라고 부르는데 이것은 데이터를 대표할 수 있는 숫자라는 뜻이다. 예를 들어 5명 정도의 크기를 가진 집단의 키는 각 개인의 키를 일일이 나열하면서 설명해도 충분히 이 집단이 어떤 집단인지, 즉 키가 큰 집단인지 아니면 작은 집단인지 금방 알 수 있다. 하지만 집단의 크기가 백 명, 천 명이 되면 이런 식으로 나열했다가는 뭐가 뭔지 잘 알 수 없게 될 것이다. 이때 전체를 대표할 수 있는 하나의 숫자, 즉 평균을 계산해 비교하면 어느 집단이 어느 집단보다 평균적으로(*average*) 키가 더 큰지 아니면 작은지를 즉시 판단할 수 있다.

그렇다고 평균만 알아 가지고는 데이터가 가지고 있는 여러 가지 특성을 다 알 수 없다. 평균은 아주 단순한 대표값일 뿐이다. 가령 A, B 두 선생님이 동일한 통계과목을 가르쳤다고 가정해 보자. 이 두 집단의 기말성적 평균은 똑같이 70점이다. 그렇다면 두 집단은 동일한 특성을 가지고 있는가? 데이터가 어떻게 분포(*distribute*)되어 있는가를 자세히 보니 A 선생님의 학생들은 대부분 70점 근처를 받았고 못한 학생도 대충 60점은 받았다. 그런데 B 선생님 학생들은 못한 학생들은 30점 이하도 받은 반면 시험

〈그림 2-1〉 왕립통계학회 문장

을 잘 본 학생들은 90점을 넘는 학생도 있었다. 이러한 점수분포의 차이는 두 선생님의 강의철학이 다르다는 것을 나타낸다. A 선생님은 교육의 평준화를 추구했고 B 선생님은 수월성 교육을 시도했던 것이다.

따라서 평균과 자료가 어떻게 분포되어 있는가를 알면 데이터 특성을 더 잘 설명할 수 있다. 데이터가 어떻게 퍼져 있는가를 나타내는 통계 값을 편차라고 하고 이러한 편차 중에서 가장 많이 쓰이는 것이 표준편차(SD: *standard deviation*)이다. 평균과 표준편차는 데이터의 가장 기본적인 특성을 설명하는 단순 기술통계 값으로 사용되기도 하지만 복잡한 여러 통계기법의 기본 계산단위로도 광범위하게 쓰인다.

추정통계는 기술통계를 한 단계 발전시킨 것으로 기술통계를 근대적 통계기법이라고 본다면 추정통계는 현대적 통계기법이라고 볼 수 있다. 기술통계는 전체를 다 조사해 그것에 대한 통계 값을 계산하는 것을 기본으로 한다. 그런데 자료수집 범위가 커지고 데이터가 방대해지면 전체를 다 조사해 기술통계를 낸다는 것이 거의 불가능하다. 그래서 전국적으로 진세 인구를 조사하는 인구센서스(*census*)는 5년 내지 10년에 한 번밖에 못하는 것이다. 그래서 전체에서 일부를 뽑아, 즉 표본을 선정해 이것의 평균과 같은 기술통계 값을 계산한 다음 전체집단의 값으로 추정하는 기법이 추정통계이다. 그런데 이 표본을 뽑을 때 전제조건이 하나 있다. 적은 수로 전체를 대표할 수 있게끔 뽑아줘야 한다. 즉, 표본은 전체집단의 대표성을 유지해야 한다는 말이다. 대표성을 유지하기 위한 올바른 표본선정 방법은 이상하게 들리겠지만 아무렇게나 막 뽑는 것이다. 이것을 무선표집(*random sampling*)이라고 한다. 말 그대로 무선적으로 뽑는 것은 일정한 규칙에 따르지 않고 막 뽑는 것이다. 집단의 특성을 고려해 남자이니 뽑아주고, 키가 큰 사람은 안 뽑고 하면 안 되고 모든 구성원이 동등하게 뽑힐 자격을 갖도록 해주어야 한다. 이것이 무선표집의 대원칙인 "동등하게 뽑힐 확률의 유지" 법칙이다.

하지만 아무리 대표성을 유지하는 무선표집을 했다 하더라도 대자연의 법칙을 거스를 수는 없다. 적은 것(표본)의 값을 사용해 큰 것(전체)의 값이 어떠한가를 추정할 경우 필연적으로 추정오차가 생긴다. 이것이 바로 표본오차인데 여론조사결과를 발표할 때 'A 후보의 지지율은 52%인데 표본 추정오차가 ±3%'라는 기사에서 말하는 수치이다. 이 경우 만약 후보가 두 사람밖에 없다면 A 후보는 선거에서 이길 것이라고 장담할 수 없다. A 후보의 여론 지지범위는 최소 '52 - 3 = 49%'에서 최대 '52 + 3 = 55%'에 걸쳐 있기 때문에 다른 후보가 51%를 얻을 경우도 가능하다. 이 표본오차는 표본의 크기가 커지면 적어지고, 적어지면 커지는 특성을 가지고 있다. 추정통계에서는 이 표본오차를 이용해 표본에서 얻은 값이 전집에서 어떻게 추정되는지를 해석한다. 따라서 현재 커뮤니케이션 연구에서 사용되는 거의 대부분의 통계 값은 표본에 의존한 것이고 여기서 사용되는 통계기법도 추정통계 기법이라고 볼 수 있다.

2. 통계의 뿌리를 찾아서

통계는 역사적으로 발전되어 온 배경에 따라 크게 세 분야로 나눌 수 있다. 수학적 배경에서 출발한 수리통계를 제외하고 응용통계(*applied statistics*)는 생물학에서 출발한 생물통계학(*biometrics*), 심리학에 기원을 둔 심리통계(*psychometrics*) 그리고 경제학에서 발전한 경제통계학(*econometrics*) 등이 대표적이다.

생물통계는 변량분석(ANOVA)과 같이 자주 사용되는 여러 통계기법을 발전시켰고 학문분야 특성상 실험연구방법과 관련된 기법이 많이 발달했다. 특히 유전학 연구에서 처음 개발된 경로분석(*path analysis*)은 부모세대의 유전자가 자식세대에 어떻게 흘러가는지를 연구하는 데에 유용한 기법으로, 그 후 사회학에서 아버지의 사회경제적 지위

(SES)가 자식대로 전이되는 현상을 연구해 사회계급 이동연구에 큰 공헌을 했다.

인간의 심리현상을 분석하는 통계기법을 다수 개발한 심리통계학의 가장 대표적인 기법은 요인분석(*factor analysis*)이다. 요인분석은 전형적인 자료축소(*data reduction*) 방법으로 다양하게 나타나는 인간행위를 큰 단위로 묶어주는 데 사용된다. 즉, 앞에서 설명한 대로 조각내어 변인단위로 측정된 현상을 이리저리 묶어 커다란 개념단위로 만들어 주는 개념화(*conceptualization*) 방법인 것이다. 이 방법을 사용해 다양한 심리적 개념이 만들어졌으며, 커뮤니케이션 효과연구에서도 이용과 충족 연구에서 이 개념들이 어떻게 구성되어 있는가를 분석하는 데 자주 사용되었다. 예를 들어 매체 이용동기를 '도구적' 그리고 '관습적' 동기로 나누는 유명한 연구는 사람들에게 매체를 어떠한 목적이나 동기로 보는지에 대해 수십 가지 질문을 한 후 이것을 요인분석해 종합하니 두 개의 차원에서 묶었다. 이 차원들의 개념적 의미를 해석해 미디어를 정보나 특정 목적으로 사용하는 도구적 동기와 그냥 시간 때우기 또는 별 생각 없이 습관적으로 이용하는 관습적 동기로 갈라 미디어 이용행태 이론을 만드는 데에 커다란 공헌을 했다.

경제통계에서 집중적으로 연구된 통계기법은 회귀분석이다. 회귀분석은 1800년대 중반 갈통(Galton)이 아버지의 키와 아들의 키가 어떻게 서로 관련되어 있는가를 그래프로 나타낸 것에 기원을 두고 있다. 아버지의 키가 크면 아들의 키가 일반적으로 크지만 일부는 더 작아져 전체 평균 키로 회귀하려는 경향을 보인다는 것이다. 아버지의 키가 작을 경우에는 아들의 키가 일부 커져 다시 평균으로 근접한다. 이러한 현상은 또 다른 대자연의 법칙으로 '평균으로의 회귀(*regression toward mean*)'라고 부른다. 회귀분석의 강점은 아버지의 키를 알면 자식의 키를 대충 예측할 수 있는 것처럼 예측력에 있다. 경제학에서는 앞으로의 경기전망이 어떨지, 고용이나 수출이 늘어날지 줄어들지를 예상하는 것이 아주 중요하다. 따라서 경제통계에서는 회귀분석과 관련된 여러 복잡한 통계기법이 많이 개발되었다.

최근에 이러한 세 응용통계 분야의 대표적 기법이 가진 장점만을 취합한 통계기법이 제안되었는데 그것이 바로 구조방정식 모델(SEM: *structural equation model*)이다. 이 기법은 생물통계의 경로분석을 응용해 변인과 변인 사이의 경로적 관계를 설정한 구조모델(*structure model*)과 변인들이 모여 요인, 즉 개념을 만드는 심리통계의 요인분석 기법을 적용한 측정모델 모델(*measurement model*)로 구성되어 있다. 이때 사용되는 요인분석

〈그림 2-2〉 갈퉁(Galton)의 그래프

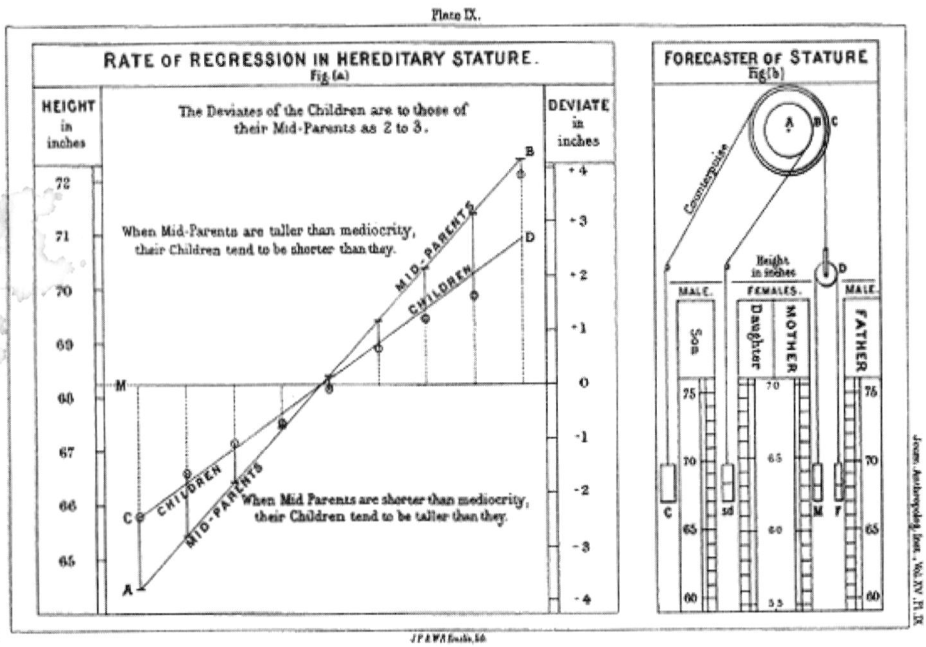

기법은 일반적으로 많이 쓰이는 탐색적 요인분석(EFA: *exploratory factor analysis*)이 아니고 확증적 요인분석(CFA: *confirmatory factor analysis*) 기법이다. 이 두 요인분석 기법은 요인을 묶어주는 방법이나 과학철학적 논리가 서로 다르지만 여러 변인을 개념 단위로 통합해주는 기본원리는 같다. 이렇게 만들어진 구조모델 변인들 간의 관계계수(*structural coefficients*)는 경제통계에서 개발한 연립회귀분석(*simultaneous regression equation*) 기법을 활용해 계산해 준다.

3. 어떠한 통계기법이 주로 사용되는가?

수많은 통계기법 중에서 어느 것을 선정해 사용할까를 결정하기 전에 우선 수집한 변인들의 측정수준(*level of measurement*)을 살펴봐야 한다. 측정수준은 변인들의 값에 부여한 숫자가 어느 수준의 정보를 가지고 있느냐에 따라 결정된다. 숫자는 여러 가지 정보를 한 번에 나타낼 수 있다.

우선 1, 2, 3, 4, 이 네 숫자는 가장 낮은 단위의 정보로 1은 2와 다르고 3은 4와 다르다는 분류정보를 포함하고 있다. 이러한 숫자의 분류정보만 사용한 변인의 측정수준이 '명명척도' 수준이다. 이때 숫자는 분류정보밖에 나타내지 못하므로 사용할 수 있는 통계값도 각 분류항목 별 빈도수 계산과 이에 따른 백분율(%) 정도이다.

다음은 '서열척도' 수준인데 이 척도에서 사용한 숫자는 분류정보에 덧붙여 크고 작음(예 3 < 5, 2 < 4 등) 정보까지 가지고 있다. 하지만 3과 5 사이의 차이가 2와 4 차이와 동일하다고 볼 수 없는 문제가 있다. 그냥 크고 작음만 알 수 있지 두 숫자 사이의 절대적 거리가 얼마인지는 모른다. 적합한 예로 암석의 딱딱함을 재는 모스경도(*Mohs hardness scale*)가 있다. 가장 낮은 1이 활석이고 토파즈 보석이 경도 8, 가장 높은 경도 10은 다이아몬드이다. 그렇다면 다이아몬드는 활석의 10배만큼 더 단단한가? 절대경도로 계산해보면 다이아몬드가 1,500배나 더 단단하다. 상대경도가 8인 토파즈는 다이몬드에 비해 약간 물렁한 것 같으나 절대 경도로는 7.5배 만큼 더 무르다. 따라서 서열척도를 사용할 경우 사칙연산(+, -, ×, ÷)을 할 수 없어 적용할 수 있는 통계기법이 제한된다.

사칙연산을 마음대로 할 수 있어 다양한 통계기법을 적용 가능한 경우가 바로 '등간척도'(*interval scale*)이다. 이것은 각 숫자 사이의 거리가 정확히 숫자가 나타내는 거리만큼 떨어져 있다는 것이다. 대표적인 등간척도는 'Kg', 'Km' 등과 같은 척도이다. 원칙적으로는 등간척도이어야만 평균도 구할 수 있다. 하지만 사회과학에서 사용하는 거의 모든 척도는 등간수준으로 정밀하게 측정할 수 없다. 기껏해야 리커트 척도 수준의 서열척도만 만들어 낼 수 있을 뿐이다. 따라서 측정수준을 엄밀하게 고려한다면 현재 커뮤니케이션 연구에서 일상적으로 사용되는 많은 통계기법들이 잘못 사용되는 것으로 생각할 수 있다. 그럼에도 불구하고 서열척도의 특성을 가진 척도를 이용해 이런저런 통계분석을 하는 이유는 서열척도일지라도 측정이론에서 요구하는 일정한 조건을 만족시키면 각 숫자 사이의 거리를 등간으로 볼 수 있어 등간척도와 같이 취급해도 되기 때문이다. 대표적인 예가 리커트 척도로 이 척도의 측정 가정을 만족시키면 등간척도와 같이 사칙연산을 사용하는 모든 통계기법을 사용해 분석해도 된다. 결론적으로 변인에 대한 통계분석을 수행하기 이전에 먼저 변인들의 측정수준을 면밀히 살펴보아야 한다. 이 측정수준에 따라 적용할 수 있는 통계기법의 범위가 결정되기 때문이다.

현재 일상적으로 사용되는 통계기법은 전체 측정값을 모두 합해 사례수로 나누는 간단한 형태의 평균에서부터 아주 복잡한 구조방정식 모델과 같은 고급통계기법까지 아주 다양하다. 이렇게 다양한 통계기법은 두 영역으로 나누어 볼 수 있다. 첫 번째는 '차이의 통계'이고 다른 하나는 '관계의 통계'이다. 차이의 통계는 집단간 평균차이를 검증하는 기법이고 관계의 통계는 두 변인간 상관정도를 알아내어 한 변인의 값을 알았을 때 다른 변인의 값을 예측할 수 있게 하는 기법이다.

차이의 통계기법 중 가장 간단한 형태가 't 검증'이다. 이 기법은 두 집단 사이의 평균이 서로 정말 다른가를 검증하는 것이다. 앞에서 설명한 바와 같이 우리가 사용하는 거의 대부분의 자료는 표본에서 나온다. 따라서 비록 대표성을 띠도록 선정했지만 표본엔 표본오차가 필연적으로 끼어들게 되어 표본을 사용해 얻은 두 그룹간의 평균차이가 과연 전체집단에서도 정말로 존재하는 차이인지 추정해 검증할 필요가 생긴다. 이때 사용하는 방법이 '통계적 가설 검증기법'으로 추정통계의 가장 기본적 검증방법이다. 가설검증은 보통 5단계로 구성되어 있다.

1단계 두 집단 사이에 차이가 없다는 영가설(H_0) 설정
(집단1의 평균 = 집단2의 평균)
2단계 두 집단 사이에 차이가 있다는 대안가설(H_a)
이 가설은 연구가설이라고도 함
(집단1의 평균 ≠ 집단2의 평균)
3단계 유의도 수준 α 결정(확률 값으로 표시됨)
4단계 t 통계 값의 계산(이 값에서 유의확률이 자동으로 나옴)
5단계 이 계산된 유의확률과 유의도 수준을 비교해 영가설을 검증
t 값에서 계산된 유의확률 < 유의도 수준 α 값일 경우 → 영가설 기각
t 값에서 계산된 유의확률 > 유의도 수준 α 값일 경우 → 영가설 기각 못함

최종 5단계에서 영가설을 기각할 경우, 즉 두 집단간 차이가 없다는 가설이 틀렸을 경우에는 이 영가설의 논리적 대안, 즉 '차이가 없다'의 논리적 대안은 '차이가 있다'이므로 대안가설인 H_a를 받아들일 수밖에 없다. 하지만 영가설을 기각하지 못할 경우에는

대안가설을 받아들일 아무런 근거도 없게 된다. 여기서 대안가설 H_a를 왜 연구가설이라고 부르는지 이해될 것이다. 우리가 연구에서 검증하려는 가설은 일반적으로 두 집단간에 차이가 있다는 대안가설의 형태를 띤다. 집단간 평균이 차이가 나야지, 왜 그런가를 설명할 근거도 생기고 재미있는 연구결과를 만들어 낼 수 있다. 하지만 집단간 차이가 없다면 특수한 경우를 빼놓고는 별로 흥미 있는 연구결과가 되지 못한다. 그래서 차이가 있다는 형태로 기술된 대안가설이 연구가설과 같은 개념으로 쓰이는 것이다.

여기서 표본에서 계산한 t 값이 우리가 연구에서 밝히고자 하는 연구가설, 즉 대안가설 H_a를 직접적으로 검증하지 않고 왜 영가설의 부정을 통해 대안가설을 간접적으로 검증하는가에 대한 의문이 생길 것이다. 이것은 통계적 자료가 수집되는 방법과 관련 있는데 관찰된 자료에 의해 검증을 하면 아무리 사례수가 많아도 결정된 사안이 100% 참 진(*true*)일 수 없다는 '귀납의 오류' 명제 때문이다. 예를 들어, 지구의 역사가 50억년인데 49억 9,999만 9,999일 동안 해가 동쪽에서 떠 이러한 무지막지한 관찰을 근거로 내일은 해가 동쪽에서 뜰 것이라고 단정적으로 말하는 순간 틀릴 확률이 아주 작지만 존재하게 된다. 영화 〈Superman I〉에서 나온 것 같이 애인이 지진으로 죽은 것에 화가 난 수퍼맨이 갑자기 나타나 시간을 거꾸로 돌리기 위해 지구를 반대편으로 자전하게 할지도 모르기 때문이다. 따라서 관찰에 의존한 가설검증은 논리적으로 받아들일 수 없다.

하지만 관찰에 의해 거짓이라고 증명된 사실은 늘 참이다. 예를 들어 까마귀는 검다라는 가정이 옳을 경우 관찰한 새가 하얀색일 경우 이 새는 최소한 까마귀는 아니라는 판단은 100% 옳다. 즉, 관찰에 의한 가설의 반증은 논리적으로 타당하지만 검증은 틀릴 수 있다는 것이다. 따라서 만약 관찰된 자료에 의해 영가설이 틀렸다고 반증되면 이것은 참 진이고, 그 결과 영가설의 논리적 대안인 대안(연구)가설을 받아들이게 된다는 논리이다.

다음 이슈는 유의도 수준이다. 유의도 수준은 좀 거칠게 표현하면 표본을 사용해 발생한 표본오차와 같은 개념이라고 볼 수도 있다.[1] 다시 말해, 표본에서 나타난 두 집

---

1) 추정통계에서는 표본오차(*sample error*)와 표집오차(*sampling error*)는 다른 개념으로 쓰인다. 정확히 말하면 통계적 가설검증에 사용되는 유의도 확률은 표집분포의 오차인 표집오차와 관련이 있다. 여기서는 복잡한 통계적 설명을 줄이기 위해 이해하기 쉬운 표본오차를 사용해 유의도 수

단간의 차이가 표본을 사용했기 때문에 발생하는 오차범위 안에 있다면 겉으로는 차이가 있지만 전체집단에서는 실제적으로 차이가 없다는 것이다. 관찰된 두 집단간의 차이는 표본오차 때문에 발생한 것이라는 말이다. 여기서 사용한 유의도 수준은 확률적으로 표시되는데 우리가 잘 아는 정규분포 곡선(*normal distribution*)에서 보는 것과 같이 중앙에서 멀리 떨어질수록 나타날 확률이 적어지는 것과 관련이 있다.[2] 이것은 두 집단 사이의 차이가 크면 클수록 이런 현상이 나타나기 힘들어진다는 것이다. 즉, 이렇게 확률적으로 나타나기 힘든 현상이 발생했으므로 이것이 표본오차 때문에 발생했다고 보기에는 무리라는 것이고, 따라서 차이가 없다는 영가설보다는 차이가 있다는 대안가설이 더 타당하다고 결론을 내릴 수 있다.

t 검증 기법에는 재미있는 일화가 숨겨져 있다. 보통 많은 통계기법이 그것을 처음으로 개발한 사람의 이름을 따서 명명되었다. 예를 들어, t 검증 기법을 3개 이상 집단 경우에까지 확장한 변량분석은 동시에 F 검증기법(*F-test*)이라고도 부른다. 이 F는 변량분석 기법을 발전시킨 피셔(Fisher)의 이름을 따서 명명된 것이다. t 검증기법을 세상에 처음 소개한 사람은 고셋(Gosset)이다. 고셋은 1908년 통계학술지인 〈바이오메트리카〉(*Biometrika*)에 t 검증기법에 대한 논문을 게재했는데 당시에 본명을 쓰지 않고 '학생 t'(Student t)라는 가명으로 투고하였다. 가명을 쓴 이유는 당시 고셋이 근무하던 기네스 맥주회사(Guinness Brewery)에서 본명으로 투고하지 못하게 막았기 때문이다. 현재 가장 많이 쓰이는 통계기법 중 하나인 t 검증이 G 검증기법으로 불리지 못하는 이유가 여기에 있다. 호랑이는 죽어 가죽을 남기고 사람은 죽어서 이름을 남기다고 했는데 실제로는 통계사에 불멸의 업적을 남긴 고셋이지만 자신의 이름을 딴 기법 하나 남기지 못하는 불행한 학자가 되었다.

남자, 여자와 같은 경우에는 집단이 두 개밖에 없지만 일반적으로 2개 이상 집단이 있는 경우가 흔하다. 이 경우에는 직접적으로 평균을 비교하지 않고 평균을 둘러싼 집단간의 변량(*variance*)을 계산해 집단간 평균의 차이가 있는지를 검증한다. 이 기법을 변량분석(ANOVA: *analysis of variance*)이라고 부른다. 여기서 변량은 앞에서 설명한 표준편차(SD)의 자승이다. 변량분석 결과도 앞에서 설명한 통계적 가설검증 5단계를 거

준을 설명하였다.

2) t 검증의 표집분포에서 중앙은 두 집단간 차이가 없다는 H_0 값을 나타낸다.

쳐 영가설과 대안가설 중 어느 것이 더 타당한 결론인지를 검증한다. 이때 다른 절차는 다 동일한데 t 검증 통계 값 대신 F 검증 통계 값을 계산하고 이에 따른 확률 값을 유의도 수준과 비교해 앞에서 설명한 절차에 따라 영가설을 기각하고 대안가설을 받아들일 것이지, 아니면 영가설을 기각하지 못하게 되는지에 대한 판단을 하게 된다. 이때 영가설과 대안가설은 집단이 3개 이상이므로 t 검증의 경우와 약간 다르게 설정된다. 예를 들어 4개 집단에 대한 변량분석의 영가설과 대안가설은 다음과 같은 형태를 갖는다.

영가설(H_0) : 집단 1의 평균 = 집단 2의 평균 = 집단 3의 평균 = 집단 4의 평균
대안가설(H_a) : 집단 1의 평균 ≠ 집단 2의 평균 ≠ 집단 3의 평균 ≠ 집단 4의 평균

변량분석은 여러 변인의 복합적 효과를 한꺼번에 고려할 수 있어 아주 유용하다. 예를 들어, 상대방을 설득하는 데 위협적 소구(*fear appeal*)와 양면적 설득여부(*one-side or two-side*)가 효과적인지 따로따로 변량분석을 해 F 검증을 시도할 수 있다. 하지만 상/중/하의 3개 수주별 위협적 소구 메시지와 일면적/양면적 메시지 수구형태가 함께 복합적으로 작용할 때 어떤 설득효과를 보일 것인가도 변량분석 방법을 쓰면 한꺼번에 그 효과를 검증해낸다. 위협적 소구, 일면적/양면적 메시지 변인을 따로 따로 변량분석할 경우 이것을 일원 변량분석(*one-way* ANOVA)라고 하는데, 이때 두 변인을 한꺼번에 고려하면 이원변량분석(*two-way* ANOVA)이 된다. 여기에 신문/방송과 같은 매체 종류에 따라 어떻게 설득효과가 달라질 것인가를 검증하면 분석변인이 3개가 됨으로 3원 변량분석(*3-way* ANOVA)으로 부른다. 이론적으로는 100원, 200원 변량분석도 가능하지만 실제적으로 분석하는 데 어려움이 많아 3원 변량분석 이상은 자주 사용하지 않는다. 이렇게 변량분석은 각 변인의 효과를 따로 따로 분석할 수도 있고 복합적인 영향도 추출해낼 수 있으므로 실험연구에서 선호하는 통계기법이다.

관계의 통계는 상관관계지수가 가장 기본이다. 상관관계지수 r은 두 변인간 같이 공유하는 변량, 즉 공변량(*co-variance*)의 양을 나타낸다. 이것을 -1.0에서 +1.0까지의 값으로 표준화한 것이다. 이 지수가 음일 경우는 한 변인의 값이 증가하면 다른 변인의 값이 감소하는 것을 말하며, 양(+)의 값은 두 변인의 값이 같이 증가하거나 감소하는 경우이다. 여기서 두 변인간 상관이 있다고 이것이 '원인→결과'를 나타내는 인과관계로 볼 수 없다. 인과관계는 가장 강력한 상관관계로 방향성, 따라서 원인에서 결과로

향하는 선/후 관계를 명확하게 구분할 수 있다. 하지만 상관관계는 이러한 방향성이 없고 그냥 두 변인의 값이 변화하는 폭이 얼마나 서로 유사하느냐만 보여준다. 따라서 높은 상관관계는 인과관계의 필수적 조건이지만 충분조건이 될 수 없다. 학생들의 책가방 무게를 달아보았더니 무거운 가방을 들고 다니는 학생일수록 GPA(*grade point average*)가 높았다. 이것은 아주 높은 양(+)의 상관관계를 보여주는데, 그렇다고 가방에다 돌을 잔뜩 넣어 무게를 늘려준다고 자동으로 GPA가 올라가지 않는다. 무거운 가방을 들고 다니는 학생의 GPA가 일반적으로 높은 이유는 가방 안에 책을 많이 넣고 다녀 무게가 늘어났지만 직접적으로 GPA에 영향을 끼친 원인은 이 책으로 공부한 학습시간의 양인 것이다. 이 경우 가방무게와 GPA 간의 높은 상관관계 지수를 가짜상관(*spurious corelation*)이라고 부른다.

이러한 상관관계 지수를 바탕으로 개발된 관계의 통계기법이 바로 회귀분석이다. 회귀분석은 무방향성인 상관관계와는 달리 예측하는 변인(X: *predictor variable*)과 예측되는 변인(Y: *predicted variable*)으로 나누어져 인과관계와 같은 강력한 방향성을 띠지 못하지만 어떤 변인을 사용해 어떤 변인의 값을 예측한다는 정도의 방향성은 갖는다. 회귀분석에서 예측하는 변인이 여러 개일 경우 이것을 중다회귀분석(*multiple regression*)이라고 부른다.

회귀분석에서 예측하는 각 변인들의 예측강도를 나타내는 지수가 회귀계수이다. 이 회귀계수에는 표준화 회귀계수 β와 비표준화 회귀계수 b가 있는데, β는 예측변인의 값을 추정할 때 각 X 변인들의 상대적 중요도를 나타내는 반면, b는 Y의 값을 정확하게 예측할 때 사용되는 회귀계수이다. 다시 말해, 수출금액, 설비투자 금액, 실업률 중 국민소득 증가에 어느 변인이 상대적으로 더 강한 영향력을 행사하느냐를 알아볼 때는 β를, 반대로 내년에 국민소득이 원화단위로 얼마나 높아질 것인가를 예측할 때는 각 변인의 비표준화 회귀계수 b를 사용해 추정한다. Y 변인의 값을 정확하게 추정하려면 각 변인들의 원래 측정단위를 그대로 유지해야 정확하게 계산할 수 있기 때문에 비표준화 계수를 쓴다. 이 경우 각 변인의 측정단위가 앞에서 예를 든 수출금액, 투자금액, 실업률과 같이 실제적으로 의미가 있어야 한다. 하지만 사회과학에서 일반적으로 사용되는 대부분의 척도는 상대적인 크고 작음만을 나타내는 서열척도로 숫자가 지닌 양적 정보가 제한적이다. 따라서 사회과학에서 사용하는 척도의 단위는 실제적으로 의미가 없으므로, 많은 경우 비표준화 회귀계수보다 표준화 회귀계수 β가 더 유용하게 쓰인다.

회귀분석 기법 중 Y 변인의 값이 등간척도가 아니고 명명척도일 때는 로짓 회귀분석 기법을 사용해 분석한다. 로짓 분석은 Y 변인 값이 특정 항목이 나타날 비율에 대한 승산비(*odds ratio*)로 규정되어 있어 회귀계수를 해석할 때 주의해야 한다.

그 밖에 상관관계지수를 사용하는 관계의 통계기법으로는 앞에서 약간 설명했던 요인분석 기법이 있다. 요인분석은 특정 현상과 관련된 많은 변인들을 상관관계 지수를 이용해 상호 높은 상관이 있는 변수들끼리 묶어 새로운 합성변인인 요인으로 만들어 변인 수를 대폭 줄이는 기법이다. 일반적으로 통계책에서는 요인분석과 주성분분석(*principal component analysis*)이 서로 다른 배경을 가지고 있는 기법이므로 달리 취급해야 한다고 설명하고 있다. 요인분석은 공통요인(*common factor*)과 단독요인(*unique factor*)을 분리한 후 공통요인만 사용해 변인을 줄인다. 이에 반해 주성분 분석은 변인간 상관관계 패턴을 이용해 변인들끼리 조합을 통해 새로운 변인인 주성분(*component*)으로 계속 변화시킨다. 요인분석은 처음부터 M개의 변인이 N(N< M)개의 공통요인으로 축소 설명할 수 있다는 가정을 전제로 하고 있다. 반면 주성분분석은 N개의 변인을 다시 N개의 주성분으로 바꿔줄 뿐인데 이때 변인들간 상관관계를 가장 많이 설명해주는 큰 덩어리인 주성분 1을 뽑아내고 다음으로 많이 설명해주는 주성분 2를 추출해 마지막 주성분 N이 뽑힐 때까지 계속 계산해 준다.

따라서 주성분 분석은 원래 변인 수보다 적은(N< M) 개수의 공통요인이 있다는 것을 가정하지 않는다. 그러므로 요인분석 기법이 지향하는 변인의 축소 관점에서 보면 주성분 분석은 맞지 않는다. 하지만 주성분 분석도 가장 많은 변량을 설명해 주는 성분부터 나열한다. 예를 들어, 전체 100%를 다 설명하지 않고 60%까지만 설명하는 수준에서 주성분 숫자를 제한한다면 요인분석에서 사용한 공통요인 추출과 거의 유사한 결과를 얻는다.

변인들간의 상관관계지수를 공통요인에 의한 영향과 변인 고유의 영향으로 분리할 수 있다는 정통 요인분석 관점과 그러한 가정 없이 변인들의 조합과정을 통해 관계를 가장 많이 설명해 주는 주성분으로 계속 치환해나가면 된다는 입장은 100년이나 되는 해묵은 논쟁이다. 통계적으로나 방법론적 관점에서 어느 것이 더 타당하냐는 논외로 치고, 방대한 시뮬레이션 연구에 의하면 변인간에 아주 독특한 상관관계 패턴을 갖거나 사례수가 상대적으로 아주 적을 경우를 빼고는 요인분석이나 주성분 분석 모두 유사한 결과를 얻었다. 따라서 두 기법을 구분해 사용하는 실익은 거의 없다고 볼 수 있다. 사실 최근 커뮤니케이션 학회지에 출판된 연구논문 중 요인분석을 사용한 경우 거의 대부분이 데이터 분석기법에 대해 방법론적인 논의를 할 때는 요인분석이라는 표현을 썼지만 실제로 적용한 분석기법은 많은 경우 주성분분석이었다.

그 밖에 고급 통계기법으로 다변인 분석기법(*multi-variate analysis*)이 있는데 이 기법은 종속변인이 여러 개일 경우를 지칭한다.

지금까지 설명한 모든 통계기법은 독립변인은 여러 개 있을 수 있으나(예: 3원, 4원 변량분석, 중다회귀 분석)[3] 종속변인은 늘 하나였다. 요인분석은 독립변인과 종속변인을 가르지 않고 전체변인을 한통으로 취급하기 때문에 다변인 분석기법에 넣을 수 없다. 대표적 기법이 다변인 변량분석방법(MANOVA: *multi-variate* ANOVA)인데 동일집단에 대해 반복측정을 하는 실험설계에서 자주 쓰인다. 동일집단에 처치 A, B, C를 계속적으로 부과하면 처치 A의 잔류효과(*carry-over effect*)가 처치 B를 받을 때 영향을 미치고, 다시 처치 C의 경우에는 A와 B의 잔류효과가 동시에 영향을 주게 되는 문제가 발생해 이러한 잔류효과를 제거할 통계적 방법이 필요한 경우가 생긴다. 이때 A, B, C 처치결과 측정된 값을 3개의 종속변인으로 삼아 MANOVA를 사용해 분석하면 동일집단간 처치중복에 따른 효과를 분리해낼 수 있다. 그 밖에 다변인기법으로는 N개의 종속변인과 M개의 종속변인 사이의 복합 상관관계를 계산하는 정준 상관관계분석(*canonical corelation*) 기법 등이 있다.

4. 최근의 통계분석기법 동향에 대하여

통계분석은 최근 컴퓨터 사용이 보편화되면서 급속히 저변을 확대했다. 데스크탑 PC에서도 문제없이 돌아가는 컴퓨터 통계패키지 프로그램 때문에 통계 사용자들은 수치

3) 회귀분석에서는 예측변인을 독립변인으로 볼 수 있고 예측되는 Y변인을 종속변인으로 간주할 수 있다.

계산의 노고에서 풀려나 복잡한 통계분석 기법도 자유롭게 사용할 수 있게 되었다. 요인분석 기법은 선형대수를 사용한 통계공식으로는 이미 오래 전에 개발되었다. 그러나 실제적인 계산의 어려움 때문에 컴퓨터 사용이 보편화되기 이전에는 제한적으로밖에 사용하지 못했다. 1950년대 10개 미만의 변인을 사용해 요인분석을 할 경우 원시적인 치차식 계산기를 사용해 6개월 정도 걸렸다고 한다.[4]

현재는 60개의 변인을 사용한 요인분석도 1초 안에 PC가 해낸다. 이렇게 통계적 계산환경이 쉬워지니 통계의 오남용이 부쩍 늘었다. 특히 쉽게 아주 복잡한 통계기법을 사용할 수 있게 되면서 통계기법의 남용은 도를 넘어선 경우가 종종 눈에 띈다. 우리나라 속담에 "모기잡는 데 큰칼을 쓰는 것은 어리석은 자가 하는 짓"이라는 말이 있다. 간단히 평균의 비교만 해도 될 것을 요인분석을 하고 회귀분석을 돌린다. 이론의 빈약함에서 나온 연약한 가설을 증명하기 위해 무리수를 두는 것이다. 하지만 랭(Lang)이 말한 것처럼 주정뱅이가 가로등에 의지해 쓰러지는 자신의 몸을 지탱하려는 행태로 통계를 사용하면 안 된다. 가로등은 어두운 골목을 밝히려고 있는 것이지 자신의 쓰러져 가는 몸을 지탱하기 위해 만든 것은 아니다. 마찬가지로 어떠한 통계기법도 허약하게 만들어져 도저히 데이터로 검증하지 못할 가설을 지탱해주지는 못한다. 일반적으로 복잡하고 아주 강력한 통계기법은 조금만 그 기법이 요구하는 가정(*assumption*)을 벗어나도 분석결과가 무의미하게 된다. 반면에 t 검증과 같은 간단한 통계기법은 어지간히 요구조건에서 벗어나도 통계수치가 아주 안정적(*robust*)이다.

PC와 같은 강력한 개인용 컴퓨터의 사용은 통계분석 방향을 하나의 대표값으로 응축(*aggregation*)해 자료의 특성을 표현하던 관행에서 벗어나 데이터의 전체 특성이 어떠한가를 그래픽 테크닉을 사용해 전체적으로 조망하는 방향으로 바꾸어 놓았다.

대표적인 예가 1980년대에서부터 하버드의 통계학자 모스텔러(Mosteller)에 의해 주창된 데이터를 기술하는 데 평균과 표준편차 등 한두 개의 대표값 수치로만 나타내지 말고 히스토그램, stem & leaf, box-whisker plot 등과 같은 데이터의 분포를 살펴볼

---

4) 치차식 계산기는 1단위 톱니를 10번 돌려야 10단위 하나가 올라가고 100단위를 올리기 위해서는 1단위 치차를 100번 돌려야 하는 기계식 계산기를 말한다. 당시 계량분석 기법을 전공으로 해 학위를 받으려면 치차식 계산기를 너무 많이 돌려 오른팔의 근육이 역도선수를 방불케 했다는 이야기가 전해져 오고 있다.

〈그림 2-3〉 앤시콤브(Anscomb)의 그래프

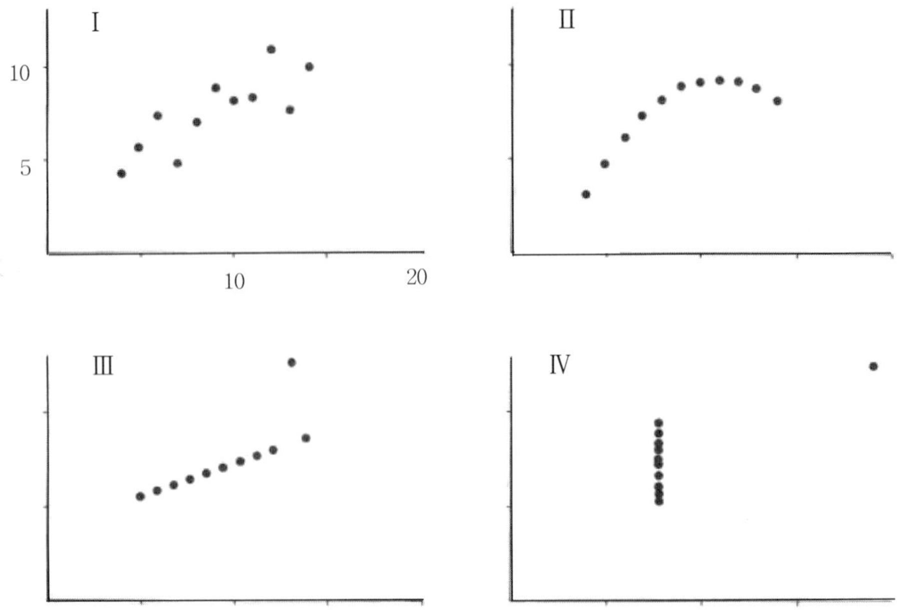

* 사례 수(N) = 11
X의 평균 9, Y의 평균 7.5, 상관관계 지수 r = 0.82
회귀식: Y = 3 + 0.5 X

수 있는 그래픽 테크닉을 함께 사용하는 EDA(*exploratory data analysis*) 데이터 탐색기법이 등장이 그것이다. 〈그림 2-3〉은 앤시콤브(Anscomb)가 1977년 제시한 유명한 그래프이다. 네 개의 그래프는 모두 똑같은 평균값, 상관관계지수, 회귀계수 값을 가지고 있다. 하지만 데이터 형태는 전혀 다르다. 따라서 평균값이나 상관관계 또는 회귀계수 수치만으로 결론을 내릴 때 심각한 오류가 발생할 여지가 있는 것이다.

그래픽 테크닉은 우리가 일상적으로 사용하던 통계기법에도 더 풍부한 직관력을 첨가해 '백문이 불여일견(百聞不如一見)'이라는 말을 실감케 하였다. 몇 년 전 영화로 개봉되어 많은 사람들을 눈물짓게 했던 타이타닉호 침몰사건은 영화와 같이 아름다운 로맨스와는 거리가 먼 비참한 사고였다. 당시 최신의, 최고의 기술로 건조된 이 배는 최초 처녀항해중 1912년 4월 14일 한밤중에 거대한 빙산과 충돌하면서 배 옆구리에 커다란

〈그림 2-4〉 3원 교차분석 그래프

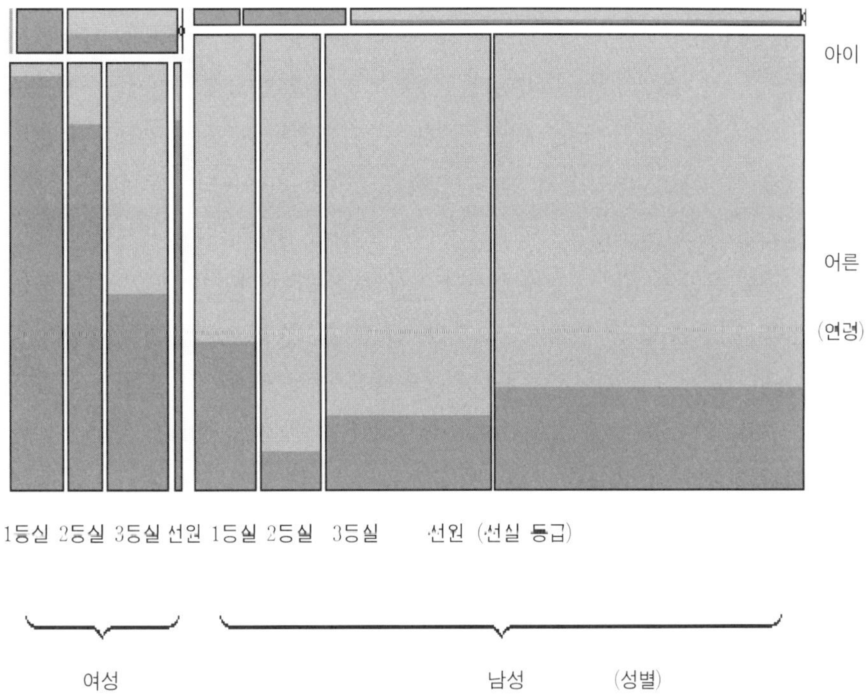

구멍이 나 2시간 40분 후에 침몰하게 된다. 이때 차가운 바닷물과 함께 수장된 1,500여 명이 넘는 사망자 대부분은 당시 아일랜드나 영국에서 신대륙 미국으로 꿈을 찾아 이민 가던 가난한 3등 선실 승객이었다.[5] 이 3등 선실에 탑승한 사람들은 여성이나 아

5) 이때 최첨단 선박답게 당시로서는 최고 수준의 무선통신 설비를 갖추었다. 타이타닉호는 빙산에 부딪힌 후 거의 3시간 가까이 물위에 떠있었기 때문에 무선통신을 통해 구조신호(SOS)를 타전할 수 있었다. 하지만 이 구조신호는 주변을 지나던 선박들이 수신하지 못하고 수천 Km 떨어진 미국 대서양 연안의 무선 통신기지에서 수신되었다. 당시 이 기지의 관할 책임자가 사르노프(Sarnoff)였다. 사르노프는 타이타닉호 침몰 이후 며칠에 걸쳐 구조선박들과의 무선통신 결과를 언론매체에 중계하면서 무선통신이 가지고 있는 대중적 파급효과에 대해 많은 생각을 하게 되었고 이것을 기반으로 하여 "The Radio Music Box"라는 아이디어를 후에 제안하게 된다. 아이러니컬하게도 최대 해양참사 중 하나인 타이타닉호의 침몰이 20세기 최고의 대중매체인 방송의 출현을 도와주었던 것이다.

이 모두 구명보트에 승선할 기회 한 번 잡아보지 못하고 차가운 바다에 수장되었다. 여성이나 아이들이 상대적으로 많이 구조된 것은 팔자 좋은 1등 선실 승객들이었다. 이러한 비참한 현실을 웅변적으로 보여주는 것이 〈그림 2-4〉로 모자이크 기법(*Mosaic technique*)으로 그린 성별(남/녀)·연령(어른/아이)·선실 등급(1등실/2등실/3등실)의 3원 교차분석(*3-way crosstabulation*) 그래프이다. 이 그래프에서 짙은 색으로 표시된 부분이 생존자를 나타내고 각 부분의 상대적 면적 크기는 수를 나타낸다. 따라서 3등실 승선자수는 1, 2 등실을 합한 것보다 더 많은 것을 쉽게 알 수 있다. 이 그래프는 2차원 평면 그래프이지만 여기에 내포된 정보는 앞에서 설명한 성별, 연령, 선실등급 등 3차원 정보이다. 한눈에 알 수 있듯이 "숙녀 먼저, 아이들 먼저"라는 기사도 정신은 1, 2등실 승객에게나 통하는 얘기이지 3등실에는 전혀 통하지 않았다. 1등실 여성 승객과 어린이들은 거의 대부분이 살았는데 3등실 여성승객은 절반도 못살았다. 이것은 어린이의 경우에도 예외가 아니었다. 여기서 보여주는 대로 아주 강력해진 PC의 그래픽 제공 능력은 데이터 분석을 훨씬 다양하고 입체적으로 할 수 있게 만들었다. 이제야 비로소 통계기법을 사용한 양적 분석방법에서 나무도 보고 전체 숲도 제한적이나마 볼 수 있는 도구를 갖추게 되었다고 볼 수 있다.

통계기법은 자주 악기에 비유되곤 한다. 스트라디바리우스 바이올린 정도의 명성을 갖는 명품 통계 테크닉도 있다. 예를 들어 구조방정식 모델이 그렇다고 보면 바이올린의 초보가 세기의 명기인 스트라디바리우스를 연주한다고 좋은 소리가 나올 리 없다. 하지만 능력을 갖춘 유능한 연주자가 이 명기를 연주한다면 천상의 소리가 나올 것이다. 통계기법 사용도 마찬가지이다. 사용자가 잘 알고 완벽하게 구사할 수 있는 기법을 사용해야지 저것은 참 강력한 기법이고, 멋있는 결과를 내줄 수 있다는 믿음으로 능력도 안 되면서 고급통계 기법을 사용한다면 천상의 소리는커녕 소음만 잔뜩 내고 말 것이다.

통계기법은 그 기반구조가 수학논리에 바탕을 두고 있기 때문에 아주 견고하고 아름답다. 따라서 통계분석 결과가 잘못되었을 때 통계기법을 비난하면 안 된다. 사용자가 제대로 이해하지 못하고 통계를 사용해 생긴 문제를 엉뚱하게 도구를 나무라면서 핑계를 대는 경우를 종종 본다. 우리가 노래방에서 좋은 노래를 음치가 불러 소음만 잔뜩 낼 때 노래가 잘못 되었다고 비난하는가, 아니면 노래하는 사람이 실력이 없어 그렇게 되었다고 믿는가?(You should have blamed some of the singers, not the song!)

참고문헌

오택섭 · 최현철(2003), 《사회과학 데이터분석법》 ① ~ ③, 서울: 나남.

Babbie, E. (2004), *The Practice of Social Research*, Belmont, CA: Wadsworth.

Huck, S. W. (2004), *Reading Statistics and Research*, Boston, MA: Pearson Education.

Knoke, D., Bohrnstedt, G. W., & Mee. A. P. (2002), *Statistics for Social Data Analysis 4th Edition*, Belmont, CA: Wadsworth; 장상희 · 이상문 역(2007), 《사회통계학: 원리와 실제》, 서울: Thomson Korea.

Wimmer, R. D. & Dominick, J. R. (2000), *Mass Media Research: an Introduction*, Belmont, CA: Wardsworth.

연습문제

1. 통계가설 검증에서, 영가실이 기각되지 않아 연구가설이 채택되지 못한 상황이 발생하였을 경우, 이 연구결과는 과연 의미가 없는 것인가? 이 경우 연구결과가 가지는 의미는 무엇인지 생각해 보자.
2. 통계의 오용과 남용의 구체적인 사례를 각각 찾아서 제시해 보자.

2

양적 방법론

- 제 3 장 연구문제의 설정과 개념화 _이상식
- 제 4 장 변량의 이해 _강형철
- 제 5 장 사회조사방법 _황 근
- 제 6 장 실험연구 _박정의
- 제 7 장 시청률 조사 _심미선
- 제 8 장 온라인 리서치 _김국진

제 3 장

연구문제의 설정과 개념화

이 상 식

본 장에서는 이론에 근거하여 가설을 설정하고, 가설에 등장하는 주요 개념들을 조작적으로 정의하는 방법에 대해 설명하고 있다. 가설은 이론과 현상을 연결시켜주는 역할을 수행한다. 조작적 정의는 가설을 현상에서 검증하기 위해 주요한 개념들을 실증적으로 측정하기 위한 노력을 말한다. 기존연구가 많이 행해진 연구분야의 경우에는 기존 이론에 근거하여 가설을 설정하여 현상을 설명하는 가설-연역적 방법이 용이하다. 아울러 복잡한 변인간의 관계를 파악하기 위해서 연구모형을 그려 가설들을 설정하거나, 가설을 설정하고 변인간의 관계를 분명하게 이해하기 위해 연구모형을 그려보는 훈련도 필요하다.

주요 용어: 가설, 작업가설, 연구가설, 영가설, 개념화, 조작적 정의, 명명적 정의, 반증

1. 연구의 출발

연구과정은 호기심이 생길 때 이미 시작된 것이다. 즉, 어떤 것을 알고 싶어한다면, 공식적이거나 비공식적으로 연구를 시작한 것이다. 이때에 현상에 대해 관찰하거나, 자료를 읽거나, 어떤 사람이 제기한 주장이나 무엇인가에 대한 직관(*hunch*)들에 기초하여 연구를 시작할 수 있다. 좋은 연구자가 되기 위해서는 많은 이슈들을 확인하고, 확인된 이슈들을 노트에 적고, 그리고 그 가운데 하나를 연구하기 위해 선택한다. 관련된 모든 이슈들을 확인하는 것은 연구주제의 복잡한 관계들을 파악하는 데 도움을 준다. 그리고 그 가운데 하나를 선택하는 것은 한 연구에서 관련 있는 복잡한 현상을 모

두 연구하는 것이 불가능하기 때문이다. 한 연구에서 하나의 작은 부분을 연구하고, 또 후속 연구에서 또 다른 부분을 연구하면서 연구들이 축적되어서 전체 현상에 대한 총체적인 이해가 가능하게 되는 것이다. 따라서 너무 욕심을 내어 한 연구에서 큰 주제를 설정하여 모든 것을 설명하려고 하기보다는 연구주제들을 좁혀나가는 작업이 매우 중요하다. 이러한 작업들은 연구 보고서를 읽는 독자들이 연구자가 연관된 이슈들의 복잡성을 잘 이해하고 있고, 어느 하나에 초점을 맞출 정도로 충분히 훈련되어 있다는 것을 인식시킨다. 연구 출발단계에서 연구자는 연구문제, 상황 등에 대해서 생각할 때 떠오르는 모든 이슈, 아이디어, 요인들을 확인하고 노트에 적는 것부터 시작한다. 다음으로 기초되는 자료들을 읽는 것이 이슈나, 요인 그리고 한 걸음 더 나아가 연구문제들을 생각하는 데 도움이 된다. 이상 내용들을 다시 정리하면,

1) 연구하려는 현상을 들여다보고,
2) 개념들을 확인하고,
3) 개념들 간의 가능한 관계를 확인하고,
4) 최종적으로 연구하고자 하는 몇 개의 변인들에 초점을 맞추기 위해 선택하는 것이다.

요인들이나 이슈들을 분리시킨 후에, 그들에 관한 자료들을 찾아서 읽는다. 그리고 연구할 수 있는 질문형태로 서술하는 것이 필요하다. 이를 위해 기술이 요구되는데, 두 가지 형태의 기술이 있다. 하나는 가설이고, 또 다른 하나는 연구목적의 형태를 띤다. 그런데 대부분 형태는 가설이나 연구목적의 변형된 형태로 나타난다.

2. 과학적 연구과정에서 가설의 역할

과학적 연구는 이론과 같은 추상세계와 경험세계 사이에서 현실을 탐구하기 위한 노력이다. 즉, 과학적 연구는 이론적 명제와 경험적 관찰의 연결로 이루어지며 이 둘 중 어디에서나 시작될 수 있다. 이론차원에서 경험세계로 내려올 수도 있고, 반대로 경험세계에서 이론차원으로 올라갈 수도 있다. 과학적 지식이란 체계화된 지식이다. 기존 연구들이 축적되어 만들어진 체계적인 지식인 것이다. 지식의 체계화는 이론에 의해

가능하며, 이론화 작업 혹은 이론구축(*theory building*) 노력을 통해 이론이 만들어진다.

연구를 이론에서 시작할 때, 기존연구들에 대한 검토가 중요하다. 관심 있는 분야에서 기존연구가 많이 이루어져 있다면, 이론차원에서 연구를 시작하는 것이 유리하다. 기존이론을 기초로 연역적으로 가설을 설정하게 된다. 그리고 이론이나 가설은 추상성의 수준이 너무 높기 때문에 경험차원에서 측정이 가능하도록 추상성의 수준을 단계적으로 끌어 내려주어야 한다. 가설설정 이후 필요한 단계는 가설을 구성하는 주요한 개념들을 조작적으로 정의하는 작업이다. 즉, 관념적 용어들로 구성되어진 가설들을 측정이 가능하도록 작업가설(*working hypothesis*)로 바꾸는 작업이다. 이 과정을 조작화(*operationalization*) 혹은 조작적 정의(*operational definition*)라고 부른다.

작업가설이 설정되면 이를 검정하기 위해 경험세계로 뛰어들어 관찰하게 된다. 이때 다양한 연구방법들이 활용된다. 실험, 서베이, 내용분석, 참여관찰 등이 커뮤니케이션 분야에서 대표적으로 사용되는 방법들이다. 이러한 작업 가설들을 검정하기 위해 측정도구를 만들고 표본을 추출하여 관찰하게 된다. 자료가 수집되면, 이를 정리하고 체계화 한다. 관찰된 현상은 통계적인 데이터와 같은 양적 자료나 질적 자료로 측정된다. 양적 자료의 경우에는 통계처리를 하게 되는데, 이 경우 전수조사, 즉 전체 모집단을 대상으로 연구하지 않고 표본을 사용한 경우 표본의 값을 계산하여 모집단의 모수를 추정하게 된다. 이 과정에서 관찰한 자료들을 분석하여 가설의 참과 거짓을 판단하게 된다. 가설의 참과 거짓이 판명되면 궁극적으로 가설설정의 근거가 된 이론을 확정하거나, 거부하거나 수정할 것을 결정하게 된다. 이러한 과정이 연역적 방법의 일반적 절차이다. 특별히 가설을 설정하여 연역적으로 접근하는 경우 가설 연역적 방법이라고 말한다.

연역적 방법에 상응하는 것이 귀납적 방법이다. 귀납적 방법은 경험세계에서 추상의 이론적 세계로 올라가는 접근법이다. 경험세계에서 현상을 관찰하여 이론구축을 시도한다. 현상에서 여러 가지 사례들을 관찰하고 분석한 후, 패턴변인(*pattern variables*)들을 찾아내어 이론화하게 된다. 패턴변인들을 발견해내는 방법은 현상에 내재한 공통적 요인이나 차별적 요인들을 찾아내는 것이다. 기능의 관점, 구조의 관점, 혹은 구조기능의 관점에서 연구대상이 되는 현상들을 들여다보면 이러한 보편적 특성이나 차별적 특성들이 나타난다. 현상을 들여다보고 있으면 현상이 말을 해준다고도 한다. 연구

〈그림 3-1〉 과학적 연구과정에서 가설

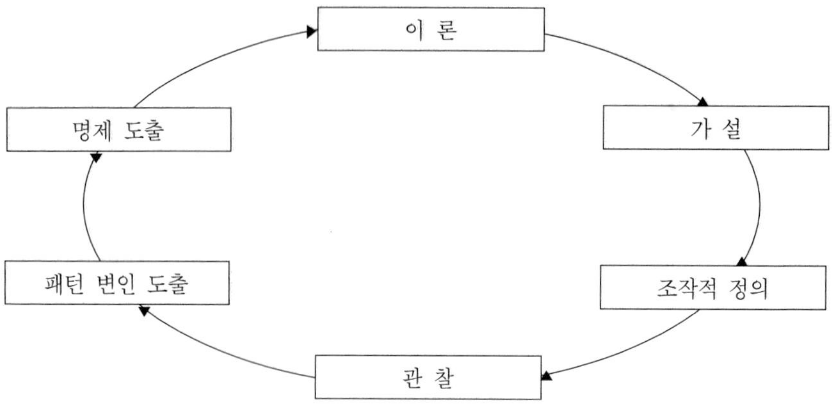

자는 현상의 말을 귀담아 들으면 되는 것이다. 하지만, 이러한 귀납적 접근은 부단한 훈련을 통하지 않고서는 결코 쉽지 않은 작업임에는 틀림없다. 귀납법에서는 일반적으로 가설을 설정하지 않지만, 경우에 따라서는 가설을 설정하여 접근하기도 한다. 문화인류학자들이 원주민들의 생활을 참여관찰 방법을 통해 연구할 때, 나름대로 가설을 가지고 탐구대상이 되는 현실세계에 들어가기도 한다. 이때 가설은 앞서 설명한 연역법의 가설처럼 고정된 것이 아니라, 연구과정에서 수정될 수 있다는 점이 차이점이다.

3. 가설설정 방법

가설은 개념들 사이에 하나의 관계를 주장하는 진술문이다. 2개 또는 그 이상의 개념들 사이의 관계에 대한 가정적 서술이다. 개념은 어떤 것을 나타내는 아이디어이다. 어떤 사람들은 동일개념에 대해 다르게 정의하기도 하지만, 보다 폭넓게 수용되어지고, 분명하고, 상대적으로 이해할 만한 정의를 내리는 것이 중요하다. 가설의 핵심은 두 개념들이 특정한 방향으로 관련이 있다는 것을 주장하는 것이다. 연구문제가 'X와 Y 사이에 관계가 있는가' 라는 연구문제를 제기했다면, 일반적으로 연구가설은 'X가 Y의 원인이다', 혹은 'X는 Y와 관계가 있다', 혹은 'X가 증가하면 Y도 증가 혹은 감소한다',

혹은 'X와 Y는 긍정적 혹은 부정적 상관관계가 있다'는 형식으로 서술한다.

한 예를 들어보자. 연구자는 기존연구 결과에서 연구를 시작하든지 현상에 대한 관찰로부터 연구를 시작할 수 있다. 만약 '어떤 학생들이 다른 학생들보다 좋은 성적을 보인다' 라는 현상의 관찰에서 연구를 시작한다면, 연구주제에서 다루어질 수 있는 성적에 영향을 미칠 수 있는 가능한 모든 요인들을 떠 올린다(공부하는 양, 체력, 영양, 사교육 비용 등). 그리고 담당 교수와 이야기를 나누고, 도서관이나 요즘과 같이 인터넷이 발달한 시기에는 학술논문을 쉽게 찾아 볼 수 있는 학회나 연구소 사이트들에 들어가서 자료를 읽는다. 그리고 난 후 공부와 성적이라는 두 개의 변인이 어떻게 관련되어 있는지 혹은 공부가 성적에 어떤 영향을 미치는지에 대해 연구하기로 결정한다. 이러한 예비 작업이 끝나면, 연구를 진행하게 될 하나의 가설을 다음과 같이 설정하게 된다.

가설: 공부를 많이 하는 학생일수록 학업 성취도는 향상될 것이다.

이 가설은 두 개의 개념, 즉 X(공부 양)가 Y(학업 성취도)를 초래한다는 식의 관계성을 설명해 준다. 이런 가설은 〈그림 3-2〉와 같이 나타낼 수 있다.

두 개의 개념은 네모 칸 속에 있고, 두 개의 네모 칸은 하나의 개념에서 다른 개념으로 가는 화살표로 연결되어 있다. 화살표는 공부 양이라는 하나의 개념(독립개념)이 다른 개념(종속개념)인 학업 성취도에 어떤 영향력을 행사하는지를 보여준다. 더하기 기호는 그 관계가 긍정적이라는 것을 나타내며, 공부 양이 더 나은 학업 성취도로 이어질 수 있다는 것을 의미한다.

〈그림 3-2〉 공부 양과 학업 성취도 간의 관계

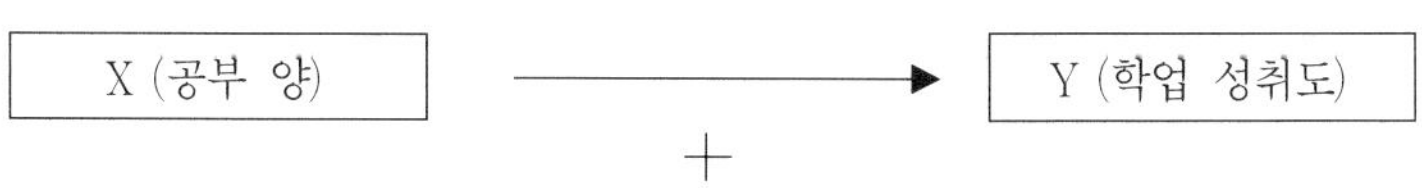

연구에 관련된 변인들의 관계를 그림으로 나타내는 것은 생각을 정리하는 데 무척 효과적이다. 만약 가설을 그림으로 그릴 수 없다면 아직 연구자의 생각이 제대로 정리되지 않았다는 것을 의미한다. 관련된 변인들이 어떠한 것이 있으며, 어떤 관계를 형성하고 있는지를 한 눈에 볼 수 있도록 해 주기 때문이다. 따라서 연구자들은 관련된 요인이나 변인 그리고 개념들을 가능한 한 모두 도출하여 하나의 그림으로 정리해 보고, 그 가운데 어느 요인들에 초점을 맞출 것인지 훈련받는 것은 매우 중요하다. 그림으로 정리할 수 있다는 말은 그 이슈를 이해하기 시작했다고 볼 수 있다.

가설을 설정하여 연구하는 연역적 방법을 가설연역적 접근(*hypothetico - deductive approach*)이라고 한다. 물론, 귀납적인 접근에서도 가설을 설정하기도 한다. 하지만 가설을 설정하지 않고 연구를 진행할 수도 있다. 대부분 탐색적인 연구의 경우, 기존연구가 많이 이루어지지 않는 경우, 연구가 초기 연구단계에 있는 경우 이른바 탐색적 연구(*exploratory study*)의 성격이 강한 경우 기존연구 결과에 토대해 가설을 설정하는 접근방법보다는 단순하게 연구문제만 제기하고 연구하는 경우도 많다. 반대로, 기존에 이미 그 주제로 연구가 많이 수행되었다면 가설연역적 접근방법은 매우 안전하고 진행하기가 쉽다.

가설을 세워야 하는 이유는 분명하며 두 가지가 있다. 첫째는 연구문제에 대한 보다 정확한 답을 얻기 위함이다. 가설을 설정하지 않고 어떤 현상을 관찰해서 주어진 연구문제에 대한 답을 제시하게 되면 연구자의 주관이 개입하게 된다. 과학에서는 연구자의 주관을 배제하는 것이 무척 중요하다. 가치중립성(*value free or value neutral*)이 과학을 구성하는 핵심요인이기 때문이다.

어떤 주어진 연구문제 또는 현상에 대한 바른 판단을 내리기 위해서는 기존연구 결과를 토대로 가설을 세우고, 실증적으로 검증함으로써 보다 확실한 이론을 구축할 수 있게 된다. 다시 말해서 어떤 연구문제에 대한 현상을 관찰하고 자기 나름대로 추측, 판단해서 연구결과에 대한 답을 얻는 것이 아니라, 일단 가설을 세우고 과학적인 관찰을 한 후 가설검증을 하고, 가설을 긍정 혹은 부정함으로써 주어진 연구문제에 대한 최종 답을 얻어 나가는 것이 과학적이라는 것이다.

현대과학에서 100% 진리는 존재하지 않는다. 사회과학에서는 특히 그러하다. 그래서 사회과학자들을 어둠 속에서 춤추는 코끼리를 설명하려고 노력하는 자에 비유한다.

어둠 속에서 춤추는 코끼리를 설명하려고 할 때, 확실한 것보다 불확실한 요소가 더 많다. 코끼리의 코를 만지고, 혹은 꼬리를 만지고, 혹은 상아를 만지거나 다리를 만지고 코끼리는 이러하다고 했을 때, 그것이 일부는 사실일지언정 코끼리 전체를 이해했다고 말할 수 없다. 그래서 사회과학에서 현상의 30%만 설명해도 좋은 이론이라고 말한다. 현상에 대해 절대적인 확신을 기대하기 어렵기 때문에, 확신의 정도를 확률에 의하여 평가할 것이 요구된다. 즉 어떤 현상에 대한 서술 또는 판단은 일단 가설을 세우고, 관찰한 후 확률에 입각해서 가설을 수락하거나 기각함으로 진리를 발견해 나간다. 과학적 연구에서 가설을 세우는 이유가 바로 여기에 있다.

가설을 세워야 하는 두 번째 이유는 어떤 문제를 가설의 형태로 바꾸지 않고 직접 해결하는 것은 사실상 불가능하기 때문이다. 즉 연구문제는 질문만으로써 과학적 검증이 불가능하기 때문이다. 따라서 먼저 가설을 세우고 이를 검증하여 수락(*accept*) 혹은 거부(*reject*)함으로써 주어진 문제를 간접적으로 해결할 수밖에 없기 때문이다. 가설을 검증하는 과정은 연구가설(*research hypotheses*)을 수립하고, 연구가설에 반하는 영가설(*null hypotheses*)을 반증(*disprove*)함으로 연구가설을 수락하거나 거부하는 일련의 과정을 거치게 된다. 예를 들면, 'X는 Y와 관계가 있을 것이다'라는 연구가설을 수립했다면 영가설은 'X는 Y와 관계가 없을 것이다'가 된다. 이때 가설 검증은 영가설인 'X는 Y와 관계가 없을 것이다'를 수락하면 연구가설이 기각되는 것이고, 영가설이 거부되면 연구가설이 수락된다.

그렇다면 왜 이런 복잡한 과정을 거쳐야 하는 것일까? 다른 방법은 없는 것일까라는 의문이 제기된다. 검증의 과정에는 두 가지 방법이 가능하다. 하나는 검증(*verification*)이고 다른 하나는 반증(*falsification*)이다. 전자는 X와 Y가 관계가 있다는 것을 증명하기 위해 온갖 입증자료로 그것이 진실임을 증명하려고 노력하게 된다. 그러나 어느 순간까지 증거자료를 통해 진실이라고 입증되었더라도, 근본적으로 그 다음 순간 다른 반박자료가 등장하면 그 진실성이 도전받을 수 있다. 만약 어떤 사람이 도둑이라고 주장할 때, 그가 도둑임을 입증할 수 있는 온갖 자료를 들이대고 그 사람이 죄인인 것을 입증한다 할지라도, 어느 순간 기존 입증자료를 번복할 수 있는 자료가 나타났을 때 생사람을 도둑으로 모는 결과를 초래할 가능성이 있는 것이다.

이러한 연유로 법정에서는 반증의 접근방식을 채택한다. 즉, 형사법을 적용할 때 무죄추정의 원칙이 중요하다. 형사재판 과정에서 명확한 죄인일지라도 판사의 최종선고 판결이 있기 전까지는 무죄라고 추정한다. 그리고 판사는 검사로 하여금 '피고인이 무죄 또는 결백하다'는 것을 반증(*disprove*) 하게 한다. 그리하여 판사가 여러 가지 증거자료를 제시하여 '피고인이 결백하지 않다'는 것을 반증해 주면 판사는 피고인이 유죄 즉 죄인임을 인정하게 되어, 죄질에 따른 형량을 선고하는 것이다. 그러나 만약 검사가 '피고인이 결백하다'는 가정을 반증하지 못하면 피고인은 무죄가 된다.

이와 같이 연구과정에서도 어떤 문제에 대한 답을 직접 얻는 것은 불가능하다고 본다. 따라서 연구가설 또는 작업가설(*working hypothesis*) 을 설정하고 다시 대안적 가설(*alternative hypothesis*) 혹은 영가설(*null hypothesis*) 을 세워 그것을 반증함으로써 그 대안으로써 연구가설을 받아들이는 복잡한 과정을 거치게 되는 것이다.

4. 가설의 요건 및 서술방법

가설이란 연구문제에 대한 2개 혹은 그 이상의 개념들 간의 가정적 서술이다. 연구과정에서 연구문제와 해답 사이에서 중간단계에 존재하며 검증을 통해서 수락되거나 거부되어진다. 가설 수립시에 반드시 고려해야 할 몇 가지 요건이 있다.

1) 연구문제에 대한 가장 적합한 해답이 될 수 있어야 한다.
2) 이론적 체계와 관련되어 있어야 한다. 기존연구 결과를 토대로 작성되어야 한다. 하지만, 직관에 의해 가설이 설정되는 경우도 있다.
3) 간단명료하면서도 주어진 변인들 간의 관계가 명시되어야 한다.
4) 변인들은 명확하고 측정가능해야 한다.
5) 변인들 간의 관계는 검증가능해야 한다.
6) 수락 또는 거부될 수 있도록 긍정문 형식으로 서술되어야 한다.
7) 가설은 검증되어질 서술문이기 때문에 '… 것이다' 라는 식의 미래형으로 서술되어야 한다.

연구문제나 연구가설에 등장하는 주요한 변인들이나 요인 혹은 개념들에 대해서는 반드시 정의를 내려주어야 한다. 연구자마다 그러한 개념들에 대해서 갖는 생각들이 모두 같지 않기 때문이다. 이럴 경우, 동일한 개념을 두고 연구자 나름대로 주관적으로 해석할 가능성이 높다. 주요한 개념들을 정의 내리는 작업을 개념화(*conceptualization*)라고 한다. 개념의 정의는 어떠한 개념의 뜻을 구체화하는 방법이나 절차를 말한다.

개념 정의를 내리는 데에는 두 가지 방법이 사용된다.

첫째는 명명적 정의(*nominal definition*)이다. 어떤 개념을 사전적으로 표현하기 때문에 명명적 정의를 사전적 정의라고도 말한다. 예를 들면, 정(情)의 개념을 사전에서는 '사람이 오래 살거나 생활해 온 곳에 대하여 가깝게 느끼는 마음'이라고 정의하고 있다. 하지만, 이러한 정의는 동의어반복(*tautology*)의 오류에 빠지게 된다. 즉, 정이나 가깝게 느끼는 마음이나 같은 의미이다. 단순한 말을 반복한 그 이상의 의미를 지니지 못한다는 뜻이다. 문헌연구에서는 이러한 명명적 정의를 통해서 정의를 내릴 수 있다. 그렇지만, 실증적 연구에서는 보다 구체적으로 과학적으로 검증을 할 수 있게끔 정의를 내려야 한다. 따라서 조작적 정의(*operational definition*)를 내릴 필요성이 있다.

둘째, 조작적 정의는 어떤 개념을 어떻게 측정하겠다든가 혹은 어떻게 실험하겠다는 보다 구체적인 측정방법을 포함하는 개념화 방법이다. 조작적 정의는 어떤 개념을 어떻게 이해하고 설명할 수 있는지를 알려 준다. 예를 들면, 정이라는 개념을 오래 살거나 생활해 온 곳에 대해서 가깝게 느끼는 정도를 5점 척도로 측정해서 나온 값으로 정의를 내린다. 이러한 경우는 측정을 통해서 조작적 정의를 내리는 경우에 해당한다. 만약, 실험을 통해서 조작적 정의를 내리는 경우에는 실험처치를 어떻게 해서 측정하겠다는 것을 구체적으로 명시하는 방법이 실험을 통한 조작적 정의가 되겠다. 조작적 정의가 어려운 작업이기 때문에, 일반적으로 적지 않은 연구에서 조작적 정의를 내리지 않고 연구를 진행하는 것을 볼 수 있다.

서베이, 실험, 심지어 내용분석에서도 주요 개념에 대한 조작적 정의가 필요하다. 미디어 폭력이라는 개념이 있을 때 이 개념의 조작적 정의를 내려 보자. 구체적으로 어떤 행위가 폭력을 의미하는지가 명확해야 한다. 위협적인 대화는 폭력인가, 어린이 만화에 나오는 것처럼 코믹한 폭력은 어떻게 할 것인가, 코믹한 폭력과 일반적 폭력 사이에 중요한 차이가 있는가 등의 문제를 고민해야 한다. 내용분석에서 폭력에 대한 정의를 제대로 내리지 않은 상태에서 연구를 진행했다면 그 연구 결과물은 무용지물이 될 수 있다. 폭력을 너무 넓게 정의하여도, 또 너무 좁게 정의하여도 문제가 된다. 너무 넓은 정의로부터 출발하면 그러한 정의에 따라 분석했을 때 너무나 많은 것이 포함되어 정확하지 못한 분석이 이루어진다. 반대로 너무 좁은 정의를 내릴 경우 반대로 중요한 사항들을 빠뜨릴 위험이 있다.

만화폭력을 내용분석하는 연구를 한다고 가정하자. 어떤 연구자는 만화에 등장하는 코믹한 폭력들은 폭력이라고 해서는 안 된다고 생각할 수도 있다. 또 다른 연구자는 얼마든지 코믹한 폭력은 당연히 폭력의 범주에 포함된다고 반대로 생각할 수 있다. 조지 거브너(George Gerbner)와 낸시 시뇨렐리(Nancy Signiorelli)는 미디어에 담긴 폭력과 테러(*Violence and Terror in the Mass Media : An Annotated Bibliography*, 1988)에서 "신뢰할 수 있는 관찰이나 체계적인 분석을 하기 위해서는 다소 제한적이고 객관적인 정의가 필수적이다. 미디어 폭력에 관한 대부분의 연구는 미디어 폭력을 타인을 해하거나 죽이거나 위협하는 등 겉으로 드러난 물리적 행위"라고 정의하고 있다. 이 책은 미디어 폭력에 관해 심리학, 사회학을 비롯하여 다양한 관점에서 연구한 총 673편의 논문의 목록과 요약을 담고 있다. 이러한 많은 연구들의 검토를 통해 발견된 문제점은 바로 이러한 논문들이 폭력을 일관되게 정의하지 않고 모두 다른 정의를 내리고 있다는 점이다. 물론 폭력이란 매우 복잡한 개념이다. 위의 정의에 따르자면 만화나 코미디에서 폭력을 어떻게 보아야 하는지가 여전히 의문으로 남는다.

같은 맥락에서 어떤 개념에 대한 정의는 생각할 수 있는 모든 행위 양식을 다룰 수 있어야 한다. 측정하기 곤란하거나 양적으로 표현하기 힘들다고 해서 어떤 개념 정의에 특정 행동만을 제외한다면 그 연구결과는 신뢰할 수가 없다. 그래서 조작적 정의란 힘든 작업이고 신중하게 표현해야 한다(김대호·류춘열·김은미, 265~266에서 재인용).

〈표 3-1〉은 폭력 개념이 얼마나 다양하게 정의내릴 수 있는지를 잘 보여준다. 버거(Berger, 1995)는 그의 저서 매스커뮤니케이션 이론(*Mass Communication Theory*)에서 폭력의 개념이 얼마나 다루기 힘든지를 입증하기 위해서 폭력에 대한 다양한 정의를 제시하고 있다. 이렇게 폭력이란 하나의 개념만 보아도 매우 복합적이고 정의를 내리기 힘들다. 만약 조작적 정의를 내리지 않고 폭력이라는 개념을 사용한다면, 연구자들마다 차별적 의미로 해석하게 될 것이다. 수많은 연구들이 비판받는 부분이 바로 이러한 개

〈표 3-1〉 폭력 개념의 다양성

1. 매개된 폭력 ---------- 직접 목격한 폭력
2. 매개된 실제 폭력(전쟁) ---------- 매개된 허구 폭력
3. 코믹한 폭력 ---------- 심각한 폭력
4. 폭력을 가하고자 하는 의도 ---------- 실천에 옮겨진 폭력
5. 개인에 대한 폭력 ---------- 집단에 대한 폭력
6. 폭력이 있었다는 추측 ---------- 실제 있었던 폭력
7. 경찰의 폭력(정의) ---------- 범죄자의 폭력
8. 언어 폭력 ---------- 물리적 폭력
9. 가짜 폭력(레슬링) ---------- 진짜 폭력
10. 영웅에 대한 폭력 ---------- 악한에 대한 폭력
11. 여자에 대한 폭력 ---------- 남자에 대한 폭력
12. 과거에 있었던 폭력 ---------- 미래에 있을 폭력
13. 인간에 의한 폭력 ---------- 기계에 의한 폭력
14. 방어적 폭력 ---------- 공격적 폭력
15. 어린이의 폭력 ---------- 성인의 폭력
16. 미약한 폭력(욕설) ---------- 심한 폭력(살인)
17. 폭력의 시각적 이미지 ---------- 폭력의 언어적 표시
18. 우연히 발생한 폭력 ---------- 계획한 폭력
19 정신병자에 의한 폭력 ---------- 멀쩡한 사람에 의한 폭력
20. 목적을 이루기 위한 도구로서 폭력 ---------- 목적으로서 폭력
21. 폭력의 원인 ---------- 폭력의 효과
22. 선행 행위로서 폭력 ---------- 반작용으로서 폭력
23. 다수의 사소한 폭력 행위 ---------- 하나의 중대한 폭력 행위
24. 감정적 반응으로 비롯된 폭력 ---------- 합리적 판단에 의한 폭력
25. 타인에 대한 폭력 ---------- 자신에게 가하는 폭력
26. 타인이 명령한 폭력 ---------- 스스로 결정내린 폭력
27. 악행 ---------- 절박한 도움 요청
28. 공포로부터 비롯된 폭력 ---------- 증오로부터 비롯된 폭력
29. 제도적 폭력 ---------- 개인적 폭력
30. 본능적 폭력 ---------- 문화적 폭력
31. 전체를 위해 필요한 폭력(스포츠) ---------- 예외적 폭력(살인)

념화가 제대로 되었는가 여부와 관련해서이다.

조작적 정의는 연구문제나 가설에 등장하는 변인이나 개념이 추상적 차원에 머물러 있는 것을 현상차원에서 관찰하고자 할 때 필요하다. 즉, 폭력이라는 개념의 추상성은 매우 높기 때문에, 폭력이라는 개념만 가지고는 현상차원에서 무엇을 관찰해야 할지 알기 어렵다. 앞서 살펴보았듯이, 추상적 폭력은 다양한 폭력을 상징하기 때문이다. 따라서 연구자는 폭력의 개념을 어떻게 정의내리겠다고 개념화를 한 후, 현상에서 그것에 해당하는 폭력만 관찰하면 되는 것이다. 이렇게 할 경우, 동일 연구자나 다른 연구자에 의해 그 연구를 반복하더라도 다른 조건이 동일하다면 동일한 결과를 도출할 수 있게 된다. 만약 그렇지 않다면, 연구할 때마다 다른 연구결과가 나올 수 있다. 폭력이라는 개념 하에 연구를 진행했지만 실상 매우 다른 폭력의 측면을 관찰했기 때문이다. 따라서 조작적 정의는 다음과 같은 요건들을 갖추고 있어야 한다.

1) 조작적 정의는 논리적으로 일관성이 있어야 한다.
2) 조작적 정의는 관찰가능해야 한다. 조작적 정의는 추상적 개념을 관찰하기 위해서 필요한 것이기에, 현상차원에서 실증적으로 관찰할 수 있도록 정의내려져야 한다.
3) 실험연구에서 이루어지는 조작적 정의는 실험이 가능하도록 해야 한다. 실험처치를 어떻게 하겠다는 식으로 실험조작을 할 수 있도록 해야 한다.
4) 조작적 정의는 양적으로 측정할 수 있어야 한다. 조작적 정의는 과학적 연구를 위해 검증가능하도록 해야 하기 때문에, 수량화시킬 수 있도록 해야 한다.
5) 조작적 정의는 다른 연구자에 의해 반복 가능해야 한다.

5. 연구문제, 가설, 조작적 정의의 사례 *

서론에서 조작적 정의를 내릴 필요는 없다. 대개 연구문제나 연구가설을 설정하고 연구방법 부분에서 서술하는 것이 순서이다. 예를 들면, '가설에 등장하는 주요 개념들을

* 김봉철 · 이병관 · 최양호(2005), "한국의 국가 이미지와 광고에 대한 일반적 평가가 상품 및 기업 이미지에 미치는 영향", 〈한국방송학보〉, 가을호, 통권 제19권 3호.

다음과 같이 측정하도록 한다'는 식으로 기술하면 된다. 연구문제, 이론적 배경에 근거한 연구가설 설정, 조작적 정의를 내린 연구사례를 소개하면 다음과 같다.

1) 문제 제기 및 연구목적

본 연구는 중국 시장에서 한국의 국가 이미지가 한국의 기업광고와 상품 그리고 기업 이미지에 어떠한 영향을 미치는지를 실증적으로 분석하여 최근 규모가 급속히 커지고 있는 중국 시장에서 한국 기업들의 효율적인 마케팅전략 수립에 도움을 주고자 하는 목적에서 이루어졌다.

2) 기존문헌 고찰 및 가설설정

기존 논의(Gurhn-Canil & Naheswaran, 2000; 김영욱, 2001; 한상필, 2004)들을 종합해 볼 때, 국제 마케팅에서 국가 이미지는 광고에 대한 평가, 제품에 대한 태도, 기업에 대한 이미지 등에 영향을 미치는 선행변인으로 작용하고 있음을 알 수 있다. 그리고 이러한 구조적 관계는 중국 시장에서도 유효할 것이라고 예측할 수 있다. 따라서 본 연구에서는 다음과 같은 가설을 설정하였다.

가설 1. 중국에서의 한국에 대한 이미지는 한국 광고에 대한 평가에 영향을 미칠 것이다.
가설 2. 중국에서의 한국에 대한 이미지는 한국 제품에 대한 태도에 영향을 미칠 것이다.
가설 3. 중국에서의 한국에 대한 이미지는 한국 기업에 대한 태도에 영향을 미칠 것이다.

3) 연구모형의 구축

이상 세 가지 가설들에 나타나는 변인들의 관계를 다음 그림과 같이 나타낼 수 있다. 사전에 변인들의 관계를 아래 그림처럼 그려 놓은 후 변인들 간의 관계를 가설로 설정할 수 있다.

〈그림 3-3〉 가설에 나타난 변인들의 관계

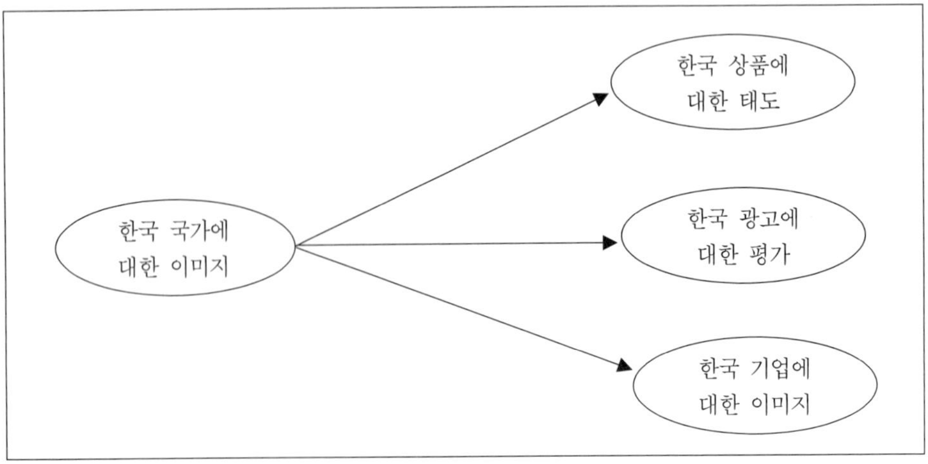

4) 주요 개념의 조작적 정의

본 연구의 주요 변인은 국가 이미지, 한국 광고에 대한 평가, 상품에 대한 태도, 기업 이미지 등이다. 먼저 한국의 국가 이미지는 모두 5개 문항의 의미분별척도를 사용했다. 5개 문항은 일반적으로 국가 이미지를 측정하는 변인들로 구성했는데 '현대적이다 - 구시대적이다', '깨끗하다 - 더럽다', '개방적이다 - 폐쇄적이다', '문화적이다 - 야만적이다', '부유하다 - 가난하다' 등으로 모두 7점 척도로 측정되었다. 광고에 대한 평가는 무울링과 라즈낙크(Muehling & Laczniak, 1992)의 연구에서 사용된 척도를 바탕으로 구성된 총 5개의 의미분별척도에 의해 측정되었다. 5개의 문항은 '마음에 든다 - 마음에 들지 않는다', '느낌이 좋다 - 느낌이 좋지 않다', '설득력이 있다 - 설득력이 없다', '매력적이다 - 매력적이지 않다', '믿을 수 있다 - 믿을 수 없다' 등이며 모두 7점 척도로 측정되었다.

제품에 대한 평가는 무울링과 라즈낙크(Muehling & Laczniak, 1992)의 연구에서 사용된 척도를 바탕으로 구성된 총 6개의 7점 의미분별척도에 의해 측정되었다. 구성된 문항들은 '좋다 - 나쁘다', '인상적이다 - 평범하다', '호감이 간다 - 호감이 가지 않는다', '유용하다 - 유용하지 않다', '다른 사람에게 권하고 싶다 - 다른 사람에게 권하고 싶지 않다', '매우 사고 싶다 - 전혀 사고 싶지 않다' 등으로 측정하였다.

기업 이미지는 '기업에 대한 다양한 정보와 그 기업 제품에 대한 경험에 의해 축적된 총체적 인상'으로 정의하고, 윈터스(Winters, 1986)가 개발한 7개 항목의 기업 이미지 구성요인을 본 연구의 목적에 맞도록 수정해 측정항목으로 활용하였다. 이들 7개의 복합척도 문항은 '한국 기업들은 공정한 가격으로 제품을 공급하고 있다', '한국 기업들은 품질이 좋은 제품을 만들고 있다', '한국 기업들은 환경보호에도 적극적이다', '한국의 기업들은 소비자의 권익보호에 관심이 많다', '한국 기업들은 세금을 잘 내고 있다', '한국의 기업들은 중국의 문화, 예술발전에 기여하고 있다', '한국의 기업들은 소비자의 건강, 교육, 사회복지 발전에 기여하고 있다' 등이다. 이들 항목들은 '매우 그렇다(+3점)'에서 '전혀 그렇지 않다(-3)'까지 7점 척도로 측정되었다.

참고문헌

김대호 · 류춘열 · 김은미(역), 《커뮤니케이션 연구, 어떻게 할 것인가》, Arthur Asa Berger(1995), *Media and Communication Research Methods*, Sage Publications, Inc.

김봉철 · 이병관 · 최양호(2005), "한국의 국가 이미지와 광고에 대한 일반적 평가가 상품 및 기업 이미지에 미치는 영향", 〈한국방송학보〉, 가을호, 통권 제 19권 3호.

차배근(1979), 《커뮤니케이션 연구방법》, 세영사.

홍두승(2001), 《사회조사분석》, 다산출판사.

Babbie, E(2001), *The Practice of Social Research*, Wadsworth / Thomson Learning.

Dixon, A(1991), *Handbook of Social Science Research*, Oxford.

Kidder, L. H. (1980), *Research Methods in Social Relations*, Holt, Rinehart.

Stempel, G. H. (1981), *Research Methods in Mass Communication*, Prentice-hall.

Wimmer, R. D. (1983), *Mass Media Research*, Wadsworth Publishing Co.

연습 문제

1. 기존연구들을 토대로 연구문제와 가설을 설정해 보라.
2. 연구가설 속에 포함된 변인들의 관계를 모형으로 그려 보라.
3. 연구가설의 주요 개념들을 조작적으로 정의해 보라.

제 4 장

변량의 이해

강 형 철

사회과학은 변량을 탐구하는 학문이다. 다시 말해 사회현상의 변량이 어떻게 생겼고, 그 원인은 무엇인지를 찾아내는 작업이 바로 사회과학이다. 사회과학을 배우는 학생은 변량이 무엇이고 이것이 어떻게 현실에서 드러나는 지에 대한 탄탄한 이해를 갖는 것이 매우 중요하다. 연구가 방향성을 잃게 되거나 틀린 것은 많은 경우 연구자가 자신이 다루는 변인의 변량에 대한 이해가 잘못되어 있을 경우가 많다. 변량의 기초적 의미를 알지 못한 연구자는 연구방법은 사용할 줄 알지만 그의 목적을 모르는 셈이 된다. 이는 마치 칼을 잘 휘두르는 검객이 누구를 위해서, 그리고 무엇을 위해서 칼을 쓰고 있는지를 모르고 '칼질'을 해대고 있는 것과 같은 것이다.

여기에서는 사회과학에서 변량이 지니는 의미는 무엇인지, 그리고 그 변량은 어떻게 구성되는지에 대해 알아보고자 한다. 몇 개의 수학용어가 나올 것인데, 말로 설명해도 이해할 내용을 간단하게 표현하는 것들일 뿐이므로 걱정할 필요는 없겠다. 계산식도 나올 것인데 매우 간단한 것이 반복될 것이다. 이 장은 결코 계산능력을 키우기 위해 마련된 것이 아니다. 변량은 변수가 변화하는 정도이며, 이는 체계적 변량과 오차변량으로 구성된다는 사실 정도를 이해하는 것이 이 장의 목표이다.

주요 용어: 변량, 변인, 전체 변량, 집단내 변량, 집단간 변량, 체계적 변량, 오차 변량, 독립변인, 종속변인

1. 변인의 이해

1) 변인이란

변량을 이해하기 위해서는 우선 변인(變因)이 무엇인지 알아야 하겠다. 변량(變量)은 변인이 변화하는 양(量)을 뜻하기 때문이다. 변인이란 변하는 사물이나 현상을 말한다. 예를 들어, 기온은 시시때때로 변하기 때문에 변인의 하나이다. 몸무게도 변인이다. 사람에 따라 그리고 같은 사람이라도 때에 따라 몸무게는 다르다. 여기서 변인이라는 말로 이를 표현하는 것은 어색한 것이 사실이다. 변화하는 사물이나 현상을 영어로는 'variable'이라고 하는데 이를 번역하다 보니 불가피하게 '변인'라는 말을 쓰게 된 것이다. 한자어를 직역하면 변인은 "변화의 원인"이 되므로 'variable'에 대한 적당한 번역을 '변인'으로 하기에는 잘 맞는 것 같지는 않다. 이 때문에 어떤 이들은 'variable'을 변수(變數)라고 번역하기도 하는데, 엄밀하게는 이 번역이 더 옳지만, 우리가 지금 다루는 것이 수(數)만을 뜻하지 않고 사물과 현상을 모두를 지칭하기 때문에 이 또한 어색하다. 이러한 이유로 필자는 많은 다른 언론학자들이 일반적으로 그러하듯이, 'variable'을 '변인'으로 번역해 사용하겠다.

삼라만상에 변인이 아닌 것은 드물다. 비단 기온이나 몸무게 말고도 사람의 감정, 태도, 지식 등 많은 것들이 변인이다. 영화 〈봄날은 간다〉에 나오는 유명한 대사 "사랑이 어떻게 변하니?"라는 말은 사랑도 변인임을 알려준다. 남자 주인공은 사랑이 변인이 아니라고 알고 있었는데 헤어지자는 여자친구의 말로 인해 사랑도 변인임을 알게 된 것이다. 언론학의 영역에서 변인을 찾아보자면, TV 시청시간은 대표적 변인이다. 사람마다 이를 보는 시간이 다르기 때문이다. 특정 미디어에 대한 '신뢰도' 또한 변인이다. 어떤 이는 A 신문을 "매우 신뢰"하지만 다른 이는 이를 "조금 신뢰"하고, 또 다른 이를 "조금 불신"하며, 또 다른 이는 이를 "매우 불신"하기 때문이다. 성별(性)도 남자와 여자라는 변화의 값을 가지기 때문에 변인이며, 구독신문도 사람마다 다르기 때문에 변인이다. 연령도 변인이며, 수입도 변인이다. 휴대폰 교체주기도 변인이며, 신문 읽는 시간도, 해외여행 경험도, 신발 사이즈도, 토플 점수도, 친한 친구 수도 모두가 변인이다. 사실, 변인이 아닌 것이 많지 않다.

2) 독립변인과 종속변인

사회과학에서 중요한 것은 변인들의 원인과 결과를 찾는 것이다. 어째서 어떤 이는 A 신문을 "매우 신뢰"하는데 다른 이는 왜 이 신문을 "매우 불신"하는 것일까? 사회과학은 이 답을 내리고 싶어하는 학문이다. 그 원인을 찾아보면, 개인적 경험도 있겠지만 일반적으로 수입이 높은 사람일수록 A 신문을 신뢰하고, 거꾸로 수입이 낮은 사람일수록 이 신문을 불신하는 경향이 있을 수 있다. 아니면 교육수준이 낮을수록 A 신문을 신뢰하고 교육수준이 높을수록 이 신문을 불신하는 경향이 있을 수도 있다. 이때 어떤 변인의 원인이 되는 변인을 독립변인이라고 하고, 이 독립변인에 의해 설명되는 변인을 종속변인이라고 한다. 다시 말해 종속변인 'A 신문 신뢰도'의 독립변인은 '소득 수준'이거나 '교육수준'일 수 있다. 다시 말해 소득이 높을수록 A 신문을 더 신뢰한다는 뜻이다. 아울러 교육수준이 낮을수록 A 신문을 더 신뢰하는 것이다.

주변 친구들에게 1일 휴대전화 사용시간을 한번 물어보자. 어떤 친구는 하루에 10분도 채 안되게 휴대전화를 사용한다고 답할 것이고, 어떤 친구는 하루에 1시간 이상씩 이를 사용한다고 말할 것이다. 이때 학자적 소양을 지닌 사람은 자연적으로 의문이 생길 것이다. "왜 사람들마다 휴대전화 사용량이 다를까?" 다시 친구들에게 물어본다. "도대체 휴대전화 통화는 누구와 하는 거니?" 이에 대한 대답은 보통 친구나 이성친구, 그리고 가족을 꼽을 것이다. 그런데 자세히 살펴보면 휴대전화를 많이 하는 사람일수록 이성친구와 통화하는 경우가 많다고 답할 것이다. 아하, 그렇다. 이성친구가 있는 사람일 경우 휴대전화 통화량이 많은 것이로구나! 바로 휴대전화 통화량의 중요한 원인은 이성친구였던 것이다. 이를 다시 표현해보자면 '이성친구 유무'라는 독립변인이 '휴대전화 통화량'이라는 종속변인의 원인이 되고 있는 것이다.

〈표 4-1〉 독립변인과 종속변인의 관계

독립변인 → 종속변인

이렇게 간단한 질문에 대한 답을 내보았지만, 사회과학자들은 이러한 종류의 물음을 하고, 그에 대한 답을 내리는 사람들이다. 다시 말해, 종속변인의 원인인 독립변인들을 찾아 나서는 사람들이라는 뜻이다. 원인이 없는 현상, 즉 독립변인 없는 변인도 있겠지마는 사회과학자들은 사회현상, 즉 사회적 변인에는 무엇인가 원인, 즉 독립변인이 자리잡고 있을 것이라는 가정 아래 연구한다. 때로는 이 방법이 계량적 방법일수도 있고, 계량적 방법이 아닌 질적(質的) 방법일 수도 있겠다. 대학생 500명에게 이성친구 유무를 묻고 휴대전화 통화시간을 묻는다면 이를 통해 이성친구 유무라는 독립변인이 휴대전화 통화시간이라는 종속변인의 원인이 된다는 결론을 계량적으로 도출해 낼 수 있다. 그러나 계량이 불가능한 사회현상도 많다. 예를 들어, 어떤 나라는 혁명이 일어나고 어떤 나라는 혁명이 일어나지 않았다. 혁명 발생여부는 변인이다. 그런데 그 이유는 무엇일까? 이러한 질문에 대한 답은 계량적으로 할 수 있는 것은 아니다. 일단 혁명이 일어난 나라가 많지 않기 때문에 통계적으로 의미 있는 사례를 찾기가 어렵다. 이때는 주로 역사적 방법이라는 질적 연구방법을 사용해 혁명이 일어난 나라의 역사와 그렇지 않은 나라의 역사를 비교하면서 원인을 추론한다. 그 결과 혁명의 원인이 "경제발전과 정치발전의 불일치"라는 것이었다면, '혁명'이라는 종속변인은 '경제발전과 정치발전의 불일치'라는 독립변인을 가지고 있다고 말할 수 있는 것이다.[1]

2. 변량의 활용

1) 변량이란

위에서 독립변인이 종속변인의 원인이 된다고 이야기했다. 그런데 이를 보다 정확히 말하면 독립변인의 변량이 종속변인의 변량의 원인이 된다고 말해야 한다. 즉, 종속변인이 변화하는 양(변량)은 독립변인이 변화하는 양(변량) 때문이라는 것이다. 앞서, 변인은 변하는 사물이나 현상을 말한다고 했는데 여기서 변량이란 이 사물이나 현상이 변화하는 정도를 뜻한다. 예를 들어, '내 몸무게'라는 변인을 생각해보자. 일반적으로 개인의 몸무게는 크게 변하지 않는다. 열심히 운동하고 몸무게를 재봐도 그리 많이 준

---

1) 질적 연구방법에 대해서는 이 책의 뒷부분에서 따로 다뤄질 것이다.

것 같지가 않다. 한 달간 매일 몸무게를 재서 30번의 몸무게 기록을 봐도 평균에서 0.5kg 정도 내외에서 오르락내리락 할 것이다. 그러나 '우리 학과 학생들의 몸무게'라는 변인을 생각해 보자. 이때 30명의 샘플을 무작위로 골라 몸무게를 쟀을 때 평균이 약 60kg이라고 해보자. 그러나 개별 학생들의 몸무게는 여학생의 경우 적게는 45kg도 있을 것이고 남학생의 경우 많게는 80kg이 넘는 경우도 있을 것이다. 이때 내 몸무게의 변량은 "작다"라고 말할 수 있고 우리 학과 학생들의 몸무게의 변량은 "크다"라고 말할 수 있는 것이다.

2) 변량의 계산

이제 학생들이 불편해할 시점이 왔다. 변량을 직접 계산해보고자 하는 것이다. 물론 우리가 변량을 직접 계산할 일은 거의 없을 것이다. 컴퓨터 프로그램이 변량정도는 쉽게 계산해 준다. 그러나 변량의 개념을 보다 정확히 이해하기 위해서 이것을 계산식으로 한번 풀어보자는 것뿐이다. 사례로 4명의 〈연구방법론〉 시험점수를 변인으로 하여 변량을 구해보자. 성적은 사람에 따라 값이 변하는 변인이다. 이 변인이 지니는 값의 분포의 크기, 즉 변량을 구해보자는 이야기다.

〈표 4-2〉에서 보이는 연구방법론 시험의 변량을 구하기 위해서는 우선 평균점수를 구해야 한다. 우리 모두가 잘 알듯이 평균은 점수의 합을 인원수로 나누면 된다. 즉, 평균 M의 계산식은 〈표 4-3〉과같다.

〈표 4-2〉 연구방법론 시험성적

이 름	연구방법론 시험점수(X)
오인아	70
김현중	40
박현채	50
황하늘	80

〈표 4-3〉 평균 M의 계산식

M(연구방법론) = 70 + 40 + 50 + 80 / 4 = 240 / 4 = 60

이제 평균을 가지고 변량을 계산하면 된다. 변량은 앞서 사물이나 현상이 변화하는 양이라고 정의했다. 그런데 계산식으로 하면 변량이란 "각 측정치가 평균에서 떨어져 있는 정도의 합"이라고 정의된다.

이제 개별학생이 받은 점수(X)가 평균(M) 60점에서 얼마나 떨어져 있는지를 먼저 계산한다. 〈표 4-4〉에서 보듯이 시험을 제일 못 본 김현중 학생은 평균보다 20점이 모자라다. 박현채는 10점이 모자라며, 오인아는 평균점수보다 10점을 더 받았다. 황하늘은 평균보다 20점을 더 받았다. 이제 이들의 점수가 어느 정도 서로 떨어져 있는지, 즉 연구방법론 시험성적의 변량은 어느 정도 되는지 쉽게 알 수 있다. 개별점수들이 평균에서 떨어져 있는 정도를 합하면 당연히 변량이 나올 것이 아닌가? 그런데 정작 이들의 점수가 평균에서 떨어져 있는 점수(X-M)를 합해 보면 합이 0이 되고 만다.

평균보다 모자란 점수도 있고 평균보다 남는 점수도 있다 보니 이들을 합칠 경우 0이 되는 것이다. 이를 보다 쉽게 알아보기 위해서 다른 과목(취재보도론)의 시험성적 분포를 알아보자. 우선, 취재보도론 성적의 평균은 〈표 4-6〉과 같이 계산된다.

〈표 4-4〉 연구방법론 시험성적과 평균과의 차이

이 름	연구방법론 시험점수(X)	X-M	$(X-M)^2$
오인아	70	10	100
김현중	40	-20	400
박현채	50	-10	100
황하늘	80	20	400

〈표 4-5〉 취재보도론 시험성적

이 름	취재보도론 시험점수(X)
오인아	40
김현중	50
박현채	45
길주현	50
황하늘	40

〈표 4-6〉 취재보도론 시험성적 평균

M(취재보도론) = 40 + 50 + 45 + 50 + 40 / 5 = 225 / 5 = 45

〈표 4-7〉 취재보도론 시험성적과 평균과의 차이

이 름	취재보도론 시험점수(X)	X-M	$(X-M)^2$
오인아	40	-5	25
김현중	50	5	25
박현채	45	0	0
김주현	50	5	25
황하늘	40	-5	25

이제 개별학생이 받은 취재보도론 점수(X)가 평균(M) 45점에서 얼마나 떨어져 있는지를 먼저 계산해보자. 〈표 4-7〉에서 보듯이 개별학생의 취재보도론 점수가 평균에서 떨어져 있는 것은 적어야 -5점이고 많아야 5점이다. 앞의 연구방법론 시험에 비하면 점수가 고르게 분포된 편이다. 즉, 변량이 크지 않다. 그런데 이상한 것은 이들이 개별점수의 평균과의 차이(X-M)를 더해서 전체의 점수 분포크기, 즉 변량을 계산하고자 하니 값이 0이 나온다. 누가 보아도 연구방법론 점수분포가 평균에서 훨씬 더 떨어져 있는데도, 이렇게 계산하니 취재보도론 점수분포의 크기와 같은 점수가 나오는 것이다. 이것은 바로 개별점수가 평균에서 떨어져 있는 점수가 플러스인 것도 있고 마이너스인 경우도 있기 때문에 이들을 단순 합산하면 실제 크기가 없어져 버리기 때문이다.

이 때문에 실제적 점수분포의 크기, 즉 변량은 개별점수가 평균에서 떨어져 있는 것(X-M)을 제곱함으로써 얻어진다. 즉, 개별점수의 평균과의 차이가 플러스이든 마이너스이든 이를 제곱하면 원래 떨어져 있는 정도의 크기가 플러스 수치로 표현된다. 이제 이것들을 합하더라도 플러스와 마이너스가 상쇄되는 일이 없이 원래 크기를 유지할 수 있는 것이다.

〈표 4-8〉에서 보듯이 개별점수가 평균에서 떨어져 있는 정도를 제곱해 합산해 보니 역시 연구방법론(1000)이 취재보도론(100)보다 확실히 크다. 이는 연구방법론 점수가 취재보도론 점수보다 사람마다 차이가 크다는 것을 말해준다.

〈표 4-8〉 각 시험의 변량 비교

이 름	연구방법론		취재보도론	
	X-M	$(X\text{-}M)^2$	X-M	$(X\text{-}M)^2$
오인아	10	100	-5	25
김현중	-20	400	5	25
박현채	-10	100	0	0
길주현	미수강	미수강	5	25
황하늘	20	400	-5	25
합계(Σ)	0	1,000	0	100
변량(Σ/n)	-	250	-	20

끝으로, 이들 변량의 크기를 표준화하기 위해서, 즉 다른 과목이나 다른 사람들의 점수 등과 비교가 가능케 하기 위해 합산된 점수를 인원수(n)로 나누면 최종적인 변량이 계산된다. 이제 다시 연구방법론의 변량(250)이 취재보도론의 변량(20)보다 훨씬 크다고 말할 수 있게 되는 것이다. 다시 말해 연구방법론은 잘하는 사람은 잘하지만, 못하는 사람은 못하는 과목임을 알 수 있다. 반면에 취재보도론은 전반적으로 점수가 낮음을 알 수 있는 것이다.

3) 집단내 변량과 집단간 변량

그렇다면 하나의 변인이 지니는 변량의 크기가 왜 중요할 것일까? 물론 앞서 성적의 변량에서처럼 분포가 널리 퍼져있는 것은 여러 가지 판단의 근거를 제공해 주는 것은 사실이다. 우선 연구방법론에서처럼 성적분포가 넓다면 이른바 변별력이 큰 것이므로 교수는 스스로 문제를 잘 냈다고도 판단할 수도 있지만 일부에게 너무 어려운 것이 아니었는지 반성하게도 한다. 반면에 성적분포가 좁고 성적이 전반적으로 좋지 않다면 교수는 문제를 너무 어렵게 낸 것이라는 사실을 알 수 있다.

그러나 사회과학자에게 변량은 이런 판단근거 이상의 의미를 지닌다. 사회과학자가 관심을 갖는 것은 "왜 이러한 변량이 나올까?"에 대한 답이다. 다시 말해 "왜 어떤 사람은 성적이 높고, 어떤 사람은 그렇지 않을까?"라고 의문을 갖는 것이 사회과학자의

〈표 4-9〉 변량의 구성

변량 = 집단 간 변량 + 집단내 변량

문제의식인 것이다. 앞의 1일 휴대전화 사용시간에 대한 예에서 보았듯이 사회과학자는 "왜 사람들마다 휴대전화 사용량이 다를까?"라는 질문을 하게 된다. 그리고 이에 대한 답은 관계되는 다른 변량을 점검해봄으로써 알 수 있게 된다.

(1) 집단간 변량(체계적 변량)

변량의 원인에 대한 답은 집단간 변량을 분석함으로서 파악할 수 있다. 여기서 집단간 변량은 집단사이의 변량차이를 말한다. 앞서 언급한 연구방법론 점수변량으로 집단간 변량의 뜻을 파악해 보자. 우선 이들 점수를 남녀집단으로 각각 구별해 보자.

〈표 4-10〉에서 보듯이 같은 학생들을 여성과 남성, 두 개의 집단으로 구분해서 각각 이들의 평균점수를 측정해 보자. 우선 여성들인 집단 A의 평균은 〈표 4-11〉과 같이 75로 계산된다. 그리고 남성들인 집단 B의 평균점수는 〈표 4-12〉와 같이 45이다. 여기서 여성집단의 점수가 남성집단의 점수보다 크다는 것을 알 수 있고, 이들 점수들을 가지고 다시 집단간의 점수차가 어느 정도인지 알 수 있다. 우선 이들 집단간 점수평균은 〈표 4-13〉의 계산을 통해 보면 60점이다.

〈표 4-10〉 연구방법론 시험성적 남녀 비교

이 름		연구방법론 시험 점수(X)
집단 A (여성)	오인아	70
	황하늘	80
집단 B (남성)	김현중	40
	박현채	50

〈표 4-11〉 집단 A의 평균

집단 A(여성)의 평균점수 = (70+80)/2 = 75

〈표 4-12〉 집단 B의 평균

집단 B(남성)의 평균점수 = (40+50)/2 = 45

〈표 4-13〉 집단간 평균

집단간 평균 = (집단 A 평균 + 집단 B 평균)/2 = 60

〈표 4-14〉에서 이들 집단간 평균에서 각 집단의 평균점수들의 떨어져 있는 정도를 알아보자. 이는 다시 개별점수가 평균에서 떨어져 있는 정도를 제곱해 더한 뒤 사례수(여기서는 집단이 2개이므로 2)로 나누어 준다. 이렇게 해서 구한 것이 집단간 변량이다.

이 과정을 통해 우리는 여성집단과 남성집단간 변량의 차이, 즉 집단간 변량이 225라는 것을 계산해 낼 수 있다.

즉 남녀집단 간에 점수의 차이가 표준화된 점수로 계산했을 때 225 정도 난다는 이야기다. 그렇다면 이것으로 성적이라는 변인의 변량원인이 성별이라고 말할 수 있을까? 사실, 집단간 변량이란 독립변인의 변량, 즉 종속변인의 원인이 되는 변량을 말한다. 여기서 집단간 변량, 즉 남녀 간 차이가 분명이 존재하는 것 같으므로 성별이 점수 차의 독립변인이라고 말해도 될 것 같다. 그러나 그렇게 결론을 내리기는 아직 이르다. 집단간 변량을 집단내 변량과 비교해 보았을 때 비로소 명확한 그림이 그려지기 때문이다.

〈표 4-14〉 연구방법론 시험성적 남녀 집단간 변량

집 단	집단 평균	X-M	$(X-M)^2$
집단 A (여성)	75	15	225
집단 B (남성)	45	15	225
변량(Σ/n)			225

〈표 4-15〉 집단간 변량

집단간 변량(V_b) = $[(75-60)^2+(45-60)^2]/2$ = (225+225)/2 = 225

(2) 집단내 변량(오차 변량)

집단내 변량이란 집단간 차이가 아니라 집단내부에서 발생하는 변량을 말한다. 이는 앞서 남녀 집단 각각에서 발생하는 변량을 말한다. 이제 이들 평균점수를 기초로 〈표 4-16〉에서처럼 남녀 각각 집단내 변량을 구할 수 있다. 앞서 계산해 보았듯이 연구방법론 시험에서 여성 집단의 평균점수는 75이고 남성 집단의 평균점수는 45로 나왔다. 이제 이 각각의 평균을 기준으로 결국 여성 집단의 집단내 변량은 25, 남성 집단의 집단내 변량도 25로 계산되었다.

이제 〈표 4-17〉과 같이 남녀 집단의 집단내 변량의 평균을 구함으로써 전체 성적의 집단내 변량의 크기를 구해보자. 이는 단순히 두 변량을 더해서 2로 나누면 된다. 결론적으로 연구방법론 성적 변량의 총합, 즉 전체 변량은 〈표 4-18〉과 같이 250임을 알 수 있다. 전체 변량은 집단간 변량과 집단내 변량을 합한 것이기 때문이다.

〈표 4-16〉 연구방법론 시험성적 남녀 비교

이 름		연구방법론 시험 점수(X)	X-M	$(X-M)^2$
집단 A (여성)	오인아	70	-5	25
	황하늘	80	5	25
	여성 집단 평균(X)			75
	여성 집단내 변량(Σ/n)			25
집단 B (남성)	김현중	40	-5	25
	박현채	50	5	25
	남성 집단 평균(X)			45
	남성 집단내 변량(Σ/n)			25

〈표 4-17〉 집단내 변량

집단내 변량 (V_w) = (25+25) / 2 = 25

〈표 4-18〉 전체 변량

전체 변량(V_t) = 집단간 변량(V_b) + 집단내 변량(V_w) = 225+25 = 250

〈표 4-19〉 연구방법론 시험성적 총변량

이 름	연구방법론 시험 점수(X)	X-M	$(X-M)^2$
오인아	70	10	100
김현중	40	-20	400
박현채	50	-10	100
황하늘	80	20	400
$\Sigma(X-M)^2$			1,000
$V_t = \Sigma(X-M)^2/n$			250

끝으로, 이상과 같은 과정을 통해 계산한 총변량이 250이 맞는지 확인해 보자. 이는 애초의 성적자료, 즉 남녀로 집단을 나누지 않은 상태에서의 수강생 성적으로 변량을 계산하는 것이다. 〈표 4-19〉는 앞의 〈표 4-2〉에 변량 값을 계산해 넣은 것이다. 계산 결과 변량은 250이 나왔다. 결국 연구방법론 시험점수의 변량은 250이라는 것이다. 그런데 이 값은 앞서 남녀집단을 나누어 이들 남성집단과 여성집단 사이의 변량을 계산한 것과 남녀집단 각각의 집단내 변량을 평균한 값을 더한 것과 같다. 이제 연구방법론 성적변량의 총합은 250이라고 결론지을 수 있다. 총변량은 집단간 변량과 집단내 변량을 합한 것이기 때문이다.

(3) 집단내 변량과 집단간 변량의 중요성

그렇다면 이렇게 복잡하게 집단간 변량과 집단내 변량을 구하는 이유는 무엇일까? 사실, 필자가 이 장에서 가장 강조하고 싶은 것이 바로 이 부분이다. 앞에서 우리는 어떤 현상이 변화하는 원인을 알고 싶고, 이 원인을 독립변인이라고 하며 그 현상을 독립변인이라고 정의했다. 그런데 우리가 집단간 변량과 집단내 변량을 구분해 파악하는 것은 바로 독립변인이 종속변인의 원인인지 여부를 알기 위해서인 것이다. 앞의 〈표 4-19〉를 보면 '연구방법론' 시험점수는 사람에 따라 변하며 이 변화가 수강생 전체의 변량, 즉 전체 변량이다(변량의 크기는 250). 이제 이 집단내 변량이 왜 생기는지를 알아보기 위해 남성집단과 여성집단을 구분해서 이들 집단간 평균점수의 차이, 즉 집단간 변량을 알아보니 225였고, 여성집단과 남성집단의 집단내 변량의 평균을 알아보니 25였다. 이것은 연구방법론 수강생의 전체 변량 250 가운데 남성집단과 여성집단의 차이가 225 만큼을 설명하고 있다는 말이 된다. 즉, 연구방법론 수강생들 사이의 점수의 차이는 남녀 차이가 대부분의 원인이 되고 있다는 말이다.

여기서 집단내 변량이 25라는 것은 집단간 변량, 즉 남녀 차이로 설명할 수 없는 부분이 25라는 것이다. 변량 250의 원인이 남녀차이 때문이라고 225만큼을 설명할 수 있지만 25만큼은 다른 원인이 있지만 현재는 모른다는 뜻이다. 집단간 변량은 설명이 되는 변량, 우리가 무엇인지 알고 있는 변량이라고 하여 '체계적 변량'이라고 말하기도 한다. 집단내 변량은 우리가 무엇인지 알고 있지 못하는 변량이라고 하여 '오차 변량'이라고 말하기도 한다.

(4) 사회과학의 목적과 변량의 이해

앞의, 서문에서 사회과학은 변량을 탐구하는 학문이라고 말했다. 변량이 어떻게 생겼고, 그 원인은 무엇인지를 찾아내는 작업이 바로 사회과학이라고 하였다. 사회적 현상, 즉 종속변인의 원인, 즉 독립변인을 찾아내는 것이 사회과학이다. 보다 정확히게 사회과학은 종속변인의 변량의 원인, 즉 독립변인의 변량을 찾아내는 것이다. 이때 종속변인의 변량을 전체 변량이라 하고, 이 변량을 설명하는 독립변인의 변량을 집단간 변량 또는 체계적 변량이라고 하는 것이다. 그런데 독립변인으로 설명되지 않는 전체 변량의 부분, 즉 집단내 변량 또는 오차변량이 있다. 앞의 예에서 '연구방법론' 수강생의 전체변량은 250이고 이 변량 중 225는 남녀차이가 설명하고 있지만 나머지 25의 원인은 알 수 없다는 것이다.

사회과학은 이러한 오차변량, 즉 집단내 변량을 줄이고 체계적 변량, 즉 집단간 변량을 늘려가는 작업이다. '연구방법론' 시험성적의 차이를 남녀차이로 대부분(225) 설명했다. 그러나 사회과학은 여기서 머물지 않고 아직 설명하지 못하는 부분(25)을 설명하는 작업인 것이다. 이제 남녀차이에 더해서 학년차이를 구해 본 결과, 학년 집단간 변량이 집단내 변량보다 충분히 크게 나타난다면 학년 차이도 시험성적 차이의 또 다른 원인이 된다. 이때 만약 학년 집단간 변량이 10이었다고 하면 이제 설명되지 않는 성적 차이는 15로 줄어들게 된다. 이때 다시 연구자는 다시 새로운 변인으로 전공을 생각해 볼 수 있다. 다시 이 전공차이가 성적 차이의 원인이 된다는 것을 밝혀내면서 아직 설명되지 않은 부분, 즉 오차변량을 더 줄일 수 있다. 사회과학은 이렇게 체계적 변량,

〈그림 4-1〉 전체 변량의 구성

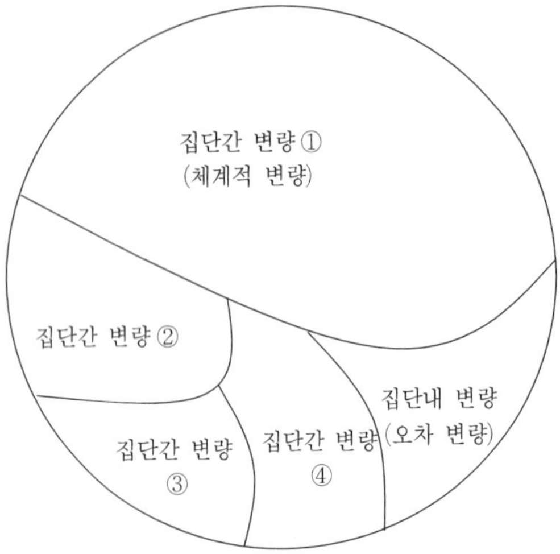

즉 집단간 변량을 늘려가면서 오차변량, 즉 집단내 변량을 줄여가는 과정이다. 다시 말해 현상의 원인을 끊임없이 찾아가는 과정이 사회과학 연구인 것이다. 물론 그 원인이 모두 확실하게 밝혀질 것 같지는 않지만 최선을 다해 그 원인을 찾아 가는 작업이 사회과학연구이라는 사실을 잊지 말기 바란다.

••• 연습문제

1. 아래 표는 이성 친구가 있는 대학생과 그렇지 않은 대학생 각각 5명씩에 대한 1일 평균 휴대전화 사용 시간 설문조사결과이다. 이 표의 자료를 바탕으로 변량을 분석하여 이성 친구가 있는지 여부가 휴대전화 사용 시간에 영향을 주고 있다고 볼 수 있는지 알아보자.

이성 친구 있음			이성 친구 없음		
번호	성별	1일 휴대전화 사용량	번호	성별	1일 휴대전화 사용량
1	남	120분	6	여	120분
2	여	110분	7	남	60분
3	남	100분	8	여	50분
4	남	90분	9	여	70분
5	여	110분	10	남	60분

2. 위의 표에 나타난 학생들을 다시 아래와 같이 남녀로 구분하였을 때 남녀 차이에 의한 휴대전화 사용시간의 차이가 드러나는지 변량을 분석해 보자.

여 성		남 성	
번호	1일 휴대전화 사용량	번호	1일 휴대전화 사용량
8	50분	4	90분
2	110분	7	60분
9	70분	3	100분
6	120분	1	120분
5	110분	10	60분

제 5 장

사회조사방법

황 근

서베이(*Survey*)란 연구에 필요한 측정(*measurement*)의 한 방법으로 응답자에게 질문을 통해 연구에 필요한 자료를 모으는 것을 말한다. 조상대상을 모두 조사하는 전수조사(*census*)와 달리 서베이는 주로 표본조사(*sample survey*)[1]를 통해 이루어진다.

서베이 방법은 우리 일상생활의 모든 영역에서 활용되고 있다. 실제로 연구소, 기업, 소비자 단체, 광고주, 언론사들이 서베이 결과를 현안문제를 파악하거나 향후 정책방향을 결정하고 전략을 수립하는 자료로 사용하고 있다.[2] 물론 서베이 자료들은 미디어 내용에서도 자주 활용되고 있다. 한편 사업의 수익성 조사, 수용자들의 만족도 및 행태조사, 여론조사 등 서베이 방법은 생활 곳곳에서 사용되고 있으며, 이는 일반 대중들에게도 중요한 지표로 사용된다.

이처럼 많은 분야에서 서베이가 사용됨에 따라 그 방법과 절차도 다양해지고 정교화되었다. 즉, 서베이 결과의 신뢰성을 높이기 위해 표본 설정, 설문지 구성, 오차율 등이 더욱 발달했다. 그렇지만 연구자는 서베이 방법을 사용하기에 앞서 연구주제 및 범위와 관련된 다양한 요인들을 고려하여야 한다.

주요용어: 기술적 서베이, 분석적 서베이, 설문지 설계, 예비조사, 사전조사, 표본추출, 측정

1) 표본조사(*sample survey*)는 전체 모집단(예. 잡지 구독자들, 신문 구독자들, 10대, 지역사회 주민 등)에 속한 피조사자들이 어떻게 느끼고, 행동하는가에 관한 대답을 얻기 위해서 모집단을 대표할 수 있는 표본집단을 통해 자료를 수집하는 것이다.

2) 코리아리서치, TNS 코리아, AC 닐슨코리아, 밀워드브라운미디어리서치, 갤럽, 해리스, 동서리서치 등의 몇몇 회사는 전문적으로 서베이를 실시하고 있으며, 몇몇 사항에 대해서는 정기적으로 서베이를 실시하고 있다.

1. 기술적 서베이와 분석적 서베이

서베이는 크게 '기술적 서베이(*descriptive survey*)'와 '분석적 서베이(*analytical survey*)'로 구분된다. '기술적 서베이'란 '있는 현상을 그대로 기록하여 조사하는 것'이고, '분석적 서베이'란 '조사된 자료를 가지고 왜 그런 결과가 나왔는지 자료들 간의 관계를 밝히는 것'이다.

(1) 기술적 서베이

기술적 서베이의 목적은 현재 상황이나 태도가 어떤가를 조사하는 것이다. 예를 들면, 선호하는 프로그램, 선호하는 정치인, 주요 관심사, 미디어 이용량, 이용장소, 생활양식 등을 있는 그대로 조사하는 것이다. 그러므로 기술적 서베이는 표본집단의 상태(분포)를 알아보는 데에 그 목적이 있다. 이러한 기술적 서베이 결과는 정책방향의 결정, 프로그램 제작, 광고제작 등의 기초자료로 활용된다.

(2) 분석적 서베이

'분석적 서베이'는 특정 현상을 설명하기 위해 수집된 자료들 간의 관계를 분석하는 것이다. 즉, 연구자가 특정 현상을 설명하기 위해 두 가지 이상의 변인들을 통해 연구가설을 검증하는 데 사용된다. 연령대에 따른 휴대폰 이용형태, 이용 미디어차이에 따른 만족정도, 미디어 이용형태에 따른 의식차이 등을 분석한다. 즉, 수집된 변인들 간의 상관관계, 집단간의 변인별 차이, 각 변인들 간의 선행성 등을 추론하는 것이다.

2. 서베이의 장점과 단점

(1) 장 점

서베이 방법의 첫 번째 장점은 어떤 문제들을 실제 환경에서 조사할 수 있다는 것이다. 즉, 연구자가 임의로 변인들을 통제하지 않은 상황에서 가장 현실적인 반응을 얻을 수 있다. 둘째, 서베이를 통해 수집되는 정보량에 비해 비용이 많이 들어가지 않는다는 점도 장점이다. 뒤에서 다시 언급하겠지만, 우편서베이, 전화서베이, 개인면접,

집단서베이, 인터넷서베이 등을 통해 많은 양의 자료를 모으면서도 비용을 절약할 수 있다. 셋째, 다양한 사람들로부터 많은 자료를 수집할 수 있고, 지리적 조건에 따른 제한이 적다는 장점을 가지고 있다. 즉, 연구자가 조사하고자 하는 변인들을 다양하게 조사할 수 있다. 마지막으로 이미 동일한 혹은 유사한 주제로 많은 연구, 조사들이 진행되었기 때문에 활용할 수 있는 자료가 많다는 점도 장점이다. 때문에 기존 자료들을 통해 설문을 구성 보완할 수도 있고, 2차 분석자료로도 활용이 가능하다.

(2) 단점

서베이 방법의 첫 번째 단점으로는 독립변인을 실험실 내에서처럼 조작할 수 없다는 점이다. 그러므로 서베이 방법을 통해서는 독립변인과 종속변인 사이의 인과적 관계를 설명할 수 없다. 즉, 상관관계를 밝힐 수는 있지만, 이것만 가지고 어떤 변인이 원인이고 어떤 변인이 결과인지를 확신하는 것이 불가능하다.[3] 또한 중개변인과 과외변인 등이 개입되어 변인간의 명확한 관계를 밝히기도 어렵다. 이런 문제는 시계열 연구, 회귀분석 등으로 분석 가능하지만 한계를 가지고 있다.

둘째, 서베이 방법에 따라서 의도했던 사람에게 질문하지 못할 수도 있다. 전화서베이, 우편 서베이의 경우가 특히 그러하다.

셋째, 일반 사람들의 설문참여율이 저조해지면서 점점 서베이를 실시하기가 어려워지고 있다. 이를 해결하기 위해 선물을 증정하는 방법을 사용할 수 있다.

---

3) 그렇지만 서베이 조사결과를 가지고도 인과관계를 설명할 수 있는데, 그것은 시간적 선행성과 논리적 선행성을 충족시키면 된다. 즉, 두 변수간의 분명한 시간적 선행성이 드러나는 경우(예를 들면, "고등학교 재학 중에 공부를 잘해서 좋은 대학에 갔다"는 인과관계를 절대로 역의 관계가 성립될 수 없다)와 논리적으로 분명한 선후관계(예를 들면, "남녀간에 TV시청에 있어 차이가 있다" 역시 역의 관계가 성립될 수 없다)가 있을 경우에 한해서 인과관계를 설명할 수 있다. 이러한 서베이 결과를 가지고 인과관계를 분석하는 방법에는 '통로분석', '판별분석' 혹은 'break down' 등의 분석방법이 있다.

3. 설문 구성

앞에서 서베이 결과의 신뢰성을 높이기 위해서는 설문구성에 신경을 써야한다고 밝혔듯이, 설문구성은 서베이 결과에 큰 영향을 주기 때문에 면밀히 검토해서 작성해야 한다. 설문구성에서 가장 핵심이 되는 두 가지 사항은 질문내용의 명확성(응답자들이 간편하게 대답할 수 있도록 설문내용이 명확해야 한다)과 답변의 명확성(응답자의 답변이 연구자에게 명확하게 전달될 수 있어야 한다)이다.

또 설문을 작성하는 데 있어 연구 기본목적에 충실해야 한다. 무엇을, 누구로부터, 어떻게 수집할 지가 '이 설문을 왜 실시하는지'를 통해 결정되기 때문이다. 즉, 연구의 기본 목적을 염두에 두고, 질문의 길이, 문항 수, 심도 등을 정해야 한다.

한편 설문지 설계는 어떤 방법으로 설문을 회수할 것인가에 따라 약간씩 차이를 두어야 한다. 특히 응답자가 답변 중에 궁금한 사항 혹은 의문사항을 물어볼 수 없는 경우에 대비해, 설문지 내용만으로도 쉽게 이해하고 답할 수 있도록 설계되어야 한다. 또한 응답자가 장시간 할애할 수 없을 것을 감안해 짧은 질문과 적은 문항으로 설계해야 한다. 이 외에도 응답자가 응답하기 꺼려하는 개인적 문항들이나 민감한 사항들에 대해서는 더욱 많은 주의를 기울여 설계해야 한다.

1) 설문의 종류

질문의 형식은 '폐쇄형 질문'과 '개방형 질문'으로 구분된다. '폐쇄형 질문'은 연구자가 임의로 구분지은 일련의 답변들 중에 응답자가 하나를 선택하는 것으로 '구조화된 설문(*structured question*)'이라고도 한다. '개방형 질문'은 연구자가 물어본 질문에 대해 응답자가 주관식으로 자신의 의견을 기입하는 형식이다. 연구자가 수집하고자 하는 자료에 따라서 두 가지 방법을 적절히 섞어서 사용할 수도 있으며, 한 가지 방법을 통해서 자료를 수집할 수도 있다.

(1) 폐쇄형 질문

'폐쇄형 질문'의 장점은 응답자들의 응답이 연구자가 지정한 답변 중에 나오기 때문에 응답에 통일성을 기할 수 있으며 수량화하기 편하다는 것이다. 다만 응답자들이 답하고자 하는 문항이 없을 경우에 대비해 기타 항목(개방형 응답란)을 만들어 다양한 의견을 누락 없이 수집할 수 있도록 해야 한다.

(2) 개방형 질문

'개방형 질문'의 장점은 응답자들의 다양한 의견을 모두 모을 수 있다는 것이다. 즉, 연구자가 알고자 하는 사항에 대해 응답자들의 심층적 대답을 얻을 수 있다. 일반적으로 이러한 개방형 질문은 사전연구에 많이 사용된다. 본 설문지를 설계하기 전에 예비조사를 통해 응답을 유형별로 분류하고, 이를 본 설문의 답변들로 활용하게 된다.

하지만 개방형 응답은 정리·분석하는 데 많은 시간과 노력을 요한다. 다양한 답변들에 대한 내용을 분석하고, 유형별로 묶어주고, 다시 폐쇄형 응답으로 전환시키는 등 일련의 작업과정을 거쳐야 한다는 것이 단점이다.

2) 설문 설계시 유의사항

(1) 명확한 질문

연구자 기준으로 작성된 질문은 응답자들이 이해하기에 다소 무리가 있을 수도 있다. 이는 불성실한 대답으로 이어져 서베이 결과의 신뢰성을 낮추는 결과를 초래할 수도 있다. 흔히 연구문제에 대해 많은 생각을 하다보면, 응답자의 입장에서 명확한 질문을 만들지 못하는 경우가 많다. 이 경우 연구자가 가정으로 삼은 전제들을 질문에 포함시킨다면, 응답자들이 보다 명확하게 질문에 답할 수 있을 것이다. 즉, 무엇을 물어보는지 응답자가 정확히 알 수 있도록 치밀하게 구성하여 친절하게 표현해야 할 필요가 있다.[4]

---

4) 응답자가 질문을 읽고, 무엇에 대해 묻는 것이지를 파악할 수 있어야 하고, 이를 위해서는 전문용어, 약어, 과장된 언어 보다는 쉬운 어휘를 사용해 표현해야 한다. 중학생들도 이해할 수 있을 정도의 표현이 적당하다(설문 대상이 초등학생 이하라면, 더 쉬운 표현, 혹은 그림을 활용하는

(2) 짧은 질문

통상 응답자들 중에는 서둘러 문항에 답하려하는 사람들이 있는데, 이럴 경우 길고 복잡한 질문들은 완전히 이해하지 않고 답하거나 응답하지 않을 수도 있다. 이 역시 서베이의 신뢰성을 낮추는 원인이 된다. 그러므로 가급적 질문은 쉽고 짧은 문장으로 구성하는 것이 좋다.

(3) 연구목적에 충실한 질문

가끔 연구자들은 연구목적과 직접 관련이 없는 질문을 설문에 포함시키는 경우가 있다. 하지만 이는 오히려 응답자들에게 거부감을 갖게 만들 수 있다. 연구목적에 직접적으로 관련된 내용이 아니라면 과감하게 설문에서 제외해야 한다.

(4) 하나의 질문, 하나의 답변

하나의 질문 문항에서는 응답자에게 하나의 답변만을 요구해야 한다. 질문 자체가 두 개 이상의 답을 요구하도록 작성되어 있다면, 응답자들은 모든 것에 해당되는 자신만의 답을 찾게 강요받게 된다. 그러다가 답을 발견하지 못한다면 무응답으로 남기거나 또는 답을 했다 하더라도 정확한 답이 아닐 수 있다. 이러한 질문을 '이중적 질문(*double-barreled question*)'이라고 한다. 그러므로 이중적 질문은 각각 별개의 문항으로 나누어서 작성해야 한다.[5)]

(5) 편견이 개입된 질문

연구자는 질문 작성 시 평소 자신의 가치관을 반영하지 말아야 한다. 예를 들어, 연구자가 "만약 만화를 좋지 못한 것이라고 생각한다"고 해서, 질문내용 중에 만화에 대해 부정적 표현이 포함되어서는 안 된다. 이 경우 응답자들은 질문을 읽으면서 이미 만화가 옳지 않다는 선입관을 갖고 답을 할 수도 있기 때문이다.

방법을 사용할 수 있다).

5) 단, 복수응답을 목적으로 하는 질문은 만들 수 있다. 예로 '다음 중 귀하께서 좋아하시는 프로그램 3개는 무엇입니까?' 등의 문제로 이런 경우는 동일한 수준의 답을 여러 개 선택할 수 있게 작성되어야 한다.

(6) 유도 질문

응답자가 연구자 의도대로 응답할 수밖에 없게 질문을 통해 심리적 위협을 가하거나, 하나의 전제를 가지고 질문하는 방법(*double-bind*)은 옳은 방법이 아니다. 심리적 위협이란 응답자가 연구자의 의도와 반대되는 대답을 할 경우, 응답자에게 자신이 속한 집단과 다른 생각을 하고 있다는 것을 인지시킴으로써 연구자가 원하는 답을 하게 만드는 것이다. '귀하께서는 대부분의 ○○들(집단)처럼 ○○을(행동) 하십니까?' 등의 형태로 표현된 질문 등이 있다. 이중적 구속이란 '귀하께서는 여전히 ○○하십니까?' 등의 형태로 표현된 질문형태를 말한다. 여기서 '여전히'라는 어휘를 통해 응답자의 대답을 오래 전부터 지속적으로 어떠한 행위를 한 것으로 간주하게 된다.

(7) 응답자가 대답할 수 있는 질문

응답자에게 오래 전 일을 기억하게 하거나, 대답하기 어려운 개인적 질문들은 피해야 한다. 이런 질문이 불가피할 경우에, 연구자는 분류유목을 만들어 놓고 응답자가 어느 분류에 속하는지를 답할 수 있게 작성하여야 한다. 이를 통해서 개인 프라이버시도 지켜줄 수 있을 뿐만 아니라 응답자로부터 대답을 이끌어 낼 수 있다.[6]

(8) 고갈적(*exhaustive*)이고 배타적(*exclusive*)인 질문

연구자는 응답자가 답할 수 있는 모든 범주를 고려하여 고갈적으로 설문지를 설계해야 한다. 즉, 질문항목에 응답자가 답할 항목이 없어서는 안 된다는 것이다. 이럴 경우에는 폐쇄형질문 마지막 항목으로 개방형 기타항목(예, 직접 적어주세요)을 포함시켜, 거기에 답한 응답들 중에 많은 답은 별도의 항목으로 코딩하는 방법이 있다.

또한 중복되는 것을 피해 응답자에게 혼란을 주지 말아야 한다. 즉, 응답자가 1개 이상의 항목에 답할 가능성이 있어서는 안 된다는 것이다. 그러므로 응답문항을 가급적 상호배타적으로 작성하여 하나의 답에만 체크할 수 있도록 해야 한다.

---

6) 응답자의 대답이 학술적 용도 이외의 다른 어떠한 용도로도 사용되지 않음을 명확히 밝혀줘야 하며, 익명성도 보장해준다는 사실을 응답자에게 인식시키면, 개인적인 사항에 대해서도 어느 정도 답을 구하기 용이해진다.

4. 설문지 설계

연구문제를 정하고 어떤 방법으로 자료를 수집할 것인가 하는 만큼 설문지를 구성하는 것도 매우 중요하다. 연구자가 어떻게 설문지를 구성하는가에 따라 응답자의 대답이 달라질 수 있기 때문이다. 좋은 설문지를 만들기 위해서는 인사말, 지시나 설명문, 구체적인 질문, 레이아웃 등의 요소에 대해 신중하게 결정하고 설계해야 한다.

(1) 인사말

인사말은 응답자가 설문에 응하게 될 때 가장 먼저 접하게 되는 부분이다. 그만큼 중요하므로 신중하게 작성해야 한다. 인사말에는 조사목적과, 연구자, 조사의 중요성, 응답자와 응답내용에 대한 비밀보장, 성실한 답변에 대한 부탁, 감사의 말 등이 포함되어야 한다.[7] 인사말의 예를 보면 다음과 같다.

> 안녕하십니까. 저는 ○○에 속해있는 ○○입니다.
>
> 본 설문지는 유사한 서비스에 대한 수용자들의 선택성향을 알아보기 위한 목적으로 작성된 것입니다. 설문은 익명으로 실시되며, 옳고 그름의 개념은 없습니다. 수집된 자료는 컴퓨터를 통해 일괄처리되므로 귀하께서 응답하신 개별적 내용은 전체 응답자의 응답과 함께 수치로만 표시되어 비밀이 철저히 보호되며, 학술목적 이외의 용도로는 사용되지 않습니다.
>
> 설문 문항 하나, 하나에 대한 귀하의 응답은 연구수행에 있어 귀중한 자료로 분석에 중요한 영향을 미치게 되므로 각 문항마다 정확한 판단으로 솔직한 의견을 제시해 주시기 바라며 모든 문항에 빠짐없이 응답해 주신다면 대단히 감사하겠습니다. 바쁘신 가운데 설문에 응해주신 데 대하여 다시 한 번 감사드립니다.

7) 백스트롬과 허쉬-세자르(Backstrom & Gursh-Cesar, 1981)는 설문지의 인사말을 적는 6가지 원칙을 제시하였다. ① 인사말은 짧아야 하고, ② 사실적으로 표현되어야 하며, ③ 위협적이어서는 안 된다. ④ 신중해야 하고, ⑤ 중립적이어야 하며, ⑥ 유쾌하면서도 명확해야 한다.

(2) 지시나 설명문

질문에 앞서 설문응답에 필요한 지시나 설명(질문에 답변하는 방법)을 제시하여야 한다. 지시나 설명문은 응답자가 못 보고 지나치지 않게, 가급적 명확하게 눈에 잘 띄도록 작성해야 한다.[8] 파울러(Fowler, 1984)에 따르면, 지시와 설명은 ① 명료해야 하고, ② 응답자가 대답하기 쉬어야 하고, ③ 제한된 숫자의 설문형식만을 사용하고, ④ 명확하고 잘 정돈된 형태로 편집해야 하고, ⑤ 짧아야 한다. 결국 모든 설명은 명확하고 단순하게 해야만 한다. 만일 설명문이 복잡하면 응답률이 저하되고 결국 조사결과에 영향을 주게 된다.

(3) 질문 순서

연구자는 질문순서에도 신경을 써야 한다. 응답자가 답하기 쉽고 간단한 질문을 첫 번째로 배치하면, 응답자가 설문내용에 흥미를 갖게 만들 수 있다. 인구학적 자료, 개인적인 질문 및 기타 민감한 사항들은 가급적 설뮤지 마지막 부분에 배치하여 응답자가 설문에 대한 친근감이 생성된 후에 답하게 만드는 것이 바람직하다.

연구목적과 관련해서는 일반적 내용부터 시작하여 구체적 질문으로 옮겨가야 한다. 또한 비슷한 주제에 대한 질문은 한데 묶어 질문하고, 상이한 질문으로 넘어갈 때는 그 구분을 명확하게 해주어야 질문 순서에 따른 편견이 개입되지 않는다.

(4) 설문지의 레이아웃

사람들이 정보를 받아들일 때, 가장 중요한 부분 중의 하나가 시각적 요소이다. 인간이 한 눈에 볼 수 있는 정보의 양은 한정되어 있기 때문에, 응답자가 거부감을 일으키지 않을 정도의 문항 수를 순차적으로 보여주어야 한다. 물론 오탈자도 없어야 하고 빽빽하게 편집하기 보다는 여유를 두고 편집하여야 한다. 또한 딱딱한 느낌이 들지 않도록 편집하게 되면 응답률을 높일 수 있을 것이다. 그리고 개방형 질문의 경우에는, 응답자가 자유롭게 답할 수 있도록 충분한 여백을 주어야 한다.

---

8) 활자의 크기를 다르게 하거나, 배경 색을 다르게 할 수도 있으며, 밑줄을 그어 강조하거나 글자체를 다르게 하는 등 다양한 방법을 통해 응답자의 눈에 잘 띄게 해야 한다.

(5) 설문지의 길이

연구자는 설문지 설계시 설문지 길이에도 신경을 써야 한다. 연구목적에 충실한 설문이라고 해도 그 길이가 너무 길어 응답하는 데 긴 시간이 걸리게 되면, 응답자로 하여금 피로감을 느끼게 해 정확한 대답을 얻을 수 없게 된다. 즉, 설문지의 길이는 설문지의 완성도와 직결되어 있다. 설문지 길이를 정하는 데에는 ① 연구예산, ② 서베이 목적, ③ 연구문제의 유형, ④ 서베이에 동원될 응답자의 나이, ⑤ 설문의 유형과 난이도, ⑥ 조사가 행해지는 지역의 특성, ⑦ 조사상황의 특별한 세팅, ⑧ 조사가 행해지는 계절, ⑨ 조사가 행해지는 시간, ⑩ 면접자의 자질 등을 고려해야 한다.

일반적으로 설문지의 길이는 전화서베이의 경우 2분, 우편서베이의 경우 15분, 일대일 면접은 60분, 연구자와 감독 아래서 행해지는 자기기입식 서베이는 60분, 길에서 돌발적으로 행해지는 면접은 10분 이내가 적당하다.

5. 예비조사와 사전조사

서베이에서는 응답자들을 대상으로 본조사를 실시하기 전에 예비조사와 사전조사를 실시해야 한다. 이는 연구자의 가설에 의해 설계된 설문지가 제대로 만들어졌는지를 확인하는 과정으로 연구의 완성도를 높이기 위해서는 반드시 필요한 과정이다.

(1) 예비조사

예비조사(*pilot study*)란 연구자가 소수의 사람들을 대상으로 설문초안을 만들기 위해 실시하는 것으로, 연구주제 및 목적과 관련해 어떤 질문들이 적당한가를 판단하기 위해 설문지 작성 전 단계에서 시행하는 조사이다.

(2) 사전조사

예비조사를 바탕으로 설문지 초안을 작성했다면, 설문지 초안을 다시 소수의 사람들을 대상으로 사전조사(*pre-test*)를 실시해야 한다. 이 과정을 통해서 응답자들의 반응을 분석하여 설문문항들이 타당성이 있는지, 신뢰도가 있는지, 질문이 정확하게 표현되었는지, 문항 간의 배열은 적절했는지 등을 살펴보고 보완하여 설문지의 완성도를 높이기 위해 실시하는 조사이다.

6. 서베이의 자료수집

예비조사와 사전조사를 통해 완성된 설문지는 실제 응답자들을 대상으로 자료를 수집하게 된다. 여기에는 우편서베이, 전화서베이, 직접면접, 쇼핑센터 면접, 컴퓨터서베이, 인터넷서베이, 집단서베이 등이 있다. 연구목적에 따라 적합한 방법을 선택해서 사용하며, 어떤 경우에는 두 가지 이상의 방법을 동시에 사용할 수도 있다. 각 방법의 특성을 살펴보면 다음과 같다.

(1) 우편서베이

우편서베이(*mail survey*)는 표본으로 선정된 응답자들이 우편을 통해 수령한 설문지에 응답한 후, 이를 다시 우편으로 반송하도록 하는 방식이다. 우편서베이의 장점은 ① 최소의 경비와 노력으로 광범위한 지역의 조사가 가능하고, ② 접근이 힘든 상대에게도 설문이 가능하고, ③ 응답자들의 익명성이 보장되며, ④ 모든 설문 응답자들이 동일한 조건에서 응답한다는 것 등을 들 수 있다. 단점으로는 ① 저조한 회수율, ② 불성실한 응답에 대한 확인 불가능, ③ 대리 작성의 가능성, ④ 회신에 시간이 많이 걸리는 점 등을 들 수 있다. 회신율을 높이기 위한 방법으로는 요금별납 할인우편을 이용하고, 설문지 속에 회송을 부탁하고, 발신 2주 후 회송해 달라는 독촉편지를 보내는 방법, 연구기관을 명확히 밝히는 방법, 응답자에게 설문이 갈 것을 미리 알려주는 방법, 속달우편의 사용, 설문지를 녹색 계열로 작성, 마감일을 명시하는 방법 등이 있다.

〈표 5-1〉 우편서베이 절차

표본 선정 → 설문지 작성 → 소개하는 인사말 → 요금별납 할인우편을 이용해 설문지 우송 → 회신율 검토 → 설문에 응답해 달라는 독촉편지 발송 → 자료를 도표화하고 분석

(2) 직접면접

직접면접은 응답자를 직접 대면하여 자료를 수집하는 것으로, 크게 구조화된 방법과 비구조화된 방법 그리고 준구조화된 방법으로 구분된다. 구조화된 방법은 질문지를 이용하여 순서에 따라 질문하는 것을 말한다. 즉, 미리 준비된 질문지를 이용하므로 활용도가 높고, 결과의 비교가 용이하고, 분석의 공통성이 높다는 장점이 있다. 하지만 새로운 사실을 발견할 가능성은 적다. 비구조화된 방법은 내용 및 순서에 얽매이지 않고 진행하는 방법이다. 상세하고 새로운 사실들을 알 수 있지만, 결과를 계산하거나 분석하는 데에 많은 시간이 소요된다.

직접면접은 ① 응답률이 높고, ② 응답에 신뢰성이 있으며, ③ 응답자와 그 주변 상황을 관찰할 수 있으며, ④ 설명이 가능하다는 장점을 가지고 있다. 단점으로는 ① 시간과 비용이 많이 들고, ② 면접자의 개인별 차이에서 오는 비표본 오차가 발생할 수 있고, ③ 지역적 차이가 조사자의 차이와 복합적으로 발생할 수 있고, ④ 특수층의 사람을 만나기가 어렵다는 점을 들 수 있다.

〈표 5-2〉 직접면접 절차

표본선정→ 설문지 작성→ 면접자용 지침서 준비→ 설문요원 훈련→ 자료수집→ 필요하다면 면접을 다시 시행→ 결과확인→ 자료 도표화

(3) 전화서베이

전화서베이는 우편서베이와 직접면접의 중간형태로 조사원과 응답자가 같은 공간에 존재하지는 않지만, 응답자와의 전화통화를 통해 바로 응답을 듣는 방법이다. 때문에 전화서베이를 위해서는 구두로 질문하고, 응답을 기록할 수 있는 훈련받은 설문요원이 필요하다. 전화서베이의 장점은 전화를 통해 질문하기 때문에 ① 조사가 간편하고, ② 비용이 저렴하고, ③ 무작위 표본추출이 가능하고, ④ 응답자에게 접근하기가 쉽다는 장점이 있다. 단점으로는 ① 표본이 전화를 보유한 사람으로 국한되고,[9] ② 조사시간

9) 전화번호부는 모든 국민이 다 가입되어 있다고 보기 어렵고, 가입자가 개인가정인 경우와 사업체가 혼재되어 있다. 그러므로 전화번호부는 표본의 대표성을 확보하기 어렵다는 단점이 있다. 따

이 짧고 내용이 간단해야 하며, ③ 통화품질이 취약할 경우 조사에 제약이 심하고, ④ 상세한 정보를 획득하기 곤란하다는 점,[10] ⑤ 응답거부자가 많아 표본의 대표성 문제 등을 들 수 있다.

전화서베이를 위해서는 전문화된 설문요원이 필요한데, 각 설문요원들은 ① 질문을 표현된 문구대로 정확히 읽어야 하고, ② 답을 해주거나 답을 유도하면 안 되고, ③ 질문을 응답자가 이해하지 못했다면, 천천히 반복적으로 읽어주어야 하고, ④ 응답자가 대답한 내용을 있는 그대로 정확하게 기록해야하고, ⑤ 응답자에게 친절해야 하며, ⑥ 지시사항을 잘 따라야 한다.

〈표 5-3〉 **전화서베이 절차**

표본선정→ 설문지 작성→ 면접자용 지침서 준비→ 설문요원 훈련→ 자료수집→ 필요한 전화면접은 다시 시행→ 결과 확인→ 자료 도표화

(4) 쇼핑센터 면접

직접면접과 유사한 형태이긴 하지만, 연구자의 편의에 의해 응답자를 한정하는 방법이다. 즉, 연구자가 연구목적과 부합되는 가장 적절한 응답자군을 찾아 질문하는 것이다. 빠르고 간편한 개인 면접법이긴 하지만, 편의에 의한 표집이 연구의 일반화를 위협할 수 있다.

(5) 컴퓨터 서베이

우편서베이가 발전된 형태로, 설문지가 입력된 컴퓨터 디스크를 응답자에게 보내면 응답자가 개인용 컴퓨터를 이용하여 그 설문에 응답하는 방법이다. 대상을 컴퓨터를 소유한 사람에 한정한다는 단점을 가지고 있고, 최근에는 컴퓨터가 대부분 일반 가정에 보급되고 인터넷이 보편적으로 사용되고 있어 거의 사용되지 않는 방법이다.

라서 전화번호부의 오류를 피하기 위하여 전화번호부에서 체계적으로 번호를 선택하되, 마지막 번호는 다시 random으로 부여하는 'digit random 방식'이 있다.

10) 전화조사의 경우, 통상 질문 수는 5개를 넘지 않도록 하고 있다.

(6) 인터넷 서베이

컴퓨터와 인터넷이 보편화되면서 많이 사용되는 방법으로, 이메일(*e-mail*)을 통한 서베이, 커뮤니티(*community*)를 통한 서베이, 지정된 웹사이트(*web-site*)를 통한 서베이 방법 등이 있다. 저렴한 가격을 통해 자료를 수집할 수 있고, 방대한 양의 자료를 수집할 수 있다는 장점을 가지고 있다. 하지만 컴퓨터와 인터넷을 활용하기 때문에 능동적인 응답자, 동일한 특성을 가진 응답자를 통해서만 자료가 모아지고, 익명성으로 인해 응답에 대한 신뢰성을 보장하기가 어렵다는 단점을 가지고 있다.

(7) 집단 서베이

집단 서베이는 우편 서베이와 개인면접법을 합친 형태로, 응답자들이 모여 있는 곳에서 질문을 돌리거나 집단면접에 참여하도록 요구하여 응답을 얻는 방법이다. 집단설문지는 다른 서베이의 설문지보다 길어도 무방하다. 이는 집단 자체가 설문에 응답하기 위해서 모여 있기 때문이다. 또한 연구자와 커뮤니케이션을 통해 응답시 의문사항 등과 같은 문제를 해결해줌으로써 응답의 완성도도 높은 편이다. 하지만, 집단 자체가 어떤 권위에 의해 모여 있는 것이라면, 올바른 대답을 얻기 힘들 수도 있다.

(8) 배포 조사법

집단 서베이의 변형된 형태로 집단에게 설문지를 배부하고 나중에 회수하는 방법이다. 응답자에게 ① 시간적 여유를 주고, ② 회수율이 높고, ③ 시간과 비용이 절약된다는 장점이 있지만, ① 응답자의 문맹률을 고려해야 하고, ② 한번 작성된 설문의 수정이 불가능하고, ③ 타인의 개입 가능성이 존재하며, ④ 장난식 응답을 통제할 수 없다는 단점을 가지고 있다. 어떠한 종류의 서베이라도 100% 응답률을 확보하기란 거의 불가능하다. 그렇지만 응답률은 연구자가 연구를 위해 모아야 하는 자료 수에 영향을 주게 된다. 따라서 연구자가 만족할 만한 응답 수는 명확히 정해져 있지는 않지만, 연구결과 일반화를 위해서 가급적 많은 응답을 확보하는 것이 중요하다.

여기서 중요한 점은 무턱대고 많은 응답을 얻었다고 해서 좋은 것만은 아니라는 것이다. 즉, 연구목적을 충실히 이행할 수 있는 성실한 응답을 확보해야 한다는 점이다. 이를 위해 연구자는 응답유형에 영향을 줄 수 있는 편견들을 점검해 보고 응답자들이 상식적인 수준에서 응답할 수 있도록 설문작업을 해야 한다.[11)]

7. 서베이의 문제점

커뮤니케이션 연구뿐만 아니라 사회과학 분야에서 서베이 방법은 유용한 연구방법이기는 하지만, 다른 방법들과 마찬가지로 문제점도 가지고 있다. 서베이 방법을 사용했던 기존의 연구들에서 나타났던 문제점들은 다음과 같다.

(1) 기억의 한계성과 표현의 한계성

응답자들은 때때로 자기 자신 혹은 자신의 행동들에 대한 정보를 기억하지 못하는 경우가 많다. 서베이에서 과거의 행동 혹은 향후 있을 행동, 그리고 가치관, 생각 등을 물어볼 경우에 응답자들은 필연적으로 생각을 해야만 한다. 이 과정에서 본능에 의해 일어나는 행위에 대해서는 응답하지 못하는 수가 많다. 더 나아가 응답자가 일부러 보여주지 않는 부분도 있고, 시간이 경과함으로 인해 과거의 행위를 기억하지 못하는 경우도 있을 수 있다. 즉, 서베이 응답자들은 연구자가 필요로 하는 모든 정보를 제공해 줄 능력이나 의도가 없다는 점을 알아야 한다. 때때로 응답자들 중에는 분명히 자신의 의견과 행동을 알고 있어도 명확하게 표현하지 못하는 경우도 있다. 진실한 감정, 신념 등을 분명히 알고는 있지만, 그것을 표현하지 못하는 것이다. 이런 응답자들은 대부분 '그냥'이라는 대답을 선호하는데, 이는 별로 바람직한 응답이라고 보기 어렵다.

(2) 위신

대체로 응답자들은 위신을 세우려는 경향(*prestige bias*)이 있다. 특정한 주제나 영역에 있어 자신의 대답이 부적절하다고 느끼거나 사전지식이 없는 경우, 많은 응답자들이 응답을 회피하기보다 도덕적으로 올바른 것을 선택하거나 아는 척하는 등의 '위신을 세우는' 답변을 선택한다는 점이다. 이른바 응답과정에서 '사회적으로 바람직한 응답(*socially desirable response*)'이 일어나는 것이다.

---

11) 유와 쿠퍼(Yu & Cooper, 1983)는 이에 대해 다음과 같은 결론을 내렸다. ① 보상을 제공하면 응답률이 좋아진다(금전적인 보상은 응답률을 높여준다. 많을수록 좋으며, 비금전적인 보상도 효과가 있다). ② 미리 사전 통보를 하거나, 설문을 아주 정밀하게 만들거나, 독촉하는 편지를 보내거나, 강단 있는 개인면접을 하거나 하는 방법들도 효과가 있다. ③ 겉표지, 익명성 강조, 마감일 강조 등은 응답률을 높이는 데 크게 기여를 하지 못한다. ④ 연구의 사회적 유용성을 강조하거나, 도와 달라는 식의 호소는 응답률을 높이는 데 기여하지 못한다.

(3) 의도적인 대답과 모호한 대답

간혹 응답자들은 연구자를 속이기 위해 거짓된 대답(모호한 대답)을 하는 경우도 있다. 이런 문제를 근본적으로 해결할 수는 없지만, 표본의 크기를 늘린다면 문제는 다소 완화될 수 있다.[12] 또한 응답자가 설문지를 통해 연구자의 의도를 파악하거나, 연구자가 무엇을 하려는지 알아차리고는 요구하는 응답을 하는 경우도 있다. 이른바 조사주체가 원하는 바대로 대답하는 'demanding characteristics' 현상이 발생하는 것이다.

8. 표본추출 방법

서베이의 중요한 특징 중 하나가 모집단으로부터 표본을 추출하는 절차를 거친다는 것이다. 이는 전수조사가 불가능한 경우, 시간과 경제적인 문제를 해결하기 위한 목적을 충족시킬 수 있는 방법이다. 이러한 표본을 추출하는 과정은 표집(*sampling*)이라고 한다. 이 과정은 우선 모집단을 확정한 후, 표본 프레임을 결정하여 표본추출방법을 결정하는 순으로 진행된다. 이러한 표본추출방법에는 '확률표집(*probability sampling*)'과 '비확률표집(*non probability sampling*)'이 있다.

(1) 확률 표집

확률표집에는 '단순임의 추출법(*simple random sampling*)'과 '계통 추출법(*systematic sampling*)', '층화 추출(*stratified random sampling*)', '군집표본 추출', '다단계 추출' 등 다양한 방법이 있다. '단순임의 추출법'이란 크기가 N인 집단에서 n개의 표본을 제비뽑기하듯 뽑아 선택하는 것이다. 이 방법은 ① 모집단에 대한 사전지식이 많지 않아도 되고, ② 자료의 분류에서 오는 오차 개입 가능성이 적으며, ③ 오차의 계산이 용이하다는 장점을 가지고 있다. 그렇지만 동일 크기의 표본인 경우, 층화추출보다 오차가 크며 모집단에 대해 가지고 있는 지식이 적게 활용된다는 단점을 가지고 있다.

'계통 추출법'은 일련번호대로 나열된 표본 중 하나를 고른 후, 거기에 일정 수를 더

---

12) 물론 조사결과를 통계처리하는 과정에서 응답자들의 신뢰도 검증(*reliable testing*)을 통해 일관성이 없거나 의도적으로 잘못된 응답자를 추출해서 제외하는 방법이 있다.

하여 표본을 추출하는 방법이다.

'층화 추출법'은 모집단을 보다 동질적인 몇 개의 층으로 나눈 후, 각 층에서 '단순임의추출법'을 사용하는 것이다. 이 방법의 장점은 표본의 오차를 줄일 수 있다는 점이다. '층화 추출'을 사용할 경우, 층화의 기준은 분석 대상이 되는 변수와 밀접한 관계를 갖고 있어야 하고, 층화의 기준이 많으면 안 되고 기준은 명확해야만 한다. '층화 추출'은 ① 중요한 집단을 빼지 않고 표본에 포함시킬 수 있고, ② 면접자가 표본을 뽑는 경우 지역만 정해주면 되고, ③ 단순임의 추출보다 더 좁은 지역에 조사를 집중시킬 수 있다는 장점을 가지고 있다. 단점으로는 ① 모집단에 대한 많은 지식을 가지고 있어야 하며, ② 층화의 기준을 세우기가 어렵고, ③ 통제가 잘 이루어져야 한다는 점을 들 수 있다.

'군집표본 추출'은 모집단을 동질적인 몇 개의 집단으로 나눈 후, 나눈 집단 중 몇 개만을 단순임의 추출하여 뽑는 방법이다. 물론 각 층내는 응답자들은 이질적이어야만 한다. '다단계 표본 추출'이란 군집 추출을 2단계 이상 실시하는 방법이다. 즉, 군집 표본 추출을 하여 뽑힌 집단내에서 다시 군집을 나누어 동일한 방법으로 추출하는 것이다. 이 방법은 ① 시간과 비용을 절약하고, ② 전체 모집단의 목록이 필요 없다는 장점을 가지고 있다. 단점으로는 ① 집단내가 동질적이면 오차의 개입 가능성이 높고, ② 표본추출 오류를 측정하기 어려우며, ③ 특정집단을 과대 또는 과소평가할 가능성이 있다는 점을 들 수 있다.

(2) 비확률 표본표집(*non-probability sampling*)

'비확률 표본표집'은 연구자 주관에 의해 표본을 선정하는 것을 말한다. 따라서 연구결과의 일반화와 오차분석이 불가능하다. 여기에는 ① 연구자가 가장 손쉽게 얻을 수 있는 구성원을 선택하여 표본으로 선택하는 '편의추출', ② 연구자가 모집단에 대한 지식이 많아 연구에 적합한 표본만을 선정하는 '판단추출', ③ 모집단을 대표한다고 생각하는 2개 이상의 표본을 추출하여 표본간의 성격을 조사하는 '배합추출', ④ 모집단을 일정한 규정으로 나눈 다음 각 집단에서 정해진 수를 작위적으로 추출하는 '할당추출', ⑤ 연구자가 표본에 해당되는 사람으로부터 다른 표본을 추천받아 선정하는 과정을 되풀이하는 '연쇄추출(눈덩이 표집, *snow-balling sampling*)' 등이 있다.

9. 측 정

'측정(*measurement*)'이란 '일정한 규칙을 가지고 숫자를 부여하는 행위'라고 정의할 수 있다. 중요한 것은 이 과정에서 신뢰성(*reliability*)과 타당성(*validity*)을 갖추어야 한다는 점이다. 또한 측정을 선정하는 기준은 '적합성(연구의 목적에 합당한가)', '전달 가능성(수치로 표현된 것에 의미가 있어야 함)', '간편성(수치들의 항목이 적을수록 좋음)' 등이 있다.

측정은 수준별로 명목척도(*nominal*), 서열(*ordinal*), 등간(*interval*), 비율(*ratio*)로 구분된다. ① 명목수준은 측정대상을 상호 배타적인 카테고리로 분할하여 수치를 부여하지만, 수학적 의미를 가지고 있지 않아 수학적 계산이 불가능하다(예: 성별, 지역명 등), ② 서열수준은 각 카테고리 간에 대소 관계가 존재하여 수학적 의미가 부여되지만, 그 간격이 일정치 않아 역시 수학적 조작이 불가능한 척도를 말한다(예: 대졸, 고졸, 중졸), ③ 등간수준은 각 대상 간에 부여된 숫자간의 거리나 크기가 일정한 경우에 사용하며, 부등식 및 교환 법칙, 대용, 조합의 수학적 조작이 가능하다(예: 연령, 온도, IQ 등), ④ 비율수준은 측정단위에 있어 '0'이라는 절대 영점이 의미를 가지고 있어야 하며, 측정단위가 불변의 공인된 단위로서 모든 수학적 조작이 가능하다(예: 시간, 무게, 속도 등).

변인을 측정할 때, 반드시 염두에 두어야 할 점은 측정방법에 따라 변인들을 분석할 때 사용할 수 있는 통계방법이 결정된다는 것이다. 따라서 변인을 수량화할 때에는 신중히 생각해서 가급적 등간이나 비율수준으로 측정하는 것이 좋다.

10. 서베이 방법론을 사용한 연구사례

(1) 잠재적 사용자의 성향이 DMB 사용의도에 미치는 영향에 관한 연구 (김주환 · 심민규, 2006)

이 연구의 목적은 DMB와 같은 새로운 기술들에 잠재적 사용자들이 적극적인 사용의도를 갖게 만드는 요인이 무엇인지를 알아보기 위해 심리적 요인들 간의 관계를 알아보는 것이다. 이 연구에서는 자아효능감, 모험성, 의견지도력 등을 혁신성에 영향을 주는 변수로 설정하였으며, 이 혁신성이 새로운 기술에 대한 관심에 영향을 주고, 관심이 새로운 기술수용에 영향을 준다는 가설을 구조방정식 모형을 통해 검증하였다. 또한 각 요인들 간의 관계에서 성별에 의한 차이가 있는지를 살펴보았다.

〈표 5-4〉 심리적 요인들 간의 관계

자아효능감
모험성　　　　⟶ 혁신성 ⟶ 새로운 기술에 대한 관심 ⟶ 새로운 기술 수용
의견지도력

〈표 5-5〉 설문조사 항목

잠재변인		변인 항목
자아효능감		어려운 일에 대한 긍정적으로 생각하는 정도
		뜻밖의 일에 잘 대처하는 정도
		상황에 대한 올바른 판단을 하는 정도
모험성		새로운 것에 대한 호기심
의견지도력		새로운 것을 다른 사람들에게 알려주는 성향
혁신성	신제품 선호	신제품이 나오면 빨리 교체하는 정도
		신제품을 사용해서 남들에게 알리는 정도
		케이블TV 또는 위성TV를 타인보다 먼저 이용
	신지식 선호	최신 정보를 알고자 하는 정도
		새로운 매체나 신기술에 대한 선호 여부
	신기술 지향	신기술을 이용한 업무 효율성 향상 정도
		최신 사용법을 배우는 것에 대해 느끼는 즐거움의 정도
		새로운 기술의 특성을 얼마나 알고 있는지의 정두
		기술에 뒤떨어지는 것에 대한 선호 여부
DMB에 대한 관심		지상파 DMB에 대한 관심 정도
		위성 DMB에 대한 관심 정도
DMB 사용의도		지상파 DMB에 대한 사용 의향
		위성 DMB에 대한 사용 의향

이 연구는 한국언론학회가 "디지털시대의 미디어 이용연구" 일환으로 실시한 전국 대상 설문조사 자료를 사용해 통계분석을 실시하였다. 해당 설문조사는 리서치 전문기관인 한국리서치가 전국민을 대상으로 한 할당표집을 통해 선정된 응답자를 전문 면접원을 통해 설문조사를 통해 진행되었다. 〈표 5-5〉와 같은 변인과 항목들에 대하여 설문을 실시하였으며, 분석은 기술적 분석과 추론분석을 모두 사용하였다.[13)]

연구결과는 혁신성과 관련된 잠재적 사용자의 성향의 새로운 기술수용과 유의미한 관계가 있음을 확인할 수 있었고, 성별에 따른 각 변인에 뚜렷한 차이가 있는 것을 밝혀냈다.

(2) HDTV 수용자의 충족(*gratifications*)에 관한 연구 (김미라, 2006)

이 연구는 기대-가치 모형을 토대로 HDTV에 대해 수용자들이 이용 전 어떤 충족을 추구하며, 실제 이용 후 느끼는 만족과 불만족은 무엇인지를 분석하였다. 수용자들의 추구충족 및 만족, 불만족을 고화질, 고음질, 와이드 화면, 부가 서비스, EPG 및 PVR을 이용한 시청·녹화의 편의성, 선택의 편의성, 자기 과시, 컴퓨터 및 다른 AV 기기 등의 연결·활용 등의 미디어 복합적 이용에 대한 만족, 수신 불량, 콘텐츠 불만, 부가 서비스 불만, 기기 불량, 조작 불만 등을 통해 측정하였다. 설문을 구성하기 위해 인터넷 HDTV 동호회를 대상으로 사전조사를 하여 구성하였고, 본 조사는 두 개의 인터넷 HDTV 동호회를 대상으로 인터넷 서베이 방법으로 실시하였다.

결과분석은 요인분석을 통하여 요인들을 추출한 후, '추구충족 요인'과 '획득충족 요인' 간의 t-test를 실시하였다. 평균값의 차이를 비교해본 결과, '자기과시 요인'을 제외한 다른 요인들에게서는 유의미한 차이를 발견하지 못하였다. 결론적으로 전반적으로 기기사용만족도가 기대에 미치지 못하는 것으로 나타났다.

---

13) 각 변인에 대해 기술해주기 위해 기술적 서베이를 사용하였고, 변인관의 상관관계를 알아보고, 성별에 의한 변인들의 차이를 확인해보기 위해 상관관계 분석과 카이스퀘어 분석을 사용하였고, 변인의 설정을 확인하기 위하여 요인분석을 실시하였다.

〈표 5-6〉 HDTV 수용자의 충족에 관한 설문조사 항목

측정 변인	변인 항목
추구 충족	시청/녹화의 편의성(PVR, EPG을 활용) 부가 서비스(T-Commerce, PVR, PPV 등을 활용) 고화질 자기과시(가격, 조기수용, 장식 등의 의도) 대형화면 고음질 선택의 편의성(EPG 활용) 복합적 이용(타 미디어와의 연동)
획득 충족	시청/녹화의 편의성(PVR, EPG을 활용) 부가 서비스(T-Commerce, PVR, PPV 등을 활용) 고화질 자기과시(가격, 조기수용, 장식 등의 의도) 대형화면 고음질 선택의 편의성(EPG 활용) 복합적 이용(타 미디어와의 연동)
불만족	수신불량 콘텐츠 불만 부가 서비스 불만 기기불량 조작 불만

참고문헌

김미라(2006), "HDTV 수용자의 충족(*gratifications*)에 관한 연구", 〈한국방송학보〉, 통권 제20권 2호, 82~116.

김주환·심민규(2006), "잠재적 사용자의 성향이 DMB 사용의도에 미치는 영향에 관한 연구", 〈한국방송학보〉, 통권 제20권 5호, 7~34

유재천·김동규(역) (1996), 《매스미디어 조사방법론》(Roger D. Wimmer, Joseph R. Dominick, *Mess Media Research: An Introduction*, 4th Edition), 서울: 나남출판.

이재현(역) (2000), 《인터넷 연구방법: 쟁점과 사례》(Steve Jones, *Doing Internet Research; Critical Issues and Methods for Examining the Net*), 서울: 커뮤니케이션북스.

박천일·강형철·안민호(역) (2004), 《커뮤니케이션 이론》(Werner J. Severin & James W. Tankard, Jr., *Communication Theories: Origins, Methods, Uses*), 서울: 나남출판.

최현철·김광수(2001), 《미디어연구방법》, 한국방송통신대학교출판부.

Backstrom, C. & Hursh-Cesar, G. (1981), *Survey Research*, New York: John Wiley.

Fowler, F. (1984), *Survey Research Method*, Beverly Hills, CA: Sage Publications.

Reynolds, Lloyd George(1971), *A Primer in Theory Construction*, Bobbs-Merrill.

Yu, J. & Cooper, H. (1983), "A quantitative review of research design effects on response rates to questionnaires", *Journal of Marketing Research*, 20(1). 36~44.

연습 문제

1. 대통령 선거 시 각 후보들의 지지율을 알아보고자 할 때, 어떠한 서베이 방법론을 사용해서 어떠한 항목들을 질문지에 포함시킬 것이지 생각해보시오.

2. 중학생, 고등학생, 대학생의 멀티미디어 이용행태 및 패턴에 관하여 연구하려고 한다. 서베이에 사용될 질문지를 만들어보고, 어떤 분석방법을 사용할지 생각해 보시오.

3. 서베이 방법론을 이용하여 수용자와 미디어, 이용 의도(목적), 개인 성향 등의 관계를 알아보고자 한다. 적합한 연구주제와 가설, 설문지를 만들어보고, 어떤 서베이 방법을 사용할지 생각해보시오.

제 6 장

실험연구

박 정 의

실험연구는 실증주의의 아이디어를 가장 잘 구현하고 있는 방법이다. 실증주의 학파는 1920년대 모리츠 슐릭을 중심으로 한 오스트리아의 빈(Wien) 학파에 의해서 태동되었으며 러셀의 논리적 원자론과 비트겐슈타인의 언어철학, 포퍼의 비판적 합리론 등의 영향을 받아서 발전하였다. 실증주의를 단적으로 표현한 것은 "철학명제(*proposition*)의 의미는 그 명제를 검증(*verification*)하는 방법과 동일하다"라는 문장이다. "검증"은 실증주의의 요체라고 할 수 있으며 실험연구의 근간이다. 현상의 원인과 결과, 즉 인과적 관계에 대한 검증이 실험연구의 지향점이다.

실험연구는 현상계에 규칙성이 내재함을 전제하고 그 규칙성을 찾아내는 최고의 방법이라고 할 수 있다. 근대자연과학의 발전에 지대한 공헌을 한 실험연구는 20세기 들어오면서 사회현상을 설명하기 위한 방법으로 채택되었으며, 오늘날 커뮤니케이션 연구방법으로 진가를 발휘하고 있다.

주요 용어: 실증주의, 인과성, 무선배치, 통제된 조작, 상호작용효과

1. 실험연구의 개요

1) 정의 및 특징

실험연구(*experimental research*)는 1930년대와 1940년대 자연과학의 방법론을 커뮤니케이션 연구에 적용하면서 사용되기 시작해서 1970년대 초반 까지 미국에서 가장 자주 사용되는 연구방법이었으며, 현재에도 여전히 대표적인 커뮤니케이션 연구방법이다. 그러나 한국에서는 실험연구방법보다는 내용분석방법과 조사연구방법이 더 자주 사용

되었다. 1960년부터 2007년 12월까지 발행된 〈한국언론학보〉(전신 〈신문학보〉 포함)에 게재된 1,082건의 논문 중 실험연구를 수행한 논문은 총 13편이며, 이 13편 모두 2000년 이후에 집중되어 있다. 이처럼 실험연구방법을 사용한 연구가 절대적으로 부족했던 이유 중 하나는 한국의 커뮤니케이션 연구가 매스커뮤니케이션 분야로 경도되었다는데서 찾을 수 있겠다.

근래는 커뮤니케이션 연구가 커뮤니케이션 현상의 인과성(*causality*) 부분에 초점이 맞춰지면서 실험연구방법이 새롭게 조명받고 있다. 통제된 상태에서 독립변인을 조작(*manipulation*)함으로써 그것이 종속변인에 미치는 효과를 측정·관찰·분석하는 방법이다. 그러나 스미스(M. J. Smith)[1]에 의하며, 실험연구가 단지 독립변인의 종속변인에 대한 인과적 영향력만을 규명하기 위해서 고안된 방법은 아니라고 한다. 그의 실험연구에 대한 정의는 독립변인을 가지고 종속변인의 측정치를 어느 정도 예측할 수 있는지, 즉 변인간의 관계를 밝히는 것도 포함한다.

그러나 변인들에 대한 통제가 용이해서, 변인간의 관계성을 밝히는 데 유용하지만 실험 상황의 인위성(*artificiality*) 때문에 실제상황에서는 나타나는 서로 상반되는 자극들의 작용을 알아내기가 어렵다. 이러한 실험실 상황의 인위적 문제를 극복하기 위한 하나의 방법이 현장실험연구 방법이다. 현장실험연구는 자연적인 상황에서 연구가 이루어진다는 점에서는 큰 장점이 있긴 하지만 연구절차과정에서의 통제가 적절히 이뤄지기 어려운 단점이 있다.

2) 주요개념 및 용어

(1) 무선 배치(*Random assignment*)

피험자를 무선적(無選的)으로 실험집단과 통제집단에 배치하는 것이 무선화이다. 무선화란 모든 피험자들이 각 집단에 속할 확률이 서로 같게 만드는 것을 의미한다. 무선화를 행할 경우 집단들의 속성이 대체로 비슷해지며 오염변인(*confounding variable*) 또한 집단마다 같은 정도로 퍼져 결국 상쇄될 것으로 기대할 수 있으며, 오차변량의 크기 또

---

1) M. J. Smith(1988), *Contemporary Communication Research*, CA: Wadsworth.

한 최소화 하는 방법이다. 그러나 표본의 크기가 작으면 동질적이지 않은 집단이 생길 위험이 있다.

(2) 실험처치(*Treatment*)[2]

직설적 조작(*straightforward manipulation*)과 연출된 조작(*staged manipulation*)의 두 가지 방법을 사용하여 독립변인을 실험처치한다. 직설적 조작이란 연구자가 직접 피험자에게 구두지시, 혹은 기타의 자극 등을 제시하여 그 반응을 관찰하는 방법이다. 연출된 조작이란 연구자가 독립변인을 조작할 수 있도록 어떤 사건이나 상황을 만드는 방법을 말한다. 이때 연구팀의 일원을 실험상황에 있는 피험자들 사이에 집어넣어 그들이 마치 실제의 피험자처럼 행동하도록 하는 연구공모자를 이용하는 기법을 주로 사용한다. 신체적 매력이 동의를 얻어내는 정도에 영향을 미치는 연구에서 매력 있는 여성이 기부를 부탁하는 상황은 연출된 조작이다.

(3) 통제 (*Control*)

타당도 확보를 위한 필수적 과정이 가외변량의 통제이다. 피험자집단들 사이에서 체계적으로 등장하는 변량은 오염변인(*confounding variable*)혹은 가외변인이라 지칭되는 것으로 연구자가 의도하지 않았던 변인에 의한 변량과 독립변인의 효과로서의 변량이다. 실험처치가 독립변인의 변량을 극대화하는 것이라면, 가외변인의 변량은 통제의 대상이다. 가외변량의 통제의 방법은 크게 변량의 제거, 무선화, 독립변인화, 변인과 피험자의 결합 등이 있다.

첫째, 변량제거라는 것은 종속변인에 영향을 미칠 것으로 기대되는 의도하지 않았던 가외변량을 제거하는 것이다. 예를 들어 매력적 외모가 동의를 얻는 데 영향을 미친다는 연구에서 남자 피험자가 여성 피험자보다 여성 공모자의 매력적 외모에 반응하는 정도가 다를 것으로 판단되면 여성만으로 피험자 집단을 구성하는 것이다.

둘째, 무선화(*randomization*)는 이론상으로는 모든 가외변량을 통제하는 최고방법이다. 무선화가 이뤄졌다면, 모든 실험집단이 통계적으로 동일하게 조건화되었음을 의미한다.

2) M. J. Smith, op. cit.

셋째, 가외변인을 연구설계 안에서 독립변인으로 재편하는 것이다. 신체적 매력과 동의정도에 대한 연구에서는 신체적 매력 뿐 만아니라 피험자의 성별도 독립변인으로 추가한다. 즉 기부에 대한 동의하는 행동은 기부를 요청하는 상대의 외모가 매력적인지 여부와 기부를 요청받은 피험자들 즉 상호작용의 대상자가 남자인지 여자인지에 따라서도 다르다는 연구가설의 설정이 가능하다.

넷째, 변인들을 결합함으로써 변인속성에 맞는 피험자 집단을 구성할 수도 있다. 이것은 종속변인과 상관이 높을 것으로 판단이 되기 때문에 오염을 낳을 가능성이 있는 변인들을 기준으로 피험자 집단을 묶는 방법이다. 신체적 매력과 동의의 연구에서 피험자의 성별이 종속변인인 '동의행위'에 영향을 미칠 것으로 판단되면 피험자들을 성별을 짝짓기해서 매력적인 외모라는 조건에 노출되는 집단과 다소 평균이하의 외모라는 조건에 노출되는 집단에 동수로 배치하는 것이다. 물론, 남녀 한 쌍씩 각각의 집단에 배치하는 과정은 무작위로 일어나야 한다.

(4) 상호작용효과와 주효과 (*The interaction effects and Main effects*)

두 개 이상의 독립변인이 사용되는 요인설계에서 나타나는 것으로서, 주 효과는 각각의 독립변인이 종속변인의 측정치에 영향을 미치는 개별적인 효과이며 상호작용 효과는 두 개 이상의 독립변인들이 상호작용해서 각 개별적 변인들의 효과의 합과 다른 효과를 생산할 때를 가리킨다. 신체적 매력과 동의에 관한 연구에서 상대편의 신체적 매력과 피험자의 성별이 독립변인으로 사용된 연구설계에서, 주 효과는 신체적 매력과 피험자의 성별이 각각 동의라는 종속변인에 미친 영향력을 가리키며, 상호작용효과는 남자 피험자들의 경우에는 매력적인 외모를 지닌 상대편의 부탁에 대해서 더 쉽게 동의하고 여자 피험자들은 평균이하의 외모를 지닌 상대편의 부탁에 대해서 더 쉽게 동의를 하는 경우나 혹은 그 반대의 경우가 해당하겠다.

(5) 인과성 (*The concept of Cause*)[3]

흄(D. Hume)에 의하면, 특정 사건들 사이의 인과성을 추론하기 위해서는 전제된 원인과 효과사이의 연속성이 있어야 하며, 원인은 효과 혹은 결과보다 선행하여야 하며,

---

3) T. D. Cook & D. T. Campbell(1979), *Quasi-Experimentation*, Boston, NJ: Houghton Mifflin Co.

마지막으로 효과가 존재할 때는 언제든지 원인이 존재하여야 한다. 특히 마지막은 필요충분조건을 가리킨다. 원인이 있을 때는 언제든지 결과도 있고 원인이 없을 때는 결과도 없는 상태이다. 충분조건이나 필요조건은 실증주의 입장에서는 인과성을 완전히 담보하지 못한다고 보았다. 그러나 실제로 사회과학에서는 필요충분조건에 정확히 맞아 떨어지는 현상은 없으며, 대개의 사회과학연구는 충분조건에서의 인과성을 연구한다. 또 다른 실증주의자인 존 스튜어트 밀(J. S. Mill)도 인과성의 확보를 위해서 3가지 조건이 충족되어야 한다고 주장했다. 첫째는 원인이 결과에 선행하여야 하고, 둘째는 원인과 결과사이에 분명한 관계가 존재해야 하며, 마지막으로는 원인과 결과사이의 인과관계를 설명할 수 있는 기타의 모든 그럴듯한 설명(*spurious relationship*)이 타당하지 않음이 검증되어야 한다. 마지막 세 번째 조건이 가장 까다로운 것으로서 밀은 일치의 방법(*the method of agreement*), 차이의 방법(*the method of difference*), 그리고 공변량의 방법(*the concomitant variation*)에 의해서 구현될 수 있다고 제안했다. 일치의 방법은 원인이 존재할 때 언제든지 결과가 존재한다는 것이며, 차이의 방법은 원인이 존재하지 않을 때 결과도 존재하지 않아야 하며, 마지막으로 공변량 방법은 일치의 방법과 차이의 방법이 함께 목격될 때 원인과 결과에 대한 다른 어떤 그럴듯한 설명보다 인과적 추론이 더 타당하다는 것이다.

(6) 타당도 (*Validity*)

캠벨과 쿡(Campbell & Cook)에 의하면, 실험설계에서는 내적 타당도와 외적 타당도를 점검해야 한다고 한다. 내적 타당도는 현재의 실험설계가 우리가 탐색하고자 하는 연구문제나 가설에 적합한지 여부를 평가하는 것이며 외적 타당도는 연구결과가 일반화의 정도를 표현하는 것이다. 우선 내적 타당도를 저해하는 요인으로는 역사(*history*), 성숙(*maturation*), 테스트 효과(*testing*), 도구(*Instrument*), 탈락률(*mortality*), 선택(*selection*) 등이 있다.

'역사'는 독립변인의 실험처치와 종속변인의 측정과정 사이에 발생하는 외부세계의 사건을 가리키며, '성숙'은 실험처치 동안에 피험자에 나타는 변화를 가리킨다. 실험이 길게 진행되면 피험자들은 피곤해하거나 지루해하고 이러한 생리적 현상들이 연구결과에 영향을 미치는데 이를 가리켜서 성숙이라고 하며, 선행된 조사가 후행되는 조사에 영향을 미치는 것을 '테스트 효과'라고 한다. '도구'는 변인을 측정하는 도구가 시간이 경과함에 따라서 변화가 생기는 경우이며, '탈락률'은 연구에서 피험자가 실험에서 떨어져 나가는 정도이다. 주로 시계열 디자인의 경우에 발생한다. 마지막으로 '선택'이다. 선택은 종속변인의 측정치의 차이가 원래 독립변인의 집단들 사이의 차이에 기인한 경우이다. 즉 원래부터 다른 피험자들을 다른 집단에 배치해서 그 차이를 독립변인의 차이로 오인하는 경우가 생기게 된다. 이를 방지하기 위해서는 무선화 작업이 필요하다. 나아가, 내적 타당도를 저해하는 위의 요인들 사이에서 일어나는 상호작용도 문제가 된다. 한편, 외적 타당도는 연구결과의 일반화 정도로서 이를 저해하는 요인으로는 크게 실험실에서 이뤄지는 연구상황의 비현실성과 실험처치와 역사, 선택, 실험세팅 사이의 상호작용이 있다.

3) 실험연구의 절차

실험연구의 절차는 연구설계의 최대최소 통제원칙(*The principle of Max-mini-con*)을 가장 잘 담보하는 과정이다. 모든 실험에서 무선적(*randomly*)으로 등장하는 오차변량(*error variance*)을 최소화하고 독립변인의 변량을 최대화하고 체계적으로, 실험변인인 독립변인의 효과와 함께 등장하는 비연구변인인 가외변량을 통제하는 과정이다. 일반적인 실험연구는 다음과 같은 과정을 통해서 오차변량의 최소화, 독립변량의 최대화와 가외변량의 통제를 확보한다.[4)]

첫째, 연구가설이나 연구문제를 해결하기 위해 실험실 상황에서 연구를 수행하는 것과 현장상황에서 연구를 수행하는 것 중 어느 것이 더 효과적인지를 결정한다.

둘째, 가설이나 연구문제의 성격, 조작과 측정대상이 되는 변수의 유형, 피험자의 이용가능성, 가용자원 등을 고려하여 연구의 설계를 한다. 예를 들어, 신체적 매력(*physical attractiveness*)의 정도에 따라서 상대편의 동의(*compliance behavior*)를 이끌어내는 데 차이가 있는지 여부를 검증한다면, 독립변인인 신체적 매력을 어떻게 실험처치하며, 종속변인인 동의행위의 측정방법, 피험자의 선정과 연구시기, 연구비용등을 고려해서 다양

---

4) F. N. Kerlinger(1986), *Foundations of Behavioral Research*, Chicago, IL: Holt, Rinehart and Winston, Inc.

한 종류의 실험설계중 하나를 택하게 된다. 위의 케이스에서는 모든 사항을 고려해서 사후통제집단 실험설계(*post-test only control group design*)로 결정한다고 가정하자.

셋째, 실험설계에 맞춰 독립변인의 실험처치 방법과 종속변인의 측정방법을 결정한다. 매력적인 여성이 기부를 부탁할 때와 매력적이지 않은 외모를 지닌 여성이 기부를 부탁할 때, 피험자들이 그 부탁을 들어 주는 정도를 비교한다고 할 때, 기부금을 부탁하는 여성의 외모 차이로 실험처치를 하며 피험자의 기부액의 정도를 동의행위로 조작한다. 이때, 연구자의 편에서 피험자에게 기부를 부탁하는 사람을 공모자(*confederate*)라고 한다.

넷째, 피험자를 선정하고 실험상황 조건에 배치한다. 실험상황 즉 미모의 여성이 기부를 요청하는 상황과 매력적이지 않은 여성이 기부를 요청하는 상황에 피험자 각각을 무작위로 배치한다. 연구의 외적 타당도를 높이기 위해서 연구대상이 되는 모집단으로부터 표본을 무선배치하는 것을 기본으로 한다.

다섯째, 사전 예비연구(*pilot study*)를 실시한다. 예비연구는 본 연구에 들어가기에 앞서 적은 수의 피험자를 대상으로 예상된 연구를 성공적으로 수행할 수 있는지의 여부를 판단하는 작업이다. 연구에 핵심이 되는 조작된 독립변인들이 기대한 만큼의 효과를 보여주는지, 만약에 아니라면 과정상에 문제가 있는지를 본 연구에 들어가기에 앞서 사전에 검사해 볼 수 있는 가장 중요한 절차 중의 하나이다. 즉 본실험에 참여하지 않는 사람들을 대상으로 미모의 여성과 그렇지 않은 여성의 외모를 1에서 5점 척도상에 평가하게 하여서 매력적 여성으로 소개되는 공모자의 외모를 매력적으로 판단하는지 여부, 즉 실험처치가 제대로 되었는지를 확인한다. 또한 피험자의 성별과 기부를 부탁하는 공모자의 성별이 여성인 것과 상호작용이 나타나는지 살펴보고 만약 그렇다면, 그 피험자의 성별을 또 다른 독립변인으로 편입해서 상호작용효과를 연구에 포함할지 아니면 피험자의 성별을 여성으로 한정해서 피험자의 성별을 가외변량으로 취급하여 통제할 것이지 등을 결정해야 한다.

여섯째, 본 연구를 수행한다. 예비연구에서 나타난 문제점들을 보완해서 연구자는 과정상의 오류 및 변인의 실험처치에 문제가 없다는 확신 하에 본격적인 연구를 수행한다.

2. 실험설계의 유형

실험에 앞서서, 연구의 목적과 측정대상, 독립변인의 수와 독립변인의 측정수준, 자료의 유형과 효과적인 수집, 그 자료에 적합한 통계분석, 연구비용과 연구시설, 관련 분야에서의 선행연구 등을 종합적으로 고려한 후 실험설계를 하게 된다.[5] 실험설계의 방법은 피험자의 선정에서 무선화 과정의 유무, 처치집단과 그것에 대비되는 통제집단이 존재 여부, 그리고 측정이 처치 전후의 시간적 배열을 하였는가에 따라서 구분된다. 이러한 기준에 따라 비실험설계, 진형실험설계, 유사실험설계로 나눠 볼 수 있다.

1) 비실험설계(*Non-Experimental Design*)

이 설계방안은 피험자들이 무작위 배치되지 않고, 비교될 자료의 기준이 거의 없을 뿐 아니라 엄격한 실험적 통제가 거의 불가능하기 때문에 가외변인에 의한 오염이 생겼을 개연성이 높다.

(1) 단일사례연구

단일사례연구(*one-shot case study*)에서는 한 집단에 실험처치를 한 후, 한 번 검사하므로 관찰을 비교할 기준이 없다. 예를 들어, 아이들에게 축구를 가르쳐서〔실험처치(X)〕 집중력이 향상〔검사(O)〕이라는 결과를 얻을 수 있다. 그러나 이는 원래 집중력이 뛰어난 아이들이 축구를 했다는 주장이나 축구를 배우는 동안 아이들이 암산이나 기타

〈그림 6-1〉 단일사례연구

X	O

* X: 처치, O: 검사

5) R. D. Wimmer & J. R. Dominick, *Mass Media Research: An Introduction*, 4th ed. (CA: Wadsworth, 1994), p. 92.

집중력과 관련된 다른 어떤 것을 학습함으로써 집중력이 생겼다는 반론을 막아낼 수 없다. 즉 내적 타당도의 저해요인이 산재해 있다.

(2) 단일집단 사전 - 사후검사 설계(*One Group Pretest - posttest Design*)

처치 전의 상태에 대한 관찰을 통해 O_1 이란 판단의 기준을 하나 더 제시함으로써 피험자의 선정에 따른 왜곡을 제거할 수 있다. 예를 들어, TV광고에서 학습지 회사의 간부가 나와서 자신들이 실험을 했는데, 학습지를 구독한〔실험처치(X)〕 학생들의 성적이 구독 이전의 시험〔검사1(O_2)〕에서 보다 평균 15점 이상〔검사2(O_2)〕 향상되는 놀라운 결과가 나왔다고 주장하는 경우이다. 이때, 학습지 회사는 학습지를 구독한 학생만을 대상으로 성적향상을 주장하기 때문에, 구독하지 않은 학생이나 다른 학습지를 구독한 학생들의 성적과 비교할 기회가 없으며, 나아가 해당 학습지를 구독하는 학생들이 학습지 구독과 더불어서 시험 치는 형식에 익숙해지거나 가정교사의 지도를 받았을 가능성 또한 배제 할 수 없어서 학습지의 효과를 장담하는 것은 무리가 있다. 즉 내적 타당도의 저해요인이 여전히 존재한다.

〈그림 6-2〉 단일집단 사전-사후검사 설계

O_1 X O_2

(3) 무처치집단 비교(*Static Group Comparison*)

이 설계방안은 무작위로 배치하지 않은 자연적으로 나누어진 두 집단을 비교하는 것이다. 실험처치(X)가 그 측정결과(O)와 상관관계가 있음은 분명하나 원인과 결과의 관계라고 단언할 수 없다. 이는 실험처치가 통제된 상황에서 일어난 것이 아니라 자연적으로 발생한 사건이기 때문이다. 또한, 두 개의 집단에 피험자가 무작위로 배치된 것이 아니라서 처음부터 두 집단의 피험자들이 연구하고자 하는 속성에 대해서 차별성을 가지고 있을 개연성에 대한 부정도 어렵다. 예들 들어, A 학습지(G1)와 B 학습지(G2)를

〈그림 6-3〉 무처치집단 비교

G_1	X	O_1
G_2		O_2

구독한 각각의 피험자 집단의 중간고사 성적을 비교(O_1-O_2)하는 경우가 이에 해당할 것이다. 무선화도 통제된 실험처치도 없다.

(4) 사후역추적(事後逆追跡) 연구 (*Ex Post Facto Studies*)

이 방법은 종속변인을 가지고 독립변인을 유추하는 것으로 폐암에 걸릴 사람들(종속병인)의 흡연경력(독립변인)을 조사하여 그 둘의 관계를 파악하는 것이다. 일반적으로 독립변인을 실험처치 하는 것이 불가능하거나 비윤리적인 경우에 주로 사용된다. 물론, 실험 전반에 관한 통제가 전혀 불가능하다는 단점을 지니고 있다.

2) 진형실험설계

진형실험설계(*true experimental design*)는 크게 4가지 유형으로 구분할 수 있다. 독립변인의 주 효과 분석에 초점을 맞춘 사전사후조사 통제집단 설계, 사후통제집단 설계, 솔로몬 4그룹 설계와 주효과뿐만 아니라 독립변인간이나 독립변인의 처치수준에 따른 상호작용을 분석할 수 있는 요인분석 설계 등이 있다.

(1) 사전 - 사후조사 통제집단 설계 (*pretest - posttest control group design*)

사전-사후 조사 통제집단 설계에서는 실험처치 전에 사전검사(*pretest*)를 실시한다. 사전검사를 통해 연구자는 비교 집단간 무선화가 이루어졌는지 알 수 있으나 사전검사의 실시로 인해 조사대상들이 사전검사 항목을 기억함으로써 검사에 대한 민감도(*test sensitization*)를 유발시킬 수 있다는 단점이 있다.

〈그림 6-4〉 사전-사후검사 통제집단 설계

R	O_1	X	O_2
	O_3		O_4

* R: 무선할당

(2) 사후조사 통제집단 설계 (*posttest-only control group design*)

사후조사 통제집단 설계는 '테스트 민감화'의 효과를 배제하기 위하여 사전검사를 일체 생략하는데 무선화를 통해 두 집단이 서로 동질적이라고 가정할 수 있게 된다. 따라서 표본의 크기가 충분할 필요가 있다.

〈그림 6-5〉 사후검사 단독통제집단 설계

R		X	O_1
			O_2

(3) 솔로몬 4집단 설계 (*solomon four-group design*)[6]

솔로몬 4집단 설계는 사전사후조사 통제집단 설계와 사후조사 통제집단 설계를 혼합한 형태를 취하는데 이 설계로 사후검사에서 나타난 피험자 집단간의 차이가 실험처치에 의한 것인지 사전검사에 의한 것인지의 여부를 검사할 수 있게 된다.

솔로몬 4집단 설계는 네 가지 조사대상 집단을 필요로 하기 때문에 실험에 대한 분석이 복잡하며 비용이 많이 든다는 단점이 있다. 그러나 본 설계는 4집단의 동등성을 확보함과 동시에 조사대상의 검사에 대한 민감화 효과를 제거한다는 장점이 있다. 따라서 지금까지 소개한 단순실험설계 중 가외변인의 영향력을 가장 잘 제거할 수 있는,

6) R. L. Solomon(1949), "An extension of control group design", *Psychological Bulletin*, 46, 137~150.

〈그림 6-6〉 솔로몬 4집단 설계

R	O_1	X	O_2
	O_3		O_4
		X	O_5
			O_6

내적 · 외적 타당도가 높은 설계 방안이라고 할 수 있다. 실험설계 중 $O_3 \sim O_1$ 에서 무선화의 정도를, $O_6 \sim O_4$ 에서 '검사'의 효과를, 그리고 $O_5 \sim O_2$ 에서 검사와 처치의 상호작용을 계산한다.

(4) 요인 설계 (*factorial design*)

요인 설계란 둘 혹은 그 이상의 독립변인들을 동시에 사용하여 결과를 분석하는 연구방법이다. 이때 쓰이는 각 독립변인을 요인(*factor*)이라 부른다. 이 연구방법은 독립변인의 상호작용에 의해서 나타나는 영향을 효과적으로 조사할 수 있다. 2요인 설계(*two-factor design*)는 두 가지의 독립변인이 실험처치된 것이며 3요인 설계란 세 가지의 독립변인들이 동시에 실험처치 하는 것을 말한다.

예를 들어, 동의를 구하는 상대편의 신체적 매력과 피험자의 성별이 피험자의 동의행위에 영향을 미친다는 가설을 검증한다고 가정하자. 독립변인인 신체적 매력은 매력적인 것과 매력적이지 않은 것으로 구분되며 또 다른 독립변인인 피험자의 성별은 남녀로 나눌 수 있으며, 위의 표에서 각각의 셀 값이 종속변인인 동의정도를 가리킨다. 〈그림 6-8〉에서처럼, 기부와 같은 특정 행위를 요청하는 상대편의 외모가 매력적인지 혹은 매력적이지 않은지 여부가 피험자의 동의행위를 이끌어내는 데에 영향을 미치는데, 동시에 피험자가 남자이냐 여자이냐에 따라서도 그 요청받은 것에 대한 동의 정도에도 차이가 난다는 것이다. 즉 두 독립변인 간에 상호작용 효과가 있다면 〈그림 6-8〉에서처럼 두 선이 교차하며, 주효과만 있고 상호작용 효과가 없다면, 두 선은 교차하지 않고 평행을 이룰 것이다.

〈그림 6-7〉 2 × 2 요인 설계

R	X_1	X_2	O_1
	X_1		O_2
		X_2	O_3
			O_4

〈표 6-1〉 2 × 2 요인 설계

		요인 X : 신체적 매력	
		매력적인	매력적이지 않은
요인 Y : 피험자의 성별	남		
	여		

〈그림 6-8〉 피험자의 성별과 신체적 매력의 상호작용 효과

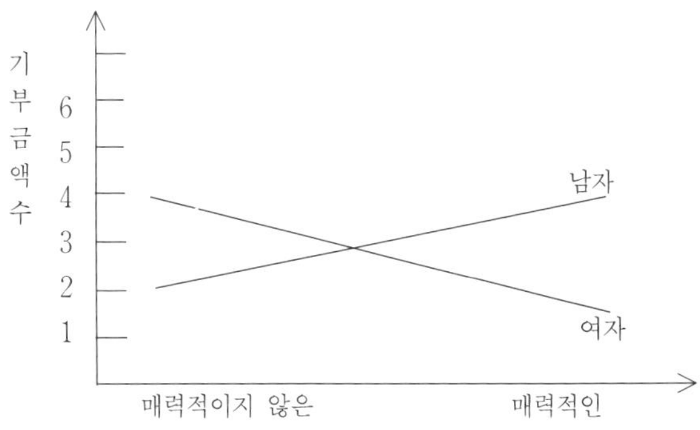

3) 유사실험설계 (*quasi- experimental design*)

유사실험설계란 실험 대상자를 실험집단과 통제집단에 무선으로 배치하기 어려운 경우에 실시하는 것으로, 실험처치 전 무선배치를 하지 않는다는 점이 진형실험설계와 가장 두드러진 차이점이다. 유사실험설계는 실험집단과 통제집단이 서로 동등하다고 가정할 수 없기 때문에 결과로 나타난 차이가 실험처치에 의한 것인지 혹은 집단간의 본원적 차이에서 연유한 것인지 정확히 분간할 수 없다는 단점이 있어서 자료의 해석에는 신중을 기해야 한다. 한편으로는 실험실이 아닌 현장에서 실험이 자연스럽게 일어나기 때문에 진형실험설계에 비해서 높은 외적 타당도를 보장받을 수 있다. 유사실험설계의 종류에 대해서는 학자마다 약간씩의 차이를 보이고 있는데, 가장 자주 사용되는 시계열 설계(*time-series design*)와 사전사후 비등가 통제집단 설계(*pretest-posttest nonequivalent control group design*)를 살펴보겠다.

(1) 사전사후 비등가 통제집단 설계 (*Pretest-posttest nonequivalent control group design*)

만일 연구자가 무선배치와 통제집단을 사용할 수 없는 경우, 실험집단과 외적으로 비슷하게 보이는 자연상태의 통제집단을 찾아서 이를 실험에 사용할 수 있다.[7] 이처럼 무선배치하지 않은 상태에서 동등하지 않은 통제집단을 사용한 사전사후 비등가 통제집단설계는 무처치집단 비교(*static group comparison*)와 단일집단 사전사후검사의 혼합형태라 할 수 있다. 이 설계에서는 한 집단을 실험처치에 노출시키고, 그런 다음 이 집단을 실험처치에 노출되지 않은 통제집단과 비교한다. 이미 존재하는 선택된 두 집단은 비슷하긴 하지만 동등하지는 않다. 그럼에도 불구하고, 실험집단과 통제집단을 사전검사를 통해 비교함으로 내적 타당도를 위협하는 많은 요소들은 배제시킬 수 있다.

예를 들어, TV 토론이 선거기간 동안의 이슈학습에 효과가 있다는 가설을 검증한다고 하자. TV 토론의 시청이라는 실험처치를 하기 전에 현재의 사회적 이슈에 대해서알고 있는 정도를 측정(사전조사)하고 실험처치를 한 집단(A)과 비슷한 인구사회학적 특성을 지닌 사람들을 통제 집단(B)으로 선정한다. 집단 A는 TV토론을 시청하고 집단 B는 토론을 시청하지 않는다. 이 두 집단 모두에게 사후조사를 실시한다. 본 연구설계는

---

7) T. D. Cook & D. T. Campbell, *op. cit.*

비등가적 통제집단을 이용하기 때문에 O_2와 O_4의 단순한 비교가 아닌, 실험처치 집단과 통제집단이 만들어내는 일련의 패턴에 의한 해석이 더 바람직하다.[8)]

즉 비등가성 통제집단으로 인해서 선택-성숙의 상호작용 선택-역사, 차별적 통계적 회귀 등 내적 타당도를 저해하는 요인들이 나타나서 때에 따라서는 실험집단과 통제집단의 차이보다는 〈그림 6-10〉에서 나타나는 각 집단의 사전사후 조사결과의 패턴방식이 해석의 중요한 부분이다.

〈그림 6-9〉 사전사후 비등가 통제집단 설계

Group 1	O_1	X	O_2
Group 2	O_3		O_4

〈그림 6-10〉 사전사후 비등가 통제집단 설계에서 결과로서 가능한 실험집단과 통제집단의 5개 패턴

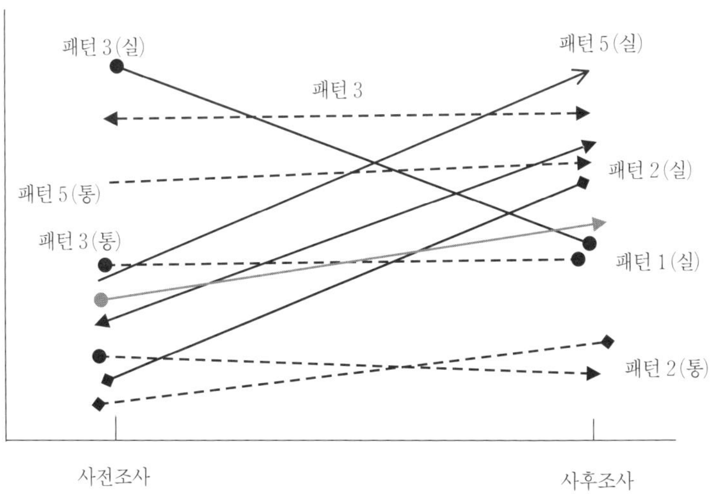

* 실험처치집단 ________ 통제집단 - - - - - - -

8) T. D. Cook & D. T. Campbell, *op. cit.*

(2) 시계열설계 (*Interrupted Time-Series Designs*)

시계열 설계는 크게 단선 시계열설계(*Simple Interrupted time series design*)와 복수 시계열 설계(*multiple time-series design*)로 나뉘는데 기본구조는 동일하다. 한 집단을 대상으로 주기적인 측정을 하는 것으로, 단선시계열분석은 무선화와 통제집단을 가지지 않는 패널조사(*panel study*)와 같으며, 복수 시계열 분석은 비등가적 통제집단이 설계상 덧붙여지는 것이다. 즉 동일한 피험자들을 대상으로 시간간격을 두고 지속적으로 관찰할 수 있으며 실험처치가 있은 후 어느 시점에서는 관측치의 지속성에 돌연한 중단(*Interruption*)이 목격되어야 한다. 특히, 단선 시계열 설계는 내적 타당도를 저해하는 성숙요인을 제거할 수 있다는 장점이 있다. 예를 들어, O_5와 O_6 사이에 차이가 있고, 이것이 처치(X)에 의한 순수한 결과인지 혹은 성숙 요인에 의한 것인지 의심스러울 때, 실험처치 전후의 모든 간격의 변화를 조사하면 성숙의 경향을 알 수 있다. 즉, 실험의 과정 중에 성장요소가 있다면, O_1과 O_2 사이, 그리고 O_2와 O_3 사이 등 전체 시계열상의 모든 간격에도 차이가 나타날 것이다. 만약 차이가 O_5와 O_6사이에서만 나타난다면 성숙요소가 없는 것이라 말할 수 있다. 이에 비해서 복수 시계열 분석은 단순시계열 분석에서 제거되지 않았던 역사 요인을 제거하는 데에 유용한 설계이다. 즉 실험처치 이후에 나타나는 변화가 실험처치가 아닌 다른 사건으로 인해서 발생할 수도 있을 수도 있다는 역사 요인의 개연성을 제거하는 방법이다.

〈그림 6-11〉 시계열 설계

$$O_1\ O_2\ O_3\ O_4\ O_5 \qquad X \qquad O_6\ O_7\ O_8\ O_9\ O_{10}$$

〈그림 6-12〉 복수 시계열 설계

$$O_1\ O_2\ O_3\ O_4\ O_5 \quad X \quad O_6\ O_7\ O_8\ O_9\ O_{10}$$

$$O_1'\ O_2'\ O_3'\ O_4'\ O_5' \quad X \quad O_6'\ O_7'\ O_8'\ O_9'\ O_{10}'$$

3. 실험연구의 사례[9)]

1) 연구가설

가설 1. 서로 다른 방식으로 구성된 뉴스 프레임은 수용자 지식구조와 상호작용해서 신문고시에 대한 수용자의 해석에 영향을 미칠 것이다. 구체적으로, '정치음모', '자율시장', '시장개혁' 등과 같은 주제 구조로 형성된 뉴스 프레임을 접한 수용자 집단은 신문고시에 대한 기사를 해석함에 있어서, 각각 '정치음모', '자율시장', '시장개혁' 프레임의 주제와 밀접한 연관을 갖는 해석을 갖게 될 것이다.

가설 2. 서로 다른 방식으로 구성된 뉴스 프레임은 수용자 지식구조와 상호작용해서 신문고시에 대한 수용자의 해석에 영향을 미칠 것이다. 구체적으로, '정치음모', '자율시장', '시장개혁' 등과 같은 주제 구조로 형성된 뉴스 프레임을 접한 뉴스 수용자 집단은 신문고시에 대한 의견, 정부의 신문시장 통제에 대한 의견에서 차이를 보일 것이다.

2) 연구방법

(1) 실험방안

이 연구는 현장실험 방법을 이용해, 뉴스 프레임이 이슈에 대한 해석과 의견에 미치는 영향을 알아보았다. 현장실험 연구방안을 채택한 이유는 가외변인을 효과적으로 통제할 수 있을 뿐만 아니라 동시에 실험결과의 외적 타당도를 극대화시킬 수 있기 때문이다. 현장실험 방안은 최근 프레임 효과연구에서 주로 선택된 방법이기도 하다(예, Iyengar, 1991; Shah, Domke & Wackman, 1997 등).

2001년 5월말 서울에 거주하는 403명의 대학생을 대상으로 실험을 수행했다. 이 실험은 통제된 다단계 과정으로 구성되었다. 먼저 실험 자극물을 전달하기에 앞서서, 응

---

9) 이준웅(2001), "갈등적 이슈에 대한 뉴스 프레임 구성방식이 의견형성에 미치는 영향 : 내러티브 해석모형의 경험적 검증을 중심으로", 〈한국언론학보〉, 제 46권 1호, 441~482.

답자에게 실험의 목적을 노출하지 않는 범위 내에서 실험에 충실히 응해줄 것을 부탁하고, 신문 및 방송의 이용에 관련된 질문을 던졌다. 이때 응답자는 실험에 사용된 3가지 프레임 조건과 통제조건 중 하나에 무선적으로 배치된다. 응답자는 컴퓨터 그래픽을 이용해 제작된 실험 자극물, 즉 서로 다른 뉴스 프레임에 의해 구성된 '신문기사'를 읽도록 유도된다. 실험자극물을 읽은 응답자는 자극평가(*stimulus-evaluation*), 신문고시에 대한 해석, 신문고시와 관련된 의견 등과 관련된 문항에 응답을 하게 된다. 마지막으로 응답자의 인구사회학적 특성과 기타 정치적 태도와 관련된 변인도 함께 측정했다.

(2) 실험자극의 구성과 자극평가 검토

실험자극으로 사용된 신문기사는 종합일간지에 실린 논평 및 의견기사를 샘플해서, 그 주제적 내용의 구성이 배경, 행위자, 행위방식, 행위결과 등의 내용이 담길 수 있도록 했다. 통제조건에서 사용할 중성자극은 '경제위기와 경제정책의 방향'이라는 제목으로, 현 경제가 위기 상황임을 서술하고 이를 위해 국민적 단결이 필요하다는 평이한 주제로 구성된 사설기사를 선택했다.

실험처치를 가한 후, 실험자극으로 사용된 3개의 프레임과 통제집단에 사용된 1개의 중성자극의 이해도, 흥미도, 중요도, 개인적 관심을 측정했다. 실험의도에 따르면, 3개의 프레임 조건과 통제조건에서 사용된 자극물은 이해도, 흥미도, 중요도, 개인적 관심에서 집단간 차이를 보이면 안 된다. 또한 자극평가 검토연구에는 실험자극에 포함된 프레임에 대한 평가는 ① 기사내용이 경제개혁을 찬성하는지, ② 외부세력의 경제개입을 찬성하는지, ③ 기업의 시장원칙에 입각한 경쟁을 찬성하는지, ④ 기업에 대한 정부의 규제를 찬성하는지에 대한 의견을 물어보았다.

자극평가 연구결과를 보면, 실험에 사용된 기사들은 이해도($F(3, 399) = 2.19$, $p = .09$), 흥미도($F(3, 399) = 1.89$, $p = .13$) 등에서 실험집단 간에 차이가 없는 것으로 나타났다. 이 결과는 자극평가 연구의 가설이 예측한 바대로 나타난 것이다.

또한 실험 자극물의 내용은 ① 경제개혁의 찬성($F(3, 398) = 42.90$, $p < .001$), ② 외부세력 경제개입 찬성($F(3, 398) = 245.57$, $p < .001$), ③ 기업의 시장원칙에 입각한 경쟁 찬성($F(3, 398) = 43.89$, $p < .001$), ④ 정부의 기업규제($F(3, 398) = 246.26$, $p < .001$) 등에 대한 평가에서 차이를 보였다. 그 결과는 모두 자극평가 연구가설과 일치하는 방향으

로 나타났다. 예를 들어, 기사의 내용이 정부의 기업규제에 찬성하는지(찬성=1, 반대=5) 평가한 결과, '정부통제' 프레임은 4.06, '자율시장' 프레임은 4.02, '시장개혁' 프레임은 2.12, 그리고 통제조건은 2.30인 것으로 나타났다. 따라서 실험처치는 전반적으로 실험의도 대로 적절하게 조작되었다고 평가할 수 있겠다.

실험의 마지막 부분은 신문고시에 대한 해석과 의견을 묻는 종속변인을 측정하도록 구성되었다. 이 변인에 대한 질문을 구성하기 위한 근거로 이용된 실험 자극물은 공정거래위가 신문고시의 부활을 추진한다는 기사와 신문고시 부활이 결정되었다는 기사가 스크랩된 형태로 제시되었다. 모든 실험조건에 제시된 이 자극물은 동일한 스트레이트 기사 위에 프레이밍조건에 따라 다른 헤드라인을 붙였는데, 헤드라인의 내용은 각각 ① 정부, 신문고시 부활 시행, 신문시장 개입의도 의혹, ② 정부, 신문시장 규제결정, 신문고시 부활 시행, ③ 정부, 신문시장 불공정규제, 신문고시 부활 등으로 구성되어 있다. 현장실험에 사용된 모든 자극물은 될 수 있는 한 실제 신문기사와 동일한 형식과 포맷을 지니도록 만들었다.

(3) 척도의 구성

이 연구에 사용된 종속변인 중에, 신문고시에 대한 해석은 다음과 같은 4가지 문항을 사용해서 각각 측정했다. ① 앞의 기사내용이 신문고시 부활을 찬성한다고 생각하십니까, 반대한다고 생각하십니까(M=2.92, SD=.81). ② 앞의 기사내용이 정부가 신문의 판매활동에 개입하는 것을 찬성한다고 생각하십니까, 반대한다고 생각하십니까(M=2.91, SD=.86). ③ 앞의 기사내용이 신문의 자율적인 판매활동을 보장하는 것을 찬성한다고 생각하십니까, 반대한다고 생각하십니까(M=3.17, SD=.86). ④ 앞의 기사내용이 언론개혁을 찬성한다고 생각하십니까, 반대한다고 생각하십니까(M=2.77, SD=.81). 이 4문항은 모두 리커트 5점 척도로서 '매우 찬성한다(1점)', '찬성한다(2점)', '보통이다(3점)', '반대한다(4점)', '매우 반대한다(5점)'으로 구성되었다.

신문고시에 대한 의견은 '신문고시 부활에 찬성하십니까', '신문고시는 정부가 신문시장에 개입하는 것이다', '신문고시는 언론의 불공정 판촉활동을 규제해서 신문시장을 투명화하기 위한 것이다' 등 리커트형 5점 척도(찬성=1, 반대=5) 3개 문항을 이용해서 측정했다. 크론바흐 알파로 측정된 신뢰도는 .80(M=3.35, SD=.75)이었다.

분석에 사용할 종속변인으로서, 신문시장에 대한 정부개입에 대한 의견도 함께 측정했다. 사용된 문항은 '정부가 신문사의 판촉행위를 규제하는 것을 찬성하십니까', '정부가 신문사와 판매지국 간의 관계를 신문사 자율에 맡기는 것에 찬성하십니까', '신문고시는 정부가 언론을 통제하려는 의도이다', '신문시장은 자율적으로 경쟁하도록 해야지 정부가 간섭하면 안 된다' 등 리커트형 5점 척도(찬성=1, 반대=5) 문항을 사용했다. 크론바흐 알파로 측정된 신뢰도는 .67(M=.05, SD=.68)이었다.

이 연구에서는 또한 뉴스 프레임에 대한 해석에 영향을 미칠 수 있는 가외변인을 통제하기 위해, 응답자의 매체주목도, 정치적 이념, 조선·중앙·동아일보 구독여부를 측정했다. 먼저 매체주목도는 '텔레비전 저녁 종합뉴스를 얼마나 자주 시청하십니까?', '종합일간지(스포츠신문 제외)를 일주일에 며칠이나 봅니까?', '종합일간지의 정치관련 기사를 얼마나 관심있게 읽습니까?' 등 3문항을 사용해서 알아보았다. 이 문항들의 측정척도가 다르므로 변인의 표준화된 점수의 평균을 구해 척도의 값을 삼았다. 크론바흐 알파로 측정된 신뢰도는 .58(SD=.74)이었다.

정치적 이념은 '귀하께서는 스스로 생각하시기에 정치적 성향이 보수적이라고 생각합니까, 아니면 진보적이라고 생각하십니까?', '귀하께서는 우리 사회가 전반적으로 안정이 필요하다고 보십니까, 아니면 개혁이 필요하다고 보십니까?', '귀하께서는 다음 단체를 어느 정도 좋아하십니까?', '1. 〈조선일보〉, 2. 〈한겨레〉, 3. 참여연대' 등과 같은 5개의 중앙치가 배제된 6점 척도 문항을 사용했다. 이 척도의 신뢰도는 .64(M=4.13, SD=.76)이었다. 마지막으로 〈조선일보〉, 〈중앙일보〉, 〈동아일보〉의 구독여부를 질문해서, 그렇다고 대답한 응답자는 1, 나머지 응답자는 0의 값을 부여했다.

3) 실험설계에 대한 분석

(1) 독립변인: 뉴스 프레임의 변화

(2) 실험처치: 경제일반에 대한 뉴스프레임(정부통제, 자율시장, 시장개혁 프레임)

(3) 종속변인: 뉴스의 해석 및 의견

(4) 종속변인의 측정치:

① 뉴스의 해석

가. 신문고시의 부활에 대한 찬반

나. 정부의 신문판매활동에 대한 찬반

다. 신문의 자율적 판매에 대한 찬반

라. 언론개혁에 대한 찬반에 대한 5점 척도 상에서의 평가

② 뉴스에 대한 의견

신문고시에 대한 의견은,

가. 신문고시 부활에 찬성하십니까?

나. 신문고시는 정부가 신문시장에 개입하는 것이다.

다. 신문고시의 인론사의 불공정 판촉활동을 규제해 신문시장을 투명화하기 위한 것이다.

세 가지 문항을 5점 척도 상에서 평가한다. 신문시장에 대한 정부개입에 대한 의견이라는 해석은 다음 네 가지 문항에 대한 찬성정도를 5점 척도상에 표시하는 것이다.

가. 정부가 신문사의 판촉활동을 규제하는 것에 찬성한다.

나. 정부가 신문사와 지국 간의 관계를 신문사에 자율에 맡기는 것에 대해서 찬성한다.

다. 신문고시는 정부가 언론을 통제하려는 의도이다.

라. 신문시장은 자율적으로 경쟁하도록 정부가 개입해서는 안 된다.

③ 통제집단

신문고시에 대한 중성자극: 신문고시에 대한 스트레이트 뉴스

④ 실험설계의 개요

가. 3개의 실험처치집단과 1개의 통제집단에 대한 무선배치.

나. 사전사후조사 통제집단 디자인(현장실험이 아닌 실험실 실험임).

다. 피험자의 해당 뉴스에 내한 이해도, 흥미도, 중요도, 개인적 관심도와 정부통제, 자율시장, 시장개혁 프레임 등에 평가함으로써 자극물에 대한 평가(*manipulation check*)가 이뤄짐.

•○• 참고문헌

이준웅(2001), "갈등적 이슈에 대한 뉴스 프레임 구성방식이 의견형성에 미치는 영향: 내러티브 해석모형의 경험적 검증을 중심으로", 〈한국언론학보〉, 제 46권 1호, 441~482.

F. N. Kerlinger(1986), *Foundations of Behavioral Research*, Chicago, IL: Holt, Rinehart and Winston, Inc.

M. J. Smith(1988), *Contemporary Communication Research*, CA: Wadsworth,

R. D. Wimmer & J. R. Dominick, *Mass Media Research: An Introduction*, 4th ed. (CA: Wadsworth, 1994), p. 92.

R. L. Solomon(1949), "An extension of control group design", *Psychological Bulletin*, 46, 137~150.

T. D. Cook & D. T. Campbell(1979), *Quasi-Experimentation*, Boston, NJ: Houghton Mifflin Co.

•○• 연습문제

1. 현장실험과 실험실 실험의 특징을 비교하시오.
2. 인과성을 추론하기 위한 조건에는 어떤 것이 있는가?
3. 내적 타당도 저해요인들에는 어떤 것이 있는가?

제 7 장

시청률 조사

심 미 선

시청률이란 한마디로 텔레비전에서 방영된 프로그램을 얼마나 많이 시청했는가를 나타내는 수치로, 방송 프로그램에 대한 시청자의 평가라고 할 수 있다. 시청률 조사를 통해 산출되는 시청률은 시청자의 규모와 구조, 프로그램과 광고에 대한 시청자의 노출정도 및 태도에 관한 정보를 제공한다. 더 나아가 시청률 자료는 개별 프로그램과 채널별 시청정도를 파악하게 해줄 뿐 아니라 다양한 매체가 차지하는 시청자의 비율과 매체별 경쟁상황의 변화를 예측하는데도 도움을 준다. 따라서 시청률 자료는 광고주에게는 과학적인 광고계획과 광고비 산출의 근거자료로 활용될 수 있고, 방송제작자에게는 방송 프로그램에 대한 시청자의 반응을 확인함으로써 프로그램 편성과 제작의 기초자료로 활용할 수 있다. 무엇보다도 시청률 자료를 편성에 활용하는 이유는 시청자의 취향을 편성에 반영함으로써 시청자의 욕구를 만족시키는 동시에 최대다수의 시청자 확보를 통해 방송사의 이익을 극대화한다는 경제적인 이유가 크게 작용한다.

주요 용어: 시청률 조사, 피플미터(*Peoplemeter*), 청취률조사, 오디미터(*Audimeter*), AGB 닐슨, MSK(Media Service Korea), TNS(Taylor Nelsen Sofres), 전자기록장치, MDU, CDSU, 핸드셋, 고객주문형 조사, 공유형조사, 베빌(Beville), TV 환경조사, 자연교체, 강제교체, 패널관리, 비디오리서치, 시청률 검증위원회, 패시브 미터(*Passive Meter*), 단발형조사(*ad-hoc research*), 가구시청률, HUT(*Household Using Television*), MUT(*Meter Using Television*), 개인시청률, PUT(*People Using Television*), 점유율(*Share*)

1. 들어가면서

방송사의 재원과 관련해서 시청률의 의미를 설명하면, 2003년 모건스탠리 분석에 따르면(KBS, 해외방송정보, 2003년 1월호), 미국 18~49세 시청층의 0.1%는 12만 7천 명으로 5,560만 달러의 광고수입을 의미한다. 상황이 이렇다 보니 방송사는 시청률 1%의 등락에도 일희일비하는 상황이 벌어진다. 시청률 연동제를 따르는 미국과 달리 우리나라의 경우 아직까지는 방송광고비 산정이 시간대에 따른 고정 요율제를 따르고 있기 때문에 시청률의 높고 낮음에 따른 광고비의 차이가 미국만큼 크지는 않다. 그렇지만 한국에서의 시청률은 단순한 돈이 아니라 방송사의 영향력을 상징하는 것이기에 그 의미는 미국 못지않게 크다고 할 수 있다. 그리고 광고수입과 직접적인 관련이 있는 시청률 조사는 그 어떤 조사보다도 믿을 수 있어야 한다.

일반 사회조사의 경우 조사결과가 우리사회에 미치는 영향은 내가 알고 있던 상식을 확인해주는 것에 불과할 때가 많다. 또 조사결과가 틀렸다고 해서 금전적 피해가 발생하는 것도 아니다. 그러나 시청률 조사는 광고비 산출의 근거가 되고 방송사의 재원이 되기 때문에 조사의 정확성을 높이기 위해 많은 노력이 집중된 것도 사실이다. 시청률 조사의 정확성에 대한 이용자들의 요구는 시청률 조사방식의 진화로 이어졌는데, 피플미터식 측정방식이 도입되기 이전에는 주로 일기식이나 전화조사 방식으로 시청률을 측정했다. 이 두 조사방법의 문제점은 일기식의 경우 수용자의 기억에 의존해 프로그램의 시청여부를 측정하기 때문에 정확하지 못하다는 것이고, 전화조사는 전화를 건 당시에 시청한 프로그램만 시청률로 계산되고, 이후의 프로그램 시청은 시청률로 환산되지 않는다는 것이다. 또 일기식의 경우 조사기간이 길어 자료의 신속성이 떨어진다는 단점도 있다. 이러한 문제점을 극복한 시청률 조사방식이 바로 피플미터라는 기계식 방식에 의한 시청률 조사이다.

피플미터 방식은 피플미터라는 기계를 텔레비전 안에 장착시켜 텔레비전의 켜짐과 꺼짐 그리고 채널이동 상황을 사람이 아닌 기계가 측정하도록 함으로써 기존의 시청률 조사에 비해 정확하다는 장점이 있다. 누가 프로그램을 시청하는가 하는 개인정보차원에서는 개인이 직접 자신의 시청여부를 리모콘을 통해 알려주어야 한다는 단점이 있지만, 기존의 전화나 일기식 조사방식에 비해서는 신속성과 정확성 모두 높아 대부분의 나라에서 이 방식을 사용하고 있다.

우리나라도 1992년부터 피플미터 방식으로 시청률을 측정한다. 따라서 이 글에서는 세계적으로 가장 일반화된 시청률 조사방법인 피플미터 방식에 의한 시청률 조사에 초점을 맞춰 논의를 전개하기로 한다. 여기서는 우선 시청률 조사에 대한 이해의 폭을 넓힌다는 차원에서 시청률 조사의 역사에 대해 알아보고, 다음 피플미터 방식에 의한 시청률 조사의 특징 및 문제점에 대해 살펴본다. 그리고 시청률 조사와 관련된 다양한 개념들을 알아보고, 마지막으로 현재의 피플미터 방식에 의한 시청률 조사가 융합환경에서 어떤 문제점을 갖는지, 또 어떻게 보완되어야 하는지에 대해 생각해보기로 한다.

2. 시청률 조사의 역사

역사적으로 보면 시청률 조사는 방송의 발전과 그 궤를 같이 한다. 다시 말하면 방송이 양적, 질적으로 팽창하면서 시청자 또는 광고주에 대한 서비스 차원에서 시청률 조사가 이루어졌다고 할 수 있다. 20세기 초 미국에서 있었던 경제적 변화의 한 부분으로 방송 수용자조사가 발전했다. 포디즘(*Fordism*)이라 불리는 대량 생산체계의 시작과 더불어 대량 소비의 시대가 활짝 열리면서 방송의 역할은 비약적으로 커졌다. 소량 주문생산방식에서 대량 생산체제로 전환되면서 생산량이 급증하였고 광고주들은 소비자에게 자사의 상품을 판촉하기 위해 방송을 이용하였다. 그러면서 시장은 점차 독점에서 경쟁으로 변화하였고, 기존의 공급자중심의 시장(*seller's market*)은 소비자 중심의 시장으로 바뀌기 시작했다. 그리고 대량생산 체제가 보편화되면서 공장에서 생산한 상품이 소비자의 수요를 능가하고, 제조업자들은 자신의 생산품을 어떻게 팔아야 하는지를 고민하지 않을 수 없게 되었다. 제품을 팔기 위해 대중매체에 광고를 시작했고, 자사 광고가 수용자들에게 어떻게 받아들여지는지에 대해서도 관심을 기울이게 되었다. 이제 만들면 무조건 팔리는 시대는 끝나고 소비자가 원하고 필요로 하는 것을 만들어야 팔리는 시대, 즉 상품을 생산하는 차원에서 분배하는 마케팅 차원으로 관심이 전환된 것이다. 이런 상황에서 소비자 조사는 중대한 국면을 맞게 되었다(Buzzard, 1990: 3~4).

방송 수용자 조사도 이러한 배경에서 이루어졌다. 제품을 팔아야 하는 제조업자들이 늘어나면서 광고가 방송으로 몰렸고 방송사는 호황을 누렸다. 광고물량이 늘어나고 광고단가가 비싸지면서 광고는 방송사의 중요한 재원이 되었다. 그러나 광고주의 입장에서는 비싼 광고비를 들여 제품을 광고했는데, 정말 광고효과가 있었는지, 만약 있었다면 얼마나 효과가 있었는지 궁금하지 않을 수 없었다. 상황이 여기에 이르자 방송사는 프로그램을 제작하고 편성할 때 광고주의 눈치를 보지 않을 수 없었다. 방송사는 시청자의 마음을 읽어 광고주가 생각하기에 잠재적인 구매자라고 믿는 그런 시청자를 텔레비전 앞으로 끌어들이고 싶었다. 그리고 광고주가 원하는 잠재적인 시청자가 누구인가에 관심을 갖기 시작했고, 이런 시청자를 잡아둘 수 있는 프로그램을 제공하기에 이르렀다. 이러한 인식의 중심에 방송시청률이 자리 잡게 된 것이다.

시청률의 기본 개념은 프로그램을 평가하고 동시에 광고가 팔리며, 광고를 위해 수용자가 돈을 지불한다는 것을 의미한다(Buzzard, 1990: 3). 광고가 방송사의 주 수입원이 될 때 시청률 조사의 목적은 프로그램을 통해 얼마만큼의 광고가 수용자에게 팔렸는가 하는 것이고, 수신료로 운영되는 공영방송체제하에서는 수용자의 욕구와 필요는 무엇이며, 현재 방영되는 프로그램은 어떻게 평가되는가 하는 것이다. 방송 수용자 조사가 미국과 같은 상업방송체제하에서는 광고주에게 시청자에 관한 정보를 서비스한다는 차원에서 발전했다면, 영국과 같은 공영방송체제에서는 다양한 계층의 수용자에게 적절한 서비스를 제공하기 위해 수용자의 욕구를 파악하는 차원에서 발전하였다. 즉 상업방송의 수용자 조사는 방송사의 이윤을 극대화시키는 데 목적을 두었다면, 공영방송의 수용자 조사는 방송의 공익성 구현으로 연결된다.

그러면 방송 수용자 조사의 역사를 간략하게 훑어보기로 하자. 시청률 조사는 상업방송체제를 유지하는 미국에서 가장 먼저 실시되고 발전했다. 최초의 청취율 조사는 1929년 크로슬리(A. M. Crossley)가 실시한 라디오 청취율 조사였는데, 이 조사는 전화면접을 통해 24시간 전에 라디오에서 어떤 프로그램을 청취했는가를 물어보았다. 당시 크로슬리가 전화조사를 실시한 이유는 첫째 라디오 소유자와 전화 소유자가 상당히 일치하고, 둘째 넓은 지역을 빨리 조사할 수 있고, 셋째 비용이 저렴하며, 넷째 기억에 의존해 어떤 프로그램을 청취했는가를 알 수 있었기 때문이다.

그후 1934년에 설립된 후퍼(Clark-Hooper)사가 정기적으로 라디오 청취율 조사를 실시하고, 동시전화법(*coincidental telephone call*)으로 방송이 나가는 동안의 청취여부와 청취 프로그램을 조사하였다. 후퍼가 크로슬리의 청취율 조사에 의문을 제기한 부분은 크로슬리의 청취율 개념은 특정 채널의 프로그램을 청취한 가정의 비율로 청취율이 높게 나온다는 점이다. 이는 오늘날의 점유율 개념과 유사하다. 이에 후퍼는 현재 라디오를 청취한 사람뿐 아니라 잠재적으로 라디오를 청취할 수 있는 사람들을 모두 포함시켜야 정확한 청취율을 계산할 수 있다고 보고, 라디오를 소유한 전체 가정을 모집단으로 인지된 청취자의 비율을 계산하는 오늘날의 시청률 개념을 도입하였다. 이렇게 후퍼의 청취율 개념이 도입되자 청취율은 급격히 감소하였다. 후퍼 청취율 조사의 특징은 동시 전화조사를 하였다는 것과 새로운 청취율 개념을 도입했다는 것이다.

그러나 후퍼의 청취율 조사에 문제가 없는 것은 아니다. 당시 전화가 100% 보급되지 않은 상황에서 전화면접법을 이용하면 전화가 없는 지역이나 시골지역은 연구범위에서 제외된다는 한계를 갖는다. 1950년 초 후퍼사가 닐슨사로 넘어가면서 시청률 조사는 본격적으로 진행되기에 이른다. 닐슨은 기존의 전화조사법이나 일기식 조사법을 한 단계 뛰어넘는 획기적인 자동측정방법인 오디미디(*Audimeter*)를 개발하였다. 이후 텔레비전 시청일기의 단점을 보완하여 피플미터(*Peoplemeter*)가 개발되었다. 피플미터는 1980년대 들어 영국의 조사기관인 AGB에 의해 개발되었으며 이후 닐슨사(A. C. Nielsen)가 더 정교한 피플미터를 개발하여 1987년부터 피플미터 방식을 이용한 시청률 조사가 오늘날까지 사용되고 있다(Buzzard, 1990: 10~12).

그러면 우리나라의 시청률 조사는 어떤 역사적 흐름을 갖는가? 우리나라는 1955년 1월 기독교방송국이 라디오 수신행태에 관한 면접조사를 실시한 것을 시작으로 1960년대 상업방송이 출범하면서 필요에 따라 서베이, 전화, 일기식 방법을 이용해 시청률 조사를 실시했다. 방송사의 입장에서는 자사 프로그램에 대한 시청자의 반응을 확인하는 차원에서 전화를 이용한 시청률 조사가 행해졌고, 광고대행사에서는 매체기획에 필요한 기초자료를 수집한다는 차원에서 일기식 방식에 의한 시청률 조사가 이루어졌다. 그러나 이때까지만 해도 지속적인 조사가 체계적으로 이루어진 것은 아니었다.

시청률 조사가 본격화된 것은 1990년 6월 한국 갤럽이 피플미터 방식을 도입해 시청률 조사를 실시하면서 부터이다. 이후 1991년 12월 MSK(Media Services Korea)가 영국 SRG와의 기술제휴로 피플미터식 조사방식을 도입한 이후 시청률 조사는 한층 과학화되기 시작했다. 이때부터 피플미터식 시청률 조사는 '갤럽 - MSK' 간 경쟁체제에 돌입하였고, 이 과정을 거쳐 1994년부터는 MSK가 시청률 조사 시장을 독점하기 시작했다. 그러다 1999년 유럽계 조사회사인 TNS Korea가 한국의 TV시청률 조사시장에 뛰어들면서 우리나라의 시청률 조사는 다시금 경쟁체제에 돌입하게 된다. 그리고 우리나라에 시청률 조사를 뿌리내린 MSK는 세계적 시청률 조사기관인 닐슨(A. C. Nielsen)으로 합병되기에 이른다. 이로써 우리나라의 시청률 조사 시장은 다시 닐슨 대 TNS(Taylor Nelson Sofres)의 경쟁으로 압축되었고, 양사의 세계적인 지명도를 고려할 때 이러한 경쟁체제는 한동안 지속될 전망이다.

우리나라에서 피플미터에 의한 시청률 조사는 시청률 경쟁의 폐해로 프로그램의 품질을 떨어뜨린다는 비판을 받기도 했지만 프로그램 제작 및 편성에서 시청률 자료의 활용가능성을 제시했다는 점에서 수용자조사의 전환점이 되었던 것만은 분명하다.

3. 피플미터 방식에 의한 시청률 조사

1) 피플미터에 의한 시청률 조사

시청률을 측정하는 방법은 설문지를 이용해 일기식으로 측정하는 방식도 있고, 전화를 이용한 측정방법도 있다. 또 기계장치를 이용한 시청률 측정방식도 있는데, 전자기록장치를 이용한 시청률 조사방식에는 오디미터를 이용한 방식과 피플미터를 이용한 방식이 있다. 오디미터나 피플미터를 이용한 기계식 조사는 텔레비전에 특별 기계를 장착하여 시청상황을 테이프나 필름에 자동기록하며, 이 자료는 전화선을 통해 조사기관의 중앙컴퓨터로 전송된다. 기계를 이용한 측정은 시청행위가 초단위까지 기록되기 때문에 다양한 자료분석이 가능하다는 장점이 있다.

이 중 오디미터(*Audimeter*)는 대상가구의 TV가 켜져 있는지, 꺼져있는지 그리고 어떤 채널을 보고 있는지의 여부만을 자동적으로 기록하기 때문에 TV를 시청하는 개인의 정보는 알 수 없다. 이에 반해 피플미터(*Peoplemeter*)는 TV에 부착된 장치를 통해 누가 어떤 프로그램을 시청하는지까지 자동으로 기록할 수 있다는 장점이 있다. 즉 텔레비전에 부착된 전자기록장치(MDU, *Memory and Display Unit* / CDSU, *Control Data Storage*

〈그림 7-1〉 AGB 닐슨의 피플미터 시스템

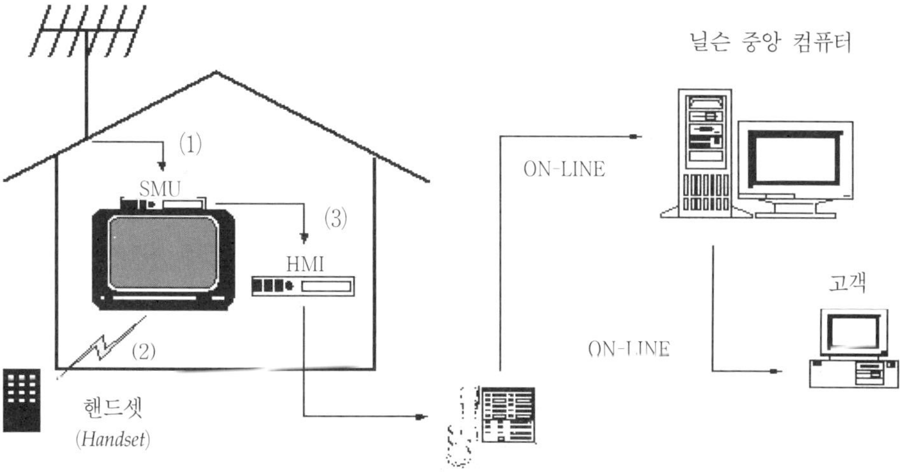

* 조성호, 2006, 147쪽에서 재인용.

〈그림 7-2〉 TNS의 피플미터 시스템

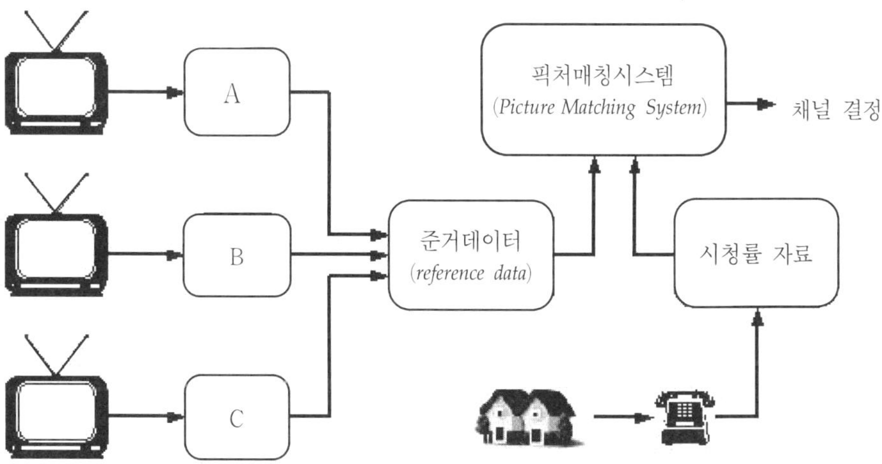

* 조성호, 2006, 147쪽에서 재인용.

Unit / Probe / Handset)를 이용하여 누가 언제 어떤 방송을 시청하였는지를 자동으로 기록, 송신하게 되어 있어 시청패턴은 물론 시청자의 인구통계학적 자료까지 동시에 얻을 수 있다.

그러나 피플미터를 이용한 조사방법은 시청자 자신의 인위적인 조작에 의해 시청여부가 결정되기 때문에 시청자의 협조정도가 자료의 질에 결정적 영향을 미친다. 예를 들면, 시청자가 TV를 보면서 시청버튼을 누르지 않는 것, 보지 않으면서 눌러놓고 다른 일을 하는 것 등은 시청결과를 왜곡시키는 요인이 된다. 이러한 문제점을 인식하여 적정수준에 미달하는 가구는 최종분석에서 제외하거나 또는 그 가구를 방문하여 시청자를 재교육시키는 방법으로 해결하고 있으나 근본적 해결책은 아니라는 점이다. 또 표본가구에서 시청을 의도적으로 조작할 수 있다는 문제점도 배제할 수 없다.

〈그림 7-3〉 AGB 닐슨의 실시간 시청률 서비스인 'liveratings'

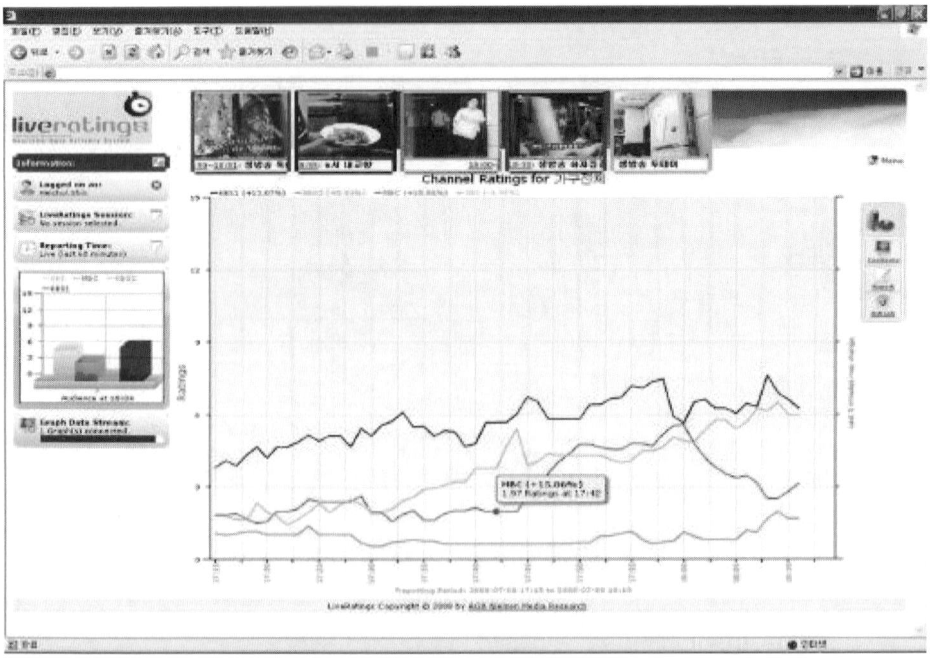

이런 우려가 2003년 일본에서 현실로 드러났는데, 니혼TV의 한 PD가 사설탐정을 고용해 시청률 조사가구를 알아낸 뒤 그 가정에 돈을 주고 자신이 제작한 프로그램을 보도록 함으로써 시청률을 올렸다는 것이다. 결국 사태의 전말이 알려지면서 PD가 해고되는 것으로 일단락되었지만, 시청률 조사 시스템에 대한 철저한 관리가 필요함을 다시 한 번 상기시키는 사건이었다.

이러한 한계에도 불구하고 피플미터 방식이 다른 조사방식에 비해 갖는 우위는 무엇보다 시간적으로 조사결과를 빨라 받아볼 수 있다는 점이다. 바로 전날 방영된 프로그램에 대한 시청자의 반응을 다음날 확인할 수 있으며[1], 1분 단위로 시청을 체크하기 때문에 상당히 정확하다고 할 수 있다. 신속성과 정확성이라는 이 두 가지 특성 때문에 피플미터 방식은 세계적으로 가장 많이 사용되는 시청률 조사방식의 하나로 자리 잡았다.

2) 피플미터식 시청률 조사의 특징

피플미터식 시청률 조사의 특징은 일반 사회조사와의 비교를 통해 살펴볼 수 있다. 우선 일반 사회조사는 고객 주문형 조사인 데 반해 시청률 조사는 공유형 조사라는 특징을 갖는다. 고객 주문형 조사란 특정 방송사나 광고주 또는 광고대행사가 자사 또는 특정 목적에 활용하기 위하여 조사회사에 의뢰하여 실시하는 조사이다. 반면 공유형 조사는 특정 조사회사가 다양한 자료 이용자들에게 활용될 수 있도록 장기간 조사방법을 기획하고 조사내용에 대한 합의를 얻어 실시하는 조사이다(조성호, 2006, 130쪽). 따라서 조사에 드는 비용은 고객이 분담하는데, 고객사들은 모두 동일한 조사결과를 공유하나 시청률자료의 활용정도에 따라 부과되는 구매비용은 차등화 한다. 가령 지상파 3사는 시청률 자료의 활용정도가 높다는 이유로 매년 2~3억의 구매비용을 지불하나 규모가 작은 광고대행사는 연 몇천만 원으로 모든 시청률 자료를 이용할 수 있다. 또한 일반 사회조사는 조사를 의뢰한 사람의 의두에 맞게 설문지를 구성하고 조사를 진행하지만, 시청률 조사는 다양한 목적을 가진 사람들이 조사비용을 지불하기 때문에 의뢰

1) AGB 닐슨 미디어리서치는 2008년 7월부터 9일부터 세계 최초의 실시간 시청률 서비스(*live rating*)를 실시하기 시작했다. 프로그램이 방송되는 중간 중간의 시청률을 실시간으로 확인할 수 있다고 한다. 자세한 사항은 http://www.agbnielsen.co.kr/ 참조.

한 사람의 의도를 조사에 반영하지 않는다. 만약 의뢰자의 의도를 반영하게 되면 그것이 바로 조작이 되는 것이다.

피플미터식 조사방식의 두 번째 특징은 시청률 조사는 가중치를 적용해 근사치를 제공한다는 점이다. 대부분의 사회조사는 조사결과를 그대로 제시하는 데 반해 시청률은 가중치로 조정된 추정치를 발표한다. 이렇게 추정치를 사용하는 이유는 피플미터에 의한 시청률 조사는 경제적 이유로 최소한의 패널을 모집하기 때문에 모집단의 특성을 반영한 가중치를 부여한다. 때문에 항상 표집오차가 있게 마련이다. 그런데 시청률 자료를 이용하는 사람들은 시청률 자료에 약간의 차이만 있어도 실제로 차이가 있는 것처럼 믿는 오류를 범한다. 시청률 1%에 일희일비하는 오늘날의 현실은 바로 시청률의 오차를 인정하지 않는데서 기인하는 것이다. 따라서 시청률 자료를 해석할 때에는 이러한 한계도 함께 고려해야 한다. 미국 시청률위원회(Broadcasting Rating Council)의 전 회장인 베빌(Beville, 1981)은 시청률 자료 해석시 주의해야 할 점을 네 가지로 요약하고 있는데, 첫째는 시청률 조사는 정확한 것이 아니라 근사치라는 것이고, 둘째는 시청률 조사의 수용자는 상호 의존관계를 갖지 않으며, 셋째는 시청률 조사는 양적인 조사이며 마지막으로는 시청률 조사는 의견조사가 아니라 사용량을 측정한다는 것이다. 이런 베빌의 주장은 시청률 조사가 일반 사회조사와의 차이점을 잘 보여준다.

3) 피플미터식 시청률 조사에 관한 Q&A

그러면 피플미터에 의한 시청률 조사는 현재 우리나라에서 어떻게 이루어지고 있으며, 어떤 문제점을 가지고 있는지 Q&A 방식을 통해 알아보기로 한다.

Q 1. 우리나라에서 피플미터 방식에 의해 시청률을 조사하는 회사는 어디인가요?

A 1. 우리나라에는 미국계 시청률 조사회사인 AGB 닐슨과 영국-프랑스계 시청률 조사회사인 TNS가 경쟁체제를 유지하고 있다. 두 회사의 조사지역 및 표본의 크기 등은 〈표 7-1〉과 같다. 더 자세한 사항은 각사 홈페이지(www.tnsmk.co.kr, www.agbnielsen.co.kr)를 참조하기 바란다.

〈표 7-1〉 AGB 닐슨과 TNS 시청률 조사방식에 대한 개요

	AGB 닐슨	TNS Korea
총 표본수	2,050가구	2,000가구
조사지역	서울, 인천, 경기, 부산 대구, 광주, 대전, 청주 전주, 구미, 마산	전국 6대 광역시 (서울, 인천 포함한 수도권, 부산, 광주, 대구, 대전)
신뢰도	95%	95%
표집방법	할당표집	할당표집
표본추출의 기준	지역, TV대수, 가족수, 소득, 케이블 가입여부	지역, TV대수, 가족수, 소득, 케이블 가입여부, TV시청량, 성, 연령
TV 환경조사 실시여부	매년 전화조사로 실시	매년 전화조사로 실시
채널체크 방식	주파수 탐지방식: 주파수로 채널을 감지함.	picture matching: 샘플로 추출한 화면과 실제 녹화된 화면을 일치시켜 감지함.

Q 2. 피플미터에 의한 시청률 조사는 패널을 구성해 조사하는 걸로 알고 있는데, 조사대상자는 어떻게 충원하나요?

A 2. 시청률 조사에서 가장 어려운 과정중의 하나는 바로 조사대상자를 선정하는 일이다. 자신의 시청기록이 컴퓨터에 남는다는 것에 대한 거부감 그리고 피플미터를 설치하는 과정이 복잡해 시청률 조사에 참여하고자 하는 가구가 많지도 않다. 그렇다고 조사회사 직원들이 알고 있는 사람들을 조사대상자로 할 경우 확률표집이 아니기 때문에 조사결과의 대표성을 보장할 수 없다.

이런 문제를 극복하기 위해 시청률 조사회사에서는 매년 TV 환경조사를 실시한다. TV 환경조사는 크게 두 가지 목적을 갖는데, 하나는 국가에서 정기적으로 실시하는 인구조사 통계에는 TV와 관련된 자세한 변인들을 포함시키지 않아 시청자들의 TV 환경변화를 추적하기 어렵기 때문에 자체적으로 시청자에 대한 정확한 정보를 파악하기 위함이다. 또 하나는 시청자들에게 시청률 조사를 인식시키고, 1년간 자연교체[2]나 강제교체[3]를 통해 생기는 패널을 보충하

2) 시청률 조사에서는 패널관리를 위해 정기적으로 패널을 교체하는데, 자연교체란 이사, 비협조 등으로 교체되는 것을 의미한다. 우리나라의 경우 두 조사회사 모두 자연교체율이 20~25%정도 된다.

기 위한 데이터뱅크 확보차원의 목적이 크다. 우리나라는 매년 1만 5천 명 내외의 전화조사를 통해 TV 환경조사를 실시하고 있다(한국방송광고공사, 2005).

Q 3. 패널가구는 어떻게 관리하는지요? 패널가구에게는 금전적 보상이 있는지요?

A 3. 시청률 조사에서는 패널에 대한 관리가 무엇보다도 중요하다고 할 수 있다. 일반 사회조사에서도 조사에 응하면 답례품을 지급하는 것처럼, 대부분의 나라에서 시청률 조사에 참여하는 가구에게는 금전적 혜택을 준다. 이러한 보상의 목적은 협조율을 높이기 위한 것이지만, 보상수준이 지나치게 많을 경우 과잉충성으로 오히려 자료의 질을 떨어뜨릴 수 있다. 미국 닐슨의 경우 최초 패널 영입 시 일정 금액의 가입비를 지불하고 지역, 연령, 인종 등에 따라 50~100 달러를 차등 지급한다. 우리나라 AGB 닐슨의 경우 패널 가구에 최초 가입비와 매달 일정금액을 지급하고 1년에 비교적 큰 액수의 선물을 두 번 증정한다. 또 TNS는 전기보조금으로 비교적 적은 금액을 매달 지급하고 이보다는 선물증정과 소식지 등을 활용한다. 이러한 금전적 보상 이외에 전화나 방문 등을 통해 인간적인 협조를 유도하기도 하고 교육 프로그램을 통해 협조를 유도하는 등 각 조사회사에 따라 다양한 패널관리 방법이 동원되는데, 이는 조사회사의 노하우와 관련되기도 한다(조성호, 2006, 150~151쪽).

Q 4. 두 회사의 시청률은 동일하게 나오는지요? 만약 두 회사의 시청률에 차이가 있으면 그 문제를 어떻게 해결하는지요?

A 4. 두 회사가 객관적이고 정확한 절차에 의해 조사를 진행하고 있다면 두 회사가 산출하는 프로그램의 시청률 추이는 동일해야 한다. 가령 인기드라마 〈이산〉(MBC)의 시청률이 TNS에서는 32%로 1위, AGB 닐슨에서는 35%로 1위를 차지한다면 두 회사의 시청률은 차이를 보이지만 시청률 추이는 동일하기 때문에 차이가 없다고 말할 수 있다. 그러나 TNS에서는 〈이산〉이 32%로 시청률 1위

---

3) 강제교체란 보통 5년 동안 체계적으로 매년 20%씩 강제적으로 교체하는 것을 말한다. 유럽에서는 강제교체의 경우 비용이 많이 들기 때문에 자연교체를 선호하는 반면 미국은 강제교체를 원칙으로 하고 있으며 패널교체 시기도 현재 5년에서 2년으로 단축하여 실행한다.

로 나왔는데, AGB 닐슨에서는 25%로 10위로 나왔다면 두 회사 중 한 회사의 데이터는 틀렸다고 볼 수 있다.

이렇게 두 시청률 조사기관의 시청률 추이가 다르게 나올 경우 시청률에 의해 광고단가를 결정하고, 편성의 방향을 정하는 방송사에게는 상당한 혼돈을 줄 수 있다. 이런 문제를 없애기 위해 대부분의 나라에서는 시청률 조사의 경우 두 회사를 경쟁시키기보다는 하나의 회사를 독점 운영하게 하고 있다. 일본의 경우 토착기업인 비디오리서치와 다국적기업인 닐슨이 한동안 경쟁하였으나, 결국 다국적 기업인 닐슨이 일본에서의 시청률 조사를 그만두면서 현재는 비디오리서치 독점으로 시청률 조사를 하고 있다. 또 시청률은 광고비 산정에 직·간접적으로 영향을 미치기 때문에 대부분의 나라에서 중요한 의미를 갖는다. 따라서 우리나라를 비롯해 대부분의 나라에서는 시청률 조사가 과학적이고, 객관적으로 이루어지는지를 점검하는 차원에서 시청률검증위원회를 운영한다. 시청률 검증위원회는 패널가구 선정에서부터 시스템 관리에 이르기까지 정확하고 객관적인 질차를 통해 시청률 자료가 산출되는지를 확인하고, 문제가 있다고 판단되면 해당 조사기관에 그 문제점을 시정할 것을 촉구한다.

Q 5. 피플미터식 시청률 조사의 문제점을 해결한 새로운 조사방식은 없는지요?

A 5. 피플미터 방식에서 TV를 시청하는 사람이 매번 리모컨을 통해 시청정보를 입력해야 하는 번거로움 및 비협조에 의한 오차를 줄이기 위한 방법으로 초음파나 열탐지기를 이용한 센서가 장착된 패시브미터(*Passive Meters*)나 시청자에게 개인별로 인식표를 부착하여 식별하는 방식, 소형카메라가 장착된 기기 등이 개발되었다. 이런 다양한 유형의 패시브미터가 피플미터에 비해 갖는 장점은 시청자가 일일이 핸드셋을 누르지 않아도 기계 스스로 누가 시청했는지를 자동적으로 감지한다는 것이다. 이런 측면에서 본다면 패시브미터는 피플미터의 한계를 극복할 수 있어 방송사나 광고주에게는 최상의 조사방법이라고 할 수 있다. 하지만 감시당하고 있다는 느낌 때문에 시청자는 패널 참여를 꺼릴 가능성이 높고, 또 패시브미터 가격이 피플미터의 4~5배로 비용부담이 크다는 문제가 남아있다. 시청률 조사는 공유형 조사로 주 고객이라고 할 수 있는 광고주와

방송사는 패시브미터를 도입할 경우 추가되는 비용을 부담해야 하기 때문에 선뜻 패시브미터로의 전환을 서두르지 않는 것이다.

4. 시청률 조사의 다양한 개념

시청률 조사를 이해하려면 시청률 조사와 관련된 다양한 개념들을 이해할 필요가 있다. 일반 사회조사와는 달리 시청률 조사는 공유형 조사라는 특성과 연속적(*continuous*)으로 이루어진다는 특성을 동시에 갖는다. 공유형 조사란 동일한 자료를 여러 기관이 함께 공유한다는 의미이고, 연속형 조사란 일반 사회조사처럼 한 번의 조사로 끝나는 단발형 조사(*ad-hoc research*)가 아니라 지속적으로 이루어진다는 의미이다. 이 부분에서는 시청률 조사를 이해하는 데 필요한 몇몇 주요 개념에 대해 알아보기로 하겠다.

(1) '시청'에 대한 정의

시청률 조사에서 가장 중요한 개념은 '시청'을 어떻게 정의하느냐 하는 것이다. 50분짜리 프로그램을 10분만 보고도 보았다고 할 수도 있고, 50분을 다 보아야 보았다고 말할 수도 있다. 따라서 시청률 조사에서는 어떤 조사방법을 사용하든 간에 '텔레비전을 보았다'는 것이 무엇을 의미하는지를 정의하는 것이 중요하다. 닐슨의 텔레비전 시청률 조사 초기에는 프로그램을 20%이상 시청한 경우를 시청으로 정의하였다. 그러던 것이 최근 들어 측정단위가 세밀화 되어 텔레비전 시청의 경우 모든 시간대를 1분 단위로 끊어 시청여부를 결정하고, 1분단위의 평균으로 시청률을 계산한다.

여기서 문제는 1분 동안 지속적으로 특정 프로그램을 시청한 경우에는 문제가 없지만, 1분 동안 여러 채널을 옮겨 다닌 경우 각 나라마다 시청률 계산방식에 다소 차이가 있다. 우선 순간적인 채널변동은 무시하고 최소 15초 이상 머물 때에만 시청행위가 체크된다. 그리고 1분 동안 2회 이상 채널을 바꾼 경우 시청 1분 동안 처음 머무른 채널, 1분 동안 가장 오래 머무른 채널, 1분 동안 중간에 머무른 채널을 인정하는 방식 등이 있다. 이 경우 어떤 계산방식을 택하든 시청률에는 거의 영향이 없는 것으로 밝혀졌다.

(2) 가구 시청률

가구 시청률이란 TV를 보유한 총 가구 중에서 특정 채널 및 프로그램을 시청한 가구의 백분율을 말한다. 예를 들어 'A' 라는 프로그램의 가구시청률이 30%라고 하면, 이때 30%의 의미는 서울시내 총 가구를 100으로 보았을 때 'A' 프로그램을 시청한 가구가 30가구라는 뜻이다. 가구시청률 산출공식은 〈표 7-2〉와 같다. 이 공식에 대입하여 실제 'A' 프로그램의 시청가구 수를 산출해 보자. 현재 서울시내 총 가구수는 282만 5천 가구이다. 이 중 30%가 'A' 프로그램을 시청했다고 하면 약 84만 가구가 'A'프로그램을 시청한 것이 된다.

프로그램 및 채널별 가구시청률과 함께 알아두어야 할 개념에 HUT(*Household Using Television*)로 표현되는 총 가구시청률이 있다. HUT란 특정시간대에 텔레비전을 켜놓은 총 가구 수를 말한다. 즉 어떤 채널, 어떤 프로그램을 시청하는지는 고려하지 않는다. 일반적으로 프라임타임대 HUT는 약 70%가량 되는데 여기서 70%의 의미는 서울시내에서 TV를 보유한 가구를 100으로 보았을 때 이 중 70가구가 이 시간대에 텔레비전을 켜놓고 있다는 것을 의미한다. 계산공식은 가구시청률 산출공식과 동일하다.

가구시청률의 한계는 계산공식에서 알 수 있듯이 TV를 2대 이상 보유한 가구에서 2대의 텔레비전을 모두 시청했을 때 발생한다. TV를 2대 이상 보유한 가구에서 2대의 텔레비전을 모두 시청했다면 그 가구는 한 가구가 아닌 2가구로 계산된다. 따라서 총 TV보유 가구수는 변함이 없으나 2대 이상의 텔레비전 보유가구가 증가하면 시청가구수는 꾸준히 증가하여 가구시청률이 100%를 넘는 경우까지 발생할 수 있다. 최근 텔레비전이 가족 공동의 매체가 아니라 개인별 매체가 되어가는 추세를 감안할 때 가구시청률 계산방식을 바꾸지 않으면 안될 시점이 다가오고 있다. 이에 몇 년 전부터 가구시청률의 개념을 TV 수상기단위 시청률 개념인 MUT(*Meter Using Television*)[4]로 바꾸어야 한다는 주장이 시청률 전문기관들로부터 제기되고 있다.

---

4) MUT(*Meter Using Television*)란 TV수상기 단위 시청률 개념으로 계산공식은 다음과 같다.

$$\text{MUT} = \frac{\text{특정 채널 및 프로그램 시청 수상기 수}}{\text{총 tv 수상기}}$$

〈표 7-2〉 가구시청률 산출공식

$$\text{가구시청률}(\%) = \frac{\text{특정 채널(또는 프로그램) 시청 가구수}}{\text{총 TV 보유가구수}}$$

3) 개인시청률

개인시청률이란 조사대상지역의 총 인구수에 대한 백분율 추정치이다. 모집단이 4세 이상 총인구수이든 아니면 18세 이상 성인 남녀 혹은 30대 여성이든 개인시청률은 항상 어떤 모집단에 대한 추정치이다. 따라서 다양한 계층별 시청률 산출이 가능하다. 예를 들어 'A' 프로그램이 주로 30대에서 인기가 있다는 말은 'A' 프로그램이 30대에서 시청률이 높게 나온다는 것을 의미한다. 이렇게 개인 시청률은 인구통계학적 특성을 보여주기 때문에 프로그램 편성에 중요한 기초자료로 활용된다.

개인시청률과 관련해 알아두어야 할 개념으로 PUT(*People Using Television*)가 있다. PUT는 4세 이상 총 개인 중에서 특정시간대에 TV를 시청한 100분 비율을 의미한다. 가령 'A' 프로그램의 개인시청률이 20%라고 하면 이 20%의 의미는 서울시내 4세 이상의 개인을 총 100명으로 가정했을 때 그 시간대에 'A' 프로그램을 시청한 개인이 40명이라는 의미이다. 개인시청률 산출공식은 〈표 7-3〉과 같다. 이 공식에 대입하여 실제 'A' 프로그램의 시청 개인수를 산출해 보자. 현재 서울시내 4세 이상 개인은 980만 명인데, 이 중 20%가 'A' 프로그램을 시청했다고 하면 약 196만 명이 'A' 프로그램을 시청한 것으로 추정할 수 있다.

〈표 7-3〉 개인시청률 산출공식

$$\text{개인시청률}(\%) = \frac{\text{특정 채널 및 프로그램 시청 인구수}}{\text{4세 이상 총 인구수}}$$

(4) 점유율 (*Share*)

TV 시청가구 및 개인 중에서 특정 채널을 시청한 가구 또는 개인의 100분율을 시청점유율이라고 한다. 예를 들어 특정 방송국에서 내보낸 'A' 프로그램의 점유율이 25%라면, 이는 그 시간대 TV를 시청한 가구 및 개인을 100으로 보았을 때 'A' 프로그램을 시청한 가구 및 개인이 25명(또는 가구)이라는 것이다. 시청점유율은 가구를 단위로 하든 개인을 단위로 하든 큰 차이가 없으며 각 방송국 점유율의 합은 항상 100이 된다. 특정 시간대 한 방송사의 점유율을 구하는 공식은 〈표 7-4〉와 같다. 시청률이 흔히 광고료율을 결정하는 데 이용된다면, 시청점유율은 경쟁방송사와의 관계 속에서 자 방송사의 위치를 보여주기 때문에 편성정책을 결정하는 데 주로 이용된다.

〈표 7-4〉 점유율 산출공식

$$\text{점유율}(\%) = \frac{\text{특정 채널 또는 프로그램 시청 가구(개인) 수}}{\text{TV 시청 가구(개인) 수}}$$

5. 융합환경 하에서의 시청률 조사의 방향

현재의 시청률 조사는 고정된 장소에 설치된 텔레비전 단말기를 통해 시청하는 경우만 시청률로 계산될 뿐 다른 플랫폼, 다시 말하면 인터넷이나 지상파 DMB로 시청되는 경우는 시청률에 포함되지 않는다. 그러나 미디어 융합환경은 언제 어디서든 시청자가 자신의 텔레비전 시청을 선택할 수 있는 방향으로 발전하고 있다. 시간적 간격은 있지만 지상파 이외에 케이블이나 위성을 통해서도 시청이 가능하고 실외에서도 휴대폰을 이용한 텔레비전 시청이 가능한 상황에서 시청률 조사의 범위를 다른 매체로까지 확대되어야 한다는 주장이 제기되고 있다.

이런 주장의 근거는 집이 아닌 외부에서 텔레비전을 시청하는 사람들이 많아졌고, 여기에 인터넷을 통한 지상파 프로그램 다시보기는 젊은 세대를 중심으로 텔레비전 이용습관의 한 유형으로 고착화되었다는 현실에서 찾을 수 있다. 그리고 실제 피플미터로 측정했을 때의 프로그램 인기순위와 인터넷의 '다시보기'로 측정했을 때의 인기순위가 다른 패턴을 보이는 경우가 종종 발생하는데, KBS2-TV에서 종영한 〈경성스캔들〉은 시청률에서는 최하위를 기록했지만 인터넷 '다시보기' 부문에서는 〈대조영〉에 이어 2~3위를 기록했다(연합뉴스, 2007년 7월 24일자 재인용).

물론 현재의 시청률 개념 속에 방송융합 환경에서의 매체이용 행위의 변화를 반영하려는 노력은 필요할 것이다. 다만 시청률 조사방식에 새로운 변화를 접목시키기 전에, 먼저 시청률 조사가 우리사회에서 갖는 의미가 무엇인지를 다시 한 번 생각해 보는 것이 필요하다. 광고시장을 결정짓는 지표라는 측면에서 시청률이 갖는 의미가 크다면, 광고와 연동해 시청률 조사의 범위를 결정할 수 있을 것이다. 가령 인터넷의 '다시보기'로 특정 프로그램을 시청할 경우 프로그램 시청률은 올라갈 수 있지만 광고효과는 미미하기 때문에 고려하지 않는 것이 좋다. 그러나 시청률이 매체나 프로그램의 사회적 영향력을 가늠하는 잣대라면 인터넷 '다시보기'를 고려해야 한다. 분명한 사실은 매체가 늘어나고 채널간 경쟁이 심화되는 융합환경 하에서 시청률이 갖는 사회적, 경제적 의미는 더욱 커질 수밖에 없다. 따라서 시청률 조사가 공정성, 객관성과 보편성을 담보할 수 있도록 다양한 분야에서의 관심이 필요하다고 하겠다.

••• 참고문헌

심미선(2005), "시청률이야기", 김영임 외, 《매스미디어 탐구》, 한국방송통신대학교 출판부, 22~43.

심미선(2004), "수용자", 홍기선 외, 《현대방송의 이해》, 나남출판, 371~412.

조성호(2006), "편성과 수용자조사", 한진만·심미선 편저, 《디지털시대의 방송편성론》, 나남출판, 127~168.

연합뉴스, 2007년 7월 24일자.

한국방송(2003), 〈해외방송정보〉, 1월호

한국방송광고공사(2005), 《2005년도 TV시청률 조사에 대한 검증 연구》.

Beville, H. M. Jr. (1988), *Audience rating: Radio, television and cable*, Hillsdale, New Jersey: Lawrence Erlbaum.

Buzzard, K. S. (1990), *Chains of gold: Marketing the ratings and rating the markets*, Metuchen, N. J., London: The Scarecrow press, Inc.

Kent, R. (Ed.) (1994), *Measuring media audiences*, London, New York: Routledge.

www.tnsmk.co.kr

www.agbnielsen.co.kr

••• 연습문제

1. 서울시내 전체 가구가 1000가구이고, A, B, C 3개 채널이 방송을 한다. 이때 밤 10시대 A 방송사를 시청한 가구가 200가구, B 방송사를 시청한 가구는 300가구, C 방송사를 시청한 가구가 100가구라고 할 때 총 HUT와 A 채널의 가구시청률과 점유율을 구하시요.

2. 시청률 조사가 실시된 사회적 배경에 대해 생각해 봅시다

3. 피플미터에 의한 시청률 조사의 장·단점에 내해 생각해 봅시다.

정답) 1. HUT : 60%, A 채널 가구시청률 : 20%, A채널 점유율 : 33%

제 8 장

온라인 리서치

김 국 진

온라인 리서치는 컴퓨터를 매개로 하여 데이터를 수집하는 방법으로서, 전통적인 데이터 수집방법을 온라인에 적용시킨 것으로 보기도 한다. 이메일, 웹사이트, 그리고 각종 소프트웨어 패키지 등이 활용된다. 따라서 온라인 리서치는 사회과학에서 방법론적 잠재력이 대단히 풍부하다. 공간적 거리를 확장시켜 비교적 쉽게 전 세계적으로 자료를 수집할 수 있으며, 다른 방법으로는 접근하기 어려운 집단이나 개인에 접촉할 수 있도록 한다. 최근 몇 년 사이 인터넷의 성장과 영향력의 증대에 따라 온라인 리서치 방법의 활용이 점차 중요한 선택요소로 대두되고 있다.

주요 용어: 패널조사, 방문자조사, 무제한적 표본추출 방법, 자기선택오류, 선발문항, 표본의 대표성, 도달률 오차, 포괄성, 협조율, 자발성 편향

1. 들어가면서

2007년 기준 국내 인터넷이용자는 3,482만 명으로 76.3%의 이용률을 나타내고 있고, 2008년 4월 현재 초고속인터넷 가입자는 1,503만 명으로 거의 모든 가구에 초고속인터넷이 설치되어 있다고 볼 수 있다. 인터넷 보급률의 급격한 증가에 따라 시장조사, 고객 만족도, 소비자 선호도, 브랜드 인지도, 시장 규모 예측 등 마케팅조사나 여론조사 등에 인터넷 매체를 활용한 온라인 리서치의 비중도 점차 높아지고 있다. 이에 따라 온라인 리서치가 전체 리서치 시장에서 차지하는 비율도 점차 높아질 것으로 예상된다. 그러나 국내와 같이 인터넷 보급이 보편화되거나 광대역화가 된 경우가 아닌 상황에서

는 여전히 부수적 연구·조사방법의 수준을 벗어나기 어렵다.

그럼에도 불구하고 우리나라를 비롯한 주요 OECD 국가들은 온라인 리서치가 용이한 환경이 되었으며, 온라인상의 전자상거래 규모의 급성장에 따라 기업들은 온라인 소비자를 이해하기 위한 마케팅 차원의 온라인 리서치를 주도적으로 확대하고 있다.

〈표 8-1〉 국내외 온라인 리서치 업체

회사명	웹사이트	회사명	웹사이트
엠브레인	http://www.embrain.com	패널인사이트	http://www.esurvey.kr
메트릭스	http://www.metrixcorp.com	버즈인덱스	http://www.buzzindex.co.kr
에이아이피	http://www.aipkorea.co.kr	아이클릭	http://www.eyeclick.co.kr
갤럽	http://www.gallup.com	조그비	http://www.zogby.com
Comscore	http://www.comscore.com	그린필드온라인	http://www.greenfield.com

2. 온라인 리서치의 과정 및 유형

1) 온라인 리서치의 진행과정

기본적으로 온라인 리서치의 과정과 기존 설문조사 과정은 크게 다르지 않다. 다만, 다른 산업분야의 정보화와 마찬가지로 리서치 분야에서도 정보기술(*Information Technology*)이 접목되어 조사과정의 효율성이 높아지는 것으로 이해할 수 있다. 온라인 리서치를 통한 가장 큰 변화는 데이터수집(*Data collection*)과 자료처리(*Data processing*) 과정에서 나타난다. 기존 조사과정에는 '면접원(*Interviewer*)'이라는 노동집약적 요소가 필요한 반면, 온라인 리서치는 인터넷과 시스템(솔루션)을 활용한 기술집약적 데이터수집 과정을 기반으로 한다.

기존 설문조사와 온라인 리서치 과정 중에서 '기획과 보고서 작성'은 동일하게 이루어지고 있지만, 온라인 리서치의 경우 데이터 수집을 위한 준비과정, 실사(*Fieldwork*), 자료처리(*Data processing*) 등 데이터 수집 및 데이터처리 작업은 인터넷을 기반으로 한 시스템을 통해 이루어진다. 데이터 수집 및 정리 작업이 전체 조사과정의 시간이나 비

〈그림 8-1〉 기존 설문조사와 온라인 리서치 과정의 비교

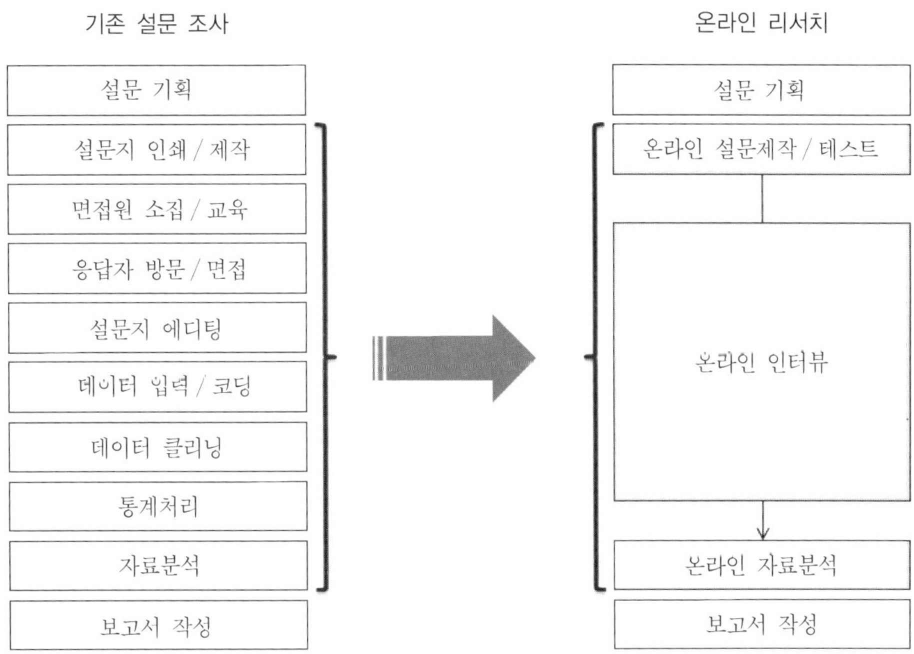

용 측면에서 약 60~70%의 비중을 차지한다고 볼 때, 이에 대한 개선은 리서치 과정의 효율성 향상으로 이어진다.

온라인 리서치는 설문 제작과정에서부터 온라인 자료 분석에 이르는 일련의 과정이 시스템화 됨으로써, 리서치 과정의 혁신을 가져올 수 있게 되었다. 즉, 조직과 비용적인 측면의 효율성이 증대될 뿐만 아니라 비전문적인 면접원을 통한 자료 수집의 한계를 시스템적으로 제어할 수 있어 수집데이터의 질을 향상시키는 것도 기대할 수 있다.

(1) 리서치 기획

다른 조사방법에서와 같이 온라인 리서치 과정에서 사전기획은 매우 중요하다. 사전기획단계에 충분한 시간을 투자하여 구체적인 계획을 수립하지 않으면, 진행과정에서 여러 가지 오류가 발생할 수 있기 때문이다. 온라인 리서치의 기획과정은 기존 조사방법 시간 및 비용의 차이가 없지만, 기획내용 측면에서는 고려해야 하는 요소가 다르다.

온라인 리서치의 첫 단추에 해당하는 기획과정에 포함되어야 할 내용은 조사 목적, 표본 설계, 주요 조사내용, 일정 및 예산 등이다.

① 조사 목적

온라인 리서치를 진행할 때 가장 먼저 할 일은 문제를 정의하고(*Problem definition*), 어떤 데이터나 정보를 기초로 현상을 이해하고 문제해결을 위한 방법을 찾겠다는 등의 목적이 명확히 규정되어야 한다. 조사의 목적이 명확하지 않을 경우 해당 조사의 의미가 반감될 수 있다.

② 표본 설계

온라인 리서치의 설계는 조사 진행방법에 대한 세부적 내용을 담고 있어야 한다. 표본설계는 리서치 기획에서 가장 핵심 부분으로서, 다음의 내용이 반드시 포함되어야 한다.

가. 조사대상자 선정(*Target Group*)

조사의 목적을 달성하기 위해서는 누구를 대상으로 조사를 진행할 것인지 결정하여야 한다. 각각의 목적에 따라 적합한 조사대상자를 선정하지 않으면, 조사 자체의 타당성이 떨어질 수 있다. 선거예측조사의 경우 유권자를 대상으로, 여성용 화장품의 경우 일정 연령의 여성을 대상으로 조사해야 할 것이다.

나. 표본수(*Sample*)

누구를 대상으로 조사할 것인지 결정하고 나면, 몇 명을 대상으로 조사할 것인지 결정해야 한다. 특히, 정량조사(*Quantitative Research*)의 경우 표본수는 조사결과의 신뢰도 및 타당도, 조사비용과 직접적 연관성을 가지고 있는데 표본크기의 결정과 조사예산이 비례하는 경우가 많다. 표본이 너무 적을 경우 조사결과에 대한 신뢰도와 타당도에 문제가 생길 수 있으며, 표본이 지나치게 많을 경우 예산의 낭비를 초래할 수 있다.

다. 표본추출방법(Sampling)

조사대상자와 적정 표본수를 결정하고 나면 해당조건에 부합하는 응답적격자를 어떻게 표본으로 추출할 것인지 고민해야 한다. 온라인 리서치업체의 경우 대부분 자체 패널(*panel*)을 구축하고 있어 특정 조건에 맞은 적격응답자를 회원 DB검색을 통해 추출하게 된다.

③ 주요조사 내용

온라인 리서치를 통해 알고자 하는 것에 대한 목적을 분명히 하지 않을 경우 설문구성이 중구난방이 될 가능성이 많다. 설문을 구성하다가 이런 문항, 저런 문항을 무분별하게 포함시키다 보면 방대한 설문이 만들어지기 싶다. 특히 온라인 리서치의 경우 응답자가 설문 양을 사전에 확인할 수 없으므로 설문문항이 과도하게 많으면 응답자가 중도에 포기할 수 있다.[1] 설문이 길어지면, 데이터와 정보를 제공하는 응답자의 피로도가 가중되어 참여의 성실도가 떨어지게 된다. 따라서 조사목적에 부합하는 적정한 내용을 담은 설문을 구성하는 것이 바람직하다. 설문구성에 따라 다소 차이가 있지만 응답자가 1분에 응답할 수 있는 설문수는 대개 약 3~5문항 정도이며, 응답자의 피로도를 감한할 때 약 5~10분 내외의 설문분량으로 맞출 필요가 있다. 구체적인 설문내용은 나중에 작성하더라도 기획단계에서 조사목적에 맞는 핵심적인 설문내용의 방향 정도는 정해두는 것이 좋다.

④ 일정 및 예산

온라인 리서치는 기존 설문조사방법에 비해 시간과 비용측면에서 효율적이다.[2] 1,000명을 조사할 경우에도 하루, 이틀이면 데이터 수집과정이 마무리 된다. 그렇지만 이 과정에서 데이터 품질(*Data quality*)이 관리되지 않으면 시간적 개선의 효과는 큰 의미가 없다. 일정을 수립할 때는 데이터수집 및 분석기간 뿐만 아니라 응답자 사후관리에 소요되는 시간도 고려해야 한다.

(2) 설문기획과 분석계획 (*Questionnaire Design & Analysis Plan*)

① 간결하고 자연스러운 설문지 구성

우선, 온라인 리서치는 기본적으로 설문을 통한 커뮤니케이션 과정이므로, 설문지는 정확한 커뮤니케이션이 가능하도록 간결하고 정확하게 구성되어야 한다. 설문에 참여

1) 이에 따라 온라인 리서치 설문을 구성할 때는 설문 진행상황을 표시해주는 것이 좋다.
2) 물론 온라인 리서치업체의 입장에서는 온라인 리서치를 위한 사전인프라 구축에 소요되는 투자비용이 고려되어야 한다.

하는 응답자들의 참여 성실도를 높이기 위해 최대한 간결하고 정확하게 커뮤니케이션 되어야 한다. 특히 온라인 리서치에서는 면접원을 통해 응답을 종용하거나 설문의 이해를 돕기 위한 부연설명 등이 불가능하기 때문에 오직 응답자들의 자발적인 참여와 이해에 의존할 수밖에 없다. 그러므로 정확하고 간결한 커뮤니케이션은 온라인 리서치의 핵심적 요소이다.

설문지는 구조화(*structured*) 되어 일관성 있는 흐름이 유지되어야 한다. 조사문항이 체계적으로 정리되지 않고 단순 나열되어 구성된다면, 조사 참여자의 입장에서는 다소 혼란을 느낄 수 있다. 응답자가 부담을 느끼지 않고 자발적으로 성실하게 참여할 수 있도록 자연스럽게 설문을 구성하는 것이 중요하다.

② 멀티미디어 기능의 활용

온라인 리서치의 최대 장점 중 하나는 바로 멀티미디어를 통하여 설문을 생동감 있게 구성할 수 있다는 것이므로, 멀티미디어 기능을 최대한 활용하여 설문을 구성할 필요가 있다. 인터넷을 통한 데이터 수집은 면접원이라는 매개체가 없기 때문에 의미전달을 위한 부연설명이 불가능하며 응답자의 반응을 살필 수도 없다. 따라서 질문내용 그 자체가 높은 완성도를 갖추고 있어야 의미가 제대로 전달될 수 있다. 또한 인터넷의 상호작용적인 특징을 활용해 광고영상을 끝까지 보지 않으면 〈그림 8-2〉처럼 "광고를 끝까지 봐 주세요"라는 메시지를 제시하여 참여의 충실도를 높일 수 있다.

〈그림 8-2〉 멀티미디어를 활용한 연구

③ 양방향 인터페이스의 구성

인터넷상에서 실시되는 설문조사를 보면 간혹 웹페이지 하나에 모든 설문을 올려놓고 조사하는 경우가 있다. 이는 인터뷰 방식이 아니라 기존의 자기기입식 조사에 해당하는 것으로서, 응답자에게 질문지를 건네주고 조사를 실시하는 개념을 벗어나지 못한 것이다. 온라인 리서치에서는 설문 디스플레이 방법을 신중하게 선택해야 하며 또한 응답결과에 따라 이후에 전개되는 질문내용이나 응답보기 등을 면접원이 인터뷰를 하듯 유연성 있게 변화할 수 있는 쌍방향 커뮤니케이션 기술을 활용하는 것이 좋다. 쌍방향 커뮤니케이션 기술을 활용하면, 응답자의 이해도에 따라 차별화된 설문이나 보충질문이 가능하고 제대로 필요한 응답을 측정하는 것이 용이하다.

(3) 온라인 설문 제작

설문기획이 완성된 후에는 온라인 설문제작에 들어가게 된다. 기존의 설문조사에서는 인쇄과정을 거치게 되지만 온라인 리서치 과정에서는 바로 온라인 설문을 제작한다. 온라인 설문을 제작할 때 항상 기억해야 할 점은 온라인 리서치가 면접원 없이 진행된다는 점이다. 면접조사의 경우 면접원이 설문을 읽어주고 정보제공자가 응답하는 방식으로 진행되지만, 온라인 설문은 시각적으로 거부감이 없어야 하며, 가독성을 높일 수 있는 화면 인터페이스가 구성되도록 세심하게 제작되어야 한다.

온라인 리서치에서 타당하고 신뢰할 만한 결과를 도출하는 최선의 방법은 온라인 설문을 잘 만드는 것이다. 만약 온라인 설문을 잘 만들지 못한다면 수집된 데이터의 질이 기대에 못 미칠 수 있다. 응답자들은 대개 성실하고 정직하게 응답하지만, 기억력이나 개인적 편향성(예를 들어 특정 색상을 좋아하는 경향 등)이라는 필터(*filter*)에 따라 걸러질 수 있다는 점을 잊지 말아야 한다. 이러한 편향성을 최소화해야 타당하고 신뢰할 만한 데이터를 얻을 수 있다. 이때 타당도는 측정하고자 하는 것을 정확히 측정할 수 있다고 확신하는 것이며, 신뢰도는 같은 질문에 대하여 동일한 결과가 반복적으로 나타나는지에 관한 것이다.

(4) 온라인 설문 테스트

온라인 리서치에서 설문은 그 자체로 완결된 형태를 갖추어야 한다. 온라인 설문이 발송된 이후에는 원칙적으로 수정할 수 없으며, 불가피하게 수정할 경우 대개 그 이전에 수집된 데이터를 폐기해야 한다. 이러한 사태를 예방하기 위해 온라인 설문을 제작한 뒤에 반복적으로 테스트해야 한다. 보통 30~50명 정도를 대상으로 파일럿 테스트(*pilot test*)를 실시하며, 만일 테스트 결과가 좋지 않으면 이를 수정한 뒤 다시 테스트해야 한다. 테스트를 많이 하면 할수록 실제 조사에서 오류가 나타날 가능성은 낮아진다.

(5) 설문 안내 메일

기존 오프라인 설문과정에서는 설문이 완성되면 면접원을 소집하여 설문에 대한 기본적인 교육을 한 뒤 인쇄된 설문지를 배포하여 본격적으로 조사에 들어간다. 그러나 온라인 리서치 과정에는 이러한 면접원 관리 절차가 생략되며 인터넷을 통해 한 번의 클릭으로 온라인 설문을 배포할 수 있다. 온라인 설문을 진행하는 방식에는 이메일 발송, 웹사이트 게시, 팝업방식 등이 있으나 통상 온라인 리서치 업체는 패널회원 DB를 검색하여 선정된 조사대상자에게만 이메일을 발송한다. 온라인 리서치의 설문 안내메일 발송은 면접원을 소집하고 교육시킨 후 면접원이 조사대상자를 접촉하는 일련의 과정을 대체하는 매우 중요한 과정이다.

설문 안내메일에 포함되어야 할 내용은 조사의 성격에 따라 달라질 수 있으나 일반적으로 조사의 기본적 배경과 내용, 그리고 응답에 대한 사례 또는 조사결과 통보여부 등 응답자에게 주어지는 혜택을 명시하여 설문참여를 유도한다. 일단 설문 안내메일이 발송된 이후에는 잘못된 부분이 발견되더라도 이를 수정하기가 매우 어렵다. 따라서 모든 수정작업은 설문 안내메일을 발송하기 전에 이루어져야 한다.

(6) 데이터 수집(*Data collection*)

온라인 리서치 과정의 특징 중 하나는 데이터 수집에 소요되는 시간을 대폭 줄일 수 있다. 그러나 이 같은 시간절약 효과는 적합한 조사대상자 DB가 갖추어져 있을 때에만 나타난다. 조사에 참여할 적격 응답대상자들의 데이터베이스가 없거나 부족하다면 데이터수집 기간은 상당기간 늘어질 수밖에 없고 결코 단기간 내에 데이터 수집을 마무리할 수가 없다. 온라인 리서치 과정에서 데이터 수집은 면접과정, 완료된 설문지 에디팅,

〈그림 8-3〉 온라인 설문의 기본구조

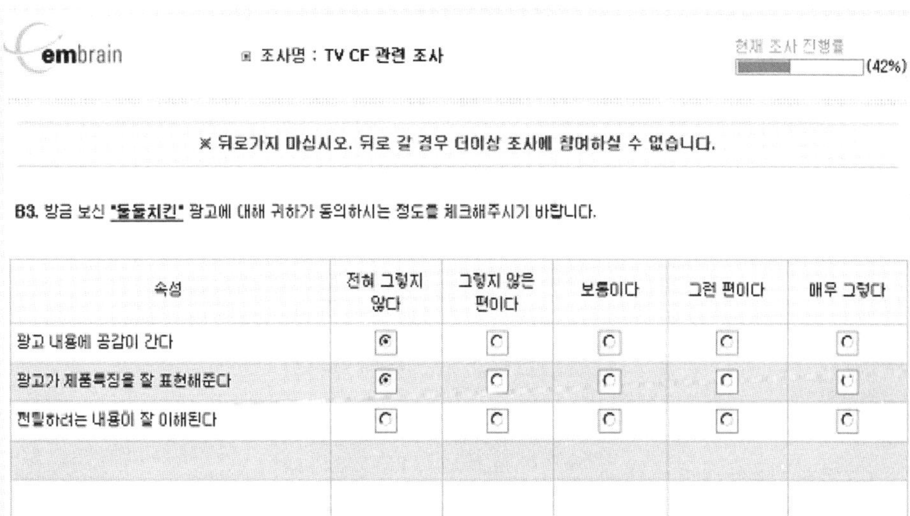

온라인 리서치의 설문은 충실한 응답과 응답자의 편의를 위하여 몇 가지 장치를 마련해 두고 있다. 현재 조사 진행률을 제시하여 응답자의 피로도를 조절하는 한편, 화면을 뒤로 돌아가지 못하게 하는 장치, 한 문항에 응답한 뒤에만 다음 문항이 제시되는 장치, 엄격한 Screening, 문항 및 보기 제시의 Random Rotation, Time Check에 의한 검증 등을 두어 무응답 가능성을 제거하고, 응답의 충실도를 향상시킨다.

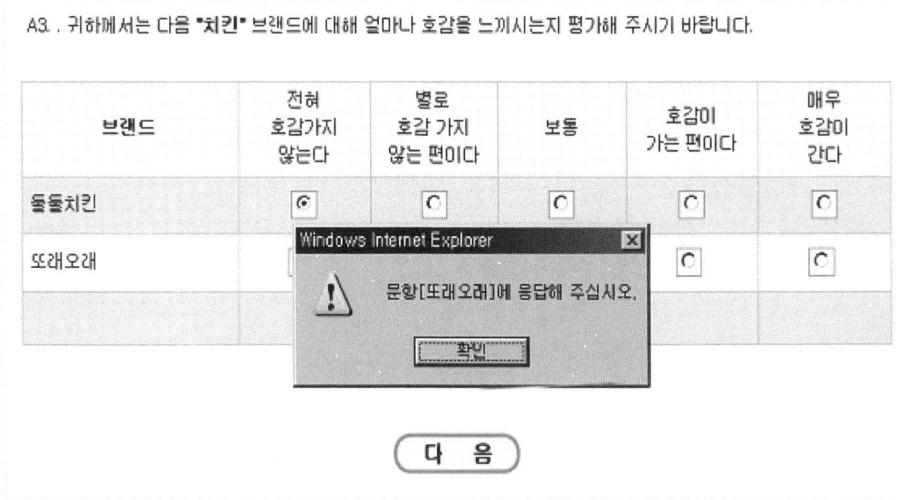

위의 그림과 같이 설문에 응답하지 않고 '다음' 버튼을 클릭할 경우, 모든 설문에 응답하라는 메시지가 뜨게 함으로써 응답의 충실도를 높일 수 있다.

코딩, 펀칭, 데이터클리닝 등 시간과 인력이 소모되는 노동집약적 과정을 시스템적으로 통합하여 단일 프로세스로 전환시킨다.

(7) 데이터 분석(*Data analysis*)

기존 설문조사 과정에서는 데이터수집의 중간점검이 매우 어렵고 실시간 분석이 불가능하며, 데이터수집이 완료된 이후에도 에디팅, 코딩, 펀칭, 데이터클리닝, 전산통계처리 등 일련의 과정을 거쳐야 기본적인 통계 테이블을 보는 것이 가능하다. 그렇지만 온라인 리서치 과정에서는 데이터수집 과정이 통합됨에 따라 응답자의 설문참여와 동시에 실시간 결과분석(*Real-time analysis*)이 가능해진다.

(8) 분석보고서 작성(*Reporting*)

데이터 분석이 어느 정도 완료되면 분석보고서를 작성하게 된다. 리서치 과정에서 초기단계인 리서치기획과 설문기획 과정처럼 최종단계인 보고서작성은 시스템화 되어 있지 않은 부분이다.

(9) 사후관리

온라인 리서치 과정의 최종단계는 보고서 작성이 아니라 응답자 사례지급 및 관리, 데이터관리 등 사후관리라고 할 수 있다. 설문 안내 메일을 발송할 때 명시한 사례지급 여부, 사례종류, 지급방법, 기간 등을 효율적으로 지키고 관리하기 위해서는 응답자 사례관리 시스템이 갖추어져 있어야 한다. 사후관리의 또 다른 중요한 부분은 수집된 데이터를 관리하는 것이다. 수집된 데이터에 대한 관리는 시스템 보안, 데이터 백업 등의 관리를 필요로 한다.

2) 온라인 리서치의 유형

온라인 리서치는 인터넷, 온라인 서비스, 인트라넷 등 컴퓨터 통신망을 통해 실행되는 조사를 의미한다. 여기에 최근에는 방송망을 통한 조사(*Poll*)가 자주 시도되는데 네트워크 지원을 받는 TV를 통한 리서치도 온라인 리서치로 보아야 할 것이다. 기본적으로 응답자가 컴퓨터 화면을 통해 응답한 내용이 통신망을 통하여 조사기관의 서버 컴퓨터에 전송되어 자료파일로 저장되는 과정을 거친다. 온라인 리서치의 기본적 과정은 동일하지만 표집틀(*sampling frame*)의 형태, 응답자들과 접촉하는 방식, 질문지의 형태 등을 기준으로 하여 패널조사, 방문자조사, 전자우편조사, 전자설문조사 등의 유형으로 나타난다.

(1) 패널조사

패널조사(*panel survey*)는 사전에 형성된 응답자 패널을 활용하는 리서치 방법이다. 이 패널은 특정한 하나의 조사를 위해 구성하는 것이 아니라, 일반적 목적에 따라 장기적으로 구축된다. 온라인 리서치 업체는 일반적으로 인구통계학적 분포에 따라 패널을 구성하며, 각각 엄격한 패널관리를 통해 조사의 성과를 높이기 위해 노력한다. 예를 들어 패널 정보를 통해 사전 샘플링한 뒤에 패널 설문참여 기회를 통제하여 설문에 응답할 패널을 선정하게 된다. 패널조사는 면접조사나 전화조사에 비해 비용과 시간 측면에서 효율적이다.

〈그림 8-4〉 패널조사의 장점

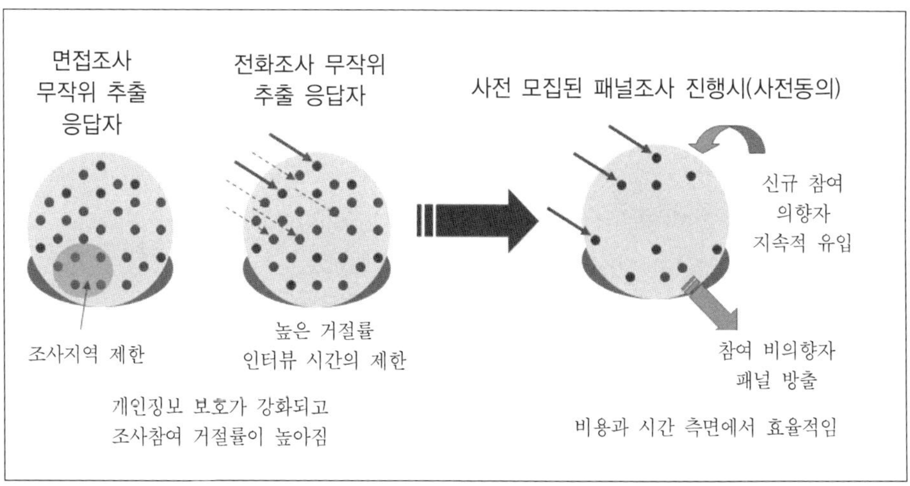

*출처: TNS 자료.

(2) 방문자조사

방문자조사(*visitor survey*)는 어떤 웹사이트에 온라인 리서치 링크 또는 배너를 만든 뒤 자발적으로 해당 경로를 통해 방문한 사람들을 대상으로 하는 조사이다. 간이조사(*spot poll*)이나 긴급조사(*quick poll*)에서 활용되는 일종의 편의표집 방법에 해당한다. 따라서 되도록 많은 사람들이 참여할 수 있도록 검색엔진이나 웹메일 서비스 같은 포털사이트 혹은 언론사 사이트를 통하거나, 조사 주제와 관련된 전자게시판 등을 통해 공지하는 형태로 사람들에게 접촉한다.

온라인 방문자조사의 경우 응답자의 자발성이 높고 익명으로 참여할 수 있다는 점에서 민감한 질문에 대한 비응답이 적다는 것은 장점이지만, 중복응답자를 처리하는 문제, 비확률표집의 문제를 안고 있다.

(3) 전자우편조사

전자우편조사(*e-mail survey*)는 조사대상자들에게 질문지가 포함된 전자우편을 발송하여 응답자들이 다시 전자우편으로 회신하는 방식의 온라인 리서치 유형이다. 일반적인 우편조사와 비슷한 형태이나, 우편을 주고받는 과정이 보다 신속하게 전개되며 비용측면에서도 효율적이다. 설문지가 간단한 텍스트 형태인 경우 작성과 발송이 비교적 단순하고 용이하여 누구나 손쉽게 활용할 수 있는 방법이다. 그렇지만 개방형 질문이 많이 포함되어 있다든지, 응답의 형태가 일정하지 않을 경우 자료를 정선하는 데 많은 시간과 노력이 투여되어야 한다. 무엇보다 주로 텍스트나 일반문서를 사용함으로써 멀티미디어 및 온라인을 통한 다양한 기법을 활용하지 못한다는 한계가 있다.

전자우편조사를 위해서는 조사의 목적에 맞는 조사대상자들의 전자우편주소(*mailing list*)를 확보해야 한다. 조사대상이 특정 단체나 계층인 경우에는 해당 단체의 홈페이지나 전자게시판 등을 통해 전자우편주소를 수집할 수 있지만, 일반적인 조사에서 필요한 포괄적인 전자우편주소 명부를 확보하는 것은 매우 어렵기 때문에 편의표집 방식을 사용하는 경우가 많다. 마지막으로 스팸메일로 간주되어 비응답이 높아지는 것에 대해서도 적절한 대책을 강구할 필요가 있다.

3) 온라인 리서치의 표본추출방법

온라인 리서치의 대표적 한계로 지적되는 것이 바로 표본의 대표성에 관한 문제이다. 따라서 어떠한 표본추출방법을 선택하느냐에 따라 온라인 리서치의 성패가 달라질 수 있다.

(1) 무제한적 방법(*unrestricted sample*)

설문작성을 원하는 인터넷 이용자들이 자유롭게 참여하도록 개방된 표본추출방법이다. 자기선택오류(*self-selection bias*)가 매우 심하여 표본의 대표성이 약하다.

(2) 선발 또는 심사하는 방법(*screened sample*)

입수하고자 하는 표본의 특성에 기초하여 부과된 할당(*quota*)에 따라 응답자의 비대표성을 조정할 수 있다. 주로 응답자의 인구통계적 특징(성별, 수입, 거주지, 과거구매행동, 직업, 현재 사용하는 제품 등)을 통해 이뤄진다. 이 표본추출방법을 위한 설문지는 전체 설문지를 응답자에게 제시해야 하는지의 여부를 결정하는 "선발문항"(*screening questionnaire*)을 두는 경우가 많다.

(3) 패널모집 방법(*recruited panels*)

패널을 운영하여 표본의 특성을 명확히 하고 필요한 인구통계 특성과 일치하는 설문자들이 설문에 응하게 하는 방법이다. 표본구성에 더 많은 통제가 필요한 조사에서 주로 사용된다. 대부분의 상용 및 학계의 조사에서 이용된다. 온라인 리서치에서는 시간 및 비용 효율성 때문에 대개 패널 지원자(*volunteer panels*)를 이용해 데이터를 수집한다.

기존의 전화조사 또는 방문조사(*face-to-face survey*) 방식의 결과와 온라인 리서치의 결과가 뚜렷한 차이를 드러냈기 때문에(Sparrow, 2007), 온라인 리서치의 표본추출방법을 개선하기 위한 노력이 진행되는 중이다.

3. 온라인 리서치의 장점 및 한계

1) 온라인 리서치의 장점

온라인 리서치는 전통적 설문조사 방법에 비교하여 다음과 같은 장점을 지닌다.

① 표본의 수가 증가해도 추가비용이 거의 들지 않는다. ② 특정집단에 접근하는 것이 용이하다. ③ 신속한 설문응답 회수가 가능하다. 사전에 모집된 패널조사의 경우 더욱 빠른 응답회수가 이루어진다. ④ Java, VBScript, ActiveX 등의 기술을 통한 상호작용이 가능하다. ⑤ 컴퓨터를 통한 처리로 인적 오류를 감소시킨다. ⑥ 설문응답이 편리하고, 응답자들이 설문에 빠르게 따라올 수 있다. ⑦ 다양한 색상과 글꼴을 화용하여 독이성을 높일 수 있다. ⑧ 설문문항에 응답하지 않을 경우 다음 설문으로 넘어가지 않도록 함으로써 응답의 충실도를 높일 수 있다. ⑨ 24시간 수행이 가능하다.

2) 온라인 리서치의 한계

온라인 리서치에서는 표본의 대표성 문제가 가장 흔히 제기되는 쟁점이다(조동기, 2000). 쿠퍼(Couper, 2000)는 인터넷 응답자들이 미국 전체의 일반적 사람과 여러 가지 측면에서 다르며, 이러한 차이는 한동안 지속될 것이라고 주장했다. 국내의 경우에도 인터넷 이용자들의 구성이 일반 모집단의 인구학적 특징, 특히 연령, 학력, 지역 등의 특징을 반영하지 못한다(조동기, 2000). 따라서 온라인 리서치에서 표본의 대표성 문제를 해결하기 위해서는 인터넷 사용자 자체를 모집단으로 하는 경우로 한정시켜 논의되거나(조동기, 2000; Couper, 2000), 목표집단이 보다 확실하게 포함되도록 하는 방안이 마련되어야 한다(Couper, 2000).

온라인 리서치에서 표본의 대표성 문제는 구체적으로 도달률 오차, 응답 거부율에 따른 문제점, 응답자 선정의 문제점(강남준·백영민, 2004) 등으로 인해 발생한다.

(1) 도달률 오차

온라인 리서치에서 가장 큰 문제점은 표집틀의 전집에 대한 도달률이 100%에 미치지 못해 발생하는 도달률 오차이다. 도달률 오차는 조사결과의 최종 추정대상인 목표전집(*target population*)과 표본과정에서 사용한 프레임 전집(*frame population*)이 서로 달라 발생한다(강남준 · 백영민, 2004). 어떤 체계적 요인에 의해 모집단 구성요소의 일부가 누락되거나 배제되어 표집틀이 모집단의 특성을 제대로 반영하지 못하는 표집틀 오차(조동기, 2000)라고 한다. 포괄성(*comprehensiveness*)은 확률표집의 바탕이 되는 표집틀(*sample frame*)이 갖추어야 할 중요한 요소 중 하나인데, 프레임전집 혹은 표집틀과 목표전집이 일치하지 않는다는 것은 표집틀이 목표전집을 모두 포괄할 수 없다는 사실을 의미한다.

도달률 오차 혹은 표집틀 오차는 1936년 Literary Digest이 여론조사에서 찾아볼 수 있다. 당시 Literary Digest는 전화번호부를 표집틀로 사용했는데, 당시 전화는 부유층이 주로 소유했다. 전화번호부라는 프레임 전집 혹은 표집틀이 경제적 지위라는 요인으로 체계적으로 모집단 구성 요소의 일부(주로 부유하지 못한 사람)가 누락되거나 배제되었다. 결과적으로 목표전집에 비해 프레임전집 혹은 표집틀은 경제적 지위가 높은 부유한 사람들에게 편향되었다. 이런 사실과 당시 부유층들 중, 공화당 지지자가 많다는 사실이 결합되면서 목표전집인 전체 국민의 여론을 잘못 예측하게 되었다.[3] 인터넷의 보급률이 100%에 미치지 못하고, 연령별, 지역별, 학력별 편차가 큰 현재 상태에서 온라인 리서치는 도달률 오차를 가질 수밖에 없다. 인구센서스 자료와 비교해 볼 때 현재의 사이버(온라인)공간은 남성, 20대의 연령, 서울지역이 과잉 대표되고 있다. 또한 전문기술직과 사무직 종사자가 큰 비중을 차지하고, 교육수준 별로는 대학졸업이상이나 대학(원) 재학생의 비율이 높게 나타났다(조동기, 2000). 즉, 보완장치 없이 온라인 리서치를 수행하면, 인터넷 사용자 특성으로 인해 고연령층, 비수도권지역, 비사무직 종사자, 고등학교 이하의 학력을 가진 사람들은 체계적으로 누락되거나 배제될 수 있다. 누락되거나 배제된 집단의 성향 혹은 여론이 다른 집단과 다르다면 해당 온라인 조사의 정확도는 크게 떨어질 수밖에 없다.

(2) 응답 거부율에 따른 문제점

응답률은 조사의 질을 보여주는 중요한 척도로서 높을수록 조사의 질이 높아진다.

3) 이 단락은 강남준 · 백영민(2004)의 내용을 재구성한 것임.

온라인 리서치에서 응답률의 계산은 표집 방식에 따라 달라진다. 표집틀을 바탕으로 확률표집이 이루어지는 경우, 응답률을 계산할 수 있고 이것이 조사의 질을 결정하는 중요한 지표가 될 수 있다. 그러나 편의표집에 의존하는 방문자조사나 전자우편조사, 그리고 사전에 표집을 하지 않는 회원조사나 전자설문조사의 경우에는 일반적 의미에서 응답률의 계산은 불가능하거나 그 자체가 무의미하다(조동기, 2000). 이에 따라 미국 여론조사협회(AAPOR)는 인터넷 조사의 응답완료 비율은 전집과 표집틀이 확정된 확률표본 조사에서 일반적으로 규정하는 응답률(*response rate*)이 아니고 전체 조사시도자 중 몇 명이 최종 응답했느냐를 단순히 계산한 '협조율(*co-operation rate*)'로 규정한다(강남준· 백영민, 2004). 응답률을 계산하기 위해서는 표집틀이 정확하게 규정되어야 하는데 인터넷 조사에서는 이의 확보가 불가능하다(Couper, 2000).

일반적으로 인터넷 조사는 아주 낮은 협조율을 보여주고 있다. 실제 인터넷 조사는 조사 권유 메일을 클릭한 후, 응답·전송하는 과정을 거친다는 점에서 유선전화와 비교할 때 응답자의 자발성에 대한 의존성이 훨씬 높다(조성겸·주영수·조은희, 2005). 이런 사실은 온라인 리서치의 응답률을 낮춰 조사의 질을 떨어뜨리기도 한다.[4] 특히 전자우편조사에서는 조사의 목적에 적합한 조사대상자들의 전자우편주소를 확보하는 것이 중요하다. 이와 달리 조사내용이나 대상이 특정화된 경우를 제외하면 표집틀로 사용할 수 있는 포괄적인 전자우편주소를 확보하는 것이 거의 불가능하기 때문에 전자우편조사에서 표집은 대부분 편의표집의 방식으로 이루어지고 있다. 또한 다수의 사용자들에게 질문을 무차별적으로 발송하는 행위는 이른바 스패밍(*spamming*)[5]으로 간주되어 비응답이 높아질 수 있다(조동기, 2000). 예를 들어, 미국의 시애틀 지역에서 수행한 대규모 인터넷 조사의 응답률은 전화와 편지를 통한 사전협조 요청에도 불구하고 최종 협조율이 9%에 머물렀다(Tarnai & Allen, 2002). 반면 패널 혹은 회원 DB 구성에 의한 인터넷 조사인 미국 Knowledge Network의 협조율은 조사당 25~50% 정도로 비교적 높게 나타났다(Krotki & Dennis, 2001).

---

4) 조사에 참여하는 '자발성'이 특정 인구통계학적 집단에 편중되어 있거나, 특정 이슈에 대한 성향과 자발성이 연관되어 있다면 조사의 결과를 왜곡할 수도 있다.

5) 우리나라에서는 RDD 방식의 무작위번호호출을 정보통신부에서 스팸메일(*spamming*)로 규제하기 때문에 조사표본을 함부로 선정할 수 없다.

(3) 응답자 선정의 문제점

인터넷 조사는 일반전화 조사와 달리 전화번호부를 공개하지 않기 때문에 표본추출에 문제가 있다. 인터넷 조사표본의 선정에 있어 정확한 표집틀을 만들기가 힘들다. 따라서 대부분의 여론조사기구들은 인터넷을 사용해 조사할 경우 응답패널을 만들어 조사를 수행한다(강남준 · 백영민, 2004). 사전에 회원 DB를 구성해 이를 바탕으로 패널을 구성해 수행하는 조사는 방문자조사에서 나타나는 중복응답자 문제나 전자우편조사에서 나타나는 조사대상의 특정화 문제를 극복할 수 있고, 다른 방식에 비해 응답률을 높일 수 있다는 이점이 있다. 그러나 회원 DB 기반의 패널에서 중복조사 참여[6]에 따른 응답전문가 발생(*professional respondent*)의 문제와 자발적 패널 참여에 따른 표본의 선정 편파(*selection bias*) 문제 등이 발생할 가능성이 있다.

조성겸 등(2005)은 인터넷 조사의 패널은 전화조사보다 자발성이 높은 응답자로 구성되어 있고, 이러한 자발성 편향은 조사결과에 영향을 미친다는 점을 규명하면서 자발적 패널참여에 따른 표본의 선정 편파문제를 실증적 자료를 바탕으로 입증하였다. 구체적으로 17대 총선기간의 인터넷, 모바일, 유선전화를 사용한 여론조사와 실제 선거결과를 비교하여, 인터넷 응답자들의 자발성이 유선전화 조사 응답자들의 자발성보다 월등히 높다는 사실을 보이고, 자발성이 높은 사람이 특정 정당(열린우리당)에 대한 지지성향이 높다는 점을 입증하였다. 이는 자발성과 지지성향의 관계를 파악하고 이를 바탕으로 사후보정을 통해 좀 더 정확한 예측이 가능하다는 사실을 시사한다.

4. 온라인 리서치의 한계를 보완하기 위한 방법

앞에서 언급한 온라인 리서치의 한계점을 극복하려는 여러 시도가 있었다. 대표적으로 서로 다른 조사방법을 사용하여 조사한 후 그 결과를 서로 결합하는 결합 추정방법

---

6) 방문자 조사에서 나타나는 중복응답자 문제는 특정 조사에 동일한 사람이 여러 번 참여해서 결과가 왜곡되는 경우이다. 한편, 중복 조사 참여에 따른 응답전문가 발생 문제는 동일한 회원 DB를 기반으로 구축된 패널이 복수의 조사에 여러 번 참여하게 되면, 전반적인 설문의 패턴과 그 결과를 예상해 연구자가 원하는(혹은 그 반대의) 대답을 의도적으로 하는 것을 말한다.

이 있다(조성겸 · 주영수 · 조은희, 2005). 김영원 외(2000)는 인터넷 조사에 의한 추정량과 전화조사에 의한 추정량을 서로 결합할 경우 보다 개선된 추정량을 얻을 수 있다고 주장했다. 또 하나의 방법은 인구통계학적 변인에 대한 가중치 혹은 성향에 따른 가중치(*prsity weighting*)를 부여하는 가중치 활용방식이 있다(조성겸 · 주영수 · 조은희, 2005). 가중치 활용방법을 사용한 김원용 · 이홍철의 연구(2003)의 인터넷 조사결과(노무현 47.5%, 이회창 47.1%)가 실제 득표율(노무현 48.9%, 이회창 46.6%)에 매우 근접한 것으로 나타나 인터넷을 이용한 조사의 가능성을 보여 주었다. 2000년 미국 대선에서 'Harris Interactive'가 가장 정확한 예측을 내놓았는데, 이는 패널 구축방법에 차이와 새로운 가중방법(성향점수 추정)의 개발에 따른 결과다. 구체적으로 'Harris'는 2000년 미국 대선 당시 고어와 부시가 47%의 동일한 득표율을 보일 것이라고 예측했다(강남준 · 백영민, 2004).[7)]

반면, 조성겸 등(2005)은 자발성 편향과 재택시간을 고려한 가중치 보정을 통해 인터넷 조사결과의 예측력을 높일 수 있다는 사실을 제시하였지만, 교육수준의 편향을 고려한 가중치 보정은 오히려 실제치와 멀어지는 모습을 보였다. 김준한(2000)의 연구에서는 '정치성향'이라는 동일이슈를 가지고 인터넷 조사와 유선전화 조사의 결과를 비교했는데, 사회인구학적 변수가 같더라도 인터넷 이용 유무에 따라 성향이 다른 것으로 나타났다. 스패로(Sparrow, 2004)도 마찬가지로 전체 응답자 그룹과 실제 인터넷 응답자 집단과 가중치 부여에도 불구하고 공공 서비스나 세금 등의 이슈에서 큰 차이가 있다는 사실을 입증했다. 다양한 방식으로 가중치를 부여하더라고 예측력이 높아지지 않는다는 사실을 보임으로써 가중치 부여 방식에 대한 의문을 제기하고 있다.

이처럼 인터넷 설문조사를 중심으로 한 온라인 리서치는 전통적인 서베이 방법에 비해 비용과 편리성 측면에서 월등하지만, 여전히 표본의 대표성 문제를 비롯한 몇 가지 한계가 있다. 그러므로 이를 잘 알고 활용해야 온라인 리서치를 통해 성공적인 연구성과를 거둘 수 있을 것이다.

한편, 기존 온라인 리서치는 서베이 중심으로 발달했다면, 점차 문화연구, 커뮤니티 연구 차원에서 포커스그룹 연구방법론으로도 활용되고 있다. 나아가 민속지학적 연구

---

7) 온라인 리서치의 한계 극복방안 중, 가중치 부여방법에 대한 자세한 내용은 강남준 · 백영민(2004)과 허명회 · 강용수 · 손은진(2004), 서울대학교 언론정보연구소(2005)를 참고.

를 온라인으로 적용한 가상민속지학(*virtual ethnography*) 연구도 이뤄지고 있다.[8] 즉, 다양한 계층의 커뮤니케이션 형태 및 의제(*agenda*) 확산에 대한 연구의 방법론으로도 활용이 가능하다. 이는 연구대상이 되는 집단의 웹사이트나 카페, 그리고 연구주제별 웹사이트나 카페를 활용한 다양한 정성적(定性的) 연구에 해당된다.

다른 한편으로는 오프라인과 온라인으로 리서치 방법이 분리되어 이해되기보다는 근본적으로 연구문제나 연구대상에 따라 오프라인과 온라인 리서치가 병행 기획·실시·분석될 필요성도 높아지고 있다. 그러나 우리사회가 보다 더 온라인 활동이 많아짐에 따라 온라인 리서치 자체가 증가될 것으로 전망된다.

참고문헌

강남준·백영민(2004), “대안적 여론조사의 표본편파(*Sample Bius*) 문제점과 가중치를 사용한 보정방법: 성향점수 가중과 반복비례 가중을 중심으로”, 〈언론정보연구〉, 제 41권, 43~78.

김영원·변종석(2001), “인터넷 조사에서 표본추출 동향 및 문제점”, 〈인터넷 조사〉, 서울: 나남출판. 36~55.

김원용·이홍철(2003), “웹조사의 모집단대표성 확보를 위한 성향가중(*Prsity Weighting*) 모형의 적합성 검증”, 〈방송연구〉, 여름호. 143~166.

조동기(2000), “사이버공간과 사회조사: 온라인 사회조사의 쟁점과 과제”, 〈조사연구〉, 제 1권 1호, 73~108.

조성겸·주영수·조은희(2005), “인터넷 여론조사의 정확도 관련요인”, 〈조사연구〉, 제 6권 2호, 51~74.

허명회·강용수·손은진(2004), “사회조사에서 조사방법에 따른 가중 칸 설정에 관한 연구: 전화조사, 인터넷 조사, 모바일 조사”, 〈조사연구〉, 제 5권 1호, 1~26.

Couper, M. (2000), “Web survey: a review of issues and approaches”, *Public Opinion Quarterly*, 64, 464~494.

Krotki K. & Dennis, M. (2001), “Probability-based survey research on the Internet”, Paper presented at the 53rd Conference of the International Statistical Institute, Seoul Korea, August 22~29.

8) 가상민속지학의 방법론에 대해서는 Christine Hine(2000)의 *Virtual Ethnography*를 참조할 것.

Tarmai, J. & Allen, T. (2002), "Characteristics of respondents to web surveys of the general public", Paper presented at 57th Annual AAPOR Conference.
Sparrow N. & Curtice J. (2004), "Measuring the attitudes of the general public via internet polls: an evaluation", *International Journal of Market Research* 42.

•◦• 연습문제

1. 다음 중 온라인 리서치의 특징이 아닌 것은?

① 온라인 리서치는 시간과 비용 측면에서 효율적이다.
② 온라인 리서치는 멀티미디어를 활용할 수 있다는 장점이 있다.
③ 온라인 리서치는 필요한 경우 언제든지 설문내용을 수정할 수 있다.
④ 온라인 리서치 과정에서는 응답자의 설문참여와 동시에 결과분석이 가능하다.

2. 온라인 리서치와 관련한 다음의 내용 중 맞는 것은?

① 인터넷 보급률이 높아짐에 따라 표본의 대표성 문제가 해결되었다.
② 온라인 리서치는 기존 설문조사와 달리 설문 기획 부분이 생략된다.
③ 온라인 리서치는 데이터 수집과 자료 처리 과정에서 변화를 가져온다.
④ 온라인 리서치의 패널조사 방법은 개인정보 보호가 강화된다.

3. 다음 중 온라인 리서치의 과정에서 생략될 수 있는 것은?

① 설문기획 ② 면접원 교육
③ 자료분석 ④ 보고서 작성

정답: 1. ③ 2. ③ 3. ②

3

질적 방법론

- 제 9 장 Q 방법론 _김흥규
- 제 10 장 심층인터뷰 방법론 _정인숙
- 제 11 장 심층 그룹인터뷰 _마동훈
- 제 12 장 델파이 분석 _원종원
- 제 13 장 네트워크 분석 _최 영
- 제 14 장 기호학: 광고분석을 위한 방법 _이수범
- 제 15 장 미디어 정치경제학 _안임준
- 제 16 장 문화연구와 젠더 _김영찬
- 제 17 장 수사 분석 _박성희

제 9 장

Q 방법론

김 흥 규

Q방법론은 1935년 윌리엄 스티븐슨(William Stephenson)에 의해 주창된 과학철학이며 방법론인 동시에 분석모형을 포함한다. Q방법론은 인간의 가치나 태도, 신념과 같은 주관성을 과학적으로 측정하는 방법이다. 연구자의 가정이 아니라 행위자의 정의로부터 시작하며, 가설을 검증하는 방법이 아니라 가설을 발견하는 방법이다. 심리학은 물론 사회과학 전반에서 사용되는 접근방법이며 연구방법인 동시에 분석방법이다. Q방법론은 오늘날 인간의 주관성이 작용하는 모든 영역에서 그 적실성과 유용성을 입증하고 있다.

이 장에서는 Q방법론의 중요한 방법론적 관점을 간단히 소개하고 Q분석을 위한 개념과 절차를 설명할 것이다.

주요 용어: 구조화 표본, 비구조화 표본, 일치항목, 주관성 연구, 통합체, P표본, Q모집단, Q소트, Q소팅, Q표본, QUANL 프로그램

1. Q 방법론의 과학철학

경험과학에 있어 과학의 목표는 현상을 설명하고 예측하는 것을 지향하므로 인과관계의 일반화(*generalization*)라는 규범과 원칙하에 연구가 행해진다. 따라서 모든 현상의 구성인자 혹은 변인들에 관한 정보는 인과관계라는 양식으로 재구성되며, 주어진 분석논리의 틀 속에서 변인들간의 형상(*configuration*), 방향(*direction*), 크기(*magnitude*)를 분석하게 된다(김웅진, 2001, p. 90).

특히 이러한 분석방법은 자료의 분석기법이 정교해지고 전산 패키지화됨에 따라 인과관계 추론을 통한 일반화의 과학적 목표는 더욱 공고해졌으며 과학적 판단에 있어 거의 유일한 준거가 된다. 과학자 집단에 속하려는 새로운 구성원은 이러한 일반화 규범에 따라 사회화되며 그들의 충성도에 따라 일정한 권력을 배분받는 특성을 지닌다. 따라서 이러한 특정 방법론에 대한 성화(聖化) 현상은 새로운 것을 볼 수 없거나 볼 수 없도록 만드는 지식을 재생산하여 지식은 점점 화석화(化石化) 되어 간다(김웅진, 2001, p. 26). 최근 수십 년 동안 인간과 사회를 이해하기 위해 수없이 많은 통계 분석도구로 연구가 행해지고 지식축적이 이루어졌다고 하지만, 과연 연구분량에 걸맞은 인간이해가 이루어졌는가에 대한 회의는 꾸준히 제기되었다. 지식의 화석화 현상은 새로운 지식의 생성을 처음부터 허용치 않기 때문이다.

이러한 지식의 화석화를 초래한 주된 원인은 정상과학에서 사용하는 가설 연역적(*hypothetico-deductive*) 사고체계에 기인한 것이다. 가설 연역주의란 연구자가 내적 논리와 일관성이라는 표준에 부합되는 가설 혹은 이론을 먼저 만들고 이것을 귀납적 방법으로 검증하는 것이다. 이때 가설은 이론으로부터 연역되는데, 그 단서는 주로 다른 과학자들의 연구논문, 이론서, 관련 산업현장 등에서 직관적이거나 혹은 '우연히' 만들어지는 경우가 일상적이다. 사실 검증해야 할 가설에 대해서는 그 학문적, 이론적 가치의 경중을 떠나 그 생성과정을 크게 문제 삼지 않는다. 학생이라면 지도교수에 의해 연구문제가 주어졌다고 답하는 것보다 더 나은 답변은 없을지 모른다. 연구문제(가설)는 주어지는 것이지 만들어지는 것이 아니라는 전제를 기존의 경험 과학자들은 어느 정도 공유하고 있다. 적어도 그들은 검증해야 하는 가설이 어떠한 과정을 통해 입수되었는지를 문제삼지 않는다. 검증해야 할 가설이 연구현상에 대한 변인간의 관계로 구성되어 있는 한, 그리고 그 변인들이 잘 만들어진 조작적 정의(*operational definition*)로 측정되며, 또 측정된 자료를 분석할 수 있는 분석모형을 갖고 있는 한, 과학행위로서 인정을 받는 것이다.

그러나 Q 방법론은 주어진 가설을 검증하는 방법이 아니라 주로 '가설을 만드는', '가설을 발견해 가는' 가설추론적(*abductory*) 방법론이다. 사실 가설을 무의식적으로 혹은 무비판적으로 존재하는 것으로 인정한다는 것은 논리적 모순이며, 그 연구결과가 과연 과학지식에 진보를 가져올 수 있느냐는 문제가 걸림돌이 될 수 있다. 다시 말해 과학지식에 도움이 되지 않는 가설을 검증하는 것이 과연 과학행위인가 하는 문제를 제기할 수 있다. 과학적 지식의 가치가 크지 않은 가설을 특정적 혹은 임의적 가설(*ad hoc hypothesis*)이라 부르는데, 이는 Q방법론이 생성해 내는 참가설(*genuine hypothesis*)과는 구별된다.

스티븐슨은 Q방법론을 통해 참가설을 발견할 수 있다고 주장하는데 이러한 과정이 바로 가설추론의 논리(*abduction*)인 것이다. 과학적 단계에 있어 가설추론은 명제로부터 가설을 연역하는 것이 아니라 가설을 발견하는 것으로, 가설을 검증하는 가설 연역적 방법보다 선행되어야 한다. 일단 (참)가설이 만들어진 후에야 그 가설의 논리전개가 가능하며 현실검증을 위한 가설연역도 의미있는 것이다.

앞서 설명한 바대로, 과학 특히 사회과학의 전통에서는 연역과 귀납의 방법을 사용하는 가설연역적 경험주의(*hypothetico-deductive empiricism*)가 과학의 기존 패러다임으로 간주되었다. 다시 말해, 연구자는 내적 논리와 일관성이라는 표준적 연역 검증에 부합되는 가설 혹은 이론들을 먼저 만들고, 그 다음 이것들을 표준적인 귀납적 방법으로 검증하는 것이다. 가설 연역주의자들은 종종 가설을 세우는 것이 단지 심리학적으로 흥미있는 일이지만 오직 천재만이 할 수 있는 영역이지 논리학의 영역이 아니라고 주장한다(Hanson, 1958, p. 72; Gunnell / 김종술, 1990, p. 133). 그러나 이것은 분명한 잘못이다. 어떤 가설을 검증하여 예측하는 것이 논리적일 수 있는 것과 같이, 관찰을 통해 가설을 만들어내는 과정도 논리적인 것이다. 핸슨의 주장(Hanson, 1958, p. 72) 대로 만유인력이라는 가설(이론)을 만들기 위해서는 뉴턴과 같은 천재가 필요한 것이 사실이지만, 관찰을 통해 그러한 가설을 만들어 내는 것이 논리적이지 않다고 말하는 것은 잘못된 것이다.

경험주의 방법론은 연역과 귀납을 이용해 이론으로부터 가설을 만들고 이를 검증하는 가설 연역적 방법을 사용하고 있지만 Q 방법론은 관찰을 통해 가설을 만들어낸다. 경험주의 방법론이 가설로부터 시작하는 논리(*reasoning from the hypothesis*)라고 한다면 Q 방법론은 가설로 향하는 논리(*reasoning to the hypothesis*), 즉 가설발견의 논리인 것이다. 따라서 가설추론이 가설연역보다 선행해야 함은 우리가 무엇을 설명하기에 앞서 무엇이 일어나고 있는가를 이해해야 하는 논리와도 같은 것이다(Sanders, 1974).

Q방법론에서 가설을 찾아내는 과정은 가설 연역적 방법에서 연구가설을 만드는 과

정과는 다르다. 왜냐하면 무엇이 문제이며 어떤 쟁점이 어떻게 각 개인에게 구조화되어 있는지를 찾아내는 것이기 때문이다. 따라서 Q방법론이 오히려 가설 연역적 방법론에 대한 연구의 길잡이가 될 수 있음은 당연하다. 가설추론은 이론이나 개념, 법칙 그리고 현실적인 적용을 한꺼번에 볼 수 있는 방법인 것이다.

가설추론은 가설을 '발견'하는 것이지 어떤 명제로부터 그들을 끌어내는 것이 아니다. 이러한 접근방법은 세상에서 실제 무엇이 발생하고 있는가 하는 것을 이해하고 발견하는 데 매우 유용한 것이라 할 수 있다. 피어스에 의하면 가설추론은 본질상 논리적 규칙에 의해 거의 방해받지 않는 것이며, 그것이 만일 기존의 지식이나 논리의 적용에 의해 얻어진 것이라면 발견이 될 수 없는 것이라고 설명한다. 가설추론이 논리적 규칙에 방해를 받는다면, 그것은 이미 획득된 지식이 동원된 것이며 따라서 발견을 유도할 수 없기 때문이다. 이러한 논리적 규칙은 아마도 포퍼가 반증(*falsification*)이라고 불렀던 것과 같을 것이다(Popper, 1950).

이처럼 최초의 인식단계로서의 가설추론은 아직 직관이라 불리는 미성숙된 아이디어, 암시, 관념인 것이다. 피어스는 이러한 논리를 인간사고의 창의적이며 비교적 자유로운 영역으로 발전시켰다.

논리 실증주의자들과 전통적인 귀납주의자들에게 이러한 가설추론이 간과된 이유는 그것이 논리 실증주의자에게는 혹은 포퍼주의적(*Popperian*) 맥락에서 보자면 반증될 수 없는 것이며, 귀납주의자에게는 명제가 수없이 많고 변화하기 때문일 것이다. 즉, 가설추론은 전적으로 인지의 가상적 단계이며, 스티븐슨의 과학세계에 있어서는 인간 주관성의 창의적이며 언어적인 측면을 반영하는 것이다.

Q방법론은 과학적 발견으로서의 새로운 길을 열어주고 있다. Q방법론에 깔려 있는 논리는 어두운 방에 손전등을 비추는 것으로 종종 비유되고 있다(Sanders, 1982). 우리는 그 빛이 닿는 곳을 볼 수 있으며 나머지 부분은 무엇이어야 하는지를 추측할 수 있다. 이때 우리는 방 안에 무엇이 있어야 하는가를 미리 정해놓은 조작적(*operational*) 개념에서가 아니라 단지 빛이 비추는 것을 보는 것이다. 이처럼 Q방법론은 '발견'에 초점을 두고 있는 가설추론의 방법론인 것이다.

2. Q 방법론과 R 방법론의 비양립성

스티븐슨이 Q 방법론을 처음 소개하면서 Q를 '거꾸로 된 R' 이라고 명명한 것으로 인해 이후 Q에 관한 많은 오해와 불필요한 논쟁이 초래됐다. 스티븐슨은 Q의 행렬(매트릭스)이 R의 그것과 수학적으로는 반대이므로, 구체적으로 말해 Q 행렬표에서는 행(*column*)이 자극이고 열(*row*)이 사람인 데 반해 R에서는 행이 사람이고 열이 자극이다. 이러한 이유로 인해 많은 사람들이 Q 방법이 R 방법에서의 행과 열을 단순히 바꾸어 놓은 요인분석 정도로 간주하는 부작용을 가져왔다. 〈그림 9-1〉은 단순히 R과 Q의 행렬상의 행과 열이 바뀐 것이다.

그러나 Q 방법론과 R 방법론은 단순히 같은 정보와 행렬을 세우고 뒤집는 식의 차이로 이해될 수 없는 것이다. 즉, 이들 관계는 상호성(*reciprocality*)으로 생각할 수 없다. R 방법이 자극 혹은 검사물 간의 관계에 관심을 갖는다면 Q 방법은 사람들간의 관계에 집중한다. 스티븐슨에 따르면 R 방법론에서 행의 상관관계와 Q 방법론에서 열의 상관관계는 서로 비교할 수 없다고 하는데 그 이유는 본래 어떤 통계적 기술의 차이 때문이 아니고 데이터 행렬의 본질적 차이 때문인 것이다.

다시 반복하지만 Q와 R은 연구대상에서 구별된다. Q가 느낌, 의견, 선호, 감정, 이상, 취향을 연구대상으로 삼는다면 R은 관찰할 수 있으며 측정(계량화)될 수 있는 객관적 사실을 대상으로 한다. 통계학적으로 설명하면 R에서의 변인은 측정항목이나 자극(*stimuli*)인 데 반해 Q에서의 변인은 사람(*a person*)이다.

R에서는 모집단의 모든 사람들에게 객관적이며 측정할 수 있는 속성이나 특성에 관심을 갖는다. 즉, 인간행위를 분자화시킨 요소인 변인 X, Y, Z 사이의 관계가 궁극적

〈그림 9-1〉 R과 Q의 행렬표

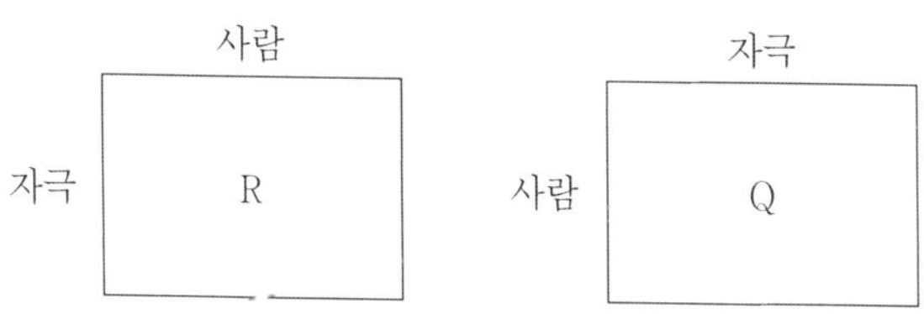

인 관심사이다. 예를 들어, "소외감(X)과 선호정당(Y) 간의 관계는 성별(Z)에 따라 다르게 나타나는가?" 라는 R의 연구문제가 될 수 있다. 그들은 기본적으로 전체란 부분의 합이라고 생각하므로 한 현상을 여러 변인으로 쪼개어 분석한다.

그러나 Q에서는 한 현상이란 총체적인 반응(시각, 생각, 이미지 등의)이며 이것은 주관적이며 나뉠 수 없다는 것이다. 따라서 한 개인으로부터의 행위적 총체(*behavior totality*)로서 변수(*variate*) X, Y, Z 사이의 관계에 초점이 맞춰진다. 이것은 각각의 사람들로부터 만들어지기도 하며 서로 다른 실험조건 하에서 한 개인으로부터 만들어질 수 있다. 즉 Q에서는 "너의 전체적 관점과 나의 전체적 관점 사이의 관계는 무엇인가"를 탐색하는 것이다. 이러한 접근은 오직 전체적 맥락 속에 처해 있는 부분들 사이의 기능적 관계를 고려하며 종합하려는 시도라고 할 수 있다.

물론 R과 Q는 서로가 놓치고 있는 인간행위에 대한 서로 다른 시각을 제공한다는 점에서 보면 추가적 혹은 보완적이라 할 수 있겠지만 결론적으로 R과 Q는 요인분석을 하는 대안적 방법으로 받아들일 수는 없으며 기본적인 과학철학이 상이하다는 의미에서 이 두 가지 방법론은 양립할 수 없는(*incommensurable*) 것으로 보아야 한다. R은 관찰자의 시각에서 외부적 행위를 설명하려 한다면(이때 피험자는 자신이 응답할 때 소외감을 측정하고 있다는 것을 알지 못하지만) Q는 반대로 피험자의 시각에서 내부적 행위에 대한 관점을 제시한다. 이때 연구자는 피험자가 점수를 매기기 전까지는 어떤 진술문이 받아들여지고 거부되는지를 전혀 모른다. 따라서 R에서 피험자는 점수를 수동적으로 얻는 것이고 발생(*occurrence*)이며 결과라고 한다면, Q에서는 피험자가 점수를 부여하므로 자발적이며 과정(*operant*)인 셈이다.

지금까지 논의한 대로 R 방법론과 Q 방법론은 많은 면에서 큰 차이, 정확히 말하면 상반되거나 서로 독립적임을 보여준다. 과학의 목적과 연구의 대상은 물론 이론적 가정과 측정방법 등에서 두 방법론은 크게 다름을 알 수 있다(〈표 9-1〉 참조).

R 방법론이 단순히 '외부적(*external*)'이라는 것보다는 '객관적'이며 '과학적'이라고 믿고 있는 것은 아마도 R 방법론이 갖는 본질적인 과학성에 있는 것이 아니라 사회과학의 관행에서부터 오는 편견과도 같은 것이다. 이것은 정상과학(경험주의 과학)에서는 인간의 주관성이란 내부적인 것이며 그것의 측정 또한 연구자의 '잘 만들어진' 조작적 정의 대신 피험자의 결정을 객관적인 것으로 허용할 수 없기 때문이다. 어떤 사람이

〈표 9-1〉 R과 Q 방법론의 비교분석표

	R 방법론	Q 방법론
연구대상	객관성(*objectivity*): 관찰할 수 있고 계량화할 수 있는 객관적 현상	주관성(*subjectivity*): 느낌, 관점/의견, 신념, 선호, 이미지 등
연구대상의 특성	일(*work*)의 세계: 정보(*information*), 필요(*need*), 합리성, 설득	유희(*play*)의 세계: 커뮤니케이션, 욕구(*want*), 정서적, 즐김
변인	인간의 인구학적, 심리적 특성 등	사람
측정방법	외부로부터 설명: 조작적 정의 (*operational definition*)	내부로부터의 이해: 자결적 정의 (*operant definition*)
이론적 가정	변인에 관한 개인 간의 차이 (*individual difference*)	의미성에 있어 개인 내의 차이 (*intradividual difference in significance*)
과학적 목적	가설 검증을 통한 일반화 (*generalization*)	가설 생성(*abduction*), 이론 확인과 검증
과학논리	귀납, 연역	가설 생성
작동원리	사회 통제(*social control*)	수렴적 선택성(*convergent selectivity*)
자아내노	자아의 하강, 거절(*self-decline*)	자아 고양(*self-enhancement*)
커뮤니케이션	커뮤니케이션 고통	커뮤니케이션 만족
자아구조	me / I	mine / me
가치구조	도구적 가치	본질적 가치

Q소트를 통해 자신을 표현한 것이 정녕 현실에 대한 '객관적' 설명이 될 수는 없는 것인가? Q 방법론은 이러한 가정을 검증하기 위해, 즉 그의 행위가 연구의 초점이 되는 피험자에게 그 의미를 넘겨줌으로써 비로소 완성된다.

3. Q 분석방법

Q 방법론에서의 표집방법은 인간행위에 관한 어떠한 연구보다도 더 많은 주의를 요한다. 그것은 Q의 목적이나 철학적 차이 때문이기도 하지만 실제적인 면에서 더욱 그렇다. Q의 표집방법과 절차를 논의하기에 앞서 Q 표집방법에 사용되는 용어와 개념을 간단하게 소개하고자 한다.

〈표 9-2〉 주요 용어의 설명

① Q 항목(Q *item*)
응답자에 의해 분류되는 물체(*thing*)를 가리키는 것으로 자극항목(*stimulus item*)이라고도 부른다. 카드 위에 인쇄된 진술문(*statement*)이 Q항목으로 가장 많이 이용된다. 항목은 이론상 어떠한 것도 될 수 있지만 다음의 두 가지 원칙이 지켜져야 한다. 첫째, 그것은 손으로 옮겨 분류할 수 있는 것이어야 하며 둘째, Q항목을 분류하는 응답자의 의견이 표현되는 자아참조적(*self-referent*)인 것이어야 한다. 진술문 이외에도 사진, 그림, 향수병, 넥타이, 사람 이름, 영화 타이틀, 신문기사의 제목, 광고물 등 어떠한 자극물(*stimuli*)도 Q항목이 될 수 있다. 최근에는 컴퓨터를 통해 진술문 등의 항목을 드래깅해서 분류하는 방법을 이용하기도 한다.

② Q 모집단(Q *population*)
Q연구를 위해 수집된 항목의 집합체를 말한다. 이것은 한 문화 안에서 공유되는 의견의 총체인 통합체(*concourse*)의 개념과도 동일하다. Q표본은 Q모집단으로부터 선택된다.

③ Q 표본(Q *sample*)
Q모집단으로부터 추출된 항목을 의미한다. 그것은 보통 수십 개로 구성된 카드 위에 쓰인 진술문일 수도 있으며 기타 다른 Q항목일 수도 있다.

④ Q 분류(Q *sorting*)
한 응답자가 Q표본을 분류하는, 다시 말해 각 항목에 점수를 부여하는 과정을 말한다.

⑤ Q 소트(Q *sort*)
Q분류의 결과를 가리킨다. 하나의 Q소트는 한 개인의 주관성을 나타내는 모형(*model*)이다. 열 사람이 한 번씩 분류했다면 모두 10개의 Q소트가 나온다. 마찬가지로 한 사람이 열 가지 지시조건에 따라 분류했다면 10개의 Q소트가 수집된다.

⑥ 구조화된 Q 표본(*Structured Q sample*)
구조화된 Q 표본이란 이론이나 가설의 특정 변인에 따라 선정되었거나 Q 모집단 구축과정에서 범주화된 개념에 따라 구조화된 표본을 가리킨다.

⑦ 비구조화된 Q 표본(*Unstructured Q sample*)
구조화된 표본과는 달리 특정 변인을 고려치 않았거나 범주화되지 않은 항목의 표본을 가리킨다.

⑧ P 모집단(P *population*)
Q분류를 할 수 있는 응답자로 생각될 수 있는 집합체를 가리킨다.

⑨ P 표본(P *sample*)
P모집단으로부터 추출되어 실제로 Q분류에 참여하는 응답자 혹은 피험자를 가리키며 Q소터(*sorter*)라고도 부른다.[1)]

이상의 개념들을 하나씩 설명해 보자.

1) Q 표본 준비하기

비구조화된 Q표본의 선정은 단순한 선정이라기보다는 표본을 구축한다는 표현이 적합하다. 마치 모집단의 명단을 확보할 수 없는 서베이를 행하는 경우처럼 연구자는 다른 대안을 강구해야 한다. 그래서 연구자는 특정 거리의 오른쪽에 있는 세 번째 집마다 방문하라는 지시를 내리기도 한다. 그러나 Q에서는 모집단이 반드시 만들어지므로 위와 같은 대안적 지시는 필요 없다. 그것은 모집단을 단순히 정의하는 것이 아니라 모집단을 구축하는 문제이기 때문이다. 연구자는 자극항목(예컨대 카드에 쓰인 진술문, 사진, 와인병 등)을 물리적으로 수집해야 한다.

Q 모집단의 구축은 모집단의 정의로부터 시작한다. 만일 어떤 마케터가 포도주(포도주 음용)에 관한 사람들의 태도를 연구한다고 가정해 보자. 연구의 목적은 매우 실용적이다. 즉, 와인을 많이 파는 일이다. Q는 이러한 연구에 특별히 적합하다. 사람들을 유형화하고 각 유형을 해석함으로써 광고 마케팅 전략에 매우 유용한 아이디어나 상징을 찾아낼 수 있다. 이때 모집단의 정의는 '와인에 관한 모든 자아지시적(*self-referent*) 진술문'이 될 것이다.

자아지시성이란 사실(*fact*)이 아니라 의견에 관한 진술문이며 그래서 응답자가 자신을 투사할 수 있는 것이다. "캘리포니아는 포도주의 최대 생산지이다"는 사실의 진술문이지만 "캘리포니아산 포도주는 프랑스 포도주에 못지않다"는 의견의 진술문이다. 우리는 와인에 관한 사람들의 지식을 검증하려는 것이 아니라 그로 하여금 와인에 대한 태도를 나타내도록 기회를 제공하는 것이다. 사실에 관한 진술문은 '옳고' '그름'이 있지만 Q에서는 오직 의견이므로 여기에 해당되지 않는다.

모집단을 구축하는 것은 문자 그대로 모든 자극항목(진술문)을 수집하는 것이다. 여기서 한 가지 흥미 있는 일은 한 곳에서 많은 진술문을 한꺼번에 구할 수 있는 방법이

1) 간단히 말하면 Q 방법은 어떤 모집단(P *population*)으로부터 추출한 사람들(P *sample*)에게 자극항목의 집단(Q *population*)으로부터 추출한 표본(Q *sample*)의 소팅(Q *sorting*)을 통해 점수를 부여하는 것이라 할 수 있다.

흔치 않다는 것이다. 자극항목은 쉽고 빠르게 수집되지 않는다. 실제로 Q 모집단을 입수하기 위해서는 문헌연구와 면접에 크게 의존한다. 포도주 제조업자가 만든 책자는 좋은 자료가 될 수 있다. 이것은 진술문 수집에도 도움이 되겠지만 연구자로 하여금 포도주에 관한 지식과 이해를 넓혀주어 자료를 해석할 때도 유용하다. 그 밖에도 포도주에 관한 신문기사, 잡지기사, 광고물, 영화, 시, 노래 가사, 성경 등 포괄적인 문헌조사를 통해 진술문을 수집해 나갈 수 있다. 오히려 학술적 문헌은 사실에 관한 기술이 많아 생각보다 진술문 수집에 큰 도움이 되지 못한다.

사실상 문헌보다 면접을 통해 더 많은 진술문을 구할 수 있다. Q는 결국 사람에 관한 연구여서 사람과 그들의 의견으로부터 출발한다. 따라서 Q 모집단 구축에 있어 면접은 그만큼 중요하다. 물론 면접방법은 특정 주제(포도주)에 초점이 맞춰져야 하겠지만 면접원(연구자)이 대개 면접방향을 주도해 진행하지 않는다. 주제를 크게 벗어나지 않는 한 그들이 원하는 방향으로 심층적인 면접을 행하면 된다. 이러한 의미에서 면접은 중립적이고, 일정한 방향을 설정해 놓지 않으며(*non-directive*), 심층적으로 행해진다. 이러한 방법은 한 문화권 안에서 가능한 모든 의견인 모집단, 곧 통합체를 보장해주는 지름길이다.

Q 진술문을 모으기 위해 시행한 첫 면담을 통해 모두 50개의 진술문을 정리할 수 있었다면 두 번째 면담을 통해서는 첫 면담 때와 중복되는 부분을 제외하면 대개 50개보다 적은 진술문, 예컨대 35개 정도를 수집할 수 있을 것이다. 세 번째, 네 번째 면담을 거듭할수록 추출될 수 있는 진술문은 대개 줄어드는데 이것은 중복된 진술문을 제외했기 때문이지 그 사람들의 의견 자체가 적기 때문은 아니다. 중복이란 어떤 것에 대한 긍정과 부정까지도 포함한다. 즉, “A에 대해 그렇다고 생각한다”와 “A에 대해 그렇지 않다고 생각한다”는 중복에 해당한다. 같은 것에 대한 의견이기 때문에 진술문의 모집단에 포함시킬 수 없게 된다.

면담의 횟수가 거듭될수록 추출될 수 있는 진술문은 줄어들고 어느 순간 포화상태에 이르게 되어 더 이상의 면담에서 새로운 진술문을 추가하지 못하게 된다. 예를 들어, 어떤 이에게 많은 이야기를 듣지만 이미 갖고 있는 진술문과 중복되어 더 이상의 면담이 의미 없는 상태가 되면 마침내 통합체(*concourse*)가 완성되는 것이다. 놀랍게도 Q 모집단을 완성하는 데는 통상적으로 10회 미만의 면담이면 충분하다.

2) 비구조화 표본

비구조화 표본의 표집방법 중 단순 무작위 표집절차는 가장 간단하며 표준적인 표집 모델에 가깝다는 장점을 지니다. 즉, 연구자에 의한 선정의 편견을 가능한 한 최소화해 준다. 예를 들어 표본 수 50개가 바람직한 상황이라면(N=50), 난수표를 이용해 카드 번호가 1부터 N까지 적혀 있는 모집단에서 50개를 무작위로 선정하면 된다. 또는 카드를 잘 섞은 후 중간을 뗀 후(*cut*) 첫 카드를 고르고 이 같은 방식으로 50번을 반복해 선정하면 된다.

무작위 표집은 표본 크기에 대해 불필요한 임의적 결정을 해야 한다는 것과 Q 모집단의 본질(특성)에 관한 중요한 정보를 무시한다는 단점을 갖는다. Q에서 표본크기는 통계적인 것과 신뢰도, 편의성을 고려해 결정하는데 Q는 특정 항목에 대한 사람 간의 차이(*inter-individual difference*)보다는 한 개인 내에서 항목들의 중요성(*intra-individual significance*)을 비교하는 입사티브(*Ipsative*)[2] 한 방법임을 기억할 필요가 있다. 여기에서 항목수(표본 수)를 너무 줄이면 차별적 요인들을 추출하기가 어려우며 그들 간의 차이에 관해 유의미한 해석이 어려워 정보의 양이 줄어든다. 그렇다고 너무 많은 항목 수는 Q 표본의 신뢰도를 급격히 낮춘다. 어느 정도가 많고 어느 정도가 적은가 하는 판단은 주로 항목 자체의 복잡성과 Q 응답자(Q *sorter*)들의 상황(능력, 요구 등)에 주로 의존한다. 예를 들어, Q 표본이 사진이라면 비교적 단순한 문제이다. 피험자들은 쉽게 그리고 일관성 있게 분류할 수 있다. 정치인의 이름이나 영화제목도 비교적 복잡하지 않다. 그러나 진술문일 경우 단순한 것(나는 와인을 좋아한다)과 다소 복잡한 것(나는 와인을 고를 때 내 호기심을 만족시키며 새로운 맛을 찾아낼 수 있도록 이것저것 사는 편이다)이 있

---

2) 입사티브란 라틴어로 '자아에 관한(*of the self*)'이란 뜻으로 심리학이나 교육학에서 많이 사용하는 용어이다. 입사티브 측정이란 두 가지 이상의 자아 진술문 중에서 가장 동의하는 것을 고르는 방법으로, 리커트(Likcrt) 척도처럼 특성들을 여러 사람에 걸쳐 하나씩 설명하는 것과 구별된다. 예를 들어, '(a) 나는 파티를 좋아한다'와 '(b) 내 작업장소를 늘 깨끗이 정돈해 둔다' 중에서 하나를 고르게 하는 입사티브 방법을 통해 "당신은 명랑하다기보다는 좀 더 외향적이다"라는 유용한 결론을 찾아내지만 사람 간의 비교는 하지 못하게 된다. 교육학에서는 어떤 사람의 수행을 평가할 때 다른 사람과 비교하는 것이 아니라, 동일한 사람의 전과 후를 비교해 사정하는 방법으로 쓰인다.

을 수 있다.

어떤 것은 응답자가 빠르게 분류하지만 어떤 것은 '나'를 되돌아보며 시간을 갖는다. 스티븐슨은 프로이트의 한 이론을 검증하는 데 있어 다음과 같은 진술문 등을 사용한 바 있다.[3)]

> 나는 내가 하는 생각에 많은 믿음을 갖고 있다.
> 나는 비록 다른 사람들의 기호가 터무니없는 경우라도 드러내 반응을 보이지 않는다.
> 나는 순종적이며 협조적이고 무엇이든 요청하면 그렇게 할 것이다.
> 나는 종종 내 주위의 사람들이 잘못된 생각을 갖고 행동한다고 느껴진다.

이상의 진술문은 피험자로 하여금 "내가 그런 사람인가?", "내가 그렇게 하던가?" 하고 잠시 되돌아보게 만든다. 모든 피험자가 단순한 항목처럼 쉽고 빠르게, 그리고 신뢰도가 높게 분류할 수 있다고 가정할 수 없다.

피험자의 분류작업(Q *sorting*)은 지시조건(*conditions of instruction*)이 주어질 때 더욱 어렵고 난처한 경우도 발생한다. 예를 들어, 자신이 아니라 자신의 어머니, 친구, 배우자, 상사, 이상적 자아(*ideal self*)의 입장이라면 혹은 이상적인 직장에서 일한다면 등으로 지시조건들이 주어졌을 때, 그것도 항목 사이의 미묘한 차이를 계속적으로 구분하도록 요청할 때는 Q표본의 수를 줄이는 것이 바람직하다. 항목이 복잡할수록 소팅의 신뢰도는 낮아지기 마련이다.

Q소팅은 대부분의 경우 대략 30분에서 40분 정도 걸리지만 피험자마다 차이를 보인다. 신뢰도(반복해서 소팅할 경우 각 항목이 같은 점수를 받을 수 있는 정도)는 대체로 소팅작업을 너무 빨리하거나, 너무 길어질 때 떨어지는 경향이 있다.

Q표본의 수는 각 연구의 독특한 특성에 따라 달라질 수 있다. 그러나 40개에서 60개 정도가 보편적이다. 자극이 간단하다면(예컨대 사진, 이름, 쉬운 진술문 등으로), 60개 이상도 무방하다고 하겠다. 그러나 자극이 복잡하다면 아마도 30개 이하로 줄일 수

---

3) 프로이트(Freud)가 그의 환자 도라(Dora)를 통해 얻어낸 가설(이론)을 스티븐슨은 '로저그(Rogerg)'라 명명한 사람을 통해 증명해 보이고 있다. Stephenson, W. (1953), *The Study of Behavior: Q-technique and its Methodology*, Chicago: University of Chicago Press, pp. 253~272를 참고할 것.

도 있다. 컬린저(Kerlinger, 1973, p. 584)는 Q항목을 '60에서 90개' 그리고 '60개 이하이거나 140개 이상이 안 되게'라고 설명하고 있지만 그렇게 많은 항목 수는 그가 주장하듯 신뢰도를 높여주지 않고 오히려 크게 훼손시키는 결과를 초래할 뿐이다. 사실 Q 연구를 할 때마다 표본의 신뢰도 검증은 꼭 필요하다.

한 마디로 Q 모집단에서 단순무작위 방법으로 표집할 때 표본의 크기를 확고한 논리를 갖고 결정할 수 없다는 것이다. 단지 40~60개라는 경험에 따른 원칙(*rule-of- thumb*)이 최상이라고 밖에는 말할 수가 없다.

3) 구조화 표본

비구조화된 Q표본이 거의 무(無)에서 시작하는 것이라면, 구조화된 표본은 이론으로 출발하며 이론을 검증하기도 한다. 인간행위 연구에 있어 가장 매력적으로 보이는 부분이 바로 구조화된 Q표본의 본질적 특성에서 비롯된다. 표본의 추출과 그 과학철학을 설명하기 전에 먼저 구조화 표본을 간단히 살펴볼 필요가 있다.

구조화 표본은 피셔(Fisher)의 실험설계(*Fisherian experimental design*)의 원칙을 따르며 특정 이론이나 가설변인들이 항목선정시 개입된다. 바꾸어 말해, 모든 Q항목들은 변인의 수준(*level*)에 따라 하나 혹은 그 이상의 수준으로 나뉜다.

이미 앞에서 살펴보았듯이, 비구조화 표본에서도 그것이 균형을 이뤘다는 점에서 구조화되었다고 할 수 있다. 따라서 이 경우는 '균형' 자체가 변인이며 긍정적, 부정적, 중립적인 범주는 수준(*level*)이 될 것이다. 예를 들어, 사진을 표본으로 사용한 경우 사람이 들어 있는 사진과 들어 있지 않은 사진에 따라 구조화시킬 수 있다. 그러니까 사진 항목은 '사람'과 '사물(사람 아님)'로 분류할 수 있다. 이렇게 구조화시킬 수 있는 근거는 기존의 연구가 사람이 들어 있는 사진은 일반적으로 그렇지 않은 사진보다 더 선호된다는 것을 보여주고 있기 때문이다.

광고연구에 있어 2개의 수준을 갖고 있는 2개의 변인의 예를 들어보자. 한 변인은 증언기법[4]으로서 (a) '증언'과 (b) '비증언'의 두 수준으로 단순하게 구분하였다. 이것은

---

4) 증언기법이란, 우리가 좋아하거나 잘 알려진 사람(연예인이나 유명인들)이 광고에 등장하여 특정 상품이나 아이디어를 프로모션 하는 방법이다.

〈표 9-3〉 구조화 표본의 예 II: 광고 소구의 종류

	(a) 증언기법	(b) 비증언기법
(c) 남성용품	셀 1 (A_1B_1)	셀 2 (A_2B_1)
(d) 여성용품	셀 3 (A_1B_2)	셀 4 (A_2B_2)

연구자가 증언기법이 비증언기법보다 효과적인 광고소구 방식이라고 생각했거나 적어도 다른 효과가 있을 것이라고 믿고 있기 때문이다. 또한 연구자는 이러한 광고소구 방식이 판매하는 상품의 소비자에 따라 효과가 달라질 수 있다고 생각하여 (c) '남성용품', (d) '여성용품'으로 나누었다.

각 광고물들은 〈표 9-3〉의 구조에 따라 쉽게 분류될 수 있겠다. 이러한 연구설계는 모두 4개의 셀로 구성되는데(A_1B_1, A_2B_1, A_1B_2, A_2B_2와 같은 조합으로) 이와 같은 균형 구획설계(*balanced block design*)에서는 각 조합 혹은 셀은 4분의 1씩 동수로 구성된다. 이러한 설계를 여러 차례 반복해 항목을 선정한다면, 예를 들어 반복횟수를 12로 한다면 모두 48개(4개 조합 × 12 = 48)의 항목을 갖게 될 것이다. 그중 24개 광고물은 증언기법이고 24개는 비증언기법, 그리고 남성용품 광고는 24개, 여성용품도 24개가 될 것이다. 또한 증언기법을 이용한 남성용품(A_1B_1)은 12개가 된다.

증언기법이 비증언기법보다 선호된다는 것을 검증하려면 칼럼 1(a)과 칼럼 2(b)의 평균값을 비교하면 된다. 마찬가지로 남성용품(c)을 여성용품(d)보다 좋아할 것이라는 가설은 첫 번째 열과 두 번째 열의 평균값을 비교하면 된다. 그러나 〈표 9-3〉의 연구설계의 장점은 상호작용(*interaction*) 효과를 검증하는 것이다. 상호작용 효과란 한 변인의 수준들의 효과가 다른 변인의 수준에 있어서 다르게 나타나는가의 문제이다. 구체적으로 말해 셀 1(A_1B_1)의 평균값과 셀 2(A_2B_1)의 평균값의 차이가 셀 3(A_1B_2)과 셀 4(A_2B_2)의 차이와 유의미하게 다른가를 검증하는 것이다.

구조화 표본은 자극, 통제변인, 그리고 실험조건들로 구성된다. 사용된 변인의 수와 수준의 수에 의해 구조화 표본은 적합성과 실용성이 정해진다. 조합의 수가 증가할수록 반복(*replication*)이 줄어들어 잘못된 해석의 기회는 증가한다. 분명한 것은 조합의 수는 오직 하나의 변인이나 수준을 추가할 때마다 급격히 증가한다는 사실이다. 예를 들어, 3개의 변인이 각각 2개의 수준으로 구성되었다면 8개(2×2×2)의 조합이

된다. 그러나 3개의 변인이 각기 3개의 수준이라면 모두 27개(3×3×3)의 조합이 만들어진다.

4) P 표본

R 방법론에서는 많은 수의 사람들이 표본으로 선정되지만 상대적으로 검사물(*test*)의 수는 적다고 할 수 있다. Q에서는 정반대로 적은 수의 사람을 필요로 한다. 많은 수의 사람을 표본으로 한 연구에 익숙한 연구자들은 가령 30명 정도의 사람을 가지고 어떻게 일반화가 가능하냐고 공격을 하지만, Q에서는 사람이 변인이고 항목은 표본을 가리키는 것이므로 피험자의 수는 요인을 생상하고 요인들 간에 비교할 수 있을 정도면 충분하다. 이것은 특정요인에 속한 사람들의 비율을 가지고 전체 사람들의 비율을 추론하는 것과는 완전히 다른 문제이기 때문이다.

Q 방법론에서 P 표본(사람)을 선정하는 것은 Q 표본의 선정방법보다 훨씬 쉬운 문제이다. 그 설자는 대부분 사회과학 연구에서 사용하는 표집방법을 따르면 된다. 방법론적 관점에서 보면 사람을 표집한다는 것은 개념적으로도 용이해 보인다. Q 방법론은 사람보다는 내용을 개념화하는 것이기에 Q 표집은 P 표집보다 훨씬 어려운 문제가 된다.

P표본은 Q표본과 같이 피셔(Fisherian)의 실험설계 원칙과 소표본 원칙(*small sample doctrine*)을 따르면 된다. 사람 표본선정시 고려해야 할 사항은 개인에 대해 이미 알려진 특성이다. 만일 우리가 정년퇴임에 관한 태도를 연구한다고 가정할 때, 어떤 인구학적 변인들이 정년퇴임과 관련이 있다고 생각하는가? 아마도 연령이 떠오를 수 있을 것이다. 정년에 가까이 있는 사람들은 이 문제에 민감하여 더욱 강력한 의견을 보일 수 있기 때문이다. 젊은 직장인들은 아마도 선배-동료들이 그들의 몫까지 가져가며 그들이 승진에 걸림돌이 된다고 생각할지 모른다. 연령 이외에도 수입, 교육 정도, 직업, 노조 가입 등의 변인들도 포함시킬 수 있다. 그중 세 가지 변인들을 가지고 다음과 같은 P표본의 설계가 가능할 것이다(〈표 9-4〉 참조).

P 표본의 크기는 다분히 연구목적과 관계가 있다. 만일 연구목적이 기본적으로 탐색에 있다면 비교적 적은 수의 표본으로 충분하다. 그러나 캠페인(예를 들어, 상품 마케팅이나 정치 후보자를 위한 경우)을 위한 커뮤니케이션 전략에 있다면 표본 수는 좀 더 많

〈표 9-4〉 층화표본의 예

변 인	수 준
연 령	(a) 18~35 (b) 36~50 (c) 51~60 (d) 61+
직 업	(e) 전문직 (f) 사무직 (g) 기타
수 입	(h) 3000만 원 이하 (i) 3000만~5000만 원 (j) 5000만 원 이상

아질 수 있겠다. 대개 요인수가 많은 경우는 2~3개로 적은 경우보다 좀 더 많은 사람수가 요구된다. 요인의 수는 대체로 Q 표집이 이루어지는 몇 단계를 거치면서 어느 정도 예상될 수 있다.

어떤 주제는 상대적으로 복잡한 것이어서 5~6개 이상의 요인이 나타날 수 있으며 단순한 문제라면 2~3개 정도가 일반적이다. 어느 정도는 상식적이기도 하지만 연구자의 사전 문헌 조사, 관련된 신문 사설과 여론(*letter-to-the-editors*)의 점검, 그리고 사람들과 이야기를 나누다 보면 대개 몇 개의 요인으로 나타날 것인가를 가늠해 볼 수 있다. 예를 들어, FTA 협상에 대한 문제는 복잡하기 때문에 여러 개의 요인이 나올 수 있다. FTA 찬성과 FTA 반대 요인이 있을 수 있으며 각 요인들은 다시 2~3개의 요인으로 나누어질지 모른다. 왜냐하면 FTA 협상에 찬성하는 사람들이라도 각기 이유가 상당히 다를 수 있기 때문이다. 아마도 FTA 협상 문제와 상관없는 요인도 발견될 수 있다. 도시와 농촌에 거주하는 사람별로 각기 분리된 요인이 나올 수 있다. 우리의 추측이 맞느냐가 중요한 것이 아니라 주제의 복합성의 정도에 따라 요인의 수가 달라지며 복잡할수록 P 표본수는 좀더 많아지는 경향이 있다는 점이다. 예를 들어, P 표본 수가 50개라면 대개 10명 정도는 여러 요인에 걸쳐 있는 '복합적(*confounded*)'인 것이거나 '유의치 않는(*non-significant*)' 것이어서 40명만 남을 수 있고, 발견된 5개의 요인에 8명씩 동등하게 들어 있는 경우라면 아무런 문제가 없겠지만 이런 경우는 흔치 않으며 한두 요인에 집중적으로 속해 있는 경우가 더 흔하다.

어떤 요인에 사람들이 집중적으로 많다는 것은 다른 요인에 사람이 별로 없다는 것인데 보통 3~4명 이상이라면 해석 시 아무런 문제가 없다. 그러나 1~2명이라 하더라도 요인 적재치(*factor loading*)가 매우 높다면 예외가 될 수 있다.

P표본 수는 50명 내외가 일반적이다. 그러나 아무리 많아도 100명이 넘는 것은 곤란

한데 Q분석의 프로그램은 P표본의 수가 100을 넘지 못하도록 만들어진 것도 있으며, 실제로 사람이 많은 경우 각 항목의 점수들은 평균값으로 회귀하여 다른 요인들을 1~2개의 요인으로 편중시켜 요인의 수를 극도로 제한시키기 때문이다. Q는 소표본 원리에 따른다는 점을 유념해야 한다.

5) Q 소팅

기본적으로 Q소트 테크닉은 순위 정하기(*rank ordering*) 절차와 매우 유사하다. 피험자(Q 소터)가 특정 조건에 따라 자극물들을 그의 관점에 따라 중요한 순서대로 배치한다. 예를 들어, 어떤 교수가 학기말 과제물을 채점한다고 가정해 보자. 학기말 과제물은 자극물(Q표본)이다. 여기서 묵시적 지시조건(*condition of instruction*)은 과제물을 가장 잘 된 것 A부터 F에 이르는 점수를 A, B, C, D, F로 등급을 매기는 일이다. 이러한 과정은 Q 소팅과정과 흡사하다. 과제물이 50개 정도라면 평균 정도가 되는 과제물을 C로 정해 놓고 아주 잘한 것 A는 그 수를 적게, 그리고 아주 나쁜 것 F도 수를 적게 하고 B, C, D를 상대적으로 많게 하여 대체로 정상분포(*bell-shaped*)가 되도록 채점하게 된다.

Q테크닉과 척도(*rating scale*)의 가장 두드러진 차이는 후자는 객관성을, 전자는 본질적으로 주관성을 측정하기 위한 것이며, 척도는 조작적 정의를 사용해 즉각적인 대답을 제공한다. 조작(*operation*)을 통해 어떤 개념을 보다 구체적이며 특징적으로 정의할 수 있는데, '이 과목에서 A학점을 취득한다는 것'의 조작적 정의는 '학기말 시험문제를 적어도 90% 이상 정확히 맞히는 것'으로 할 수 있겠다. 그러나 학기말 시험에서 적어도 90% 이상을 맞힌다는 것은 시험문제에 정답이 있어야 하는 것이며 정오(○ · ×) 문제나 사지선다 형식이어야 함을 전제로 한 것이다.

그러나 Q소팅을 한다는 것은 학기말 페이퍼를 평가하듯이 맞고 틀리는 문제가 아니다. 그렇다고 채점자가 점수를 매기는 데 있어 평가의 기준을 가지고 있음을 부인하는 것도 아니다. 다만 여기서의 주관성은 사용된 적이 없는 새로운 것이다. 왜냐하면 이승만이 대한민국의 초대 대통령이라는 사실을 주장하는 것과 그가 최고의 대통령이라고 주장하는 것은 완전히 다른 문제이기 때문이다. 과제물은 사실적이 아니어도 교수의 기준에 따라 좋은 점수도 받을 수 있다. 이처럼 Q소트는 표현의 장을 제공하는 것이다.

전형적인 Q소트는 연구자가 피험자에게 마치 카드놀이처럼 한 묶음의 Q표본(진술문 등의)을 주는 것으로 시작한다. 효율적인 소팅을 위해 피험자에게 일단 각 진술문들을 모두 읽게 하여 전체적인 내용을 파악하게 한 다음 각 진술문들이 찬성, 중립, 반대 중 어느 한 집단에 속하도록 먼저 분류하도록 한다. Q표본은 대개 비슷한 수의 세 무더기(찬성, 중립, 반대)로 나뉘게 된다.

그 다음은 〈그림 9-2〉에 나타나듯이 점수에 따라(-4 ~ +4) 분포된 진술문의 수(N=33)만큼 해당하는 진술문을 배치하는 것이다. 예를 들어 설명해 보자. 표본 수가 모두 33개인 경우 먼저 피험자에게 진술문을 읽게 한 후 찬성, 반대, 중립으로 크게 삼분하도록 한다. 반대하는 진술문들은 피험자의 왼편에 쌓아두도록 하고 찬성하는 진술문들은 오른편에, 그리고 잘 모르거나 찬성도 반대도 하지 않는 진술문은 중간에 놓도록 요청한다. 만일, 세 집단에 속한 진술문의 수가 각기 찬성에 10개, 중립에 11개, 반대에 12개로 나타났다면, 먼저 찬성했던 진술문 10개를 다시 읽으면서 그중에서 가장 찬성하는 것을 2개 골라 +4에 놓도록 지시한다. 이제 남은 8개의 진술문 중에서 그 다음으로 찬성하는 진술문 3개를 골라 +3에 놓도록 하며, 그 다음은 남아 있는 5개의 진술문에서 4개를 골라 +2에 배치한다. 물론 하나 남은 것은 자동적으로 +1에 놓으면 된다.

다음 단계는 반대했던 12개를 다시 읽으면서 그중 가장 반대하는 것을 2개 골라 -4에 놓도록 하고 나머지 10개 중에 그 다음 반대하는 것 3개를 -3에, 그 다음 반대하는 것 4개를 -2에 배치시키도록 지시한다. 마지막 단계는 중립에 속한 11개를 집어 들고 그중에서 찬성하는 것을 골라 +1에 채우고, 반대하는 것을 -1에 채우고 나머지를 0에 배치시키면 일단 소팅이 끝나게 된다.

이렇게 소팅이 일단락되면 피험자에게 전체적으로 진술문들을 보면서 혹시 실수로 잘못 배치한 것이 있거나 조정할 필요가 있다고 생각한 것은 얼마든지 수정하도록 허용한다. 어떤 경우는 이중부정(부정적 진술문을 '반대'에 둔 경우)이 혼란을 가져올 수 있는데 피험자는 어떤 진술문이 부정문이든 긍정문이든 그것에 찬성하면 오른쪽에, 부정하면 왼쪽에 배치하라고 하면 대체로 혼동이 줄어든다. 이렇게 필요한 조정을 마치고 나면 연구자는 분포된 카드의 번호를 분포표에 기입함으로써 Q소팅은 일단락된다. 이것은 어떤 문제에 대해 피험자의 시각에 따라 순수하게 제공된 의견이라고 할 수 있다.

〈그림 9-2〉 N=33인 Q 표본의 분포도

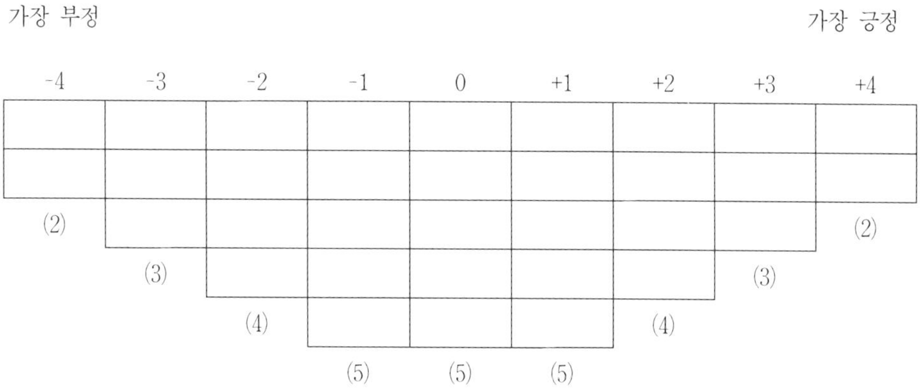

전체적으로 설명하면 Q소팅은 찬성과 반대 양극에서 카드를 채우기 시작해 중립으로 와서 끝나게 된다. Q소팅시 흔히 범하는 실수는 다음과 같다. 첫째, 물리적으로 좁은 공간에서 Q소팅을 시작하는 경우이다. Q소팅은 수십 개의 표본을 사용하므로 소팅을 시작하기 전 넓은 테이블을 확보해 점수분포에 따라 표본들을 늘어놓을 수 있어야 한다. 물리적 공간이 좁으면 사람들은 진술문을 읽은 후 바로 구체적인 점수(예컨대 +3, -2 등)를 주면서 소팅을 끝내는 경우가 종종 있다. 이것은 기본적으로 Q 방법론의 과학정신에 위배되며 Q소트의 신뢰도를 크게 낮춘다. Q는 특정항목에 대해 찬성과 반대를 묻는 것이 아니라 Q표본들이 한 사람 안에서 전체적으로 어떻게 분포되어 있는가에 초점을 맞추는 것이므로 전체의 시각 속에서 상대적인 의미의 중요성에 따라 각각의 표본들이 배치되어야만 한다. 또한 전체분포 속에서 조정해 가며 평가하지 않고 먼저 읽은 진술문들에 점수를 주고 나면 뒤에 나오는 진술문들은 어쩔 수 없이 나머지 값을 갖게 되는 결과를 초래할 것이다. 이것은 Q가 갖는 강제분포(*forced-distribution*)의 강점을 포기하는 것이다. 이것은 뒤에서 다시 논의하기로 하겠다. 한마디로 말해 Q소팅은 충분한 공간을 확보한 다음 모든 소팅을 마치고 최종적으로 연구자가 점수를 분포표에 기입함으로써 Q소트가 완성되는 것이다.

둘째, 앞서 설명한 과정 중 모든 진술문을 찬성, 반대, 중립으로 삼분하지 않는 것과 관련이 있는데 실제로 피험자가 이런 과정을 거치지 않고 한 진술문을 대뜸 어느 한 곳에 배치하여 점수를 부여하는 것은 매우 잘못된 일이다. 가령 이런 방식으로 소팅을 한다면 반을 넘기지 못한 채 소팅을 포기하는 사태가 발생한다. 모든 진술문들이 상대적으로 비교되지 않는다면 분포표에 따라 분류한다는 것은 거의 불가능한 일이기 때문이다. 따라서 소팅의 세분화 과정을 거치는 것이 바람직하다. 예를 들어, 60개의 진술문으로 소팅할 경우 적어도 11점 척도인 -5에서 +5 점수체계를 사용해야 하는데 첫 단계는 찬성, 중립, 반대로 삼분하고, 다시 찬성한 진술문 집단에서(예컨대 20개라면) 매우 찬성과 찬성으로 이분하고, 반대했던 진술문 중에서 매우 반대와 반대로 이분한 다음 주어진 분포의 모양대로 최종적으로 칸을 매워가는 방법을 사용할 수 있다. 이와 같은 요령은 사전소팅의 한 단계를 추가한 것이지만 소팅 시 소요되는 시간은 오히려 단축되고 단계마다 조정이 이루어져 Q 소트의 신뢰도 또한 높아진다고 할 수 있다.

마지막으로 Q소팅과 관련한 가장 빈번한 실수 내지 오해는 강제분포(*forced-distribution*)라고 추측된다. 위의 예에서 보면 +4에는 반드시 2개의 진술문만을, +3에는 3개만을 선택해야 한다는 조건이 있다. 강제분포는 피험자로 하여금 반응의 개별성을 제한하며 변량분석에서 요구하는 독립성의 전제나 피어슨의 상관관계계수(*Pearson's correlation coefficient*) 계산을 위한 등간(*equal internal*)의 전제를 위배하는 것이다. 여기서 우리는 Q와 R의 과학철학을 논외로 한다 하더라도, 표본 수가 33개인 경우 단지 찬성, 반대, 중립의 세 집단으로만 나뉘는 경우의 수는 무려 2억에 이를 정도로 개별성은 거의 무한대에 이른다(Brown, 1980, p. 266).[5] 따라서 강제분포가 반응의 개별성을 제한한다는 주장은 근거를 잃게 된다.

Q소팅을 할 때 피험자는 어떤 조건 하에서 행하게 되는데 이를 지시조건이라 부르며 이론에 근거하는 경우가 많다. 대부분의 Q연구는 "X에 대한 당신의 생각을 표현하시오" 라는 단일의 지시조건을 갖고 있지만, 어떤 사회적 특성은 매우 역동적이어서 이들을 꿰뚫는 탐색이 필요한 경우가 있다. 예를 들어, 어떤 타자 지향적인 대학생은 그의 부모와 같이 있을 때 내부지향적으로 바뀔 수 있다. 따라서 다음의 두 조건으로 자신의 이미지를 나타내도록 요청할 수 있겠다. 첫 번째는 "당신 자신의 생각은 무엇입니까?",

5) 33개의 진술문이 세 집단에 공히 11개씩 선택되어질 수 있는 경우의 수는 (33) $\binom{33}{11}=\frac{33!}{11!22!}$ =193, 536, 720 이다.

두 번째는 "당신의 부모가 주위에 있다고 가정할 때 당신의 생각을 표현하시오"이다.

우리는 여기에 어떤 법칙이 작용되고 있음을 알고 있는데 소팅의 지시조건들은 이러한 법칙에 근거한 것이다. 지시조건들은 특정한 상황 속에서 자신의 행동을 유발시키는 법칙적 행위를 찾는 데 이용된다. 여러 개의 지시조건을 사용한 심층적인 분석에서 보면, 요인들은 바로 그 사람의 행위를 지배하는 원리들과도 같은 다양한 행위적 법칙들을 나타내고 있음을 알 수 있다. 이것은 스티븐슨이 '심리적 이벤트(*psychological events*)'라 불렀던 커뮤니케이션의 연구방법과도 상통한다. 커뮤니케이션은 사람(X), 매체 혹은 사회적 기제(Y), 그리고 메시지(Z)가 있어야 하는데 이벤트란 X, Y, Z의 상호작용이라는 것이다. 그러니까 Q모집단, 즉 통합체(*concourse*)를 구성하는 것은 X, Y, Z 상황 속에서 사람(X)이 언급한 진술문들의 총체인 것이다.

상이한 지시조건을 따라 여러 Q소트를 구할 수도 있지만 동일한 피험자에게 단지 시차를 달리해 Q소트를 구할 수도 있다. 예를 들어, 부모와 어릴 때 사별을 경험한 4명의 여성을 대상으로 시차를 두어(예컨대 1995년과 2000년) 각각 Q소트를 구한 후 그 사이에 경험한 상실감과 우울함 등을 연구할 수 있다(Russell, 2000). 또 다른 예로 단일표본의 환자에게 치료 결과로서의 변화를 알기 위해 총 20번의 치료를 할 때마다 동일한 10개의 항목으로 Q소팅을 실시한 후 이를 분석한 연구도 가능하다(Goldstein, D., Q-Method LISTSERV, May 5, 2007).

Q 방법론은 한 상황을 좀 더 심층적으로 관통하는 방법으로서 P표본이 한 사람이든 집단이든 관계없다. 스티븐슨은 특별히 단일표본(*single case*) 연구를 많이 행하였다. 그는 "우리의 목적은 단일표본에 대한 연구를 가능케 하는 것인데 원칙적으로 '어떠한' 사람도 요인분석이나 변량분석의 피험자가 될 수 있다"고 하며(Stephenson, 1974), "한 사람에 관해 일생 동안 과학적인 연구도 가능하다"고 역설하였다(Stephenson, 1953, p.2). 일반화의 관점에서 보면 사례분석이란 한 상황에서 다른 상황을 추론하거나 예측에 대한 근거를 제공하지 못한다. 그러나 사실 우리의 많은 지식은 적은 사례를 면밀히 관찰한 것으로부터 나온 것이 많이 있다. 프로이트(Freud)의 발견은 그 전형적인 사례로 인지심리학에서조차도 소표본의 역할은 상당수 발견된다. 피아제(Piaget, 1950)의 도덕발달 이론도 몇 명의 아이들이 노는 것을 관찰한 데서 나왔고, 에빙하우스(Ebbinghaus, 1913)는 자기 자신만 실험하여 기억의 지속이론을 만들어냈다. 스키너(Skinner, 1969,

p. 112) 도 1마리의 쥐를 1시간 동안, 혹은 100마리의 쥐를 10시간 동안 연구하는 것보다는 1마리의 쥐를 1000시간 동안 연구하는 것이 필요하다고 하며 단일표본의 필요성을 강조한 바 있다.

4. QUANL 프로그램을 이용한 자료의 분석

QUANL 프로그램의 특징은 연구자가 연구주제에 관해 이론적 틀을 가지고 있지 않거나 Q 소팅 등의 면접과정에서 Q 소터들의 특정시각을 감지하지 못한 경우 유용하게 사용될 수 있겠다. 1975년 아이오와 대학교의 반 터버겐(Van Tubergen)에 의해 포트란(*Fortran*) 언어로 만들어진 QUANL은 PC용으로 만들어진 후 간단한 자료입력으로 매우 다양한 결과물을 얻어낼 수 있다는 장점으로 인해 Q연구를 처음 시도하는 연구자들에게 추천된다. 하지만 설명변량을 극대화시키며 요인을 추출하는 방법이 Q의 본질적 목표인 발견을 위한 최적의 방법이라고는 말할 수 없다. QUANL 프로그램을 이용하려면 한국주관성연구학회(Q학회) 홈페이지(www. kssss. org) 자료실에서 무료로 다운받아 사용할 수 있다. 본 예제의 Q표본은 모두 20개였으며, P표본은 73명이었다(김흥규, 1998).

〈표 9-5〉 QUANL 분석을 위한 Q 표본(예제)

번호	항 목	번호	항 목
1	진실한 사랑	11	자식의 성공
2	아름다움의 세계	12	편안하고 안락한 생활
3	자유로움	13	성취감
4	국가의 안전과 안녕	14	효 정신
5	진실한 우정	15	평화로운 세계
6	자존	16	행복의 추구
7	즐거움	17	마음의 평화
8	사회적 인정	18	구제 및 사회복지 실현
9	삶의 지혜	19	가족의 안전과 안녕
10	신나고 재미있는 생활	20	평등한 삶

1) 프로그래밍

QUANL 프로그램은 크게 네 부분으로 구성된다. 첫 번째는 프로젝트 이름과 모수(*parameter*)의 지정, 입력 포맷에 관한 것, 두 번째는 Q소트의 자료, 세 번째는 P표본 정보, 마지막은 Q표본(진술문 등)을 입력하는 것이다. 이러한 자료는 한글이나 MS Word, Notepad 등으로 작성할 수 있지만 텍스트(*text*) 파일 형태로 저장해야만 한다.

〈그림 9-3〉 자료 입력한 텍스트 파일

```
value - 메모장
파일(F)  편집(E)  서식(O)  보기(V)  도움말(H)
 My First Q Study for Terminal Value
   73   20   -4          1    1                V          1.000
(20F1.0)                ← [Q 표본의 수(20)와 한 표본이 차지하는 열의 수(F1.0)를 지정]
15712544637456233462    ← 변환점수 입력, 2자리 정수일 경우 01, 02,...,10, 11 등으로 입력
62613742715463245453
25414353566742246173
43425341617623456572
......(중략)..........
31243626415265457473
36123641274435576245
64527154232174536463
53423242846635175174
1   강희자400여 대졸300 250 세일즈 ← P 표본에 관한 정보 입력(일련번호나 성명 등)
2   최유정400여 대졸350 300 전문가
3   박후필400여 대졸400 350 주부
4   함영임400여 대졸300 250 주부
......(중략)..........
70 김영숙400여 대졸400 350 전문가
71 이용준40남 대졸400 350 전문가
72 소성태40남 대졸300 200 경영자
73 송용의400여 대졸350 250 주부
1    01 진실한 사랑                ← Q 표본
1    02 아름다움의 세계
1    03 자유로움
1    04 국가의 안전과 안녕
1    05 진실한 우정
1    06 자존
1    07 즐거움
1    08 사회적 인정
1    09 삶의 지혜
1    10 신나고 재미있는 생활
1    11 자식의 성공
1    12 편안하고 안락한 생활
1    13 성취감
1    14 효 정신
1    15 평화로운 세계
1    16 행복의 추구
1    17 마음의 평화
1    18 구제 및 사회 복지 실현
1    19 가족의 안전과 안녕
1    20 평등한 삶
end.       ← end.을 입력함으로써 QUANL 프로그램을 종료
```

열	2	5~6	7~40
의미	진술문이 차지하는 줄 수가 한 줄이면 1, 두 줄이면 2로 입력	진술문 번호 (01~20)	진술문

① 첫 줄(*title*) : My First Q Study for Terminal Value

② 둘째 줄(*parameter*) :

열	4~5	9~10	14~15	24	30	46	56~60
예	73	20	-4	1	1	V	1.000
내용	사람수 (P 표본수)	Q표본수 (Q 아이템수)	요인의 수 (연구자가 지정한 요인의 수 숫자 앞에 '-'를 붙인다)	상관관계 매트릭스, PCA, Varimax 회전 등이 끝난 후 WRAP으로 종료하라는 지시이다. 1을 지정하면 해석에 도움이 되는 부가적인 정보를 제공받을 수 있다.	요인분석을 위해 입력하는 자료를 전환하여 매트릭스를 만들도록 지시하는 것이다. 따라서 QUANL 사용자는 30번째 열(*column*)에 반드시 1을 기입한다.	Varimax rotation 방법으로 회전한다.	요인을 추출하는 기준을 아이겐값 1.000 이상으로 지정한다.

③ 셋째 줄(*Format*) :

(20 F1.0)
↳ 20: Q 표본 수 ↳ f: Fixed Format ↳ 1.0: 한 열(*column*)씩 숫자를 읽도록 지정함

이것은 여기서 사용한 예가 -3에서 +3의 분포, 즉 1에서 7점까지의 한 자리 점수(*single digit*)만을 사용하고 있기 때문이며, 만일 11점 척도(-5에서 +5)까지를 사용하는 경우라면 한 점수가 01에서 11까지 두 자리를 차지할 수 있으므로 F2.0이 되어 (20F2.0)로 지정하면 된다. 만일 50명의 피험자(사람수)를 갖고 있다면 (50F2.0)으로 입력하면 되는데, 이 경우 100(50×2)번째 열(*column*)까지 자료를 입력해야 하므로 한 줄로는 부족해 두 줄로 입력하는 것이 필요할 것이다. 이러한 경우는 (30F2.0/20F2.0)으로 나누면 되고 이때 각 Q소트는 두 줄로 점수를 입력하게 되어 첫 줄은 '30F2.0'이므로 60번째 열에서, 두 번째 줄은 '20F2.0'이므로 40번째 열에서 자료 입력을 마치면 된다.

④ 넷째 줄(*data deck*) : 위에서 지정한 포맷대로 자료를 입력하면 된다. 입력에 사용하는 점수는 변환점수(1에서 7점까지로 바뀐)를 이용한다. 〈그림 9-3〉의 예에서 본다면

네 번째 줄에 처음 입력한 자료(1 5 7 1 2 5 4 4 6 3 7 4 5 6 2 3 3 4 6 2)는 첫 번째 피험자인 강희자 씨이며 마지막 자료(5 3 4 2 3 2 4 2 6 4 6 6 3 5 1 7 5 1 7 4)는 73번째 피험자인 송옹의 씨의 것이다. 이처럼 자료가 입력된 순서대로 피험자의 이름 등을 입력해야 올바른 분석을 할 수 있다.

⑤ 변환점수의 입력이 끝나면 피험자에 관한 정보를 한 줄에 하나씩 입력한다. 일련번호나 성명, 기타 변인을 매우 간단히 입력한다. 이때 피험자 정보의 입력은 위의 ④ 단계시 입력한 순서를 반드시 지켜야 한다.

⑥ 피험자의 정보입력 다음은 진술문 자료를 순서에 따라 입력한다. 이때 첫 번째 열은 진술문이 차지하는 줄 수를 가리키며 5번, 6번 열은 진술문의 번호를, 그리고 진술문은 7번 열부터 입력하면 된다. 진술문이 긴 경우 세 줄까지 입력이 허용된다. 본 예제는 진술문이 짧아 모두 한 줄로 입력했으므로 모두 1로 처리되었다.

⑦ 진술문을 다 입력한 후 마지막 줄에 'end.'을 반드시 입력한다.

이상의 입력된 자료에는 빈 줄이 남아 있어서는 안 되며 지정된 열을 반드시 지켜야만 오류가 발생하지 않는다. 또한 파일의 저장은 텍스트 파일로 해야 하며 분석 프로그램인 QUANL과 동일한 폴더 안에 저장되어 있어야 프로그램을 실행시킬 수 있다.

2) 프로그램의 실행

① QUANL 프로그램을 실행시키면 〈그림 9-4〉와 같은 DOS 창이 뜬다.

〈그림 9-4〉 QUANL 프로그램 실행 첫 화면

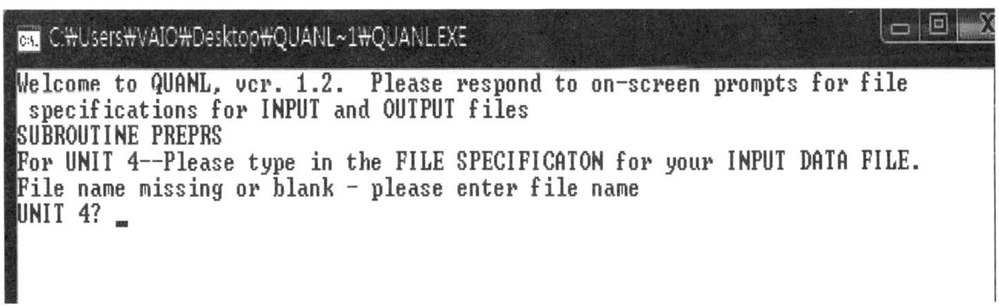

② 〈그림 9-5〉과 같이 위에서 저장한 텍스트 파일명을 'UNIT 4?' 뒤에 입력한 후 enter를 친다. 'value.txt'를 입력한 후 enter를 친다(저장한 파일명.txt ↵).

③ 'UNIT 8?' 뒤에 프로그램 실행시 그 결과의 파일명을 지정한 후 enter를 친다. 결과 파일명은 보통 확장자를 'lis'로 하여 자료파일인 'txt'와 구별한다. 여기서는 결과파일을 '3factor.lis'로 입력한 후 enter를 친다(실행파일명.lis ↵).

〈그림 9-5〉 프로그램 실행과정

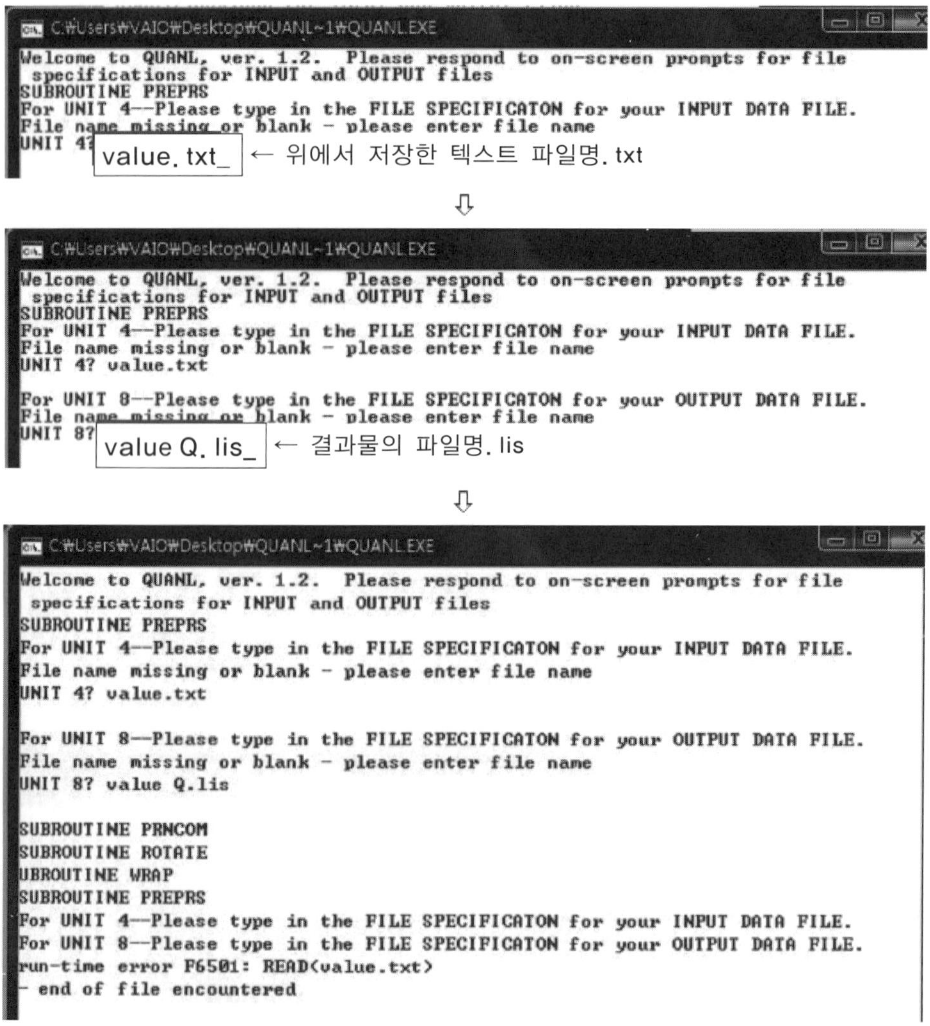

5. Q 요인의 해석

R 방법론에서의 해석과 설명은 보통 요인적재치로 시작한다. 예를 들어, 연구자의 주된 관심에 따라 검사물, 특성, 그리고 변인 간의 관계에 초점이 맞춰진다. 요인점수(*factor score*)는 그것이 무작위로 선정된 표본(사람)과 관련된 것이므로 주목받지 못한다. 예컨대 수백, 수천의 응답자 각각의 행위보다는 전체적인 표본에 대한 반응양식에 관심을 갖게 되는 것이다.

Q 방법론에서는 사람과 검사물의 관계가 반대이기 때문에 피험자는 변인이 되고 진술문들이 무작위보다는 설계에 의해 표본으로 추출된다. 그러나 Q에 있어 가장 커다란 관심은 진술문과 같은 표본에 있는데, 이는 진술문들이 획득한 요인점수가 곧 특정 태도를 반영하기 때문이다. 따라서 그 태도가 누구에 의해 제공된 태도인가는 별로 관심을 갖지 않는다. 예를 들어, 피험자의 성, 연령, 교육, 수입 등에 따라 태도의 차이가 나는지 관심이 있는 것이 아니다. 피험자의 전체적인 시각들 사이에서 나타난 몇 개의 요인으로 가설을 검증하기도 하고 새로운 가설과 이론을 구축하는 것에 목적을 두고 있다.

요인구조에 대한 해석에는 정해진 방법은 없다. 그것은 연구자의 연구 의도와 목적에 전적으로 달려 있다. 특정 이론의 시각으로부터 연구에서 발견된 요인들(A, B, C)을 검토할 수 있다. 진술문의 범주나 구조화의 바탕이 되었던 이론이나 가설에 의한 선험적 설명도 가능하다.

Q요인의 해석은 대개 그 안에 감추어진 마음을 읽기 위해 모든 정보와 직관을 동원한다. 이러한 해석의 과정은 가설 생성적이어서 Q표본의 특정 분포에 대한 해답이나 설명을 찾아가는 과정이라 할 수 있다. 해석은 단순히 설명을 찾는 것뿐 아니라 그러한 설명을 잘 전달하는 것이 필요하다. 즉, 해석의 과정 내내 독자를 염두에 두고 자료를 해석하는 것이 필요하다는 뜻이다.

Q연구에 관한 비판 중 하나는 해석이 주관적이라는 점이다. 사실 연구논문에 포함된 어떤 해석은 여러 가지 가능한 해석 중 하나일 뿐이지 전부는 아니다. 물론 분석자료 자체는 주관적이지 않다. 요인을 나타내는 진술문의 요인점수표는 수학적으로 도출된 것이고, 연구자는 사전에 어떤 요인이 나올 것인지 알 수 없었으며, 요인에 대한 어떠

한 통제도 가한 적이 없다. 따라서 Q의 해석이 주관적이라 할 수 있는 것은 피험자가 의견을 드러내고 자료를 다루는 방식에 있는 것이 아니라 이를 설명하는 것에 개입될 수 있다. 그러나 이것도 연구자가 다음의 규칙을 지킬 때 크게 완화시킬 수 있다.

① 설명은 자료에 적합한 것이어야 한다.
② 설명은 간단명료해야 한다.
③ 설명은 다른 자료와 모순적이지 않아야 한다.
④ 설명은 내적으로 일관되어야 한다. 요인점수표의 항목들이 모두 설명되며 하나의 모순도 허용해서는 안 된다.
⑤ 설명은 납득할 만해야 한다.

Q요인의 해석은 매우 창조적인 작업이다. 처음에는 혼동과 불확실, 모순으로 보였던 것이 오랜 시간 설명을 찾아내는 과정 속에서 경험한 '인지의 충격(*shock of recognition*)'으로 인해 설명이 명쾌해진다. 이제까지 보이지 않던 것이 일관되고 분명한 설명으로 해석되는 것이 오히려 놀랍게 느껴진다.

Q요인이란 특정 주제에 관해 비슷한 생각을 하는 사람들의 자결적 조합이다. 요인분석에서 살펴보았듯이 비슷한 방식의 Q소트들이 결국 동일한 요인으로 묶여진다. 요인점수표는 하나의 가설적 태도(*hypothetical attitude*)를 나타내는데 특정 요인에 속한 각 사람의 적재치에 따라 가중처리된 것이다.

요인에 비록 소수의 사람들이 묶여 있다 할지라도 이를 집단이라기보다 한 사람이라고 생각하는 것이 유용하다. 사실 요인은 어떤 특성을 공유한 사람들의 집단이 아니라 한 사람 안에서 특정되는 주관적 특성이다. 따라서 전통적인 군집방법(*cluster analysis*)의 결과와 Q요인은 크게 구별된다. 여러 명의 P표본을 사용하는 경우 Q요인분석은 사람들을 나눈다는 점에서 그룹핑 분석이며 외향적으로는 군집분석과 차이가 없어 보일 수 있다. 그러나 두 분석 간의 근본적인 차이는 그것이 무엇을 측정하고 있는지에 달려있다. 군집분석은 추리통계학(*inferential statistics*)으로 다변량분석(*multi-variate analysis*)에 속하는 상호의존적(*interdependency*) 분석기법이다. 연구의 목적에 맞추어 연구자는 군집의 기준을 제공해야만 한다.

그러나 Q 요인분석은 앞선 설명과도 같이 독립변인과 종속변인이 구분된 종속(*dependency*) 분석방법으로 아무런 가정을 전제하지 않으며 피험자의 자아 지시적 반응에 있어 연구자의 그룹핑에 대한 정의는 처음부터 배제된다. 좀 더 구체적인 수준에서 보면 요인분석은 이론적 모델을 갖고 있지만, 군집분석은 좀 더 특정적(*ad hoc*)이라고 할 수 있다. 예를 들어, 마케팅에서 군집분석은 소비자의 특성과 과거 구매기록 등에 관해 데이터베이스를 구축해 비슷한 구매행위를 하는 소비자 집단을 구분해 내는 것이다. 또한 평균 이상의 보험금을 청구하는 자동차보험 가입자를 구분해 주기도 한다. 다시 말해 군집분석에서는 자아 지시성은 찾아볼 수 없다.

이를 좀 더 구체적으로 설명하면 Q에서는 상호 배타적인 범주를 가정하지 않는다. 즉, 사람은 한 집단 혹은 요인에 언제나 전형성(*prototype*)을 가져 배타적이지 않고 그들의 요인점수가 나타내 주듯 그들의 특성과 요인 사이에 상관관계를 갖기 마련이다. 이것은 Q가 군집분석과 다른 점인 동시에 장점이 된다.

만일 Q소팅시 강제분포를 사용하지 않는다면 집단구분(요인추출)이 허위적(*spurious*)일 수도 있다. 왜냐하면 두 사람 중 한 사람은 모든 진술문에 높은 점수를 주고 또 다른 사람은 모두 낮은 점수를 준 경우 그들의 반응양태는 고도(*elevation*)에 있어서는 매우 다름에도 불구하고 두 사람 모두는 동일한 요인에 적재될 수 있기 때문이다.

군집분석방법은 통계학적으로 최상의 솔루션을 통해 최대의 설명변량을 도출하지만 Q요인분석, 예컨대 센트로이드 방법의 비결정성(*indeterminateness*)은 주관성의 본질을 탐구하는 데 적합한 것이다. 따라서 Q요인의 해석시 군집분석의 결과와 같이 요인을 상호 배타적인 집단으로 간주하기보다는 한 사람(그 또는 그녀)으로 보는 것이 유용하다. 어떤 사람의 요인 적재치가 높다면 그 요인을 대표한다고 생각할 수 있으므로 그 사람과 한 추후 인터뷰나 그의 인구학적 특성, 설문정보 등에 관심을 가져야 한다.

해석시 동원하는 구체적인 것을 꼽는다면 첫째가 이론이라고 할 수 있다. 이론이 없는 시각은 자칫 중요한 가설을 지나치게 할 수 있으며 Q의 향도적(*heuristic*) 특성을 제한할 수 있다. 좋은 해석은 특히 구조화 표본을 사용한 경우 이론은 매우 유용하게 사용된다.

둘째, 인구통계적(*demographic*) 정보이다. Q요인은 대개 인구통계적 속성으로 의미 있는 구분이 되지 않지만 어떤 요인이 만일 나이가 많은 독신 여성으로만 구성되어 있다면 그것은 특정한 인구학적 속성과 관련 있는 것으로 추측할 수 있다. 그러나 통상적으로 Q요인이 인구통계적 특성으로 구분되는 경우는 흔치 않다.

셋째, 설문조사 자료이다. 설문조사 자료도 요인과 관련시켜 그 상관성을 관찰함으로써 요인의 해석에 많은 도움을 받을 수 있다. 특정 의견의 제시가 설문조사 시 포함한 항목을 통해 확인되며 입체적인 이해를 도와주기 때문이다.

넷째, Q소트의 양극항목(예컨대 +5, +4와 -5, -4 등)에 대한 추후 인터뷰 자료이다. 이것은 연구자가 나름대로의 선입견이나 전제에 의존하는 대신 소터의 의견을 듣는 것이므로 훨씬 정확한 해석을 할 수 있다. 또한 글쓰기의 관점에서 이것은 직접인용을 가능케 함으로써 살아 있는 글을 만들 수 있다.

다섯째, Q소트와 Q요인 점수표(*array*)이다. 컴퓨터 프로그램인 QUANL 중 WRAP(*Weighted Rotational Analytical Procedure*)과 PQMethod의 QANALYZE 단계는 다음과 같은 정보를 제공하는데 Q요인의 해석시 가장 중요한 자료가 된다.

① 각 요인에 있어 요인점수표(*typal array*): 처음 결과물을 볼 때 표준점수가 주로 ±1.00보다 큰 항목들에 주목함으로써 요인에 관한 첫 인상을 갖는다.

② 두 요인 간 차이를 나타내주는 표: 예를 들어 요인 1과 2, 1과 3, 2와 3 등은 동일 항목에 있어 두 요인 간의 차이가 큰 것부터 보여주는데 대개 ±1.00 이상 되는 것에 주목하고 때로는 차이가 크지 않은(0에 가까운) 항목들을 살펴보기도 한다. 잘 잡히지 않던 요인의 특성은 다른 요인들과의 비교를 통해 드러나는 경우가 종종 있다.

③ 한 요인과 기타 요인 간의 차이표: 특정 요인과 기타 요인 간의 차이를 살펴봄으로써 한 요인의 특성을 이해하는 데 도움이 된다. 기타 요인들의 표준점수는 그들의 평균값을 사용하므로 그 요인들이 서로 비슷한 경우에만, 바꾸어 말해 요인 간 상관관계계수가 높은 경우 의미를 갖게 된다는 사실을 주의해야 한다.

④ 일치항목(*consensus items*): 이것은 모든 요인들에 있어 비슷한 점수를 획득한 항목을 나타내 주는데 표준 점수의 차이가 모두 1.00 이내에 들어오는 항목을 찾아낸 것이다. 이것은 공감대 혹은 공통분모라 부를 수 있는 것으로 모든 사람이 좋아하고, 싫어하고, 혹은 중립적이라고 표현한 항목들이다. 따라서 세분화된 목표 수용자 대신 무차별적 수용자를 대상으로 한 커뮤니케이션 전략에서는 유용한 정

보를 제공한다. 일치항목의 해석은 한 요인의 해석과 비슷하게 하면 된다.

이상에서 설명한 모든 자료와 방법으로 요인의 해석은 행해지지만 요인의 해석은 수수께끼를 푸는 과정처럼 일반적으로 어렵고, 많은 시간이 소요된다. 해석은 연구자가 대담하고 창의적인 사고를 하도록 요구하는데 분명한 것(예컨대 진술문의 표준점수와 같은 것) 뿐만 아니라 복잡한 것(예컨대 여러 개의 진술문들의 조합이 모순된 것일 때) 을 모두 보아야 한다. 따라서 인내와 직관, 그리고 가설 생성적 논리의 틀이 필요하다. 여기서 다시 한 번 강조할 것은 각각의 항목(진술문 등) 이 몇 점을 받았는가에 연연해서는 안 된다는 점이다. Q의 관심은 모든 항목들의 전체적인 양상에 초점이 맞추어지기 때문이다.
Q연구의 보고서는 다음의 사항으로 구성하는 것이 일반적이다.

① 일치항목의 제시와 해석
② 각 요인에 관한 기술
③ 각 요인의 설명을 뒷받침해 주는 증거 제시
④ 두 요인의 비교를 통한 논의
⑤ 연구결과에 대한 논의 및 암시

보고서는 통상적으로 비회전된 요인 매트릭스와 회전된 매트릭스를 모두 포함시키거나 그중 하나만을 제시한다. 또한 요인들의 요인점수표도 완전한 형태로 포함시키는 것이 표준적 절차이다.

•◦• 참고문헌

김웅진(2001), 《신화와 성화: 과학방법론의 패권정치》, 전예원.
김흥규(2008), 《Q방법론: 과학철학, 이론, 분석 그리고 적용》, 커뮤니케이션북스.
______(1998), "한국 소비자의 가치체계연구: 궁극적 가치와 소비신념의 가치구조를 중심으로", 〈광고학 연구〉, 제 9권 4호, 57~82.

Brown, S. R. (1980), *Political Subjectivity: Applications of Q methodology in Political Science*, New Haven and London: Yale University Press.

Ebbinghaus, H. (1913), *Memory*, New York: Teachers College, Columbia University Press.

Gunnell, J. G., 《주류사회과학 방법론 비판》, 김종술 역(1990), 서울: 나남.

Hanson, N. R. (1958), *Patterns of Discovery*, Cambridge, England: Cambridge University Press.

Kerlinger, F. N. (1973), *Foundations of Behavioral Research*, 2nd ed., New York: Holt, Rinehart and Winston.

Piaget, J. (1950), *The Moral Judgement of the Child*, London: Routledge & Kegan Paul.

Popper, K. R. (1950), *The Society and Its Enemies*, Princeton, N. J.: Princeton University Press.

Russell C. Hurd(2000), "Five years later: Revisiting childhood bereavement experiences", Paper presented at the 16th annual Q conference of the International Society for the Scientific Study of Subjectivity held at Oklahoma State University/Tulsa, Tulsa, OK.

Sanders, Keith P. (1974), "William Stephenson: The study of his behavior", *Mass Communication Review*, 2, 9~16.

Skinner, B. F. (1969), *Contingencies of Reinforcement*, New York: Appleton-Century-Crofts.

Stephenson, W. (1953), *The Study of Behavior: Q-technique and Its Methodology*, Chicago: University of Chicago Press.

______(1974), "Methodology of single case studies", *Journal of Operant Psychiatry*, 5(2), 3~16.

Van Tubergen, Norman(1975), *QUANL User's Guide*, Lexingtion, KY: Offset.

연습문제

1. 주관성이 개입되는 연구주제를 정한 후 Q모집단 구축을 위한 다음의 방법을 논의해 보자.

① 문헌연구를 위한 구체적인 목록을 작성한다.

② 심층 인터뷰를 위한 대상선정을 선정하고 인터뷰 방법을 고려한다.

2. 위 연습문제를 통해 Q모집단을 만든 후 Q표본추출 방법을 진행해 보자.

① 비구조화된 Q표본 구성

② 구조화된 Q표본 구성

3. 두 가지 Q표본으로 Q소팅을 진행한 후(P표본수를 10명으로 정하여) QUANL 분석을 위한 프로그램을 만들고 결과물을 얻는다.

4. 이상의 결과물을 바탕으로 Q요인을 해석해 보자.

제 10 장

심층인터뷰 방법론

정 인 숙

심층인터뷰는 사람들의 경험, 인식, 의견, 느낌, 지식 등에 관해 심층적인 반응을 끌어낼 수 있는 유용한 방법이다. 이 장에서는 심층인터뷰의 과정을 설계단계, 진행단계, 진행기록, 결과분석으로 나누어 설명하고, 심층인터뷰 방법론을 사용한 국내 연구사례를 소개하였다.

주요 용어: 인터뷰 설계, 구조화된 인터뷰, 비구조화된 인터뷰, 반구조화된 인터뷰, 프로빙, 프롬프팅, 의도적 표본, 눈덩이 굴리기식 질문, 3W 원칙, FGI,

1. 심층인터뷰 방법론의 유용성

파톤(Patton, 2002, p. 4)은 질적 자료의 유형을 세 가지로 분류한다. 인터뷰, 관찰, 기록이 그것이다. 인터뷰의 자료는 해석될 수 있는 충분한 맥락을 가진 함축적인 인용으로 구성되어있다고 설명한다.

일반적으로 인터뷰 방법론에는 대상자의 수, 인터뷰의 수단, 인터뷰 대상자의 특성에 따라 다음과 같이 구분해 볼 수 있다.

① 대상자의 수 : 1인, 다수(FGI: *Focus Group Interview*, 델파이)
② 인터뷰의 수단 : 직접 인터뷰, 이메일 인터뷰, 전화 인터뷰
③ 인터뷰 대상자 : 일반인 인터뷰, 전문가 인터뷰
④ 인터뷰 설문 : 구조화된 인터뷰, 비구조화된 인터뷰, 반구조화된 인터뷰

이 중에서 많이 사용하는 인터뷰 방법은 1 대 1 대면 인터뷰, 이메일 인터뷰, 대면 FGI, 델파이(*Delphi*) 방법 등이 있다. 그리고 정책연구와 같이 전문가를 대상으로 한 인터뷰의 경우 한 개인을 대상으로 실명화하여 자유롭게 진행하는 인터뷰들(강영희, 1998 참고)과는 상당히 차이가 있으며, 차라리 보도기사에서 익명으로 보도되는 인터뷰와 유사한 측면이 있다.

심층인터뷰(*In-depth Interview*)는 특히 단순히 질문을 던지는 것이 아니라 인터뷰 진행과정에서 보다 깊은 이해와 의미를 구하는 과정이다. 단발에 그치는 것이 아니라 연구진행 과정에서 인터뷰 대상자에게 또다시 질문을 구하는 연속적 과정을 거치게 된다. 대개 다음과 같은 특징을 갖는다.

① 개방형 설문 : 상세한 내용을 얻기 위해 개방형 질문을 던진다.
② 반구조화된 포맷 : 질문내용을 미리 구상했더라도 인터뷰 과정에서 변경될 수 있다.
③ 이해와 해석 : 인터뷰를 통해 듣고 있는 내용을 해석하고 명료화한다.
④ 자연스런 토픽 전환 : 화자와 청자의 역할이 중요하다.
⑤ 응답 기록 : 녹음 또는 현장기록이 담겨진다.
⑥ 관찰 기록 : 비언어적 반응에 대한 관찰과 기록이 담긴다.
⑦ 느낌 기록 : 인터뷰 직후 느낌을 기록한다.

심층인터뷰 방법론은 특히 미디어 정책프로그램을 기획하고 평가하거나, 정책의 과정과 결과를 설명하는 데 도움을 준다. 새로운 미디어 정책을 입안하고 집행하기 위한 정책 설계를 위해서는 정책결정자 및 정책참여자의 지식과 태도, 관점이 매우 중요할 뿐만 아니라, 나중에 정책평가단계에서 해당 정책을 평가할 때도 중요한 단서를 제공해줄 수 있기 때문이다.

그런데 인터뷰 방법론에 대해서는 질적 연구방법론의 각론에서 이론적으로 자세히 소개되고 있으나[1] 실상 미디어정책연구에 적용할 때에는 현실적으로 어려움이 적지 않다. 그것은 인터뷰 방법이 연구목적에 따라 매우 다양하게 설계되고 진행될 수 있지

---

1) 인터뷰 방법에 대해 자료수집의 한 방법으로서 부분적으로 소개하고 있는 문헌들(Berger, 1991; Blaxter, Hughes & Tight, 1999; May, 1997, Gilbert, 2001)과 달리 Patton(2002)의 저서는 질적 방법론 및 인터뷰 방법론에 대해서만 598쪽에 걸쳐 자세히 소개하고 있다.

만 실질적으로 국내에서는 이에 대한 정보의 공유가 많지 않기 때문이다. 방송정책연구의 경우에도 인터뷰 방법론을 활용할 때 나타날 수 있는 여러 가지 문제점이나 시행착오들이 있지만 그런 점들에 학문적 차원에서 제대로 논의된 경우가 없어서 체계화되지 못하고 있으며, 그로 인해 때로는 심층인터뷰 방법론이 전문가 이메일 인터뷰 등으로 대체되어 왜곡되는 측면도 없지 않다(정인숙, 2007).

2. 심층인터뷰 방법론의 과정

크베일(Kvale, 1996)은 심층인터뷰 방법론의 과정을 7단계로 설명한다. 주제설정 단계(*thematizing*), 디자인 단계(*designing*), 인터뷰 단계(*interviewing*), 기록단계(*transcribing*), 분석단계(*analyzing*), 확인단계(*verifying*), 보고단계(*reporting*)이다.

① 주제설정 단계: 무엇을 얻고자 심층인터뷰를 하는 것인지 목적과 내용을 결정하는 것이다.

② 디자인 단계: 질문내용과 프로빙(*probing*: 답을 더 듣기 위해서 추가 질문을 하는 것으로서 언어나 비언어로 재촉할 수 있다) 가이드를 결정하고, 인터뷰 시간, 날짜, 장소, 대상자 등의 정보 등을 기입하고, 실제질문 및 프로빙, 인터뷰 후담을 기록할 양식을 준비한다.

③ 인터뷰 단계: 자기소개 등으로 인터뷰 대상자와 교감(*rapport*)을 형성하면서, 적극적 청취, 인내, 유연성, 녹음(허락을 전제) 등을 진행한다.

④ 기록 단계: 인터뷰 내용을 녹취하거나 기록하는 단계이다.

⑤ 분석 단계: 주제별, 문항별로 인터뷰 내용을 분석한다.

⑥ 확인 단계: 인터뷰 내용의 진위를 확인한다.

⑦ 보고 단계: 보고서를 작성한다.

이러한 단계를 좀 더 축약하면 다음과 같이 4 단계로 나눠볼 수 있다.

1) 심층인터뷰 설계 단계

필딩과 토마스(Fielding & Thomas, 2001)는 심층인터뷰를 설계하는 단계에서 문헌조사를 통해 충분한 예비지식을 쌓을 것을 강조한다. 응답자에 대한 내용과 관련되는 이슈에 대해 충분히 생각하여 알고자 하는 것을 찾아내고, 그것을 하나씩 개별 종이에 적으면서 세분화하라는 것이다. 그런 연후에 종합적인 연구문제로 정리해야 한다고 설명한다.

실제 인터뷰 과정에서 질문할 때 충분히 준비하지 않은 질문을 던질 때가 있다. 이 경우 인터뷰하는 과정에서 준비부족을 절감하게 되는데 그럴 경우에는 인터뷰를 마친 이후에라도 나중에 유선이나 이메일로 추가 질문을 할 수 있도록 부탁하는 것이 좋다. 또한 사전 예비 인터뷰를 통해 반드시 질문에 대한 사전검증이 필요하다.

인터뷰 대상자의 선정은 연구목적에 따라 달라지므로 일반화하기는 어렵지만, (Patton, 2002, p. 10)이 설명하는 것처럼 연구목적이 매우 중요한 기준이 될 수 있다. 기본적으로 심층인터뷰는 인터뷰 목적에 맞게 대상자를 고르는 의도적 표본(*purposeful sampling*)을 사용한다. 방송정책에 대한 심층인터뷰의 경우 전문가들을 주로 대상으로 하게 되며, 그렇기 때문에 일반 인터뷰에서 고려하는 사회경제학적 계층이나 교육, 성별 등의 요인들(Berger, 1991, p. 61)은 고려하지 않는 경우가 많다.

경험상 방송정책전문가를 대상으로 한 심층인터뷰의 경우 〈표 10-1〉과 같이 두 가지의 축을 중심으로 대상자를 선정하는 것이 도움이 된다(정인숙, 2007). 새로운 현재진행형 이슈인가, 과거정책에 대한 평가인가가 한 축이며, 다른 한 축은 갈등적 이슈인가, 그렇지 않은가 이다. 신규정책의 경우 관련정책 이해당사자의 대표성을 고려해야 하며, 과거 정책을 대상으로 하는 정책평가의 경우 실제정책에 참여한 특정인을 대상으로 하는 것이 필요하다. 갈등적 이슈의 경우 특히 대립적 집단들을 파악하여 집단 대표성을 고려해야 하며, 중립적 이슈의 경우에는 반드시 그럴 필요는 없다.

갈등적 신규정책에 해당되는 정책인 A 타입의 경우 주정민(2001)의 위성방송정책 연구, 김상훈·이시훈(2003)의 미디어렙 연구, 정상윤·정인숙(2006)의 IPTV 연구 등이 대표적이다. 이 경우에는 해당 정책이슈에 관련되는 정책당사자들을 대립적으로 나누어 대상을 선정해야 한다.

〈표 10-1〉 정책 이슈별 인터뷰 대상자의 선정

	신규 정책 이슈	과거 정책 평가
갈등적	A	B
중립적	C	D

갈등적 이슈이나 과거 정책평가에 해당되는 B형의 정책은 정인숙(2003)의 지상파 DTV 전송방식평가 연구가 해당된다고 할 수 있다. 이 경우에는 처음에 선정한 인터뷰 대상자가 있었으나 인터뷰를 진행하면서 인터뷰 대상자에 의해 대상자가 추가되는 스노볼링(*snowballing*) 인터뷰를 통해 차차 대상자를 확대하는 방법이 효과적이었다. 문헌자료를 통해서 나타나지 않았던 정채결정 과정의 이면적인 내용과 영향력이 인터뷰 대상자에 의해서 증언되었기 때문이다.

중립적 차원의 현행정책에 해당되는 C유형의 정책은 박천일 외(2006)의 지상파DMB 연구, 윤선희(2003)의 외국자본유입 연구, 박인규(2004), 유세경·박미라(2005), 윤석민·이철주(2003)의 연구가 해당된다. 이 경우에는 해당 이해당사자들을 정확히 파악하여 그 대표성을 반영하면 된다. 그러나 최근 들어 신규매체정책은 이해당사자간의 이해관계로 인해 상당한 갈등적 요소를 내포하고 있다.

중립적 차원의 과거 정책평가에 해당되는 D유형의 정책은 정윤경(2006)의 독립제작사 지원정책평가 연구가 대표적이다. 이 경우 연구자의 판단에 따라 모집단을 대표하는 표본 인터뷰대상자를 선정할 수 있다.

몇 명을 선정할 것인가에 대해서는 앞서 진행했던 연구들을 보면 적게는 4명에서 평균 10명, 많게는 20명까지 심층인터뷰를 진행하고 있다. 연구목적과 이해관계자의 수에 따라 달라질 수 있다. FGI의 경우 보통 7~8명을 대상으로 하는데 이것 역시 방송정책 연구의 FGI가 일반 FGI와 다르다. 전문가들 7~8명을 한 자리에 모으는 것이 쉽지 않으며, 특히 서로 입장을 달리하는 이슈에 대한 FGI의 경우 서로가 끼리는 부분도 있다. 이럴 경우에는 집단을 3~4명씩 나누어 진행하는 것도 한 방법이다. 방송정책 연구의 특성상 심도 있는 논의를 돕기 위해 사전에 FGI에서 질문할 내용을 미리 전달해주는 것도 진행에 도움이 된다.

2) 인터뷰 진행단계

기자출신의 김창룡(1994)은 그의 저서 《인터뷰, 그 기술과 즐거움》에서 성공적인 인터뷰를 위한 3W원칙을 누구를(*Who*), 어디서(*Where*), 언제(*When*) 인터뷰할 것인가라고 설명한다. 인터뷰의 진행시간은 기수행된 연구들을 보면 보통 1시간에서 2시간 정도로 진행했다. 버저(Berger, 1991, p. 57)는 1시간 이상이면 적절하다고 설명한다. 그 이상을 진행하면 서로 지치고 인터뷰 내용의 충실도가 떨어지며, 현실적으로 전문가들이 그 이상의 시간을 한꺼번에 인터뷰 시간에 할애하기도 쉽지 않다. 다만 FGI의 경우 여러 사람들이 발언해야 하기 때문에 좀 더 시간을 할애해야 한다.

전문가 인터뷰를 하다보면 중간에 전화나 다른 사람들의 방문으로 인터뷰가 중단되는 경우가 종종 있다. 때로는 인터뷰이의 갑작스런 사정으로 인터뷰가 중단되는 경우도 있는데, 이럴 경우에는 다른 날짜를 약속받아 인터뷰를 진행하는 것이 좋다. 무리하게 서둘러 인터뷰를 마치게 될 경우에는 시간에 쫓겨 심층인터뷰의 장점을 최대한 살리기 어렵다.

장소의 경우 인터뷰 상대가 원하는 곳이나 심리적으로 편한 곳으로 가는 것이 원칙이며, 인터뷰 장소에서 제일 좋은 것은 집으로 찾아가는 것이라고 주장하는 사람도 있다(김창룡, 1994, 100~101쪽). 그러나 방송정책 관련 인터뷰는 대개 인터뷰 대상자의 직장에서 행해지는 경우가 많다. 논문에서 방법론을 기술할 때 인터뷰 장소도 함께 밝혀줄 필요가 있다. 이론에서는 FGI를 하는 경우 자리배치에 있어서 특정인이 논의를 지배하지 못하도록 부끄럼을 타거나 조용한 참가자는 진행자(*moderator*) 가까이 앉힐 필요가 있다고 되어 있지만 실상 전문가들의 경우 대부분 활발하게 자신의 의견을 개진하므로 그럴 필요가 없는 경우가 많다.

스톤, 싱글테리, 리치몬드(Stone, Singletary & Richmond, 1999, p. 341)는 인터뷰를 진행할 때 사실적 질문(*factual question*)으로 시작하지 말아야 한다고 주장한다. 만약 응답자가 해당 질문에 대한 답변을 모르면 당황하게 되고, 그렇게 되면 이후의 인터뷰에 영향을 줄 수 있다는 것이다.

그러나 전문가를 대상으로 한 심층인터뷰의 경우 상황은 다르다. 특히 이메일 인터뷰를 추가하게 되는 경우에는 질문의 내용을 상세히 설명해야 하며, 쟁점별로 질문의 범위를 최소화하여 질문할 필요가 있다. 일반적인 내용에 대해 질문하거나, 지나치게 포괄적으로 "~에 대해서 어떻게 생각하십니까?"와 같은 질문지를 받게 되면 질문의 정확한 범주를 알 수 없어서 곤혹스러울 때가 있다.

실제 인터뷰를 진행할 때는 3 유형을 고려할 수 있다. 구조화된 인터뷰(*standardized interview, structured interview*)와 비구조화된 인터뷰(*non-standardized interview, unstructured interview, focused interview*) 그리고 반구조화된 인터뷰(*semi-standardized interview*)가 그것이다. 구조화된 인터뷰는 모든 사람에게 동일한 질문내용과 순서로 인터뷰하기 때문에 나중에 분석할 때 매우 용이하다. 때문에 최근 정책인터뷰에서는 자주 이메일에 의한 구조화된 인터뷰를 진행한다. 그러나 이는 사실상 개방형 설문에 의한 서베이에 가까우며 심층인터뷰라고 하기는 어려운 측면이 있다(정인숙, 2007).

메이(May, 1997, p. 124)는 인터뷰는 목적에 따라 다양하게 진행해야 하는데 분석의 용이성만을 고려해서 진행하는 것은 바람직하지 않다고 지적한다. 연구목적에 따라 인터뷰의 설계가 매우 다양하게 전개될 수 있지만 분석단계의 어려움으로 인해 구조화된 인터뷰 설문에 의해 이메일을 선택하는 경우가 적지 않은 현실을 고려할 때 되새길 필요가 있는 부분이다. 최근 들어 미디어정책 연구에서 전문가들을 대상으로 개방형 설문을 이메일로 보내주고 이를 심층인터뷰라는 표현을 쓰는 경우가 자주 있으며, 연구자 또한 그런 경험이 있다. 그러나 엄밀히 말해서 이메일을 통한 개방형 설문은 심층인터뷰라고 보기 어려우며, 양자는 구분되어야 한다. 이메일 설문인터뷰의 경우 대면 심층인터뷰의 양방향 커뮤니케이션에서 파악될 수 있는 비언어적 커뮤니케이션이나 그에 따른 느낌에 대한 정보를 수집할 수 없다고 보기 때문이다. 강진숙(2007, 97~98)의 연구에서처럼 심층인터뷰와 이메일 인터뷰는 구분되어 사용될 필요가 있다. 심층인터뷰의 결과를 보완하기 위하여 이메일 인터뷰를 병행하였는데, 이는 심층인터뷰 과정에서 초점을 두었던 미디어교육의 목표 및 과제 유관항목에서 더 나아가 구체적인 문제점을 조사하기 위한 것이라고 밝히고 있다.

구조화된 인터뷰는 이메일 인터뷰에 유용한 반면, 대면인터뷰에서는 반구조화된 인터뷰를 하는 것이 좋다. 반구조화된 인터뷰는 핵심질문은 동일하게 하되, 말과 순서는 응답상황에 따라 인터뷰자가 융통성 있게 진행하는 것이다. 비구조화된 인터뷰는 질문의 순서와 구체적 문장은 현장에서 설정하고, 토픽리스트만 가지고 인터뷰 실시하는 것인데, 전문가 인터뷰 대상자들은 대부분 사전에 질문내용을 받기를 희망하기 때문에 비구조화된 인터뷰를 실시하기란 어려우며, 전문가 인터뷰의 내용상 그렇게 하기도 쉽지 않다. 인터뷰의 융통성이나 응답자의 모티베이션 연구(*life history interview, patient interview*)나 새로운 영역의 탐색적 자료발굴이 목표인 예비인터뷰(*pilot interview*) 등에는 유용할 수 있다(Fielding & Thomas, 2001).

한편 비구조화된 인터뷰는 솔직한 커뮤니케이션이 장점이다. 단답형보다는 인터뷰 대상자의 심저에 깔려 있는 태도, 가치, 신념 등을 알아낼 수 있는 질문을 던져야 하는데, 인터뷰자와 대상자 간의 친소관계, 사회적 직위에 따라 적절한 질문을 던지기란 쉽지 않다. 그러나 FGI의 경우에는 비구조화된 설문에서 반구조화된 설문으로 진행하며, 일반적인 질문에서 특정한 질문으로 진행하는 것이 바람직하다.

이론적으로는 정확하고 풍부한 인터뷰내용을 위한 두 가지 기술로서 프롬프팅(*prompting*)과 프로빙(*probing*)이 자주 거론된다. 프롬프팅은 질문을 한 번 더 말해주는 것으로서, 개인사 인터뷰나 산만한 대상자를 만났을 경우 사용할 수 있다. 프로빙은 답을 재촉하거나 더 듣기 위해서 추가질문을 하는 것으로서 언어나 비언어로 재촉할 수 있다. 보다 자세히 말해달라고 구체적으로 말하거나, 기대하는 눈빛, 관심, 허밍 등을 덧붙일 수 있다. 방송정책 연구의 전문가인터뷰에서는 특히 프로빙이 매우 중요하다. 전문적이고 구체적인 내용을 알기 위해 심층인터뷰를 시도하는 만큼 그러한 답변을 끌어낼 수 있도록 적절한 프로빙을 줄 필요가 있다. 그러기 위해서는 인터뷰자가 해당주제에 대해서 상당히 많은 준비를 할 필요가 있다.

한편 프롬프팅과 프로빙 모두 연구결과에 영향을 미칠 수 있으므로 주의해야 한다. FGI 인터뷰를 할 때 참가자가 특정 정책이슈에 서로 입장이 다른데 연구자가 진행자 역할을 맡게 되면 자신도 모르게 특정 의견에 대한 편견을 보이게 되고 그로 인해 논의의 방향성이 달라지거나, 참가자의 의견표출에 영향을 주는 경우가 있기 때문이다.

필딩과 토마스(Fielding & Thomas, 2001)는 성공적 인터뷰의 요령을 다음과 같이 설명한다.

첫째, 말하기 쉬운 분위기를 만들어라.

상대방에게 편한 시간과 장소를 고른다.

바로 질문에 들어가지 마라.

불쾌한 기분을 주지 않는 친근감이 필요하다.

둘째, 정확하게 인터뷰하라.

정확성을 꾀하기 위해 같은 것을 다른 각도에서 질문하여 재확인하라.

예정된 질문 이외의 것도 발견해서 질문하라.

부지런히 메모하라

상대방의 말을 중간에서 가로채지 마라. 또 요령 없이 끌려가지도 마라.

질문 자체가 애매하면 안 된다. 답변하기 쉬운 것을 정확한 용어로 질문해야 한다.

두 가지 질문을 동시에 하지 마라.

계층, 직업에 따라 그 사람들만의 전문용어(*jargon*)를 사용하라.

이 두 가지 중에서 방송정책 전문가 인터뷰를 할 때 특히 중요한 것은 두 번째이다. 정확하게 인터뷰하는 것이다. 인터뷰 대상자로부터 솔직한 답변을 끌어내는 것이 매우 중요한데 전문가 인터뷰에서 솔직한 커뮤니케이션을 저해하는 요인은 자기합리화(*rationalization*)이다. 이 경우에는 반드시 사실에 입각해서 재질문하고 확인하는 과정이 있어야 한다.

3) 인터뷰 진행의 기록

인터뷰 내용에 대한 기록에서 가장 정확한 것은 녹음이다. 녹음은 인터뷰자가 인터뷰 진행에 집중할 수 있는 장점이 있는 반면 인터뷰 대상자가 긴장하거나 인터뷰 내용을 해독하는 데 걸리는 시간이 걸리는 단점이 있으며, 인터뷰 대상자가 녹음을 허용하지 않는 경우도 있다. 방송정책 전문가에 대한 인터뷰나 갈등지향적 인터뷰를 하는 경우 녹음은 거의 불가능한 경우가 많다. 주정민(2001)의 연구에서처럼 인터뷰를 진행할 때 간단히 메모만 한 후 인터뷰가 끝난 직후에 기억에 의존하여 재현해야 하는 경우도 있다. 대개는 수기로 받아 적거나 노트북을 이용하여 현장에서 바로 기록하게 된다. 갈등 이슈의 정책인터뷰에서는 오프더레코드(*off-the-record*)를 요청하는 경우가 적지 않다.

설혹 녹취를 했다 하더라도 녹취 해독을 남에게 맡기는 경우 전문용어나 고유명사 등이 제대로 기록되지 못하는 경우 종종 있다. 따라서 녹음하는 경우에는 인터뷰 진행 과정에서 녹취 해독을 감안하여 중간중간에 인터뷰이의 신분이나 전문용어, 고유명사 등을 따로 기입했다가 전달해줄 필요도 있다. 녹음하는 경우라도 노트북을 이용하여 주요 내용을 적어가며 인터뷰를 진행하는 것도 한 방법이다. 특히 여러 사람들이 발언하게 되는 FGI의 경우 더욱 그러하다.

4) 심층인터뷰 결과분석

인터뷰 방법론에서 가장 어려운 부분이 결과분석 부분이다. 심층인터뷰를 분석하다보면 수렁에 빠질 때가 있다. 1명의 인터뷰 대상자와 2시간 인터뷰를 했을 때 보통 A4(10포인트, 행간 180% 기준) 7~10장의 원자료가 나온다. 10명이면 70~100장이다. 이를 체계적으로 정리하는 것은 쉬운 일이 아니다. 경험상, '주제별 분류-해석-정책 대안 제시'의 세 단계로 구분해서 분석하면 용이하다.

주제별 분석은 여러 개의 소제목으로 인터뷰 내용을 분류하는 것이다. 구조화된 인터뷰의 경우 이미 질문의 내용이 주제별로 나뉘어져 있기 때문에 이를 소제목으로 하여 인터뷰의 내용을 한꺼번에 모아 놓으면 된다. 비구조화된 인터뷰의 경우 별도로 소제목을 찾아 인터뷰 내용에 부여해야 한다. 심층인터뷰에서는 문서화된 질문보다 흐름을 탄다는 점을 감안할 때, 해당 질문에 대한 답변이 나중에 다른 질문에 대한 답변에서 나오더라도 원래 해당되는 질문에다가 답변내용을 기재하면서 주제별로 분류하는 것이다.

이 경우 해당 인터뷰 내용이 누구의 것인지 밝히는 경우와 밝히지 않는 경우가 있다. 연구방법론을 기술할 때 인터뷰 방법론은 명단(소속, 직위 표, 알파벳으로 표시), 인터뷰 날짜, 인터뷰 소요시간, 인터뷰 기록 방법, 인터뷰의 설문형식(개방형 설문), 설문내용(표) 등을 모두 명기해야 한다. 또한 본론에서 녹취내용을 인용할 때는 인용 끝에 괄호를 쳐서 소속을 밝힌다(이 부분에 대해서는 '김예란·박주연, 2007'의 논문을 참고하면 좋다).

그러나 방송정책 연구에서는 인터뷰 내용인용 뒷부분에 인터뷰 대상자를 밝히기 어려운 경우가 많다. 인터뷰 당사자들이 자신의 소속은 물론 자신을 드러낼 수 있는 그 어떤 것도 밝히기를 거부하는 경우가 많기 때문이다. 방송정책 전문가가 제한되어 있기 때문에 소속과 나이, 직위 등을 밝히게 되면 금방 누구의 발언내용인지 알 수 있기 때문이다. 때문에 연구논문 등으로 제출할 때 방법론적으로 불완전한 모습을 띠게 되는 경우도 있다. 이 경우 원래 데이터에는 연구자가 인터뷰 대상자의 인적 사항을 기록해 놓은 뒤, 실제 논문이나 보고서에는 A, B 등 연구자만 알 수 있는 기호로 처리하는 것도 한 방법이다.

주제별 분류가 끝난 연후에는 해당 주제 안에서 인터뷰 내용을 해석하는 과정을 거친다. 이 과정에서는 정책 이슈의 사실과 인터뷰 내용을 비교하고, 서로 다른 인터뷰 내용 간의 연결고리를 찾아내야 한다. 이 과정이 사실상 제일 힘들다. 주제별 분류가 비슷한 것끼리 묶는 작업이라면, 해석단계는 소주제로 묶인 인터뷰 내용들을 모양 있게 재배치하는 작업이다. 도저히 모양 있는 그림이 안 그려지면 하루쯤 시간을 두고 신선한 안목으로 다시 자료를 분석할 필요가 있다. 그러면 처음에 보지 못했던 이슈들 간의 연결고리나 새로운 시각이 생길 수 있다.

특히 이 과정에서 민감한 이슈의 리뷰와 검증이 반드시 필요하다. 인터뷰 후 완성된 글 또는 작품을 응답자에게 리뷰받는 것이다. 또한 인터뷰 대상자에게만 의존해서 내용을 작성한 것은 아닌지 다른 내용과 비교 검증할 필요도 있다(Fielding & Thomas, 2001). 그러나 사실상 이 부분은 인터뷰 방법론에서 대부분 생략되는 경우가 많다.

마지막으로 인터뷰 내용을 통해 얻은 결과를 가지고 정책대안을 제시하게 된다. 정책 관련 인터뷰인 만큼 정책대안 자체를 심층인터뷰 질문내용에 포함시키는 것이 필요하다. 인터뷰 대상자의 아이디어를 병렬화시켜 놓은 뒤 연구자가 가지고 있는 잠정적 대안이나 결론과 비교하여 설명할 수 있다. 앞서 구조화된 이메일 인터뷰를 대면 심층인터뷰와 구분해야 한다고 했는데, 정책전망이나 정책대안을 제시하는 데 유용한 델파이 조사의 경우 구조화된 이메일 인터뷰를 연속 진행하여 좋은 결과를 찾아낼 수도 있다. 심층인터뷰 결과를 단어별, 문장별로 나누어 컴퓨터로 실증분석하는 경우도 있다.

3. 심층인터뷰 방법론을 사용한 연구사례

2000년 이후 〈한국언론학보〉, 〈한국방송학보〉, 〈한국언론정보학보〉에서 심층인터뷰 방법론을 사용한 미디어 정책연구를 정리하면 〈표 10-2〉와 같다.

〈표 10-2〉 심층인터뷰 방법론을 사용한 국내 방송정책 연구

연도	연구자	연구제목	출처	방법론	인터뷰 대상자 수
2001	주정민	위성방송사업자 선정의 딜레마와 정책 대응에 관한 연구	〈한국방송학보〉, 15-2, 381~423.	문헌분석+심층인터뷰	위성방송정책 관련전문가 19인
2002	손승혜	글로벌 텔레비전 시대의 수용자 능동성	〈한국언론학보〉, 46-6, 127~152.	소그룹 심층인터뷰	3~6명씩 총 40명
2003	김상훈 이시훈	국내미디어렙제도에 대한 전문가의견조사 연구	〈한국언론학보〉, 47-5, 338~362.	심층인터뷰	미디어렙관련 이해당사자 10명
2003	윤선희	외국자본유입과 미디어산업 변화에 대한 문화적 접근	〈한국언론학보〉, 47-1, 114~139.	심층인터뷰	미디어기업 10개 업체 팀장 10명
2003	윤석민 이철주	우리나라 지상파방송사 조직에 있어서 여성 인력의 지위에 관한 연구	〈한국언론정보학보〉, 22, 167~210.	문헌조사+심층인터뷰	프로듀서 7인, 아나운서 1인, 인사부관계자 4인, 기자 2인
2003	정인숙	방송기술정책의 결정요인연구	〈한국언론학보〉, 47-2, 166~189.	문헌분석+심층인터뷰	지상파 DTV 전송방식 정책결정자 14인
2004	박인규	공영방송 KBS의 조직문화와 가치지향성	〈한국언론정보학보〉, 24, 93~117.	설문조사+포커스 그룹인터뷰	프로듀서 10명
2005	유세경 박미라	지상파 방송3사의 HD 프로그램 편성에 관한 연구	〈한국언론정보학보〉, 29, 111~145.	심층인터뷰+2차 자료분석	HD편성관계자 2인, 제작PD 1인
2006	박천일 외	지상파 DMB의 광고시장 전망에 관한 연구	〈한국방송학보〉, 20-4, 43~77.	심층 설문조사	지상파DMB단말기 제조업체전문가, 광고대행사전문가
2006	정윤경	독립제작사 지원정책에 대한 평가	〈한국방송학보〉, 20-5, 345~380.	심층면접	독립제작사 20개
2006	정상윤 정인숙	방송통신융합서비스 정책과정에서 나타나는 갈등유형과 갈등관리	〈한국언론정보학보〉, 31, 295~325.	심층인터뷰	IPTV 전문가 10인

주정민(2001)은 위성방송 정책결정과정을 분석하면서 전문가 19인을 대상으로 37일에 걸쳐 개별면담 방식으로 심층인터뷰를 실시하였다. "이미 공표된 자료의 경우 관련집단의 구체적 이해관계와 행위 등을 파악하는 데 어려움이 있기 때문에 심층인터뷰를 실시하였으며, 인터뷰 내용은 각종 자료에 나타난 사항을 중심으로 연구문제해결에 필요한 자료를 역추적하는 방식으로 진행하였다.… 인터뷰 과정에서 진술을 녹음하면 피면접인들이 민감한 사안에 대해 뚜렷한 입장을 밝히지 않을 가능성이 있기 때문에 인터뷰 내용을 메모하였다가 인터뷰가 끝난 후 즉시 정리하는 방식을 활용하였다. 지리적 여건으로 직접 접촉하기 어려운 인사 5인은 이메일을 활용하여 인터뷰하였다. 이메일 인터뷰는 연구자가 전화로 연구목적을 충분히 설명한 후 답변이 가능한 분야에 대해서 개방형의 설문을 보내고 답변을 받는 방식을 활용하였다"(302~393쪽).

손승혜(2002)는 위성방송 시청수용자들의 능동성을 파악하기 위하여 40명의 수용자를 대상으로 3~6명씩 소그룹으로 심층인터뷰를 실시하였다. 정기적으로 외국위성방송을 시청하는 사람들을 대상으로 하고 있으며, 인터뷰 과정을 자세하게 소개하고 있다(135~137쪽).

김상훈·이시훈(2003)은 방법론 부분에서 '연구방법'이라는 부제 하에 전문가 심층면접을 다음과 실시하였다고 설명한다. "전문가는 미디어렙 제도와 관련된 이해당사자들로 구성하였다. 광고주를 대표해서 광고주협회 관계자 1명, 방송사를 대표해서 방송협회 관계자 1명, 광고회사를 대표해서 광고업협회 관계자 1명, 미디어렙 제도 관련 정책수립부서인 광고공사 관련자 1명, 방송광고 영업담당 국장 1명 등 업계에서 총 5명을 심층면접하였다. 학계에서는 그동안 미디어렙 제도에 대해서 많은 연구를 한 학자를 대상으로 언론학, 매체기획, 광고학, 방송정책학 전공자 등 5명을 심층면접하였다. 심층면접은 2003년 6월 20일부터 7월 5일까지 15일간 이루어졌다"(349쪽). 분석에서 인터뷰 인용은 뒷부분에 괄호를 쳐서 직종군을 표시하였다.

윤선희(2003)는 외국사본을 도입한 미디어기업 10개 업체의 담당부서 팀장10명을 대상으로 본격적인 심층인터뷰를 실시하였다. "대상자의 사정에 따라 1회에서 2회에 걸쳐 인터뷰를 진행하였으며, 회당 평균 2시간 가량이 소요되었다. 인터뷰 내용전체는 참여자의 양해를 얻어 녹음하였으며, 현장에서 필기를 병행하였다. 인터뷰 형식은 직접면담으로 비구조화된 질문형식으로 자유대담을 나누었으나, 대상기업에 공통적으로 유사한 질문을 제시하는 방식으로 연구자가 인터뷰를 이끌어갔다. 인터뷰 내용소개 및 분석은 인터뷰 대상자의 담화의 전체 내용을 가장 잘 담고 있다고 판단되는 부분을 발췌하였으며, 서술의 순서는 연구자의 주제에 따라 분류하였다"(124쪽). 인터뷰 내용의 인용 끝부분에는 각주를 달아 인터뷰 대상자의 소속과 인터뷰 날짜, 성명 이니셜을 달았다. 이런 경우는 매우 이례적인 경우이다.

윤석민 · 이철주(2003)의 연구에서는 문헌분석의 보완적 방법론으로서 심층인터뷰를 이용하고 있다. "비공식적 조직구조 등 공식적 통계수치만으로는 설명되지 않는 사항들, 외부공개가 어려운 인력관련 내부 사정, 즉 부서별 직급별 여성비율 등에 대한 정보를 얻기 위해" 14차례에 걸쳐 1대 1 면접, 전화인터뷰, 서면질의를 했다고 서술하고 있다(182쪽). 조사일시 및 대상자(성별), 주요 내용 등을 표로 정리하였다(183쪽).

정인숙(2003)의 연구에서는 13인의 전문가를 대상으로 한 달여간 실시하였으며, 인터뷰 형식은 질문내용을 문서로 미리 제시하고 인터뷰의 진행과정에서 보충질문을 행하는 형태로 구조화된 인터뷰와 비구조화된 인터뷰를 동시에 사용하였다. 인터뷰 대상자의 구성에 대해서는 "현재 논란이 되는 정책사안인 탓에 일부 인터뷰 대상자들이 자신들의 발언에 대해 익명을 요구하였고, 논문심사위원들 역시 명단을 제시하지 않는 것이 타당하다는 지적이 있어 명단을 제시하지 않았다"고 설명하고 있다(174쪽).

박인규(2004)는 설문조사에서 얻어진 자료해석을 보완하기 위한 자료수집 목적에서 10명의 프로듀서들을 포커스 그룹으로 선정하여 심층인터뷰 하였다. '심층인터뷰'라고 방법론의 부제를 달고 있는데(105쪽), 10명 대상자에 대한 개별적 정보나 인터뷰 시간, 인터뷰의 기록 및 진행 방법, 분석방법 등에 대해서는 제시되어 있지 않다.

유세경 · 박미라(2005, 124~125쪽)의 연구에서는 심층인터뷰와 2차 자료를 방법론으로 사용하였는데, '심층인터뷰'라는 부제하에 HD 편성관계자와 제작 PD등 3인에 대한 심층인터뷰 방법을 매우 자세하게 설명하고 있다. 심층인터뷰 방법론에 대한 방법론 서술의 기본원칙을 매우 충실히 따르고 있는 논문이라고 평가할 수 있다.

박천일 외(2006)의 연구에서는 지상파 DMB 단말기 제조업체 전문가와 광고대행사 전문가를 대상으로 심층설문조사를 시행하였다. 그러나 구체적으로 몇 명을 어떻게 했는지 심층설문조사의 설계, 진행에 대한 자세한 내용이 없다.

정윤경(2006)은 독립제작사 연구에서 국내 독립제작사가 600여개에 이르지만, 실질적으로 방송콘텐츠를 제작하는 제작사는 1/10에도 미치지 못하기 때문에 개량적인 방법보다는 심층인터뷰가 적합할 것으로 판단하였으며, 향후 정책적 함의를 도출하는데도 적합한 방법이라고 설명하고 있다. 심층인터뷰 대상을 선정하기 위하여 문화부에 등록된 독립제작사 모집단을 대상으로 층화표집인 할당표집을 하였으며, 총20개 독립제작사를 선정하여 제작사의 대표 또는 제작책임자에게 심층면접을 실시하였다. 면접은 평균 1시간정도 진행되었으며, 2주일간 실시되었다(356~357쪽). 분석결과는 인터뷰 대상 기업들을 알파벳으로 표기하고 각 기업의 속성을 A사-T사로 나누어 표로 제시하였으며(358쪽), 구조화된 설문지에 의한 5점 척도 평균값의 제시와 함께, 인터뷰 내용은 끝부분에 괄호 안에 A사, B사 등으로 표기하였다.

징상윤·성인숙(2006)의 연구에서는 IPTV 관련 전문가 10인을 대상으로 2주간에 걸쳐 심층인터뷰를 실시하였다. "면접대상자들에게 질의내용을 이메일로 미리 전달한 뒤 각자의 직장회의실에서 평균 2시간씩 인터뷰를 실시하였으며, 주제의 민감성을 감안하여 비녹취방식으로 진행하였다. 공식적 입장에 대해서는 문서화된 자료들을 전달받았으며, 상호의견의 대립이 심각한 이슈(예, IPTV의 법적 지위 등)에 대해서는 인터뷰 대상자에게 의견을 다르게 가지고 있는 다른 주체의 의견을 확인시켜주면서 의견의 차이를 연속적으로 질의해나가는 눈덩이 굴리기식 질문(*snowballing questioning*)을 시도하였다"(306~307쪽).

••• 참고문헌

강영희(1998), 《우리는 자유로에서 다시 만났다》, 서울: 풀빛미디어.

강진숙(2007), "미디어 능력제고를 위한 미디어교육의 과제와 문제점 인식 사례연구: 심층인터뷰와 e-mail 인터뷰를 이용한 미디어교육전문가 사례를 중심으로", 〈한국언론학보〉, 제51권 1호, 91~113.

김상훈·이시훈(2003), "국내미디어렙제도에 대한 전문가의견조사연구", 〈한국언론학보〉, 제47권 5호, 338~362.

김예란·박주연(2007), "TV리얼리티 프로그램의 이론과 실제: 제작자 심층인터뷰를 중심으로", 〈한국방송학보〉, 제20권 3호, 7~47.

김창룡(1994), 《인터뷰, 그 기술과 즐거움》, 서울: 김영사.

박인규(2004), "공영방송 KBS의 조직문화와 가치지향성", 〈한국언론정보학보〉, 제24호, 93~117.

박천일 외(2006), "지상파 DMB의 광고시장 전망에 관한 연구", 〈한국방송학보〉, 제20권 4호, 43~77.

손승혜(2002), "글로벌 텔레비전 시대의 수용자 능동성: 심층인터뷰를 이용한 한국의 초국가적 위성방송 시청자 사례연구", 〈한국언론학보〉, 제46권 6호, 127~152.

유세경·박미라(2005), "지상파방송 3사의 HD프로그램 편성에 관한 연구", 〈한국언론정보학보〉, 제29호, 111~145.

윤석민·이철주(2003), "우리나라 지상파방송사 조직에 있어서 여성인력의 지위에 관한 연구", 〈한국언론정보학보〉, 제22호, 167~210.

윤선희(2003), "외국자본유입과 미디어산업변화에 대한 문화적 접근", 〈한국언론학보〉, 제47권 1호, 114~139.

정상윤·정인숙(2006), "방송통신융합서비스 정책과정에서 나타나는 갈등유형과 갈등관리", 〈한국언론정보학보〉, 제31호, 295~325.

정윤경(2006), "독립제작사 지원정책에 대한 평가", 〈한국방송학보〉, 제20권 5호, 345~380.

정인숙(2003), "방송기술정책의 결정요인연구", 〈한국언론학보〉, 제47권 2호, 166~189.

______(2007), "방송정책연구에 있어서 심층인터뷰방법론의 문제점", 한국언론정보학회 춘계학술대회 발표논문.

주정민(2001), "위성방송사업자 선정의 딜레마와 정책대응에 관한 연구", 〈한국방송학보〉, 제15권 2호, 381~423.

Berger, A. A. (1991), *Media Research Techniques*, London: Sage Publications.

Blaxter, L., Hughes, C. & Tight, M. (1999), *How to Research*, Buckingham: University Press.

Fielding, N. & Thomas, H. (2001), "Qualitative interviewing", In N. Gilbert (Ed.), *Researching Social Life*. London: Sage Publications, 123~144.

Gilbert, N. (2001) (ed.), *Researching Social Life*, 2nd ed., London: Sage Publications.

May, Tim(1997), *Social Research: Issues, Methods and Process*, 2nd ed., Buckingham: University Press.

Patton, M.Q. (2002), *Qualitative Research & Evaluation Methods*, 3rd ed., London: Sage Publications.

Stone, G., Singletary, M. & Richmond, V. (1999), *Clarifying Communication Theory: A Hands-On Approach*, Ames, Iowa; Iowa State University Press.

http://edis.ifas.ufl.edu/FY393

연습문제

1. 심층 인터뷰 목적을 설정하고 단계별로 인터뷰를 설계하여 대상을 골라 실제 인터뷰를 진행해 보자.
2. 심층인터뷰 결과를 체계적으로 정리하여 보고서를 작성해 보자.
3. 심층인터뷰 과정에서 경험하였던 문제점과 개선점에 대해 서로 논의해 보자.

제 11 장

심층 그룹인터뷰
(FGI: Focus Group Interview)

마 동 훈

이 장은 대표적인 질적 연구방법론의 하나인 심층 그룹인터뷰(*Focus Group Interview*) 연구방법에 대하여 살펴보기로 한다. 다음 절에서는 인간과 사회에 대한 학술적 연구방법의 발달역사 속에서 심층 그룹인터뷰 연구방법이 하나의 독립적 연구방법이라기보다는 보완적 연구방법으로 시작되었음을 설명함으로써, 이 연구방법의 활용 용도와 한계를 설명한다. 이어서 심층 그룹인터뷰 연구방법의 다양한 활용유형들을 설명한다. 나아가서 심층 그룹인터뷰 연구방법의 실제 진행절차를 가능한 바로 실전에 활용할 수 있는 수준의 평이한 기술의 방법으로 제시하고자 한다.

주요 용어: 심층 그룹인터뷰 (*focus group interview*),
심층 그룹 뷰잉 앤 인터뷰 (*focus group viewing and interview*),
사실(*facts*)과 의견(*opinions*)

1. 심층 그룹인터뷰의 방법론적 근원

인간과 사회의 탐구를 위해 활용되는 어느 단일한 연구방법론도 완벽한 방법론일 수는 없다는 점에는 모두가 쉽게 동의할 수 있을 것이다. 그 근본적인 이유는 아마도 관찰, 혹은 분석의 주체인 연구자가 인간과 사회를 바라보는 인식체계 자체에 명확히 한계가 있기 때문일 것이다. 이는 어느 누구도 동전의 앞면을 바라보는 동시에 뒷면을 바라볼 수 없는 자명한 이치와도 같은 이야기이다. 이에 따라 연구자는 한 연구에서 활용하는 중심 연구방법을 보완하기 위해 제 2, 혹은 제 3의 방법론을 채택해 활용하기도 한다.

심층 그룹인터뷰 연구방법은 1940년대 미국의 사회학자인 로버트 머튼(Robet K. Merton)이 주로 서베이 연구방법에 의존한 인간과 사회에 대한 연구를 보완하기 위하여 고안한 질적 연구방법이다(Morrison, 1998). 즉 머튼은 체계적으로 표집한 서베이 연구대상들의 사실적 경험(*facts*) 또는 의견(*opinions*)의 진술을 중심으로 구성되는 일반적 연구결과에, 심층 그룹인터뷰 연구방법에 의해 얻어진 특수한 상황에 대한 구체적 진술들을 보완하여 보다 완결성 높은 연구결과를 생산하고자 하였다. 사회학자 머튼의 이러한 노력은 후에 라자스펠트(Paul F. Lazarsfeld)의 라디오 청취자 연구 등 커뮤니케이션학 초기의 다양한 행정적 연구 혹은 마케팅 연구에 매우 적극적으로 활용되었다.

그 이후 많은 커뮤니케이션학 연구에서 심층 그룹인터뷰 연구방법이 독립적인 단일 연구방법으로 활용된 바도 있다. 이는 보편적이고 일반적인 법칙의 검증이라는 논리 실증주의적 연구방법을 지향하기보다 특수적·맥락적 현상의 기술을 목표로 한 역사, 인문학적, 그리고 광의의 비판적 커뮤니케이션학의 전통에서 주로 이루어졌다.

그러나 심층 그룹인터뷰를 활용한 초기 사회학적 전통을 살펴보면, 이 방법론을 독립적인 단일 방법론으로 활용했다기보다는, 보완적 방법론으로 활용하여 일반화할 수 있는 연구결과를 보다 입체적으로 설명할 수 있는 구체적 사례를 보완하는 관점에서 더 빈번하게 사용되었다는 것을 알 수 있다. 우리는 이 점에 주목할 필요가 있다. 단일 방법론으로서 심층 그룹인터뷰 방법은 분명히 관찰대상, 즉 인간의 경험과 의견을 입체적이고 심층적으로 해석할 수 있다는 큰 장점이 있는 한편 하나의 특수한 상황 혹은 수용자에 대한 사례연구로서의 단점도 가진다는 점을 반드시 기억해야 한다. 필자는 커뮤니케이션학 제반 분야의 다양한 연구에서 단일 사례연구의 잠재적 기여가능성에 깊이 공감한다. 일반적·보편적 이론 및 방법론 체계로 설명이 불가능한 심층적· 입체적·맥락적 연구로서의 충분한 장점을 갖기 때문이다. 심층 그룹인터뷰에 의존한 한 사례연구가 측정 사례 중심의 연구라는 방법론적 성격을 엄밀하게 규정하고 들어갈 때 그 사례연구는 분명히 큰 유용성을 갖는다.

연구자가 한 연구의 방법론으로서 심층 그룹인터뷰를 선택할 때 가장 중요한 점은, 실행하고자 하는 연구목적에 비추어 과연 이 특정한 연구방법이 반드시 필요한지에 대한 명확한 질문이다. 심층 그룹인터뷰 방법은 앞에서 설명한 바와 같이 연구대상의 사실적 경험과 의견을 취합하여 그 결과에 해석적 의미를 부여하는 매우 유용한 방법론이지만, 이 방법론 자체가 항상 만능이 아니라는 점을 다시 한 번 거론하고자 한다. 만약 연구자가 제시한 연구의 목적이 연구대상 전체의 사실과 의견에 대한 추이(*trend*)에 관심이 있다면 분명 심층 그룹인터뷰 방법은 서베이 연구방법보다 덜 유용한 방법론일 것이다.

또한 인터뷰 그룹 구성원들 간의 상호작용이, 정확한 사실과 의견의 발견에 저해요인이 된다면 심층 그룹인터뷰 방법보다는 개별 심층(*individual in-depth*)인터뷰 방법이 채택, 활용되어야 할 것이다. 예를 들면, 우리 사회의 고가의 명품 구매자들은 그룹 상황보다는 개별 인터뷰 상황에서 훨씬 더 편하게 자신의 경험을 이야기 한다. 이들은 자신들의 이야기를 그룹 구성원들과 나누기를 회피하는 경향이 있기 때문이다. 한편 우리사회에서의 미국 텔레비전 드라마 〈섹스 앤 더 시티〉의 수용자들을 대상으로 이들의 프로그램 해독 및 의미부여 과정을 심층 분석하기 원한다면, 그룹 내 성원들의 상호작용이 이들의 공통된 경험을 상호 확인하면서 진술하게 해주는 심층 그룹인터뷰의 방법이 분명 큰 장점을 갖는다. 텔레비전 드라마는 수용자들 간의 상호작용 속에서 소비되는 특성을 갖기 때문이다. 이러한 측면에서 심층 그룹인터뷰 연구방법의 선택은 연구대상 집단내의 소집단 커뮤니케이션 상황과 집단 규범의 효과를 세심하게 고려하면서 이루어져야 한다.

심층 그룹인터뷰 연구방법은 하나의 사례연구로서의 특성을 갖기에 교과서적으로 기술하는 연구방법론 설명이 매우 힘든 것이 사실이다. 개별적 사례에 따라 연구방법의 상세한 절차에는 얼마든지 차이가 있을 수 있기 때문이다. 즉, 심층 그룹인터뷰 방법에는 하나의 단일 방법론은 없지만, 이는 곧 기본적인 연구설계에 대한 지식을 바탕으로 얼마든지 다양한 방법으로 응용해서 활용할 수 있다는 점에서 여전히 매우 흥미로운 연구방법론이다.

2. 심층 그룹인터뷰의 유형

광의의 심층 그룹인터뷰 연구방법은 연구의 목적과 상황에 따라 몇 가지 유형의 구체적인 방법 혹은 연구 전략으로 활용될 수 있다. 이들 유형은 ① 심층 그룹인터뷰

(*Focus Group Interview*) 연구방법, ② 심층 그룹 토론(*Focus Group Discussion*) 연구방법, ③ 심층 그룹 편집(*Focus Group Editing*) 연구방법, ④ 심층 그룹 뷰잉 앤 인터뷰(*Focus Group Viewing & Interview*) 연구방법 등이다.

1) 심층 그룹인터뷰 (*Focus Group Interview*)

엄밀한 의미에서 심층 그룹인터뷰는 연구 대상자, 즉 심층 그룹인터뷰 참여자의 특정 목표대상에 대한 지각(*perception*) 및 인지(*cognition*)의 과정과 결과를 이들의 진술을 통해서 이야기하도록 하는 방법이다. 이는 앞서 이야기한 머튼의 사회학적 연구 이래에 광고효과 등 마케팅 연구의 한 방법으로 발전했으며, 지금도 심리학·커뮤니케이션학·사회학·경영학 방법론으로 널리 활용되고 있다. 예를 들면 수용자 집단 혹은 집단 구성원들이 지각, 인지하고 있는 특정 기업 혹은 국가 이미지, 채널 혹은 매체 이미지, 상품, 브랜드 이미지 등을 이들 간의 심층적인 대화의 녹취와 관찰을 통해 분석, 해석하는 유형의 연구는 심층 그룹인터뷰 연구방법의 대표적인 사례이다.

2) 심층그룹 토론 (*Focus Group Discussion*)

심층 그룹인터뷰와 유사하지만 구별할 필요가 있는 심층 그룹토의 연구방법에 관하여 간략히 설명하도록 한다. 심층 그룹토론 연구방법은 연구 대상자의 경험세계 속의 지각, 인지 측면의 사실(*facts*)보다는 이들의 주관적 의견(*opinion*)체계를 서로간의 자유로운 진술 속에서 탐구하여 모종의 단일 혹은 복수의 결론에 이르도록 유도하는 방식으로 이루어진다는 점에서 전자와 성격을 달리한다. 여기에서 핵심 키워드는 "사실"과 "의견"이며, 우리는 이들의 차이에 반드시 주목하여야 한다. 예를 들면 특정 텔레비전 프로그램의 내용을 수용자가 어떻게 이해하고 의미를 부여하고 있는가에 관한 연구는 "사실"에 관한 연구로 분류할 수 있다. 한편, 특정 프로그램의 내용과 형식에 대한 수용자 평가를 밝히기 원한다면 이는 "의견"에 관한 연구로 볼 수 있다. 후자의 경우 심층 그룹 토론이라고 분명히 규정하고 연구방법과 절차를 설계하여야 한다. 전자는 결론에 이르기 힘들지만, 후자는 단일 혹은 복수의 결론에 이르도록 설계되어야 한다.

예를 들면, 대의 민주주의와 인터넷 매체의 기능에 관한 탐구가 연구목적이라면 이는 토론 대상자, 즉 참여자의 다양한 의견 개진을 통해 단일 혹은 몇 가지의 결론에 이르도록 구성되어야 함이 당연하다. 이러한 심층 그룹 토론 연구방법은 특정 커뮤니케이션 현상에 대한 전문가 그룹 토론의 방식으로 활용되는 경우가 많다.

3) 심층 그룹 편집(*Focus Group Editing*)

앞서 설명한 두 가지 유형이 비교적 표준적인 심층 그룹인터뷰 방법의 전형이라면, 심층그룹 편집의 방식은 연구 대상자들을 모종의 실험상황에 몰입하여 이들의 상호작용을 관찰, 분석, 해석해 낸다는 점에서 표준적인 방법의 응용이라고 볼 수 있다. 모리슨(David Morrison, 1997)은 그룹 내의 연구 대상자들이 서로 대화하면서 텔레비전 뉴스 취재의 조각들을 어떠한 하나의 완성된 뉴스클립으로 만들어 가는 과정을 심층 분석하면서 이 연구방법을 심층그룹 편집방법이라고 명명했다. 이는 연구 대상자들이 가상의 뉴스 편집룸에서 조각 영상 취재결과들을 모아서 어떠한 최종 뉴스 생산물을 만드는가에 대한 관찰을 통해 수용자들이 그 뉴스의 사안을 어떻게 지각, 인지하고 있으며 또한 그들의 의견을 어떻게 하나의 뉴스 결과물로 모아가는가 하는 점을 매우 실전적으로 관찰 분석하였다는 점이 매우 흥미롭다. 이러한 방식은 교실, 세미나 룸, 거리 등 다양한 삶의 공간에서 집단 구성원들에게 단일 과제를 부여한 후 그 실행과정을 관찰하는 방식으로 확대 적용될 수 있다.

4) 심층그룹 뷰잉 앤 인터뷰(*Focus Group Viewing & Interview*)

실제로 마케팅 연구에서 심층 그룹인터뷰 연구방법을 활용하는 방식은 매체에 이미 출시되었거나 출시 예정인 특정 광고를 시청한 후 이에 대한 지각, 인지 혹은 의견을 청취하는 방식으로 이루어지는 경우가 많다. 이는 특정 TV 프로그램 혹은 영화 등의 시청 직후에 바로 심층 그룹인터뷰 상황으로 연구 대상자들을 유도함으로써 방금 시청했던 생생한 기억을 바탕으로 보다 효과적인 인터뷰를 유도하는 방식이다. 실제로 고전적인 문화연구 관점의 수용자 연구인 몰리(David Morley, 1980)의 〈네이션와이드〉

수용자 연구는 엄밀한 의미에서 이 유형에 속한다. 뷰잉 앤 인터뷰 방식은 영화, 드라마, 다큐멘터리, 토크쇼, 뉴스 등 다양한 프로그램 콘텐츠의 대표적인 질적인 수용자 연구방법으로 많이 활용되고 있다.

3. 심층 그룹인터뷰의 과정

이제 광의의 심층 그룹인터뷰 연구방법의 일반적인 진행과정 혹은 절차에 관하여 설명하도록 한다. 심층 그룹인터뷰는 개별 심층인터뷰와는 달리, 집단의 구성원들이 해당 주제에 대해 이들의 이해를 공유하고, 토론함으로써 벌어지는 구성원 간 상호작용들을 관찰, 기록하여 그 내용을 해석하는 데에 목적이 있다. 한 참가자가 다른 참가자의 의견에 반응하고 그것으로 서로 머리를 맞대고 효과적으로 의논하는 일종의 브레인스토밍(*brainstorming*) 과정을 거치면서, 연구문제에 대한 참여자들의 의견과 생각, 그리고 지각과 태도 형성과정 및 결과 등을 추론 가능하게 된다. 즉, 주어진 연구문제가 제시한 연구대상이 '왜(*why*)' 그러한지 혹은 '어떠한 맥락 속에 존재하는지(*in what context*)'와 같은 매우 문제에 대해 매우 다층적인 해석의 지형을 제시해 주는 것이다. 바로 이러한 점에서 심층 그룹인터뷰는 개별 심층인터뷰 방법과 구별된다. 그렇기에 집단의 구성원들 사이의 역동성(*group dynamism*)을 통한 시너지적 집단효과를 만들어 내는 것이 심층 그룹인터뷰의 과정에서 중요한 지점이 된다. 이제 심층 그룹인터뷰의 과정을 처음부터 하나하나 살펴보며, 각 단계에서 연구 정보를 효과적으로 얻기 위해 필요한 것들을 확인해 보자.

1) 연구의 대상(*object*)과 주제(*subject*)의 설정

우선 무엇보다도 해당 연구문제에 대한 대상과 주제를 분명하게 선정해야 한다. 명확하게 정의된 연구목적을 바탕으로 연구문제를 도출하고, 심층 그룹인터뷰를 통해 얻고자 하는 자료의 성격을 분명히 하여, 이에 따라 연구의 대상과 주제를 선정해야 한다. 예를 들어, 일본의 〈겨울연가〉 수용자가 누구이며 이들은 어떻게 이 드라마를 소비하는지 설명하기 위한 심층 그룹인터뷰 연구를 준비한다고 가정하자. 이 경우 연구대상은 다름 아닌 "일본에서의 한국 드라마 〈겨울연가〉의 소비현장"이다. 그 다음 필요한 것이 연구의 주제이다. 이는 무엇을 준거로 이 대상을 바라 볼 것인가의 문제이다. 이 과정에서는 이론적 개념들의 도움이 필요하다. 예를 들면, 일본 중년여성들이 〈겨울연가〉에 호응하는 것에 대해 ① 급진적 로맨티시즘, ② 여성 내부의 심리적 공간, 그리고 ③ 공적/사적 영역 사이에서의 새로운 수용자 주체성의 형성 등과 같은 이론적 준거개념들이 필요하다. 일본 중년여성들을 대상으로 하는 심층 그룹인터뷰에서는 이러한 이론적 개념들과의 관련 속에서 수용자들의 실제현상 속에서 어느 정도의 설명력을 갖는가를 집중적으로 관찰·분석하는 것을 연구주제로 하는 것이다.

2) 포커스 그룹의 선정

연구의 대상과 주제가 선정되었다면, 그 다음 단계에서는 심층 그룹인터뷰를 위한 연구그룹을 만들어야 한다. 이를 위해서는 우선적으로 누가 과연 이 연구에 적합한 세분화된 집단인가를 고민해야 한다. 이 집단이 과연 연구문제와 주제에의 접근에 가장 적합한 그룹인가를 고민해야 한다는 것이다. 일본에서의 한국 드라마 〈겨울연가〉에 관심이 있다면 당연히 일본의 40~50대 중년주부들을 찾아가야 한다. 또한 필요하다면, 이들 중년주부들의 가구 구성원들을 인터뷰 그룹으로 선정할 수도 있다.

한편 그룹 구성원들 간의 동질성 혹은 이질성 여부도 반드시 고려해야 할 사항이다. 일반적으로 심층 그룹인터뷰 연구의 그룹 구성원들은 동질적인 사회인구학적 특성을 갖고 있어야 이상적이다. 이로 인해 그룹 내의 어떤 개인이 자연스런 대화의 흐름에서 배제되는 것을 막도록 최선을 다 해야 한다. 한편, 연구자 혹은 연구 진행자(*moderator*)와 그룹 구성원 간의 관계도 매우 중요하다. 일반적으로 교수 혹은 교사가 학생들을 상대로 그룹인터뷰를 진행하는 경우 구성원들은 소극적으로 인터뷰에 응하거나 혹은 그들이 스스로 상상하는 모범답안 찾아가며 이야기하려는 경향이 강한 것이 보통이다. 가장 이상적은 모델은 진행자와 구성원이 모두 동일한 대화의 수준을 유지하면서 자연스런 이야기의 흐름을 유지하는 것이지만 이는 항상 쉽지 않은 작업이다.

인터뷰 그룹의 구성과정에서 또 한 가지 중요하게 고려되어야 하는 것은 집단 구성원의 숫자의 문제이다. 일반적으로 심층 그룹인터뷰는 소집단의 모양으로 이루어진 집단에서 이루어진다. 실제로 사회심리학자인 크루거(Krueger, 1994)는 복잡한 문제에 대해서는, 심층 그룹인터뷰의 집단은 7명 이상이 되지 말 것을 권유한 바 있다. 인원이 6~8명 이상이 되는 소집단의 경우 자연스럽게 대화에서 배제되는 참여자가 발생하게 쉬우며, 몇몇 구성원에 의한 일방적으로 이야기가 진행되기 쉽고, 또한 진행자가 이를 통제하기가 쉽지 않기 때문이다. 따라서 연구주제가 좀 더 큰 집단을 요구할 경우에는 집단을 작은 몇 개의 하위집단으로 나누는 것이 좋을 것이다.

단 1회의 심층 그룹인터뷰를 통해 연구자가 자료를 모두 얻어 내기는 사실상 쉽지 않다. 게다가 심층 그룹인터뷰의 자료의 질을 결정하는 인터뷰 중의 분위기, 환경, 래포(*rapport*)형성 등의 문제가 같이 존재하기 때문에, 보통의 경우 눈 굴리기(*snowballing*)를 통해 주변의 친분이 있는 사람들을 모아 포커스 그룹을 선정하여, 우선적으로 심층 그룹인터뷰를 진행해 보길 권한다. 그 다음으로 진행된 인터뷰의 내용을 바탕으로 수정과 보완을 통해, 본격적인 심층 그룹인터뷰를 진행하는 것이 바람직하다. 이렇게 심층 그룹인터뷰를 반복해서 수행하는 과정에서 분명 연구를 풍성하게 만들어줄 새로운 결과들을 만날 것이다. 인터뷰 집단의 수에는 제한이 없다. 그러나 시간 및 경제적 측면의 연구여건을 감안하여 집단의 수를 제한할 수밖에 없는 것이 보통이다. 이 경우 판단의 기준은 더 이상 새로운 이야기 혹은 연구결과가 나오기 힘들다고 연구자가 판단하는 지점이 어디인가 하는 것이다.

3) 비구조화된 질문의 구성

그 다음 단계는 심층 그룹인터뷰를 진행할 비구조화된(*semi-structured*) 질문을 만드는 것이다. 질문들은 반드시 위에 설명한 연구의 목적과 주제에서 도출되어 한다. 연구주제에 따라 대략적인 큰 그림이 그려졌다면 그 다음으로는 이러한 주제에 따라서 세부 질문들로 구성된 가이드라인을 만들어야 한다. 이때 주의해야 할 것은 이 가이드라인은 서베이를 위한 질문지가 아니라는 사실이다. 심층 그룹인터뷰의 질문지는 형식적이거나 구조적으로 만들어서는 안 된다. 진행자와 참여자들 사이에서 많은 이야기가 생길 수 있는 '열린 질문'을 원칙으로 해야 한다. 그리고 이러한 질문들을 '눈 굴리기' 식의 대화기술을 통해 주제에 적합한 방향으로 이야기를 이끌어 가야 하는 것이다. 이러한 질문들은 가능한 구체적이어야 한다. 가능한 추상적인 이야기는 피해야 하며, 인터뷰 참가자들의 삶과 경험의 현장에서 출발해야 한다. 그렇기에 때문에 가이드라인에는 각각의 단계별로 예상질문들과 참여자들의 대화가 흘러갈 수 있는 대략적인 예상을 담고 있어야 한다. 예를 들어, 일본에서의 〈겨울연가〉 수용자연구를 한다면, 드라마와 관련된 주변이야기들로부터 시작해서, 왜 그 드라마를 좋아하는지에 대한 문제로 접근하게 되는 것이 일반적이다. 그리고 이러한 이야기의 구성은 남녀 주인공의 모습, 혹은 그들의 관계와 같은 구체적이고 분명한 현실의 차원으로 이루어져야 한다는 것이다. 심층 그룹인터뷰가 특정한 주제와 이슈에 대한 넓은 범위의 행동들과 다양한 상호작용들, 포괄적이고 개방된 토론들의 자료를 수집하는 데에 목적이 있기 때문이다.

4) 진행자(*moderator*)의 선정 및 역할의 규정

심층 그룹인터뷰는 일반적으로 적은 수의 참가자들과 흔히 진행자라고 불리는 중재자로 구성된다. 심층 그룹인터뷰에서 진행자는 그 집단을 조정하고, 대화의 속도를 조절하고, 주제를 선정하고, 다양한 구성원들의 이야기의 방향을 조율하는 기능을 수행한다. 이러한 점에 비추어 볼 때 심층 그룹인터뷰는 그 특성상 다른 인터뷰 방법들처럼 전적으로 자연스러운 대화가 아닐 수 있다. 경험이 많은 진행자는 구성원들 간의 대화과정에서 자신의 개입을 최소화한다. 본인이 직접 적극적으로 대화에 참여하는 것보다는, 최대한 모든 참가자들로 하여금 자신의 생각 혹은 의견을 마음껏 펼쳐 낼 수 있도록 편하고 개방된 분위기를 조성해야 하려고 노력한다. 즉 대화의 주관자가 아닌 매개자의 역할을 성실하게 수행하는 것이다. 또한 경험 많은 진행자는 대화에서 자칫 소외되기 쉬운 그룹 구성원들을 대화의 중심으로 불러들이는 역할을 수행해야 한다. 한편 진행자에게 있어서 가장 통제하기 어려운 상황중의 하나는 지나치게 적극적으로 자신의 생각과 의견을 피력하여 대화의 방향을 단일 방향으로 몰고 가는 한두 명의 그룹 구성원을 적절히 통제하는 것이다. 많은 경우 이들은 다른 응답자들의 생각과 의견을 위축시킬 수 있으므로 적절히 통제되어야 하지만, 이 역시 매우 조심스럽게 이루어지도록 해야 한다.

이러한 과정 속에서 진행자는 개별 그룹 구성원들이 다른 참여자의 생각과 의견에 어떻게 반응하는지를 주의 깊게 청취하고 관찰하며, 그 의미를 해석할 수 있는 통찰력을 최대한 발휘하여야 한다. 심층 그룹인터뷰의 과정에서 드러나는 진술들의 의미는 개인적으로 만들어지는 것이 아니고 소집단내에서 사회적으로 구성된 것이라는 점에 늘 유의하여야 한다. 진행자는 심층 그룹인터뷰의 과정에서 나오는 대화가 비구조화된 질문지에 없는 의제가 등장하거나 가이드라인과 순서가 바뀐다고 해서 그 흐름을 일방적으로 막아서는 안 된다. 진행자는 심층 그룹인터뷰를 진행하면서 대화의 해석자의 역할을 동시에 수행해야 한다. 진행자가 분명한 대화 진행의 순서와 의제를 가지고 있는 것이 중요하나 그와 관련한 흥미로운 주제가 생겨날 경우 유연한 자세를 견지하여 그 주제와 관련하여 면접을 진행시키는 것도 또한 중요하다. 어떠한 경우에도 진행자는 상황이 어떻게 진행될 것인지에 관해 명확한 사전 지식을 가지고 있어야 하는 이유가 여기에 있다.

일반적으로 연구자가 진행자로서의 훈련을 받고 심층 그룹인터뷰를 진행하거나 전문진행자를 고용하여 심층 그룹인터뷰를 진행한다. 또한 필요에 따라 진행자가 심층 그룹인터뷰를 진행할 때 그를 도와서 인터뷰 장면을 관찰하고, 자료를 기록하는 등의 역할을 수행하는 보조자를 두기도 한다.

5) 기타 준비사항

(1) 심층 그룹인터뷰 공간

제대로 된 심층 그룹인터뷰를 위해서는 흔히 FGI룸이라고 불리는 일방향 거울(*one-way mirror*) 시설이 있고 녹화 및 녹취시설이 있는 독립공간이 필요하다. 실제로 대학 심리학과의 연구실, 마케팅 전문 연구기관은 이러한 전문 FGI룸을 확보하고 있는 경우가 많다. 심층 그룹인터뷰의 모든 자료들은 즉시적 구술로 표현된다. 따라서 연구자 혹은 연구보조자는 심층 그룹인터뷰가 진행되는 동안 일방향 거울 너머에서 참여자들의 행동들과 신체적인 표현들을 메모해야 한다. 물론 이는 기본적으로 수집된 구술 자료에 비해 상대적으로 미미한 부분일 수 있지만, 비언어적 커뮤니케이션의 보조자료들이 많은 경우에 연구의 결과에 풍부한 해석을 덧붙여 줄 수 있기 때문이다. 만약 FGI

룸을 구할 수 없다면, 녹화와 녹취가 가능한 조용한 공간을 찾으면 된다. 이때 주의할 것은 녹화와 녹취를 위한 장비가 눈에 보이기 때문에 이로 인한 대화의 거부감을 최소화 할 수 있는 방법을 찾아야 할 것이다.

(2) 사전 조사 설문지

심층 그룹인터뷰를 진행하기에 앞서 사회인구학적 특성과 매체접촉 등의 내용을 포함한 간략한 필기형 설문조사를 수행하는 것도 좋은 방법이다. 이를 통해 진행자는 수용자의 인적 사항과 기본 성향에 대한 사전지식을 확보하게 되며, 이는 진행을 돕는 중요한 자료로 활용될 수 있다. 또한 이러한 과정을 통해 똑같은 단답형의 질문을 여러 사람에게 반복하는 수고를 막을 수 있다는 점에 또한 편의성이 있다. 또한 연구의 목적에 따라 심층 그룹인터뷰 중 하나의 주제가 마치고 다음 주제로 넘어가기 전에 그 다음 주제에 대한 설문지를 작성하는 경우도 있다. 이러한 방법들 역시 연구의 목적과 주제에 따라서 다양하게 활용될 수 있을 것이다.

(3) 간식 및 사례

원활한 심층 그룹인터뷰가 진행되기 위해서는 참가자 스스로가 대화에 거부감 없이 흥미를 느끼며 적극적으로 참여하도록 만들어주는 장치들이 필요하다. 간식과 사례를 잘 활용하면, 심층 그룹인터뷰 시작 전에 서먹서먹한 관계를 개선할 수 있는 도구로 사용할 수 있을 것이다.

6) 실행 사례

심층 그룹인터뷰의 원활한 진행을 위해서는 사전 심층 그룹인터뷰를 진행해 보는 것이 좋다. 그리고 그 내용을 바탕으로 본 연구의 설계를 구체적으로 진행하는 것이 보통이다. 다음은 심층 그룹 뷰잉 앤 인터뷰의 실제 사례의 시간 분배표이다. 전체 소요시간은 150~180분 이내로 보면 된다.

〈표 11-1〉 심층 그룹인터뷰 연구설계의 사례

심층 그룹 뷰잉 앤 인터뷰 순서	시 간
오프닝	5분 이내
대상자 사전 조사 (A_4 2장 이내: “대상자”와 “연구소재”)	10분
뷰잉	50분
휴식 및 간식 준비	15분 이내
그룹인터뷰	90~120분 이내
클로징	10분 이내

7) 사후 관리

심층 그룹인터뷰를 마친 후에는 바로 녹화 혹은 녹취된 자료를 문서화하는 작업에 들어가도록 한다. 이 작업은 가능한 인터뷰 직후에 이루어져야 한다. 그럼으로써 그룹인터뷰 현장의 생생한 정보가 오역 없이 문서화될 수 있기 때문이다. 또한 연구 원 자료에 대한 보관 및 활용에도 각별한 주의를 기울여야 한다. 보관된 원 자료는 추후 연구를 위해 재활용될 수 있기 때문이다. 이렇게 완성된 스크립트는 문서정리 파일의 글자색 기능 등을 활용하여 주제별로 묶어서 하나의 노트를 만드는 작업은 심층그룹인터뷰 내용의 정리에 많은 도움이 될 것이다.

8) 연구논문의 구성 및 작성

심층 그룹인터뷰 내용의 정리가 끝났다면 마지막으로 논문을 작성해야 한다. 논문에는 연구방법론에 대한 상세한 제시가 우선적으로 필요하다. 또한 인터뷰의 내용을 논문에 인용할 경우 반드시 정확한 직접/간접 인용을 통한 기술을 하여야 한다. 이 과정에서 연구자는 연구를 위해 동원된 이론적 준거틀을 십분 활용하여 연구결과를 재정리하여야 한다. 즉, 심층 그룹인터뷰의 결과를 문서화한 자료 자체는 그야말로 연구자료일 뿐이며, 이를 이론과 개념의 틀 속에서 가공해서 나온 연구결과의 기술이 항상 연구의 종착점이 되어야 한다.

참고문헌

Berg, Bruce L. (2007), *Qualitative Research Methods for the Social Sciences*, Boston: Pearson.

Krueger, R. A. (1994), *Focus Groups: A Practical Guide for Applied Research*, London, CA: Sage.

Morrison, David (1998), *The Search for a Method: Focus Groups and the Development of Mass Communication Research*, Luton: University of Luton Press.

Stokes, Jane (2003), *How to Do Media & Cultural Studies*, London: Sage.

연습문제

1. 심층 그룹인터뷰 연구방법의 활용 용도와 한계를 설명하시오.

2. 심층 그룹인터뷰 연구방법에서 사실(*facts*)을 발견하는 것과 의견(*opinions*)을 밝히는 작업의 차이를 설명하시오.

3. 한 편의 텔레비전 프로그램의 수용자 연구를 위한 심층 그룹인터뷰 연구방법을 구체적으로 설계하시오.

제 12 장

델파이 분석

원 종 원

델파이 분석이란 미래에 대한 분석을 위해 전문가 패널을 대상으로 반복적인 설문을 운영함으로써 예측 가능한 근사치의 값을 얻고자 하는 연구방법으로 수량적 델파이, 정책 델파이, 의사결정 델파이, 역사 델파이 등이 있다. 그러니까 델파이 기법은 해당 연구문제에 대해 해박한 지식을 지니고 있는 여러 명의 전문가 집단으로 패널을 구성하고, 이들을 대상으로 상호작용적인 의제 설정과 관련 토의 및 주제 상정을 시도함으로써 미래에 대한 가장 근사치의 예측 값을 얻어내는 연구방법을 말한다.

주요 용어: 미래예측, 미래학, 수량적 델파이, 정책 델파이, 의사결정 델파이, 역사 델파이, 총괄수행자, 전문가 패널, 라운드

1. 들어가면서

불확실한 미래를 예측하거나 대비하고 앞으로 일어날 일들에 대한 정책을 수립해야 할 때가 있다. 이런 상황이면 흔히 연구자들은 그들의 연구문제와 연구과정이 과연 얼마나 실효성이 있을지, 또 연구의 전개과정이 논리적이고 설득적이며 예측 가능한 방향으로 전개되고 있는지에 대해 종종 고민에 빠지게 된다. 연구문제에 대한 계량화 작업이 어렵거나 양적인 전제와 가정이 불가능해 질적인 연구방법 말고는 문제의 핵심을 다루기 힘든 경우 이런 고민이 한층 깊어지게 마련이다.

이런 문제점을 극복하기 위한 연구방법이 바로 델파이 분석 기법(*Delphi method*)이다. 델파이 기법이란 해당 연구문제에 대해 해박한 지식을 지닌 여러 명의 전문가 집단으

로 패널을 구성하고, 이들을 대상으로 상호작용적인 의제설정과 관련 토의 및 주제 상정을 시도함으로써 미래에 대한 가장 근사치의 예측 값을 얻어내는 연구방법을 말한다. 즉, 해당 분야에 전문적 식견을 지닌 전문가 집단을 대상으로 질의와 응답을 2~3 차례 혹은 필요하다면 그 이상 여러 차례 반복해서 합치된 의견을 추출해내는 연구 조사과정으로 연구문제와 관련해 앞으로 전개될 수 있는 미래상황에 전문가들이 예견하는 가장 적합한 추론을 얻어내고자 하는 목적을 가진 연구방법이다.

연구의 진행은 우선 전문가 집단의 선발에서 시작된다. 즉, 관련 분야에 대해 전문성을 지닌 패널집단을 선정하고 이들에서 연구문제와 관련된 질의응답에 하도록 유도한다. 질문을 제시하고 이에 대한 대답을 듣는 일련의 과정을 델파이 기법에서는 하나의 라운드(*round*)라고 부른다. 각 라운드에서는 그 이전 라운드에서 전개된 예측이나 논의에 대한 요약과 피드백, 그리고 그러한 판단의 근거 등을 델파이 참여자들에게 제공하는 과정을 거치게 된다. 이러한 전개 속에서 각각의 전문가들은 스스로의 예측과 판단에 대한 보완이나 수정을 꾀할 수도 있다. 결국 라운드가 반복될수록 전문가 패널들의 의견은 집중된 몇 가지 요인이나 예측으로 모아지게 되고, 결국 연구문제에 대한 보다 적확한 예측이나 분석에 도달하게 된다.

연구의 진행은 사전에 계획된 기준, 예를 들어 몇 번의 라운드를 실시할 것인지, 몇 개까지 합의를 도출해낼 것인지 등에 따라 이뤄지는 것이 일반적이다. 델파이 기법은 전문가 집단을 대상으로 비교적 엄격하게 통제된 환경 하에서 연구가 진행되므로 불특정 다수를 대상으로 하는 여타 연구방법들에 비해 훨씬 효율적이며 보다 정밀하다는 장점이 있다. 델파이 기법은 특히 상업적인 측면에서의 예측을 필요로 할 때나 미래 시장을 개척하려고 할 때, 또 이러한 시장이 어떤 경제적 특성과 장점을 지닐 것인지 등을 미리 알아보고자 할 때에도 효과적이다. 그래서 미디어 연구에서는 광고연구 분야나 경제적 영향력에 대한 예측연구, 정책 입안이나 적용에 관한 효과 예측 연구 등에서 널리 활용되고 있다.

델파이 기법은 특정 연구문제에 대한 전문가 패널들의 의견 소통을 통해 전문적인 판단을 유도하고 개별 전문가들의 견해를 서로 대조시킴으로서 앞으로의 상황을 예측하고자 하는 연구방법이다. 따라서 델파이 기법은 어떤 문제를 예측, 진단, 결정함에 있어 의견이 일치될 때까지 전문가 집단으로부터 반응을 체계적으로 돌출하여 분석,

종합하는 조사방법이라 할 수 있다. 이는 패널 토의나 위원회 같은 집단 회의의 방법에서 착안된 것으로, 전문가들이 참여하는 직접적인 토론을 체계적인 과정에 따라 구성된 일련의 설문으로 대치해 정보와 의견을 서로 교환하게 함으로써 미래에 대한 가장 가능성이 높은 예측을 이끌어내는 연구방법이라 할 수 있다.

2. 델파이 기법의 기원

델파이 기법은 1964년 랜드(Rand)연구소의 올라프 헬머(Olaf Helmer), 노만 델키(Norman Delkey), 니콜라스 레처(Nicholas Rescher) 등이 처음 개발했다. 초기에는 경마의 결과를 예측하기 위해 고안됐는데, 이후 전문가 그룹으로부터 체계적 의견을 도출하기 위한 조사방법으로 발전했다. 특히, 랜드 연구팀은 초창기에 미 공군의 지원을 받아 전쟁상황 하에서 전문가의 의견과 판단을 반영하기 위한 연구과제 집행에 델파이 기법을 자주 사용했던 것으로 알려져 있다.

델파이라는 이름은 고대 그리스의 신탁(*Oracle*)에서 유래된 것이다. 연구방법을 처음 고안해낸 랜드연구소의 연구자들은 이 이름을 썩 좋아하지 않았다는 말도 있는데, 왜냐하면 이 명칭은 왠지 "무언가 막연하면서도 왠지 과장되게 들리고 초자연적인 현상처럼 여겨지기 때문"이었다. 그러나 물론 이러한 이미지와는 상반되게 델파이 기법은 제한된 정보나 과학적 근거의 한계를 극복하고자 전문가들의 의견과 경험, 나아가 그들의 직관을 연구문제의 예측에 활용하고자 고안되어진 과학적인 연구방법이라는 데 의의가 있다.

델파이 연구의 목적은 일련의 설문을 통해 수집된 의견을 연속적으로 환류시킴으로써 전문가 집단의 의견을 집중시켜 신뢰할 만한 결론을 도출하고자 한 것이다. 초창기 랜드 연구소가 자주 다루었던 연구주제들로는 재래식 무기와 핵무기를 조화시켜 최적의 전력목표체제를 도출하는 것과 같은 군사적 목적의 연구들이 많았다. 냉전시대가 막 시작되었던 당시로서는 신기술이 전쟁의 판세에 어떤 영향을 줄 수 있을 것인가가 초미의 관심사였기 때문이다. 당시 미 공군이 랜드 연구소에 의뢰했던 군대에서의 신기술 개발에 대한 연구 등은 이와 같은 배경의 대표적 사례라 할 수 있다.

델파이 기법은 전통적 예측기법들, 예를 들어 이론적인 접근이나 계량적 연구방법 혹은 트렌드 유추 등을 적용하기 힘든 연구문제에 대한 대안적 연구방법으로도 크게 각광받았다. 이 시기에는 아직 미래예측에 대한 과학적인 연구방법들이 명확하게 확립되지 않았으므로, 델파이 기법의 적용사례는 빠르게 늘어갔다. 게다가 전쟁시에는 상황에 대한 빠른 판단을 필요했으므로 델파이의 예측기법은 자연스레 군사적 목적으로 널리 활용되었다고도 볼 수 있다. 랜드연구소의 연구자들은 적군의 공격에 대한 가능성, 빈도, 강도 등을 예측하는 데에도 델파이 기법을 자주 활용했다. 대부분 전문가의 의견은 익명으로 처리되었으며, 전문가들의 합의가 이뤄질 때까지 순환적으로 연구가 진행되는 틀이 이 시기에 확립되었다.

델파이 기법이 보다 본격적으로 성장하게 된 것은 1960년대 후반기부터였다. 초창기 연구들이 주로 군사적 목적에 맞춰졌던 것에 반해, 이 시기에는 산업계에서 기술발전을 예측하거나 공학적 발전을 예측하는 데 광범위하게 델파이 기법을 적용했다. 현대사회에서 델파이 기법은 미래의 과학발전이나 생활수준 등을 예측하는 데에도 널리 활용되고 있다. 즉, 미래예측이나 조직의 목표달성, 정책수립에 이르기까지 광범위한 영역에서 폭넓게 적용되는데, 정부나 기업, 학술연구 분야 등 다방면에서 비계량적 예측기법의 대표적 연구방법으로 각광받고 있다. 그 결과 오늘날 델파이 기법은 생활의 질이나 미래과학, 컴퓨터 공학 등의 발전을 예측하는 연구 등으로 널리 인식되었다. 랜드연구소의 테오도르 고든(Theodore Gorden)과 헬머가 행한 장기예측 연구는 이러한 적용사례의 대표적인 경우다. 이 연구의 목적은 과학과 공학을 중심으로 장기적인 안목에서의 발전 방향과 이것이 우리 사회와 세계에 미칠 수 있는 영향을 평가해 보자는 것이었다.

델파이 기법은 흔히 주관적이고 정성적(定性的)인 성격을 띠는 경우가 많다. 그래서 어떤 학자들은 이 연구방법이 과학적이라기보다 철학적 성격을 지니고 있다고 비판하기도 한다. 그러나 델파이 기법은 참값을 얻기 힘든 예측연구들이 일반적으로 지니고 있는 한계를 극복하는 과학적 유용성을 지니고 있다. 예를 들어, 델파이 기법은 근사치의 값을 얻을 수 있다는 측면에서 정확성을 지닐 수 있으며, 동일한 대상물이나 특성을 비교 가능한 방법 혹은 독자적인 방법으로 측정했을 경우 그 결과 값에서 일관성을 찾을 수 있으므로 신뢰성이 있는 연구방법이라 할 수 있다. 또한, 피드백의 적용과정을 통해 참여자들의 응답이 안정성을 유지할 수 있다는 점도 델파이 기법의 과학적 유용성을 방증해준다고 할 수 있다.

3. 델파이 기법의 특징

델파이 기법은 다음의 세 가지 주요 요소들에 그 특징이 있다. 각각의 요소들은 전문가 패널들이 보다 연구문제에 집중할 수 있도록 만들어 주며, 다른 방법론과의 차별화된 특성을 형성하게 한다.

(1) 정보 흐름의 구조

델파이 기법에서 전문가들의 가장 중요한 기여는 질문에 대한 전문가적 견해의 피력과 수렴된 응답에 있다. 전문가 패널의 운영자는 개별 전문가들이 서로의 시각이나 예측을 확인하는 정보의 유통을 관장하고, 부적절한 내용을 걸러내는 역할을 한다. 흔히 면대면(*face-to-face*) 커뮤니케이션은 부적합한 내용이나 주제의 범위를 벗어나는 의견개진의 오류를 가져오기 쉬운데, 델파이 기법은 이러한 정보흐름의 구조적 전개를 통해 면대면 커뮤니케이션이 지닌 부정적 영향력을 배제시키고, 패널 그룹토론의 역동성을 보장함으로써 보다 효과적인 문제해결에 도움을 받게 된다.

(2) 규칙적인 피드백

전문가 패널들은 각자의 예측을 제시하게 되지만, 이와 동시에 다른 전문가 패널이나 전체 패널들의 의견과 예측, 또 자신의 의견에 대한 반응 등을 동시에 알 수 있도록 그 피드백을 전달받게 된다. 흔히 공개적인 회의석상의 그룹 토의에서는 자신이 한 번 말한 의견에 지나치게 집착해 다른 견해에 내해 배타적으로 대응하거나 혹은 자신이 속한 그룹의 리더의 의견을 너무 확신하는 경향이 나타나기 쉬운데, 델파이 기법은 이런 오류로부터 비교적 자유로울 수 있다는 데 그 주요한 특징이 있다.

(3) 참가자의 익명성

델파이 기법의 참여자들은 익명으로 연구에 참여하는 것이 일반적이다. 이 같은 익명성은 연구가 최종적으로 마무리가 되더라도 유지되는 것이 상례이다.

익명성을 유지하는 것은 패널의 전문가 참여자가 다른 참여자의 시각이나 견해에 영향을 주거나 혹은 자신의 권위나 개인적인 스타일로 인해 다른 사람의 의견을 지배하고자하는 문제점을 보완하는 역할을 한다. 결국 익명성의 유지는 모두가 한 곳으로 의견을 모으고자 하는 밴드웨건(*bandwagon*) 현상이나 특정인의 유명세나 인지도에 영향을 받는 획일화 현상인 후광효과(*halo effect*)를 방지할 수 있게 도와준다. 결국, 이 같은 익명성은 보다 공개된 비판의 장을 허용하게 되며, 개별 전문가들도 그 스스로가 저질렀을 수 있는 초기의 오판을 부담 없이 수정할 수 있는 환경을 제공받게 된다.

4. 델파이 기법의 종류와 의미

일반적으로 델파이 기법에는 수량적 델파이, 정책 델파이, 의사결정 델파이, 역사적 델파이의 네 가지 유형이 있다. 먼저 수량적 델파이는 전통적 델파이 기법 혹은 일반 델파이 기법이라고도 불리는 연구방법이다. 미지의 수량적 데이터를 예측하기 위한 델파이 기법으로 특정 사안이 야기될 시점이나 그것이 성취될 수 있는 가능성을 예측하는 연구방법을 말한다. 즉, 어떤 문제에 대해 수량적 예측을 최소한의 범위까지 구체화하는 것을 목적으로 하는 것인데, 따라서 그 연구의 결과도 당연히 수량적인 데이터로 표현된다.

반면, 정책 델파이란 수량적 델파이와는 다르게 수량 데이터가 아닌 구술 자료에 의거한 연구방법이다. 그러니까, 어떤 문제에 대한 목표설정과 그를 위한 정책내용 및 우선순위 결정, 혹은 어떤 쟁점에 대한 의견의 수렴이나 찬반논의의 설정 등에 주로 활용되는 연구방법이라 할 수 있다.

정책 델파이는 델파이 기법의 가장 기본적인 원리를 연구에 응용하는 경우다. 즉, 정책문제의 해결을 위해 정책대안을 개발하고, 그러한 정책대안의 결과를 예측하기 위해 전문가나 정책 결정자가 심각하게 생각하지 못했거나 미처 생각하지 못한 것들을 주관적인 입장에 있는 정책 관련자에게 서로 대립되는 의견을 보여줌으로써 정책의 적용에 대한 실효성을 검증하게 하는 연구방법론이라 할 수 있다. 따라서 정책 델파이 기법은 정책이나 의사결정을 위한 메커니즘이라기보다 정책이슈를 분석하기 위한 도구이자 의견개진을 위한 연구방법으로 자주 활용된다.

일반적인 델파이 기법과 정책 델파이 기법의 차이점은 해당 연구문제가 일반 문제에 대해 예측하려는 것인지 아니면 정책문제에 대한 연구인지의 차이에서 비롯된다. 또, 일반 델파이 기법이 관련 전문가들을 대상으로 철저한 익명성에 바탕을 두고 있는 데 반해, 정책 델파이는 선택적으로 익명성을 보장하거나 연구 진행과정에서 상호 토론을 허용한다는 차이점이 있을 수 있다. 마지막으로 일반 델파이 연구에서는 의견의 평균치를 중시하는 데 반해, 정책 델파이에서는 극단적이거나 대립적인 의견에 대해서도 가중치를 높게 두는 것이 큰 차이점이다. 정책 델파이는 정책의 적용에 따른 미래 상황의 예측이 가장 중요한 목적이 있기 때문이다.

한편, 의사결정 델파이란 어떤 현실을 보기 위한 것이 아니라 현실을 창조할 것을 목표로 이뤄지는 연구방법이다. 즉, 전문가 집단을 대상으로 특정 정책이나 규제 혹은 통제행위의 집행을 목적으로 하는 의사결정의 도구로 델파이 기법을 활용하는 것을 말한다.

마지막으로 역사적 델파이란 특정 분야에서 두드러진 역사적 인물을 연구하는 일련의 전문가들을 대상으로 일정한 과거 시점에 특정 사안의 문제가 발생했을 경우, 이들이 어떻게 반응, 대처했을지를 추정함으로써 과거의 특정 정책을 재조명하거나 그것과 다른 가능한 대안을 추구했을지의 여부를 추정하고자 하는 연구방법이다. 이러한 연구는 연계된 문제에 대한 역사적 인물들의 조언을 구할 수 있게 하기도 하고, 해당 분야의 정책 결정자들에게 도움을 주기도 한다.

델파이 기법은 또한 조사 도구에 따라서도 두 가지 형태로 분류된다. 첫째는 설문지를 이용해 응답을 수집하는 방식인 전통적 델파이 기법활용 연구이고, 둘째는 컴퓨터 등을 이용해 응답과 처리 환류를 신속히 함으로써 극히 짧은 시간에 의견을 종합할 수 있는 실시간 델파이 기법활용 연구이다.

서베이 형식을 통해 미래를 예견하는 델파이 기법과는 달리, 다른 차원에서 연구문제에 접근하는 방식으로는 델파이 대화기법도 있다. 델파이 대화기법의 주요 목적은 양적인 데이터를 생산하는 것보다 전문가들이 인터뷰한 내용 자체를 그대로 질적으로 반영하고자하는 연구방법이라 할 수 있다.

델파이 기법은 원래 일반적 요인분석의 단점을 피할 수 있게 하기 위해 전문가 위원회의 활동을 구조화하는 수단으로써 개발되었다. 사실 전문가집단으로 이뤄져 있더라도 공개된 위원회나 연구모임 혹은 공개된 장에서 패널을 통해 요인을 분석해내는 시도들은 상호작용에서의 부정적 영향으로 인해 바람직하지 못한 결론을 내리기 쉬운 문제점이 늘 존재한다. 왜냐하면 첫째, 자존심이나 혹은 그 스스로의 판단의 오류로 사람들은 공개된 공간에서 일단 피력한 자신의 의견을 결코 쉽게 바꾸지 못하는 경향이 있으며, 둘째, 문제의 해결방안에 지나치게 집중한 나머지 논의의 전개에서 중심이 되는 쟁점을 왜곡하거나 잘못 해석하기 쉬우며, 셋째, 전문가들은 어떤 이론이나 아이디어에 강하게 동일시하는 속성이 있어 때때로 특정한 아이디어에 저항하거나 거부감을 보이기 쉽기 때문이다.

델파이 기법은 이러한 단점을 극복하기 위해 특정 주제를 논의함에 있어 전문가들을 대상으로 익명의 상호작용 절차를 반복시킴으로써 통제된 환류를 통해 집단응답에 대한 통계적 처리를 이룬다는 데 큰 의의가 있다. 이는 보다 구체적으로 다음의 다섯 가지 요소들로 정의내릴 수 있는데, 첫째, 델파이 기법은 기본적으로 자료나 정보의 획득을 위해 전문가의 의견수렴에 의존하는 것에 의미가 있으며, 둘째, 전문가들을 대상으로 주의 깊게 작성된 단계별 설문지를 통한 정보의 추출과 요약, 그리고 다시 환류된 여론을 기초로 진행된다는 점을 들 수 있다. 셋째는 익명성을 보장함으로써 전문가들은 집단의식에서 벗어나 솔직한 견해를 피력할 수 있도록 유도되며, 넷째, 통제된 환류와 반복을 통해 전문가들이 다른 전문가의 시각을 인지하고 이에 따라 자신의 의견을 재검토하거나 수정할 수 있도록 배려되는 것이다. 마지막 다섯째는 라운드의 반복을 통해 연구가 진행됨에 따라 보다 집중된 의견과 타당한 근거를 수렴하게 되는 특성을 지니게 있다.

5. 델파이 기법의 연구방법

델파이기법은 일련의 설문을 통해 전문가 그룹에게 질문하는 방법이다. 이 같은 각각의 순차적인 설문과정을 델파이 기법에서는 개별적인 라운드라 부른다고 앞서도 잠시 언급했다. 델파이 설문은 단순한 미래예측에 관련된 질문뿐만 아니라 전문가 집단이 특정 주제나 과제에 대해 합의한 분포와 찬성, 반대의견 등에 대한 정보까지 상세히 파악하는 역할을 한다. 또한 설문의 내용은 연구 그룹 내의 전문가 패널리스트간의 상호 의견교환을 가능하게 만들어주기도 한다. 델파이 연구에 참여하는 전문가 그룹은 일반적으로 패널이라 불리기도 하며, 설문지를 회수하고 정리하는 등 델파이 전 과정을 주관하는 사람을 총괄수행자(*moderator, facilitator*)라 부른다.

델파이 기법에서 총괄수행자는 특정한 역할을 담당하게 된다. 즉, 전문가 패널들의 문의에 답변을 제공해야 하며, 질문지를 작성하고 이를 운영하며 분석하는 역할을 맡는다. 경우에 따라 총괄수행자는 특정 전문가의 견해를 차단하거나 그들에게 특정한 지시를 내릴 수도 있다. 개별 전문가들의 견해를 모으고 분석하며, 혹시 대립된 의견이 등장할 경우, 이를 다른 전문가들에게 통보하는 일도 총괄수행자의 몫이다. 합일된 의견이 드러나지 않으면 델파이 조사과정을 통해 이론과 반이론 형성의 과정을 반복적으로 수행해야 하는데, 이러한 진행과정에서 종합적인 합의를 도출해내도록 적극적으로 개입하고 유도하는 것도 총괄 수행자가 맡아야할 역할이다. 델파이기법은 일반적인 세 단계 진행과정은 다음과 같이 요약될 수 있다.

1) 제 1 단계 : 연구문제의 명료화와 전문가 패널의 선정

델파이 연구의 제 1단계에서는 먼저 연구문제를 명료화하는 작업을 수행해야 한다. 즉, 분석하고자 하는 요인에 대한 주제를 구체화하는 작업이 바로 이 단계에서 이뤄져야 한다. 이 작업을 통해 연구자는 앞으로 전문가 패널 집단들이 토의를 벌이게 될 연구문제의 구체적 내용을 확인하고, 이에 알맞은 연구의 진행과 전개, 참여를 대비할 수 있다.

패널에 참가한 전문가의 선정은 제 1 단계에서 이뤄져야하는 가장 중요한 과정이다.

참가자의 선정은 총괄수행자의 의해 인위적이고 조작적으로 이뤄지는 것이 일반적인데, 관련 분야의 전문가들의 전문성을 고려한 배분과 보완, 선정을 고려하여 구성하는 것이 일반적이다. 전문가의 선정은 가능한 한 서로 다른 시각을 가진 인사들을 고루 포함시키는 것이 바람직하다. 왜냐하면 편향된 시각의 전문가들로만 구성될 경우 연구결과에서 왜곡이 나타날 수 있기 때문이다. 이를 피하기 위해서는 전문가 선정에서부터 최대한 왜곡될 가능성을 배제시켜야 한다.

또한 전문가 패널의 선정과정에서는 다음의 몇 가지 사안들이 고려되어야 한다. 먼저, 전문가들은 질의응답에 응할 수 있는 평균이상의 전문적 지식을 지니고 있어야 하며, 둘째, 조사에 참여하는 전문가들은 지리적으로 고르게 분포되어 있어야 한다. 셋째, 합리적이며 객관적이고 편향되지 않은 사고를 하는 인물을 고려해야 하며, 넷째, 가능한 한 조사에 열성적으로 참여할 수 있는 전문가이어야 하고, 마지막 다섯째, 델파이 연구가 진행되는 기간(일반적으로 수주일 가량) 동안 시간적 여유가 있으며 연락이 용이해야 한다는 점이 고려돼야 한다.

2) 제 2 단계 : 연구의 집행

연구문제의 명료화와 전문가 패널집단의 선정작업이 마무리되면 제 2 단계로 넘어갈 수 있다. 제 2 단계에서는 먼저 각각의 라운드 운영을 위한 작업들이 수행된다.

가장 기초적인 작업은 질문지의 작성이다. 기본적으로 델파이 기법의 질문지는 양적인 응답이 나오도록 질문을 만들어야 한다. 예를 들어 “2020년 한국의 IPTV 보급률은 몇 %에 달할 것이라 생각하십니까?”나 “Full HD 텔레비전 보급은 몇 년에 80%를 돌파할 것으로 보십니까?”와 같이 물어보는 것이 바람직하다. 질문지에 응답을 요청하기 위해서 가장 바람직한 것은 자료조사팀이 구성되어 전문가들을 찾아가 응답을 듣는 것인데, 시간이나 예산관계상 이 작업이 힘들다면 사전에 양해를 구해 이메일로 설문지를 보내거나 전화로 물어볼 수도 있다.

제 2 단계에서는 이와 같이 질문지의 작성과 조사, 분석, 그리고 연구결과를 활용해 다음 라운드 질문지의 개발 등이 순환적으로 이어진다. 보다 구체적으로는 작성된 질의서에 대한 전문가들의 응답을 취합해 전문가 패널에게 피드백으로 전달하고, 이에 따른 결과를 취합해 후속 질문지를 다시 작성하는 과정을 반복하게 된다.

경우에 따라서는 여러 차례에 걸친 라운드의 반복이 이어질 수도 있다. 하지만 각각의 라운드는 유사한 형태로 진행되기보다 회를 거듭할수록 보다 심층적이고 집중된 주제에 대한 토의를 반영토록 설계해야 한다. 예를 들어, 1 라운드 조사와 2 라운드 이상의 조사에서 사용되는 질문지는 차이가 있어야 한다. 먼저, 제 1 라운드의 설문지는 주로 개방형 질문형태로 제시되어야 하며, 해당 주제의 델파이 분석에 필요한 정보와 판단을 얻는 데에 활용되는 것을 주요한 목적으로 하는 것이 일반적이다. 1차 조사가 끝난 후에는 초기의 모든 요인에 대해 일목요연하게 목록을 작성해야 하며, 이렇게 분석된 1 라운드의 조사결과를 모든 패널리스트들에게 익명으로 제공한다. 1 라운드의 내용을 종합한 2 라운드의 질문지는 정보제공과 조사의 두 가지 목적을 위해 좀 더 복잡하게 구성되는 것이 원칙이다.

이런 과정을 통해 얻어진 자료들은 필요할 경우 집중경향과 분산도의 산출을 통해 결과를 도출하는 작업도 이뤄질 수 있다. 이를 다시 제 2 라운드의 응답과 환류시켜 각 항목에 대한 본인의 예측을 수정할 수 있는 기회도 제공할 수 있다. 즉, 일차적으로 수집된 양적 결과들을 분석하는 과정에서 양적 데이터들의 평균값을 낸다. 그 평균값은 결국 전문가들의 예측의 정도를 보여주는 것이다. 2 라운드에서는 1차 조사의 평균값을 전문가 패널들에게 알려주고, 이러한 결과에 얼마나 동의하는가를 물어봐야 한다. 최종적으로 수집된 데이터를 토대로 통계적 유의미함을 따져 최종결과의 예측을 제시하기 위한 기초자료를 마련하는 과정까지 진행되어야 한다.

만일 특정 전문가가 다수의 의견으로부터 극히 벗어난 요인을 계속 주장하고자 할 때는 그 이유를 밝히도록 요청할 수 있다. 이런 과정을 거쳐 다시 제 3라운드의 질의응답을 받을 때에는 집중경향과 분산도를 산출하고 다수의 의견으로부터 벗어난 의견들을 모아 소수의견 보고서와 함께 제 3 라운드의 질문을 반복하는 과정을 거치게 된다.

기본적으로 델파이기법은 참여 전문가의 의견이 어느 정도 수립될 때까지 수차례에 걸쳐 반복할 수 있는 것을 원칙으로 삼는다. 즉, 라운드의 운영은 연구 설계과정에서 인위적으로 설정한 횟수만큼 반복되는 것이 원칙이지만, 필요할 경우 4~5차례의 라운드를 반복적으로 운영하는 것도 가능하다. 그러나 제 2 혹은 제 3 라운드의 델파이 조사에서 충분히 의미 있는 의견의 합치를 얻었다면, 비록 미리 설계가 되었다고 하더라도 라운드의 운영을 멈추고 해당 주제에 대한 미래 예측이나 요인 분석의 단계로 진행시키는 것도 가능하다. 제 2 단계의 궁극적 목표는 전문가 패널과의 질의응답 운영을 통한 합치된 견해(*consensus*)를 도출해내는 데 있으며, 이를 위해 각 라운드의 진행은 회를 거듭할수록 불일치된 견해를 제외하고 논의 깊이를 더하는 방향으로 전개되어야 한다.

3) 제 3 단계 : 결과의 분석 및 최종 보고서의 작성

제 3 단계는 연구의 마무리를 실행하는 단계이다. 즉, 반복된 각 라운드에서 추출된 내용들을 활용해 정리하는 작업을 수행하는 과정이라 할 수 있다. 그러므로 이 단계에서는 최종 예상요인을 정리하고, 빈도수에 따른 예상요인 및 세부사항을 추리며, 백분비를 분석하는 것 등이 중요하다.

연구의 진척수준에 따라 보완적 과정이 이뤄질 수도 있는데, 필요에 따라 각 단계에서 취합된 연구결과에 대해 다시 전문가를 초청하여 세미나를 개최할 수도 있다. 이러한 추가적 과정을 통해 최종 평가를 보완하는 것이 바람직하다. 제 3 단계는 연구의 마지막 과정인 최종 결과보고서의 작성으로 마무리된다.

6. 델파이 기법의 장점과 단점

델파이 기법은 사회환경이 복잡해지고 빠르게 변화함에 따라 증가될 수밖에 없는 불확실성을 최소화하기 위해 질적 분석기법이며, 계량적인 방법을 빌어 미래나 요인을 예측하기 위한 의사결정 혹은 분석과정의 연구방법으로 폭넓게 활용되는 조사기법이다. 델파이 기법은 라운드를 거듭함에 따라 의견합치에 도달하는 속도가 빠르고, 의견의 현저한 전환이 발생될 수 있는 특성을 지니고 있다. 따라서 응답집단의 규모가 크고 라운드가 여러 차례 반복되게 되면 비교적 정확하고 신뢰할 수 있는 결론을 얻을 수 있는 연구방법론이라 할 수 있다.

델파이 기법이 지닌 장점은 먼저 편향된 토의에 쏟는 노력과 시간의 낭비를 줄일 수 있다는 점이다. 흔히 공개된 토론장에서 구술(*oral*) 커뮤니케이션으로 진행되는 전문가 논의는 환경적 요인에 영향을 받게 되며, 경우에 따라 논지에서 벗어난 지엽적인 논쟁에 빠지게 되는 오류를 범하기 쉽다. 델파이 기법을 활용한 예측연구는 비교적 통제된 환경의 조성을 통해 이러한 문제점을 극복할 수 있다. 또한 연구과정 자체가 총괄수행자에 의해 관장되기 때문에 논의가 초점에서 크게 벗어나지 않는다는 점도 장점으로 꼽을 수 있다.

델파이 연구는 일반을 대상으로 하거나 규모가 큰 연구에 비해 시간적으로나 경제적으로 비용을 절감시킬 수 있는 장점도 지니고 있다. 비교적 소규모의 전문가 집단을 대상으로 서면조사를 통해 실시되기 때문에 회의비나 체제비 등이 절감되는 효과도 누릴 수 있다. 공개된 토론회나 협의회에 비해 시간이나 빈도도 비교적 덜 제한적이다.

하지만 델파이 기법이 지닌 가장 큰 장점은 역시 익명성에 있다. 전문가들은 비공개적 속성에 자유롭고 솔직하게 자신의 의견을 개진할 수 있다. 그리고 전문가들이 그들의 의견만을 피력하는 것이 아니라 다른 전문가의 의견을 수렴하고 , 또 자신의 의견에 대한 피드백을 접할 수 있게 만들어 주는 것도 바람직한 면이라 할 수 있다. 또, 몇몇 주도적인 사람들에 의해 전체의 의견이 한 쪽으로 집중되거나 분위기에 밀려 휩싸이게 될 염려도 적다. 더군다나 체면이나 위신 때문에 다른 결정을 하게 될 일도 없다. 전문가가 스스로 자신의 의견을 조정하거나 쉽게 철회할 수 있다는 점도 이 연구방법이 지닌 장점이라 할 수 있다. 물론 참여하는 전문가 패널이 성심껏 연구에 참여한다는 전제가 따라야 하지만, 순간적인 오판으로 내린 자신의 잘못된 의견을 수정할 수 있는 기회를 쉽게 제공받을 수 있다는 면도 이 방법론이 지닌 장점 중의 하나이다.

한편, 델파이기법의 절차와 결과에 대한 한계점도 있다. 우선, 동원된 전문가의 자질과 역량에 대한 문제가 제기될 수 있다. 전문가 패널이 전문적 지식이나 식견이 없는 경우, 소수의 연구 참여자들로 인한 정보의 왜곡이나 잘못된 결론의 추출을 경험할 수도 있다. 둘째, 익명성의 보장은 역으로 전문가 패널의 불성실한 답변을 가져올 수 있는 문제점 또한 지니고 있다. 익명성이 보장됨으로써 특정 의견을 피력한 전문가가 스스로의 체면이 손상될 염려가 없으므로 불성실하게 응답에 임할 가능성도 완전히 배제할 수 없다. 셋째, 설문여부에 따라 응답이 크게 달라지는 경향이 있어 응답표현이 모호하면 그 응답의 처리과정에 연구자의 자의적인 해석이 가미될 위험이 있다. 넷째, 질의응답에 대한 회수율이 높지 않을 가능성도 있다. 특히, 델파이 기법은 각각의 라운드가 반복되는 구조를 띠는데, 일반적으로 반복적인 라운드가 진행될수록 응답률이나 설문지 회수율이 급격히 저하되는 문제점이 있다. 전문가들만이 참여함으로 지속적이고 안정적이며 충성스런 응답자의 참여여부가 연구자의 네트워크나 인지도에 따라 크게 좌우될 수 있다는 점도 감안되어야 한다. 다섯째, 델파이 기법은 기본적으로 반복적 구조를 띠기 때문에, 자연히 조사기간이 오래 걸린다는 근본 속성을 지니고 있다. 한정적이거나 빠른 결론을 유도해야하는 연구문제의 경우, 델파이 기법은 시각에 따라 그리 적합하지 않은 조사방법이 될 수도 있다. 여섯째, 전문가 집단의 응답은 라운드에 따라 공개될 수밖에 없는데, 따라서 연구 참여자들은 무의식적으로 통계적 처리결과를 받아들이거나 따라갈 수 있는 문제가 있다. 일곱째, 한두 가지 요인만으로 미래를 예측할 경우, 자칫 미래를 지나치게 단순화해 파악하는 문제점을 야기할 수 있다. 여덟째, 또한 전문가들이 참여하므로 이들이 자신들의 전문성에 대해 과도한 확신을 갖게 되어 지나치게 환상적이거나 혹은 전체를 파악하는 데 어려움을 경험할 수도 있다. 마지막으로 아홉째, 미래에 대한 예측연구라는 방법론 자체가 지닌 태생적 한계로 연구의 결과가 비논리적이거나 과학적이지 못한 자의적 판단에 근거를 두고 있다는 문제점을 지닐 수 있다.

그러나 연구방법으로서 이러한 수준의 한계점을 지니지 않은 완벽한 조사기법이란 사실 존재하기 힘들다. 모든 연구방법은 그 나름의 문제점과 단점을 지니고 있으며, 이를 효율적으로 그리고 효과적으로 극복하는 것이야말로 오히려 단점을 장점으로 변화시킬 수 있는 요인들이 될 수 있다. 따라서 연구방법으로서 델파이 기법의 적용에서도 보다 정교하고 치밀한 전문가 집단의 선정, 각 라운드 질문지의 작성과 환류과정의 운용, 객관적이고 균형잡힌 분석 등을 통해 이러한 한계점을 극복하려는 노력을 더하는 것이 중요하다.

참고문헌

고경순(1988), “델파이 조사방법의 유용성에 관한 실증적 고찰”, 〈무역경영논집〉, 제 4권.
김정기 · 김홍규(1986), “외국광고대행사의 국내진출에 대한 델파이 조사 연구”, 〈동서언론〉, 제 1권.
남궁근(1994), 《행정조사방법론》, 법문사.
노승용(2006), “델파이 기법: 전문적 통찰로 미래 예측하기”, 〈국토〉, 제 299호.
오택섭 · 최현철(2003), 《사회과학 데이터 분석법》, 나남출판.
이종성(2001), 《델파이 방법》, 교육과학사.
정재호(2006), “미래예측 방법론: 이론과 실제”, 〈나라경제〉, 제 17권.
지병철(1991), “과학적 예측기법 분석: 델파이 기법을 중심으로”, 〈군사발전〉, 제 60호.

연습문제

1. 델파이 기법의 세 가지 특성에 대해 설명해 보자.

2. 미디어 정책 연구에 있어 델파이 기법을 활용해 미래를 예측할 수 있는 연구문제는 어떤 것들이 있을까? 구체적인 연구문제를 직접 만들어 보자.

3. 방송 관련 뉴 미디어의 도입에서 신규 매체의 미래 수요를 알기 위해 델파이 기법을 활용하고자 한다. 구체적인 연구 설계 및 계획은 어떻게 수립해야 할까? 각 라운드별 전개과정에 대해 설명해보자.

제 13 장

네트워크 분석

최 영

이 장에서는 사회과학 조사방법의 하나인 네트워크 분석에 대해 살펴본다. 네트워크 분석은 쌍방향 커뮤니케이션을 특징으로 하는 네트워크상에서의 커뮤니케이션 현상을 파악하는 데 가장 유용한 분석방법의 하나로 인식되고 있다. 실제로 네트워크 분석에서 이용되는 여러 개념들을 통해서 하나의 조직 혹은 시스템에서의 구성원간의 상호작용을 계량적으로 분석하여 조직에서의 구성원들이 어떻게 연결되고 있는 지를 보여줌으로써 조직 내에서의 구성원의 위치 및 전체 조직의 모습을 체계적이고 계량적으로 보여주는 분석방법이다.

주요 용어: 관계의 패러다임, 자극과 반응(*stimulus and response*), 네트워크, 네트워크 분석, 사회 연결망, 중심도, 밀집도, 링크수, behavioral science,

1. 관계의 패러다임 *

1) 자극과 반응의 패러다임

20세기 사회과학 방법론 분야에서 커다란 획을 그었던 실증주의(*Positivism*)는 커뮤니케이션학 분야에도 지대한 영향을 미쳐 수많은 연구가 이를 바탕으로 이루어졌다. 이른바 질적 분석(*qualitative analysis*)에 반대되는 개념인 양적 분석(*quantitative analysis*)이

* 최 영(1998), 《뉴미디어시대의 네트워크 커뮤니케이션》에서 발췌한 내용임.

대표적인 사례라 할 수 있다.

양적 분석의 커다란 줄기인 행동(행위) 과학(*behavioral science*)은 이른바 자극과 반응(*stimulus and response*)이라는 인과관계를 바탕으로 사회의 여러 현상을 규명하는 데 많은 도움을 주었다. 커뮤니케이션 현상을 설명할 수 있는 대표적 모델이나 이론들의 다수가 이러한 패러다임 하에서 연구되었다. 커뮤니케이션학 분야에서도 커뮤니케이션 자극에 따른 반응의 정도를 계량적으로 측정함으로써 여러 형태의 커뮤니케이션 현상을 설명하려고 했다. 이러한 연구들은 매스미디어의 일반적 효과를 측정하는 데 가장 널리 쓰이는 방법 중 하나이다. 폭력적 TV에 노출되는 것과 어린이 폭력성 간의 상관관계에 관한 연구에서부터 메시지의 종류에 따른 설득효과의 차이를 측정하는 광고연구에 이르기까지 수많은 효과연구가 바로 자극과 반응이론을 기초로 하고 있다. 메시지의 효과에 대한 연구는 실제로 커뮤니케이션학의 태동에서부터 중요한 관심의 대상이 되었듯이(예를 들면, Hovland의 연구), 20세기 커뮤니케이션학의 가장 큰 비중을 차지하는 분야 중의 하나이다.

이러한 연구들은 특히 매스 커뮤니케이션 분야에서 활발히 이루어졌는데, 불특정 다수의 피동적 정보 수용자를 대상으로 한 매스 커뮤니케이션의 특징으로 볼 때 지극히 당연한 현상이라 할 수 있다. 이러한 상황 하에서는 커뮤니케이션 행위의 주체는 정보를 보내는 쪽에 치우치게 되고, 연구의 주요 대상 또한 메시지를 보낸 의도대로 원하는 결과를 얻었는지에 대한 것이었다. 이와 같은 유형의 커뮤니케이션 모델 혹은 이론들의 특징은 선형성(*linearity*), 일방향성, 의도된 정보 혹은 메시지의 제작 및 유통, 피동적 정보 수용자 등을 공통요소로 삼는 것이다. 결국 이와 같은 이론적 패러다임 하에서의 연구초점은 효과에 대한 다양한 측면의 해석에 맞추어져 있다. 어떤 미디어가 효과적인지, 어떠한 메시지(내용)를 보내야 하는지, 메시지 수용에서 수용자들의 차이점은 무엇인지 등의 주제가 그러한 예를 대표한다.

2) 자극과 반응을 넘어서: 관계의 패러다임

뉴미디어의 도입에 따른 새로운 형태의 커뮤니케이션 현상은 많은 학자들에 의해 설명되었고, 또한 새로운 시각과 방법론에 의한 접근이 모색되기도 하였다. 특히 연구방법론상 데이터의 수집에서부터 분석에 이르기까지 컴퓨터에 의한 자동처리는 기존의 연구절차와는 많은 차이를 보인다.

그러나 이러한 형태의 연구들 또한 연구주제나 방법에 있어 기존의 패러다임(예를 들면, 전술한 자극과 반응 이론)에서 벗어나지 못했다. 자동으로 신속하게 데이터가 수집되고 분석된다 할지라도, 그것은 연구 절차의 신속성 내지는 정확성, 혹은 결과물의 표현 방법(예를 들면, 결과물의 그래픽화)상의 문제이지, 연구주제 혹은 방법론상의 패러다임 자체의 변환은 아닌 것이다. 즉 기존의 틀인 일방향, 선형적(*linear*) 연구주제가 외양만 바뀐 채 그대로 연구되는 것이다. 실제로 뉴미디어의 새로운 커뮤니케이션 현상을 설명하기에는 기존의 일방향 커뮤니케이션 현상을 바탕으로 한 이론이나 모델 및 방법론들이 부적당하다는 지적은 이미 많은 학자들에 의해 제기되었지만 구체적인 대안을 제시하지는 못했다.

물론 기존의 모델 중에서 비록 제약이 따르기는 하나 능동적 정보 수용자를 바탕으로 하는 분석의 틀들은 뉴미디어의 커뮤니케이션 현상을 설명하는 데 많은 도움을 줄 수 있다. 예를 들면, 선택적 노출, 주목, 인지 및 보존(*selective exposure, selective attention, selective perception and selective retention*) 등과 같은 개념들은 기존의 매스미디어 환경에서 부분적으로 매체 이용자가 정보를 선별해서 수용하는 현상을 설명하는 것으로, 이 같은 매체 이용자 중심의 모델은 쌍방향성을 특징으로 하는 뉴미디어 시대의 커뮤니케이션의 상황에서도 유용하게 쓰일 수 있다. 한편 이용과 욕구 충족(*use and gratification*) 모델과 같은 이론적 틀은 매체가 수용자에게 어떠한 영향을 미칠 것이냐는 질문에서 어떠한 이유에서 정보를 추구하는 가와 같이 능동적 정보 이용자에 연구의 초점을 맞춘다는 점에서 뉴미디어 환경에서도 유효하다고 할 수 있다.

또한 뉴미디어의 속성에 비추어 볼 때 기존의 대인 커뮤니케이션 혹은 조직 커뮤니케이션에서의 이론적 틀도 뉴미디어 커뮤니케이션 현상을 설명하는 데 많은 도움을 주리라고 여겨진다. 예를 들면, CMC(*Computer Mediated Communication*) 분야의 대표적 이론들인 사회적 실재감 이론(*social presence theory*)이나 매체 풍부성 이론(*media richness theory*) 등은 모두 이상적 커뮤니케이션의 형태로 간주되는 면대면(*face-to-face*) 커뮤니케이션과의 비교를 통해 뉴미디어 커뮤니케이션 현상을 파악하려고 한다.

그러나 이와 같은 이론들 또한 많은 문제점과 한계를 지니고 있다. 예를 들면, 전술한 것처럼 개개인의 능동성을 기본으로 하는 여러 개념들은 상당 부분 제한적이어서 이른바 능동적이고 선택적인 정보추구 현상은 잘 일어나지 않는다는 것이 많은 연구에서 증명되었다. 또한 이러한 이론적 틀은 기본적으로 자극과 반응의 선형적 연구의 범주에서 크게 벗어나지 못하는 실정이다.

결국 21세기 정보화 시대에 있어 방송과 통신의 융합에 따른 이른바 네트워크의 전면적 도입은 커뮤니케이션 현상의 혁신적 변화를 의미하며, 새로운 커뮤니케이션 현상을 올바르게 바라볼 수 있는 또 다른 분석틀의 등장을 요구한다. 이는 곧 지난 반세기에 걸친 자극과 반응의 패러다임에서 과감히 탈피하여야 함을 뜻하기도 한다. 네트워크의 구축은 새로운 커뮤니케이션의 상황을 설정하는 것이다. 컴퓨터와 텔레커뮤니케이션 기술을 바탕으로 하는 네트워크 커뮤니케이션은 거리의 장벽을 제거했고, 이에 따른 새로운 공간(*space*)의 탄생을 유도한다. 이른바 가상공간(*cyberspace*) 혹은 가상현실(*virtual reality*)의 탄생이다. 이러한 커뮤니케이션 현상을 기존의 분석틀로는 설명할 수 없다. 미래의 커뮤니케이션은 네트워크에 의해 주도되며, 이러한 네트워크 커뮤니케이션의 전제조건은 각 네트워크의 형성과 함께 각각의 네트워크들 간의 관계 유지, 즉 상호 연계성이다. 따라서 미래의 커뮤니케이션 현상에 대한 분석은 네트워크와 네트워크간의 관계를 설명할 수 있는 여러 개념들을 중심으로 이루어져야 할 것이다. 따라서 효과(*effect*)보다는 관계(*relation*)와 관련된 주제에 연구의 초점이 맞추어지는 네트워크 분석이 미래의 커뮤니케이션 환경을 설명할 매우 중요한 방법론의 하나로 떠오르고 있다.

2. 네트워크 분석

1) 네트워크란

네트워크라는 개념은 분야에 따라 또한 상황에 따라 매우 다양하게 해석될 수 있다. 예를 들면, 사회학자 혹은 사회 인류학자들에게 네트워크란 세상을 보는 하나의 방법으로서, 상호작용으로 맺어지는 조직이 구성원의 행위에 영향을 미치는 것에 초점을 맞추고 있다. 정치학에서는 서열(*hierarchy*), 상호작용, 게이트키퍼 등을 설명할 때 네트워크의 개념을 이용한다. 수학자들에게 네트워크란 위상(*topology*)을 뜻하며, 생물학자들에겐 셀의 구조를 뜻하는 개념으로 받아들여진다. 또한 화학자들에게는 분자의 행렬구조를 의미하기도 한다. 텔레커뮤니케이션 분야에서 네트워크는 정보를 공유하기 위해 전화선 및 기타 방법에 의해 서로 연결된 컴퓨터 시스템을 뜻하는데, 중요한 것은 정보를 처리할 수 있는 컴퓨터가 연결되어 있다는 점이다. 이런 의미에서 보면, 텔레커뮤니케이션 기술과 컴퓨터가 개입되지 않은 네트워크(예를 들면, 개인 커뮤니케이션 네트워크) 혹은 방송 네트워크 등과 같이 구성원이 연결되어 서로 간에 커뮤니케이션이 이루어지지 않으면 이 책에서 의미하는 네트워크의 범주에서 제외된다고 볼 수 있다.

그러나 여러 학문 분야에서 쓰이는 다양한 네트워크의 개념 정의들에는 한 가지 공통점이 있다. 네트워크란 다름 아닌 구성원들 간의 관계를 바탕으로 이루어지는 그 어떤 것을 의미한다는 점이다. 커뮤니케이션 네트워크도 네트워크를 통해 정보가 오고감으로써 관계를 유지한다 하겠다. 이와 같이 둘 이상이 서로 연결됨을 뜻하는 관계(*relation*)라는 개념은 우리에게 많은 것을 시사한다.

이와 같이 관계를 기본으로 하는 네트워크는 다음과 같은 세 가지 특성을 바탕으로 구축된다. 첫째, 유연한 정보의 전송능력. 21세기의 네트워크는 상황에 맞는 속도, 보안성, 그리고 신뢰성을 바탕으로 정보가 컴퓨터 사이를 오갈 수 있도록 구축되어야 한다. 지선에서부터 백본(*backbone*)에 이르기까지 상황에 맞는 적절한 정보 전송능력을 지녀야 한다. 둘째, 모든 사람에게 제공될 수 있는 일련의 공통 서비스. 21세기 커뮤니케이션 네트워크는 최소한의 기본적이고도 반드시 필요한 데이터베이스를 제공해야 한다. 예를 들면, 전자 전화번호부와 같은 데이터베이스는 보편적 서비스(*universal service*)의 입장에서도 반드시 필요하고, 사용을 원하는 사람은 언제든지 이용이 가능해야 한다. 또한 정부의 수많은 자료 및 데이터도 네트워크상에서 접근이 가능해야 한다. 셋째, 공통의 커뮤니케이션 규약. 네트워크는 항상 다른 네트워크와의 연결을 통해 효율성과 규모가 증대되는 것을 기본으로 한다. 따라서 네트워크와 네트워크의 결합시 정보의 원활한 유통을 위해 공통의 커뮤니케이션 규약이 반드시 뒤따라야 한다. 인터넷의 경우, 전 세계에 걸쳐 모든 나라의 서로 다른 네트워크에서 접근이 가능하다. 이것은 인터넷이 바로 TCP/IP (*Transmission Control Protocol/Internet Protocol*)라는 공통 커뮤니케이션 규약을 사용하기 때문에 가능한 것이다.

종합하면, 네트워크는 네트워크라는 물리적인 망을 일컫는 하드웨어적 요소, 그 하드웨어를 통해 유통되는 정보라는 소프트웨어적 요소, 그리고 그러한 것을 가능하게 하는 공통의 프로토콜(*protocol*) 및 언어에 의해 유지되고 발전된다고 할 수 있다.

2) 네트워크 구조와 네트워크 분석(*Network Analysis*)

네트워크의 구조는 각각의 네트워크 내(*intra-network*)에서의 구성원의 관계를 설명하는 개념이라 할 수 있다. 네트워크 구조는 시스템 밀집도(*system density*), 중심도(*centrality*), 결속도(*integration*), 구성원의 지위(*position*), 구속도(*boundedness*), 범위(*range*) 등과 같은 다양한 측면에서 연구가 가능하다.

시스템 밀집도는 네트워크 내에서 각 구성원간의 연결 정도를 나타내는 것으로 연결이 많이 될수록 시스템의 밀집도는 높다고 할 수 있다. 밀집도를 통해 네트워크 내의 커뮤니케이션 양을 살펴볼 수도 있다. 중심도는 네트워크 내에서 중심역할을 하는 노드 혹은 구성원을 찾아낼 수 있는 개념이며, 구성원의 지위〔예를 들면, 조직의 구성원, 고립자(*isolate*), 연결고리(*liaison*)〕를 파악함으로써 네트워크 내에서의 구성원들의 관계를 살펴볼 수 있다. 범위는 조직체의 크기 및 구성원의 다양성을 나타내는 개념이다. 이러한 개념들은 정보의 제공자와 이용자가 불분명한 뉴미디어의 쌍방향 커뮤니케이션 상황 하에서 전술한 커뮤니케이션의 통제권에 대한 이해에 도움이 된다.

전술한 네트워크의 구조와 관련된 여러 개념들은 네트워크 분석기법(*network analysis*)에서 많이 사용되는 개념들이다. 조직 및 국제 커뮤니케이션 분야의 연구에서 많이 사용되었던 네트워크 분석은 쌍방향 커뮤니케이션을 특징으로 하는 네트워크상에서의 커뮤니케이션 현상을 파악하는 데 가장 유용한 분석방법으로 인식되기도 한다. 실제로 네트워크 분석에서 이용되는 전술한 여러 개념들은 네트워크 커뮤니케이션 현상을 파악하는 데 유용한 틀을 제공한다. 예를 들면, 시스템 밀집도(*System Density*), 구속도(*Boundedness*), 범위(*Range*) 등과 같은 개념들은 기존의 조직을 분석하는 데 유용하게 쓰이는 개념들로 컴퓨터 네트워크 커뮤니케이션의 현상파악에도 많은 도움을 준다.

우선 시스템 밀집도의 경우, 일반적인 조직의 네트워크는 높은 밀집도와 낮은 밀집도의 조직으로 구분될 수 있듯이, 네트워크 커뮤니케이션에 의해 제공되는 가상의 조직에서도 이런 식의 분류가 가능하다. 머드(MUDs: *Multiuser Dimensions Multiuser Dungeon*) 혹은 몇몇 뉴스 그룹에서는 구성원들 사이의 매우 빈번한 커뮤니케이션으로 높은 밀집도를 보이는 반면에, 통상적인 전자우편(*e-mail*)의 경우는 매우 낮은 밀집도를 보여주는 경우라 하겠다.

구속도(*boundedness*) 역시 일반적 조직과 마찬가지로 전자 네트워크 조직에서도 다양하게 구분될 수 있다. 구속도란 조직의 범위 안에서 구성원들 간의 커뮤니케이션의 정도를 나타내는 것으로, 구성원들이 외부의 조직보다 조직 내의 구성원들과 보다 많은 커뮤니케이션을 한다면 높은 구속도를 지닌다 하겠다. 일반적으로 강한 결속(*strong tie*)을 지녔는지 혹은 느슨한 결속력(*weak tie*)을 지녔는지를 확인하는 것이다. 네트워크 커뮤니케이션 상에서는 LAN과 같은 경우는 하나의 조직 안에서 모든 커뮤니케이션이 이루어짐으로 높은 구속도를 지닌 네트워크라 할 수 있고, WAN은 조직 내에서의 커뮤니케이션보다도 조직과 조직 간의 커뮤니케이션이 가능하기 때문에 비교적 느슨한, 즉 낮은 구속도를 지닌다 하겠다.

범위는 조직체의 크기 및 구성원의 다양성을 나타내는 개념이다. 예를 들면, 작은 크기의 동일한 성격의 구성원으로 이루어지는 조직 혹은 조직의 크기는 거대하지만 각양각색의 조직원으로 구성된 거대 조직 등 다양한 조직의 형태가 사회 속에 존재한다. 이와 마찬가지로 컴퓨터 네트워크에 의해 존재하는 가상공간에서도 다양한 범위를 지닌 조직이 존재한다. 특히 기존의 조직에서는 볼 수 없었던 특수한 조직들이 가상공간에서는 눈에 띈다. 텔레커뮤니케이션 기술의 발달로 지리적인 한계를 극복하여 거대한 조직을 구성하면서도 구성원들의 성격은 매우 유사한 조직들의 탄생이다. 이러한 현상에 대한 파악을 네트워크 분석의 범위라는 개념으로 접근할 수 있는 것이다.

3) 사회연결망 분석(*Social Network Analysis*)

조직 내에서의 구성원 혹은 행위자(*actor*)들 간의 상호작용을 계량적으로 분석하여 조직 내에서의 개별 행위자들이 어떻게 연결되고 있는지를 보여줌으로써 조직 내에서의 개인의 위치 및 전체 조직의 모습을 체계적이고 계량적으로 보여주는 분석방법이다. 전술한 네트워크 분석으로 한 종류로 특히 사회 구성원의 역할과 위치에 초점을 맞춘 것이 특징이다. 사회연결망 분석을 통해 사회 구성원의 관계가 어떻게 형성되고 이에 따라 하나의 조직 내에서 어떤 위계질서를 지닌 구조들이 생기는지를 밝혀낼 수 있다.

전술한 일반적인 네트워크 분석과 유사한 개념들을 이용하여 접근할 수 있다. 연결 중심도, 매개 중심도, 연쇄연결 중심도 등이 중요한 개념으로 활용된다. 연결 중심도는 각 행위자가 갖는 링크의 개수를 의미한다. 이 지수는 집단에서 가장 눈에 띄는 행위자에 초점을 맞추는데 이 사람은 관계적 프로세스에서 보다 적극적인 사람으로 해석될 수 있다. 매개 중심도는 한 행위자가 다른 모든 행위자들 상호간의 경로 사이에서 다른 행위자나 하위그룹들 간의 의사소통을 어느 정도 원활하게 연결시켜 주는지를 계량화한 것이다. 연쇄연결 중심도는 각 행위자의 연결 중심도와 더불어 다시 그것에 연결된 각각의 행위자들이 갖고 있는 연결 중심도를 연쇄적으로 고려한 지수이다. 연결 중심도가 단순히 연결횟수만을 반영한다고 할 때 연쇄연결지수는 얼마나 영향력 있는 상대와 연결되어 있는지를 가중한 값이라고 할 수 있다.

이재열(http://cafe.naver.com/sna/12)에 따르면 연결망 분석은 자료의 성격에 따라 크게 완결된 연결망(*complete network*)과 개인중심적 연결망(*egocentric network*) 등 두 가지로 연구가 진행될 수 있다. 첫 번째 완결된 연결망 분석은 전체 조직의 연결망에 대한 분석을 통해 사회조직의 구조와 분화 등의 과정을 탐색한다. 예를 들면 조직 내에서의 사회적 거리를 다차원 척도분석(MDS: *multi-dimensional scaling*)을 이용하여 다차원적으로 보여주거나 컴퓨터 프로그램을 이용하여 연결의 모습을 그림으로 나타낼 수도 있다. 두 번째 개인중심적 연결망 분석은 주로 표본조사 자료를 이용해 응답자를 둘러싸고 형성되는 국지적인 연결망의 특성을 찾아내어 분석하는 것이다. 개인의 연결망 특징을 규모(*size*)나 밀도(*density*) 등의 다양한 지표를 사용해 요약하고 이러한 특성들을 전통적인 통계적 분석을 이용하여 인과관계 등을 설명한다. 예를 들면 어느 특정 개인의 연결망 특성이 해당 개인의 특정 행위에 어떤 영향을 미치는지를 살펴볼 수 있다.

3. 네트워크 분석 사례

사회연결망 분석을 포함한 네트워크 분석은 매우 다양한 학문분야에서 활용되고 있다. 커뮤니케이션 현상에 대한 접근은 물론이고 사회학에서 제기되는 현상은 물론 법이나 교육학에 이르기까지 매우 다양한 분야에서 활용되고 있다. 몇 가지 대표적인 분석 사례를 살펴보면 다음과 같다.

(1) 분석 사례 1: 블로그에 나타난 정치인 네트워크

박한우(2007)는 블로그를 통하여 정치인이 다른 정치인과 맺는 디지털 네트워크 현상을 탐색하였다. 정치인 블로그에서의 관계적 현상을 탐구하기 위해서 17대 국회의

〈그림 13-1〉 17대 국회의원의 블로그 네트워크 지도

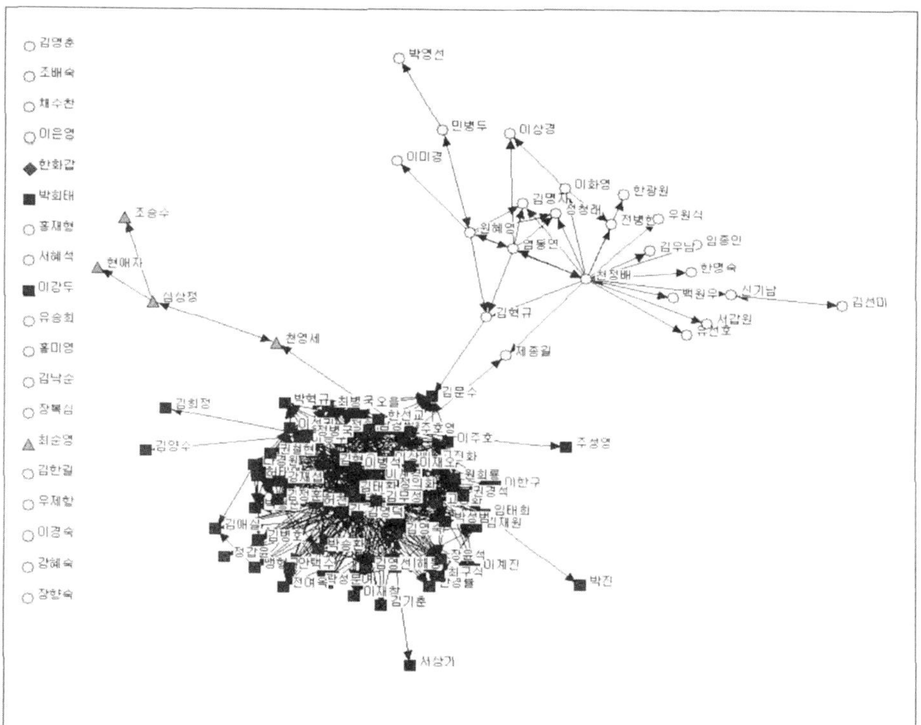

＊주: 네모 - 한나라당, 원 - 열린우리당, 삼각형 - 민주노동당, 마름모 - 민주당

원들 사이의 블로그 네트워크의 구조를 분석했다. 블로그를 운영하는 107명의 국회의원의 블로그를 탐색하여 서로 링크된 동료의원이 누구인지 조사하고 네트워크 분석을 통하여 블로그 네트워크의 형태와 특징을 검토하였다. 연구결과를 살펴보면 우선 '네트워크화 된 개인주의'가 나타나기 시작하였고, 한나라당 의원의 중심성이 전반적으로 높은 것으로 나타났으며, 마지막으로 네트워크는 끼리끼리 모이는 배타적 모습을 띠었다.

(2) 분석 사례 2: 시민단체 연결망

장덕진과 은수미(2006)는 국내의 시민사회단체 223곳을 대상으로 하여 시민단체들 사이의 연결망을 사회연결망 분석기법을 활용하여 조사하였다. 연구결과 '조각난 연결망'(*Fragmented Network*)이 시민단체 연결망에서 가장 눈에 띄는 특성으로 나타났다. 한국사회에서 대부분의 연결망은 위계적 문화에 익숙하기 때문에 분할이 거의 없는 수직적 형태로 나타나지만 시민단체 연결망의 모습에서는 그러한 모습이 보이지 않았다. 비공식연결망의 경우 무려 44개의 하위그룹이 발견되었다. 또한 한국 시민사회단체의

〈그림 13-2〉 시민단체 연결망

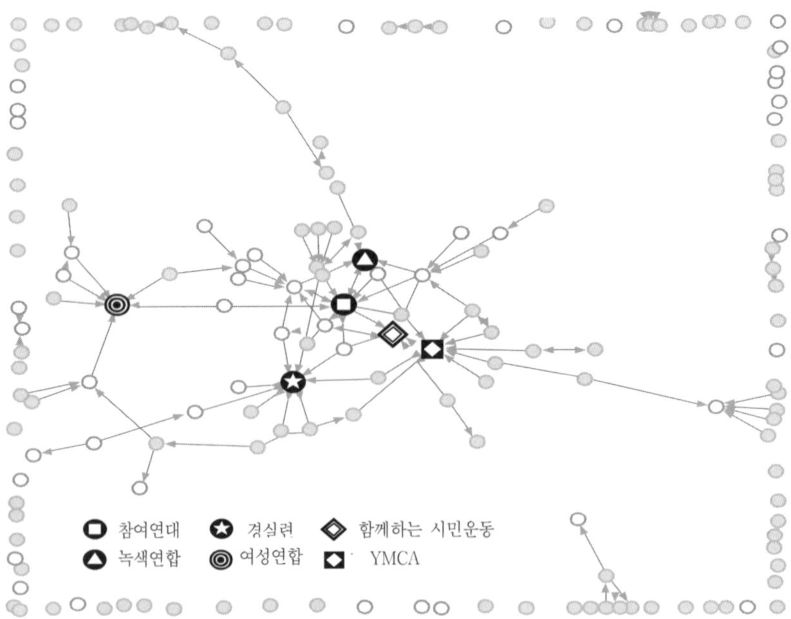

모습은 단체 서로간의 연결망이 약하고 서울만이 중심적으로 움직이는 즉 서울 중심성이 강한 것으로 밝혀졌다. 따라서 각 단체 간의 시너지 생성을 위해서는 참여연대 등 중심적 위치에 있는 단체들 이외에 지역이나 활동분야별로 중심축 역할을 하는 단체들이 주변부 단체들과의 연계를 강화해야 한다는 결론이 제시되었다. 즉 서울 중심성을 극복하고 지방별 네트워크를 활성화해야 한다는 결론을 하는 과제가 시민사회에 제기된 것이다.

(3) 분석사례 3: 대법관의 연결망

중앙일보(2008)에서 발표한 연구에 따르면 대법관의 성향을 파악하기 위해 UCINET 프로그램을 이용하여 2006년 7월 이후 전원합의체 판결 30건을 대상으로 각 대법관이 다른 대법관과 몇 건이나 의견이 일치 혹은 불일치하는지의 통계를 냈다. 진보, 중도, 보수성향의 대법관으로 이루어진 대법원의 조직을 판결에 따라 대법관의 연결정도를 체크하여 대법원이라는 조직에서의 위계와 구조 등을 계량화함으로써 이데올루기적인 성향에 따른 판결의 지형도가 어떻게 그려지는지를 보여주었다.

(4) 분석사례 4: 교육공학에서의 사회 연결망 분석

교육공학에서 사회 연결망 분석을 적용한 사례로서 조일현(2002)은 웹기반 학습 환경에서의 학습자-학습자, 학습자-튜터 간의 상호작용을 분석하여 질문방에서의 학습자 상호작용 행위의 패턴과 구조를 알기 쉽게 계량화 및 도식화하였다. 또한 사회 연결망에서의 중심도는 학업 성취도, 특히 교차학습 성취도와 유의미한 상관관계를 나타내고 있음을 보여주었다.

(5) 분석사례 5: 커뮤니케이션 저널의 연구들 간의 연결구조

안민호(2007)는 커뮤니케이션 저널에 실린 연구들 간의 이론적 연결구조를 살펴봄으로써 커뮤니케이션학의 정체성과 관련된 문제제기들을 실증적으로 검토하였다. 서로 단절되고 분절화된 이론으로 인해 학문 간의 교류가 사라지고 학문적 정체성도 위협을 받는다는 지적에 따라 커뮤니케이션 관련 필드에서의 학문의 분절화의 정도를 네트워크 분석을 통해 알아보고자 하였다. 1999년부터 2003년까지 〈한국언론학보〉, *JOC* (*Journal of Communication*), *HCR* (*Human Communication Research*)에 실린 실증연구방법을

사용한 논문을 중심으로 내용분석을 하여 114개의 이론들로 이루어진 HCR 이론 연결망, 89개의 이론들로 이루어진 JOC 이론 연결망, HCR과 JOC의 171개 이론들로 이루어진 미국 저널 이론 연결망, 그리고 80개의 이론으로 구성된 〈한국언론학보〉 이론 연결망 등 총 4개의 연결망을 분석하였다. 네 개 연결망 모두에서 비교적 큰 하나의 주 그룹이 발견되어 이론적 분절화 정도가 생각보다 심각하지 않은 것으로 드러났다. 한편 전체적으로 볼 때 4개 네트워크 중에서 가장 긴밀도가 높은 이론적 연결망을 보여주는 것은 JOC였고, 반대로 낮은 수준의 긴밀도는 〈한국언론학보〉에서 나타났다.

(6) 분석사례 6: APEC의 커뮤니케이션 네트워크 구조

최영(1999)은 국제커뮤니케이션 분야에서 세계질서를 대표하는 OECD와 지역블럭의 대표적인 예라 할 수 있는 APEC의 커뮤니케이션 네트워크 구조에 접근하여, 그러한 네트워크 구조 속에서의 각 회원국들의 위치와 역할을 조사하였다. 특히 네트워크 분석 기법을 이용하여 지역(APEC) 및 세계(OECD) 블럭의 커뮤니케이션 네트워크 질서를 살펴봄과 동시에 각 블록 내에서의 한국의 위치와 역할을 조사함으로써, 정보화 시대에서의 지역 및 세계질서 속에서의 한국의 위상을 정립하고자 하였다.

구체적으로 텔레커뮤니케이션 네트워크에 초점을 맞추어 각 블록 내 회원국들의 위치와 역할을 살펴봄으로써, 지역 및 세계 질서 속에서 한국을 포함한 각국의 위상을 살펴보았다. 또한 각 블록의 무역 네트워크를 조사하여 텔레커뮤니케이션 네트워크와 비교함으로써 커뮤니케이션의 측면만이 아닌 경제적 측면에서의 네트워크 형성도 살펴보았다. 앞으로의 국제질서는 경제적 측면에 의해 많은 영향을 받을 뿐만 아니라, 각 블록 회원국들 간의 커뮤니케이션 구조는 각국의 경제상황이 중요한 동인으로 작용한다는 점에서 각국의 경제활동의 지표가 될 수 있는 교역량을 연구대상으로 삼았다.

연구결과, 세계 블럭을 대표하는 OECD와 지역 블럭인 APEC의 커뮤니케이션 구조는 매우 유사한 것으로 드러났다. 비록 네트워크의 밀집도는 APEC이 OECD보다 조금 높지만, 전반적으로 매우 많은 커뮤니케이션 교류가 각 블록 내에서 일어나고 있음을 알 수 있다. 전 세계 국가들 간의 커뮤니케이션 교류에 비해, 두 블록 내에서의 이루어지는 커뮤니케이션 교류가 매우 많다는 것을 알 수 있었다. OECD 텔레커뮤니케이션 네트워크 내에서 각 회원국의 위치를 살펴본 결과, 통상적인 경제수준과 유사하게 이른

〈그림 13-3〉 APEC 지리 네트워크 MDS 분석결과 (2차원)[1]

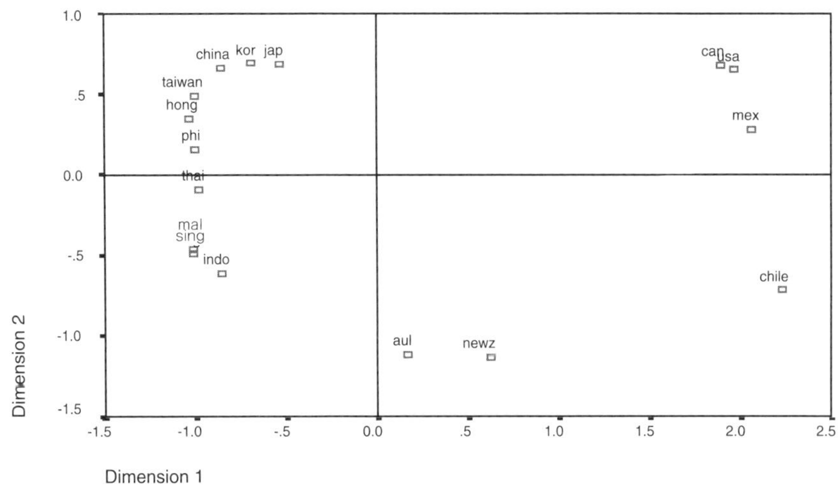

〈그림 13-4〉 APEC 텔레커뮤니케이션 네트워크 MDS 분석결과 (2차원)

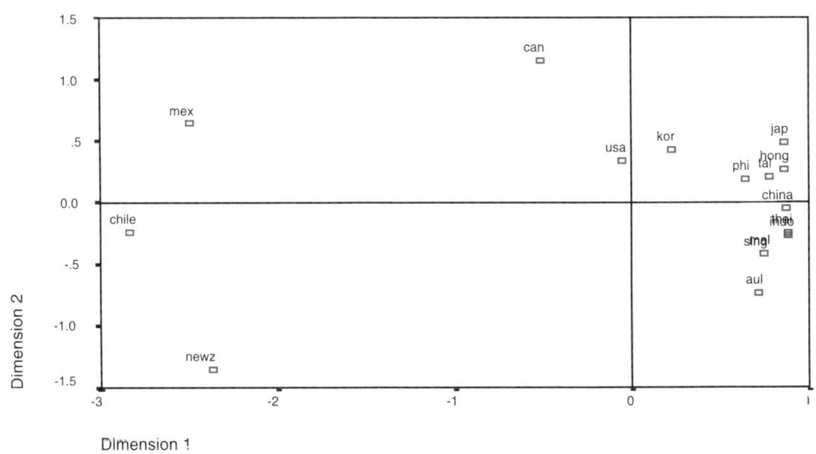

1) 〈그림 14-3〉은 실제 지리적 거리를 바탕으로 한 그래프이고, 〈그림 14-4〉는 네트워크 분석결과를 바탕으로 한 것이다.

바 G-7 국가들이 선두 자리를 지키고 있다. 독일과 미국을 선두로 캐나다와 일본을 제외한 G-7 국가들이 뒤를 잇고 있다. 캐나다와 일본의 경우는 지리 및 언어적 요인이 이들 두 나라를 중심부에서 멀어지게 한 것으로 판단된다. 주변부는 호주, 멕시코, 한국, 뉴질랜드 등 지리적으로도 유럽의 국가들과 멀리 떨어져 있는 나라들로 구성되어 있다.

한편 다차원 척도분석(MDS) 결과에 의하면, OECD 텔레커뮤니케이션 네트워크는 3개의 그룹으로 나누어지는 것을 알 수 있었다. 유럽의 중심국가들로 이루어진 OECD 중심국 그룹, 동유럽과 중심국 그룹에 들지 못한 유럽의 국가들로 이루어진 제1주변부, 그리고 호주, 일본, 한국, 뉴질랜드 등 아시아권의 제2주변부 그룹 등 3개의 그룹으로 나누어져 있는 것으로 드러났다. APEC에서는 미국이 선두를 지키고 일본이 뒤를 잇고 있다. 일본의 경우, OECD 네트워크에서는 선두그룹에 속하지 못하나, APEC에서는 선두인 미국의 뒤를 바짝 쫓는 형세이다. 일본의 뒤를 이어 홍콩과 중국 등 중화권 국가의 부상도 눈에 띈다. APEC의 주변부는 한국을 비롯한 멕시코, 칠레, 뉴질랜드가 차지하고 있다. 한국이 OECD 텔레커뮤니케이션 네트워크에서뿐만 아니라 지역블럭인 APEC 네트워크에서조차 주변부에 위치하는 것은 21세기 정보화 시대를 눈앞에 둔 지금 많은 것을 시사하고 있다.

4. 네트워크 분석 프로그램

(1) UCINET (Borgatti, Everett and Freeman: www.analytictech.com)

구성원 혹은 행위자들 간의 연결망 데이터를 분석할 수 있는 대표적인 네트워크 분석 프로그램이다. 다양한 그래픽 프로그램과의 연계를 통해 입력한 자료를 바탕으로 조직의 네트워크 모습을 그래픽으로 바로 제시할 수 있는 장점이 있다. 최대 3만여 개의 노드(구성원)가 연결된 네트워크를 분석할 수 있으며 엑셀파일은 물론 다양한 텍스트 파일을 이용할 수 있다. 분석을 통해 중심도 관련지수, 하위그룹 존재여부, 역할분석, 그래프 이론 등을 얻을 수 있으며 다양한 통계기법과 연결될 수 있다.

(2) NetDraw (Borgatti, Everett and Freeman: www.analytictech.com)

UCINET과 연결하여 네트워크의 모형을 그릴 수 있는 프로그램이다. 복수의 관계를 동시에 그려내며 네트워크의 모습을 다양한 기제를 통하여 표현한다.

(3) NeTMiner (Cyram: www.netminer.com)

국내 기업에서 개발한 네트워크 분석 프로그램이다. 네트워크의 탐색과 그래픽화에 있어 매우 유용한 도구를 제공한다. 시각적으로 네트워크를 분석하며 탐색할 수 있는 장점이 있다.

〈그림 13-5〉 netminer 프로그램 사례

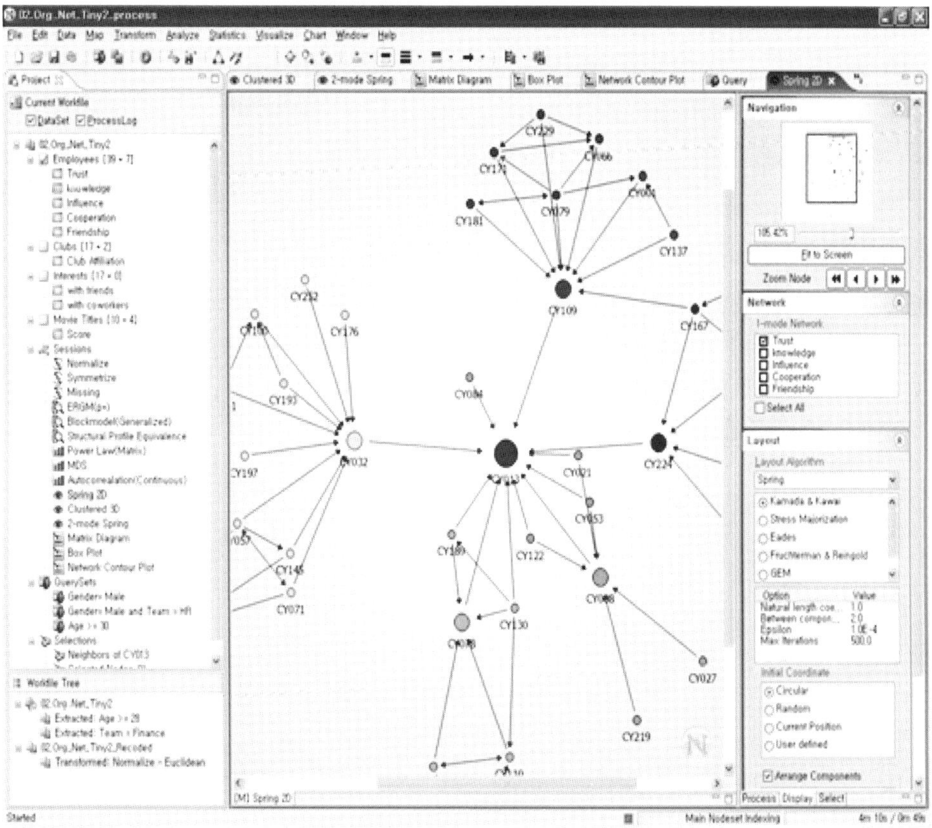

••• 참고문헌

박한우(2007), "블로그에 나타난 정치인 네트워크", 〈한국언론학보〉, 제51권 3호, 385~406.

안민호(2006), "논문 동시인용 유형으로 본 커뮤니케이션 이론의 연결망 분석", 〈한국언론학보〉, 제50권 1호, 162~191.

이재열(2008), http://cafe.naver.com/sna/12.

장덕진 · 은수미(2006), http://www.demos.or.kr/ilji.

조일현(2002), "컴퓨터 활용교육: GBS 학습 환경 하에서 상호작용 연구를 위한 사회 연결망 분석 기법의 적용", http://consent.msijang.com/content/jour.

최 영(1998), 《뉴미디어시대의 네트워크 커뮤니케이션》, 서울: 커뮤니케이션북스.

______(1999), "OECD 가입에 따른 한국의 지역(APEC) 및 세계블럭(OECD)에서의 위치와 역할", 〈한국언론학보〉, 제43권 1호, 277~311.

••• 연습문제

1. 정보화시대에서의 네트워크의 개념과 의의는 무엇인가?
2. 네트워크 분석은 어떤 분야에서 적용될 수 있는 가?
3. 네트워크 분석으로 얻을 수 있는 결과들의 예를 들어보시오.
4. 사회 연결망 분석이란 무엇인가?
5. 네트워크 구조를 설명할 수 있는 요소들에 대해 설명해보시오.

제 14 장

기호학: 광고분석을 위한 방법 *

이 수 범

광고의 문화적 측면을 해독하기 위한 분석 틀로써 유용한 방법론이 바로 기호학이다. 기호학은 기호를 구성하는 표현층위와 내용층위의 상호작용인 의미작용(*signification*), 기호들이 소통되는 총체적 과정인 커뮤니케이션 작용 일반에 관한 학문으로 정의될 수 있다(Eco, 1976). 소쉬르(Saussure)와 퍼스(Peirce)에 의해 시작된 현대 기호학은 의미작용과 커뮤니케이션 이론에 대한 과학적인 설명 모델을 정교화하면서 동시에 기호현상(*semiosis*)의 연구대상을 언어, 시각이미지, 음악, 문학, 의복, 음식, 컴퓨터 데이터베이스 등에 이르기까지 인간의 의미와 가치가 반영되고 소통되는 모든 영역으로 확장시켜 왔다. 이 장에서는 기호학의 커뮤니케이션 가능성에 주목하여 기호학적 방법론이 광고영상 분석에 구체적으로 어떻게 적용될 수 있는지를 살펴볼 것이다.

주요 용어: 기호학, 랑그/파롤, 기표/기의, 외연/내포

1. 기호학을 적용한 광고연구

광고는 우리의 일상생활에 지대한 영향을 미치는 사회제도이자 문화로 자리매김하였다. 우리는 하루에도 수없이 많은 각종 매체를 통해 광고에 노출되고 직·간접적으로 영향을 받고 있다. 광고를 통해 우리는 급변하는 문화코드와 유행을 파악하고, 광고에서 묘사되는 이상적 라이프스타일과 삶의 가치를 추구한다. 현대의 광고는 상품에 대

---

* 이 글은 저자의 "방송광고 영상의 사회적 의미 분석", 《방송광고와 광고비평》(나남, 2006) 내용을 재구성하였습니다.

한 정보를 제공한다는 측면보다는 상품의 이미지를 강조함으로써 상징화된 상품을 통한 삶의 방식을 제공하고 있다. 특정 상품의 소비행위는 특정 라이프스타일을 의미하게 되고, 이는 다시 소비자들이 특정 계층에 소속되어 있음을 의미하게 되었다. 즉, 광고는 문화적 의미를 생산하고 있는 것이다. 그러나 문제는 우리가 이 과정에서 광고가 내포한 의미를 제대로 파악하지 못하고 있다는 점이다. 광고가 우리 생활 속에 지나치게 일상화되어 우리는 의식적·무의식적으로 상품이 내포하는 상품담론에 동화되어 버린 것이다(이수범·신성혜·최원석, 2004).

기호학은 브랜드와 상품의 이분법적 관계를 기호의 의미작용 차원으로 상정하고 생산자와 소비자 사이의 기호소통 과정을 커뮤니케이션 차원으로 상정한다. 의미작용의 기호학은 상품과 브랜드의 관계, 브랜드의 감각적 차원과 의미적 차원의 관계를 기호 구조로 설명한다. 의미작용의 기호학이 브랜드 기호의 의미 및 가치발생 메커니즘을 설명한다면, 커뮤니케이션의 기호학은 문화분석을 통해 소비자의 기호세계를 재구성하여 해당 브랜드 기호가 특정 소비자 유형에게 실질적으로 어떤 의미를 전달하는가에 대한 해답을 찾는다.

기호학은 모든 의미 및 가치는 차이를 통해 발생한다는 인식론에서 출발함으로써 차별적 가치를 강조하는 광고 패러다임과 쉽게 접점을 찾을 수 있다. 기호학은 소쉬르에서 출발하여 옐름슬레브(Hjelmslev)에 의해 과학적 엄밀성을 마련한 후 바르트(Barthe)와 그레마스(Greimas)를 통해 기호학적 연구대상의 범위를 문화 내 다양한 기호현상으로 확장시킨다. 특히, 그레마스의 기호학적 사각형 모델은 플로슈(Floch)의 조형기호학을 통해 광고분석을 위한 기호학의 방법론으로 구체화된다. 기호학적 방법론은 과학적 엄밀성을 담지한 채 1980년대 이후 광고분야에 다양하게 적용되면서 경험적 타당성까지 확보하기에 이른다.

광고 텍스트를 기호학적 방법으로 최초로 분석한 사람은 바르트(Barthes)이다. 그는 《신화론》(*Mythologies*)에서 레슬링 경기, 영화, 소설, 장난감과 같은 문화적 생산물을 연구영역에 포함시킴으로써 텍스트의 전통적 범주를 넓혔으며, 대중문화 텍스트가 사회 내에서 어떻게 작용하는가를 설명함으로써 자본주의의 신화(*myth*)를 밝히고자 했다. 다시 말해 바르트는 소쉬르(Saussure)의 개념을 확대하여 한 문화 속에서 기호들의 의미를 창출하는 방법에 적용함으로써, 소쉬르의 의미작용(*signification*)이라는 용어에 문화적 가치를 추가했다. 첫 번째 의미작용의 단계는 외연적 의미(*denotation*)의 단계로서, 기호의 상식적이고 명백한 의미가 창조되어 그 의미가 객관적으로 표현되고 쉽게 인식된다. 의미작용의 두 번째는 내포적 의미(*connotation*)의 단계로서 기호가 사용자의 정서나 감정과 문화의 가치와 만났을 때 일어나는 의미작용의 과정이다. 이 단계에서 기호가 작용하는 또 다른 방법으로 바르트는 신화의 개념을 도입해서 두 번째 단계의 기표는 내연적 의미로, 기의는 신화로 규정했다. 여기서 신화는 문화적으로 어떤 것을 생각하고 이해하는 방법이나 개념, 즉 문화적 의미를 말한다.[1)]

윌리엄슨(Williamson)의 《광고의 해독》(*Decoding Advertisements*) (1978)은 광고 텍스트를 기호학적 방법으로 분석한 대표적 저서이다. 이것은 소쉬르와 바르트의 분석에 맑스주의와 알튀세(Althusser)의 구조주의나 정신분석학의 개념들을 첨가하여 기호학적 분석을 세련화하였다. 이 책의 핵심은 광고는 해석되어야 할 세계라는 데 있다. 즉 의미의 세계로 우리를 몰아넣고 광고를 통해서 새로운 상징적 의미를 획득한다. 따라서 광고에서 나타나는 상상적 세계는 바로 이데올로기 차원에서 의미 작용하는 것이라고 볼 수 있다. 예를 들어, 광고가 표상하는 살아가는 방식의 차이는 사회계층 사이의 차이로서 특정집단의 정체성이 소비행위로 강화된다는 것이다.

윌리엄슨에 따르면, 특정 상품은 사회계층을 의미하게 되고, 이것은 소비자가 광고로부터 의미를 포착해 낼 수 있는 근거를 제공한다고 주장하였다. 결국 광고에 의해 제공된 세계는 소비자들에게는 문화적인 틀로서 작용할 뿐만 아니라 상상적 기능(*imaginary function*)도 부여한다. 소비재의 구매로 인해 가치 있고 생산적인 개인적, 사회적 생활이 제공되리라는 논리는 윌리엄슨에 의해 언급되었으며 우리는 이와 같은 가정으로 인해 광고가 어떻게 현실에 대한 우리의 진정한 관계를 은폐시키고 왜곡시키는가를 알 수 있다. 광고에 사용되는 자연이나 과학과 같은 준거체계(*referent system*)가 광고에 의해 텅 빈 기호표현으로 도용됨으로써 현실에 대한 우리의 진정한 관계는 은폐되거나 왜곡된다.

---

1) 〈의미작용의 2단계〉

	III. 기호		
	I. 기표 3. 기호		II. 기의
언 어	1. 기표	2. 기의	

특히, 그녀가 주목한 것은 준거체계로서 광고의 의미는 바로 이데올로기적 세계인 준거체계에 의해 창출된다는 것이다. 광고가 기반하고 있는 준거체계로부터 도출된 이데올로기적 성격을 윌리엄슨은 과학의 신비화, 자연의 물신화, 역사 및 시간성의 제거 등으로 설명하고 있다. 기호들 간의 의미의 전이는 광고에서 완성되어 존재하는 것이 아니라 텍스트에 의해 독자가 이러한 연관을 만들도록 요구되고 있다. 그러므로 광고 텍스트는 독자를 끌어들이기 위해, 즉 독자를 주체화시키기 위해 여러 가지 기제들을 사용한다. 예를 들어, 사람 또는 단어의 부재(*absence*), 동음이의어(*puns*), 수수께끼(*puzzles*), 문자를 늘어놓는 것(*calligraphy*) 등이 있다. 텍스트의 의미는 이러한 기제들에 의해 독자가 개입하여 전이(*transference*)되었을 때 존재하는 것이다.

광고의 이론적 기능은 개별 광고의 구조에서 분명하게 드러난다. 현대의 광고는 토테미즘(*totemism*)의 형태로 나타난다. 다시 말해, 현대에는 특정 제품을 중심으로 한 토템집단이 형성되며 이 집단은 다른 집단과 구분되는 집단내의 정체성을 갖게 된다는 것이다. 광고에서 인간의 정체성은 자신의 라이프스타일과 상응하는 브랜드의 형태로 나타나서 물질대상과 직접적으로 관련되어 있다. 따라서 인간관계의 사회적 구조로 적용되는 상징을 광고주가 조작함으로써 광고의 내부 구조는 단순한 사업활동이 아니라 독특한 문화적 활동이 된다. 광고는 우리 자신과 타인을 알게 되는 전략이며 인간집단에 차별화를 가져오는 자연과 대상간의 차이를 이용하고 그 차이를 활성화하는 전략이다. 모든 문화가 허구인 이유는 그 문화가 물질적인 관계의 새로운 자료를 요리하여 이론을 현실화하고, 사람들이 더 이상 자연스러움과 비 자연스러움, 물질과 이상을 구분할 수 없게 만드는 데 그 원인이 있다는 것이다.

레이모어(Leymore)의 광고에 대한 기호학적 접근은 변형의 과정(*process of transformation*)[2]이라는 개념으로 대변할 수 있다. 그녀는《숨겨진 신화》(*Hidden Myth*, 1975)에서 이 변형은 기호 또는 상징이 현실 생활행동으로 해석되는 방법이라고 언급하였다. 즉 광고(상징의 사용)는 커뮤니케이션 과정을 통하여 교환가치(화폐, 상품, 서비스)에 영향을 준다. 광고가 한편으로는 추상적인 영향을 주고, 다른 한편으로는 그 자체 속에 행동을 유발하는 원인이 내포되어 있는 변형과정이라는 사실은, 광고가 소비

2) 기호 → 심층구조 = 변형규칙 = 정신내부의 프로그램 → 구조

자에게 전하는 메시지의 의미구성방식을 밝히는 것과 관련되어 있다. 레이모어는 레비스트로스(Levi-Strauss)를 빌어서, 현대사회에서 광고는 원시사회에서 신화가 했던 것과 똑같은 역할을 하고 있다고 결론짓는다. 레비스트로스의 신화는 사회적 모순을 해소하고 용인된 행위를 강화하여 전통을 보존하기 위해 존재한다. 모든 신화의 논리로서 나타난 이항대립(*binary opposition*)이 현대의 신화인 광고에도 똑같이 숨어 있다는 것이다. 또한 레이모어는 광고가 영구적인 인간의 딜레마들에 대해 불안을 감소시키고 단순한 해결책을 제시함으로써 필연적으로 사회질서를 지지한다는 것이다. 광고는 인생의 네 가지 커다란 문제를 해결한다. 즉, "누구든 배제되기보다는 소속될 것이고, 불행보다는 행복, 악보다는 선, 죽음보다는 삶을 갖게 될 것이다."(Leymore, 1975: 156). 그녀는 광고가 세속적인 것을 팔지만 실제로는 신화적 요소를 환기한다고 결론짓는다.[3)]

고프만(Goffman, 1979)은 상품에 상징적 가치를 부여하기 위해 광고 속에 성(*gender*)이라는 준거체계를 개입시키는 데 주목하면서, 광고에 나타나는 성표상 방식을 분석하였다. 이 연구에서는 여성의 자세가 무엇인가에 의지하려 한다든지 항상 아기 같은 표정을 짓는 등 광고 텍스트 속에 나타난 남녀의 불평등 구조에 주목하고 있다. 다시 말해 여성들은 수동적이고 남자에 의해서 보호받기를 원하는 것처럼 가부장적 관습(*convention*)의 틀 속에서 표상되어 있다. 따라서 고프만은 광고 텍스트는 특정 문화의 성정체성(*gender identity*)을 통념화된 방식으로 받아들인다고 주장한다. 광고분석을 통해 고프만은 성정체성이라고 하는 한 사회의 특수한 이데올로기를 규명하고 있으며 광

---

3) 이에 기초한 구체적인 광고의 분석은 다음의 네 단계로 이루어진다.
첫째, 구성단위를 정의하고 중복되는 구성요소는 제거한다.
둘째, 서로 비슷하거나 가까운 두 성분이 있으면 묶어준다.
셋째, 모든 쌍 가운데 예증이 될 만한 관계를 확립해야 한다.
넷째, 예증이 되는 모든 관계에서 공통분모(ECD)를 찾아내기 위한 분류작업을 한다.
아기용 음식에 관해 예를 들면서 다음과 같은 관계로 설명을 하고 있다.
아기용 음식 : 아기용 음식이 아닌 것 ≃ 행복 : 불행 ≃
≃ 성장 : 쇠퇴 ≃
≃ 균형 : 비균형 ≃
공통분모란 불필요한 요소들을 제거한 후에 필수적인 요소들만 남겨두었을 때 그것들이 하나의 기본적인 주제의 변형이나 그것들의 공통적인 요소를 가리키는 것이다.
아기용 음식 : 아기용 음식이 아닌 것 ≃ 삶 : 죽음 ≃

고 텍스트의 의미가 준거체계에 기초하고 있음을 밝혀내고 있다.

워닉(Wernick, 1983)은 《광고와 이데올로기》(*Advertising and Ideology*)에서 1975년 《글래머》(*Glamour*) 잡지에 게재된 여성용 담배 이브 광고의 해독을 통해 광고 텍스트가 담배산업이란 경제적 목적을 위해 사회의 모순된 가치로 존재하는 페미니즘(*feminism*)과 여성다움(*femininity*)을 조화롭게 조정함으로써 상품에 의미를 부여하고 젊은 여성 소비자들에게 담배 피우는 여성의 이미지가 이상적인 모습인 것처럼 제시하고 있다고 지적한다. 즉 광고가 상품을 하나의 관념으로 묘사함으로써 상품에 정체성을 부여하고 있다는 것이다. 이론적으로 그는 자아, 상품, 문화적 코드와의 관계를 상징화된 상품(*symbolized / imaged commodity*)의 개념으로 설명하고 있다.

채프만(Chapman)은 《거대한 내뿜기》(*Great Expectoration*, 1986)에서 호주 담배광고에 대한 양적, 질적 분석을 통해 두 방법론을 통합시켰다. 내용분석을 통해 10개의 인쇄매체에 게재된 담배광고를 분석, 강조된 주제들의 빈도를 통해 현시적 의미를 밝힌 후 18개 광고를 기호학적으로 분석함으로써 잠재적 의미를 찾아냈다. 그는 담배광고가 토템적 양식에서 사회적 차이를 유용화하고 흡연에 대한 문화적 모순을 극복하기 위해 기능하는 신화로서 간주될 수 있다고 주장한다. 이는 광고 텍스트의 의미구성 방식이 지니는 이데올로기적 성격을 강조한 것이다.

채프만과 이거(Chapman & Egger, 1983)는 기호표현, 준거체계, 문제, 약속, 신화란 기호학적 분석틀[4]을 통해 광고 텍스트에서 이용되는 원칙과 기법을 이해하게 되면

---

4) 〈기호학적 분석틀〉

분 석 틀		
기표	영상기표	TV광고의 화면에서 보여지는 배경, 모델, 제품
	음성기표	배경음악, CM송, 대화
	문자기표	상품과 관련된 문자 자막
문제	광고가 제시하는 약속에 의해 해소될 수 있는 모순	
약속	광고가 수용자에게 제공하는 것	
신화	문화적 은유로 표현된 제품의 역할	
이항대립	의미구성의 기초적 개념으로 광고에 나타난 개념과 그 반대의 개념	
ECD	이항대립의 심층에 있는 대립구조로서 특정상표에 구애받지 않는 공통요소	
준거체계	광고된 상품의 의미를 끌어 온 세계	

잠재적으로 강력한 수단을 제공할 수 있다고 주장한다. 예를 들어, 말보로 광고에서 되풀이되는 기표는 말보로 맨, 말, 탁 트인 공간(서부의 광야) 등이다. 이들 모두는 신화적인 세계가 말보로 컨트리와 함께 등장하며, 전원이나 낙원보다도 자유를 은유한다. 반면에 실제로 말보로 광고를 보거나 말보로를 피우는 사람은 대부분 도시 거주자들이다. 따라서 이 광고는 말보로 맨과 같은 사람들이 아니라 그와 같아지고 싶은 사람을 위해 제작된 것이다. 이 광고는 바쁘게 움직이는 도시인을 말보로 세계의 탁 트인 공간과 신선함, 단순함으로 전이시킨다.

켈너(Kellner, 1995)는 말보로 광고를 기호학적으로 해석하였다. 1980년대의 말보로 광고들은 가벼움(*light*), 흰색, 초록색, 눈처럼 흼, 경쾌함 등의 이미지를 활용했다. 이러한 환유의 과성, 혹은 연속적 연상의 과정을 통해서 광고는 담배를 가벼움, 자연적임, 건강한 사막, 깨끗한 눈, 말, 카우보이, 나무, 하늘 등과 연결함으로써 마치 담배가 천연의 산물로서 자연의 특성들을 공유하고 있는 것처럼 보이게 하고, 나아가 담배가 인공 합성물이며 해로운 화학물질들로 가득 차 있다는 사실을 은폐하였다는 것이다. 또한 말보로 광고는 선동(카우보이), 고된 노동, 동물 돌보기, 그 밖의 다른 바람직한 이미지들에 의존하면서 마치 흡연이 이런 긍정적인 사회활동들과 환유적 등가물인 귀족적 활동인 것처럼 제시한다. 따라서 자연의 이미지는 흡연이 건강에 해롭다는 사실을 은폐하기 위해 바르트적 신화를 만들어 낸다.

이수범(1996)은 윌리엄슨의 이데올로기 과정과 레이모어의 ECD모델을 적용해 한국의 담배광고들을 분석했다. 담배광고는 신화와 같이 사회문화적 모순을 해결하는 데 도움을 준다. 예를 들어 한국의 전통적, 문화적 가치체계에선 여성의 흡연이 부정적임에도 불구하고, 휘네스 광고는 성공적인 여성과 현대성을 교묘히 결합시켜 진보적 여성의 신화를 창조해 낸다. 즉 성공하고자 하는 여성은 휘네스의 세계로 오라는 것이다. 광고의 이데올로기적 측면은 담배 판매증진에 있어 중요한 역할을 담당할 뿐만 아니라 신화의 잠재적 기능으로 작용한다는 결론에 도달하였다. 후속 연구로 PCS광고가 어떤 문화적 의미를 생산해 내고 있는가를 기호학적 분석방법을 통해 고찰하였다(이수범, 1998).

이 연구의 분석틀은 채프만과 이거(Chapman & Egger, 1983)와 레이모어(Leymore, 1975)의 광고분석방법에서 사용된 이항대립과 망라적 공통분모(*exhaustive common denominator*)를 통해 광고기호가 내포한 심층의미를 도출하였다. 광고의 기호학적 분석결과, 공통적으로 기존의 이동통신의 결점들을 사랑 이야기를 매개로 하여 해결하고자 하였다. 즉 소비자들의 기대요구인 좋은 음질과 통화 성공률을 브랜드 이미지 강화를 통한 실제가입 유도라는 광고전략의 목표와 잘 결합시켰다고 할 수 있다. 또한, 3사 모두의 광고에서 나타나는 문화적 배경에는 여성우위의 이데올로기가 내포되어 있었다. 이것은 높은 실업률과 경제적 어려움에 따른 남성의 지위격하에서 비롯된 것으로 해석되었다.

또한, 이수범(2000)은 TTL 광고영상의 기호학적 분석을 시도하였다. 분석결과, TTL에 공통적으로 흐르는 이미지는 스무 살의 성숙과 미성숙의 경계라는 것이었다. TTL 광고에 나타난 파격적 영상과 구체적 설명 없는 이미지 광고는 낯설게 하기와 다른 세대와의 차별화를 이끄는 스크럼 문화형성으로 파악하였다. TTL 광고는 그 소구대상을 1823세대로 규정하고, 그들이 선호하는 포스트모던 코드를 사용하였다. 왜냐하면 새로움을 추구하고 감각적인 이미지를 선호하는 신세대는 상당부분 포스트모더니즘의 기본 명제들을 공유하기 때문이었다. 또한 TTL 광고는 과감한 신인모델을 통한 신비감과 호기심을 부여함으로써 수용자에게 낯설게 하기를 시도하였다. 광고의 표현방식에선 기존의 광고 틀에서 벗어난 매우 새로운 차별성을 줌으로써 낯설게 하기의 강도를 더해간다. 즉, 포스트모던 광고는 기존의 광고에서 보여주었던 형식적이며 이성적인 총체적 동질성을 추구하는 모더니즘 사고를 부정하는 새로운 가치체계인 것이다. 이는 남과 다른 것을 좋아하는 신세대의 특성을 일정 부분 반영하는 것이다. 신세대의 커뮤니케이션 구조는 기성세대로부터의 차별성을 단순한 문화적 스타일의 차이에 의한 것이 아니라 전혀 새로운 문화유형의 도래로 설명하였다.

최근에 이수범, 신성혜, 최원석(2004)은 상품 물신주의(*commodity fetishism*)와 광고의 상징주의에 초점을 맞춘 잴리(Jhally, 1987)의 상품기호 관점을 중심으로 삼성전자의 기업 PR 광고를 분석하였다. 분석 결과, 삼성전자의 기업 PR 광고는 평범한 가족, 감성적 이미지와 허구적인 일상, 향수, 정, 여가 등을 주요한 수용자 코드로 사용하고 있었으며, 이러한 코드를 통해 사회와 소비자에게 행복을 가져다주는 매개체로써 상품을 상징화하였다. 또한 광고를 통해 상품은 상징적 사용가치와 물신적 속성을 부여받고 있었으며, 행복의 매개체가 되는 상품을 생산하는 것이 기업의 사회적 역할이자 책임이라는 의미부여를 통해 기업의 내재적 모순과 자본의 논리가 은폐되는 현상이 나타나고 있었다.

2. 사회기호학적 분석방법

바르트(Barthes)는 초기의 저서인 《신화론》(*Mythologies*, 1972)에서 현실 반영으로서의 텍스트라는 고전적 해석의 관점을 무너뜨리고 텍스트와 실재간의 불일치와 텍스트가 현실에 순환되는 메커니즘을 정교하게 분석함으로서 이른바 텍스트 기호학의 방법론을 제시했다. 에코(Eco, 1976)는 저자(글쓰는 주체)의 관점과 실체를 일정 부분 인정하면서 텍스트를 창작하고 유포하는 주체의 의도를 비판적으로 조명하는 사회기호학의 입장을 발전시켜 나간다. 그런 의미에서 에코 기호학은 바르트의 텍스트 기호학과 퍼스의 일반 기호학을 결합시킨 절충주의적 성격을 띠고 있다. 요컨대 그의 이론은 현실 반영으로서의 모든 리얼리즘 문학에 회의한다는 면에서 급진적이지만, 텍스트 외부에서 일어나는 효과가 사회의 이데올로기를 조작하고 현실권력에 개입하는 과정을 폭로함으로서 전통적인 비판 사회과학의 연장선상에 있는 것이다.

사회기호학을 디즈니랜드의 분석에 적용한 고트디너(Gottdiener, 1995)는 기본적 전제조건들을 다음과 제시히고 있나.

첫째, 기호가 의미의 세계와 물적 세계를 분명하게 나타낸다. 의미의 무한한 역행의 이면에는 실제적인 객관적 세계 내지 객관적 지시대상이 존재한다. 해체주의는 의식의 철학 그 이상이 절대 아니었다. 이런 인식에 기초한 포스트모던 분석은 단지 문화의 개념, 즉 정신적 이미지만을 다룰 뿐이다. 이와는 대조적으로 사회기호학은 전체적인 사회적 맥락 내의 의미화 관행들과 함께 정신적이고 기호 외적이며 물적인 일상적 삶의 차원을 명료하게 설명한다.

둘째, 의미작용의 체계는 다층적 구조이다. 이 구조 속에 지시적 기호들도 포함되어 있고 여기에 덧붙여 사회적 가치관을 형성하는 문화의 함축적 이데올로기들인 특정한 문화적 코드가 포함되어 있다. 사회기호학에서 인식하는 모든 의미는 이처럼 보다 더 분절되고 코드화된 차원에서 부상한다. 사회기호학의 주된 인식론적 입장은 내포적(함축직) 의미(*connotation*)가 외연적(지시적) 의미(*denotation*)보다 선행한다는 입장이다. 생산된 대상세계 자체나 대상세계에 대한 우리의 이해는 모두 사회적 실천(관행)의 제 측면인 코드화된 이데올로기로부터 나온다.

셋째, 과대현실이라는 복잡한 의미들에 의해 특징지어지는 일상적 삶의 차원이 있다.

대표적으로 보드리야르(Baudrillard, 1988)가 주장하듯이 매체에 의한 이미지와 이미지의 조종에 초점을 맞춘 재현의 양식들이 있다. 그렇다고 기의가 더 이상 존재하지 않는다는 뜻은 아니다. 의미 자체는 일상생활의 경험에 근거하고 있다. 경험은 가치체계, 즉 문화의 코드를 발생하고 지지하는 물적 세계와의 만남이다. 새로운 기의는 사회적 상호작용과 생생한 경험을 통해 사람들에 의해 끊임없이 창출된다(Gottdiener, 1995).

넷째, 기호는 자본주의 사회의 일상생활에서 사용가치를 통해 창출되는 삶의 경험이라는 차원과 상품시장에서 교환가치의 활용을 포함한 권력의 위계적 체계에 의한 일상적 삶의 박탈 사이에 순환한다.

다섯째, 사회기호학적 접근법에서는 기호-가치와 물적 삶 간의 접합을 해체하는 기호모델을 활용한다. 이런 전망은 에코(Eco, 1976)의 작업으로부터 빌려왔다. 에코는 퍼스의 개념을 확장시켰고 옐름슬레브(Hjelmslev)가 고안한 기호의 분해법을 확대하였다. 기호란 기표와 기의로 구성되는데 옐름슬레브는 이것을 표현(기표)과 내용(기의)이라 불렀다. 표현(*expression*)과 내용(*content*)은 다시 형식(*form*)과 본질(*substance*)로 세분될 수 있다(〈표 14-1〉 참조).

〈표 14-1〉 옐름슬레브에 따른 기호분해법 (Eco, 1976)

					본질
기호:	기의	=	내용	=	형식
	기표		표현		형식
					본질

〈표 14-2〉 사회기호학에 따른 기호분해법

			본질		바코드화된 이데올로기
기호:	내용	=	형식	=	코드화된 이데올로기
	표현		형식		형태론적 요소들
			본질		물적(구체적) 대상들, 텍스트

이 모델을 볼 때 문화적 코드를 물적 형식들과 접합하는 방식을 설명하는 것이 가능하다. 비총체적 방식을 견지하는 사회기호학에 따라 이데올로기를 사회집단들의 가치체계로 규정한다. 가치체계는 기호의 내용과 상관관계에 있으며 구체성은 〈표 14-2〉에서 보이는 기호의 표현과 상관관계를 맺고 있다.

사회기호학은 텍스트적 분석에서 활용될 수 있지만 그 주된 목적은 보드리야르의 기호가치인 광고와 일상생활의 대상들인 자동차, 전자상품, 주택, 쇼핑센터, 가게, 패션 등 사이의 작용과 같은 물적인 구체적인 문화현상들을 분석하는 데 있다. 예를 들어, 디즈니랜드 현상은 기호학과 구조적 측면(Martin, 1984)에서 뿐만 아니라 사회기호학적으로(Gottdiener, 1995) 분석되었다. 마틴의 분석에 따르면 자연/기계, 과거/미래, 현실/환상 등과 같은 대립물이 디즈니랜드 공원의 공간을 구조화한다. 또한 디즈니랜드의 기호체계는 이 공원을 기획한 월트 디즈니의 생산코드이며, 다양한 기호체계들을 지닌 미국 대중문화의 소비코드이다.

3. 나오면서

광고의 매력을 살펴보면 광고는 상품기호를 창출하고자 하는 일종의 문화적인 메커니즘이다. 광고는 사회·문화적 가치를 지닌 이미지를 브랜드 이름에 부여하여 상품의 브랜드 이름의 가치를 향상시키도록 구성된다. 즉, '브랜드 상품(*brand-name commodity*) + 이미지의 의미(*meaning of image*) = 상품 기호(*commodity sign*)'라는 등식이 성립된다. 이러한 브랜드 이미지가 통용되기 위해서는 광고가 기호학적 등식의 형태를 수용하고 이 등식에서 분리된 기의와 기표를 시작으로 새로운 등식을 창출하도록 재조합할 필요가 있다. 광고는 시청자들로 하여금 다른 경우라면 어울리지 않는 의미체계를 인지하게 하는 데 광고의 목적을 충족하고자 한다면 그와 같은 방향에서 해석되도록 광고를 구성해야 한다(Goldman & Papson, 1996).

광고는 기호가치의 체계로 간주된다. 기호가치는 일반적으로 이미지에 대한 소망도와 일치한다. 기호가치는 브랜드의 상대적인 가치를 형성하며 이러한 가치에서 상품간의 기능적 차이는 최소한에 그친다. 현대 광고에서 작용하는 전제는 맥락과 배제된 기표와 기의가 이와 유사한 다른 기표와 기의로 재결합하여 새로운 기호의 정체성을 형성한다는 것이다. 이는 상품기호 분석의 핵심이 된다. 오늘날 광고를 문화적으로 분석하는 경우에 의미체계를 재결합하는 과정을 외면하면 광고 이면에 내재한 의미와 상품의 부가적 가치를 파악하는 것은 불가능하다.

광고의 기호학적 분석을 통하여 광고가 전달하는 이데올로기는 광고의 전면에 나타나는 것이 아니라 그 배후에서 사회적으로 약호화된 상징의 이용을 통해 소비자에게 전달되고 있음을 알 수 있었다. 또한 현대의 광고는 점점 더 상징적 사용가치 나아가 기호가치를 상품에 부착시킨다. 따라서 광고의 문화적 성격은 그것이 상품을 기호화하여 사회적 의미생산을 매개한다고 볼 수 있다.

본 연구는 사회기호학에 입각하여 기호학적 방법론이 광고연구에서 구체적으로 적용될 수 있는 지점을 모색해 보았다. 기호학적 연구방법론은 문화 내 기호현상을 분석하여 소비자의 의미세계를 탐구함으로써 기존의 정량적/정성적 방법을 보완할 수 있는 새로운 시각을 제시할 것이다. 그리고 사회기호학은 영상기호의 의미세계를 파악하고 해석함으로써 광고텍스트를 분석하는 데 유용하게 적용될 것이다.

•◦• 참고문헌

이수범(1998), 개인휴대통신(PCS) 광고의 기호학적 분석: 텔레비전 광고를 중심으로, 〈광고학연구〉, 제9권 1호, 73~88.

이수범(2000), "텔레비전 광고에 나타난 신세대 소비문화의 특성에 관한 연구: TTL의 함축의미 분석을 중심으로", 〈프로그램 / 텍스트〉, 제2권, 109~147.

이수범 · 신성혜 · 최원석(2004), "삼성전자 기업 PR 광고의 문화적 함의에 관한 연구", 〈한국광고홍보학보〉, 제6권 3호, 80~125.

Barthes, R. (1972), *Mythologies*, London: Paladin.

______(1977), *Image, Music, Text*, New York: Hill and Wang.

______(1979), *Elements of Semiology* (A. Lavers & C. Smith, Trans.), New York: Hill and Wang.

______(1983), *The Fashion System* (M. Ward & R. Howard, Trans.), New York: Hill and Wang.

Berger, A. A. (1982), *Media Analysis Techniques*, Beverly Hills, CA: Sage.

Chapman, S. (1986), *Great Expectorations: Advertising and the Tobacco Industry*, London: Comedia.

Chapman, S., & Egger, G. (1983), "Myth in cigarette advertising and health promotion", In H. Davis, & P. Walton (Eds.), *Language, Image, Media*, N.Y.: St. Martin Press, 166~186.

Eco, U. (1976), *A Theory of Semiotics. Bloomington*, IN: Indiana University Press.

Floch, J. (1990), *Semiotique, Marketing et Communication*, Paris: University of France Press, 김성도 역(2003), 《기호학, 마케팅, 커뮤니케이션》, 서울: 나남출판사.

Goffman, E. (1979), *Gender Advertisements*, New York: Harper & Row.

Goldman, R. (1987), "Marketing fragrances: Advertising and the production of commodity signs", In *Theory, Culture & Society*, 4, 691~725.

Goldman, R. & Papson, S. (1996), *Sign Wars: The Cluttered Landscape of Advertising*, New York: The Guilford Press.

Gottdiener, M. (1995), *Postmodern Semiotics*, Oxford: Blackwell.

Jhally, S. (1987), *The Codes of Advertising*, New York: St. Martin's.

______(1989), "Advertising as religion: The dialectic of technology and magic", In I. Angus, & S. Jhally(Eds.), *Cultural Politics in Contemporary America*, New York: Routledge, 217~229.

Kellner, D. (1990), "Advertising and consumer culture", In J. Downing (Ed.), *Questioning the Media*, London: Sage, 242~254.

______(1995), "Reading images critically: Toward a postmodern pedagogy", In G. Dines & J. M. Humez(Eds.), *Gender, Race and Class in Media*, London: Sage, 126~132.

Lee, S. (1996), "The mythical function of ideological process in cigarette advertising", *Sungkok Journalism Review*, 7, 89~100.

Leiss, W., Kline, S. & Jhally, S. (1990), *Social Communication in Advertising*(2nd ed.). New York: Methuen.

Levi-Strauss, C. (1963), *Structural Anthropology*(C. Jacobson & B. G. Schoepf, Trans.), New York: Basic Books.

______(1966), *The Savage Mind*, Chicago: University of Chicago Press.

______(1969), *The Raw and the Cooked*(J. Weightman & C. Weightman, Trans.), New York: Harper & Row.

Leymore, V. (1975), *Hidden Myth: Structures of Symbolism in Advertisements*, London: Heinemann, 이수범 역(1999), 《숨겨진 신화: 광고의 구조와 상징》, 서울: 참미디어.

______(1982), "Structure and persuasion: The case of advertising", *Sociology*, 16(3), 377~389.

Martin, L. (1984), *Utopics: The Semiological Play of Textual Spaces*, Atlantic Highlands, NJ: Humanities Press.

Saussure, F. de. (1959), *Course in General Linguistics*, New York: McGraw Hill.

Wernick, A. (1983), "Advertising and ideology", *Theory, Culture & Society*, 2, 16~33.

______(1991), *Promotional Culture: Advertising, Ideology, and Symbolic Expression*, London: Sage.

Williams, R. (1980), "Advertising: The magic system", In R. Williams(Ed.), *Problems in Materialism and Culture*, London: Verso, 170~195.

Willamson, J. (1978), *Decoding Advertisements: Ideology and Meaning in Advertising*, London: Marion Boyars, 박정순 역(1998), 《광고의 기호학》, 서울: 나남출판.

●○● 연습문제

1. 기호학이 광고분석에 유용한 방법론인지 생각해 보자.

2. 텔레비전 광고영상에 어떠한 사회적 의미가 있는지를 분석해 보자.

3. 텔레비전 광고의 기호생산과 소비과정을 최근의 광고 텍스트 분석을 통해 논의해 보자.

제 15 장

미디어 정치경제학

안 임 준

현대 미디어 시스템은 사회체계의 한 구성요소이다. 미디어 정치경제학은 미디어 시스템을 거시적이고 역사적인 맥락에서 연구하고 있다. 특히 다원주의적 이론이나 기능주의 이론들, 신고전경제학 등이 가지고 있는 현상유지적 관점을 비판하고, 사회와 미디어 시스템 내의 권력관계를 밝히고 구조적 불평등을 해소하기 위한 이론과 실천 방안들을 연구하고 있다. 이 장에서는 미디어 정치경제학의 개요, 연구분야, 연구방법, 주요 용어 및 개념을 다루고자 한다. 또한 실질적 연구에 도움을 줄 수 있는 간단한 분석기법들을 소개하고자 한다.

주요 용어: 미디어정치경제학, 정치경제학, 비판적 실재론, 권력, 맑스주의, 신자유주의, 국가, 시장, 시민사회, 이데올로기, 문화산업, 미디어산업, 미디어 소유와 통제, 공영방송, 디지털 격차, 민주적 커뮤니케이션 시스템

1. 미디어 정치경제학 개요

1) 미디어 정치경제학의 특징

정치경제학의 기원을 거슬러 올라가면 18세기 영국의 도덕철학자들의 연구까지 거슬러 올라갈 수 있다(Mosco, 1996). 제임스 스튜어트(James Steuart)는 〈국부론〉의 저자, 아담 스미스(Adam Smith)에 앞서 "가정에서 경제인 것이 국가(단위)에서는 정치경제(학)"이라고 보고 있다. 여기서 정치경제학은 오늘날의 주류 경제학의 미시와 거시 부분을 포괄한다. 〈정치경제학 사전 III〉(Palgrave 편)에 의하면, "정치경제학은 부의 학

문(*the science of wealth*)이며, 인간이 욕구를 유발하여 충족시키기 위해 쏟는 노력들을 다룬다"고 정의한다(김지운·정희경, 2005, pp. 45~46). 통상 '정치경제학'하면 맑스주의를 떠올리는 것과 달리, 정치경제학 연구자들은 우파에서 좌파까지 다양한 정치적 스펙트럼을 보여주고 있다. 모스코와 레딕(Mosco and Reddick, 1997, p. 12)은 정치경제학은 자원의 생산과 분배, 소비를 구성하는 사회관계, 특히 권력관계를 연구하는 학문이라고 정의한다.

머독과 골딩(Murdock and Golding, 2005, p. 61)에 따르면, 주류 경제학과 구분되는 비판적 정치경제학의 주요 특성들로 전체적 접근(*holistic approach*), 역사적 접근, 자본주의 기업과 공공개입의 균형, 그리고 도덕철학을 지적한다. 전체적 접근에 따라 경제, 정치, 문화의 영역을 분리해서 보는 것이 아니라 이들 사이에 상호작용과 관계에 관심을 가지고 미디어 시스템을 연구한다. 비판 정치경제학은 역사적 접근을 통해 국가와 기업, 그리고 미디어의 장기적 변화에 관심을 가진다. 도덕철학은 효율성에 대한 기술적 문제를 넘어 정의, 평등, 공공재, 공익성 등 더욱 기본적인 도덕적 문제에 대한 비판 정치경제학 연구의 관심을 의미한다. 여기에 헤스몬달(Hesmondhalgh, 2007, p. 34)은 비판 정치경제학이 권력과 위신과 이익의 불평등을 설명하는 기본적 이슈로서 문화가 자본주의 시스템 내에서 생산되고 소비되는 것을 연구하며, 문화산업이 부유층과 권력층의 이익에 봉사하는 범위에 대해 논의한다고 덧붙인다. 그들은 이를 기반으로 미디어 정치경제학(혹은 커뮤니케이션 정치경제학, 문화의 정치경제학)을 전개한다.

니콜라스 간햄(Garnham, 2000)은 미디어 정치경제학 접근은 권력이 사회에서 구조화되고 차별화되는 방식과 그 원천 및 그것이 어떻게 새로워지는지를 탐구하는 것이라고 주장한다. 미디어 정치경제학에서 국가와 시장이 커뮤니케이션 산업을 통치하는 정책과 규제의 형태를 분석하는 데 중심이 되고 있다(Mosco and Reddick 1997, p. 25). 최근에는 미디어 정책과 규제와 관련하여 시민사회의 참여에 관한 논의도 활발하게 진행되고 있다. 하지만 프리드먼(Freedman, 2006)은 다양한 참여자에게 균등하게 배분된 권력을 주장하는 다원주의(*Pluralism*)적인 접근에는 비판을 가하고 있다. 신자유주의적 자본주의 사회에서 국가와 시장을 중심으로 권력이 구조화되고 정책과정에서 신자유주의 헤게모니가 지배적인 상황에서 시민사회의 참여의 가시적 증가에도 불구하고 역할에 한계가 있는 것이다.

〈표 15-1〉 경제학 대 정치 경제학

연 구	경제학	정치 경제학
단위	개인 (경제인)	사회관계 (권력)
목적	효율성, 효용	평등, 공공선
방식	시장, 균형	공공 개입, 분배
이론적 접근	수리, 계량	총체성, 사회 역사적 접근

* 출처: 윤선희, 2005, p.33.

반면에 미디어 경제학의 전제는 주류 경제학을 따라 경제인으로 최소비용으로 최대의 이윤을 얻고자 하는 것이다. 미디어 시장은 미디어 소유주, 수용자, 미디어 제작자, 광고주 등 미디어 주체들이 경쟁하는 장으로 인식되며, 미디어 시장은 경쟁하는 이익이 균형의 정점에서 만나는 장으로 프로그램 등의 미디어 상품을 거래하고 제작인력이 화폐단위로 교환되는 장이다(임종수, 2006). 〈표 15-1〉은 경제학과 정치경제학의 차이를 간략히 정리한 것이다.

2) 미디어 정치경제학의 연구경향

정치경제학을 경제학과의 관계 속에서 이해하는 것을 넘어, 맥체스니(McChesney, 2007)는 미디어 정치경제학의 분야는 학제간 연구분야이며 여전히 만들어지는 과정이라고 말한다. 기본적으로 미디어 정치경제학의 특징은 자본주의 사회의 미디어 시스템에 대한 비판적 접근과 평가이다. 이를 위해 미디어 정치경제학은 사회학, 정치학, 경제학 등의 이론적 성과를 받아들이며, 주요 연구주제들에는 미디어 산업, 국가의 역할, 시장과 국가 간의 연결, 미디어의 정치경제학과 세계수준이나 국가 수준의 정치경제와의 관계 등을 다룬다.

미디어 정치경제학은 맑스주의와 세노학파 정치경제학 등에 많은 영향을 받았다. 맑스의 《독일 이데올로기》에 나오는 아래의 문장은 미디어 정치경제학자들의 작업에 영향을 주었다.

> 어떤 시대에서나 지배계급의 사상이 지배적 사상이다. 다시 말해서 사회의 지배적인 물질적 세력인 지배계급이 동시에 그 사회의 지배적인 정신적 세력이라는 말이다. 물질적 생산의 수단을 통제하는 계급은 그 결과 정신적 생산의 수단도 통제하고 있으며, 그에 따라 정신적 생산수단을 가지지 못한 계급의 사상은 대체로 그것에 종속된다. 지배적 사상은 지배적인 물질적 관계들의 관념적 표현, 사상으로서 파악된 지배적인 물질적 관계일 뿐이다. (Marx, 1969, p. 92)

미디어 정치경제학자들은 미디어가 가진 이데올로기적 측면뿐만 아니라 미디어 산업의 경제적 측면도 함께 분석하고 있다. 맑스의 방법론은 연역적이며, 분석적인 방법으로, 변증법과 유물론에 기반하고 있다(Marx, 2001). 최근의 미디어 정치경제학자들은 맑스의 이런 방법론을 그대로 따르기보다는 다양한 방법들을 도입하고 있다. 김승수(2007)는 이를 정리하여 미디어 정치경제학이 자본, 권력, 문화적인 힘이 한데 모이고, 서로 충돌하며 제휴하는 문화산업의 독특한 성격을 인정하고 유연결정론을 받아들여야 하며, 커뮤니케이션 생산수단이 물질적 요소, 경제적 요소, 문화적 요소의 총체적 반영물이라는 측면에서 문화 유물론을 받아들일 것을 주장한다. 그는 또한 분석과 종합의 방법, 구체와 추상, 대립물의 통일과 투쟁의 방법, 대중적 의견 수렴 등의 연구방법을 종합하여 변증법적 방법으로 명명한다. 최근의 연구들에서는 이전의 경제 환원주의(*reductionism*)나 경제결정론(*determinism*)적 시각이 많이 완화되었으며, 경제뿐만 아니라 정치, 문화적인 요인들도 함께 고려해야한다는 주장이 설득력을 얻고 있다. 하지만 미디어 정치경제학 분석에서 여전히 경제영역의 권력관계를 가장 중요한 요인으로 다룬다(Murdock and Golding, 2005; Hesmondhalgh, 2007).

프랑크푸르트학파의 저작들, 특히 호르크하이머와 아도르노의 자본주의 사회에서 획일적인 오락물을 생산하는 문화산업에 대한 비판은 미디어 정치경제학의 형성에 영향을 미쳤다(Horkheimer and Adorno, 1969). 이런 시각은 최근의 다매체 다채널 시대의 미디어의 다양성 연구에서 매체와 채널수의 증가에도 불구하고 여전히 다양성의 부족을 지적하는 이론적 근거 중 하나이다.

미디어 정치경제학의 성장에 영향을 준 제도학파 정치경제학은 신고전경제학의 개인을 분석단위로 한 시장에 강조점을 둔 연구를 비판하며, 경제체제를 수많은 제도들의 복합체라 할 인간문화의 일부로 보고, 재화와 용역의 '생산 - 배포 - 교환'의 경제의 제도적 / 조직적 구조를 강조한다. 또한 조절학파 이론과 포스트 포디즘 연구, 하버마스(Habermas, 1989)의 공론장(*public sphere*), 밀즈 (Mills, 2000)의 엘리트 이론, 부르디외(Bourdieu, 1986)의 경제자본, 문화자본, 사회관계자본 등에 대한 연구, 기든스 (Giddens, 1986)의 구조화(*structuration*) 이론, 카스텔(Castells, 2000a; 2000b; 2004)의 네트워크 사회 이론 등 다양한 사회학 연구들의 성과들도 받아들이고 있다.

미디어 정치경제학 성립과정은 문화연구(*cultural studies*)의 전통과도 중첩되는데, 초기에는 둘 사이에 학문적 교류도 잦았다. 이후 계급적 시각이 약화된 후기구조주의나 포스트모더니즘 등에 기반한 문화연구들이 득세하면서, 서로 비판하기도 했지만, 여전히 많은 전통을 공유하고 있다(Hesmondhalgh, 2007).

미디어 정치경제학은 학제간 연구분야로 문화연구는 인문학적 전통에 기반한 연구가 많은 데 반해, 정치경제학은 경제학, 정치학, 사회학 등 사회과학의 훈련을 받은 학자들이 많이 연구하고 있다. 문화연구의 관심분야는 문화와 관련된 텍스트, 주관성, 정체성, 담론, 즐거움 등이다. 반면에 미디어 정치경제학의 연구자들은 계급적 권력이나 제도적 권력에 관심을 가진다. 구체적으로 미디어와 관련된 계급, 성, 인종에 대한 연구(Gandy, 2004), 미디어 산업내의 구조변동과 이에 따른 노동과 노동과정의 변화(임영호, 1999), 사기업과 공공 커뮤니케이션과의 관계, 공영방송 연구(Murdock, 2000), 일국적 범위와 국제적 범위에서 매체소유 연구(Bagdikian, 2004), 신자유주의 세계화와 글로벌 미디어 기업의 역할(Herman and McChesney, 1997), 미디어 산업과 정책의 역사(McChesney, 1999; Curran and Seaton, 2003), 뉴미디어와 정보화 사회 연구(Schiller, 1996; Schiller, 1999), 미디어의 역사(Winston, 1998), 접근권, 디지털 격차(Murdock and Golding 2005; Castells, 2001), 저널리즘 연구(Golding and Middleton, 1982; Herman and Chomsky, 2002) 등 다양하다.

미디어 정치경제학은 IAMCR의 정치경제학 분과를 중심으로 모이며 전세계에서 학자들이 관련 연구들을 하고 있다. 북미와 유럽뿐만 아니라 세세 여러 나라의 미디어 학자들이 미디어와 관련 다양한 비판적 연구를 생산하고 있다. 지역별로 조금씩 다른 연구 관심이 있는데 북미지역의 경우 미디어 산업이 착취적이며 비민주적인 자본주의 질서에 반드시 필요한 핵심산업이 되었다는 것에 대한 비판, 유럽은 공영방송의 유지나 계급권력이나 계급투쟁, 제 3세계는 근대화와 개발에 대항에 비판을 가한다(Mosco,

1996). 헤스몬달 (2007)은 연구전통의 차이를 쉴러-맥체스니(Schiller-McChesney) 전통과 문화산업(*cultural industries*) 접근으로 구분하기도 한다. 쉴러-맥체스니 전통은 북미의 정치경제학 연구의 주요 흐름이라면, 문화산업 접근은 유럽의 미에게(Miège)와 간햄(Garnham)의 영향을 많이 받았으며, 문화산업내 변화와 연속성을 측정하고 설명하는 데 장점을 가지고 있다.

머독과 골딩(Murdock and Golding, 2005)은 미디어 정치경제학의 연구를 생산연구, 텍스트 연구, 소비연구의 세 영역으로 나누었다. 첫째, 권력에 의한 의미생산에 대한 연구는 문화상품의 생산과 관련된다. 문화소비의 범위를 완전히 결정하는 것은 아니지만 제한시키는 문화생산의 영향에 특별한 중요성을 부여한다. 둘째, 텍스트의 정치경제학적 연구는 문화상품에서의 재현(*representation*)과 이의 생산과 소비의 물질적 실체와의 관련을 연구한다. 셋째, 문화적 소비의 정치경제학은 물질적인 불평등과 문화적인 불평등 사이의 관계를 연구한다.

미디어 정치경제학자들은 최근 들어 역사 연구와 민주적 커뮤니케이션을 위한 정책연구 등에 관심을 갖고 있다. 이들 비판적 미디어 학자들은 미디어 산업과 공공 커뮤니케이션 시스템에 대한 국가와 시장, 시민사회와의 관계를 역사적 분석을 통해 새로운 정책대안들을 찾아내고 민주적 커뮤니케이션 시스템을 만들고자 한다.

3) 미디어 정치경제학의 방법론

정치경제학은 민주적 커뮤니케이션을 위한 광범위한 주제를 다루고 있으며, 다양한 연구문제에 따라 사회구조 파악을 위한 양적 접근과 질적 연구를 병행하는 입장이다. 이에 따라, 미디어 정치경제학 연구는 방법론 측면에서 연구문제에 따라 다양한 접근을 활용하고 있다. 기존의 자료와 통계도 활용하고, 양적 연구인 서베이, 내용분석과 질적 연구인 심층 인터뷰, 관찰, 담론 분석 등 다양한 방법을 사용하며, 경우에 따라 통합적 방법도 사용한다.

미디어 정치경제학자들은 질적 연구만을 주장하는 입장에 반대한다. 간햄(Garnham, 2000, p. 112~113)은 일상생활을 강조하는 민속지를 사용하는 사회적 구성시각의 수용자 연구들이 낭만주의와 반계몽주의에 뿌리 내리고 있으며, 일반화와 과학적 조사에 대해 반대한다고 주장한다. 그는 확률의 통계적 측정 등 일반화를 허구로 보거나 실재가 아닌 연구자의 구성물로 보는 이런 입장을 비판한다. 이는 사회에 대한 실재론적 입장에 기반한 비판이다.

미디어 정치경제학은 학자별로 특정 방법론에 대한 선호에도 불구하고 최근 들어 질적 방법과 양적 방법 모두를 사용하여 연구의 타당성을 높이는 전략을 사용하고 있다. 이런 미디어 정치경제학자들은 비판적 실재론(*critical realism*)을 지지하고 있다.

일반적인 과학철학으로 초월적 실재론과 인간과학에 대한 철학으로 비판적 자연주의, 이 둘을 축약한 형태의 비판적 실재론을 주장하는 철학자, 로이 바스카(Roy Bhaskar, 1989, pp. 361~362)는 철학에서 '실재론'은 다음의 입장을 암시한다고 본다.

① 인지이론: 주관적 관념론과 반대로, 이것은 물질적 객체들이 그것들에 대한 우리의 인지와 무관하게 존재한다고 본다. 그리고 사회과학의 영역에서는, 실재적인 것이 개념적인 것들과 경험적인 것들에 의해 모두 포함되지 않는다는 견해를 보인다. 초월적 실재론은 경험적인 것이 현실적인 것의 부분집합이며, 현실적인 것은 실재하는 것의 부분집합이라고 주장한다.

② 우주이론: 명목론, 개념론 그리고 비트겐슈타인의 유사성 이론과 반대로 이것은 플라톤의 실재론처럼 우주의 독립성 존재를 나타내거나, 아리스토텔레스의 실재론처럼 물질적 사물의 속성들로서의 존재를 나타낸다. 초월적 실재론은 일부의 분류들이나 객체들을 분류하는 방식들은 자연적 종류들을 구성하기도 하지만, 대부분은 그렇지 않다고 주장한다. 예를 들어, 탄소와 개는 각각 그것의 전기적 구조와 유전암호에 따라 정의되는 실재적 본질을 가지고 있으나, 책상, 흙연 덩어리와 강아지 인형 등은 그렇지 않다.

③ 과학철학: 실재론은 인과법칙 등과 같은 과학적 지식의 객체들이 그것들에 대한 지식으로부터 상대적으로 또는 절대적으로 독립하여 존재한다고 본다. 초월적 실재론은 세계가 우주 지식의 가능한 객체라면 가지고 있을 구조화되고 분화되어 있으며, 발현성과 변동에 의해 특징지어지는 등의 일반적 특징들을 밝힌다.

바스카는 비판적 실재론이 자연, 사회, 과학, 인간 행위 그리고 철학에 대한 일관된 설명을 하고 있으며, 인간 해방에 필수적이라고 주장한다. 그는 사회를 "각각의 위치에서 수행되는 실천들과 그물처럼 연결된 상호관계들의 총화"로 보고 있으며, 개인들의 실천적 활동 속에서 개인들은 사회를 전제하면서 재생산하고 변형한다고 주장한다. 그의 주장에 따르면, 사회구조는 재생산하거나 변형하는 행위주체들의 의식에 의존하지만, 이 의식으로만 환원될 수 없다. 이는 해석학적 입장과 달리 사회적 실천이 개념적 측면뿐만 아니라 물질적 측면도 가지고 있다는 것을 뜻한다(Bhaskar, 1989, p. 18). 그는 관찰되는 현상과 사건들의 기저에, 이들을 산출하는 지속적인 구조와 발생기제(*generative mechanism*)들이 있다고 본다. 그는 사회과학의 이론과 실천적 작업을 통해 사건과 담론을 발생시키는 사회구조와 발생기제들을 알아내고 변화시킬 것을 주장한다(Bhaskar, 1989, pp. 14~15).

커뮤니케이션 연구와 관련, 엔센(Jensen, 2002)은 바스카의 논의를 정리하여 실재론은 과학철학의 중요한 전통으로 존재론적으로 실재론, 인식론적인 상대주의, 판단적 합리성을 특징으로 한다고 본다. 실재론은 앞서 말한 바와 같이 회의주의나 유명론과 달리 우리의 인식 바깥에 외부세계의 실재를 인정하고 있다. 실재론에서 실재는 문법 용어로 자동적(*intransitive*)이나 다양한 형태의 발견의 목표로서 타동적(*transitive*)이다. 또한 완화된 구성주의적 입장으로 지식은 지각과 인식, 추론의 반복되는 과정에 의존하며, 이들 과정을 의심하고, 거부하거나, 개정할 수 있다고 본다. 엔센은 논리실증주의와 구성주의적 과학 철학의 중재자로서 실재론의 역할에 주목한다. 커뮤니케이션 연구에서도 실재론적 전략에 따라 연구와 관련된 다양한 측면을 조사하기 위해 다양한 방법론을 채택한다. 실재론적 입장의 연구자들은 해석적인 연구뿐만 아니라 그 이상의 연구를 하고자 한다. 이들 연구자들은 각 연구방법론의 장·단점을 파악하여, 연구문제에 적합한 방법을 찾고자 노력한다(Deacon et al., 1999).

2. 미디어 정치경제학의 연구과정

이 책에 소개한 다양한 방법들도 연구문제에 따라 미디어 정치경제학을 위한 방법으로 채택할 수 있다. 여기서는 미디어 정치경제학 연구를 위한 다양한 방법들 중 지면의 제약상 2차 자료에 의한 연구기법만 간단히 소개한다. 1차 자료는 연구자가 직접 연구해서 얻은 자료라면, 2차 자료를 통한 연구는 다른 사람들의 연구를 이용하는 것을 말한다. 2차 자료는 우리 자신이 수집한 연구 데이터에 보조적으로 활용할 수도 있고, 2차 자료만을 분석하여 연구할 수도 있다. 실제연구에서 이들 자료수집은 인터뷰, 서베이 등의 방법과 함께 사용되곤 한다. 연구를 위한 자료의 범위는 인쇄물과 통계자료뿐만 아니라 시청각 매체, 컴퓨터 파일 등 다양하다.

미디어 정치경제학의 연구를 위해서는 구체적 분석에 앞서서, 광범위한 관련자료들을 숙지해야 한다. 기존 선행연구들, 역사적 분석, 정치와 사회를 다룬 각종 저작들, 정부와 공공기관에서 발행된 문서들을 조사해야 한다. 이를 위해 정부 보고서, 보도자료, 위원회 보고서나 회의록, 국회 회의록 등 관련문서들을 어디서 구할 수 있을지 알아야 한다. 이들 자료들은 우리나라의 경우, 국회도서관, 국립중앙도서관, 각 대학도서관에서 구하거나 일부는 인터넷 검색 등을 통해 얻을 수 있다.

연구자들은 2차 자료로 각종 통계들을 많이 활용한다. 국내 통계의 경우, 정부나 공공기관에서 발행하는 통계들을 활용할 필요가 있다. 우리나라의 경우, 통계청, 한국은행, 문화관광부, 노동부, 방송통신위원회, 한국방송광고공사, 한국방송영상산업진흥원, 한국언론재단 등에서 생산된 통계들이 여기에 해당된다. 방송사, 여론 조사기관, 'Nielson media research'나 'TNS media' 등 사설기관에서도 통계나 시청률 데이터를 생산하고 있다. 뿐만 아니라, 신문이나 잡지, 책, 논문 등에서도 통계자료를 얻을 수 있다. 국제적 통계자료는 OECD나 WTO, UNESCO 등에서 발간한 자료나 미국의 FCC나 영국의 OFCOM 등 각국의 규제기관이나 통계청에서 발간한 통계자료, 외국의 사설 미디어 컨설팅 회사들에서 발간한 통계 등을 활용할 수 있다.

2차 자료 이용시 자료들을 액면 그대로 받아들여서는 안 되고, 의미에 대한 질문과 증거에 대한 의문을 품어야 한다. 의미에 대한 답변을 구하고자 할 때, 연구자들은 내용분석이나 담론 분석 등의 방법을 활용하여 자료를 분석하곤 한다. 증거로서 2차 자료를 활용하기 위해서는 대표성, 진정성, 신뢰성에 대한 질문을 던져봐야 할 것이다. 대표성을 확보하기 위해 연구대상의 포괄적 목록을 만들거나 표본추출이 필요하다. 이를 위해서 연구의 범위를 정해 특정 시·공간을 선정하고, 누구를 대상으로 할 것인가, 무엇의 대표성을 가진 것을 어떤 기준으로 선별할 것인지에 관해 검토해야 한다. 진정성은 2차 자료의 진위와 관련되는데, 자료를 누가 만들었는지, 누가 소유했는지, 어디서 구했는지 등이 이들 자료의 진위를 판단할 수 있는 기준이 된다. 신뢰성은 자료의 내용이 어디에 근거해 작성되었는지, 그것이 얼마나 정확하고 솔직하고 포괄적인지, 편파적이거나 음모가 숨어있는지 등을 판단해야 할 것이다. 이런 문제를 해결하기 위해 연구자는 삼각법(*triangulation*)을 통해 정확하고 포괄적인 내용을 알기 위한 가능한 전범위의 자료를 검토해야 한다(Deacon et al., 1999).

이런 2차 자료에 의한 연구는 특히 미디어 정치경제학의 이론들을 받아들인 정책연구나 산업연구, 역사연구에서 많이 사용된다.

역사연구의 경우, 과거를 연구하는 특성상 현재 이용할 수 있는 자료의 한계로 인해 1차 자료뿐만 아니라 2차 자료를 많이 활용한다. 역사연구를 위해 사료수집과 분석, 통계자료 등의 검증 등이 이루어진다. 미디어 정치경제학의 역사연구는 위인 사관 등의 낭만적 역사기술에 비판적이며, 자본주의 사회에서의 미디어 산업의 구조와 정책, 제도 등에 관심을 가지고 이루어지고 있다.

정치경제학의 정책연구나 산업연구에서는 2차 자료를 이용해 이사회의 이사들 간의 겸임, 인수합병이나 전략적 제휴 현황 등에 대한 사회연결망 분석도 이용한다. 특히, 사주의 이익과 회사의 경제적 성과, 문화생산 사이의 복잡한 상호작용은 미디어 정치경제학의 주요한 연구분야이다. 이들의 관계를 탐구하기 위해 머독과 골딩(Murdock and Golding, 2005)은 구조적 역학뿐만 아니라 매일의 업무와 요구와 직업적 이데올로기에 대한 이들의 영향을 측정할 것을 주장한다.

다음은 미디어 소유와 통제의 연구를 위한 과정이다(Deacon et al., 1999).

1 단계: 주요 기업 확인

특정 미디어 시장에서의 주요 기업들을 확인

매출액이나 자본화 정도에 따른 기업의 크기 검토

시장내 매출액이나 수용자 관련 집중도를 점검하고 상위 기업들을 조사

2 단계: 회사 보고서 검토와 회사 프로파일 작성

자회사와 투자 현황 점검

주요 주주 점검

우리나라 사례의 경우, 방송위원회 방송산업실태조사보고서, 한국언론재단 한국신문방송연감, 각 회사 웹사이트, 금융감독원 전자공시시스템(dart. fss. or. kr)[1] 을 활용하고, 공인회계사가 작성한 감사보고서 등을 참고한다. 외국의 미디어 기업의 소유관련 정보는 CJR(*Columbia Journalism Review*)과 각 미디어 기업의 웹사이트, 기업의 연차보고서, Form 13F, Form 10-K 등에 잘 나타나 있다.

3단계: 주식, 거래와 이사회 구성 현황: 회사 네트워크 그리기

관련 회사들을 네모나 동그라미에 넣고 투자 관계를 화살표로 그림

주식투자와 거래 및 이사회의 겸임여부 등을 보여줌

좀 더 복잡한 분석은 통계 기법을 이용한 사회연결망(*Social Network*) 분석을 활용

4단계: 클럽과 친족

미디어 재벌과 정치가나 다른 영역의 핵심인사들과의 연결고리도 파악

3. 미디어 정치경제학의 주요 용어 및 개념

(1) 미디어 정치경제학

권력이 사회에서 구조화되고 차별화되는 방식과 그 원천 및 그것이 어떻게 새로워지는지를 탐구하는 것이 미디어 정치경제학의 과제이다(Garnham, 2000). 국가와 시장이 커뮤니케이션 산업을 규율하는 정책과 규제를 분석하고 미디어 시스템과 커뮤니케이션 정책의 정치 문화적 영향을 다룬다. 매체 소유의 집중, 독점 등의 문제를 정치문화적 사안과 연결시킨다.

---

1) 전자공시시스템 (DART ; *Data Analysis, Retrieval and Transfer System*)은 상장법인 등이 공시서류를 인터넷으로 제출하고, 투자자 등 이용자는 제출 즉시 인터넷을 통해 조회할 수 있도록 하는 종합적 기업공시 시스템

(2) 문화산업

문화산업이라는 용어는 프랑크푸르트학파의 호르크하이머와 아도르노가 자본주의 사회에서 매스미디어 등 문화에 대한 비판으로 사용했다. 허버트 쉴러(Herbert Schiller)는 지난 수십 년 간 정보와 문화 부문은 경제에서 가장 중요한 위치를 점하게 되었다고 주장하며, '문화 산업'이라는 말 자체가 문화적 힘과 산업적 힘과의 융합을 보여준다고 한다(Schiller, 1996).

(3) 신자유주의

신자유주의는 국가 내 최소의 정부 간섭과 국제적 노동분업 안에서 자유무역을 위한 자유방임경제(*laissez faire*)로의 회귀를 의미한다. 신자유주의는 현재 진행되고 있는 세계화의 중요한 특징 중에 하나이다. 신자유주의 세계화를 통해 전세계적으로 자유무역의 원리가 확대되고, 공기업의 민영화와 규제 완화와 함께 시장 원리가 사회 전반을 규율하는 원리로 자리 잡고 있다.

4. 미디어 정치경제학의 연구 사례

1) 미디어 소유 연구

그래함 머독(Murdock, 2000)은 그의 디지털 환경에서의 융합에 대한 연구에서 영국 케이블 텔레비전 산업의 소유 패턴을 보여주고 있다. 그는 당시의 영국 케이블 산업의 주요 기업인 NTL과 Telewest의 소유상황을 〈그림 15-1〉과 같이 보여준다. 여기서 주목할 점은 세계 최대의 컴퓨터 소프트웨어 회사인 Microsoft가 주요 케이블 회사인 NTL과 Telewest 모두에 지분을 가지고 있으며, 특히 Telewest에 직·간접적으로 많이 투자하고 있음을 알 수 있다. 이는 디지털 융합 환경에서 Microsoft의 방송산업 진출전략과 연계해서 생각해볼 수 있다. 또한 프랑스 텔레콤도 NTL에 25%의 지분을 가지고 있다.

〈그림 15-1〉 영국의 케이블 텔레비전 산업의 소유 패턴 (2000년 8월)

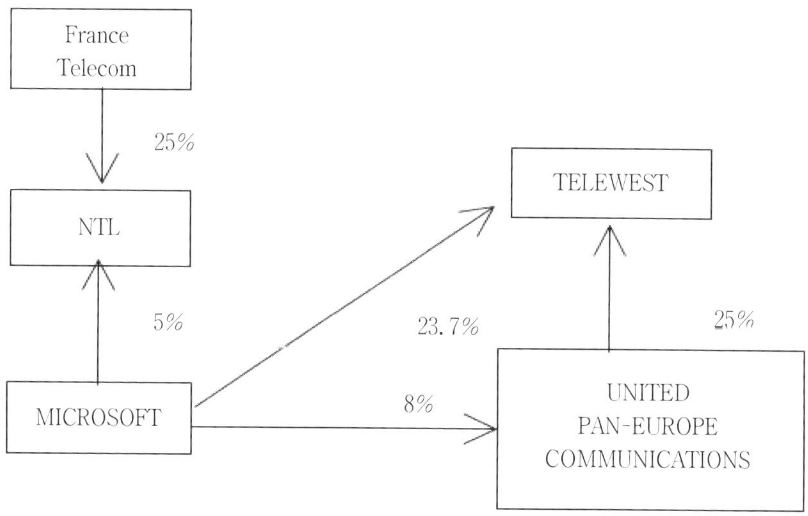

* 출처: Murdock, 2000, p. 50.
* 주: 퍼센트는 주식 소유의 크기를 나타냄. 화살표는 주식 소유의 방향을 나타냄.

김승수 (2007)는 〈정보자본주의와 대중문화산업〉에서 우리나라 미디어 산업의 소유 현황을 분석하고 있다. 〈표 15-2〉에서는 그의 분석 중 우리나라의 방송, 통신, 신문 시장의 주요 사업자들만 간추려서 정리했다. 미디어 융합 환경에서 방송사, 신문사와 통신사들의 복합미디어 기업화가 진행되고 있는 것을 발견할 수 있다.

〈표 15-2〉 우리나라의 미디어 소유현황에 대한 분석

매체	투자 현황
KBS	KBS1·2TV, 4개 라디오 채널, KBS KOREA, KBS 스카이(드라마, 스포츠 PP), 스카이라이프(10.7)
MBC	MBC TV, 3개 라디오 채널, MBC 드라마넷, MBC-ESS 스포츠, MBC 게임, MBC 무비, iMBC, 한국디지털위성방송(5.70), TU 미디어(2.98)
태영/SBS	SBS, SBSi, SBS 골프, SBS 스포츠, SBS 드라마플러스, UTV, SBS 미, SBS 뉴스텍, SBS 인터내셔널, SBS 프로덕션, SBS 아트텍, TU 미디어(2.98), LG 텔레콤(0.99), 하나로텔레콤(0.03), 한국디지털위성방송(1.07), 부산방송 KNN(10.87), 강원민방(7.06), 전주방송(14.1), 현대홈쇼핑(5.0), MVP 창투 2호영상투자조합(5.0) 태영인더스트리 → 울산방송(4.4)
조선일보 방상훈 (30.03)	디지털조선 → 디지털조선게임(51.97), 드림스포츠(13.7), 한미에셋(28.1), 디조콤(19.61), 웰컴스포츠닷컴(10), 비즈조선넷(18.7), 코리아인터넷닷컴(1.50), 부동산써브(9.5), 비지니즈엔 조선일보생활미디어, 스포츠조선, 월간조선, 에듀조선, 조강, 한국디지털위성방송(1), 디조게임
동아일보 인촌기념회 (24.14) 김재호 (22.18)	동아닷컴, 마이다스 동아, 디유넷, 동아프린컴, 동아사이언스, 동아종합인쇄, 동아프린테크, 한국디지털교육재단, 고려중앙학원(고려대, 중앙고), 삼양사(2.93), 엠커머스(32.19), 데이콤(0.02), KTF(0.88), 하나로텔레콤(0.01)
중앙일보/ 보광 그룹 삼성 방계 홍석현 (이건희 남:36.8)	중앙일보 그룹(총 73개 회사 소유) → 중앙일보, 일간스포츠(24.66), 머니투데이(49.2), 메트로(8.30), 인터내셔널해럴드트리뷴 인쇄, 뉴스위크 한글판 → 중앙방송(큐채널), J골프, 히스토리 채널, 카툰네트워크(49), 펀치 → 조인스닷컴 보광그룹 → 보광휘닉스, 덴쯔이노벡 → 휘닉스커뮤니케이션즈, 휘닉스피디이 보광창업투자 → 메디포스트(3.47)
KT	KT 네트웍스, KT 링커스, KT 파워텔, KT 서브마린, KT 커머스, KT 렌탈, 싸이더스 FHN(35.7), KBS 인터넷(32.28), 올리브나인(19.1) 한국디지털위성방송(29.8) → KBS N(12.27), MBC ESS스포츠(9.96) KTF(47.2) → KTF 테크놀로지스, KTF 엠하우스 KT 하이텔 → 한림창투 → 파란닷컴 KT 렌탈 → KT캐피털

SK	SKT(21.47) → SK 커뮤니케이션즈 → 네이트닷컴, 싸이월드, 엠파스, WS 엔터테인먼트 → TU 미디어(29.58), YBM 서울음반 (60.0), 한국경제신문(13.84), SK 텔링크, 싸이더스, 이투스, 앤드리브소프트, 지엑스지, 위즈, 메주뮤직 → IHQ(34.3) → 엔트리브소프트, 싸이더스 IHQ, 캐슬인더스카이, 아이필름(45), YTN 미디어(코미디채널, YTN 스타, 51.42), 청어람(30) → 하나로텔레콤(4.77) 디지털조선일보(7.79), MBCo(일, 13.6), 와이더댄닷컴, SK 증권, SK 캐피탈
CJ 삼성 방계 이재현 (이건희 조카:21.1)	CJ 홈쇼핑 → CJ 케이블넷 (5개 SO), 강원방송 (11.98) → CJ 텔레닉스 → MBC 드라마넷(28.0) CJ 인터넷 CJ 뮤직 CJ 엔터테인먼트 → CJ CGV → 프리머스시네마 → CJ 미디어 → 9개 PP → 썬 TV(70)→ 엑스포츠(30) → CJ 엔키노 시네마서비스, 아트서비스, CJ 조이큐브, 중앙일보(14.71), 메디오피아(26.9), 동방 CJ 홈쇼핑(구상하이SMG-CJ쇼핑), 대원디지털방송(10.70), 스카이라이프(0.57), 온게임넷, 메타미디어(10.80), KTF(0.1), 하나로텔레콤(0.03), CJ 인터넷재팬, CJ 개발, 드림웍스애니메이션 SKG(4.17) CJ 투자증권, CJ 자산운용, CJ 창업투자
오리온 그룹	온미디어→오리온시네마네트워크(OCN 등 6개 PP) →온게임네트워크(온게임넷, 퀴니) →디지털온미디어(On Demand Family, OnPPV, OnDeman) →북경 디지털온스튜디오(50) →바둑텔레비전(바둑TV, 온바둑) →4개 케이블SO →쇼박스 →메가박스

* 출처: 김승수, 2007, pp.283~291.
* 주: 예를 들어 SKT → TU미디어(29.58)는 SKT가 TU미디어 지분의 29.53%를 보유한다는 의미이다.

2) 미디어 소비연구

미디어 정치경제학은 광범위한 경제적이고 사회적인 구성에서 사람들의 위치에 따라 가능하거나 제약받는 일상적인 활동의 방식을 고려하여 수용자의 미디어 소비에 주는 영향을 추적하고 이들 소비에 존재하는 제한 요인들을 조사한다.

최근의 능동적 수용자론은 미디어 정치경제학의 수용자 이론을 피하주사이론 수준으로 단순화시키며 비판하고 있다. 하지만 허버트 쉴러(Schiller, 1989, p. 228)는 '문화가치의 전달은 복잡한 과정'이며, '깊고 복잡한 의미구조를 수용하는 과정'이라고 밝히고 있다. 그는 미디어의 수용자에 대한 제한효과이론과 능동적 수용자론을 비판하면서, 사회현실에 대한 정의와 규정을 내리는 권한이 미디어와 문화산업에 집중된 현재 상황에 수용자 개인의 메시지 해석과 의미 전환능력만을 강조하는 이론은 기존의 체제에 순응하는 것이 된다고 본다. 수용자들은 메시지를 다양한 의미로 해석할 수 있지만, 사회의 상층부에서 내려오는 메시지가 모든 종류의 미디어를 통하여 계속 반복되면 수용자들은 그들의 능력이 압도당하여 이들 메시지를 그대로 받아들이게 된다고 주장한다. 수용자는 개인적 능력에도 불구하고 사회구조에 의해 제약받고 있다는 것이다.

〈표 15-3〉은 영국의 디지털 격차를 보여준다. 머독과 골딩(Murdock and Golding, 2004; 2005)은 저소득층이 전화선을 이용한 협대역 인터넷을 이용하기 시작하면, 고소득층은 이미 광대역 인터넷을 사용해 더 많은 서비스를 이용하고 있다고 주장한다. 이들은 이런 경향이 일시적인 것이 아니며, 지속적으로 빈부격차가 증가하는 현재 추세와 컴퓨터 장비구매와 유지에 지출되는 비용이 저소득층의 이용을 어렵게 한다고 본다. 또한 이들은 미디어 소비에 관한 금전적 장벽뿐만 아니라 사회적 지위가 다른 관련 자원들에 접근하는 것에 어떤 영향을 주는지에도 관심을 가진다. 머독과 골딩은 시간, 공간, 사회적 연결망, 미디어를 특정 방식으로 해석할 수 있는데 요구되는 문화적 능력이라는 4가지 비금전적 자원들도 미디어 소비와 수용자의 행동을 이해하는 데 중요하다고 주장한다.

〈표 15-4〉를 통해 우리나라의 가구 소득별 매체 보유대수를 살펴보면, 디지털 TV, MP3, 디지털 카메라, 핸드폰, DMB 핸드폰, 영상전화 핸드폰, 컴퓨터의 경우 가구 소득이 높을수록 보유 대수가 많은 경향을 보인다. 경제적 요인에 의해 나타나는 미디어 소비의 차이를 발견할 수 있다.

〈표 15-3〉 영국의 총수입 기준 10분위 집단별 가구 인터넷 접속

	1998~1999	2002~2003
극빈 10퍼센트	3	12
세 번째 10분위 집단	2	23
다섯 번째 10분위 집단	4	42
세 번째 10분위 집단	10	57
가장 부유한 10분위 집단	32	85
모든 가구	10	46

* 출처: Murdock and Golding, 2005, p.78

〈표 15-4〉 가구 소득별 매체 보유 대수 (N=3,000, 단위: 대)

구 분	전 체	250만원 이하	250~350만원	351~500만원	501만원 이상	F	유의확률
일반 TV	1.31	1.30	1.31	1.32	1.33	n.s.	
디지털 TV	0.26	0.13	0.26	0.32	0.46	14.516	0.000
DVD	0.32	0.21	0.31	0.39	0.50	n.s.	
MP3	0.72	0.42	0.75	0.86	1.16	7.327	0.000
디지털 카메라	0.74	0.48	0.79	0.88	1.10	5.332	0.000
디지털 캠코더	0.17	0.11	0.16	0.21	0.32	n.s.	
핸드폰	2.77	2.15	2.92	3.08	3.46	50.442	0.000
DMB 핸드폰	0.31	0.19	0.32	0.35	0.59	10.564	0.000
영상전화 핸드폰	0.20	0.13	0.22	0.23	0.27	3.254	0.000
컴퓨터	1.09	0.83	1.15	1.23	1.34	6.939	0.000
PDA	0.05	0.02	0.05	0.06	0.10	n.s.	
휴대용 DMB	0.03	0.02	0.02	0.04	0.08	n.s.	
차량용 DMB	0.14	0.07	0.13	0.17	0.29	n.s.	

* 출처: 방송위원회 2007

••• 참고문헌

김승수(2007), 《정보자본주의와 대중문화산업》, 서울: 한울아카데미.

김지운·정회경(2005), 《미디어경제학》, 서울: 커뮤니케이션북스.

방송위원회(2005), 《방송통계 관리시스템 개선방안 연구》, 서울: 방송위원회.

______(2007), 《2007년 TV 시청행태 연구》, 서울: 방송위원회.

윤선희(2005), 《영상 산업과 문화 연구》, 서울: 한나래.

임종수(2006), 《영상 미디어 산업의 이해》, 한울아카데미.

임영호(1999), 《기술혁신과 언론노동》, 서울: 커뮤니케이션북스.

Ahn, I. J. (2006), "Political economy of digital broadcasting", Ph.D. thesis, Loughborough University.

Archer, M. et al. (eds.) (1998), *Critical Realism: Essential Readings*, London: Routledge.

Bagdikian, B. (2004), *The New Media Monopoly*, Boston: Beacon Press.

Berger, A. (2000), *Media and Communication Research Method*, 류춘열·김대호·김은미 공역(2001), 《커뮤니케이션 연구, 어떻게 할 것인가》, 서울: 커뮤니케이션북스.

Bhaskar, R. (1989), *Reclaiming Reality*, 이기홍 역(2007), 《비판적 실재론과 해방의 사회과학》, 서울: 후마니타스.

Bourdieu, P. (1986), *Distinction: A Social Critique of the Judgement of Taste*, London: Routledge.

Bryman, A. (2001), *Social Research Methods*, Oxford: Oxford University Press.

Herman, E. and Chomsky, N. (2002), *Manufacturing Consent*, New York: Pantheon.

Castells, M. (2000a), *The Rise of the Network Society*, Oxford: Blackwell.

______(2000b), *End of Millennium*, Oxford: Blackwell.

______(2001), *Internet Galaxy*, Oxford: Blackwell, 박행웅 역(2004), 《인터넷 갤럭시》, 서울: 한울아카데미.

______(2004), *The Power of Identity*, Oxford: Blackwell.

Curran, J. (2002), *Media and Power*, London: Routledge.

Curran, J. and Seaton, J. (2003), *Power without Responsibility*, London: Routledge.

Deacon, D. et al. (1999), *Researching Communications*, London: Arnold.

Freedman, D. (2006), "Neo-liberalism and the making of UK media policy", MeCCSA and AMPE Joint Annual Conference, 13~15, January.

Gandy, O. (2004), "Audiences on demand", in Calabrese, A. and Sparks, C., *Toward a Political Economy of Culture*, Lanham, Maryland: Rowman & Littlefield.

Giddens, A. (1986), *The Constitution of Society*, Cambridge: Polity.

Golding, P. and Middleton, S. (1982), *Images of Welfare*, Oxford: Martin Robertson.

Graham, P. (2005), "Issues in political economy", in Albarran, A., Chan-Olmsted, S. and Wirth, M. (eds.), *Handbook of Media Management and Economics*, Mahwah, New Jersey: Lawrence Erlbaum Associates.

Habermas, J. (1989), *The Structural Transformation of the Public Sphere*, Massachusetts: The MIT Press.

Hansen, A. et al. (1998), *Mass Communication Research Methods*, Basingstoke, Hampshire: Palgrave.

Hesmondhalgh, D. (2007), *The Cultural Industries*, London: Sage.

Herman, E. and McChesney, R. (1997), *The Global Media: The New Missionaries of Corporate Capitalism*, London: Cassell.

Horkheimer, M. und Adorno, T. (1969), *Dialektik der Aufklärung: Philosophische Fragmente*, 김유동·주경식·이상훈 공역(1995), 《계몽의 변증법》, 서울: 문예출판사.

Jensen, K. (2002), "The complementarity of qualitative and quantitative methodologies in media and communication research", in Jensen, K. (ed.), *A Handbook of Media and Communication Research*, London: Routledge.

McChesney, R. (2000), *Rich Media, Poor Democracy: Communication Politics in Dubious Times*, New York: The New Press.

______(2007), *Communication Revolution*, New York: The New Press.

Marx, K. (2001), *Das Kapital*, 김수행 역(2001), 《자본론 I (상)》, 서울: 비봉출판사.

Marx, K. and Engels, F. (1969), *Die Deutsche Ideologie*, Berlin: Dietz Verlag, 김대웅 역(1989), 《독일이데올로기 I》, 서울: 두레.

Mills. C. (2000), *The Power Elite*, Oxford: Oxford University Press.

Mosco, V. (1996), *The Political Economy of Communication*, 김지운 역(1998), 《커뮤니케이션 정치경제학》, 서울: 나남출판.

Mosco, V. and Reddick, A. (1997), "Political economy, communication and policy", in Bailie, M. and Winseck, D. (eds.), *Democratizing Communication?: Comparative Perspectives on Information and Power*, Cresskill, NJ: Hampton Press.

Murdock, G. and Golding, P. (2004), "Dismantling the digital divide", in Calabrese, A. and Sparks, C. *Toward a Political Economy of Culture*, Lanham, Maryland: Rowman & Littlefield.

Murdock, G. and Golding, P. (2005), "Culture, communications and political economy", in Curran, J. and Gurevitch, M. (eds.), *Mass Media and Society*, London: Hodder Arnold.

Schiller, H. (1989), *Culture, Inc.*, 양기석 역(1995), 《문화(株): 공공의사표현의 사유화》, 서울: 나남출판.

______(1996), *Information Inequality*, Routledge, 김동춘 역(2001), 《정보불평등》, 서울: 민음사.

Schiller, D. (1999), *Digital Capitalism*, 추광영 역(2001), 《디지털 자본주의》, 서울: 나무와 숲.
Winston, B. (1998), *Media Technology and Society*, London: Routledge.

•◦• 연습문제

1. 미디어 정치경제학이란 무엇인가?
2. 우리나라 미디어 기업 하나를 선정하여 주주와 이사회 구성 현황을 알아보자.
3. 외국 미디어 기업의 우리나라 진출 현황을 조사해 보자.

제 16 장

문화연구와 젠더

김 영 찬

이 글은 엄밀히 말해 젠더연구(*gender studies*)나 페미니즘의 구체직 연구방법들에 관한 송합적 설명을 시도하는 장이라기보다, 문화연구(*cultural studies*)의 영역 안에서 —특히 미디어 연구와 텔레비전 연구의 영역에서—커뮤니케이션 학자들이 젠더의 문제를 역사적으로 어떻게 접근했고, 또 어떠한 학문적 이슈들이 중심적 위치를 차지했는지 개괄적으로 논의하는 것을 목표로 삼는다. 그 과정에서 젠더와 미디어를 다루는 연구의 이론적 틀과 방법론에 관한 전체적 파라미터가 설정될 것이며, 또 구체적으로 미디어 문화연구의 관점에서 젠더연구를 어떻게 하는 것인지 연구방법에 관한 대략의 기이드리인이 자연스럽게 제시될 수 있을 것으로 믿는다. 젠더연구 또는 페미니스트 미디어 연구가 흔히 채택하는 기호학적 텍스트 분석, 이데올로기 비평, 정신분석학, 민속학적 수용자 연구에 대해서는 김영찬(2004)의 연구를 비롯해 참고문헌 목록에 국내외의 주요 연구성과물들이 제시되어 있다.

주요 용어: 문화연구, 젠더, 페미니스트 미디어연구, 재현의 정치학, 미디어 생산과 소비, 미디어 제도, 텍스트, 수용자

1. 여성과 미디어

커뮤니케이션학 분야에서 여성과 미디어의 관계를 천착하는 접근방법은 대략 세 갈래로 나눌 수 있다. 우선 여성이 미디어에 의해 어떻게 '재현' 또는 '표상'되는가를 다루는 연구들이 전통적으로 가장 많이 수행되었다. 한 예로 시민사회 단체들이 내놓는 각종 미디어 모니터링 조사보고서들은 여성의 문제에 관해 거의 재현의 문제에 초점을 맞추고 있다 해도 과언은 아닐 것이다. 그리고 1980년대 중반부터 1990년대 중후반까지는 여성 수용자에 대한 연구, 즉 미디어 수용자—특히 TV 수용자—로서 여성이 드

라마를 비롯한 각종 미디어 텍스트들을 어떻게 소비하고 사용하는가에 대한 연구가 서구 학계에서 많이 쏟아져 나왔다. 마지막으로 수적으로 그리 많지는 않지만 미디어 생산의 영역에 종사하는 여성들—예를 들어 방송작가들—에 대한 연구를 들 수 있다. 말하자면 ① 미디어 텍스트 분석을 통한 여성 재현(*representation*)의 문제에 대한 연구, ② 미디어 수용자(*audience*)로서의 여성에 대한 연구, ③ 미디어의 제도적 측면(*media institution*)에 대한 분석과 궤를 같이 하는 미디어 생산자로서의 여성에 대한 연구가 '여성과 미디어'에 관한 연구의 세 축을 이루고 있다고 할 수 있다. 이 세 갈래의 연구영역은 모두 페미니스트 미디어연구(*feminist media studies*) 그리고 더 거슬러 올라가서는 문화연구(*cultural studies*)의 학문적 영역 안에 있다고 할 수 있는데, 한 마디로 페미니스트 미디어연구는 밴 주넌(van Zoonen, 1994)이 지적했듯이 '물질세계와 정신세계를 구조화하는 중심 메커니즘으로서의 성(*gender*)'에 무조건적인 초점을 맞추는 것이 특징이다.

그런데 사실상 1970년대 중후반까지 주류 커뮤니케이션학자들은 '여성'이라는 주제에 대해 거의 관심이 없었다 해도 과언이 아니다. 1960년대 이후 서구사회에서 본격적인 여성(해방)운동이 일어났지만, 이 당시까지만 해도 성 역할에 대한 스테레오 타입은 당연한 것으로 치부되었으며 대부분의 커뮤니케이션학자들도 물론 이런 고정관념으로부터 자유롭지 않았다. 당연하지 않은 것을 당연한 것으로, 자연스럽지 않은 것을 자연스러운 것으로, 상식적이지 않은 것을 상식적인 것으로 보고, 느끼고, 생각하게 만드는 것이 이데올로기의 힘이라고 한다면, 성(*gender*)과 성 역할 분담에 관한 이데올로기야말로 역사적 뿌리가 그 어떤 이데올로기보다 깊다고 볼 수 있다. 사회적으로 여성과 여성성(*femininity*) 그리고 여성의 역할에 관한 스테레오 타입들이 담론과 이미지의 차원에서 어떻게 생산되고, 유통되고, 강화되고, 재생산되는지 문제제기를 하는 사람들이 별로 없었을 뿐 아니라 특히 이 과정에서 미디어가 어떤 역할을 하는지에 대한 진지한 학문적 고찰도 거의 찾아볼 수 없었다. 현대인의 일상생활이 미디어에 의해 침윤되면서, 미디어가 매개하는 경험세계가 여성(수용자)들의 일상적 경험 못지않게 점차 중요하게 부각되고 있었음에도 불구하고 말이다.

이런 상황이 1970년대 말을 고비로 문화연구자들이 본격적으로 이론적 개입을 하면서 조금씩 변화하기 시작했다. 영국 버밍엄대학교 현대문화연구소(Center for Contemporary

Cultural Studies, 이하 CCCS)의 여성 문화연구자들은 1978년에 *Women Take Issue*라는 기념비적인 저작을 내놓으면서 남성 중심, 백인 중심의 영국 문화연구에 제동을 걸기 시작했다. 이들은 페미니즘의 시각에서 미디어와 문화를 접근해야 할 필요성을 강력히 제기했는데 그들의 학문적 입장이 인식되고 인정받기 시작하자, 커뮤니케이션학의 핵심 이슈 중 하나임에도 불구하고 그간 부당하게 간과되었던 '여성과 미디어'에 대한 연구가 점차 증가하기 시작했고, 젠더에 관한 이러한 근본적 인식의 전환은 궁극적으로 당시 문화연구 진영에 팽배했던 인종과 민족성(*race and ethnicity*)에 관한 백인 중심의 시각을 바로잡는 데에도 일조하게 된다.

그러나 문화연구자들 특히 여성 문화연구자들의 이론적 개입이 시작된 지 30년이 되어가는 지금, 그간 상당한 연구성과가 축적되었음에도 불구하고 주류 커뮤니케이션 학계의 '성 / 여성 / 여성성 / 섹슈얼리티 / 페미니즘'에 대한 무관심 내지 부당한 대우는 여전히 계속되고 있다고 감히 말할 수 있다. 예를 들면 대부분 실증적인 패러다임에 속해 있는 영미권의 주요 학술지들이 커뮤니케이션 학계의 주요한 학문적 동향을 정리할 때, '미디어와 젠더'에 대한 (페미니스트) 문화연구자들의 연구들은 정당한 조망을 받지 못하는 경우가 많다.

한국 사회와 학계의 현실은 이러한 서구사회와 학계의 사정보다 훨씬 더 열악하다. 한국 언론학계에서 문화연구자들이 본격적으로 활동한 지 20년이 가깝지만, 언론학 분야에서 국내 최대 규모의 학술단체인 한국언론학회의 정기학술대회에서도 '여성과 미디어'에 관련된 발표논문이 한 편도 없는 경우를 가끔 볼 수 있다. 또 여성학과나 여성학 협동과정이 설치된 여자대학과 일부 국립대학을 제외하면, 대부분의 국내 대학과 대학원에서 커뮤니케이션학 관련강좌의 강의계획서에는 '여성과 미디어'라는 주제가 아예 원천적으로 배제되었거나, 들어가 있더라도 구색 맞추기로 들어가 있는 경우가 많다. 따라서 (여성) 문화연구자가 자리잡지 않은 대학의 경우, 그 학교의 신방과 / 언론정보학부 학생들은 '여성과 미디어'라는 주제에 대해 제대로 깊이 있는 강의 한 번 들어보지 못하고 졸업하는 경우가 태반이다. 이 외에도 미디어와 젠더에 관한 연구, 그리고 그러한 연구를 수행하는 연구자들이 우리 학계에서 차지하는 주변부적 위치가 적나라하게 드러나는 예는 무수히 많지만, 다행히 최근 들어 매우 긍정적인 변화의 징후들이 속속 나타나고 있는 점은 고무적이다.[1]

2. 페미니스트 미디어연구(*feminist media studies*)

이상 간략하게 살펴본 바와 같이 주류 커뮤니케이션 학계에 비해 상대적으로 문화연구(*cultural studies*) 분야에서는 페미니즘의 시각이 부상하기 시작하여 이른바 '여성의 장르'라 불리는—따라서 진지한 학문적 고찰의 대상으로 취급되지 않았던— 솝 오페라(*soap opera*)나 연애소설(*romance novel*), 여성지(*women's magazines*) 그리고 그 수용자들에 대한 독창적 연구들이 많이 이루어졌다(Radway, 1984; Williamson, 1978; Winship, 1987). 아울러 피스크(Fiske)와 몰리(Morley) 같은 남성 문화연구자들이 자신들의 연구에 젠더를 우리의 사회적·문화적 경험과 일상생활을 구조화하는 결정적 메커니즘의 하나로 포함시키면서 페미니즘의 관점에서 이루어지는 미디어연구는 더욱 힘을 얻게 되었다.

페미니스트 미디어연구의 또 다른 특징은 그것이 매우 정치적인 작업이라는 것이다(van Zoonen 1994). 전통적으로 페미니스트들의 연구나 저술활동과 정치적 액티비즘은 명확하게 분리되지 않은 채 동시에 이루어져왔다. 그런데 문제는 페미니스트 미디어연구 분야의 이론화가 진척되고 세련된 실증적 작업이 이루어지면서, 광고와 여성지를 비롯한 미디어의 성차별적 내용을 바꾸려는 정치적 행동(*feminist media politics*)과의 간극이 점차 벌어지기 시작했다는 점이다. 예를 들면 솝 오페라 시청을 통해 여성 수용자들이 느끼는 즐거움에 대해 연구의 초점을 맞추다보니, 정작 그런 프로그램들에서 성정체성(*gendered identity*)을 지배담론의 시각에서—예를 들면 가부장적 시각에서—고착화시키는 경향을 만들어내는 제도적 메커니즘에 대해서는 상대적으로 침묵하게 되는 결과를 빚게 되었다.

어쨌든 페미니스트들은 전략적으로 기존의 미디어 제도(*media institution*)를 개혁하고

---

1) 한 예로 1998년 5월 이화여대에서 열린 '한국언론학회 젠더/문화연구분과 창립총회'에 참가한 남성 연구자는 단 한 명, 필자뿐이었다. 하지만 젠더/문화연구분과는 언론과 사회분과에서 주로 활동하던 남성 문화연구자들이 대거 합류하면서 규모와 학술활동 면에서 언론학회 내에서 세 손가락 안에 드는 분과로 성장했으며, 명칭도 문화/젠더연구 분과로 바뀌게 된다. 한 걸음 더 나아가 여성 문화연구자/언론학자들은 2003년 '한국여성커뮤니케이션학회'를 창립하고 〈미디어, 젠더 & 문화〉라는 학술지를 발간하는 등 독자적 학술활동 기반을 탄탄하게 구축하였다.

변화시키거나 새로운 미디어 제도를 만들어내려는 시도를 끊임없이 해왔다.[2] 그런데 그러한 현실개입 전략들이 항상 성공한 것은 아니다. 밴 주넨(van Zoonen 1994)은 그 이유를 페미니스트들이 젠더를 지극히 단순한 이분법적 카테고리로만 나누고—즉 동질적인 집단으로 이루어진, 남성이 아닌 존재로서의 여성으로만 자리매김하는 문제가 있고,— 또 미디어가 현 '사회/가부장제/자본주의 체제'의 통제도구로서 필수적이자 강력한 힘을 발휘한다는 기본 가정에 지나치게 매몰되었기 때문이라 지적한다.[3] 초창기 페미니즘에서는 미디어를 여성과 여성성에 대한 스테레오 타입과 가부장제에 관한 지배적 가치를 전달하는 중심도구로 본다. 즉 미디어가 사회적 통제 메커니즘의 역할을 한다고 보는 것인데, 미디어가 성차별적 담론과 이미지를 재생산하고, 여성의 실질적 경험세계는 무시한 채 가부장적 사회 질서를 유지시키기 위해 복무하며, 자본주의적/가부장적 체제를 가장 바람직한 것으로 표현한다고 비판했던 것이다. 따라서 페미니스트들은 미디어가 실제 여성의 삶을 '리얼'하게 전달해서 양성평등이 이루어진 이상적인 사회를 건설하는 데 중심적 역할을 해야 한다고 주창했다. 이런 맥락에서 볼 때, 페미니스트들의 가치판단은 항상 정치적 성격을 띤다고 할 수 있다. 그리고 페미니즘의 목표 달성에 기여하는 '좋은 미디어'와 현상유지를 위해 노력하는 '나쁜 미디어'를 명확히 구분하여, 여성들이 집단적으로 의식화되면 금방 이 나쁜 미디어(여성지, 삼류 연애소설 등)는 좋은 미디어로 대체될 것으로 믿었다.

그러나 지난 20여 년간의 전개양상을 돌이켜보면, 우선 여성 독자와 여성 시청자 층은 더 이상 동질적이지 않으며 매우 다양한 그룹으로 세분화·파편화되어 왔음을 알 수 있다. 게다가 1980~1990년대의 솝 오페라들은 '아주 명백하게 성차별적이고 가부장적이며' 극도로 자본주의적인 내용을 담고 있음에도 불구하고 그 프로그램들 수용자의 대부분을 차지하는 여성들로부터 절대적 인기를 끌었던 것이 사실이다.[4] 반면 '성/여

2) 한국의 〈여성신문〉, 미국의 *Ms.* 창간 등을 그 예로 들 수 있으며, 보수적인 국내 중앙 일간지들의 경우도 일부 지면—특히 문화 섹션—에서 '여성주의적 해석'을 시도하는 것을 종종 볼 수 있다.

3) 즉 이 가정에서 미디어의 힘은 지나치게 과대평가 되고 수용자의 힘은 과소평가 되어 있는데, 이는 여성 수용자의 자율성과 자발성, 그리고 창조적이고도 비판적인 미디어 소비의 가능성을 인정하지 않는, 지나치게 보호주의적인 관점이라 할 수 있다.

4) 미국의 경우 지난 수십 년간 계속 방영되는 데이타임 솝 오페라들 뿐 아니라 1980년대에 프라임 타임에 방영되어 선풍적 인기를 끌었던 〈Dallas〉, 〈Dynasty〉가 대표적 사례라 할 수 있다. 한국

성/여성성/섹슈얼리티'에 관한 대안적 시각을 제공하는 페미니스트 미디어는 폭 넓은 수용자 층에 다가가지 못하고, 광고주들을 끌어들이는 데 실패했으며, 기존의 독자/시청자들을 유지하기도 힘든 상태가 되었다.5)

왜 이렇게 되었을까? 이 현상은 일단 미디어 재현에서 '리얼리즘'의 문제, 그리고 초창기 페미니즘의 커뮤니케이션 모델이 상정한 '수동적 수용자'라는 두 가지 기본 가정에 대한 비판적 논의를 통해 접근해 볼 수 있다. 우선 여성과 여성의 삶을 사실적으로, 리얼하게 재현한다는 것은 보기보다 그렇게 명약관화한 이슈가 아니다. 가장 근본적인 문제는 미디어가 전달해야 할 여성의 '객관적 현실'이란 것을 도대체 누가 정의할 수 있느냐하는 점이다. 페미니스트 집단은 내부적으로 여러 가지로 갈라져 있으며(예: 백인 중산층 페미니스트, 흑인 노동자 계급 출신의 페미니스트, 제3세계 페미니스트 등), 여성들은 페미니스트 집단보다 훨씬 덜 균질적인 집단인 것은 말할 것도 없다. 따라서 무엇이 여성에 대한 '사실적 / 현실적인 이미지'이고 담론인가 하는 것은 결국 각자 혹은 각 집단이 자기가 생각하는 현실에 대한 재현을 얘기하는 것이며, 대부분의 경우 그것은 백인 중산층 여성이 생각하는 현실을 의미한다.

한편 이렇게 미디어가 현실을 반영하지 못하므로 현실을 '제대로' 반영하도록 해야 한다는 주장은, 미디어가 만들어내는 텍스트들이 다 논란의 여지가 없는 분명하고 투명하고 단일한 의미를 갖고 있음을 가정하고 있다. 즉 미디어가 만든 텍스트들은 '리얼'하거나 '안 리얼'하거나 둘 중에 하나이며, 그것은 너무나 자명한 것이기에 그 텍스트를 접하는 사람들은 어느 것이 리얼하고 어느 것이 안 리얼한지 다 똑같이 판단할 것이라는 관점이다.

의 대표적 사례로는 일일연속극들이 이에 해당하는데, 1999년 최악의 드라마로 선정된 바 있는 〈보고 또 보고〉를 비롯해 〈인어아가씨〉, 〈왕꽃선녀님〉 등을 들 수 있다.

5) 1988년에 창간된 〈여성신문〉의 경우 국민주 공모형태로 만 명의 후원자에게서 받은 2억 원을 단 3개월 만에 다 써버린 뒤 오랜 기간 경영난을 겪은 것으로 알려져 있다. 또 '여성 전문채널'을 표방하며 개국했던 케이블TV의 여러 채널들은 케이블TV가 출범한지 10여년이 지난 지금 대부분 문을 닫았거나 오히려 여성의 육체를 대상화하고 상품화하는 선정적인 속옷 패션쇼들로 채워진 콘텐츠를 끊임없이 되새김질하는 채널로 전락했으며(예: 동아TV), 일부는 여성을 위한 대안적 미디어라고는 보기 힘든 패션/뷰티/라이프스타일 채널로 포지셔닝하고 있다(예: 온스타일, 올리브).

하지만 이는 한편으로는 미디어의 경제논리에 의해 그리고 다른 한편으로는 미디어의 문화적 헤게모니 행사에 의해 그 결과물인 미디어 텍스트가 갖게 되는 복잡하고 다층적인 의미를 거부하는 것이다. 예를 들면 지상파 방송 프로그램들이 지향하는 것은 젠더와 관련된 단 한가지의 유일한 의미 — 예를 들면 '여자란 이러이러 해야 해!' 라는 식의 메시지 — 의 전달이라기보다는, 투망 식으로 '의미의 그물 망'을 쳐놓고 — 예를 들어 한 드라마 안에 상충되는, 모순적인 여성 캐릭터들을 배치함 — 시청자들이 속해 있는 다양한 사회그룹과 하위문화 집단들을 두루 다 만족시킴으로써 가능한 한 높은 수준의 대중성과 시청률을 확보하는 것이라고 보는 것이 더 타당할 것이다.

이렇게 미디어 재현의 문제 그리고 텍스트의 의미를 읽어내는 수용자의 문제와 관련된 이론적·실천적·정치적 딜레마를 헤쳐 나가기 위해 페미니스트들은 문화연구의 시각을 받아들이게 된다. 즉 커뮤니케이션이란 '공유되는 문화가 창조·수정·변화되는 하나의 과정'으로 파악되고, 미디어 텍스트는 더 이상 투명한 사회적 현실의 반영이 아니라 '의미투쟁의 장'으로 개념화된다. 미디어가 제공하는 리얼리티란 미디어 제도와 텍스트 그리고 수용자 사이에서 끊임없이 계속되는 문화적 타협의 산물이며, 따라서 미디어 텍스트는 본질적으로 다층적 의미를 띨 수밖에 없고, 그 결과 미디어에서는 여러 텍스트를 가로지르며 여성이나 여성성에 대해 모순적이고도 다양한 접합과 묘사가 나타난다.[6] 비록 미디어 생산자들에 의해 어떤 특정한 여성성이나 성정체성이 선호되는지 분명한 경우도 많지만 — 즉 텍스트의 지배적 의미가 무엇인지 분명한 경우도 많지만, — 미디어 텍스트란 본질적으로 닫혀있지 않고 열려있으며 수용자와의 조우를 통해 다양한 의미를 생성해낸다는 사고는, 바꿔 말해 수용자들이 미디어에 의해 일방적으로 영향을 받을 가능성을 쉽게 인정하지 않는 것이다. 이제 페미니스트들도 (여성)수용자들이 미디어 텍스트 / 프로그램을 보고 그로부터 어떤 의미를 이끌어내는가는 결국 (여성) 수용자들이 결정하는 문제라는 인식을 받아들이게 된 것이다.

이상의 논의를 정리하면, 결국 초기 페미니스트들은 단선적 커뮤니케이션 모델 즉 커뮤니케이션은 현실을 정확히 반영해야 하는데 그렇지 않으면 왜곡된 여성상이나 여

6) 정치적으로 지극히 보수적인 색채의 신문에 여성의 사회적 역할이나 지위에 관한 진보적 글쓰기 공간이 마련되는 한편에서, 진보적이고 여성의 문제에 관심이 많은 중앙 일간지에 여성의 육체를 도구화하는 상품 광고가 버젓이 실리기도 하는 것이 하나의 예가 될 수 있을 것이다.

성의 현실이 그대로 수용자들에게 전달된다는 식의 모델—에 귀의함으로써, 수용자가 미디어 텍스트를 해석하고 비판적으로 수용할 수 있는 능력에 대해 별다른 관심을 갖지 않았었다고 평가할 수 있다. 이렇게 단선적인 커뮤니케이션 모델을 상정하고 수용자를 다분히 수동적 존재로 바라보는 페미니스트들의 시각은 무엇보다 엘리트주의적인 사고를 저변에 깔고 있다는 점에서 문제가 아닐 수 없었다. 즉 미디어가 전하는 현실을 그대로 받아들이는 대부분의—선량한, 그러나 바보 같고 무능한—수용자들과, 자신들(페미니스트들)처럼 미디어의 성차별적이고 가부장적인 재현양식을 거부하는 의식화된 수용자들을 분명히 구분해서 바라보았던 것이다. 말하자면 의식화된 페미니스트와 우매한 군중이라는 'us vs them' 구도가 부지불식간에 그들의 의식 속에 자리 잡고 있었으며, 이러한 인식이 그들이 여성 수용자와 미디어의 관계를 바라보는 시각을 구조화하고 궁극적으로는 운동의 방향성에도 결정적 영향을 미쳤다고 볼 수 있다.

3. 민속학적 수용자연구에서 통합적 미디어연구로

위에서 잠깐 언급했지만, 여성을 비하하고 가부장적 질서를 강화하는 솝 오페라나 연애소설 같은 장르가 여성들에게 어떻게 엄청난 인기를 얻을 수 있는지가 문화연구와 페미니스트 미디어연구의 관심사가 되면서, 그런 장르를 즐겨 소비하는 여성 수용자들에 대한 민속학적 연구(*ethnographic audience studies*)가 1980년대 중반 이후 성행하기 시작했다. 1970년대 초반 이후 10여 년간 문화연구의 중심적 연구경향이었던 미디어 텍스트 중심의 기호학적 분석과 이데올로기 비평은 수용자 연구에 의해 급속히 대체되기 시작했다. 수용자 집단 중에서도 단연 관심의 대상은 TV, 영화, 여성지, 소설 등을 소비하는 여성들이었는데, 여성 수용자들을 대상으로 한 연구는 참여관찰과 심층 인터뷰 기법과 같은 질적 연구방법들을 이용하여 1990년대 중후반까지 활발히 이루어졌다(Ballaster et al., 1992; D'Acci, 1994; Geldhill, 1988; Press, 1991; Radway, 1994). 예를 들면 래드웨이(Radway, 1984)는 주부들의 연애소설 읽는 행위에 대한 분석을 통해, 그들의 행위가 가부장문화에 대한 저항이자 가사노동으로부터의 휴식과 해방을 의미하며 자기만의 시공간을 확보하기 위한 나름대로의 정치성을 배태하고 있는 '문화적 실천'

(*cultural practice*) 이라는 통찰력 있는 해석을 우리에게 제공한다.

어쨌든 초기 페미니즘의 편향된 시각 — 즉 미디어 텍스트는 리얼해야 하며 수용자는 수동적 존재라는 시각 — 을 수정시킨 것은 문화연구 진영의 공이라 할 수 있다. 결국 미디어가 젠더를 어떻게 사회적으로 구축하고 표상하는가 하는 문제는 미디어의 경제적 구조 — 상업 미디어인가 공영 미디어인가 — 와, 특성 — 인쇄매체인가 방송매체인가 — 과, 장르 — 뉴스인가 솝 오페라인가 오락 프로그램인가 — 에 따라, 그리고 자기들이 소구하는 수용자층에 따라 달라진다고 볼 수 있다. 이 요소들 간의 조합과 배치는 항상 다를 수 있으므로, 어떻게 보면 미디어는 항구적으로 의미 투쟁의 중심적인 장이 될 수밖에 없다. 미디어 생산의 층위에서 텍스트의 의미구조는 부호화(*encoding*) 되고 그렇게 부호화된 의미들은 수용자의 해독(*decoding*) 이라는 실천적 행위와 맞닥뜨리게 된다. 하지만 항상 생산자(작가) 가 의도했던 대로 수용자가 텍스트를 읽는다는 보장은 없으며 또 수용자가 그렇게 읽을 필요도 없는 것이다.

결국 영화학자 글레드힐(Gledhill, 1988) 이 지적한 것처럼, 의미의 생산이란 미디어 제도(*institution*) 와 텍스트(*text*) 와 수용자(*audience*) 의 레벨에서 이루어지는 문화적 타협의 결과인 셈이다. 우리는 흔히 TV 드라마나 한 편의 영화 같은 텍스트를 우리에게 그냥 주어진 결과물로 받아들여 해독하거나 또는 그 텍스트에 대한 수용자들의 다양한 해독(해석) 에만 치중하기 쉬운데, 제도적 차원 다시 말해 미디어 생산의 차원에도 주의를 기울일 필요가 있다. 예를 들면 다씨(D'Acci, 1994) 의 연구는 경제적 · 이데올로기적 목표를 갖고 있는 방송사 경영진과 전문가 집단으로서 미학적 논리를 내세우는 제작진 간의 타협의 결과가 구체적으로 어떻게 부호화 과정(*encoding process*) 에 복잡하고 모순적인 형태로 나타나는지 잘 보여준다. 두 명의 여주인공 캐그니와 래이시가 경찰로 출연하는 미국의 한 TV 드라마가 상업적 이해관계 — 즉 TV 탐정물의 재활성화 — 와 페미니즘적 이해관계 — 즉 여성운동으로 인한 여성의 사회적 지위 변화 반영 — 를 어떻게 잘 조화시켜 내러티브를 구축해 가는지, 제도적 차원과 텍스트적 차원의 미묘한 상호작용과 타협의 과정이 이 연구에 잘 포착되어 있다.

한 예로 사회적으로 거센 논란을 불러일으킬 수 있는 주제를 이 드라마가 어떤 타협의 과정을 통해 그려냈는지 살펴보자. 여주인공인 경찰 캐그니는 임신으로 미혼모가 될 가능성이 제기되는데, 이에 대해 작가들은 결말 부분을 자연유산으로 처리하자고

제의했지만 경영진은 결말 부분뿐만 아니라 전제 스크립트를 몽땅 거부하는 걸로 맞섰다. 대신 극 초반부터 캐그니가 독신녀로서 아기를 가질 것인지 말 것인지 고민하는 내용으로 가자는 방송사 경영진의 제의를 이번엔 작가들이 단호히 거부했다. 결국 캐그니가 임신했을지도 모른다는 뉘앙스만 풍기다가 결국 사실이 아닌 것으로 결말이 나는 내용으로 이 에피소드는 제작되었는데, 이렇게 극중에서 다양한 해결과 해석의 가능성을 열어둠으로써 수용자들은 각기 다른 해석적 주체로서의 위치(*subject position*)를 채택할 수 있었다.

텍스트의 층위에서 더 자세히 살펴보면 이 드라마는 단선적인 탐정 수사물의 전형적인 재현의 코드들과 서사형식에다 페미니즘의 핵심이슈—예를 들면 여성의 자기 육체에 대한 결정권—와 솝 오페라의 순환적 서사구조가 겹쳐져 있어, 다양한 수용자들—탐정물 팬, 페미니스트 시청자, 솝 오페라 팬 등—로 하여금 각각 자기 나름대로의 방식으로 이 텍스트의 의미 해독에 적극적으로 참여하고 개입할 것을 요청하고 있음을 알 수 있다(D'Acci 1994).

다씨의 이 연구는 제도·텍스트·수용의 층위를 다 아우르는 '통합적 미디어연구'란 점에서, 젠더만 중시하고 젠더에만 무조건적으로 초점을 맞추는 기존의 페미니스트 미디어연구의 흐름에서는 매우 예외적이지만, 동시에 매우 바람직한 연구의 방향성을 제시하고 있는 저작으로 높이 평가할 수 있다. 이와 같은 외국 학자들의 뛰어난 연구 성과는 미디어와 성에 관해 우리 학계가 이룩한 연구업적을 비판적으로 성찰해 볼 수 있는 기회를 제공한다. 국내 학계의 경우 TV 및 여성 수용자와 관련된 페미니스트 비평은 아직도 초기 단계라 할 수 있다. 1990년대 중반 이후 최근에 이르기까지 쏟아져 나오고 있는 외국의 수용자연구 중심의 페미니스트 TV 비평서, 미디어 비평서들(Brunsdon, D'Acci, and Spigel, 1997; Gray and Baehr, 1996)에 견줄 수 있는 저작은 아직 나올 기미를 보이지 않고 있다.[7] 또 TV와 영화 못지않게 중요한 여성지에 관한 연구(Winship, 1987)도 식민지 근대와 근대 소비 주체/문화의 형성에 관심을 갖고 천착하

7) 다만 지난 몇 년 사이 TV 일일연속극과 드라마에 대한 수용자연구가 비록 외국의 여성 수용자연구를 답습한 형태이긴 하지만—다시 말해 여성 수용자들의 '즐거움의 정치학'을 짚어내는 데 매몰되어, 아쉽게도 제도적 층위나 텍스트의 층위가 던지는 문제에는 제대로 천착하지 않은 연구들이긴 하지만—학술지에 몇 편씩 실리기 시작했다.

고 있는 인문학 분야의 신진연구자들(예: 수유+너머)에 의해 수행되며, 정작 언론학계의 (여성)문화연구자들은 이 분야에 거의 손을 대지 못하는 형편이다.

4. 나오면서

지난 10여 년간 이어져온 국내 문화연구의 흐름을 돌이켜볼 때, 향후 한국 문화연구의 지형도 내에서 젠더연구나 페미니스트 미디어연구가 차지하게 될 비중은 유감스럽게도 그리 커 보이지 않는다. 현재로서는 대략 세 영역에서 여성과 미디어에 관한 연구가 활성화될 것으로 기대해 볼 수 있다. 하나는 역사문화연구(*historical cultural studies*)의 영역으로, 이 분야에 관심을 가진 신진 연구자들이 조금씩 늘어나면서 근현대 여성(소비)주체의 형성과 관련하여 영화·광고·잡지·TV·라디오 등 당시의 미디어에 대한 연구가 좀 더 이루어질 가능성이 있다(김종희·김영찬, 2006). 또 하나는 뉴 미디어 테크놀로지와 신세대 문화의 영역이다. 최근 새로운 팬 문화, 사이버 공동체 문화, 네트워크 문화가 대중문화의 제 일선으로 부상하면서, 휴대폰·디카·메신저·블로그·미니홈피·MP3·PMP 등 각종 미디어 테크놀로지와 인터페이스들을 사용해서 '정체성의 정치학과 차이의 정치학'(*politics of identity and difference*)을 일상의 시공간에서 수행·실천하는 여성들에 대한 연구가 젊은 신진연구자들을 중심으로 활발히 이루어지고 있다. 이 분야는 한류의 지속적 성장과 최근의 '미드 열풍' 등 글로벌·로컬 축에서의 문화교류가 가속화되는 현재의 미디어 전경을 고려할 때, 앞으로 활발한 연구가 이루어질 수 있을 것으로 기대된다. 이 분야는 특히 외국학자들에 의해 이루어진 틀에 박힌 '민속학적 여성 TV 수용자연구'를 벗어나 국내 연구자들이 독창적인 연구의 거점을 확보할 수 있는 영역이어서 더욱 중요하다 할 수 있다(김종희·김영찬, 2006; 김주영·김훈순, 2006; 박지영, 2007; 홍정은·윤태진, 2006)

마지막으로 최근 국내 방송 프로그램의 제작환경 변화와 맞물려 여성작가들에 대한 관심이 높아지면서 미디어/문화 생산자로서의 여성에 대한 연구가 조금씩 늘어날 조짐을 보이고 있다. 최근 동남아시아에서의 한류현상에 힘입어 한국 TV드라마를 대부분 집필하는 여성 작가들이 새삼 조명을 받게 된 것이 사실이다. 동시에 방송제작 현장에서 작가와 방송사, 외주제작사 피디 사이의 권력관계가 점차 역전되면서 이제 여성작가의 역할은 문화생산의 영역에서 그 어느 요소보다도 더 비중 있게 다뤄야 할 사안이 되었다. 지난 1~2년 사이 참여관찰과 심층 인터뷰 결과를 토대로 한 방송사의 제작진과 '제작현장의 문화'(*cultures of production*)에 대한 연구들이 속속 나오고 있는데(연정모 · 김영찬, 2008), 이 과정에서 여성작가들에 대한 연구도 비례해서 점차 늘어날 것으로 전망된다. 이 분야의 연구가 활성화되면 그간 여성 수용자의 TV 드라마 '소비'에 대한 연구 중심으로 흘러온 문화연구 분야의 젠더연구가 문화 '생산'의 영역에 대한 연구를 선도할 수 있는 기반을 갖추게 되어, 한국의 문화연구 전반에 새로운 지적 자극을 줄 수 있을 정도로 성장할 수 있을 것으로 기대된다.

참고문헌

김영찬 편저(2004), 《광고비평의 이해》, 한울.

김종희 · 김영찬(2006), "여성들의 초기 텔레비전 수용경험에 관한 민속학적 연구", 〈프로그램 / 텍스트〉, 제 14호, 91~127.

김주영 · 김훈순(2006), "〈올드미스 다이어리〉의 서사와 사회문화적 함의: 한국형 TV 시트콤 장르의 발전 가능성에 대한 모색", 〈프로그램 / 텍스트〉, 제 14호, 129~162.

박지영(2007), "초국가적 미디어 생산물 소비의 즐거움과 전 지구화 시대의 젠더 정치학: 〈위기의 주부들〉 수용자들을 중심으로", 〈미디어, 젠더 & 문화〉, 제 7호, 79~127.

연정모 · 김영찬(2008), "텔레비전 연예정보 프로그램의 생산자문화에 대한 민속학적 연구: KBS 2TV 〈연예가 중계〉의 생산현장을 중심으로", 〈한국방송학보〉, 제 22-2호, 82~122.

홍정은 · 윤태진(2006), "전 지구적 TV 드라마의 수용 담론: 〈Sex and the City〉의 한국 여성 수용자를 중심으로, 〈프로그램/텍스트〉, 제 14호, 163~190.

Ballaster, Ros et al. (1992), *Women's Worlds: Ideology, Femininity, and the Women's Magazines*, eds., N.Y.: NYU press.

Brunsdon, Carlotte, Julie D'Acci, and Lynn Spigel(1997), *Feminist Television Criticism: A Reader*, eds., London: Oxford University Press.

D'Acci, Julie(1994), *Defining Women: Television and the Case of Cagney and Lacey*, Chapel Hill: UNC Press.

Gledhill, Chrisitne(1988), *Home is Where the Heart is: Studies in Melodrama and Woman's Film*,

ed., London: BFI.
Gray, Ann and Helen Baehr(1996), *Turning It On: A Reader in Women and the Media*, eds., London: Arnold.
Press, Andrea(1991), *Women Watching Television: Gender, Class, and Generation in the American Television Experience*, University of Pennsylvania Press.
Radway, Janice(1984), *Reading the Romance: Women, Patriarchy, and Popular Literature*, Chapel Hill: UNC Press.
van Zoonen, Liesbet(1994), *Feminist Media Studies*, London: Sage.
Williamson, Judith(1978), *Decoding Advertisements: Ideology and Meaning in Advertising*, London: Marion Boyars.
Winship, Janice(1987), *Inside Women's Magazines*, London: Pandora.

•○• 연습 문제

1. 주류 미디어가 여성, 여성성, 성 역할을 어떻게 재현하고 있는지 특정 텔레비전 프로그램 — 드라마나 연예오락 프로그램 — 또는 광고를 선택하여 비판적 읽기를 시도해보자.

2. 여성, 청소년, 노인, 이주노동자, 게이 등 우리 사회의 소수자들에 대해 스테레오타입화하지 않고 그들의 인권을 존중하고 그들을 긍정적인 톤으로 묘사하는 텔레비전 프로그램/텍스트를 선정해 보자. 그리고 소수자성에 대한 감수성이 결여되어있는 다른 프로그램들과 '재현의 정치학'이나 '재현의 관행'이 어떻게 다른지 비교·분석해보자.

3. 〈가십 걸〉을 비롯한 '미드'(미국 드라마)에 열광하는 젊은 여성 수용자들을 대상으로 심층 인터뷰와 참여관찰을 실시해 민속학적 수용자 연구를 실제 수행해보고, 그들이 특정 미디어 텍스트 소비를 통해 얻는 즐거움과 의미는 무엇인지 통찰력 있는 해석을 시도해보자

제 17 장

수사 분석

박 성 희

사람들은 말이나 글 같은 상징을 통해 생각을 표현하고 상대방에 대한 설득을 시도한다. 수사 분석(*Rhetorical Criticism*)이란 말이나 글 등 상징을 역으로 분석해 메시지의 역할, 언어, 논리구성, 주제 등의 요소를 분석함으로써 의미의 혼돈을 줄이고, 그럼으로써 메시지의 창조자와, 그가 겨냥하는 청중과, 그를 둘러싼 사회, 혹은 상황을 이해하는 기술이다. 수사 분석의 목적은 메시지가 던지는 수사학적 복합성의 실체를 파악하고, 이해 가능하고 효과적인 방법으로 설명하는 데 있다. 이를 위해 수사 분석가는 상징이 어떻게, 그리고 얼마나 효과적으로 짜여있으며, 청중들에게 지니는 호소력의 본질은 무엇인지, 또 그 이유는 무엇인지 평가하고, 그럼으로써 의도된 설득효과를 거두었는지 최종 점검한다. 상징에 대한 이해는 그 상징을 생산한 인간과, 효과를 유효하게 하는 수사학적 상황에 대한 이해와 맞닿아있다. 수사 분석이 결국은 인간을 둘러싼 상징체계와 사회를 입체적으로 조명하는 충실한 조력자인 이유이기도 하다.

주요 용어: 수사학, 플라톤, 아리스토텔레스, 페이드로스, 논증분석, 드라마티즘, 수사학적 상황, 역할분석, 메타포 분석, Kenneth Burke, Lloyd Bitzer, Stephen Toulmin

1. 수사 분석의 개요

수사 분석의 연원은 수사학만큼 오래되고 깊다. 고대 수사학의 논쟁을 담고 있는 플라톤의 '페이드로스(Phaedrus)'는 소크라테스가 리시아스(Lysias)의 연설을 듣고 나온 페이드로스와 아테네의 길에서 만나 리시아스의 연설이 잘된 연설인지 아닌지, 논리적으로 합당한지 오류가 있는지 상호 비판하면서 사랑과 수사학의 본질에 대해 나누는 대화 형식으로 이루어져 있다. 리시아스의 연설을 되새기며 이 둘은 영혼, 광기, 신성한 영감, 수사학의 본질과 목적, 그리고 글의 설득적 효용에 대한 회의 등에 대해 이야기를 나눈다. 그 둘의 대화가 리시아스 연설에 대한 일종의 수사 분석이다.

고대 그리스에서 발원한 수사학은 그후 로마 공화정과 르네상스 시대에 꽃을 피우다 중세의 암흑기와 18세기 계몽주의의 비판에 직면하는 등의 부침을 거듭했으나, 수사 분석 기법은 문학과 사회과학으로 학문이 분화한 이후에도 계속 발전을 거듭했다. 과학적인 합리주의와 객관주의가 시대적 대세가 되자 수사학자들은 논증체계를 새롭게 가다듬었고, 세계 전쟁과 대중사회의 도래를 경험하면서 상징을 통한 대중조작의 과정과 함의를 이끌어내는 데 기여했다. 특히 미디어의 눈부신 발전과 더불어 인간이 활용하는 상징체계가 복잡해지고 설득의 기술이 정교해질수록 비평의 역할도 커지고 있다. 21세기를 '신 수사학의 시대'라고 할 만큼 가치와 효용성을 더해가고 있는 분야라고 할 수 있다.

수사 분석은 스피치 커뮤니케이션의 독자적 위상과 맥을 같이 하며 발전되었다. 위첼른스(Wichelns)는 영문학과 별도의 학문으로 스피치 커뮤니케이션이 확립되어야 하는 정당성을 논의하며 웅변을 평가하는 방법론 역시 새로이 정립되어야 할 필요성을 역설했다. 글(문학)에서 분리되어 온 말(웅변)의 학문은 현재 커뮤니케이션학이라는 학제간 영역으로 진화되어 나왔고, 수사학과 수사 분석 역시 커뮤니케이션의 한 분야로 자리매김해 오늘에 이르고 있다. 수사비평과 문학비평은 그런 점에서 닮은꼴이면서 다른 점도 적지 않다. 문학평론과 수사비평이 서로 다른 점에 대해 위첼른스는 문학비평이 허구의 현실(픽션)로부터 지혜, 아름다움, 진실 등의 가치를 찾아내 평가하는 것이라면, 수사비평은 청중이 존재하는 실제 상황에서 이루어진 웅변의 설득적인 효과를 평가하는 것이라고 차이점을 기술하고 있다. 이는 일찍이 아리스토텔레스가 레토릭의 정의를 '설득의 기술'로 언급한 것에 기반을 둔 접근이다.

레이지(Wrage 1947, Burgchardt 에서 재인용)는 웨첼른의 생각을 더욱 발전시켜 문학이나 여타 학문적 성과 못지않게 스피치(웅변, 말)에도 인간의 사상과 가치관 신념체계가 담겨 있으며, 따라서 스피치를 분석하는 일은 학자들이 종종 진공상태의 현상에 집중하는 것보다 훨씬 효과적으로 역사적 맥락에서 지식을 조명하는 데 기여할 수 있다고 보았다. 그는 신고전(*neo-classicial*) 학파가 아리스토텔레스의 전통을 이어 화자 중심의 비평에 중점을 둔 것과 대조적으로, 스피치에 담긴 사상 쪽으로 비평의 무게중심을 옮겨와야 한다고 주장했다.

화자가 보내는 메시지의 설득적 효과가 수사비평의 중심이 되어야 하는가, 메시지에 담긴 사상의 사회 역사적 맥락이 중심이 되어야 하는가의 문제는 수사비평가들의 선택의 문제이며 따라서 시각이나 시점에 따라 다를 수 있다. 이 같은 문제점을 의식한 위첼른은 수사비평의 영역이 정치와 문학의 경계에 놓여있다고 말했다. 즉 비평의 도구로는 문학적 개념과 방법론을 가져오지만, 관심사는 결국 사람들에 대한 지도자(혹은 설득을 의도한 사람)의 영향력에 초점이 맞춰져 있다는 것이다. 결과적으로 수사 분석은 인간의 내면뿐 아니라 사회를 이해하는 틀로서 기능한다.

수사 분석의 첫 번째 기능으로는 사회적 트렌드를 문서화하는 것을 꼽을 수 있다. 비평가는 특정한 시점에 양산된 텍스트를 비평을 통해 되살리고, 저장하며, 사람들이 미처 모르고 지나쳤던 의미를 짚어낸다. 두 번째로 수사 분석은 개별 텍스트의 분석을 통해 일반성을 이끌어내는 기능을 한다. 분석은 주로 사례연구의 형태를 취하지만, 한 가지 사례로부터 그 사례가 속한 장르 전체, 혹은 전문분야의 진실을 이끌어내 사회문화적 함의를 찾도록 도와준다. 셋째, 수사 분석은 막연한 인상이나 그럴듯한 심증을 확실하게 설명해 내어 메타 지식(*meta-knowledge*)을 찾아내는 기능을 한다.

수사 분석의 대상은 개인의 단어선택이 갖는 효과와 같은 미시적 대상에서부터 어떤 사회의 문화적 표현의 근간을 이루는 이념적 가정과 같은 거시적 대상에 이르기까지 다양하며, 수사 분석의 영역 역시 문학, 과학, 사회, 철학의 일부분까지 폭넓게 자리하고 있다. 설득을 시도하는 사람은 영역에 구애되지 않고 사회 각 분야에서 다양한 상징을 설득의 기제로 동원해 활용하기 때문이다. 그들의 그러한 설득 행위는 수사학적 관심 분야이며, 따라서 수사학 이론과 분석의 틀을 적용해 해석하는 것이 가능하다.

의미를 전달하고자 하는 모든 글(또는 말)에는 화자가 가장 효과적이라고 판단한 내용과 형식이 있다. 청자는 그러나 청자의 입장에서 그 내용과 형식을 해석하고 받아들이는 경향이 있다. 가령 〈그림 17-1〉과 같은 네 개의 그림이 있다고 가정해 보자.

〈그림 17-1〉 성조기의 내용과 구성의 관계

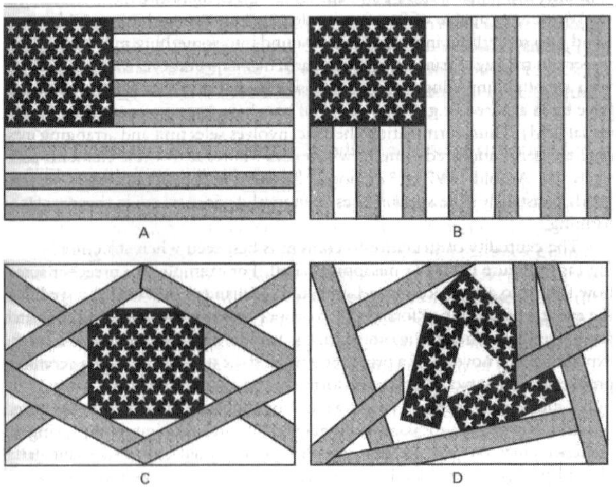

* 출처: Hart, R., *Modern Rhetorical Criticism*, p. 109.

위의 그림은 성조기의 내용을 이루는 별과 막대 등의 도형과, 그것들의 각기 다른 구성방식을 나타내고 있다. 이 중에서 가장 확실한 의미를 지니는 그림을 고르라면 대부분의 사람들이 A를 고를 것이다. 네 개의 그림 모두 별과 가로 줄을 구성요소로 하지만, 어떤 형식으로 배열했느냐에 따라 첫 번째 그림만이 '미합중국'이라는 의미를 효과적으로 전달하는 데에 성공하고 있다. 여기서 별과 줄무늬는 단순한 도형을 넘어서 애국심을 상징하고, 미국인의 일체감과 정체성을 상기시키는 의미의 집합체로 격상되었다. 간단한 도형의 단순한 배열이 가슴 뭉클한 의미의 집합으로 호소력을 지닐 수 있는 것은 청중들이 갖고 있는 의미의 상징체계와 소통했기에 가능한 것이다. 몇 개의 별과 줄무늬를 배열해 미국이라는 의미를 생산해 내는 것(내용의 구성)이 화자의 몫이라면, 구성을 받아들여 의미로 읽어내는 것은 보는 사람의 영역이다. 그 둘 간의 상호작용을 보며 설득적 효과를 측정하고, 화자의 작업에서 내용과 형식간의 관계를 규명해 의미를 찾아내고 해석하며 의도를 파악하는 것이 수사 분석의 몫이라고 할 것이다.

수사학자 하트(Hart)에 따르면, 어떤 메시지가 그 메시지 자체보다 더 큰 이야기를 전할 때 그 메시지는 분석할 가치가 있다. 수사 분석의 산물이 때론 분석의 대상이 된

텍스트 자체보다도 분석자에 대한 정보를 노출시키는 경우가 있는 만큼, 수사 분석이란 분석가와 분석대상간의 상호작용을 통한 의미 교환과 해석의 과정이라고 할 수 있다.

2. 수사 분석의 과정

좋은 수사비평가는 평이한 메시지에서 강렬한 의미를 읽어내고, 이를 설득적으로 이야기할 수 있어야 한다. 통찰력과 창조력이 성공적인 수사비평의 두 축이다. 통찰력과 창조력은 타고나기보다는 훈련을 통해 후천적으로 습득된다. 비평의 올바른 자세를 갖추고 바른 질문을 찾아내는 훈련을 통해 좋은 비평가의 자질을 갖출 수 있다.

좋은 수사비평가는 첫째, 건강한 의심을 할 줄 알아야 한다. 주어진 언어와 의미를 그대로 받아들이지 않고 그 뒤에 숨은 의도와 설득 기제를 찾아내려는 눈을 지녀야 한다. 설득적인 포맷을 지니고 있지 않은 다양한 메시지, 즉 목사의 연설이나 과학자의 서술이나 기자의 객관보도 등에서도 수사적인 의미를 끌어낼 수 있어야 한다. 의심자(*skeptic*)의 자세를 견지하되 사시적인 비평가(*cynic*)로 흐르지 않도록 유의해야 한다. 둘째, 좋은 비평가는 집중력과 분별력이 있어야 한다. 관찰의 대상을 정확히 읽어내고, 집중력을 기울여 분석해야 한다. 때로는 텍스트 자체에 집중해야 하고, 때로는 텍스트 바깥의 상황에 집중해야 하며, 때로는 텍스트에 나타나지 않은 부분에 집중해야 한다. 무엇에 집중할 것인지를 결정하는 기술은 유사한 경험과 훈련을 통해 축적된다. 셋째, 좋은 비평가는 상상력이 있어야 한다. 메시지를 읽어내는 것은 비교적 쉬운 일이지만, 그렇게 읽어낸 메시지를 창조적으로 재생산해서 설득적으로 전달해 낼 수 있는 능력은 노력을 통해서만 가능하다. 이론적 무장과, 관찰에서 얻어진 의미 있는 사실들을 어떻게 적절히 연결시키느냐가 성공적인 비평의 관건이다.

앞서 밝혔듯이, 메시지가 메시지 자체보다 더 큰 이야기를 전할 때 그 메시지는 분석할 가치가 있다. 위의 자질을 갖춘 비평가는 시사점을 내재한 메시지를 선택하되, 왜 그 메시지를 분석해야 하는가에 대한 설득적인 논리를 펼 수 있어야 한다. 또한 기존의 메시지를 수평적으로 '통역'하는 것으로는 충분하지 않다. 텍스트를 뛰어넘어 창조적인 사고의 단계로 승화시켜야 한다.

수사 비평의 방법은 다양하다. 비평가는 화행이론의 관점에서 수사학적 상황에 주목하기를 선택할 수 있고, 이야기의 다양한 주제, 혹은 토픽의 종류에 주목하는 방법도 있다. 설득의 기제로 동원된 증거의 효용성에 초점을 둘 수도 있고, 특정 장르나 문장 구조 등에 초점을 둔 비평을 할 수도 있다. 텍스트의 내용이나 형식, 문화적 특성이나 정치 체제의 이데올로기, 서술이나 이미지 등 수사학적 함의를 지닌 것은 모두 비평의 대상이 될 수 있다. 명민한 비평가는 가장 적절한 방법으로 메시지를 분석해 그 안에 있는 화자의 설득 의도와 효용성, 이데올로기와 사회적 의미를 찾아낸다.

수사 분석의 마지막 단계는 다소 막연한 깨달음(*implicit realization*)을 확실한 설명(*explicit explanation*)으로 변환시키는 과정이다. 문학 평론이 때론 독립된 문학작품으로 읽어도 손색이 없을 만큼 문학성을 지니는 것은 텍스트를 창조적으로 해석했기 때문이다. 수사비평 역시 마찬가지이다. 수사비평가는 텍스트의 설득적 효과를 분석하고 해석한 결과를 어떻게 명료하고 설득적으로 설명할지 고민해야 한다.

3. 수사 분석의 주요 용어 및 개념

수사 분석에는 대상과 영역의 광대함에 걸맞게 매우 다양한 방법론이 개발되어 있다. 또한 기원전으로 거슬러 올라가는 수사학의 역사만큼 개념과 용어 역시 폭넓게 분포되어 있다. 현대 수사학에서 비교적 자주 등장하는 방법론으로는 상황분석, 주제분석, 논증분석, 장르분석, 문장분석, 단어분석, 역할분석, 미디어 분석, 드라마 분석, 이데올로기 분석, 정밀 텍스트 분석, 페미니스트 분석 등 다양하다. 이 중 단어분석, 장르분석, 상황분석, 드라마 분석, 장르분석, 논증분석, 메타포 분석, 역할분석 등의 개념을 알아보자.

(1) 단어 분석

앞서 제시한 미국 성조기 그림에서 별 하나, 줄 하나에 주목한 분석방법이다. 즉 어떤 텍스트를 이루기 위해 화자가 선택한 단어는 어떤 색깔과 모양을 띠고 있는지, 반복적으로 사용한 단어는 무엇이며, 단어를 통한 의제의 설정과 논리전개는 어떠한지 분석한다. 단어분석에는 개별적 단어분석과, 단어를 묶음으로 모아 분석하는 '단어 군집 분석'이 있다. 어휘선택과, 선택된 어휘의 사용패턴을 분석해 화자의 수사학적 관심과 사회 문화적 좌표를 찾아낼 수 있다. 단어를 일일이 세고 성향을 나누는 수고를 덜기 위해 미국에서는 다양한 소프트웨어〔DICTION 4.0, General Inquirer(GI)〕가 개발되어 있고, 국내에서도 단어 연결망을 분석하는 언어네트워크 분석 소프트웨어 KrKwic가 개발되어 한글 텍스트의 분석에 유용하게 쓰이고 있다. 그러나 이들 컴퓨터 소프트웨어는 단어분석이나 단어 간 연결망을 도식화하는 데 도움을 줄 뿐, 추출된 단어의 빈도와 연결망을 갖고 수사학적 이론을 통해 해석하고 설명하는 일은 여전히 분석가가 해야 할 부분으로 남는다.

(2) 장르 분석

마찬가지로 위의 성조기 그림에서, 개별 도형을 넘어서 통합된 메시지로서의 성조기에 주목하는 분석방법이 장르분석이다. 여기서 성조기는 나라를 상징하는 '국기'라는 장르에 속한 사례이다. 수사학이 장르란 청중들이 특별한 기대를 갖도록 중요한 구소적 내용적 유사성을 지닌 메시지의 종류로 정의된다. 장르비평가란 메시지를 관통하는 일정한 룰을 찾아내고 그 룰이 위반된 경우를 가려낸다는 점에서 "자연속의 규칙성과 흥미 있는 불규칙성을 찾아 분류하는 곤충학자(Hart)"에 비유되기도 한다. 장르의 패턴은 사회의 필요에 의해 발전하며, 사회적 진실을 드러내고, 사회 구성원의 일상을 안정시킨다는 기본 전제를 공유한다. 수사 분석의 대상으로 빈번하게 선택되는 장르가 역대 대통령의 취임연설이다. 취임연설에는 집권 철학과 비전이 응축된 단어로 표현되어 있고, 부단한 역사의 흐름에서 새로운 매듭을 짓는 시작으로서의 의미를 특징으로 하면서, 그 자체로 완결구조를 갖는 역사적 상징체계이다. 문화권을 넘어서 최고 지도자의 취임연설에는 공통적인 요소가 있다. 장르의 특성이 여타 다른 특성을 초월하는 부분에 비평가의 시선이 머문다. 취임사 이외에도 사과문, 법정 변론, 추도사, 편지, 뉴스 등 다양한 수사학적 장르가 있다.

(3) 상황 분석

모든 수사학은 상황적이다. 비처(Bitzer)는 수사학적 담론이 상황을 창조하는 것이 아니라, 반대로 담론이 필요한 상황이 수사학을 생성해 내는 것이라고 말해 수사학에서 상황의 중요성을 강조했다. 즉 수사학적 담론은 상황에 대한 작용으로 존재하며, 질문에 대한 해답이 존재하듯이 상황에는 필연적으로 그에 답하는 수사학이 존재하고, 뿐만 아니라 문제가 해답을 조정하듯, 상황이 수사학을 조종한다고 보았다. 상황이 말을 부르고, 따라서 상황에 대한 반응으로서의 말은 수사적이다. 수사학적 상황은 수사학적 담론을 이루는 인물, 사건, 대상물, 그들 간의 실제적 혹은 잠재적 긴급성을 의미한다. 수사학적 상황을 이루는 세 가지 요소는 긴급성(*exigence*), 청중(*audience*), 제한(*constraint*)이다. 상황의 긴박성은 종종 화자가 창조하는 것으로, 상황은 다시 말의 일부가 된다. 상황분석은 이들 요소를 포함한 시공간적 배경, 수사적 담론의 주체와 객체, 사회 구성원들의 기대와 요구를 분석 대상으로 한다. 같은 성조기라고 할지라도 2차 대전 당시 이오지마 섬에 미군 병사들이 드높인 성조기와, 이라크 전사자의 관위를 덮은 성조기, 대중가수가 티셔츠에 찍고 나온 성조기가 각기 다른 의미를 전달하는 것은 수사학적 상황이 각기 다르기 때문이다.

(4) 드라마 분석

미국의 작가이며 비평가인 케네스 버크(Kenneth Burke)가 인간활동의 구성요소와 동기를 파악하는 데 유용한 기법으로 제안한 방법론이다. 버크는 인간의 삶이 기본적으로 드라마라고 보고, 관객이 드라마의 어떤 인물이나 상황과 자신을 동일시 할 수 있을 때, 비로소 드라마는 설득적 효과를 지닌다고 역설했다. 또한 동일화와 동기의 어휘들, 서열과 질서, 속죄양, 초월, 죄의식과 구원 등 드라마티즘의 다양한 구성요소를 살펴봄으로써 인물 행동의 근원으로서의 동기와 그 뒤에 깃든 사회성의 구조를 파악할 수 있다고 주장했다. 버크는 상징적인 텍스트에 적용할 수 있는 드라마티즘의 구체적인 분석방법으로 다섯 가지 관점에서 분석하는 방식, 즉 펜타드(*pentad*)의 모델을 제안한다. 이 방식은 동일화를 위해 어떤 수사적 전략을 알아내는 데 유용하다. 여기서 다섯 가지 관점이란 행위(*act*), 상황(*scene*), 행위자(*agent*), 수단(*agency*), 목적(*purpose*)이다. '행위'란 텍스트 안에서 벌어지는 동기화된 행동을 말한다. '상황'이란 위의 행동이 벌어지는 때와 장소를 말하며, '행위자'란 그 행위를 하는 사람을 지칭한다, 여기서 행위자란 텍스트 안의 인물일 수도 있고, 그 인물을 설정한 화자가 될 수도 있다. '수단'이란 행위자가 행위를 달성하기 위해 취하는 방법을 말하고, 마지막으로 '목적'이란 행

〈그림 17-2〉 버크의 펜타드

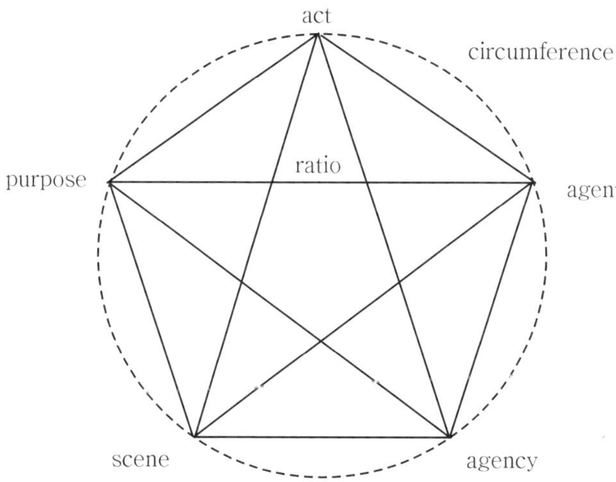

위자가 행위의 최종 목표로 염두에 두고 있는 부분이다. 분석자는 이상의 나섯 가지 요소를 추출해 낸 후 그들 사이의 비율을 검토함으로써 드라마 분석을 완수하는데, 여기서 요소간의 비율을 '드라마적 비율(*dramatistic ratio*)'라고 한다.

(5) 논증 분석

논증(*argumentation*)이란 '증거를 수반한 주장'을 말한다. 일반적으로 수사학이 감정과 웅변의 기술, 기교 등에 관심을 보여 온 것에 비해 논증은 글자 그대로 증거와 논리를 통한 체계적인 설득과 의사소통에 목적을 두고 있다. 현대 수사학을 논증에 초점을 맞춰 발전시킨 대표적인 학자가 웨이틀리(Whateley)이다. 그는 법정 논변의 전유물로 여겨지던 증거의 논리를 일반진술에도 적용시켜 추정(*presumption*)과 증거제시의 부담(*burden of proof*)의 개념을 통한 합리적 담론의 중요성을 환기시켰다. 대표적인 논증학자인 툴민(Toulmin)은 논증의 기술로서 오랜 수사학적 전통을 지닌 귀납법과 연역법을 보완한 다양한 개념들을 개발해 냈는데, 그의 논증구조는 논증을 도식화하고 비평하는데 적합하고도 유용한 도구로서 평가받고 있다.

〈그림 17-3〉 툴민의 논증모델

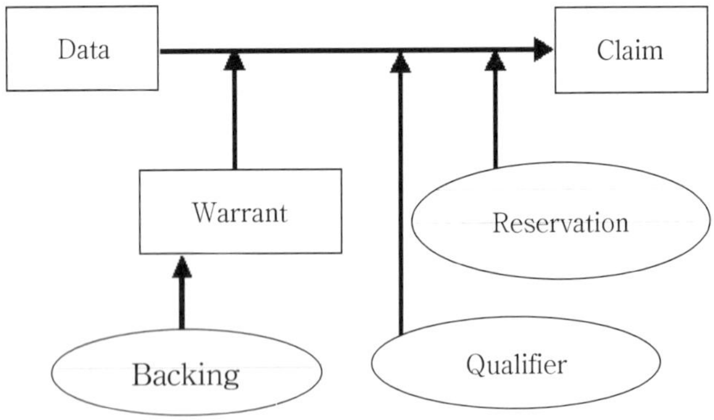

툴민이 제안한 논증의 구성요소는 주장(*claim*), 근거(*data*), 조건(*warrant*) 등 셋으로 나누어진다. '주장'이란 화자가 주장하고자 하는 가장 폭넓고 포괄적인 진술로, 그 안에 갈등의 요소가 내재되어 있는 추상적인 단계가 가장 높은 진술을 말한다. '근거'란 주장보다 한 단계 낮은 추상의 단계에서 이루어지는 것으로, 주장에 대한 의문을 풀어주는 가장 직접적인 근거, 사실, 혹은 증거를 제시함으로써 논리적인 토대를 제시하는 역할을 한다. 근거와 주장의 관계는 고로(*therefore*)라는 말로 연결되는 것이 상례다. '조건'은 툴만 논증법의 핵심이 되는 부분으로 "주장과 근거 사이를 잇는 일반적이고 가정적인 진술"을 말한다. 툴민에 따르면 힘 있는 논증이 되기 위해서는 근거의 보강에 주력하기보다 근거와 주장의 연결고리를 힘 있게 끌고 가는 것이 중요하다.

(6) 메타포 분석

아리스토텔레스는 은유법의 구사능력을 천재의 징표라고 했다. 직관을 통해 서로 이질적인 것에서 비슷한 것을 찾아내는 능력이야말로 우리를 둘러싼 사회와 우주를 이해하는 데 매우 유용한 지적 능력이다. 은유는 직유, 환유, 제유, 의인, 의물, 반어, 역설, 모순어법등과 더불어 의미전이에 따른 수사법에 속한다. 언어는 생각을 실어 나르는 도구이며, 생각은 사람들의 경험의 소산이다. '정치=게임', '입시=전쟁' 등 사람들이 흔히 사용하는 은유는 문화적인 경험과 언어를 연결시켜준다는 점에서 수사적인 발명품이라고 할 수 있다. 신선한 은유에는 경험과 언어의 연결에 생동감이 넘치는 반면,

이미 굳어져 발생 당시의 신선감이나 생명감을 상실한 사(死) 은유도 있다.

은유를 보는 시각은 크게 두 가지이다. 우선 은유를 기본적으로 언어로 보는 시각이 있다. 언어는 그 상징이 지칭하는 대상에서 분리될 수 없으며, 따라서 은유 역시 이미 존재하는 유사성을 연결시키는 역할을 할 뿐 새로운 유사성을 생성해 내지는 못한다는 시각이다. 반면 메타포는 언어이기 이전에 생각이고 행동이라고 보는 시각이 있다. 여기서 은유는 유리된 유사성이나 부분적인 유사성을 완성시키고 새로운 유사성을 창조하는 역할을 한다. 우리의 개념 속에 내재된 유사성의 표상이든, 혹은 새로운 유사성의 창조이든, 은유가 우리의 경험에 대한 이해를 돕는 도구라는 데에는 이견이 없다.

(7) 역할 분석

말 혹은 글은 사회적 역할의 산물이라는 전제에서 출발하는 분석법으로, 화자의 다양한 역할에 따른 메시지의 특징과 의미변형에 초점을 둔다. 사회적 자아(*social self*)가 지닌 수사학적 인격(*rhetorical personae*)에 대한 이해를 목적으로 한다. 화자는 청중에 대해 스스로의 특정한 역할을 상정하고 메시지를 구성하게 된다. 역할에 영향을 미치는 요인은 개인적인 이력, 이념적인 영향, 제도적인 소속 등 다양하다. 역할분석에 따르면 대통령은 대통령의 말을, 사업가는 사업가의 언어를, 교사는 교사의 어휘를 구사한다. 또한 같은 정치 지도자도 의원내각제 하의 수상과 대통령제의 대통령은 각기 다른 언어를 사용하는 경향이 있다. 이는 그들이 처한 환경에서 그들이 수행하는 정치적 '역할'이 다르기 때문이다. 수사학자 하트(Hart)는 자기방어의 화법을 구사하는 사과자(*apologist*)의 역할, 메시지의 전달자(*agent*)의 역할, 특정한 입장을 대변하는 당파인(*partisan*)의 역할, 초월적 존재의 영웅(*hero*)의 역할 등으로 나누어 각각의 역할에 해당하는 수사학적 텍스트를 구분했다. 또한 대통령의 어휘를 분석, 자리에서 나오는 독특한 어법이 있다고 역설했는데, 대통령의 말은 인간성을 강조하고, 매우 실질적이며, 과격하지 않고 조심스러운 특성을 지닌다고 분석했다.

4. 수사 분석 연구사례

위에서 검토한 다양한 방법에 따른 연구성과와 사례들은 일일이 나열하기 어려울 정도로 많다. 최근 들어서는 컴퓨터 소프트웨어를 활용한 내용분석(*computer-assisted content analysis*)도 이에 가세해 연구의 지평을 넓혀주고 있다. 수사 분석기법 중 '드라마티즘'을 이용한 링(Ling)의 수사 분석과 컴퓨터 소프트웨어를 활용한 림(Lim)의 내용분석 두 편을 소개한다. '드라마티즘'은 가장 창조적인 분석방법이라는 점에서, 컴퓨터 내용분석은 가장 신선한 기법이라는 점에서 각각 선별했다.

1) 사례 1: 단어분석*

연구자는 1789년부터 2000년 사이 미국 대통령의 취임사와 연두교서 등 공식 연설 264편(총 단어수 1,832,185개)을 대상으로 컴퓨터 소프트웨어 'General Inquirer'를 이용해 대통령의 공식언어가 200여년 사이에 어떻게 변했는지 추적했다. 프로그램은 기존의 연구 인덱스를 기초로 모든 단어를 27개 범주로 나누어, 대통령이 구사한 단어가 어느 범주에 속하는지 분류하고, 다시 시간의 흐름에 따른 트렌드를 분석했다. 또한 대표적 키워드의 사용빈도도 알아보았다. 연구결과 '민주주의'라는 단어의 경우 디어도어 루스벨트 대통령 이전인 1901년까지 등장한 회수는 단 두 번에 불과했으나. 1901년부터 2000년 사이에는 대통령들이 민주주의를 189회나 언급했다. 연구자 엘빈 림은 분석결과 미국의 대통령들이 20세기 들어 이전과는 매우 다른 공적 언어를 사용하기 시작했다고 밝혔다. 이는 공적 영역에 대한 미국인의 인식이 변하면서 대통령이 대중과 가깝게 소통하기 시작하며 나타난 변화라고 분석했다.

GI 단어 범주분석에 따르면, 지난 200여 년 간 미국의 대통령은 자신의 머릿속 생각을 공적으로 표현하거나, 알고 모르는 것을 나타내는 등의 지적인 표현을 자제하는 추이를 나타냈다. 또한 법률용어나 전문용어의 사용이 현저하게 줄고 비공식적 단어의 사용이 증가하는 추세를 보였다(*anti-intellectual*). 단어의 추상성은 늘어나는 추세였다.

---

* Elvin Lim(2002), "조지워싱턴에서 클린턴까지 대통령 언어에 나타난 다섯 가지 트렌드", *Presidential Studies Quarterly* 32, no. 2.

종교나 시, 이념과 관련된 언급이 늘어나면서 단어의 추상성이 증가하는 트렌드를 나타냈다(*abstract*).

2세기 동안 대통령의 언어는 훨씬 단호하고 주장이 강해지는 방향으로 진화했다. 대통령은 점점 행동가로 나서기 시작했고, 현실주의자로서 강한 자신감을 나타내는 추세를 보였다(*assertive*). 그러면서 동시에 훨씬 민주적인 언어를 구사하기 시작했다. 그런 면에서 대통령의 수사학 발전사는 미국의 민주주의 발전사이다. 대통령은 국민을 우대하고, 훨씬 가슴이 따듯한 언어를 구사했으며, 평등주의를 지향하는 흐름을 보였다(*democratic*). 마지막으로 국민과 대화하는 대통령의 화법을 구사하는 방향으로 발전했다. 일화를 소개하고, 질문과 답을 하며, 친근하고 격의 없는 언어를 구사하는 모습을 나타냈다(*conversational*).

2) 사례 2: 드라마 분석*

1969년 7월 25일 에드워드 케네디 상원의원은 메리 코페추니 양의 죽음과 관련된 불미스러운 사건에 연루된 자신의 처지를 매사추세츠 주민에게 호소하고 이해를 구하는 연설을 한다. 연구자는 케네디 상원의원의 연설에 나타난 극적 요소를 버크의 드라마티즘 방법으로 추출해내 상원의원의 설득전략과 효과를 분석했다.

연설의 첫 번째 부분에서 케네디 상원의원은 드라마티즘의 다섯 가지 요소, 즉 펜타드에서 자신을 피해자로 설정하고, 상황에 대한 제어력이 없었던 자신의 피동적인 처지를 묘사하는 드라마를 펼쳐 보인다. 링에 따르면, 연설 상반부의 상황(*scene*)은 코페추니 양의 죽음과 관련된 사건들, 행위자(*agent*)는 케네디 상원의원, 행위(*act*)는 사건을 즉시 신고하지 않은 상원의원의 불찰, 수단(*agency*)은 사건을 신고하기 위한 갖가지 수단들, 목적(*purpose*)은 그가 법적 도덕적 책임을 완수하기 위함 이라는 다섯 가지 요소로 구성된다. 케네디가 묘사하는 드라마의 장면에서 자신은 철저하게 상황의 피해자로 그려지고 있다.

연설후반부로 넘어가면서 장면이 바뀌듯 다른 드라마가 펼쳐진다. 링의 분석에 따르

* David Ling, "에드워드 케네디 상원의원의 매사추세츠 주민에 대한 1969년 연설의 드라마분석", *Readings in Rhetorical Criticism*, Ed. Carl Burgchardt, 1995.

면 여기서 행위자(*agent*)로 매사추세츠 주민이 등장한다. 행위(*act*)는 케네디 상원의원이 사임해야 하는지 여부를 결정하는 것으로 설정되고, 수단(*agency*)은 사임연설이 될 것이다. 목적(*purpose*)은 케네디 상원의원을 현직에서 물러나게 하기 위해서이고, 이 모든 일이 벌어지는 상황(*scene*)은 불미스러운 사건에 대한 당시의 여러 반응들로 설정되어 있다. 드라마의 설정을 이렇게 바꿈으로써 케네디 상원의원은 이제 자신의 사임 여부가 매사추세츠 주민의 결정사항에 달려있는 듯한 구도로 몰아간다. 전반부에서와 마찬가지로 상황에 대한 조절능력을 상실한 상원의원은 이번에는 상황의 피해자가 아니라 또 다른 행위자(이 경우에는 매사추세츠 주민들)의 피해자의 위치에 자신을 가져간다. 사임 여부와 관련된 그의 모든 결정은 결국 주민들의 뜻에 따른 것이므로, 반응에 신중을 기해줄 것을 설득하는 전략을 구사하는 것이다.

●○● 참고문헌

Bitzer, L. (1968), "The rhetorical situation", *Philosophy and Rhetoric*, 1: 1~14.

Borchers, T. (2006), *Rhetorical Theory: An Introduction*, Thomson Wadsworth.

Burgchardt, C. R. (1995), *Readings in Rhetorical Criticism*, PA: Strata Publishing Inc.

Burke, K. (1969), *A Grammar of Motives*, University of California Press.

Foss, S. (1989), "Rhetorical criticism as the asking questions", *Communication Education* (38): 191~196.

Hart, R. P. (1997), *Modern Rhetorical Criticism*, MA: Allyn & Bacon.

Lim, E. T. (2002), "Five trends in presidential rhetoric: An analysis of rhetoric from George Washington to Bill Clinton", *Presidential Studies Quarterly* 3, no. 2(June).

Toulmin, S. (1958), *The Use of Argument*, Cambridge University Press.

Whateley, R. (1963), *Rhetoric and Argumentation*, Boston: Allyn and Bacon.

Wichelns, H. (1925), "The literary criticism of oratory", in R. Scott and B. Brock(Eds.), *Methods of Rhetorical Criticism: A Twentieth Century Perspective*, New York: Harper & Low.

●○● 연습문제

1. 제 17대 대통령 취임사에 사용된 어휘의 빈도와 종류를 추출하고 이를 단어 분석해 '창조적 실용주의' 이념이 효과적으로 구현되고 있는지 논의하라.

2. 역대 대통령의 8·15 광복절 연설에 대해 장르 분석을 실시, 시대적 흐름에 따른 이슈의 변천을 논하라.

3. 디즈니 만화영화 '백설공주', '신데렐라', '인어공주', '포카혼타스', '알라딘', '미녀와 야수'에 등장하는 여주인공이 구사하는 언어에서 각기 다른 역할 모델을 추출하고 비교하라.

4

분야별 방법론

- 제 18 장 브랜드 커뮤니케이션의 이해와 연구방법 _김유경
- 제 19 장 정책연구방법론 _정윤식
- 제 20 장 미디어법제 연구방법 _유승관
- 제 21 장 인터넷 미디어 연구방법 _성동규
- 제 22 장 정치 커뮤니케이션 메시지 내용분석 _김춘식
- 제 23 장 PR 조사연구 _이유나
- 제 24 장 방송영상 분석 _이현숙
- 제 25 장 광고조사와 연구방법 _이희복

제 18 장

브랜드 커뮤니케이션의 이해와 연구방법

김 유 경

기업들은 과거의 단순한 매출증대라는 근시적 전략에서 벗어나 장기적 안목에서의 지속적 이윤을 창출할 수 있는 브랜드 커뮤니케이션 전략의 구상에 몰두하게 된 것이다. 따라서 본 영역에서는 다변화되고 있는 경쟁시장에서의 우위를 선점하고 안정적인 성장을 추구할 수 있는 목적대상으로서의 브랜드 구성요소에 대한 의미를 먼저 파악할 수 있도록 소개한다. 그리고 브랜드 자산에 대한 의미를 파악하고 브랜드 커뮤니케이션 전략수립에 요구되는 각 구성요소들의 역할과 소비자를 중심으로 하는 연구방법 등을 살펴보기로 한다.

주요 용어: 브랜드, 브랜드 커뮤니케이션, 브랜드마케팅, 브랜드 인지도,
브랜드 아이덴티티, 브랜드 개성, 브랜드 충성도, 브랜드 개성,
브랜드 연상, 브랜드 이미지, 지각된 품질, 브랜드 자산, 브랜드 경험,
브랜드 관계, 보조인지, 비보조상기, 포지셔닝, IMC

1. 브랜드 커뮤니케이션의 구성과 의미

21세기에 들어서 기업의 마케팅 커뮤니케이션 활동은 많은 변화를 가져왔다. 4P (*product*, *price*, *place*, *promotion*) 중심의 마케팅, 특히 불특정 다수를 향한 대중적 마케팅으로 대변되던 과거의 마케팅 활동들은 더 이상 능동적이고 적극적인 소비자들에게 다가갈 수 있는 최선의 선택이라고 말할 수 없는 상황이 되었다. 이러한 시장환경의 빠른 변화들은 이른바 글로벌기업을 지향하는 우리나라의 기업들에게 많은 영향을 주었고 이러한 상황 속에서 등장한 것이 브랜드 관리의 개념이며 이를 커뮤니케이션이라는

도구의 관점에서 본 것이 브랜드 커뮤니케이션이다. 기존의 브랜드 관리란 제조업자 중심에서 소비자 중심의 마케팅 커뮤니케이션으로 전환시키는 계기가 되었는데, 이것은 제품을 만드는 것은 제조업자들이지만 그 브랜드를 만들어 내는 것은 소비자라는 의미와 동일하다.

이에 기업들은 강력한 브랜드를 가져야만 생존할 수 있다는 데 동의하고 있다. 강력한 브랜드를 만들기 위해서는 다른 경쟁기업들과의 기능뿐만 아니라 그 기업의 브랜드의 효과적인 차별화가 필요하다는 것을 인식했으므로 1990년대 초, 브랜드를 연구하는 학자들의 논의에 의해 브랜드의 전략적 접근이 도입되고 이에 대한 첨병역할을 한 것이 브랜드 아이덴티티(*brand identity*)라는 개념이다. 기업의 핵심역량을 표현한 것이 브랜드 아이덴티티라고 요약한다면 이것을 어떻게 효과적으로 소비자들에게 전달하여 긍정적이고 우호적인 브랜드 이미지를 구축할 것인가의 문제에 직면하게 된다. 커뮤니케이션 채널과 시장을 통해 브랜드 아이덴티티가 전달됨으로써 형성되는 브랜드 이미지는 강력한 브랜드 자산을 창출하는 근원이 되기 때문이다. 따라서 마케팅 커뮤니케이션을 통해 우리의 브랜드 아이덴티티를 전달할 것인가에 대한 많은 논의들이 있었고 그 결과로 새로운 커뮤니케이션 매체와 수단들이 대거 등장하였다. 또한, 강력한 브랜드를 구축하기 위해서는 통합적 마케팅 커뮤니케이션(*integrated marketing communication*: IMC)의 과정이 수행되어야 하며 이를 통해 기업들은 제품 자체가 아닌 브랜드를 판촉하고 소비자와의 관계를 형성할 수 있는 것이다.

1) 브랜드의 의미

브랜드라는 단어는 자기 소유의 가축에 낙인을 찍어 소유물을 확인하는데서 유래되었는데, 이것이 소유기능과 표시기능을 발휘하게 됨으로써 신용과 재산의 표시로 변화하였다. 현대적인 개념인 무형의 가치, 즉 상징적 의미가 가미되면서 더욱 광범위하고 포괄적으로 발전하였다. 브랜드에 대한 정의는 여러 학자들의 견해가 다양하다. 하지만 제품과 브랜드의 비교를 통해 브랜드의 정의를 적절하게 나타낼 수 있다.

오길비(David Ogilvy)는 "브랜드는 복잡한 상징이다. 그것은 한 제품의 속성, 이름, 포장, 가격, 역사, 평판 그리고 광고방식을 포괄하는 무형의 집합체"라고 말하고 있으며 스티븐 킹(Stephen King)은 "제품은 제조업자에 의해 만들어지지만 브랜드는 소비자들에 의해 구매 된다"라고 정의하고 있다(김봉철, 1997).

즉, 브랜드란 특정 제품이 지각이나 경험, 믿음, 느낌 등을 소비자의 생활 속에 밀접한 관계를 맺으면서 자리잡게 하는 것이며, 이는 제품에 대한 소비자의 통합적인 감정을 의미한다.

2) 브랜드 아이덴티티의 등장과 연구방법

브랜드 자산의 근간이 되는 브랜드 연상(*brand association*)을 체계적으로 창조하고 유지하기 위해서는 브랜드 아이덴티티(*brand identity*)에 대한 올바른 이해가 필요하다. 어느 한 사람의 아이덴티티는 그 사람에 대한 경향, 목표, 의미를 주는 것과 마찬가지로 브랜드 아이덴티티는 브랜드에 대한 경향, 목표, 의미를 준다. 이러한 브랜드 아이덴티티는 브랜드의 전략적 시각의 중심이 된다(Aaker, 1996). 브랜드 아이덴티티를 전략적 중심으로 연구한 학자들의 사례를 들어보자.

(1) 아커의 브랜드 아이덴티티 접근방법

아커(Aaker, 1996)는 브랜드 아이덴티티를 제품, 조직, 개인, 상징으로서의 브랜드로 구성되는 다음과 같은 네 가지 차원으로 설명하였다. 첫째, 제품으로서의 브랜드는 제품범위, 제품속성, 품질/가치, 사용경험, 사용자, 원산지의 하위요소를 가지며 제품과 관련된 연상은 사용경험 및 선택요인과 관련되기 때문에 항상 브랜드 아이덴티티의 중요한 부분을 차지한다. 둘째, 조직으로서의 브랜드는 조직의 특성, 지역적 문제 등의 하위요소를 가진다. 셋째, 개인으로서의 브랜드는 개성과 브랜드와 소비자 관계의 하위요소를 가진다. 넷째, 상징으로서의 브랜드는 시각적 이미지와 은유, 브랜드 전통을 하위요소로 가지고 있으며 이 강력한 상징은 브랜드 아이덴티티의 응집력을 강화시켜 주며 브랜드 회상(*brand recognition*)과 브랜드 재인(*brand recall*)을 효과적으로 달성하는 데 도움을 준다. 상징은 브랜드를 개발하는 데 있어 핵심적 요소로 취급되며 상징이 없을 경우 이것은 브랜드의 치명적 약점으로 나타날 수 있다(Aaker, 1996).

〈그림 18-1〉 아커의 브랜드 아이덴티티 구축모델

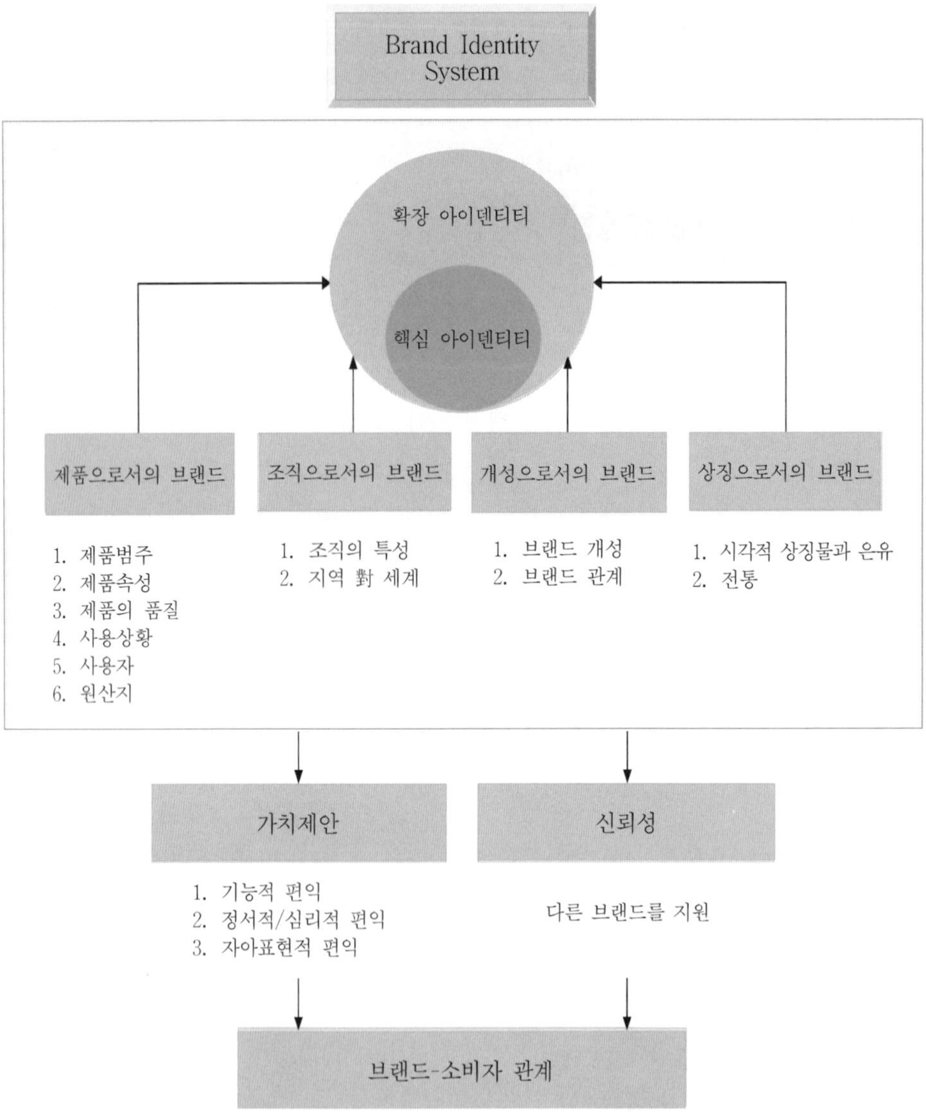

* 출처: Aaker, D. A. (1996), *Building Strong Brand*, p. 79.

브랜드 아이덴티티의 네 가지 차원은 많은 하위요소들로 구성된다. 그러기 때문에 브랜드 아이덴티티는 핵심 아이덴티티(*core Identity*)로 규명될 수 있어야 한다. 핵심 아이덴티티는 브랜드의 영속적 본질(*essence*)을 나타내는 것으로서 브랜드의 의미달성과 성공여부의 중심에 놓여 있으며 이는 새로운 시장과 제품에도 지속적으로 이어질 수 있는 브랜드의 연상이라고 할 수 있다.

위에서 설명한 브랜드 아이덴티티의 각 요소들은 소비자에게 일정한 가치를 전달할 수 있어야 하며 이는 브랜드의 가치제안(*value proposition*) 속에서 드러난다. 브랜드의 가치제안은 기능적 편익, 정서적 / 심리적 편익, 그리고 자아표현적 편익의 세 가지 차원을 가진다. 기능적 편익은 가치제안의 가장 가시적이고 일반적인 기초이며 고객에게 기능적 유용함을 제공한다. 특히, 기능적 편익은 고객의 의사결정과 사용경험에 직접적으로 연결되는 제품속성과 연관된다. 정서적 / 심리적 편익은 특정 브랜드를 구매하거나 사용할 때 고객에게 전달되는 긍정적 느낌이며 브랜드 사용과 소유의 경험에 풍부함과 깊이를 더해준다. 자아 표현적 편익은 브랜드의 구매와 사용을 통해 소비자 개인의 자아를 표현해 줄 수 있는 가치이다.

(2) 업쇼의 브랜드 아이덴티티 접근방법

업쇼(Upshaw, 1995)는 브랜드 자산(*brand equity*)을 브랜드 가치와 브랜드 아이덴티티의 두 가지 측면으로 구분했다. 브랜드 가치란 브랜드가 기업에 기여하는 유형, 무형의 자산을 포함하는 브랜드의 가치를 발휘할 수 있는 요소이며 브랜드 아이덴티티란 브랜드 자산의 일부분으로서 구매 잠재력을 가지는 브랜드 선호도(*brand preference*)를 높일 수 있는 이점을 제공한다. 브랜드 아이덴티티는 브랜드 포지셔닝과 개성이 결합되어 제품에 나타나며 제품 / 서비스 성과, 브랜드 이름, 로고, 그래픽 체계, 마케팅 커뮤니케이션, 판매전략, 촉진활동과 상품기획 등의 과정에서 그 역할을 수행한다.

기업은 브랜드 아이덴티티를 구성하는 두 가지 결정적 요소에 주목해야 한다. 첫째, 고객의 마음속에 브랜드가 어떻게 위치하고 있는가(*brand positioning*)와 둘째, 시장에서 브랜드가 겨냥하는 개성은 어떠한 종류의 것인가에 대한 것이다(*strategic personality*). 브랜드 포지셔닝과 개성은 어떻게 현재 혹은 미래의 사용자가 브랜드의 매력과 필요를 판단하는가의 문제를 가리킨다. 즉, 사람들은 브랜드를 그들의 삶에 일치시키고 또한

〈그림 18-2〉 업소의 브랜드 아이덴티티 구축 모델

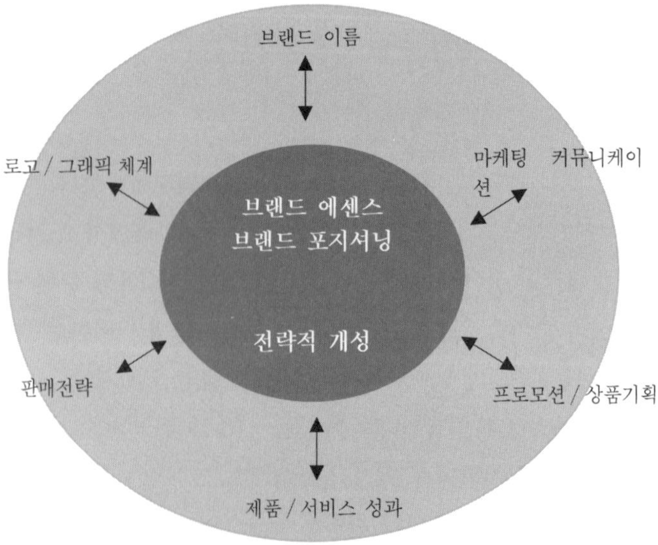

＊ 출처: Upshaw, L. B(1995), *Building Brand Identity*, p. 24.

주어진 개성들을 좋아하기 때문에 브랜드를 구매한다.

이와 같은 브랜드 포지셔닝과 전략적 개성은 모두 브랜드 에센스로부터 도출될 수 있다. 브랜드 에센스란 브랜드와 접촉하는 모든 소비자들에게 브랜드가 무엇을 나타내는가에 중심이 되는 본질(*nature*)이라 할 수 있다. 따라서 브랜드 에센스는 브랜드 아이덴티티의 변하지 않는 핵심이 된다.

(3) 캐퍼러의 브랜드 아이덴티티 접근방법

캐퍼러(Kapferer)는 브랜드가 새로운 제품과 연계되어 처음에는 무의미한 단어로 시작하지만 해를 거듭할수록 커뮤니케이션과 제품과 관련된 기억의 조합 속에서 새로운 의미를 획득하게 된다고 브랜드 아이덴티티를 정의하고 있다(Kapferer, 1992). 즉, 브랜드 아이덴티티는 브랜드 사용자들에게 제품이나 서비스가 어떻게 보이는가에 관한 총체적 구조물이며 브랜드가 어떻게 구현되는가에 관한 통합적 집합체이다.

〈그림 18-3〉 캐퍼러의 브랜드 아이덴티티 구축모델

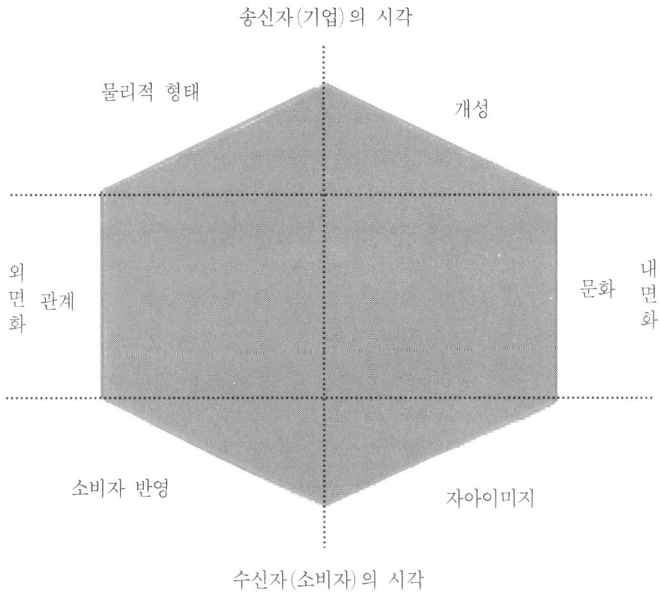

* 출처: Kapferer, J. N. (1992), *Strategic Brand Management*, p. 100.

그는 브랜드 아이덴티티의 프리즘을 통해 보다 구체적으로 그 형태를 소개하고 있는데, 브랜드 아이덴티티가 가지고 있는 물리적인 제품의 특징(*physique*) 개성(*personality*), 문화(*culture*), 관계(*relationship*), 소비자 반영(*reflection*), 자아이미지(*self image*)의 6가지 측면을 통해 브랜드 아이덴티티 구축의 방향을 제시하고 있다.

위에서 살펴본 세 가지 브랜드 아이덴티티의 모델은 각각의 독특한 모습을 나타내고 있지만 브랜드 개성, 브랜드-소비자 관계, 제품의 물리적인 속성을 공통적으로 담아내고 있다는 사실을 알 수 있다. 업쇼(Upshaw, 1995)와 캐퍼러(Kapferer, 1992)의 브랜드 아이덴티티 모형은 실행의 관점에서 비교적 적용력이 높은 것이 특징이나, 마케팅의 관점보다는 커뮤니케이션의 관점이 두드러져 기업의 비즈니스전략을 주도하는 데 있어서 한계를 지니고 있다. 이러한 점에서 첫 번째로 언급된 아커(Aaker, 1996)의 브랜드 아이덴티티 모델은 마케팅의 다양한 관점에서 출발하여 기업의 사업전략과 연계가 용이한 좋은 토대로 구성되어 있다는 평가를 받고 있다(김유경, 2001).

2. 브랜드 커뮤니케이션의 목표와 연구방법

기업이 브랜드 커뮤니케이션을 통해 달성하고자 하는 목표는 흔히 브랜드 자산으로도 통용된다. 이 장에서는 브랜드 커뮤니케이션의 이해를 돕는 차원에서 개념적 의미를 먼저 살펴 본 후 각 구성요소에 대한 논의를 해본다.

1) 목표로서의 브랜드 자산

브랜드 자산이란 브랜드와 그 브랜드의 이름 및 상징과 관련된 자산과 부채의 총체로, 이는 제품이나 서비스가 기업과 그 기업의 고객에게 제공하는 가치를 증가시키거나 감소시키는 역할을 한다(Aaker, 1992).

강력한 브랜드 자산은 높은 브랜드 인지도와 브랜드에 대한 호의적인 태도, 연상에 의해 형성된다. 따라서 기업은 브랜드 자산을 구축하기 위해 브랜드 도입 전에 브랜드 아이덴티티를 체계적으로 설계하려는 노력도 해야 하겠지만, 브랜드 도입 후 지속적인 다양한 마케팅 노력을 통해 고객의 마음속에 자사 브랜드와 관련해 호의적이고 강력하며 독특한 연상들을 심어주어야 한다. 기업이 행하는 다양한 마케팅 활동 중에서 특히 광고, 판매촉진, 홍보, 이벤트 등의 마케팅 커뮤니케이션은 소비자에게 높은 브랜드 인지도와 강력하고 호의적인 브랜드 이미지를 심어 브랜드 자산을 구축하는 중요한 역할을 한다.

기업과 관련된 연상으로 많이 이용되는 것들에는 기업의 사회적 책임, 최고의 품질, 혁신성, 고객지향성, 일류기업 등이 있다. 어떤 기업의 브랜드 아이덴티티는 기업의 사회적 책임에 토대를 두고 있다. 유한킴벌리는 1984년부터 수행해 온 '우리강산 푸르게 푸르게' 캠페인 통해 건강한 자연과 환경을 보호하는 데 앞장선다는 호의적인 기업 이미지로 크리넥스(Kleenex) 티슈에 대한 고객들의 브랜드 애호도와 브랜드 자산을 구축하는 데 성공했다.

지각된 품질은 기업과 관련된 연상으로 많이 이용되는 또 다른 요소의 하나이다. 성숙기에 들어선 시장에서 브랜드 간의 품질이 거의 비슷해짐에 따라 경쟁우위의 도구로서 품질의 차별화가 어렵게 됐기 때문이다. 스위스의 다국적 기업인 네슬레(Nestle)는 '최고의 제품을 만든다(*makes the very best*)'라는 기업캠페인을 통해 제품품질을 핵심적

〈그림 18-4〉 브랜드 자산의 개념

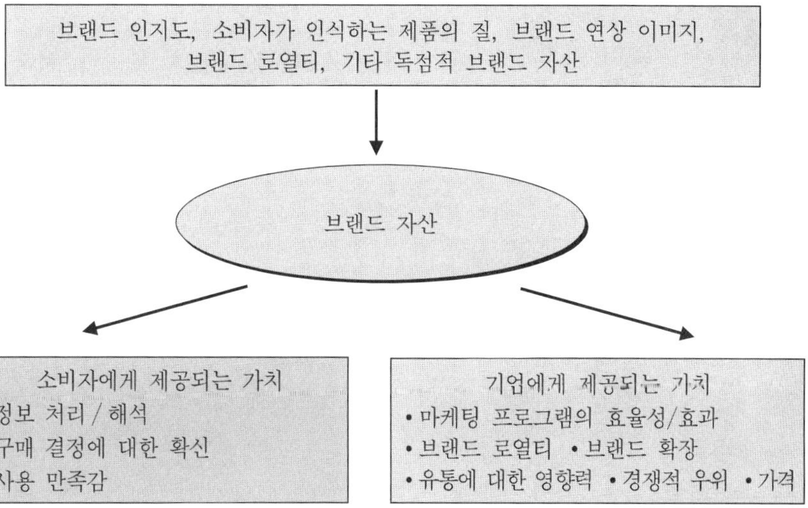

* 출처: Aaker(1992), 《브랜드 자산의 전략적 관리》, 마케팅커뮤니케이션연구회 역, 나남출판.

아이덴티티로 삼고 있다. 어떤 브랜드들은 기업과 관련된 연상으로 혁신성을 강조한다. 기업들에게 있어 혁신성의 측면에서 좋은 평판을 얻는 것은 고객들로부터 신제품에 대한 신뢰성을 확보하는 데 특히 중요한 요인이 된다. 예를 들어, 일본의 대표적인 생활용품 제조업체인 가오(Kao)는 혁신성을 핵심적인 브랜드 아이덴티티 차원으로 삼고 있으며, 이러한 브랜드(기업) 이미지를 지원하기 위해 생산된 모든 신제품들이 기술혁신에 의해 개발되도록 전사적인 노력을 기울이고 있다.

2) 브랜드 자산의 구성요소

브랜드 자산의 구성은 학자들마다 다양하게 나타나지만 다음의 공통적인 요소를 중심으로 이루어져 있다. 각 구성요소의 의미를 살펴본 후 측정방법에 대해 간략하게 소개한다.

(1) 브랜드 인지

브랜드 인지란 잠재 구매자가 어떤 제품 부류에 속한 특정 브랜드를 재인식 또는 상기할 수 있는 능력을 말한다. 즉, 제품 부류와 브랜드와의 연계성이 중요하다. 브랜드 인지는 소비대중이 느끼는 정도에 따라 '그 브랜드를 알고 있는 것 같다'는 약한 인지부터 어떤 제품의 시장에서 '그 브랜드만 있는 것으로 알고 있다'는 강한 인지도까지 그 강도의 범위가 넓다. 브랜드 인지는 피라미드형으로 구분해 볼 때 가장 낮은 개념인 보조 인지와 상위 개념의 비보조 상기, 최초 상기 등으로 분류된다.

(2) 브랜드 연상

브랜드 연상은 브랜드 이미지를 구성하는 요소로서 기억 속에 있는 노드(*node*)와 연결된 하나의 정보 중심점이며, 소비자가 형성하는 브랜드의 의미를 내포하고 있다. 이러한 브랜드 노드는 성격상 서로 상이한 종류의 정보가 연상으로서 기억 속에 있는 어떠한 브랜드에 얼마나 쉽게 연결되어지는가에 영향을 미치는 요소이다. 브랜드 연상은 그 연상 속에 얼마나 많은 브랜드 관련 정보가 함축되어 있는가에 대한 추상적 수준에 따라 '속성', '혜택', '태도'라는 유형으로 명시된다. 이들 유형은 강도, 호감도 및 독특성의 정도에 따라 다음과 같은 기능으로 브랜드에 대해 소비자의 차별화 된 이미지를 연결시키는 역할을 한다(Keller, 1998).

① 속성

소비자들이 어떤 제품이나 서비스의 본질에 대해 관념화시킬 수 있는 특성 및 기능을 말한다. 이러한 속성은 유형의 것과 무형의 것, 즉 제품과 관련된 가격이나 기능에 대한 속성과 소비자 또는 소비자의 이미지와 관련된 속성으로 크게 나누어 볼 수 있다. 브랜드 이미지와 관련된 연상으로서의 속성은 느낌과 경험, 그리고 브랜드 개성과 밀접한 관계에 있다. 특히 느낌과 경험에 의해 형성되는 감성은 브랜드 이미지를 결정짓는 매우 중요한 요소이다. 브랜드 개성은 브랜드도 인간의 개성과 유사한 개성을 지닐 수 있다는 개념에서 정리된 것으로 소비자가 브랜드에 대해 가질 수 있는 느낌이라는 차원에서 이해된다.

② 혜택

혜택이란 소비자들이 제품이나 서비스의 속성에 부여하게 되는 개인적인 가치와 의미이다. 즉 어떤 브랜드의 제품이나 서비스를 경험함으로 인해서 얻을 수 있는 가치를 이야기하는 것이다. 혜택의 유형은 소비자의 관점에서 경험에 의해 가치와 의미가 발생되는 기본적 동기를 기준으로 '기능적 혜택', '상징적 혜택', '경험적 혜택' 등으로 구분할 수 있다. 이러한 혜택의 유형들은 소비자에게 경험을 통한 어떠한 연상을 축적시킴으로써 이미지를 형성하도록 하는 요소로 작용한다.

③ 태도

태도는 브랜드 연상을 구성하는 요소 가운데 가장 추상적이면서 가장 강력한 유형으로 분류된다. 브랜드 태도는 어떤 브랜드에 대한 소비자의 전반적인 평가에 의해 결정되는데 이러한 과정에는 그 브랜드의 뚜렷한 속성, 혜택간의 연상 강도나 호감도가 중요한 요인으로 작용한다. 브랜드 태도를 브랜드 연상의 범주로 간주하는 이유는 브랜드 태도의 다양성에 있다. 소비자의 브랜드 태도는 어떤 브랜드에 대해 경험하고 느낀 수많은 요소들이 상호 결합되거나 배제되는 과정을 통해 서로 다른 강도로 나타나기 때문이다. 즉, 태도는 속성, 혜택 등의 브랜드 연상 요소가 종합적으로 결합되어 하나의 브랜드 이미지로 형상화되는 결정구조를 지니고 있다고 할 수 있다.

(3) 지각된 품질

아커(Aaker, 1991)는 지각된 품질을 제품의 전반적인 우수성에 대한 소비자의 주관적인 판단으로 정의한다. 지각된 품질이 높다는 것은 경험을 통하여 소비자들이 브랜드를 차별적이고 우수한 것으로 인식하는 것으로, 지각된 품질이 높을수록 브랜드 자산이 증가한다. 그러나 켈러(Keller: 1993, 1998)와 파트 등(Part & Srinivasan, 1994)의 경우 지각된 품질을 브랜드 이미지에 포함시키고 있다. 즉, 이미지를 제품관련 속성과 연계된 이미지와 관련되지 않은 이미지(비제품 관련)로 구분하고 있다. 콥왈그렌 등(Cobb-Walgren, Ruble, & Donthu, 1995)이 지적하는 브랜드의 물리적 특성 역시 소비자가 지각한다는 의미에서 지각된 품질로 이해할 수 있다.

한편, 온라인에서는 일반적으로 유무형의 상품과 서비스가 그 거래대상이 된다고 볼 수 있다. 특히 인터넷에서는 제품 및 서비스가 그림이나 이미지의 형태로 존재하기 때문에, 웹사이트를 통해 제공되는 웹 서비스의 품질은 사이버 브랜드 자산 구축의 성공을 결정하는 데 가장 중요한 요인 중의 하나가 된다(Martin & Brown, 1991).

(4) 브랜드 충성도

올리버(Oliver, 1999)는 충성도를 미래에 지속적으로 제품 또는 서비스를 재구매하거나 후원할 수 있게 강력하게 몰입하는 행동으로 정의한다. 아커(Aaker: 1991, 1996)에 의하면 충성도는 사용빈도와 밀접한 관련이 있기 때문에 사전구매나 사용경험 없이는 존재하기 어려우나 인지도, 이미지, 지각된 품질은 사용 경험 없이도 생성될 수 있다. 일부 학자들은 충성도를 브랜드 자산의 구성요소로 주장하고 있으나(Aaker, 1991; Srivastava & Shocker, 1991), 다른 학자들은 충성도의 태도영역 차원인 선호도만을 브랜드 자산의 구성요소로 인식하고 있다(Holden, 1992; Anantachart, 1998).

3) 브랜드 커뮤니케이션 소구방법

브랜드 자산은 커뮤니케이션의 목표로 간주된다. 즉, 활발한 커뮤니케이션의 결과로 나타나는 것이 곧 브랜드 자산이다. 그렇다면, 브랜드 커뮤니케이션을 통해 전달할 수 있는 소구방법은 무엇일까. 광고나, PR, 또는 그 밖의 비대중 매체를 통해 전달할 수 있는 가장 유력한 방법은 브랜드 이미지, 브랜드 개성, 브랜드 경험, 브랜드 관계에 의한 소구이다. 간략하게 소개하기로 한다.

(1) 브랜드 이미지 소구

소비자가 형성하는 특정 브랜드에 대한 이미지는 크게 소비자 행동의 관점과 심리학적 관점으로 나누어 볼 수 있다. 심리학적 차원에서 볼 때 소비자는 브랜드에 대해 여러 가지 연상들을 가지고 있으며, 이러한 연상들의 결과, 즉 연상의 집합체로서 일정한 브랜드 이미지가 형성된다고 할 수 있다. 즉, 브랜드 이미지는 소비자가 인식하는 해당 브랜드를 둘러싼 호의적이고 긍정적인 연상을 통해 구축되는데 이러한 연상들의 집합체를 브랜드 이미지라 할 수 있다(Keller, 1998).

브랜드 이미지에 대한 연구는 학술적인 차원의 접근이 이루어지기 전부터, 제품을 소비자 관점에서 정의하고 경쟁사와 차별화하기 위한 실무적인 차원에서 진행되어왔다. 오길비(Ogilvy, 1963)는 브랜드 이미지가 광고 전략을 개발하는 데 대한 근거가 되어야 한다고 권고하면서 광고에서의 브랜드 이미지의 역할에 대해 강조한 바 있다.

보브니 등(Bobni & Zinkhan, 1990)은 브랜드 이미지에 대한 개념적 연구에서 "브랜드 이미지는 포괄적 개념에서부터 구체적 수준, 즉 브랜드 이미지는 브랜드가 가지고 있는 개성이나 의미의 수준이다"라고 해석하였다. 브랜드 이미지의 개념에 대한 초기의 연구는 대체로 포괄적이고 광범위한 수준에서 이루어졌다.

레비 등(Levy & Glick, 1973)과 마르티노(Martinneau, 1958)는 브랜드 이미지의 의미를 제품의 기능 및 속성에 제한적으로 연결시킬 정도로 모호하게 정의하였으며, 제품의 기능적 특징과 심리적 속성을 합친 개념으로 해석하기도 하였다. 이후, 브랜드 이미지의 개념적 다양성은 거트만(Guttman, 1984)의 연구에 의해 보다 종합적이고 체계적인 개념으로 재해석되었다. 브랜드 이미지에 대해 거트만은 관점의 다양성을 지적하며, "브랜드 이미지는 소비자가 브랜드에 대해 가지는 인식, 태도, 개성 등을 포함한 일반적인 느낌을 총괄한다."고 하였다. 이후 브랜드에 대한 학문적, 이론적 접근이 본격적으로 이루어지면서 브랜드 이미지는 일반적으로 브랜드에 대한 소비자 연상의 집합체로 귀결되었다(Biel, 1992).

아커(Aaker, 1991)의 경우는 브랜드 이미지에 대해 "의미를 지니고 조직화된 연상들의 집합으로서 단순한 여러 연상들의 집합이 아니라, 그 연상들이 어떤 의미를 갖고 있는 그룹들로 조직화된 결정체"라고 규정하였다. 또한 캐퍼러(Kapferer, 1992)는 브랜드 이미지를 "브랜드에 의해 전달되는 신호(*signal*)가 소비자에 의해 해석된 결과"라는 커뮤니케이션 관점에서의 의견을 제시하였다. 즉, 브랜드 이미지는 기업이 행하는 마케팅 커뮤니케이션 활동의 결과로서 오랜 시간동안 소비자에 의해 수용된 결과물이라 할 수 있다. 그러나 브랜드 이미지에 대한 실증적 차원의 연구는 아직 미흡하다. 특히 커뮤니케이션 관점에서의 브랜드 이미지에 관한 연구는 더욱 그러하다. 이는 브랜드 이미지가 지니는 개념적 모호성 때문이기도 하고, 브랜드 자산 형성과 관련되어진 브랜드 이미지의 역할과 기능에 대한 연구가 집중되었기 때문이기도 하다.

브랜드 이미지 및 브랜드 연상 등에 대한 관심은 브랜드 관리의 개념이 등장한 이래 지속적으로 증가해 왔다. 특히, 브랜드의 무형적 자산으로서의 이미지에 대한 전략적 관리의 필요성은 좀더 세분화된 유형 또는 하위 구성요소에 대한 과학적인 이해를 요구하게 되었다. 그러나 브랜드 이미지는 관점에 따라 유형이 결정될 수 있는 유연성을 지니고 있으며 그로 인해 평가와 활용에 일관성 있는 해답이 존재할 수 없다고 할 수 있다(Batra & Ray, 1985). 따라서 그 동안 브랜드 이미지 유형의 세분화는 학자의 주관적 관점과 견해에 따라 다양하게 시도되었다.

비엘(Biel, 1993)은 브랜드에 대한 소비자 연상의 속성에 따라 세 가지의 이미지 구성요소를 구분한 바 있다. 이러한 연상들은 브랜드 이미지를 형성에 기여하는 원천으로서 제품/서비스 제공자의 이미지(기업이미지)와 사용자의 이미지, 그리고 제품/서비스 자체의 이미지로 세분화될 수 있다.

켈러(Keller, 1998)는 브랜드 이미지의 유형화를 소비자 기억 또는 지식의 관점에서 접근하였다. 켈러(Keller, 1998)는 소비자 차원의 브랜드 연상 속에 존재하는 정보의 양에 따라 속성, 혜택, 태도의 세 가지 유형으로 브랜드 이미지를 나누었고, 속성은 또다시 제품과 비제품 관련 연상으로, 혜택은 기능적, 경험적, 상징적 혜택으로 다시 구분하였다. 즉, 기업의 관점에서 브랜드 이미지 형성을 위한 전략적 차원의 세분화된 접근을 시도한 것이다.

아커(Aaker, 1996)는 소비자에게 전달하고자 하는 기대 이미지의 차별화 된 범주로서 '제품으로서의 브랜드', '조직으로서의 브랜드', '개인으로서의 브랜드', '상징으로서의 브랜드'라는 유형으로 이미지를 구분하였다. 각 유형은 브랜드의 다차원적인 이미지 중의 한 단면으로 볼 수 있는데, 김유경(2003)은 기업의 마케팅 활동의 측면에서의 브랜드 이미지 형성 단서로서 제품특성/사용의 관점, 경영/조직의 관점, 커뮤니케이션 관점으로 브랜드 이미지를 구분하였다.

이와 같은 논의들의 공통점을 살펴보면, 브랜드 이미지는 크게 제품관련 요인과 비제품관련 요인으로 구분된다는 점을 알 수 있다. 또한, 브랜드에 대한 소비자 인식의 관점과 기대 이미지 형성을 위한 기업의 관점으로 브랜드 이미지에 대한 접근이 구별된다는 점을 알 수 있다.

슈미트(Schmitt, 1997)는 소비자 연상이 조직화된 존재로서의 브랜드 이미지가 아닌, 생활양식이나 가치체계로서의 브랜드가 가지는 상징적 이미지의 중요성에 집중했다.

이에 따라서 슈미트(Schmitt, 1997)는 감각적으로 경험되는 브랜드 이미지의 유형으로 테마와 스타일을 제시하기도 했다. 이러한 유형의 세분화는 기업의 브랜드 재현(*presentation*)에 따른 고객이 받는 전반적 인식을 기준으로 한 것으로 브랜드 이미지의 유형을 경험적 차원에서 규명하고자 한 접근이라 할 수 있다. 지금까지의 이론적 견해들을 종합하여 각 브랜드 이미지 유형을 공통점과 차이점에 따라 재구성하면 다음과 같다.

〈표 18-1〉 브랜드 이미지 유형의 분류

<table>
<tr><th>구분</th><th colspan="2">브랜드 이미지 유형</th><th>관점</th><th>분류기준</th></tr>
<tr><td rowspan="2">비엘</td><td>제품 관련</td><td>▪ 제품 / 서비스 자체의 이미지</td><td rowspan="2">소비자 연상</td><td rowspan="2">브랜드 이미지 형성에 기여하는 역할</td></tr>
<tr><td>비제품 관련</td><td>▪ 사용자의 이미지
▪ 제품 / 서비스 제공자의 이미지</td></tr>
<tr><td rowspan="2">켈러</td><td>제품 관련</td><td>▪ 제품 관련 속성
▪ 혜택(기능적 혜택)
▪ 태도</td><td rowspan="2">소비자 지식</td><td rowspan="2">브랜드 연상이 담고 있는 정보의 양</td></tr>
<tr><td>비제품 관련</td><td>▪ 비제품 관련 속성
(가격, 브랜드 개성, 사용자 / 사용이미지, 느낌 / 경험)
▪ 혜택(경험 / 상징적 혜택)
▪ 태도</td></tr>
<tr><td rowspan="2">아커</td><td>제품 관련</td><td>▪ 제품으로서의 브랜드</td><td rowspan="2">기업의 기대이미지</td><td rowspan="2">전달하고자 하는 아이덴티티</td></tr>
<tr><td>비제품 관련</td><td>▪ 조직으로서의 브랜드
▪ 개인으로서의 브랜드
▪ 상징으로서의 브랜드</td></tr>
<tr><td rowspan="2">김유경</td><td>제품 관련</td><td>▪ 제품특성 / 사용</td><td rowspan="2">기업의 기대이미지</td><td rowspan="2">기업의 마케팅 활동</td></tr>
<tr><td>비제품 관련</td><td>▪ 경영 / 조직
▪ 커뮤니케이션</td></tr>
<tr><td>슈미트</td><td colspan="2">▪ 테마(theme): 기업관련, 고객관련, 경쟁관련
▪ 스타일(style): 시각, 청각, 촉각, 미각, 후각</td><td>기업의 기대이미지</td><td>브랜드의 감각적/미학적 경험차원</td></tr>
</table>

(2) 브랜드 개성 소구

브랜드 개성이란 브랜드에 인간적인 특성을 부여한 것으로 브랜드에 대해 소비자가 느끼는 인간적 이미지를 말한다. 소비자는 브랜드를 마치 살아있는 대상인 것처럼 여기고 이에 인간적인 특성을 부여하려는 경향이 있으며(Fournier, 1998), 소비자에게 매력적으로 느껴지는 브랜드 개성은 브랜드에 대한 선호도, 애호도에 긍정적인 영향을 미친다.

플러머(Plummer, 1985)는 브랜드 개성을 브랜드에 대한 생각, 감정, 영상, 색깔 등을 망라하는 총체적인 브랜드 이미지 요소로 '젊음, 화려함, 친절함'과 같은 브랜드의 인간적인 특징으로 정의하였다. 특히 소비자가 브랜드에 대해 어떻게 생각하는지에 따라 소비자의 브랜드에 대한 태도가 달라지기 때문에 광고에서 브랜드 개성이 중요하다고 했다.

데이비드 아커(David Aaker, 1991)는 브랜드 개성을 브랜드와 관련하여 소비자가 느끼는 인간적인 특성으로 따뜻함, 사려 깊음, 낭만적임 등의 인간 성격을 포함할 뿐만 아니라 성별, 나이, 사회적 지위와 같은 특징도 포함하는 것으로 정의하였다.

켈러(Keller, 1992), 캐퍼러(Kapferer, 1998) 등도 브랜드 개성을 브랜드 이름과 상징과 관련된 무형의 가치로서 브랜드 이미지를 구성하는 브랜드 연상의 형태 가운데 비제품과 관련하여 가장 영향력 있는 무형의 브랜드 자산으로 보았다. 특히 켈러(Keller, 1993)는 제품과 관련된 속성은 소비자에게 기능적 편익을 제공하는 반면, 브랜드 개성은 상징적이거나 자아표현의 편익을 제공한다고 하였다.

아커(Aaker, 1997)는 브랜드 개성을 측정할 수 있는 도구를 개발함으로써 그 개념을 실제로 적용할 수 있도록 기반으로 마련하였다. 아커(Aaker, 1997)는 자신이 개발한 척도를 이용하여 미국 내에 존재하는 브랜드 개성이 크게 5가지 차원(*big five*)—진실성(*sincerity*), 열정(*excitement*), 강인함(*ruggedness*), 유능함(*competence*), 세련됨(*sophistication*)—으로 나타나고 있음을 발견하였다. 김정구(1998)는 아커(Aaker, 1997)의 브랜드 개성 척도를 이용하여 국내 이동통신서비스 5개 브랜드에 존재하는 브랜드 개성을 측정하였으며, 그 결과 의욕적, 성실, 세련됨, 신뢰, 활동적의 다섯 가지 브랜드 개성 차원을 발견하였다. 한편 김유경(2000)은 특정 제품에 한정되어 있는 김정구(1998)의 연구에서 사용된 측정 척도가 미국인을 대상으로 한 아커(Aaker, 1998)의 척도와 별반 차이가 없다는 한계점을 극복하고자 한국인의 가치 항목을 추가하여 국내 소비자가 인식하는 '정감', '열정', '세련', '성실'의 4가지 브랜드 개성 차원을 발견하였다.

(3) 브랜드 경험 소구

소비자 경험의 영역은 소비의 전후 그리고 소비 당시에 일어날 수도 있으며 이 세 가지 영역을 충족시키기 위한 마케팅 커뮤니케이션의 전략적 해결점이 모색되어야 한다. 즉, 브랜드의 접촉점이 다양해지며 이 접촉의 유형이 축적되면서 경험의 강도도 더해간다. 경험의 총체성이라 함은 마케팅이나 커뮤니케이션 활동은 각각의 접촉점 상황에서 통합적 경험의 관점에서 총체적으로 이루어져야 한다는 의미이다.

특정 브랜드의 소비가 제공하는 경험의 영역은 한두 가지 정도에 해당하는 부분일 수도 있으나 때로는 모두를 포함하는 총체적인 경우도 있다(〈그림 18-5〉 참조). 즉, 제품을 처음 접할 때와 여러 번의 구매경험이 있을 때는 판이한 경험의 유형과 차원을 보일 것이다. 이러한 경험의 축적이 브랜드를 통한 소비자 관계를 정착시키는 출발인 것이다. 따라서 브랜드를 구매하고 소비하는 것은 이 같은 경험과정에 노출되고 혜택을 누리고자 하는 기대에 의해 발현된다는 것이다.

〈그림 18-5〉 경험 캠페인 믹스 (SEMs Mix)

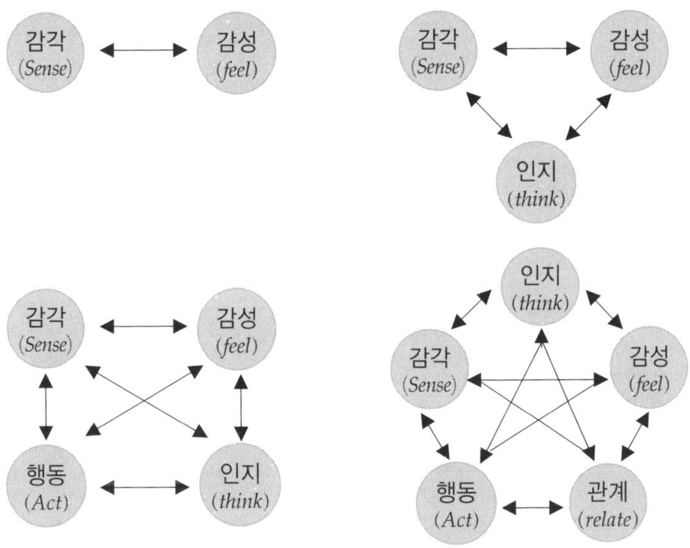

* 출처: Schmitt, Bernd H. (1999), *Experiential Marketing*, NY: The Free Press.

항공 서비스 브랜드 마케팅의 성공사례로 꼽히는 싱가포르 항공(Singapore Airline)은 소비자로 하여금 총체적 만족을 느낄 수 있게 한다는 부분에 중점을 두고 있다. 이를 브랜드의 총체적(*holistic*) 경험이라 한다. 예컨대, 싱가포르 미인을 등장시킨 감각(*sense*) 차원에서의 화려한 마케팅과, 안락함을 추구하는 감성(*feel*) 소구, 혁신적 기술을 바탕으로 한 안전의 인지(*think*) 소구, 소비와 생산이 동시에 이루어지는 기내의 완벽한 서비스는 곧 행동(*act*)과 관계(*relate*) 소구를 이끄는 싱가포르 항공사의 총체적인 브랜드 전략인 것이다(Schmitt, 1999). 결국, 브랜드 경험이 부분적이냐 총체적이냐는 여러 가지 요인이 있을 수 있으나 글로벌 시장의 경우 지역적 특성 즉, 시장조건이나 소비자의 제품별 소비이유에 따라 다르게 나타날 수도 있다. 소비자의 경험적 특성은 지역적 특수성과 타깃의 특징에 따라 차별화될 수 있다.

위와 같은 논의에 비추어 볼 때 경험은 마케팅의 대상이자 곧 소비자에게 전달되어야 할 직접적인 커뮤니케이션의 대상이며 목표일 수 있다. 즉, 경험은 마케팅 관점에서는 소비자 행동의 정보처리과정의 일부분이나 커뮤니케이션 관점에서는 목표 소비자에게 전달되어야 메시지이다. 즉, 경험은 기업이 브랜드를 통해 구축하고자 하는 커뮤니케이션 자산인 것이다. 커뮤니케이션 자산이란 광고, PR, 스폰서십, 이벤트 등 마케팅 커뮤니케이션의 수단을 통해서 형성된 효과 중 브랜드 구축과 관련된 자산으로 예컨대, 광고에 대한 인지, 현저성(*salience*), 태도, 이미지 등을 말한다. 기존의 브랜드 자산이 인지, 태도, 행동과 관련한 이성적 측정도구의 성격이 강한 반면 관계, 경험, 개성 등은 감성적 자산의 성격이 두드러진다. 그러나 이 둘은 상호작용하는 측면이 있기 때문에 경험을 반드시 감성적 요소로만 보는 것은 곤란하다. 커뮤니케이션 수단을 통해 나타난 경험적 자극은 이미지 형성에 영향을 미치는 요소로 작용한다. 결국, 경험은 브랜드 연상의 무형적 요소이자 이미지의 영향요소로 브랜드 자산을 형성하는 데 중요한 역할을 수행한다.

(4) 브랜드 관계소구

소비자-브랜드관계는 소비자와 브랜드가 동등한 당사자로서 서로에게 파트너로서의 역할을 담당하며 상호작용하는 결과로 생성되는 연대를 의미한다. 이는 관계라는 문자 그대로의 의미를 가지고 있으며 관계 당사자는 소비자와 브랜드이다. 소비자가 브랜드와 생활 속에서 즉, 브랜드를 인지하는 데서부터 구매하고 경험하는 전 과정을 걸쳐 관계를 갖는다는 의미이다. 소비자와 브랜드와의 관계는 단순히 소비자가 브랜드의 성과나 서비스에 만족하여 재구매하는 것 이상으로, 소비자가 브랜드에 인격을 부여하여 마치 인간과의 관계처럼 생활 속에서 진행된다는 것이다(이경미, 1999). 이런 의미에서 브랜드 관계는 브랜드 개성을 논리적으로 확대시킨 것으로 볼 수 있다. 소비자와 브랜드가 상호 '관계'한다는 것을 보다 쉽게 설명하면, 인간의 모든 사물에 인성을 부여하려는 심리가 있듯이 브랜드에도 쉽게 개성을 부여하려는 성향에서 출발할 수 있다. 즉, 브랜드를 의인화해서 다룰 때 그 결과는 사람이 다른 사람의 개성을 평가할 때와 같이 대단히 다양하다. 즉, 브랜드 개성에 대해 일련의 추상적 표현만을 사용할 수도 있으나(예, '세련됨', 열밍직인') 단순히 그 브랜드의 물리적 속성이나 개성과 관련된 정보만을 처리하는 것은 아니다. 이것은 사람의 개성을 처리할 때와 같다. 즉, "나는 그가 대단히 설득력 있다는 것을 알았어" 등과 같이 광고 또는 마케팅 자극이 주장하는 개성을 소비자 개인이 받아들여 다시 자신 나름대로의 적합한 자격(*qualified statement*)을 부여한다. 이때 부여하는 자격은 그 브랜드가 소비자의 개성에 어떻게 영향을 주며 상호작용 하는가에 따라 달라질 수 있다. 이러한 브랜드의 개성과 소비자의 개성간의 상호작용을 관계라고 한다(Blackston, 1992).

할리데이비슨(Harley-Davidson)은 미국의 대표적인 오토바이 브랜드로써 '미국인의 상징(*American Icon*)'이라는 브랜드 메시지를 가지고 소비자와 브랜드 간에 돈독한 관계를 유지하고 있는 파워 브랜드이다. 수십만의 사람들이 8백여 개의 '할리 소유자모임(Harley Owners Group: H.O.G)' 중 하나에 소속되어 있으며, 이 구성원들은 격월로 신문을 받아보고 매주 혹은 매월 열리는 모임에 참석할 뿐만 아니라 판매 대리점의 후원을 받는 야유회에도 참가한다. 또한 매년 42개주에서 랠리를 개최하고 이러한 모임을 통해 제품에 대한 정보를 교환하고 심지어는 서로 할리 데이비슨 문신을 새기기까지 한다. 이처럼 할리 데이비슨은 소비자들에게 단순한 오토바이 그 이상의 관계적 의미를 가지고 있다.

GM에서 독립적인 브랜드로 개발된 새턴(Saturn)은 소비자의 능동적인 참여를 통해 브랜드를 구축한 대표적인 사례이다. 새턴은 매년 새턴자동차를 소유한 사람들이 스프링힐에 있는 새턴 공장에 초대되어 '고객초대(*homecoming*)'행사에 참여하였다. '새턴가족 모두 한자리에(*family get-together*)'라는 슬로건 아래 진행된 이 고객초대 행사에 참가한 새턴소유자들은 컨트리뮤직, 리듬앤블루스, 가스펠송, 마임 등 다채로운 프로그램이 펼쳐진 무대공연을 관람하였고, 춤, 바비큐파티, 유명인사와의 만남, 새턴로고 모양의 문신도장 등 다양한 행사에 직접 참여하는 기회를 가졌다. 새턴의 고객초대 행사의 가장 핵심적이었던 부분은 공장견학이었는데, 사실 이 행사는 오래 전부터 있어온 고객들의 공장방문요청을 실현하기 위해서 진행되었다고도 볼 수 있다. 이외에도 다양한 프로그램을 통해 소비자의 능동적 참여를 유도하였다(공장환, 1996). 새턴이 강력한 브랜드로 성장할 수 있었던 가장 큰 성공요인은 새턴이 추구하고자 하는 이미지 연상들을 철저히 고객과의 관계를 바탕으로 이루어졌다는 것이다.

오길비(Ogilvy)가 지적했듯이 브랜드는 소비자의 아이디어임으로 브랜드 자산의 창출에 있어서 능동적인 참여자이다. 따라서 소비자를 브랜드의 자산적 파트너라고 할 수 있으며 소비자-브랜드간의 지속적인 파트너십은 브랜드 자산과 소비자 자신에게 영향을 준다고 할 수 있다.

3. 브랜드 구성 요소의 측정방법

1) 브랜드 인지도의 측정

인지도는 그 브랜드가 소비자들의 마음속에 존재하는지를 파악하는 것이다. 이것은 어떤 측면에서는 시장을 주도하는 역할일 수도 있고, 브랜드 자산이란 면에서는 매우 중요한 역할을 한다. 인지도의 측정은 소비대중들이 브랜드를 선택하는 영역의 일부를 반영할 수도 있다. 인지도를 높이는 것은 브랜드의 시장 도달범위를 넓히는 역할을 제공한다. 앞서 2장에서 제시한 것처럼 인지도는 인식과 태도에 영향을 준다. 브랜드 인식은 소비자의 마음속에 있는 그 브랜드에 대한 지식과 특징 모두를 반영하는 것이다. 브랜드 인식은 다음과 같이 여러 가지 차원에서 측정될 수 있다.

① 보조인지도: 당신은 'A'브랜드를 들어 본적이 있습니까?
② 비보조상기도: 'I 제품군' 브랜드들 중에 당신이 기억하는 브랜드는 무엇입니까?
③ Graveyard statistic: 어떤 브랜드를 인지하고 있는 사람들의 기억 수준
④ 마음속의 최고: 기억테스트 중에 처음으로 언급한 브랜드
⑤ 브랜드 기억 또는 브랜드 특징: 당신은 그 브랜드에 대해 어떤 의견을 가지고 있습니까?

어떤 특정 브랜드를 인지하고 있는 소비대중의 기억수준은 일명 "묘지이론"에 그 토대를 두고 있다. 이것은 강력한 니치브랜드(즉, 세분화된 시장에서만 높은 '인지도'와 '기억'을 가지고 있는)와 진부한 브랜드(아직도 높은 인지도를 가지고 있지만 잊혀져가는)를 구별하기 위해 고안되었다. 따라서 강력한 니치브랜드는 높은 위치를 차지할 것이고, 인지도는 높지만 '기억'이 낮은 묘지브랜드들이 확실히 드러날 것이다.

2) 브랜드 충성도의 측정

브랜드 충성도는 브랜드 자산을 구성하는 매우 중요한 요소로서 소비자의 재구매 의도 및 호감, 만족도, 브랜드 전환 가능성 등이 포함되어 있는 부분이다. 브랜드 충성도를 측정하는 방법에는 여러 가지가 있는데 각 방법에 따라 결정하게 되는 브랜드 충성도의 범위가 달라질 수 있다(Aaker, 1991). 브랜드 충성도를 측정하는 방법 중 하나는 소비자의 실제 행동을 파악하는 것이고 다른 하나는 전환비용, 만족도, 기호 및 관여도 등의 요소를 충성도와 연계시켜 조사하는 것이다.

먼저 소비자의 행동으로 파악할 수 있는 충성도 측정은 실제 구매패턴을 조사하는 것인데 여기에는 '재구매율', '구매비율', '구매 브랜드의 수' 등에 대한 조사가 요구된다. 이러한 과정을 통해 파악된 브랜드 충성도는 제품군별로 차이가 있을 수 있는데 이것은 다양한 경로를 통한 브랜드 공유나 전환 등의 과정이 존재하기 때문이다. 따라서 체계적인 브랜드 충성도를 파악하기 위해서는 소비자의 행동에 대한 조사와 함께 브랜드 충성도와 연계된 전환비용, 만족도, 기호 및 관여도 등을 병행 조사하는 방법이 요구된다.

3) 지각된 품질의 측정

지각된 품질은 특정 브랜드 자체 또는 경쟁 브랜드와 비교했을 때 제품이나 서비스의 전체적인 품질이나 우수성에 대한 소비자의 인식이라 할 수 있다(Aaker, 1991). 즉, 지각된 품질은 소비자가 브랜드에 대해 지니는 비형상화된 상태의 총체적 감정이라 할 수 있다. 브랜드에 수반되는 신뢰성과 성능 등 내면적 특성에 관련된 영역도 포함된다. 따라서 지각된 품질을 파악하기 위해서는 소비자의 내면적 가치차원을 정의하고 측정하는 과정이 요구되지만 지각된 품질이 지니는 가치를 기준으로 그 정도를 조사할 수도 있다. 여기서 지각된 품질의 가치는 크게 '구매 이유', '차별화 / 포지션', '가격 프리미엄', '유통 구성원의 이해관계', '브랜드 확장' 등의 요소에 대한 상황과 가능성에 대한 분석을 시행하는 것이다. 이 중에서 '구매 이유', '차별화 / 포지션', '가격 프리미엄', '유통 구성원의 이해관계' 등은 실증적 조사의 방법으로 측정할 수 있으며 '브랜드 확장'과 관련된 영역은 확장 가능성에 대한 상황 분석 등의 방법으로 조사할 수 있다.

〈표 18-2〉 소비자 기준의 브랜드 자산 측정유목 예시

<table>
<tr><th colspan="2">구 분</th><th>측정유목</th></tr>
<tr><td rowspan="14">브랜드 자산</td><td rowspan="4">브랜드 인지</td><td>1. 나는 이 브랜드에 대해 많이 알고 있다.</td></tr>
<tr><td>2. 나는 이 브랜드에 대해 많은 지식을 가지고 있다.</td></tr>
<tr><td>3. 나는 이 브랜드를 경쟁 브랜드들 사이에서 쉽게 알아볼 수 있다.</td></tr>
<tr><td>4. 나는 제품을 생각하면 이 브랜드가 제일 먼저 떠오른다.</td></tr>
<tr><td rowspan="3">브랜드 연상</td><td>1. 이 브랜드는 다른 브랜드와는 다르다고 느껴진다.</td></tr>
<tr><td>2. 이 브랜드는 독특한 개성이 느껴진다.</td></tr>
<tr><td>3. 이 브랜드를 생각하면 좋은 이미지가 떠오른다.</td></tr>
<tr><td rowspan="2">지각된 품질</td><td>1. 이 브랜드는 품질이 우수하다.</td></tr>
<tr><td>2. 이 브랜드는 다른 브랜드에 비해 품질이 뛰어나다고 생각한다.</td></tr>
<tr><td rowspan="5">브랜드 충성</td><td>1. 나는 제품을 구매할 때 반드시 이 브랜드를 확인한다.</td></tr>
<tr><td>2. 나는 이 브랜드가 없으면 다른 브랜드를 대신 구매하지 않는다.</td></tr>
<tr><td>3. 나는 이 브랜드를 계속 고집하는 편이다.</td></tr>
<tr><td>4. 나는 이 브랜드를 다른 사람에게도 추천할 의향이 있다.</td></tr>
<tr><td>5. 나는 앞으로도 이 브랜드를 계속 애용할 것이다.</td></tr>
</table>

4) 브랜드 연상 이미지의 측정

브랜드 이미지의 유형화를 위한 객관적 요건은 우선 응답자의 많은 기술을 적은 분류로 구성하면서도 보편적 포괄성을 전제해야 한다. 또한, 측정도구로서, 응답자의 응답이 용이할 수 있는 쉬운 문항개발이 필요하고, 상호배제성이 뛰어나야 한다. 브랜드 이미지에 대한 조사는 심리적 요인을 추출하는 것이므로 측정방법이 표준화되어 있지 않다. 따라서 브랜드 이미지가 지니는 객관성의 담보나 관점의 다양성, 신뢰성의 보장 등을 감안하면 데이터 관리 및 통계적 처리 등이 어려운 질적 방법보다는 이미지를 구조화하거나 관점을 다양성을 요인화시킬 수 있는 계량적 방법이 권장된다.

브랜드 이미지란 제품의 기술적, 기능적 또는 물리적 관심 속에 나타나는 것이 아니라, 오히려 인식하는 소비자의 특성, 상황요인, 마케팅 활동 등에 의해 영향을 받아 나타난다. 브랜드 이미지에 관한 한 현실자체 보다는 현실을 어떻게 인식하느냐가 더욱 중요하다. 또한 브랜드에 대해 가지는 소비자의 이미지 형성은 어느 개별적 요소에 의해서보다는 복합적이며 누적적 효과에 의해 형성되는 것이 보통이다. 일반적으로 이미지의 형성 경로는 조직을 상징하는 인프라, 조직원을 상징하는 사람, 정보와 마케팅 수단을 나타내는 커뮤니케이션으로 대별된다.

브랜드 이미지를 측정하는 하나의 방법으로 소비자의 인식조사를 제안할 수 있다. 이 방법은 소비자 인식파악을 위한 단계별 조사과정이 요구된다. 소비자에 대한 단계별 조사를 시행함으로써 브랜드 이미지 형성에 영향을 미치는 요인을 파악하고 결과에 대한 내용분석을 추가하는 것이다. 이를 위하여 소비자 반응조사(*elicitation research*)를 통해 이미지 속성을 추출하는 사전조사를 실시하고 측정목록(*brand image inventory*: BII)을 개발하는 과정이 요구된다. 이와 같은 과정을 통해 도출된 최종 측정유목을 바탕으로 하여 소비자 대상의 설문조사를 실시한다.

5) 브랜드 개성의 측정

브랜드 개성은 브랜드의 의미나 감정 등의 요소가 소비자에게 전달되어 형성되는 부분으로 브랜드 이미지와 관련지어 볼 때 소비자가 형상화한 이미지 및 본연의 개성과 관계가 깊다(Aaker, 1997). 브랜드 개성은 소비자의 개성을 의미하는 특성과 유사하며, 소비자의 감정과 마찬가지로 브랜드로 연상되는 성향을 지니고 있다. 그러므로 브랜드 개성은 인간의 감정상태와 심리적 변화를 나타내는 다양한 형용사로 묘사되기도 한다. 따라서 브랜드 이미지 조사를 위한 방법으로 브랜드 개성을 묘사하는 형용사들을 이용하여 이미지 구성의 하위 요인을 파악하는 방법이 이용되기도 한다. 동일한 유형의 형용사를 척도로 이용한다면 개성을 묘사하는 형용사의 개념과 이미지의 유형을 상징하는 형용사의 개념은 언어의 의미 차원에서 동등한 설명력을 지니기 때문이다.

브랜드 개성 측정척도는 아커(Aaker, 1997)가 개발한 브랜드 개성척도(BPS)가 있는데, 아커는 인간 개성차원에서 추출한 42개의 형용사를 유목으로 사용하고, 이를 다시 15개의 형용사로 통합한 뒤 최종적으로 5개의 요인으로 압축하여 브랜드 개성을 설명했다. 김정구(1998)는 아커(Aaker, 1998)의 측정 유목을 써서 브랜드 개성과 관련된 연구를 진행했다. 김유경(2000)은 아커(Aaker, 1997)가 추출한 5개의 개성차원 요인을 바탕으로, 한국인의 정서를 고려한 '정감(*affection*)'을 추가함으로써 4개의 개성차원 요인과 16개의 하위요인으로 변형된 모델로 광고를 통한 브랜드 개성을 측정할 수 있다.

〈표 18-3〉 브랜드 개성차원의 이미지 측정 형용사 유형

정감	열정	세련됨	성실
예의바름 관대함 순종적 봉사심 정	활기 창의적 현대적	지적 멋 믿음 강인함 매력적	실용적 정직

* Aaker, 김유경의 연구 정리

6) 브랜드 경험의 측정

브랜드 경험에 대한 측정은 조사목적에 따라 과정이 달라질 수 있는데 브랜드가 소비자에게 제공하는 수단 및 경험의 유형 등을 비교하거나 단순히 소비자가 경험한 브

랜드에 대한 경험의 가치 등을 측정하는 방법이 있다. 이러한 과정 역시 소비자를 중심으로 하는 조사이므로 기초적 사전조사에서 시작하여 단계별 조사를 통해 측정유목을 도출하는 방법이 요구된다. 즉, 조사 대상자들의 사회문화적 특성을 감안하기 위해 예비 조사를 통해 경험유형 추출에 적합한 요인 및 항목을 추가·수정하여 측정유목을 선정하고 수집된 유목들을 슈미트(Schmitt, 1999)가 제시한 5개의 세부차원(감각, 감성, 인지, 행동, 관계)으로 분류하고 각각에 대해 신뢰도와 상관관계를 조사하여 유의미한 유목을 선정하는 과정이 필요하다. 더불어 요인분석(*factor analysis*)을 반복 실시하여 최종의 측정유목을 도출하는 과정을 병행할 필요가 있다.

경험제공수단별로 브랜드에 형성되는 경험 영역을 조사하는 방법은 다양하지만 일례로 슈미트(Schmitt, 1999)가 제시하는 핵심적 경험제공수단을 기본바탕으로 하여 측정이 가능한 커뮤니케이션 및 마케팅 수단들을 선별하고 각 경험유형에 대한 조작적 정의를 통해 재구성하여 내용분석을 시행하는 방법이 있다. 경험의 유형은 요인분석 결과 도출된 혜택적 경험, 공감대, 외적 감동, 효용적 경험, 심미적 경험 등으로 나누고 이들에 대한 조작적 정의를 통해 코더들이 경험유형의 유무를 명목적으로 측정하게 하는 방법이다.

〈표 18-4〉 내용분석을 위한 경험유형의 조작적 정의 예시

경험 유형	조작적 정의	경험제공 수단의 theme & style
혜택적 경험 (*beneficial*)	기능적, 심리적, 상징적 혜택에 대한 기대 경험	• 라이프스타일 변화를 통한 삶의 질 강조 • 지적인 호기심 및 창의적 사고를 유발하는 자극 제공 • 사회적 관계, 소속감 강조
외적 감동 (*aspirational*)	역동적이며 자아표출 형태의 감성적 경험	• 활동적이고 역동적인 느낌의 톤앤매너 • 외면적이며 상징적인 자아 이미지를 강조
공감대 (*inspirational*)	정적이며 내면적 정서가 형상화된 형태의 감성적 경험	• 정적이고 잔잔한 느낌의 톤앤매너 • 내면적인 기쁨, 슬픔, 즐거움 등의 감성을 자극
효용적 경험 (*utilitarian*)	제품속성의 물리적 가치에 따른 합리적인 사용 경험	• 제품구매의 이유에 대한 합리적 근거 제시 • 타인(준거인 또는 준거집단)의 추천 강조
심미적 경험 (*aesthetic*)	미학적 차원에서의 감각적 감상의 경험	• 감각적인 자극을 주는 소구 • 색다르거나 세련된 스타일의 표현양식 강조

7) 브랜드 관계의 측정

소비자와 브랜드와의 관계 유형을 측정하기 위해서 포르니어(Fournier, 1998)가 개발한 7가지 범주의 14개의 측정유목(*brand relationship quality*: BRQ)을 기본 바탕으로 측정하는 방법이 있다. 물론, 포르니어가 개발한 측정유목은 미국인들을 대상으로 도출해 낸 척도이므로 이러한 한계점을 극복하기 위해 조사하고자 하는 지역의 문화적 특성을 고려하여 예비조사 및 요인분석 등의 과정을 통해 측정유목을 선정하는 것이 필요하다. 이 같은 사전조사 과정을 거쳐 유목을 구성한 사례는 〈표 18-5〉와 같이 제시된다.

〈표 18-5〉 브랜드 관계의 질 측정유목 예시

관계범주		세부 측정유목
BPQ	행동의 상호의존	• 이 브랜드는 나의 삶에 중요한 역할을 하고 있다. • 한동안 이 브랜드를 사용하지 않으면 나는 뭔가 그리움을 느낀다.
	개인적 몰입	• 나는 이 브랜드에 충성심을 느낀다. • 나는 상황이 좋든 나쁘든 이 브랜드와 함께 하고 싶다.
	사랑과 정열	• 어떤 브랜드도 이 브랜드를 대신할 수 없다. • 나는 이 브랜드를 찾을 수 없을 때 무척 속이 상한다.
	향수어린 관계	• 이 브랜드는 내가 살았던 장소를 떠올리게 한다. • 이 브랜드는 내 삶에서 특별했던 기억을 떠오르게 한다.
	자아개념과 관련	• 이 브랜드와 나의 자아 이미지는 비슷하다. • 이 브랜드를 보면 나 자신을 떠오르게 한다.
	친밀감	• 나는 이 브랜드에 대해 많은 것을 알고 있다. • 나는 이 브랜드를 만든 회사에 대해 많은 것을 알고 있다.
	파트너의 퀄리티	• 나는 이 브랜드가 진심으로 나를 대한다는 것을 알고 있다. • 이 브랜드는 나를 가치 있는 소비자처럼 취급한다.

••• 참고문헌

김봉철(1997), "브랜드 스튜어드십", 〈월간 Ad.com.〉, 9월호, 150.

김유경(2000), "브랜드 개성의 유형과 영향요인에 관한 연구: 제품 특성과 소비자 요인을 중심으로", 〈광고연구〉, 제 49호, 29~53.

김유경·허웅(2003), "소비자와 브랜드 관계의 질적 요인(BRQ)에 관한 연구: 제품 및 커뮤니케이션 요인을 중심으로", 〈한국언론학보〉, 제 47권 4호, 190~219.

김정구(1998), "브랜드 개성을 통한 광고전략 연구", 〈광고학연구〉, 제 9권 1, 37~51.

김정구·안용현(2000), "브랜드 개성의 FCB 모델에 따른 역할에 관한 연구", 〈광고학연구〉, 제 11권 4호, 65~85.

안광호·유창조(1999), 《광고원론》, 서울: 법문사.

안광호·한상민·전성률(2003), 《전략적 브랜드 관리》, 서울: 학현사.

이셩미(1999), "브랜드 개성이 소비자: 브랜드관계의 질적 차원에 미치는 영향에 관한 연구", 서울대학교 석사학위논문.

이학식·안광호·하영원(2004), 《소비자행동》, 제 3판, 서울: 법문사.

허 웅(1998), "브랜드개성의 유형과 포지셔닝 전략에 관한 연구", 한국외국어대학교 석사학위논문.

Aaker, D. A. (1991), *Managing Brand Equity*, NJ: The Free Press.

______(1996), *Building Strong Brands*, NJ: The Free Press.

Aaker, J. (1997), "Dimensions of brand personality", *Journal of Marketing Research*, 34(August), 347~356.

Aaker, D. A. & Joachimsthaler, E. (1999), *Brand Leadership: The Next Level of the Brand Revolution*, NJ: The Free Press.

Batra, R. & M. L. Ray(1985), *How Advertising Works at Contact*, In L. F. Alwitt & A. A. Mitchell(eds.), *Psychological Process and Advertising Effects: Theory & Research & Applications*, NJ: Lawrence Erlbaum Association, 13~44.

Biel, Alexander L. (1992), "How brand image drives brand equity", *Journal of Advertising Research*, 12(4), RC6~RC12.

Blackston, Max(1993), *Beyond Brand Personality: Building Brand Relationship in Brand Equity and Advertising: Advertising Role in Building Strong Brands*, ed. David Aaker & Alexander Biel, NJ: Erlbaum. 113~124.

Bobni, Dawn and George M. Zinkhan(1990), "In search of brand image; foundation analysis", *Advances in Consumer Research*, Vol. 17. 110~119.

Engel, James F., Roger D. Blackwell, and Paul W. Miniard(1993), *Consumer Behavior*. Orlando. FL: The Dryden Press, In Faircloth, James B., Louis M. Capella & Bruce L.

Alford (2001), "The effect of brand attitude and brand image on brand equity", *Journal of Marketing Theory and Practice*, 9 (3).

Faircloth, James B., Louis M. Capella & Bruce L. Alford (2001), "The effect of brand attitude and brand image on brand equity", *Journal of Marketing Theory and Practice*, 9 (3), 61~75.

Kania, Devorah (2000), *Branding. com*, NTC Business Books.

Kapferer, Jean-Noel (1992), *Strategic Brand Management*, The Free Press.

Keller, K. L. (1993), "Conceptualizing, measuring, and managing customer-based brand equity", *Journal of Marketing*, 57 (1), 1~22.

______ (1998), *Strategic Brand Management*, Prentice-Hall.

Knapp, Duane E. (2000), *Brand Mindset*, McGraw-Hill.

Ogilvy, D. (1983), *Confessions of an Advertising Man*, New York: Ballantine Books.

Pine II, B. Joseph & James H. Gilmore (1999), *The Experience Economy*, Harvard Business School Press.

Reynolds, Thomas J. & Jonathan Gutman (1984), "Advertising is image management", *Journal of Advertising Research*, 24 (1), 27~37.

Schmitt, Bernd H. (1999), *Experiential Marketing*, NY: The Free Press.

______ & Alex Simonson (1997), *Marketing Aesthetics*, NY: The Free Press.

Tybout, Alice M. & Gregory Carpenter (2001), "Brand creation & management" in *Kellogg on Marketing* by Dawn Iacobucci, John Wiley & Sons Inc.

Upshaw, Lynn B. (1995), *Building Brand Identity*, John Wiley & Sons Inc.

•◦• 연습문제

1. 브랜드 아이덴티티 모델 중 Aaker, Keller, Kapferer의 모델이 지니는 공통점과 차이점은 무엇이며 브랜드 구축에 있어서 브랜드 아이덴티티가 중요하게 인정되는 이유가 무엇인지 생각해 보자.

2. 브랜드 아이덴티티와 브랜드 이미지의 관계는 어떻게 설명될 수 있는가?

3. 경쟁 시장에서 브랜드 개성과 브랜드 연상이 중요시 되는 이유를 생각해 보자.

4. 소비자의 경험을 통해 제공할 수 있는 브랜드의 혜택과 관계 형성이 브랜드 자산 형성에 미치는 영향에 대해 생각해 보자.

제 19 장

정책연구방법론

정 윤 식

정책연구는 이 책에서 제시한 많은 방법론을 활용할 수 있다. 정책연구는 변화하는 미디어 환경을 분석하고 여기에 대응하여 개별 미디어의 도입, 존속, 발전, 경쟁 및 운영 전략을 모색하는 과정이다. 따라서 정책연구는 지금까지 주로 역사적 연구방법, 지역연구방법, 문헌연구방법, 참여관찰 및 인터뷰 방법 등 질적 연구방법이 활용되었다. 그러나 최근에는 계량적 연구방법도 많이 활용되고 있는 추세이다. 계량적 연구방법으로는 수용자 설문조사, 전문가 델파이 조사 , 수요예측 방법 등이 있다.

이 장에서는 최근 국내 방송정책연구에서 관심을 모으고 있는 "신문-방송 겸영(兼營)", IPTV 도입과 같은 "방송-통신 융합 문제" 등의 정책연구과정에서 현실적이고 구체적으로 서 활용될 수 있는 방법론들을 검토해 보기로 한다.

주요 용어: 전통적 연구 패러다임, 비판적 연구 패러다임, 정책연구, 역사적 연구방법, 지역연구방법, 문헌연구방법, 참여관찰 및 인터뷰, 계량적 연구방법, 델파이 조사, 수요예측

1. 정책연구의 활성화와 그 배경

매스컴 효과연구와 계량적 방법론을 기초로 하는 '전통적 연구 패러다임'과 미디어 정치경제학, 문화연구 등 네오맑시즘(*Neo Marxism*)과 질적 분석 방법론을 기반으로 하는 이른바 '비판 연구 패러다임'이 학문적 토대를 형성하던 언론학계에 정책연구가 활성화된 시기는 국내외 모두 1980년대 중반 이후부터이다.

특히 1980년대 후반과 1990년대 초반부터 본격화된 한국의 방송구조개편과정 — SBS

의 출범, 종합유선방송, 지역민방, 위성방송의 도입 — 은 현실적으로 정책연구의 필요성을 점증시켰다. 언론학계에서는 한국방송학회가 출범하여 이러한 시대적 분위기와 더욱 조응했다고 하겠다. 당시 국책연구기관인 통신개발연구원(현재 정보통신정책연구원), 방송개발원(현재 방송영상산업진흥원), 언론연구원(현재 한국 언론재단) 등 정부 산하 정책연구원들이 이 무렵 연이어 설립되었고, KBS 방송문화연구소, 방송위원회 등 미디어 사업체와 방송규제기관에서도 언론학 분야 박사학위 소지자들을 충원하게 됨에 따라 조직적이고 체계적인 정책연구가 활성화된 계기가 되었다. 대학에 직장을 잡기까지 산업예비군으로 대기해야 했던 언론학 박사들에게는 정책연구와 국책연구원의 존재는 경제적 안식처이기도 했으며, 학문적으로는 아카데미즘과 미디어 현장을 접목시켜 볼 수 있는 실사구시의 장이기도 하였다. 또한 정책연구는 1990년대 중반에 방송, 뉴미디어, 영상분야 등의 교수채용 붐을 타고 정책연구원의 박사들이 다른 학문 분야나 언론학 내의 다른 분야 전공자보다도 비교적 빨리 대학 사회에 정착할 수 있는 계기를 마련해 주었다.

1980년 대 후반 동구권을 비롯한 공산주의 국가의 패망과 더불어 서구사회에 신자유주의 물결과 신보수주의 정권의 등장과 함께 맑시즘과 네오맑시즘이 퇴조하게 됨에 따라 우리 학계에서도 비판이론의 영향력도 어느 정도 퇴조하였고, 우리 언론학(또는 매스컴학)에서도 현실적합성 있는 미디어 연구분야에 관심이 집중되기 시작했다. 우리 학계에서도 뉴미디어, 방송 전공에 대한 유학생 수가 점차적으로 증가하게 되었고 그 결과 1990년대 중·후반에는 뉴미디어, 미디어 제작, 영상, 광고 전공자 등의 비교적 실용적인 분야가 압도적으로 언론학과의 전임 교수로 부임하는 현상이 초래되었다.

정책연구는 일부 학문적 성과도 적지 않았지만, 정부와 사업체의 설계와 요청에 따라 때로는 현실 정치참여에 대한 우회적 접근으로 때로는 경제적 보상 때문에 정책연구원들의 박사뿐만 아니라 다수의 원로, 중진, 소장학파들이 몰려들기 시작했고 이 열풍은 아직까지 계속되고 있으며 우리 언론학을 다른 인문학 계열에서 볼 때는 세칭 "인기 있는 학문"으로 만드는 배경이 된 점은 부인하기 어렵다.

2. 정책연구의 공과와 한계

1980년대 중반 이전까지 비판이론과 계량주의 방법론에 경도되었던 언론학에서 정책연구는 방송, 뉴미디어 분야에 그 관심과 역량을 집중하면서 언론학의 독자성(*identity*)을 찾는 데 일정부문 기여하였다고 볼 수 있다.

단순화의 위험을 전제로 평가해 본다면, 대체로 비판이론은 맑시즘과 네오맑시즘을 이론적 토대로 하였고, 새로운 언론개혁이나 대안 제시보다는 자본주의 사회체계의 근본적인 모순과 비판에 몰두하고 있었다. 미디어 효과론과 계량주의 방법론을 중심으로 한 전통이론은 급격한 사회변동과 미디어 환경변화에 직면하던 한국 언론과 사회의 역동성에 대처하기에는 그 이론과 방법론이 비교적 미시적인 접근방법이라고 할 수 있다. 비판이론은 미디어 환경을 둘러싼 사회개혁이나 사회적 맥락(*Social Context*)에 관심을 두었고, 전통이론은 수용자 중심의 미디어 효과에 관심을 모으고 있었기 때문에 변모하는 미디어 환경을 설명할 수 있는 제도적인 접근방법을 양측 모두 결(缺)하고 있었다. 다시 말해 비판이론이나 전통이론 모두 언론학의 본질이라 할 수 있는 언론 그 자체에 대한 관심보다는 언론 외적 변수에 관심을 두었다고 할 수 있으며 언론학은 정치학, 사회학, 심리학 이론을 원용한 채 종속변수에 머물렀다고 해도 과언이 아니다. 적어도 비판이론에서 언론학 또는 언론은 사회변동이나 정치체제의 종속변수였으며, 전통이론에서도 수용자 중심의 미시적 접근은 언론제도나 상황에 대한 문제의식은 부족했다고 하겠다. 이런 의미에서 방송과 뉴미디어 문제를 주로 다루었던 정책연구는 학문적 토양의 일천함과 이론적, 방법론적 취약성이라는 한계에도 불구하고 언론현상을 독립변수로 다루었다는 점에서는 그 평가를 인정할 수 있겠다.

주지하는 바와 같이 1980년대 초반 진보정당으로부터 정권교체에 성공한 미국, 유럽의 신보수정권들은 복지사회 건설이라는 이상향 대신에 민영화, 규제완화, 국제화를 통해 산업구조조정 정책을 단행하였고 정보산업과 뉴미디어 도입은 경제성장의 견인차로 주목을 받게 되었다. 그동안 공공독점체제에 안주했던 방송, 전기통신 부문도 민영화, 규제완화, 국제화의 시대적 추세에 부응할 수밖에 없었고, 신문사, 대기업, 외국자본의 수용 문제가 서유럽국가에서부터 본격적으로 논의되었다. 2차 세계대전 이후 언론자유의 제도적 보장장치였던 공공방송(*Public Service Broadcasting*) 체제에 대해서는 그 운영의 비효율성과 정치적 독립성에 대한 의문이 제기되었다. 또한 신문은 사기업, 방송과 통신은 공기업 체제로 운영하고 여론형성의 다원화를 보장하기 위해 신문/방송/통신사 간의 겸영(*cross-ownership*)배제의 원칙을 준수했던 2차 세계대전 전후의 미디어 질서와 규범은 민간의 창의와 활력을 전제로 한 신자유주의, 신보수주의 정권의 산업구조조정 정책과 미디어 구조개편 과정에서 도전받게 된다. 바로 이와 같은 시점에서 우리나라 미디어 산업은 통신분야부터 WTO 기본통신협상 과정을 통해 '개방화-민영화-경쟁구도'로 전환할 수밖에 없었으며 방송부문 또한 SBS 출범과 지역민방의 도입, 케이블과 위성과 같은 뉴미디어 도입과정에서 공공방송의 존속 발전을 전제로 하는 제한된 경쟁체제로의 전환이 요구되었다.

바로 이와 같은 시점에서 정책연구는 뉴미디어 도입의 반대와 공공방송의 존속 발전을 주장하는 이른바 '공익론자'들과 신문사, 대기업의 방송시장 진입을 허용하여 공공방송의 독과점 체제를 깨트려야 하며 영상산업과 전자산업의 육성을 위해서는 방송시장의 경쟁과 개방은 필연적인 선택이란 이른바 '산업론자'들의 지리한 논리적 공방이 지속되었고 그 대립경향은 아직도 상존하고 있다.

방송과 뉴미디어 분야에서 붐을 이루던 정책연구가 신문 산업이나 시장에도 관심을 갖게 된 것은 언론연구원의 연구성과에서 비롯된 점이 크다. 김대중 국민의 정부와 보수 언론(조선·중앙·동아일보)의 대립은 우리 학계에서도 "언론과 정치"라는 언론학의 고전적 명제에 관심을 불러일으키는 계기가 되었고, 노무현 참여정부 이후에는 인터넷 언론의 부상, 신문-방송과의 대립, 보도의 공정성 시비 때문에 정책연구의 지평이 더욱 확대되었다. 신문개혁을 주장하는 학자들은 이른바 보수신문들의 정치적 영향력과 시장지배력이 과도하고, 다원적이고 공정한 여론형성을 저해하기 때문에 구조적 공정경쟁장치로서 소유권의 분산, 편집권 독립, 공동배달제 등을 주장하고 있다. 비교적 신문의 자유와 저널리즘의 정치적 독립을 강조하는 자유주의자들은 신문은 역사적으로 사기업 체제로서 사상의 자유시장론에 기초하였으므로 가능한 한 정부의 간섭과 통제는 배제되어야 한다는 입장을 취한 바 있다.

향후 미디어 시장이나 산업에 그 영향을 미칠 것으로 예상되는 디지털 혁명, 방송과 통신의 융합, WTO 협상은 정책연구의 새로운 과제들을 던져 줄 것으로 보이고 정책연구의 지평을 확대해 줄 것으로 예상되지만 지금까지 정책연구는 다음과 같은 한계를 지니고 있는 것으로 평가된다.

첫째, 학문적 토양과 이론적 취약성이다. 여기에는 방송학 또는 뉴미디어학 자체의 문제에서 일정 부문 비롯된 것이기도 하다. 이 분야는 급속한 기술발전에 따라 이론과 방법론이 정착되기도 전에 또 다시 새로운 이론의 개발이 요청되는 분야이다. 주지하는 바와 같이 1996년 미국의 통신법(1996 Telecommunication Act) 이후 선진국가들도 미디어 법, 제도, 규범의 일대 개편이 있었고 이러한 전환기에는 이론과 방법론이 정착할 시간도 부족했던 것도 사실이다.

신문은 봉건체제나 독재정권과의 투쟁과정 속에서 성장하여 허가와 검열의 배제, 보호법익과 인권의 존중 등 전통적인 언론법리들을 이론적 틀로서 확립하고 있는 데에 비하여 방송과 뉴미디어 그리고 인터넷 매체는 언론의 자유 측면에서 본다면 "미성숙된 기본권"으로서 아직 그 이론과 법리적 틀의 형성이 취약하다고 하겠다. 그러나 우리 현실에서 정책연구는 이러한 학문 자체의 문제뿐만 아니라 연구의 수행과정 속에서 관변 연구원이나 정치집단 그리고 미디어 산업체의 이해관계에 따라 연구주제가 설정되고 그 이론이 합리화의 수단으로 동원된 점도 부인하기 어려울 것이다. 짐작컨대 공익론자들은 정치적 동기에 산업론자들은 경제적 동기에 다소 집착하여 학문의 순수성이나 이론적 규범 형성에 등한시했지 않았나 하는 의문을 던져본다.

둘째, 전통이론이 심리학과 조사방법론 그리고 비판이론이 네오맑시즘이나 문화이론과 이론적 측면에서 전략적 제휴를 했다고 한다면 지금까지 정책연구 또는 방송과 뉴미디어 연구는 뚜렷한 이론적, 방법론적 측면에서 전략적 제휴선을 마련하지 못하고 주로 지역연구와 문헌연구에 의존한 것 같다. 최근 법제 연구와 미디어 경제학이 이 분야에 접목되고 있어 그동안의 한계를 극복해 줄 것으로 기대된다.

3. 미국과 일본의 정책연구 동향

최근 선진국과 국내에서도 통신정책 분야를 개관해 보면 규제분야는 이론은 산업조직론 그리고 경쟁 및 요금정책은 경제학의 진출이 활발하다. 정치적 문화적 요소보다는 기술, 경제, 산업적 요소가 강한 통신정책 분야는 미디어 융합 시대임에도 불구하고 언론학의 사각지대라 할 수 있다.

미국의 법학계에서는 전통적 언론법제라 할 수 있는 언론의 자유와 보호법익 간의 충돌 문제뿐만 아니라 미디어 소유권과 다양성, 인터넷과 표현의 자유(수정헌법 1조), 저작권과 지적 재산권, 테크놀로지와 엔터테인먼트 법, 반독점법 등과 관련된 연구가 활발한 것으로 보인다. 특히 미국의 하버드 대학, 예일 대학, 스탠포드 대학 등 유수의 법학대학(*law school*)에서는 최근 부설 연구소를 설치하여 인터넷과 테크놀로지에 대한 정책연구에 집중하고 있다. 인터넷 연구로는 음란물, 전자상거래, 저작권, 명예훼손과 사생활보호, 컴퓨터 범죄, 국제관할권 문제 등이 집중적으로 논의되고 있으며 연구소들은 산업체와의 이른바 산학협동형 정책연구도 매우 활발하게 추진하고 있다.

미국의 매스컴학 분야에서는 최근 매스컴 법제와 경제학, 광고학 그리고 저널리즘 영역이 활성화되면서 정책연구도 그 지평이 확대되고 있는 것으로 보인다.

일본에서 매스컴학은 실용주의 학문의 전통과 풍토에 영향을 받아 거의 정책연구로 이루어진다. 일본에서 외국에 대한 관심은 미국보다는 대륙법 계통인 독일의 방송과 뉴미디어 법제와 정책에 대한 관심이 많은 편이다. 매스컴 효과나 기능 그리고 비판이론은 일본의 매스컴학에서는 소수 분야이며 정책, 정책사, 법, 제도 등 현실지향적인 연구가 많으며 법전공자들이 매스컴학에 교수 및 연구자로 많이 진출한 것으로 보인다. 일본의 정책연구는 이론적 토대가 상당하며 정책철학에 대한 논쟁이 활발하다. 독일 연방헌법재판소의 판결이나 독일의 미디어 정책동향에 민감하며 이를 일본의 미디어 정책에 여하히 접목시킬 것인가에 관심이 많다. 일본의 매스컴학의 연구주제는 이를테면 "일본 미디어 정책사", "미군정과 신문법", "공영방송의 이론과 실제", "수신료 제도의 점검과 과제", "디지털 혁명과 신방송질서" "방송통신융합과 미디어의 자유"와 같은 주제가 많아 정책연구의 성격이 매우 농후하다.

4. 정책연구의 방법론

정책연구는 이 책에서 제기한 모든 방법론이 동원될 수 있다. 최근 국내 방송정책연구에서 관심을 모으고 있는 '신문 방송 겸영' 문제, IPTV 도입과 같은 '방송 - 통신 융합' 문제 등의 예를 중심으로 구체적인 사례들을 제시하면서 정책연구방법에 대해 설명해 보기로 하겠다.

1) 역사적 연구방법

최근 정책연구에서 가장 필요한 방법론이 '역사적 연구방법'일 것이다. 법과 제도 그리고 정책은 그 시대의 정치·경제적 이해관계를 필연적으로 반영할 수밖에 없으며 따라서 정책결정 과정의 사회적·역사적 맥락을 파악해야 한다.

제2차 세계대전 이후 공영방송제를 채택했던 독일에서는 1980년대 초반 기독교 민주당·기독교 사회당 등 보수연합 정권이 사회민주당으로부터 정권교체에 성공하면서 '신문 - 방송 겸영' 정책을 추진하게 되었다. 당시 공영방송은 진보정당인 사회민주당을 지지하고 있었고 새 집권당은 친 우호적인 정치세력인 신문사와 대기업에게 뉴미디어 방송(케이블 TV와 위성방송)의 진입 허용을 추진하였다. 따라서 신문사와 대기업의 뉴미디어 방송 진입과정에는 사회민주당, 주정부, 공영방송의 극렬한 반대가 있었고 보수정당인 기민/기사 연합, 신문사와 대기업, 연방정부는 뉴미디어 방송 , 민영방송 도입을 적극 추진하였다. 결국 3년만의 걸쳐 양 정당 사이의 타협과정을 거쳐 뉴미디어 방송도입이 정책적으로 타결되었다. 그러나 최근 독일에서는 시장점유율 규제를 통하여 개인이든, 신문사이든, 대기업이든, 외국자본이든 구분 없이 방송시장의 30%를 소유할 수 있게 대폭적으로 규제를 완화하고 있다.

미국에서는 1975년부터 지금까지 여론형성에 강한 영향력을 미치는 신문과 지상파방송 간의 겸영을 배제하고 있다. 그러나 1996년 통신법에서 방송(케이블 TV)과 통신의 융합이 추진되자 여기에 대응하여 전통언론인 신문과 지상파방송도 경영다각화 정책의 하나로서 2003년 이후 FCC(미국 연방통신위원회, Federal Communications Commission) 주도로 신문 - 방송의 겸영이 추진되었다. 그러나 정책 추진 과정에서 FCC의 위원 중에서도 여당인 공화당 추천위원(3인)은 적극 찬성하는 입장이었으나 야당인 민주당 추천위원(2인)은 반대하였다. 또한 국회에서는 다수의 의원들이 신문 - 방송겸영에 대해 반대하였다. 그 이유는 동일 지역에서 신문-지상파 방송의 겸영을 허용하면 선거과정에서 미디어의 역할이 크게 증대할 것이라는 우려 때문이었다. 기자, PD 등 저널리스트들도 반대대열에 동참하였다. 이들은 1996년 통신법 제정이후 미디어 시장에서 기업결합(M&A)이 증대되면서 언론인들에 대한 정리해고가 급격히 늘어났다는 것이다. 다시 말해 방송-통신 융합정책이 언론인들의 직업안정성을 위협하는 정책이었다고 한다면 신문-지상파방송의 겸영 또한 언론인들의 정리해고로 이어질 것이라는 우려를 표명하였다. 연방법원은 표면적으로는 FCC가 개발한 다양성 지수가 합리적이지 않다는 이유를 내세웠지만 실질적으로 FCC의 신문-방송 겸영정책을 반대하였다. 2007년 FCC는 다시 신문-방송 겸영정책을 추진하였지만 현재 상원의 반대에 부딪치고 있으며 의회, 언론인, 시민단체, 법원 등의 반대에 부딪쳐 결국 무산될 것으로 예상된다.

지금 한국에서도 집권당인 한나라당에서는 신문-방송 겸영을 추진하고 있다. 보수정당인 한나라당은 신문사와 대기업의 방송시장 진입확대 정책을 추진하는 것이다. 독일의 보수 정당, 미국의 보수 정당(공화당)과 그 입장이 유사하다. 국내에서도 진보정당, 공영방송 및 언론노동조합의 반대가 예상된다. 우리는 이와 같이 1980년대 이후 지금까지 신문 - 방송의 겸영을 둘러싼 선진국의 역사적 경험을 검토하면서 선진국의 사례가 국내 정책연구의 타산지석이 될 수 있음을 확인할 수 있다.

2) 지역연구방법

앞에서 살펴 본 신문 - 방송 겸영사례는 역사적 연구방법이기도 하지만 독일, 미국의 정책을 연구함으로써 지역연구의 성격도 동시에 내포하고 있다.

또 다른 사례를 들어 보자. 공영방송제도의 정착과정이라 하더라도 독일의 공영방송은 정치권력으로부터의 독립 — 히틀러의 2차대전시 방송악용에 대한 반성 — 을 목적으로 정착되었다고 한다면 1980년대 전두환 군사정권이 도입한 국내 공영방송 체제는 정치적 통제를 강화하기 위한 수단이며, 언론통폐합 조치의 일환으로써 정착되었던 것이다. 표면적으로는 공영방송이라는 공통분모를 내포하고 있지만 그 정치적 목적과 동기는 전혀 다른 것이다.

프랑스의 공영방송은 국가가 통제하는 국영방송이며, 독일의 공영방송은 이익집단의 대표들로 구성된 방송위원회가 정책결정권을 가지고 있다. 즉 공영방송이라 하더라도 인사권, 소유권, 통제권을 어느 집단이 관장하느냐에 따라 그 성격이 판이하다. 예를 들어 '세계 공영방송의 정책결정과정 비교연구'라는 논문을 작성한다고 하면 영국, 독일, 프랑스, 일본 등 공영방송 제도를 채택한 선진국들의 방송체제를 비교 검토해야 할 것이다. 이러한 국가적 정책비교 분석과정에서는 지역연구가 필수적이라 하겠다.

다른 나라에서의 미디어 도입과정에서 제기되는 정책적 쟁점이나 성공과 실패에 대한 요인분석은 우리 정책연구에 대한 타산지석이 될 수 있다. 최근까지 우리 지역연구는 주로 미국, 독일, 일본, 영국 등 일부 국가에 집중되는 경향이 있는데 중진국이나 후진국 그리고 동구권 언론정책에 대한 연구 등 그 관심지역을 확대할 필요가 있다. 물론 이러한 지역에 대한 연구는 자료의 접근성이 어렵다는 단점도 있지만 우리 현실을 설명하는 데 오히려 도움이 될 수도 있다. 특히 중국이나 북한의 미디어 정책에 대한 현실적으로 화급한 과제가 아닌가 한다. 자료에 대한 접근성이 어려운 지역연구는 개인적 차원에서 수행하기 어렵기 때문에 공동연구가 필수적이므로 학회 차원에서의 지원이 필요하다고 하겠다.

3) 문헌연구방법

앞에서 제시한 역사적 연구방법이나 지역연구는 주로 문헌연구방법에 의존하고 있다. 특히 각국의 판례와 법제에 대한 문헌분석이나 번역작업도 필요하다. 국내 정책연구는 문헌분석이 잘 되어 있지 않으므로 미국 유학자들은 유럽과 일본에 대한 정보가 부족하고 독일 유학자들은 독일 문헌에만 의존하는 경향이 있다. 일본에서는 정부(주로 총무성), 대학(동경대학교), 사업체(NHK) 등에서 해외사례분석을 철저히 하고 이를 연간 백서 형식을 발간하기 때문에 연구자가 다양한 해외사례를 접촉하고 지역연구를 수행할 수 있다. 국내에서도 문헌연구와 지역연구를 활성화하기 위해서는 정부나 학계 주도로 해외사례분석을 연간 백서형태로 발간하는 작업이 추진되어야 할 것이다.

4) 참여관찰 및 인터뷰 방법

'언론노동과 편집권 문제'를 연구한다고 가정해 보자. 언론 노동의 힘이 과도하여 우리의 새로운 미디어 질서를 구축하는 데 걸림돌이 된다는 시각이 있는가 하면 언론조직 내부의 자유를 확대하기 위해서는 편집권 독립을 보장해야 한다는 시각에 이르기까지 논자에 따라서 이 문제들을 바라보는 학문적 스펙트럼은 다양할 것이다. 그러나 이 분야에 대해서는 외국의 지역연구나 관련 문헌도 많지 않고 정책연구에서도 다루기 꺼려하는 주제이기도 하다. 이 주제를 다루기 위해서는 일본 NHK 노동조합에 대한 참여관찰이나 관계자에 대한 면접 인터뷰 등이 바람직한 연구방법이 될 것이다. 또는 국내 언론노동 문제를 분석하기 위해서는 국내 노동조합운동 과정에 참여하는 이른바 참여관찰, 인터뷰 방법 등이 동원될 필요가 있다.

또한 게이트키핑(*gatekeeping*) 연구에서도 참여관찰과 인터뷰 방법을 사용할 수 있다. 기사의 수집과정에서부터 최종 기사의 배포과정까지 내부 검열기제를 분석하는 게이트키핑 연구는 설문조사로서는 그 연구 성과를 기대하기 어렵다. 만약 설문조사를 실시하여 언론사 조직 내부의 권력구조나 언론종사자와 경영진사이의 갈등구조를 파악하려고 한다면 설문 응답자들은 설문 작성자의 의도에 따라 — 자기의 의사와 상관없이 — 설문에 응답할 개연성이 커진다. 이를 디맨드 캐릭터리스틱(*Demand characteristic*) 현상이라고 한다.

참여관찰과 심층 인터뷰 방법은 조직의 역학 관계나 갈등구조 등을 파악하는 데에 유용한 방법이기는 하나 연구자의 주관에 따라 연구가 진행되기 때문에 연구의 객관성과 공정성을 담보하기 어려운 단점들도 제기된다.

5) 계량적 연구방법

정책연구도 문헌연구에만 의존하는 것이 아니라 계량적 연구방법도 많이 활용되고 있다. 특히 신규 미디어 도입 정책을 연구하는 과정에서는 계량적 연구방법이 필수적이라 하겠다. 최근 국내에서 그 도입이 예상되는 IPTV 정책연구를 예를 들어 설명해 보자. IPTV 도입 정책연구과정에서는 다음과 같은 계량적 연구방법이 필요할 것이다.

(1) 수용자 설문조사

국내 케이블 TV와 위성방송 등 다채널 유료방송 시장은 85% 가입률을 확보하고 있다. 바로 이와 같은 상황 속에서 IPTV를 도입하여 서비스를 실시하려는 통신사업자

(KT, 하나로 통신 등)로서는 가입자 확보가 매우 힘들 것이다. 케이블 TV와 위성방송보다 저렴한 가격으로 재미있고 유익한 프로그램들을 제공해야만 IPTV 가입자를 확보할 수 있을 것이다. 따라서 예상되는 수용자를 대상으로 다음과 같은 내용을 중심으로 설문조사를 실시하는 것이 바람직 할 것이다.

IPTV 도입시 적절한 요금
현재 선호하는 프로그램 유형 우선순위(지상파방송 및 케이블 TV)
향후 원하는 프로그램 유형 우선순위
선호하는 탤런트, 작가, 방송국 등
케이블 TV 및 위성방송 시청 시 불만사항(가입자 대체를 위한 설문)
시청시간대 및 평균 TV 시청시간

인터넷 실명제 도입정책에 대한 연구를 실시한다고 가정해 보자. 인터넷의 표현의 자유를 강조하는 수용자들은 실명제 도입에 반대할 것이며, 인터넷 댓글이 정치인이나 연예인의 사생활을 침해하고 개인의 인격이나 명예를 훼손한다고 판단하는 수용자들은 인터넷 실명제 도입을 찬성할 것이다. 또한 수용자의 성별, 직업별, 연령별, 지역별 특성에 따라 실명제에 대한 다양한 입장의 차이를 보일 것이다. 따라서 다음과 같은 내용의 설문조사를 실시하는 것이 바람직 할 것이다.

수용자의 직업 / 성별 / 연령 / 지역 등 인구통계학적 변인 조사
인터넷 명예훼손에 대한 수용자의 태도
인터넷 사생활 침해에 대한 수용자의 태도
인터넷 실명제의 도입 여부 찬/반 태도
실명제 이외의 책임방법
침해 이후 보상방법 및 구제 수단 등

(2) 전문가 델파이(*Delphi*) 조사

최근 IPTV 도입을 둘러싸고 '콘텐츠 동등접근'과 '망 동등 접근'에 대해 논쟁이 제기되고 있다. IPTV 사업을 추진하는 통신사업자들은 콘텐츠 조달을 위해 기존 지상파방송 프로그램이나 케이블 TV 프로그램을 구입하기를 희망한다. 그러나 특히 케이블 TV

사업자는 미래의 경쟁자에게 프로그램을 공급하지 않으려는 경향이 있다. 반대로 통신사업자들은 자신이 보유한 통신망을 빌려 IPTV 사업을 하려는 제3자에게 망을 임대하거나 개방하지 않으려는 경향이 있다. 이와 같은 전문적인 정책과제에 대해서는 일반 수용자를 대상으로 한 설문조사보다는 이 분야에 대한 정책 담당자를 비롯한 학자·전문가들을 대상으로 그들의 의견을 묻는 조사연구가 바람직하다. 또한 한 차례의 설문조사에 그치지 않고 수차례에 걸쳐서 동등접근에 대한 찬/반 의견, 동등접근 권에 대한 합리적인 가격 조건, 동등접근 불이행시 처벌 조항, 해외정책 사례 등에 대해 심층적인 조사가 가능할 것이다. 이와 같이 전문적인 영역에 대해 정책담당자나 학자들을 대상으로 여러 차례에 걸쳐 지속적으로 의견조사를 실시하는 연구방법을 델파이 연구방법이라고 한다.

(3) 수요예측

IPTV 사업을 추진하려는 통신사업자 입장에서는 '사업초기에 어느 정도 비용을 투자하면 채산성을 확보할 수 있을 것인가?', '3년 후에는 어느 정도 가입자가 확보할 수 있을 것인가?' 등의 미래의 수요에 대한 예측이 필요하다. 신규 서비스에 대한 수요를 예측하지 않고서는 사업자로서는 투자비용도 산출할 수 없다.

수요예측방법에는 다변인 회귀분석(*multiple regression*) 방법이 활용된다. 이를테면 현재 IPTV를 도입하여 서비스를 실시하는 미국, 영국, 프랑스, 홍콩, 이탈리아 등의 국민소득, 인구수, 케이블 TV 가입자 수, TV 가입자 수를 독립변인으로 두고 IPTV 가입자 수를 종속변인으로 할 때 그 예측함수〔Y(IPTV 가입자수) = a + bX1(국민소득) + CX2(인구수) + dX3(케이블 TV가입자 수) + eX4(TV 가입자수)〕를 도출해 내고 이 함수를 기준으로 한국의 국민소득, 인구수, 케이블 TV 가입자 수, TV 가입자 수를 대입하여 예측치를 추출해 내는 방법이다.

IPTV 뿐만 아니라 뉴미디어 사업을 추진하려는 측에서는 정책기관이나 사업체에서는 수요예측을 과장하려는 경향이 있다. 다시 말해 신생사업의 사회적 영향력이나 확산성을 과장해야만 정부 조직내부에서 정책추진의 탄력성을 받을 수 있으며 기업 또한 조직 내부에서 자원과 자금을 동원하는 데 유리할 수 있기 때문이다. 그러나 당초 서비스의 수요예측보다 훨씬 빠르게 서비스가 보급되는 사례들도 있다. 예를 들어 IT 강국이라고 하는 한국에서는 '초고속 인터넷 서비스', '모바일 전화 서비스' 등은 정책 당국이나 사업자의 수요예측보다 훨씬 빠르게 보급된 사례가 할 수 있다. 이와 같이 수요예측은 사전에 미래를 예측하는 것이기 때문에 정확성이 결여되는 경우가 많다. 개인이든, 국가든, 사업체든 미래를 정확하게 진단하는 작업이야말로 경쟁력의 원천임은 두말할 필요도 없다.

5. 나오면서

이상에서 살펴본 바와 같이 정책연구와 그 연구방법은 그 공과와 한계에도 불구하고 언론학에서 차지하는 비중이 매우 크며, 응용학문의 특성상 향후에도 정책연구는 그 필요성이 점증할 것이다. 정책연구는 연구주제의 다양화, 이론과 방법론의 고도화 및 정교화를 통해 "정책연구 = 행정적 연구 = 관변연구 = 낮은 학문적 수준"이라는 등식과 이미지를 탈피하도록 노력해야 할 것이다. 정보사회의 진전에 따라 언론학의 비중은 높아질 것이고 자의든 타의든 각계각층에서 우리 현실에 대한 진단과 처방에 대한 요구 또한 커질 것이다.

전문가들에 따르면 국내 모바일 전화기가 세계를 제패하는 이유는 원천기술에 있는 것이 아니라 다기능 엔지니어링 기술에 있다고 한다. 즉 디지털 카메라, 동영상, 게임 등 국내 모바일 단말기는 다른 외국의 단말기보다 부분적으로 원천기술은 부족하지만 다양한 기능을 실현함으로써 소비자의 욕구를 충족시켜 주고 있다는 것이다. 국내 언론학도 법학, 경제학, 정치학, 역사학 여러 전공자들과 정책연구를 공동으로 추진하고 집대성한다면 학문적 경쟁력을 확보할 수 있을 것이다. 일찍이 윌버 슈람이 "매스컴 학은 모든 학문의 십자로"라고 설파했듯이 언론학의 경쟁력은 원천기술에 있는 것이 아니라 다기능 엔지니어링에 있으며 그런 의미에서 정책연구의 의미가 무엇보다도 큰 것이다.

"가장 이론적인 것이 가장 현실적"인 것이며 "가장 현실적인 것이 가장 이론적"이라는 명제에 동의한다면 정책연구는 의미 있는 학문적 영역이 될 것이다. 미네르바의 올빼미에 자족할 것이 아니라, 성리학의 공리공담에 머물렀던 전철을 밟을 것이 아니라 그야말로 언론학의 실사구시를 위해서 정책연구는 필요하다. 다만 지금까지의 학문적 미성숙을 극복하고 학문적 양심을 회복하고 여하히 이론적, 방법론적 지평을 확대할 것인가가 미래 정책연구의 성격과 향방을 규정짓는 척도가 될 것이다.

국내 언론학에서 정책연구는 기존의 우리 학문의 제휴선이었던 사회학이나 심리학은 물론 법학, 경제학, 행정학, 역사학, 철학 등과의 제휴가 매우 필요하다고 하겠다. 이를 테면 인터넷을 정책적으로 접근한다고 한다면 인터넷 음란물이나 명예훼손, 사생활보호, 저작권, 컴퓨터범죄 등의 문제는 법학적 지식이 필요하며, 인터넷 언론이나 사업체의 수익모델 개발을 위해서는 경제학, 그리고 인터넷 이용자의 특성을 규명하기 위해서는 심리학, 그리고 인터넷이 한국사회 변동에 미친 영향을 분석하기 위해서는 정치학, 사회학, 문화이론이 필요할 것이다. 그리고 인터넷을 자유로운 매체로 둘 것인지, 다른 매체와 같이 사회적 책임을 물을 것인지에 대해서는 인터넷에 대한 철학적 사유가 필요할 것이다. 따라서 인터넷을 다양한 차원에서 접근하고 그 실체를 규명하는 데에는 비교적 다른 학문보다 인접학문에 대한 관심이 많고 언론학 내에서도 그 세부 전공영역이 분야별로 골고루 확산되어 있는 국내 언론학계의 장점이 충분히 발휘될 수 있을 것이다.

아울러 정책연구의 방법론도 지역연구와 국가별 비교연구에 그칠 것이 아니라 앞에서 열거한 다양한 방법론을 응용함으로써 학문적 깊이를 더할 수 있을 것이다.

연습 문제

1. 질적 연구방법(역사적 연구방법, 지역연구방법, 문헌연구방법)이 적합한 연구주제를 제시해 보시오.
2. 계량적 연구방법이 적합한 연구주제를 제시해 보시오.
3. 참여관찰이 적합한 연구주제를 제시해 보시오.

제 20 장

미디어법제 연구방법

유 승 관

'언론법'은 언론과 관련되는 현상을 규율하는 법으로 미디어법제 영역은 언론과 법의 접점에 위치하여 언론에 대한 이해와 법에 대한 기본적 지식이 동시에 요구된다. 이러한 미디어법에 대한 연구방법은 크게 "전통적 연구방법"과 "경험실증적 · 행태주의적 사회과학방법"의 두 가지로 구분된다. 법해석학적 연구라고도 불리는 전자는 판례연구방법을 통해 실제로 법원이 법규정을 어떻게 해석하고 적용했는지를 살피고 이들 판례에 나타난 이론을 통일적으로 이해하는 데 목적이 있으며 헌법으로부터 각종 특별 법규에 이르기 까지 실정법의 제 규정들이 언론 활동에 어떻게 적용되는가를 법리로써 설명하는 방법이다. 반면에 사회과학적 연구방법은 법의 기능을 유기체의 생리에 비유하면서 언론과 법이 접촉하는 외양을 연구대상으로 삼고 언론법의 분야에 과학적이고 타당도 높은 사회과학적 연구방법을 동원하는 접근이다.

주요용어: 법해석학적 연구, 판례평석, 판례양적분석, 법사회학적 방법, 법사실주의, 표현의 자유와 기본권, 명예훼손, 알권리, 반론권, 언론중재

1. 미디어법제 방법론의 개요

1) 개요

미디어법제 연구방법은 크게 세 가지 유형으로 대별할 수 있다. 첫째, 전통적인 법학 연구방법으로서 판례평석과 규범적인 연구방법이 있고, 둘째, 혼합형 연구방법으로 판례나 사례들을 질적으로 분석하는 접근법과 양적으로 분석하는 접근법이 있다. 질적

인 사례분석법은 특정 기간 동안의 판례나 결정사례들의 주목할 만한 특성을 중심으로 서술하는 접근을 의미하며, 양적인 사례분석법은 특정 기간의 판례와 결정사례들을 양화해서 객관적 특성을 추출해내려는 접근법을 의미한다. 세 번째 연구방법은 흔히 사회과학적 방법이라고 명명하는 경험적, 실증적인 조사분석 방법을 의미하며 설문지조사나 실험조사 방법에 의한 연구접근법을 의미한다(이승선 · 이재진, 2008).

'언론법'은 언론과 관련되는 현상을 규율하는 법으로(임병국, 2002), 미디어법제 영역은 언론과 법의 접점에 위치하여 언론에 대한 이해와 법에 대한 기본적 지식이 동시에 요구되는 전문분야이다(이재진, 2007a). 이러한 미디어법에 대한 연구방법을 길모어(Gillmor) 등은 크게 "전통적 연구방법"과 "경험실증적 · 행태주의적 사회과학방법"의 두 가지로 구분한다. 법해석학적 연구라고도 불리는 전자는 헌법으로부터 각종 특별법규에 이르기까지 실정법의 제 규정들이 언론 활동에 어떻게 적용되는지를 법리로써 설명하는 방법으로, 언론법 해석을 위해서는 법률에 상당한 전문지식과 이론의 구조 및 역할에 대한 정확한 이해가 필요하다. 또한 판례연구, 제도론, 입법론, 법정책학적 연구, 비교연구방법들도 이에 포함된다.

판례연구는 실제로 법원이 법규정을 어떻게 해석하고 적용했는지를 살피고 이들 판례에 나타난 이론을 통일적으로 이해하는 데 목적이 있으며 커먼로(*common law*)를 중심으로 하는 미국 언론법 연구에서 주류를 형성하고 있다. 제도론이나 입법론 혹은 법정책학적 연구는 언론기관의 독점화를 어떻게 규제할 것인가, 편집권 보장은 어떻게 할 것인가, 알권리와 액세스권은 어느 정도 보장할 것인가, 방송의 공공성을 보장하기 위한 법제도는 어떠해야 하는가 등의 문제를 다룰 수 있다. 비교연구방법은 통시적 비교와 공시적 비교로 구분되며 통시적 비교는 역사연구, 공시적 비교는 국제적으로 국가마다의 언론법 제도를 비교하는 것이다(팽원순, 1988, Gillmor & Dennis, 1981, 이승선, 2005, 재인용).

반면에 사회과학적 연구방법은 법의 기능을 유기체의 생리에 비유하면서 언론과 법이 접촉하는 외양을 연구대상으로 삼고 언론법의 분야에 과학적이고 타당도 높은 사회과학적 연구방법을 동원하는 접근이다. 사회과학적 연구방법은 사법제도도 체계적 관찰과 분석의 대상이 되는 현대생활의 일부로서 인식해야 한다는 점, 사법권에 미치는 정치 작용의 힘을 분석할 필요가 있다는 점, 법관이나 법관집단 또는 특정법원의 행동

방식이나 태도에 대한 관심이 필요하다는 점을 고려하고 있으나 실제 연구사례는 전통적 연구방법을 적용한 것보다 많지 않다(유일상, 1994, 팽원순, 1988, Gillmor & Dennis, 1981, 이승선, 2005, 재인용).

(1) 법해석학적 방법

미디어법에 대한 연구는 전통적으로 법해석학적 연구가 주류를 이루었다. 해석법학은 인식의 대상을 실정법에 한정하여 실정법 질서의 이론적 완결성을 전제로 하는데, 실정법의 규범 내용의 이론구조를 체계화하고 재판을 통한 법의 구체적 실현을 목표로 실정법의 규범으로서의 의미를 분명하게 하는 방법론이다(최대권, 1983, 이승선, 2005, 재인용). 그러나 법해석학은 법관이 재판을 행하거나 관료가 행정을 하는 데에 있어서 근거로 하고 적용해야 할 법 규범을 조직적이고 체계적으로 명확히 하는 것을 목적으로 하여 법 규범 상호간의 논리적 관계를 탐구하는 데 중점을 두는 이론법학이고, 국가의 제정법을 형식논리의 범주를 통해 해석하고, 연역적으로 결론을 도출하기 때문에 현실의 사회관계에 있어서 법률이 가지는 기능을 제대로 파악하는 데 한계가 있다(박영도, 1998, 이승선, 2005, 재인용).

(2) 법사회학적 방법

법사회학은 법 현상을 사회학적 방법에 의해 역사적 사회현상의 하나로 파악하여 인접사회현상 내지 인접사회형태와의 관련 속에서 그 성립, 변화, 발전, 소멸의 법칙을 연구하는 경험과학을 말한다. 이러한 이유로 인식의 대상을 실정법에 한정하지 않으며 방법론은 과학주의를 표방한다. 따라서 실정법 제도를 인식의 대상으로 삼더라도 실정법이 사회에서 수행하는 기능과 그것이 사회와 개인의 행동에 미치는 영향, 또는 그것과 다른 사회 제도와의 관계 등에 대한 과학적 지식의 획득을 지향한다. 즉, 가치나 실정법 체계와 같은 규범을 대상으로 하더라도 가치의 내용이나 규범으로서의 실정법이 아니고 사실로서의 가치나 규범을 인식대상으로 하며, 이러한 사실로서의 인식대상에 접근하기 위해 사회적 사실의 인식에 동원되는 사회과학의 모든 방법론이 활용될 수 있다. 따라서 갈등이론, 통합이론, 체계이론, 기능주의 이론, 구조기능주의이론, 역할이론, 행태론, 커뮤니케이션이론 등은 법사회학에 타당한 방법론이다(최대권, 1983, 이승선, 2005, 재인용).

(3) 법사학적 방법

법사학은 인간생활을 법적 측면에서 역사적으로 고찰하는 학문분야로서 한편으로는 법학의 한 분야이면서 동시에 역사학의 한 분야이기도 하다. 법사학은 한 국가 혹은 민족의 법질서와 법사상이 어떻게 생성, 발전, 소멸되었는가를 역사적, 사실적으로 분석함으로써 현재의 법질서와 법사상을 입체적이고 동적으로 이해하며 미래전망까지 해보는 것을 목적으로 한다. 연구방법은 법학적, 역사학적 혹은 언어학적 방법을 이용해 법원을 해석하는 것인데 법사학의 사료는 직접적 사료와 간접적 사료로 나뉘며, 이러한 자료를 수집, 정리하여 학문적 체계성을 갖고 해석하는 것이다. 법사학은 법제도만이 아니라 법사상사도 포함된다(최종고, 1983, 이승선, 2005, 재인용).

(4) 비교법학 방법

비교법학은 주된 과제를 원리·원칙의 보편적 타당성을 찾고 추상적 이론을 구체적인 사례를 들어 논증하는 데 두고 있다. 결국 비교하기 위해서는 '어떻게' 법의 원리·원칙을 이해하고 이들을 '어떻게' 비교하여 거기서 파악한 의의를 '어떻게' 인식하고 현실의 문제를 해결하는 데 응용하는가를 탐구하는 데에 그 중요성이 있다(이상면, 1983, 이승선, 2005, 재인용).

2) 미디어 법제 연구영역 및 방법

미디어 법제연구는 크게 보아 미디어와 미디어에 종사하는 사람들이 그 역할을 수행함에 있어서 갖추어야 할 바람직한 행위양식의 철학적 기초를 탐구하는 강제 불가능성과 내면성을 속성으로 한 미디어 윤리분야와 강제성과 외면성을 가지고 행위를 규제의 대상으로 하는 법률을 포함한다. 다음은 기존의 미디어 법제연구를 중심으로 연구영역과 방법을 정리한 것이다.

〈표 20-1〉 미디어법제 연구영역 및 연구방법

구 분		세부 영역
연구영역	기본법 영역	① 법적 체계의 이해 ② 표현의 자유와 기본권 ③ 알권리와 정보공개 청구
	응용영역	④ 취재·보도의 자유와 책임 ⑤ 재판과 선거보도 ⑥ 명예훼손 ⑦ 프라이버시 ⑧ 반론권·언론중재·심의 ⑨ 성표현물 ⑩ 저작권·광고
	정책 기타	⑪ 방송·뉴미디어정책 ⑫ 저널리즘 ⑬ 기타
연구방법	전통적 연구	① 판례평석 ② 제도·입법·정책·규범연구 ③ 역사적 접근 ④ 비교연구
	사회과학 연구	⑤ 경험·실증·행태·질적 연구
	혼합형 기타	⑥ 판례 양적분석 ⑦ 판례 질적분석 ⑧ 단일법규분석 등 기타
연구관점		① 주류법학적 관점 ② 비판법학적 관점

* 이승선(2005) 235쪽과 이승선·이재진(2008) 2쪽 내용을 바탕으로 재구성한 것임.

2. 미디어법제 연구방법의 과정

1) 판례 분석방법 기초

입법부와 행정부와 사법부의 각종 법령, 조례, 헌법, 행정규제 및 규칙, 판례법 등은 단순한 규칙이 모인 것 이상의 의미를 가진다. 이것들은 변경될 수도 있고, 이에 대한 해석은 시대의 철학과 태도에 기초한다. 법을 이해한다는 것은 단순히 법전을 보고 기억한다는 것이 아니라 판례의 기초를 형성하는 추론과정과 사실에 대한 이해를 필요로 한다. 법적 추론은 유사한 판례들에 대한 비교를 중심으로 이루어진다.

상소법원에 의해 발행된 판례는 판례집에 발행된다. 이런 판례집은 미국의 경우 주별, 지역별 또는 연방법원별로 정리되어 발행되고 경우에 따라 공식적이거나 비공식적인 문헌이다. 비공식적인 판례집은 법을 연구하는 연구자들이 참고할 수 있는 주석과 번호 등이 달려있어서 이용하기 편하다. 모든 판례집은 인용, 문서번호, 전문을 싣는다.

법적권위는 일반적으로 주된 권위와 이차적 권위로 나눌 수 있는데 주된 권위는 구속력이 있거나 설득적이고, 이차적 권위는 설득적인 기능을 주로 한다. 상소법원은 결정을 하는 데 있어서 제한을 받는데 먼저 법의 원칙에 따라야 하고, 상소법원에 제출되지 않은 이슈에 대해 심리하면 안 된다. 또한 상소법원은 과거의 판례와 사실이 다른 경우에만 다른 논거를 적용할 수 있는 "스테어 데시시스"(*stare decisis*)의 원칙을 지켜야 한다. 스테어 데시시스는 법적 안정성과 예측성을 담보할 수 있는 기제이다.

그리고 헌법적인 가이드라인을 준수해야 하고, 위헌을 발견하지 못한다면 법령에 충실해야 한다. 보수적이거나 진보적인 법관의 성향은 헌법적 이슈를 평가하는 자신의 역할을 어떻게 인식하고 있는지에 따라 철학적 차이가 있을 수 있다.

판례에 대한 요약은 판례의 중요한 측면을 집중해 살펴볼 수 있고 법적인 메모를 준비하는 데 도움을 준다. 판례를 이해하는 것은 쉽지 않은 작업이지만 이를 분석하고 문서로 작성하는 것은 더욱 많은 노력을 요구하는 작업이다. 판례에 대한 요약을 준비하는 것은 이러한 과정을 용이하게 만들어주는 한 방법이다.

2) 당사자와 소송절차 과정

표제(*caption*)는 소송에 관련된 당사자와 그들의 관계를 말해준다. 소송명은 표제의 형식으로 간략하게 표시되는데 주된 당사자를 포함한다. 인용란은 소송명과 함께 보고서의 페이지 번호와 권수를 포함하여 보여준다. 소송절차에 대한 기록은 현재법원에 오기 전까지의 진행상황과 현재의 소송관계를 상세히 설명한다. 이러한 소송절차에 대한 기록을 숙지하는 것은 하급법원에서의 법적용과 결정, 그리고 추론을 이해하는 데 많은 도움을 준다. 소송절차에 대한 이해는 현재 계류된 소송의 상태를 파악하는 것이다. 문제를 다루는 법원의 설명수준과 문제에 대한 주의집중도, 표결의 경합성, 판결에 대한 법원의 반응은 이러한 소송의 상태에 영향을 미친다. 다수의견은 복수의견 보다 큰 비중이 있는데, 예를 들어 3인의 판사에 의해 결정되거나 판사의 이름이 명시되어 있지 않은 의견(*per curiam opinion*)보다는 모든 판사의 진술이 포함되는 의견(*en banc*)이 더 큰 비중을 가지고 있는 것이다.

대개 소송의 처음에 나타나는 소송절차에 대한 기록은 대개 이름과 소송인들의 관계, 제기된 주장과 변호내용, 법정 이름, 그리고 누가, 왜 항소하였는가에 대한 이유를 나타낸다. 또한 소송절차에 대한 기록은 현재 법정의 성격과 어떤 법정이 관여되어 있는지 그리고 당사자들이 무엇을 추구하는지를 보여준다.

3) 필수적이고 중요한 사실

필수적인 사실이란 이것이 없거나 바뀌면 소송의 판결이 바뀔 수 있는 사실을 뜻한다. 반면 중요한 사실은 분쟁을 이해하는 데 도움을 줄 수 있는 배경과 역사적 사실을 말한다. 중요하지 않은 사실은 필수적이지도 않고, 중요하지도 않은 사실을 말한다. 문제에 대한 진술은 필수적인 사실을 포함하고 있고, 소송브리핑에 대한 사실과 법적 요약문(*legal memoranda*)은 필수적이고 또한 중요한 사실을 포함한다.

사실이 필수적이냐 아니냐를 결정하기 위해서는 법원이 사실을 언급한 용어를 고려해야 하고, 법원이 이 사실을 반복해서 언급했는지, 소송당사자의 입장에 대해 법원이 어떻게 반응하였는지, 사실에 대해 하급심은 어떻게 취급했는지, 다른 판례에서는 대조되는 사실을 어떻게 다루었는지를 검토해 보아야 한다. 그렇지만 경우에 따라 필수적 사실, 중요한 사실, 그리고 중요하지 않은 사실은 명확하지 않아 구분이 잘 안 되는 경우가 있다. 복잡한 사실은 사실관계와 시간적 순서를 시각적으로 보여주는 시간적 진행상황, 도표, 지도, 기타 보조자료를 통해 이해하기 쉽게 정리할 수 있다.

4) 이슈와 지지(*holding*)

법원에 상정된 법에 대한 질문을 이슈라고 하며, 이에 대한 법원의 답변이 지지이다. 반면 사실적 질문에 대한 법원의 결정은 사실인정(*finding*)이다. 상소법원은 일반적으로 하급법원의 사실인정을 존중하고 지지를 형성하는 데 하급법원의 사실인정을 참고한다. 이슈에 대한 진술은 판례에서 필수적인 사실을 가지고 있어야 한다. 이 진술은 이슈를 구체적인 용어로 명시해야 하고 다른 판례와 충분히 구별될 수 있도록 자세해야 하며, 사실에 대한 별도의 참고문 없이 이해 가능해야한다. 또한 가능하면 '예, 아니오'로 답변할 수 있게 요약하여 정리해야 한다.

법원의 의견에서 이슈를 발견하는 것은 표기법과 조직적인 문법을 준수한다. 그러나 대개 법원의 이슈에 대한 정리는 기대보다 매우 짧다. 소송당사자들 간의 논쟁과 하급법원의 결정에 대한 상급법원의 반응 그리고 동의 또는 반대하는 판사의 의견은 모두 이슈를 발견하는 데 이용할 수 있다. 법원의 지지는 질문으로 전환될 수 있고, 요약문에서 이슈 관련문을 만드는 데 사용된다. 복수의 세부설명이나 이유(*rationale*)를 가지고 있는 이슈는 종종 복수의 이슈로 오해되기도 하지만 단수의 이슈다. 일반적으로 현대에 들어 판사들이 의미를 혼동하게 하는 형식주의를 피하는 경향이 있기 때문에 오래전의 판례 보다 최근의 판결일수록 이슈를 발견하기는 쉽다.

또한 가능하다면 지지는 이슈가 제기한 질문에 대해 긍정이나 부정으로 정리된 것이어야 한다. 경우에 따라 모든 이슈가 이렇게 간단한 답변으로 정리되지는 않고 설명을 요한다. 그리고 의견과 부합하지 않거나 이슈와 상관없는 모든 논평을 부수적 의견(*dictum*)이라 한다. 그러나 재판관의 부수적 의견은 구속력이 없기 때문에 법원에 선행요인으로 제시될 수는 없다.

5) 이유(*rationale*)

법조문을 이해하는 것으로 모든 것이 충분한 것은 아니다. 판례에 대한 이유를 이해하는 것이 더욱 중요하다. 이유는 귀납적 또는 연역적 추론에 기초한다. 귀납적 추론은 구체적인 사실이나 전제로 시작해서 일반적인 결론에 도달하는 것인 반면, 연역적 추론은 일반적인 원칙에서 시작하여 세부적인 상황에 이르는 것이다. 삼단논법은 법적 추론에 있어 가장 보편적인 연역적 방법이다. 이 경우 전제 중 하나가 틀렸다면 결론도 반드시 허위이다.

이와 같은 귀납법과 연역법의 맥락에서 법원은 지지 또는 결정의 이유를 다음과 같은 4단계 방법으로 구성한다. 첫째, 애매한 용어나 개념에 대한 정의, 둘째, 법조항에서 대립하거나 충돌하는 부분에 대한 결정, 셋째, 다른 상소법원의 사실구조와 다른 사실에 대한 법적원칙의 적용, 넷째, 정책에 대한 토론의 단계이다. 상소법원은 많은 절차규칙들에 의해 제한을 받는다. 이런 이유 때문에 하급법원에서 패소한 당사자는 상급법원에서도 승소할 확률이 높지 않다.

6) 판례 요약

판례요약은 소송의 필수적인 사실과 현재 소송에 이르기까지의 진행상황과 이슈 그리고 결정사항과 결정이유에 대해 살펴볼 수 있도록 해준다. 따라서 판례요약은 해석과정에 적극적으로 개입하여 판례에 대한 이해를 높여주는 효과를 준다.

판례요약의 형식은 차이가 있지만 대체로 판례에 대한 ① 기본정보, ② 절차적 정보, ③ 사실, ④ 이슈, ⑤ 지지, ⑥ 이유, ⑦ 종합으로 구성된다. 판례분석의 핵심은 판례에 대한 종합부분으로 판례분석에서 가장 중요한 부분이다. 이 부분은 소송 케이스로부터 일반적인 법원칙을 발견하는 과정을 통해 소송을 연결시킨다. 종합부분은 또한 소송을 구별하는 기준을 발견하는 데 도움을 준다. 소송에 대한 기본정보 부분은 소송명, 소송이 판결된 연도, 소송이 다루어진 법원의 심급, 그리고 관할구역을 포함한다.

7) 판례 비교

"스테어 데시시스"(*stare decisis*)는 일관성과 예측성을 보장하고 이와 동시에 일정한 엄격성을 도모하는 역할을 한다. 한편 이러한 엄격성을 동시에 피하기 위해 판사와 소송당사자들은 필수적 사실에 상당한 차이가 존재하는지를 구별해내야 한다. 선행판례에 동의하지 않는 법관은 이러한 사실의 차별성에 기초하여 현재 계류된 소송에 대한 판단을 내릴 수 있다. 자신들의 주장과 상치하는 소송당사자는 또한 판례법에 대해 가능하면 좁은 해석을 적용하는 방법을 취할 수 있다. 판례법 비교를 위해서는 사실적 유사성, 차이, 그리고 알 수 없는 사실들이 법원에서 적용한 추론이유의 맥락 내에서 제시되어야 한다.

8) 법적분석의 필수조건과 과정(이슈 - 규칙 - 적용 - 결론)

법적 분석은 '이슈-규칙-적용-결론'이란 4가지 과정과 요소로 요약할 수 있다. 잘 된 법적 분석은 정확성과 함께 합리적 이슈에 대한 진술이 필요하고 마지막으로 적용 가능한 규칙에 의한 완벽한 요약이 뒤따라야 한다. 그리고 이러한 규칙은 현재 소송의 사실에 적용되어야 한다. 정보를 담은 요약문은 규칙에 대해 가능한 모든 합리적 논쟁에 대한 고려가 필요하다. 모든 사실의 차이에 대해서는 규칙적용과 관련된 논쟁내용과 이에 대한 반박과 결론이 있어야 한다.

법적 분석은 자료가 부족한 경우라 할지라도 최소한 잠정적인 결론이 제시되어야 한다. 좋은 법적 분석은 결론이 부족한 작문을 피해야 하고, 한 번에 하나의 변수에 대한 분석을 필요로 한다. 또한 논리성과 현재 심의 중인 이슈와 관련된 논쟁이 있어야 한다.

9) 요약문 작성법

요약문은 설득을 위해서나 정보를 주기위해 작성될 수 있다. 요약문의 형식은 매우 다양할 수 있고 차이가 있을 수 있지만 대체로 표제, 개관, 사실부분, 이슈와 답변부분, 분석, 결론, 추천 및 권고로 구성된다. 표제는 기본적인 정보를 포함하고 개관은 요약문 내용에 대한 간략한 요약을 말한다. 사실부분은 관련된 사실을 포함하고 이슈와 답변부분은 관련된 이슈를 보여주고 이에 대해 간략히 정리된 답변을 제공한다. 분석은 위에서 언급한 대로 연구자가 '이슈 - 규칙 - 적용 - 결론' 과정을 통해 논리적 사유로 자세히 분석한 것을 말한다. 결론은 모든 이슈에 대한 결정과 정리를 요약하고 어떻게 결론에 이르렀는지에 대한 과정을 설명한다. 권고부분에서는 판례가 어떻게 다루어져야 하는지와 추후 더 다루어져야 할 포인트에 대해 명시하는 부분이다(Edwards, 1996).

3. 미디어법제 연구방법의 주요 용어 및 개념

1) 관습법(*common law*)과 시민법(*civil law*)전통

서구의 법적 시스템에 근거한 미국의 법 제도는 관습법과 시민법의 두 가지 전통과 요소를 가지고 있다. 로마에서 시작되어 유럽 전역으로 퍼진 시민법은 법령, 규칙, 규제 등 성문법의 형태를 가진다. 시민법의 기능은 어떤 소송이나 분쟁도 증거로 제시될 수 있으며, 성문법을 적용해야 할 권리가 있음을 확인시켜주는 기능을 한다.

반면에 관습법은 미래의 소송에 대해 선례를 제공하는 기능을 한다. 따라서 특정 소송에서 변호사가 해당 소송과 이슈에 어떤 선례가 적용될 수 있는지를 강조하는 경향이 있어서 철저히 구체적 사실에 근거한다. 따라서 이러한 두 가지 법체계는 문제를 해석하고 판단하는 데 있어 매우 다른 방법을 적용한다. 예를 들어 시민법은 법관의 사실

발견이 가장 중시되고 법의 적용은 법조문의 조항을 찾는 것이다. 반면 보통법에서의 법관은 사실 뿐 아니라 어떤 선례를 왜 적용해야 하는지에 대해 고려하며 변호사와의 사이에 있는 심판의 역할에 가깝다.

2) 법 형식주의와 기능주의

법 형식주의 또는 행태주의는 법 자체가 중요하고 실제로 그 법이 어떤 영향을 미치는지에 대해서는 크게 신경 쓰지 않는다. 예를 들어 소송당사자는 소송에 필요한 문서 형식을 제대로 준비하지 못했을 경우나 법원의 규칙과 선례를 따라 정확한 시간과 방법을 준수하지 않은 경우 법원 출입이 제한된다. 다시 말해 법을 집행하기 위한 방법이 영향력이나 결과보다 중시되는 것이다. 이외에 인간의 보편적 가치를 중시하고 이를 중시하는 경향으로 자연법에 대한 의존과 공리주의도 법적 판단의 근간을 이루는 이론 중 하나이다.

3) 법 사실주의, 경제학적 분석, 비판적 법 연구

현대에 출현한 법 사실주의는 사법적 판단과 법이론에서 법 형식주의와 자연법 사상을 거부한다. 대신에 법 사실주의에서 법은 판사나 변호사들이 표현하듯이 항상 정확하거나 오류가 없는 것으로 간주하지 않는다. 법 사실주의자들은 법적 경험과 편견, 이상적인 정책목표 그리고 사회과학연구와 같은 요소를 소송결과에 대한 설명에 더 많이 의존한다. 방법론적으로 법 사실주의자들은 법이 객관적이고 중립적인 것으로 보지 않으며, 성문법 조항이나 판례가 예상 가능하고 일관성 있는 결과에 적용될 수 있다고 생각하지 않는다. 법 사실주의자들에게 법에 대한 분석은 사법시스템의 결과와 영향과 맥락 같은 외부에 대한 조사를 수반한다.

이와 같은 이유로 법 사실주의는 단순히 어떻게 예시할 사실을 발견하고 선례를 적용하는 기존의 분석방법 보다는 폭넓은 관점을 수용한다. 또 하나의 경향으로 법 경제학적 분석은 공리주의 전통을 이어 받아 경제학 방법을 법 분석에 적용하고, 법의 목적을 부의 극대화로 본다. 전형적인 분석방법은 비용-효과 분석이다. 또한 1970년대에 법 경제학적 전통에 반대하여 출현한 비판적 법학 연구경향은 법 사실주의의 더욱 급진적인 성격을 가지고 있다. 이 연구경향은 법의 비결정성을 주장하고 법 적용과정이 편견, 이데올로기, 정치, 권력, 지위 등에 의해 영향을 받을 수 있다는 시각을 취한다. 이외에도 페미니스트 법학 연구, 비판적 인종이론 등 법과 사회와의 유기적 관계를 포함하는 연구방법이 있다(Cate, 2006).

4) 선례

언론법 연구의 가장 보편적이고 전통적인 방법은 선례를 분석하는 것이다. 즉 이 방법은 현재 법적용이 과거의 선례적용과 얼마나 일치하는지를 분석하는 것이다. 이것은 대부분의 판사와 변호사와 학자들이 일상적으로 하는 작업이고 얼마나 크고 복잡한 성격인지와는 상관없이 조사를 법체계에 한정시키는 편리성을 가지고 있다.

언론법 연구는 대개 선례와 많은 관련성을 가지고 있는데 예를 들어 연방통신위원회(FCC)가 유사한 분야에 과거의 판례를 어떻게 적용했는가를 볼 수 있다. 뉴미디어 또는 뉴미디어 기술이 무엇과 가장 유사한 것이며, 어떻게 유형화할 수 있는가? 이러한 종류의 논의, 즉 케이블TV는 신문과 더 유사하기 때문에 수정헌법 1조하의 언론의 자유를 누릴 수 있는가 아니면 지상파방송의 성격을 더 많이 가지고 있기 때문에 제한된 언론의 자유를 갖는가와 같은 문제로 케이블TV와 위성방송에 대한 언론의 자유 관련 법적용과 관련된 논의의 대부분을 차지했다.

비슷하게 법원은 FCC가 선례적용을 적합하게 했는지 또는 그것에서 탈피해 새로운 적용을 하였는지를 검토한다. 만약 심사하는 법원이 FCC가 선례를 무시했거나, 선례적용을 비합리적으로 무시했다고 판단하면 FCC의 결정을 철회시키거나 재고를 요청하기도 한다. 그 결과 선례는 언론 관련법의 수정이나 변경에 대한 속도를 억제하거나 학문적 논의나 관행을 통해 과거를 돌아보게 하는 역할을 수행하기도 한다.

선례는 전적으로 법체계 내에 초점을 둔다. 즉, 의사결정자의 성격과 소송당사자가 선례에 구속을 받았는지를 결정하는 정도를 중시한다. 예를 들어 하급법원이 상급법원의 결정을 감안하여 판결에 도달했는지 또는 선례에 구속받는 결정이 다른 법원에서 결정한 사실관계와 동일한 사실을 포함하고 있는지와 같은 문제에 집중한다. 언론법에서 선례는 법령을 해석하고 판결을 결정짓는 분석도구를 적용하는 데 핵심적인 역할을 하는 중요한 요소다.

5) 규칙

사법결정에서 헌법과 법령 그리고 규칙에 기반한 분석은 그 중요성이 증가했다. 즉, 법원이나 사법부가 입법의 취지에 맞게 행동했는지와 같은 것이다. 이러한 유형의 분석은 특히 표현의 자유와 관련해 헌법정신에 맞추어 FCC에서 수많은 규칙을 제정하고 의회는 이 같은 법을 제정하는 영역인 언론법에서 매우 중요한 분석방법이다. 법령보다 중요하지 않지만 규칙은 헌법적 선례를 제외하고 즉각적으로 제정될 수 있다는 점에서 중요하다. 예를 들어 의회에서 통과시킨 1996년 통신법은 방송과 통신을 관할하는 수많은 FCC규칙을 폐기하는 결과를 가져왔다. 규칙이나 법령해석을 위한 선례적용 중에서 어려운 법은 가장 먼저 만들어진 헌법이다.

6) 정책분석

정책분석은 결과에 초점을 맞추고 특정한 법 결정이나 실행이 공정하고 효율적이고 정책결정자의 의도와 합치하는지를 분석하는 것이다. 법 분석학자들은 정책분석이 법 결정자들의 핵심도구이고 이러한 이유로 법학자들에게 필수적인 방법이라고 주장한다. 예를 들어서 언론법에서 매우 중요한 판례는 선례에 대한 적용이나 기존의 법에 대한 적용이 아니라 법의 결과에 초점을 맞추어 결정이 법에 대해 합리적인 설명을 제공하고 있는가를 중시한다. 예를 들어서 역사상 대표적인 명예소송인 '뉴욕타임스 대 설리반(New York Times v. Sullivan, 1964) 판결'은 법이나 법령을 적용한 것이 아니라, 시민운동에 대한 미디어의 취재에 대해 법의 개입을 금지한 매우 극적이고 바람직한 결정이라 할 수 있다. 이러한 성격 때문에 정책분석은 결과에 대해 평가해야 하는 도덕, 정의, 사회적 안정과 같은 광범위한 원칙이나 기준에 대해 언급한다. 따라서 정책분석을 위해서는 연구자가 특정 판례나 입법에 나타난 문제의 상황적 맥락에 대해 깊이 이해하고 있어야 한다.

또한 정책분석은 법조인이거나 법학을 전공하지 않은 비전문가들이 법을 연구할 때 주로 사용하는 연구방법이기도 하다. 이들에게는 법원의 법조문, 법령, 규칙에 관심을 두거나 선례를 어떻게 적용했는가 보다는 단기적이거나 장기적인 영향이나 이상에 더 많은 관심을 두고 연구를 진행하기 때문이다. 그러나 정책연구의 가장 큰 문제점은 연구자의 편견을 배제시키기 어렵다는 것이다.

7) 절차적 분석

절차적 분석은 많이 사용되는 방법은 아니지만 중요한 도구이다. 절차적 분석은 권위, 법이나 정책결정자의 능력, 결정에 이르기까지 진행된 과정, 또한 그 과정이 법적 의문과 분쟁의 필수적인 결과 과정에 미친 영향과 같은 매우 다양한 질문을 포함한다. 절차에 대한 위반은 종종 결정에 치명적인 영향을 주기도 한다. 절차심리가 부족한 법원의 결정은 무효이기 때문이다. 그 밖의 절차위반은 치명적이지는 않지만 판결에 있어 일반인과 사법부의 도전을 불러일으킬 수 있다(Cate, 2006).

궁극적으로 법은 과학이 아니다. 그러나 가치중립성과 객관성을 주된 목표로 하는 커뮤니케이션 연구에도 표현의 자유와 관련하여 법학자나 법적인 연구방법이 많은 기여를 할 수 있는 필요성과 영역은 넓어지고 있다. 커뮤니케이션 법의 연구범위는 크게 다음과 같이 정리할 수 있다.

① 법, 표현의 자유, 커뮤니케이션을 구분하는 이론적, 방법론적 요소와 이 세 가지 영역을 연결시킬 수 있는 개념적 접근
② 법에 담지된 커뮤니케이션에 대한 가정의 합리화(또는 비합리화)
③ 커뮤니케이션에 대한 법의 영향력에 대한 조사와 이에 관한 사회과학적 연구

(Cohen & Gleason, 2006)

4. 미디어법제 방법론을 적용한 연구사례

1) 연구사례 1*

(1) 문제제기

(2) 기존 문헌 고찰

① 명예훼손 소송의 주체와 공익성의 요건

명예훼손에서의 '명예'란 사람의 가치에 대한 사회적 가치판단을 가리킨다. 그리고 사회적 가치 판단의 대상이 되는 사람의 가치는 그 사람의 행위, 인격에 대한 윤리적 가치에 한하지 않고, 윤리적 인격으로서의 명예 이외에 법률적, 예술적, 학문적 명예는 물론, 단순히 인간으로서의 명예, 예컨대 건전한 신체적, 정신적 소질을 구비하고 있다는 사실에 의하여도, 또한 국가, 사회에서 일정한 지위, 신분, 직업을 가지고 있다는 사실에 의하여도 명예가 성립할 수 있다(김민준, 2000). 그래서 명예훼손 소송에서 명예의 주체는 자연인, 법인, 법인격 없는 사단을 포함한다. 이때 손해배상을 청구할 수 있는 원고가 되기 위해서는 명예를 훼손하는 내용의 발언이나 기사가 원고에 관한 것이라고 인정되어야 한다(손태규, 2003).

명예보호 법리의 형성에 중심적 역할을 하는 것은 형법에서 규정한 명예훼손죄(형법 제307조~제310조)이다. 특히 형법 제307호 내지 제309조는 공연히 사실(또는 허위의 사실)을 적시하여 사람의 명예를 훼손하거나, 사람을 비방할 목적으로 신문, 잡지 또는 라디오 기타 출판물에 의하여 명예를 훼손하는 행위는 처벌을 받는다고 규정하고 있다. 다만 형법 제307조가 헌법이 보장하는 표현의 자유를 과도하게 제한할 우려가 있다고 하는 생각에 의하여 형법 제310조는 명예를 훼손하는 행위가 "진실한 사실로서 오로지 공공의 이익에 관한 때에는 처벌하지 아니 한다"고 위법성 조각사유를 규정하고 있다. 즉, 진실하거나 상당한 이유가 있는 경우이어야 하고, 이와 함께 그 내용이나 목적이 공익과 관련되어야 위법성이 조각된다는 것이다.

---

* 이재진·정영주(2007), "명예훼손 소송에 나타난 기업의 공익성 요건에 대한 탐색: 공인이론 적용의 타당성 검토를 중심으로", 〈방송과 커뮤니케이션〉, 8(2), 156~192.

② 공인이론의 발전

공인 개념은 미국 명예훼손법에서 생성·발달된 개념으로 이는 공직자와 공적 인물을 통칭하는 것이다(한위수, 2004; 이재진, 1999). 공인이라는 개념의 법리적 전통이 세워진 것은 1964년 뉴욕타임스 대 설리반 사건(New York Times v. Sullivan, 376 U.S. 254)에서였다.

③ 기업에 있어서의 공인 논의: 미국의 경우

(3) 기업관련 명예훼손 판례 분석

① 판례 수집 방법 및 범위

관련 판례들을 수집하기 위해서 언론중재위에서 펴낸 《국내언론관계 판결집》 1집부터 13집, 법고을 DVD 2006, 그리고 대법원 사이트(www.scourt.go.kr) 법률정보서비스에서 기업이 소송의 당사자이거나 기업이 관련된 판례 중 1980년대 후반부터 2006년까지의 판례를 대상을 하였다. 왜냐하면 우리나라의 경우 '공인' 또는 '공적 인물'이라는 용어가 1980년대 후반에서부터 이용되기 시작했고 이론화 하는 과정을 거쳤기 때문이다(이재진, 1999).

본 연구에서 분석하고자 하는 기업은 민법상 영리를 목적으로 하는 사단인 영리법인(민법 제3장 제1절 제31조)을 의미한다. 실제로 법인은 자연인이 아닌 단체들, 예를 들어 협동조합, 사단법인, 재단법인 등을 포함하는데 법인은 법률의 규정에 의해 성립하게 되어 있고(민법 제3장 제1절 제31조), 학술, 종교, 자선, 기예, 사교 기타 영리 아닌 사업을 목적으로 하는 사단 또는 재단인 비영리법인(민법 제3장 제1절 제32조)과 영리를 목적으로 하는 사단인 영리법인(민법 제3장 제1절 제39조)으로 구분된다. 좀 더 구체적으로 본 연구의 대상인 기업은 영리법인 중에서도 특히 상법에서 규정하고 있는 상행위 기타 영리를 목적으로 하여 설립한 사단인 회사(상법 제3편 제1장)로서, 상법 제3편 제1장 170조에서 규정한 합명회사, 합자회사, 주식회사, 유한회사가 분석대상이며 협동조합이나 사단법인, 재단법인, 학교 법인 등은 분석대상에서 제외한다.

수집된 52건의 판례 중 20건은 정정보도 청구 혹은 반론보도 청구소송이었고, 32건은 손해배상 청구소송이었다. 정정·반론보도 청구소송의 경우와 손해배상청구 소송은 적용되는 법률이 다르고 원고의 신분에 대한 논의 등에서도 차이가 있으며, 기존 연구에서 정정반론보도 청구와 관련된 판결에서 공인과 관련된 함의를 거의 찾을 수 없었기 때문에(이재진·정영주, 2004) 본 연구에서는 손해배상청구 판례만을 다루었다.

② 일반기업 관련 판례

국내법상 기업은 명예훼손으로부터 보호되고 명예훼손으로 인한 피해구제를 청구할 수 있다. 법원은 "법인의 목적사업 수행에 영향을 미칠 정도로 법인의 명예, 신용을 침해한 경우에는 그 침해자에 대하여 불법행위를 원인으로 손해배상을 청구할 수 있다"고 하였다(대법원 1988.6.14. 선고 87다카1450 판결). 대법원은 법인의 경우 명예란 그 사회적 명예, 신용을 가리키는 데 다툼없는 것으로 명예를 훼손한다는 것은 그 사회적 평가를 침해하는 것을 말한다"고 판시하면서, 구체적으로는 "자연인, 법인 또는 소송상 당사자 능력이 있는 비법인 사단이나 재단"이 그 주체가 될 수 있다고 하여, 법인 및 기타 단체나 재단 등의 명예가 주체가 될 수 있음을 명백히 밝히고 있다(대법원 1999.10.8. 선고 98다40077 판결). 판례에 대한 한 연구에 따르면 판례에서 법원은 법인의 경우에도 원고의 인격과 명예, 신용 등을 훼손하였다는 표현을 사용하는 것으로 나타났다(함석천, 2001).

③ 기업으로서의 언론사의 명예훼손 판례

(4) 결론

2) 연구사례 2 *

(1) 문제제기

(2) 보욕죄의 법적 특싱

① 구성요건

일반적으로 모욕은 사회적 평판을 깎아 내리는 가치판단을 다른 사람을 지목해서 함

* 이재진(2007b), "인터넷에서의 모욕죄 적용의 실태와 쟁점", 〈한국방송학보〉, 21(5), 127~164.

으로써 이루어지는 범죄이다(김성천·김형준, 2001, 303쪽). 우리나라 형법 제311조에 "공연히 사람을 모욕한 자는 1년 이하의 징역이나 금고 또는 200만 원 이하의 벌금에 처한다"는 모욕죄 규정이 있다. 이에 따르면 '공연히 사람을 모욕' 한 것이 모욕죄의 구성요소가 된다. 우선, 모욕죄가 성립하기 위해서는 '공연성'이 요구된다. 여기서 공연성이란 '명예훼손과 같이 불특정 또는 다수인이 직접 인식할 수 있는 상태'를 의미한다(오영근, 2006, 225쪽). 형법 제311조상의 불특정 다수란 의미를 대법원은 '2인 이상의 불특정인'이라고 판시한 바 있으나(대법 1956.12.7. 선고 4286 형상 280 판결), 이는 현재 수용되고 있지 않고 특정소수인 앞에서 모욕하는 경우에는 모욕죄가 성립하지 않는다고 보아야 한다는 견해가 다수설이다(오영근, 2006, 225쪽). 왜냐하면 모욕죄의 경우 사실이나 허위사실의 적시가 없기 때문에 전파가능성이 없다는 특징이 있기 때문이다.

② 명예훼손과의 차이

(3) 인터넷의 매체적 특수성

① 댓글의 상호작용성

② 댓글에 대한 찬반 논란

(4) 관련 사례 분석

① 판례수집 및 판결의 전체적 경향

인터넷에서 발생한 모욕죄로 인한 법원 판례는 현재까지 8건이 수집되었다. 관련 판례를 수집하기 위하여 대법원 도서관에서 발행하는 법고을 DVD, 언론재단에서 발행하는 언론관련 판례집(1~14권, 1981~2007년) 그리고 대법원 사이트의 종합법률정보를 중심으로 살펴보았다(www.scourt.go.kr). 이러한 방법을 통해 직접적으로 관련되는 판례들을 수집하였다. 이를 통해서 수집되지 않은 기사의 경우에는 언론에 보도된 관련 기사들을 살펴서 해당 판례를 선택하였다.

인터넷에서의 모욕죄 관련 판례는 2001년부터 나온 것으로 판단되며, 8건(대법원의 경우 1, 2심 제외)의 판례 중에서 대법원 판례가 3건이나 나온 점이 흥미롭다. 사건이 발생하게 된 이유는 대개 인터넷 전자게시판에서의 악플로 인한 것으로 나타났다(8건

중 6건). 이러한 점은 모욕죄의 경우 네티즌들이 직접 참여하는 악플로 인하여 주로 발생하게 된다는 것을 보여준다. 기타 인터넷 신문과 메신저 대화명의 경우가 각 1건씩인 것으로 나타났다. 원고가 패소한 경우는 1건에 불과하며, 인용된 경우 실형이 아닌 벌금형에 선고되었다. 벌금은 30만원에서 법정 최고액인 200만원까지 걸쳐 선고되었다.

판결요지에서 알 수 있는 바와 같이 판결에 있어 법원은 댓글에 실린 표현의 '공익성'이나 댓글을 통한 소통의 공익성에 대해서 거의 고려하지 않은 것으로 나타났다. 고려하는 경우에도 공익성의 요건을 대단히 좁게 정하고 있어 실제로는 사회상규에 벗어나는 표현에 대해서는 공익성을 인정하고 있지 않다고 할 수 있다.

② 원고가 패소한 경우

③ 원고가 승소한 경우

(5) 결론

참고문헌

이승선(2005), "언론법제 연구의 현황과 특성", 〈커뮤니케이션이론〉, 제1권 1호, 227~262.

이승선 · 이재진(2008. 3. 7), "언론법 연구의 최근 동향분석", 언론법학회 봄철 학술세미나 발표논문. 2008. 3. 7.

이재진(2007a), "한국 언론법제 교육의 현실과 쟁점", 〈언론중재〉, 제27권 4호, 4~20.

이재진(2007b), "인터넷에서의 모욕죄 적용의 실태와 쟁점", 〈한국방송학보〉, 제21권 5호, 127~164.

이재진 · 정영주(2007), "명예훼손 소송에 나타난 기업의 공익성 요건에 대한 탐색: 공인이론 적용의 타당성 검토를 중심으로", 〈방송과 커뮤니케이션〉, 제8권 2호, 156~192.

임병국(2002), 《언론법제와 보도》, 나남출판.

Cate, F. (2006), "Method in our madness: Legal methodology in communications law research", In Reynolds, A., & Barnett, B. (Eds.), *Communication and Law-Multidisciplinary Approaches to Research*, Mahwah, NJ: Lawrence Erlbaum Associates, Inc., 9~21.

Cohen, J., & Gleason, T. (2006), "Charting the future of interdisciplinary scholarship in communication and law", In Reynolds, A., & Barnett, B. (Eds.), *Communication and*

Law-Multidisciplinary Approaches to Research, Mahwah, NJ: Lawrence Erlbaum Associates, Inc., 3~7

Edwards, L. (1996), *Practical Case Analysis*, St. Paul, MN: West publishing company.

Gillmor, D., & Dennis, E. (1981), "Legal research in mass communications", In G. Stempel et al. (Eds.), *Research Methods in Mass Communication*, Englewood Cliffs: Prentice-Hall, 320~341.

•◦• 연습문제

1. 미디어법 연구의 대표적 연구방법 3가지를 설명하시오.
2. 판례분석을 이용해 사이버 공간에서의 명예훼손 사례를 분석하시오.
3. 사회과학방법을 이용해 방송관련 프라이버시 침해와 반론권의 주체와 특징을 분석하시오.

제 21 장

인터넷 미디어 연구방법론

성 동 규

인터넷 미디어는 기존의 전통적인 매체와는 여러 가지 점에서 상이한 특징을 가지고 있기 때문에 기존의 이론과 방법론을 적용하는 것은 본질적인 한계가 있다. 그러나 라이스와 윌리엄스(Rice & Williams, 1984)는 뉴미디어를 이해하고자 할 때, 유용한 커뮤니케이션 이론들을 폐기할 필요는 없음을 지적한다(p. 55). 즉, 뉴미디어를 전통적인 연구 속에 포함시킬 필요는 있지만, 그런 전통적 이론들을 전통적 방식과는 다른 방식으로 볼 필요가 있음을 주장하였다(p. 80). 이는 뉴미디어 연구에 있어 학문간 제휴가 필요하다는 뜻을 의미하며, 앞으로 인터넷을 연구함에 있어 충분히 고려해야 할 점이다.

이 장에서는 인터넷을 과학적으로 연구하기 위해 적용가능한 방법론은 어떻게 구성되는지에 대한 사항에 대해 알아보도록 하겠다.

주요 용어: 인터넷 설문조사, 웹인터뷰, 웹사이트 분석

1. 인터넷 미디어의 개요

1) 인터넷 미디어의 특성

인터넷 이용자의 수가 기하급수적으로 증가하다가 최근에는 그 증가폭이 조금 감소하였으나 여전히 인터넷 이용자의 수와 인터넷 이용률은 증가하고 있다. 이러한 변화는 사회 전반에 걸쳐 많은 변화를 촉진시켰다. 아울러 인터넷 이용자수의 증가는 사회과학 연구에 있어서 새로운 가능성을 열어주었다.

〈그림 21-1〉 연도별 인터넷 이용자 수 (단위: 천 명)

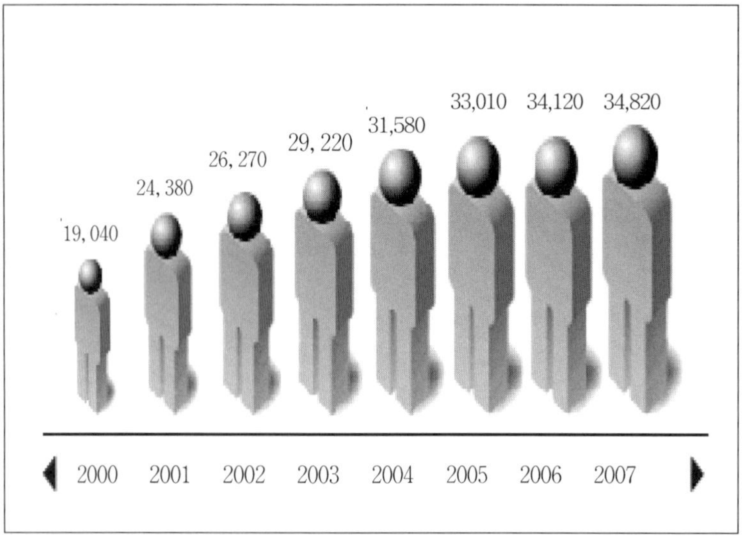

〈그림 21-2〉 연도별 인터넷 이용률 (단위: %)

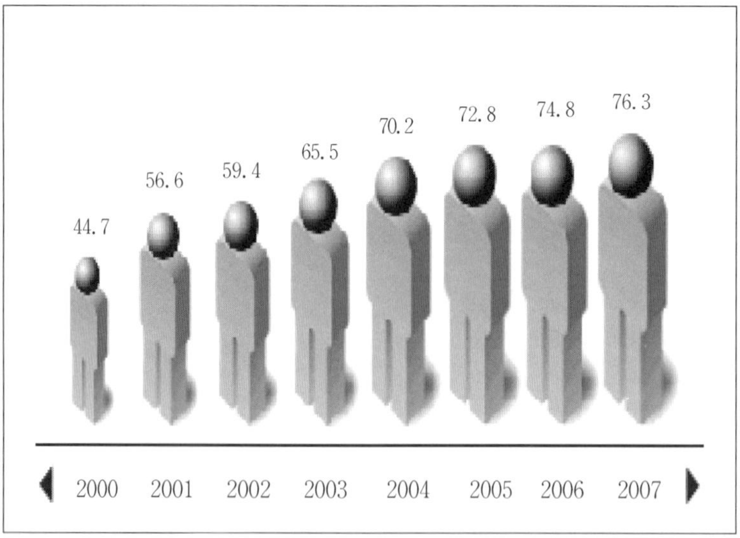

* 출처: 인터넷 진흥원

인터넷 미디어는 정보와 정보처리기술의 디지털화, 정보 전송망의 광대역화라는 기술적 하부구조의 특징을 지닌다. 그리고 이로부터 멀티미디어적 특징과 하이퍼미디어적 특징, 증대된 상호작용, 시공간적 제약으로부터의 탈피라는 전통 미디어와는 차별적인 속성을 부여받게 되었다. 멀티미디어적 속성을 지닌 인터넷미디어는 기존에 각각 분리되었던 문자·음성·영상 미디어를 단일 미디어시스템으로 통합하고, 이로써 문자메시지와 음성메시지, 영상메시지 등 다양한 형태의 메시지를 통합적으로 제공하고 있다(성동규 외, 2006). 또한 인터넷 미디어는 기존 미디어가 지니는 선형적(*linear*)이고 순차적(*sequential*) 형태와는 달리 비선형적(*non-linear*)인 정보표현의 방식을 지닌다. 이는 인터넷 미디어의 하이퍼텍스트 특성에서 기인하였으며, 하이퍼텍스트와 멀티미디어가 결합되어 텍스트뿐만 아니라 이미지, 사운드, 동영상 등을 연결하고 있다(권상희·김근위, 2004). 인터넷 미디어의 또 다른 특징으로는 상호작용성과 시공간의 제약으로부터의 자유로움을 들 수 있다. 인터넷 미디어는 24시간 접근 가능하고 이용 가능한 미디어이며, 언제 어디서든 원한다면 정보를 얻을 수 있다. 이러한 인터넷 미디어의 특성이 인터넷 설문조사나 인터넷 연구방법에 많은 영향을 미친다고 할 수 있다.

특히 인터넷을 이용한 설문조사는 비용이나 신속성, 편리성의 측면에서 기존의 전통적 설문조사 방법이 지닌 한계와 문제점을 극복할 수 있는 가능성 때문에 최근 빠른 속도로 확산되는 추세이다. 현재 산업분야에서는 이러한 인터넷 설문조사를 마케팅 차원에서 적극 활용하는 추세이며, 사회과학 분야에서도 이에 대한 활용과 연구가 활발하게 증가하고 있다. 행정학이나 정책학 연구분야에서도 새롭게 대두되고 있는 인터넷 설문조사방법의 장점이나 그 가능성을 무시하기는 어려울 것이며, 향후 이 분야에 대한 관심과 연구는 계속해서 증가할 것으로 보인다(안문석·박성진·맹보학, 2002).

2) 인터넷 연구 분야

인터넷의 급속한 발전속도와 더불어, 많은 커뮤니케이션 학자들이 인터넷을 연구의 대상으로 삼았고 그에 따라 다양한 관점과 주제를 다룬 연구들이 나타났다(Stempel & Stewart, 2000). 인터넷에 대한 사회과학적 연구는 일반적으로 크게 두 가지 주요 유형으로 나뉜다. 첫 번째는 대용량 데이터 저장소로부터 데이터를 검색·검출할 수 있는 능력과 관련된다. 인터넷과 월드와이드웹과 같은 개념이 기존의 데이터 검색 및 검출과 다른 점은 좀 더 빠르고 문화적으로 대중화되었다는 것이다. 향상된 속도 때문에 정보 붐이 가능해지거나 야기되고 있는 것이다. 두 번째 연구영역은 인터넷이 갖고 있는 상호작용적 커뮤니케이션 능력에 대한 것이다. 전자우편, 채팅룸, MOO(*multi-user domains object oriented*), 그리고 MUD(*multi-user domains*)는 모두 텍스트형의 커뮤니케이션 형식들로서 시간, 거리, 수용자 측면에서 다양하다(Steve, 1998 / 2000).

인터넷 관련 연구의 대부분은 커뮤니케이션 연구, 미디어 연구, 인류학, 사회학, 문화 비평, 문화연구, 심리학, 정치경제학으로부터 나온 것들이며, 양적 혹은 질적 방법으로 연구되었다(Steve, 1998 / 2000). 또한 인터넷 연구의 대부분은 정책지향적인 것이었는데 다른 미디어에 대한 연구에서와 마찬가지로, 대개 온라인 수용자의 인구통계학적 속성을 파악하려는 상업적 관심에 의해 주도되었다.

새로운 미디어의 등장은 이에 대한 긍정적 또는 부정적인 면에 대한 활발한 논의를 유발한다. 인터넷의 경우도 사회적 약자나 일반인들의 역량 강화, 공론장, 대안 매체, 전자민주주의, 시민참여운동, 무료 콘텐츠 이용 등 긍정적인 면을 부각시킨 연구들이 주류를 이룬다(황상재 · 박석철, 2004). 반면, 정부감시, 경제적 남용, 정보격차, 명예훼손, 성폭력, 해킹 등 인터넷과 관련된 부정적인 요소를 강조한 연구들도 존재한다. 즉 인터넷 보급과 확산 과정에서 인터넷에 대한 연구자의 관점은 연구를 실행시키는 계기나 동기가 될 수 있고 또한 연구 진행과정에서 연구결과에 따라 인터넷에 대한 태도가 바뀔 수 있기 때문에 연구자의 생각을 이해하는 데 중요한 요소가 될 수 있다.

인터넷은 대인 커뮤니케이션의 기능과 매스 커뮤니케이션의 기능을 동시에 수행하며 상호 작용성에 기반하여 일 대 일(*one-to-one*), 일 대 다(*one-to-many*), 다 대 다(*many-to-many*) 커뮤니케이션이 가능하다(Morris & Ogan, 1996). 또한 인터넷은 강한 공공재적 성격을 띠면서 동시에 사적 영역을 구축할 수 있다(Poster, 1997). 이러한 인터넷의 특징은 연구자에게 다양한 연구기회와 소재를 제공하기도 하지만 동시에 기존 미디어에서 나타나지 않던 난해한 특징 때문에 인터넷 관련현상을 기술, 설명, 예측하는 데 사용하는 이론을 적용시키기 어렵다(Stempel & Stewart, 2000). 지금까지 인터넷 관련 현상을 논하는 데 사용된 이론들은 매스 커뮤니케이션 이론이나 그와 관련된 개념들에 불과하다(황상재 · 박석철, 2004). 따라서 어떠한 이론적 배경을 중심으로 커뮤니케이션 연구자들이 인터넷 관련현상을 주시했는지 파악하는 것이 중요하다.

2. 인터넷 조사의 접근 방법

인터넷 조사는 네트워크 사용자들을 대상으로 네트워크를 통해 직접 질문지를 보내고 응답받는 설문 조사형태를 말한다(양광민 · 박상훈, 2000). 인터넷 설문조사란 "하이퍼텍스트(*Hypertext*) 형태로 사이버공간에 위치시킴으로써, 전세계의 인터넷을 이용하는 모두 사람들을 대상으로 공개되어 있는 설문조사방법"이라고 정의할 수 있다(김광용 · 김기수, 1999, 135쪽). 즉 인터넷 설문조사는 물리적 공간이 아닌 인터넷이라는 수단을 통한 사이버공간에서 이루어지는 설문조사라고 할 수 있다.

인터넷 조사법은 전통적인 방법론과 매우 다른 특성을 지닌다. 전통적 조사법은 인과관계를 추론하고 개념화하여 연구가설을 설정한 다음, 자료의 수집을 결정한다. 이때 표본대상을 통하여 자료 수집방법의 결정, 연구의 가설을 보다 정확하고 신뢰성 있게 검증할 수 있도록 측정도구의 개발과 실제 측정 절차를 거친다. 반면, 인터넷조사법은 주로 설문조사의 목적으로 이루어지고 있다. 이러한 설문조사는 물리적 공간이 아닌 인터넷이라는 수단을 통해 사이버 공간에서 이루어지는 설문조사로 온라인 설문조사라고 볼 수 있다. 인터넷 설문조사는 다양한 방법으로 이루어지고 있으나, 특히 HTML을 바탕으로 한 조사방법이 절차와 디자인의 다양성 측면에서 앞서고 있다(명승환 · 최영훈, 2002). 솔로몬(Solomon, 1995)은 인터넷 설문조사는 전통적 설문방법과 비교해 볼 때, 방법론상으로는 유사하나 인터넷을 통하여 즉각적이고 쌍방향적인 상호작용성이 가능하고 멀티미디어적이고 다양한 디자인 요소가 사용된다는 점에서 큰 차이를 갖는다고 설명하고 있다.

1) 인터넷 조사의 유형

인터넷 조사의 유형은 학자마다 다르게 분류하고 있다. 와트(Watt, 1997)는 이메일, Converted CATI, Converted Disk-By-Mail, Web CGI Program, Web Survey

System 등으로 분류하고 있으며, 양광민과 박상훈(2000)은 전자우편 목록(*e-mail list*), 전자우편에 의한 설문프로그램을 첨부하는 방법, 단순 HTML을 기반으로 한 설문조사 방법, CAWI, 자바 애플렛 기반의 웹인터뷰 방식, HTML이 지원되는 전자우편을 통한 인터뷰 방식으로 구분하고 있으며, 조동기(1998)는 방문자 조사, 전자우편 조사, 회원조사 등 3가지로 구분하였다. 컴리(Comley, 1998)와 베터젤리 등(Batagelj et al., 1998)은 E-Mail을 통한 설문조사방법, HTML에 기반한 설문조사 방법, Online Focus Group을 통한 설문조사방법 등 3가지로 분류하고 있다.

〈표 21-1〉 인터넷 설문조사의 종류

종 류		내 용
E-Mail을 통한 설문조사 방법	Plain E-Mail	가장 일반적인 형태로서, 설문은 ASCII파일 형태로 전달되는데, 응답자는 설문에 의견을 표시하여 재발송한다. 그러나 설문 레이아웃이 제한적이고, 응답자의 프로그램장비의 문제와 자료 처리가 매우 힘들다.
	Disk By E-Mail	전자우편에 설문프로그램을 첨부하는 형태로서, 응답자들은 첨부된 프로그램을 다운로드한 후, 실행시켜 질문에 답하고, 작성된 파일을 다시 발송한다. 설문의 혼합과 문항의 통제 등이 자유롭지만, 파일의 크기가 크다.
HTML에 기반한 설문조사 방법	Plain HTML	설문지가 단일 페이지로 나오는 형태이다. 응답자에게 전체 설문문항이 제시되기 때문에 응답을 빠트릴 수 있으며, 일반적으로 특정 통제가 필요한 질문에는 부적당하고 짧고 단순한 설문에 적당하다.
	CAWI	CAWI(*Computer Assisted Web Interviewing*)는 여러 개의 설문페이지가 나오는 복잡하고 정교한 형태(설문의 회전, 혼합, 이동)로 모든 응답 통제가 가능하여 가장 넓게 활용되고 있다.
	Java 기반 웹 설문	Java와 Active X를 사용하여 서버와의 상호작용 없이 클라이언트에서 수행하지만, 너무 느려 HTML형태와 선택적으로 조합하여 사용한다.
Online Focus Group을 통한 설문조사 방법		온라인 FGI는 공간적 제약이 없는 참여가 가능하고, "익명성(*Anonymity*)"을 통해 활동적인 참여가 가능하지만(Solomon, 1995), 인터넷상에서 응답자들은 가명을 사용하는 경향이 있기 때문에 응답의 신뢰성 여부를 확인할 수 없고, 모니터에서 비춰지는 콘셉트들이 개별 참여자들에게 동일한 개념 하에 비춰질지 불확실하다(Greenbaum, 1995).

* 출처: 김광용·김기수(1999), "인터넷 설문조사를 활용한 사이버 쇼핑몰에 관한 연구"(135쪽), 〈한국경영학보학회연구〉, 제9권 2호, 134~150.

인터넷 설문조사는 다양하게 분류, 수행되고 있지만 실제 인터넷 설문조사를 하는 과정에서 여러 가지 방법들이 혼합되어 사용되고 있다. 그러나 인터넷 설문조사는 유형에 따른 장단점에 초점을 두기 보다는 디자인이 얼마나 응답자에게 편리하고 쉽게 사용될 수 있는가에 따라 응답자의 태도와 응답률이 좌우된다고 볼 수 있다(Dillman et al., 1998a). 예컨대, 기술수준이 높은 인터넷 설문조사일수록 응답률이 낮고, 단순한 형태의 설문문항과 디자인의 설문조사에 대한 응답률이 높다(Dillman et al., 1998b). 이 외에도 응답자의 정체성과 중복성으로 인한 문제도 발생하기 때문에 연구방법을 구체적으로 설명하는 것이 좋으며, 대표성 문제와 연구결과의 타당성에 한계를 명시하는 것이 필수적이라고 할 수 있다(명승환·최영훈, 2002).

2) 인터넷 조사의 특성 및 한계

인터넷 매체를 이용한 설문조사는 기존의 설문조사 방식에 비해 다음과 같은 장점을 갖는다(김기수·정수용, 1998; 한국인터넷 서베이 & 리서치 연구소, 1999).

첫째, 설문조사에 드는 비용과 시간이 적어 일반 설문조사에 비해 경제적이다. 또한 응답을 받기 위한 추가적인 노력과 표본수 증가에 따른 추가비용이 전혀 들지 않는다는 점이다. 둘째, 웹이 갖는 그래픽컬한 인터페이스와 멀티미디어적 특성이 갖는 장점이다. 그래픽컬한 사용자 인터페이스는 요점을 찾고, 클릭하는 데에 편이를 제공하며, 질문에 대한 답변 부담을 줄일 수 있다. 셋째, 설문응답의 회수율이 빠르다는 점이다. 특히 사전 모집된 패널을 통한 조사의 경우 더욱 빠른 회수가 가능하다. 아울러, 컴퓨터를 이용하기 때문에 코딩작업에서의 인적 오류가 적으며, 24시간 설문진행이 가능하다는 점이다. 넷째, 상호작용성을 들 수 있다. 설문에 대한 의문점을 바로 설문지 작성자의 E-mail을 통해 전달할 수 있고, 이러한 응답자의 반응을 통해 설문지의 오류를 수정할 수 있다. 특히, 연속적인 설문이 가능함으로써 연구결과의 신뢰성을 높일 수 있다. 다섯째, 기존 설문과는 달리 응답자의 자발적인 참여로 이루어진다는 점이다. 따라서 불성실한 응답을 최소화할 수 있다.

그러나 이와 같은 장점에도 불구하고 인터넷 설문조사는 기존의 설문조사 방식에 비해 몇 가지 단점을 지니고 있다. (Schillewaert, 1998; 김기수·정수용, 1998; 한국인터넷 서베이 & 리서치 연구소, 1999).

첫째, 인터넷 조사를 진행함에 있어 드러나는 주요한 문제는 전체 모집단에 대한 결과의 대표성이 떨어진다는 것이다. 웹 조사에서 모집단과 표본구조는 인터넷과 연계된 구성원으로 한정된다. 따라서 전국적인 모집단을 대상으로 조사할 경우 타당성과 대표성을 요구할 때 인터넷 조사결과에 타당성과 대표성의 문제가 발생한다(Schillewaert, 1998). 예컨대, 인터넷 설문조사의 대상이 인터넷을 사용하는 사람을 대상으로 이루어지므로, 인터넷 이용경험이 많고, 자주 웹사이트를 이용하는 사람에 국한해서 조사가 진행되므로 그 결과에 대해서는 대표성이 문제시된다고 볼 수 있다. 즉, 인구통계학적으로 전체인구를 대표하기 힘들다.

둘째, 인터넷 상에서 조사를 실시할 경우 항상 주의문구를 기입해야 하고 이 방법을 광범위한 주제, 모든 조사대상을 상대로 할 경우에는 적합하지가 않을 수가 있다(Schillewaert, 1998). 셋째, 응답자의 익명성 때문에 설문에 대한 중복응답 가능성이 있고, 설문응답을 불성실하게 할 가능성이 있으며, 이의 발견이 힘들다는 점이다. 넷째, 인터넷 설문조사는 아직 주된 조사방법론이 아니기 때문에 우편 및 전화 설문 조사방법론의 비교와 경험을 통해 계속적인 검증이 필요하다는 점이다. 다섯째, 설문지의 내용이 길 경우 자료수집이 힘들고 나아가 인터넷 설문의 디자인에 따라 응답의 행태도 달라지기 때문에 설문지 구성시부터 상당한 주의를 필요로 한다는 점이다. 여섯째, 설문 설계, 프로그래밍, 데이터 수집도구의 고정비용과 기술이 요구된다는 점이다. 일곱째, 배너광고를 통한 인터넷 설문조사의 경우 관심 있는 응답자만이 조사에 응하기 때문에 자기기입(*self-Selection*)에 의한 편의가 발생할 가능성이 있다. 마지막으로 전자우편으로 설문응답을 요구할 때 스팸(*SPAM*) 문제와 같은 응답자의 프라이버시에 관한 문제점 등이 제기 될 수 있다.

그럼에도 불구하고 바우만(Bauman, 1998)은 하나의 설정된 표본을 대상으로 인터넷 조사를 한다면 비록 한계점은 있지만 인터넷은 자료를 수집하는 데 매우 중요한 역할을 수행할 수 있다고 주장한다. 이 밖에도 기존의 여타 다른 조사방법에서 실시하지 못했던 조사개념을 적용한다든지 실시간 자료의 축적과 자료의 실시간 분석 등과 같은 것이 인터넷 조사에서는 가능하다. 따라서 인터넷 조사는 단점에 비해 많은 장점을 가지고 있다고 하겠으나 인터넷 상에서 자료를 수집하는 방법에 대해서는 앞으로 많은 연구가 필요한 부분이다(양광민 · 박상훈, 2000).

인터넷 조사연구가 전통적 조사방법과는 달리 인터넷이란 새로운 매체를 활용함으로써 나타나는 여러 가지 문제들 즉, 표본추출 및 응답률과 연관성 대표성 문제, 프라이버시 침해, 기술적 구현의 비용이성 등 때문에 일반화되기에는 더 많은 연구과 경험이 집적될 필요가 있다(안문석 · 박성진 · 맹보학, 2002).

3) 인터넷 연구방법

인터넷 설문주사의 방법론적 문제에 대해 베터젤리 등(Batagelj et al., 1998)은 소프트웨어, 하드웨어, 통신기술의 한계와 표집 틀, 표본의 편기, 측정오차, 무응답 등과 같은 방법론적 문제들을 지적하였다. 딜멘(Dillman, 1998) 또한 표본추출 오차 및 측정오차 등을 지적하였으며, 컴리(Comley, 1998; 1996)는 표본추출 오차, 표본의 대표성, 데이터의 타당성 등을 지적하였다. 인터넷 설문과 관련된 다양한 방법론적 이슈들 중 가장 핵심적이고 공통적으로 대두되는 문제가 대표성의 문제이다. 즉, 인터넷 설문에 의한 조사결과가 일반화될 수 있느냐의 문제이다. 이를 해결하기 위해서는 기존의 설문조사 방식과 대등한 조사기법으로 발전시켜 나갈 필요가 있다. 다양한 관점에서 인터넷 설문조사의 방법론적 문제들에 대해 실험 및 연구가 활성화될수록 기회를 부여할 필요가 있으며, 인터넷 설문조사방법을 이용한 다양한 정책연구 및 그 경험을 공유할 수 있는 장을 마련할 필요가 있다.

한편, 인터넷의 빠른 성장과 함께 인터넷 분야의 연구도 많이 진행되었으며, 크게 질적, 양적 분석으로 나뉘어 연구되었다. 1970년대 이후, 커뮤니케이션 연구분야에서 양적 분석(57.8%)은 질적 분석(35.1%)에 비해 더 많이 사용되었다(Cooper, Potter & Dupagne, 1994). 그러나 인터넷 관련 연구는 이와 반대로 질적 분석(72.9%)에 의한 접근법이 양적 분석(26.7%)보다 더 많이 사용된 것으로 나타났다(Kim & Weaver, 2002). 반면, 국내 인터넷 관련 연구에서 나타나는 방법론 사용비율은 미국의 비율과 정반대로 나타났으며, 양적 분석(76.1%)과 질적 분석(23.9%)의 편차도 매우 큰 것으로 나타났다(황상재 · 박석철, 2004). 미국과 한국 인터넷 관련 조사분석법의 공통점은 양적 연구에서 설문, 내용분석, 실험조사 주요 연구방법(양적 분석의 약 80%)으로 사용되었다는 것이다(Kim & Weaver, 2002).

3. 인터넷 미디어 연구방법과 적용사례

인터넷 미디어에 관한 연구들은 크게 미디어 속성에 관한 연구와 미디어를 이용하는 이용자에 관한 연구들이 진행되어 오고 있다. 즉, 무엇을 중심으로 다루느냐에 따라 인터넷 미디어에 관한 연구의 방법론적 측면에서도 크게 다르다. 최근의 몇몇 연구들은 한 시점 또는 그 이상에 걸쳐 내용 일체에 대한 특성을 유형화시키는 데 내용분석을 이용하여, 이미 존재하는 것이 어떤 것인가를 찾아내려고 노력하였다. 내용분석은 기록된 정보의 내용을 조사하기 위해 체계적이고 객관적이며, 수량적인 방식으로 분석하는 방법이다. 서베이를 통해 인터넷 미디어를 기술적이거나 분석적인 방법으로 연구할 수 있다. 기술적인 방법으로는 인터넷 미디어에 관한 현재의 상황이나 태도가 어떤 것인지를 나타내거나 기록하고, 분석적 서베이를 통해 어떠한 상황이 '왜'(why) 그렇게 되어 있는가를 기술하고 설명한다. 이와 같은 접근법은 보통 연구가설을 검증하기 위하여 둘 또는 그 이상의 변인들을 검증한다.

많은 인터넷 미디어 관련 연구들이 위와 같이 양적방법으로의 접근을 시도하고 있다. 하지만 같은 현상에 대해서도 방법론에 따라 '실재'에 대해 서로 다른 견해를 지닐 수 있다. 양적방법이 실재에 대한 객관적인 접근이라면 그 실재는 모든 사람들이 관찰할 수 있는 것이다. 하지만 질적 연구에서는 관찰자들이 연구과정의 일부로서 실재를 창조해 낸다. 그런 의미에서 실재는 주관적 존재가 된다. 따라서 질적 연구에서는 심층면접이나 참여관찰, 질적 연구의 내용분석 방법 등을 통해 자료를 수집하고 분석한다. 또한 양적 방법이나 질적 방법으로 구분하여 연구를 진행하는 방법도 있지만, 두 가지 방법의 한계를 보완하고자 두 시각을 혼용하여 사용하는 연구들이 진행되고 있다. 다음에서는 각각의 연구방법을 적용한 사례를 통해 알아본다.

1) 내용분석

서베이나 실험방법은 특정한 몇몇 요인을 규명하는 데는 유용하지만, 인터넷 환경을 설문지나 실험실에서 완벽하게 재현할 수 없다는 점에서 제한이 따른다. 따라서 실제 인터넷 게시판에서 발생하는 여론과 의견표명에 대한 탐색적 연구에서는 내용분석이 주로 사용된다. 내용분석은 어떤 커뮤니케이터가 겉으로 표현한 메시지를 분석하여 누가, 왜, 무엇을, 어떻게, 어떤 매체를 통하여 누구에게, 어떠한 효과를 가지고 커뮤니케이션 행위를 했는지의 일련의 문제들을 해결하는 연구방법으로 사용된다(차배근, 1996). 내용분석을 이용한 인터넷 미디어 관련 연구들은 인터넷 게시판이나 댓글, 인터넷 포털뉴스, 웹사이트, 커뮤니티, 인터넷 라디오 방송 등을 분석대상으로 삼는다.

내용분석을 이용하여 독립형 인터넷 미디어의 뉴스영역과 뉴스유형을 인쇄신문과 비교해 차이를 알아본 연구에서는 독립형 인터넷 미디어 '오마이뉴스'와 종합일간 인쇄신문 가운데 큰 영향력을 지니고 있으면서도 이념적으로 성향이 서로 다른 것으로 평가되고 있는 '조선일보'와 '한겨레'를 비교분석하였다(진행남, 2002). 연구기간 동안 '1면/초기화면'에 올려진 기사들을 수집하여, 뉴스기사 유형과 뉴스영역에 따라 구분하여 코딩하였으며, 사전조사를 통해 코딩지침을 확정하여 두 명의 코더가 분석에 참여하였다. 이때 유의할 것은 두 명의 코더는 코딩지침을 통해 내려진 정의에 따라 내용을 코드화하여, 수집된 자료를 분석해야 한다는 점이다.

인터넷에서 실시되는 여론조사결과와 토론게시판에서 벌어지는 의견표명 간의 관계를 분석한 연구에서는 여론조사결과와 인터넷 게시판이 동시에 제공되는 '네이버'를 분석대상으로 삼았다(박성희 · 박은미, 2007). 포털사이트 네이버는 뉴스 메뉴에서 '뉴스 Poll'이라는 섹션을 따로 만들어 온라인 여론조사와 함께 각 여론조사 설문주제들에 대한 토론게시판을 운영한다. 설문주제의 유형을 poll의 결과(합의형/갈등형)와 과업유형(의견교환/입장표명)에 따라 구분하여 분석하였다. 이와 같은 연구에서는 2003년 9월 19일부터 2006년 4월 24일까지 실시된 뉴스 폴에 있는 온라인 게시판에서만 자료수집이 이루어지기 때문에 자료수집 과정에서 온라인상의 자료 확보가 중요하다.

인터넷상에서 대중화가 된 사이버 커뮤니티가 성원들에게 해당 관심사와 관계형성의 장을 제공한다는 측면에서 현실세계와 마찬가지로 커뮤니티의 역할을 수행하는지를 알아보고자 내용분석을 통해 여성 사이드를 대상으로 관심사와 관계형성이 어떻게 작용하는지 분석한 연구(김유정 · 조수선, 2001)와 인터넷방송의 매체 특성을 실증적으로 조사하기 위해 인터넷방송 사이트의 내용분석을 시도한 연구(최영, 2000)와 같은 분석대상 선정이 중요한 연구들이다. 이러한 연구들의 분석대상 선정방법은 개인 홈페이지와 콘텐츠의 변화가 없어 휴면 사이트로 판단되는 사이트를 제외한 후 대중매체에 노출되어 이용자 수가 상대적으로 많을 것으로 예상되는 사이트를 추려내야 하며, 인터넷 방송의 경우에는 검색사이트를 기준으로 서비스가 중단되거나 중복되어 등록된 사이트를 디렉토리를 통해 구분하는 것이 중요하다.

위와 같이 대표되는 인터넷 미디어 연구사례를 통해 내용분석방법에서 고려해야 할 점은 다음과 같다. 첫 번째, 내용분석은 수집된 방대한 양의 자료를 분석해야 하기 때문에 코더 간에 미리 숙지된 정의에 따라 내용을 객관적으로 코드화하여 분석해야 한다. 두 번째, 자료수집이 온라인만으로 이루어졌을 경우 페이지의 오류나 시간이 많이 지난 자료의 경우에는 수집이 어려울 수 있다. 따라서 온라인상의 자료수집의 경우 자료 확보가 잘 이루어질 수 있는 분석대상인지에 대한 고려가 필요하다. 세 번째, 특정 주제 사이트를 활용한 내용분석에서는 많은 사이트 중에서 분석대상만을 추려내는 과정이 중요하다. 이용자 수가 상대적으로 적거나, 서비스가 중단되거나 중복된 사이트를 선별해야 한다.

2) 서베이

서베이 방법은 어떤 문제에 대해서 현실적인 환경에서 조사할 수 있고, 수집되는 정보량을 고려했을 때 비용이 그다지 많이 드는 것이 아니다. 또한 많은 양의 자료를 비교적 손쉽게 다양한 사람들로부터 수집할 수 있다는 장점이 있으며, 서베이 단일방법을 사용하기도 하지만 기존의 자료들(예를 들어, 라디오/TV 시청률 자료 평가서, 선거인 등록 명부 등)이 많기 때문에 매우 유용한 방법이다. 서베이를 이용한 인터넷 미디어 관련 연구들은 기본적인 설문조사 방법 외에 면대면 설문조사, 이메일 서베이, 온라인 서베이 등 연구목적에 적합한 서베이 방법을 선택하여 사용한다.

서베이 방법 중에서 주로 사용하는 방법은 인터넷 이용자들의 인터넷 의존유형에 따라 인터넷 중독현상을 어떻게 규정할 수 있는지를 실증적으로 조사한 연구(주정민, 2006)나 게임이용도와 블로그 이용도에 따른 인터넷 이용유형의 차이에 주목한 연구(나은영·박소라·김은미, 2007)와 같이 인터넷을 상대적으로 많이 사용하는 청소년을 대상으로 성별이나 거주지별, 학년별로 할당표집을 실시하여 설문지를 배포한 후 응답한 설문지를 회수하는 방식이다. 이렇게 기본적인 서베이 방법에서는 회수된 설문지 중에서 불성실한 응답을 보인 설문지를 제외하고, 연구목적에 따라 표본의 크기를 정하게 되는데, 대략 200명에서 1000명 이상으로 한다.

기본적인 서베이 방법 외에 면대면 설문조사 방법을 이용하기도 한다. 인터넷 이용이 현실 위험인식에 미치는 영향을 알아보고자 한 연구에서는 여론조사 전문기관의 도움을 받아 성, 연령, 학력, 지역별 할당표집을 통해 면접조사를 실시하였다(이준웅 · 장현미, 2007). 면대면 설문조사는 기본적인 서베이 방법과는 크게 다르지 않지만, 면접원이 면대면을 통해 직접 조사를 한다는 점 때문에 기본적인 서베이 방법보다는 응답 성실도 측면에서 좋은 결과를 얻을 수 있다는 장점이 있지만, 비용적인 측면이나 시간적인 측면의 고려가 필요하다.

이메일을 활용한 서베이에 관한 연구에서는 인터넷 홈페이지 이용자들의 이용만족도와 홍보효과와의 관계를 파악하고자 한 연구를 들 수 있는데, 이 연구에서는 정부 19개 부처와 2개 위원회(공정거래위원회, 금융감독위원회)의 홈페이지를 대상으로 실제 이용자 1,401명을 대상으로 이메일 서베이를 실시하였다(양성관 · 이현우 · 김형석, 2002). 이 연구의 분석 대상자들은 해당 보도 자료를 이메일을 통해 받기 때문에 인터넷 활용도가 높다고 볼 수 있다. 또한 웹사이트 이용에서 이용자들이 채널 레퍼토리를 형성하는지를 알아보기 위한 연구에서는 미국 중북부지역권의 대학생들을 대상으로 실시된 연구에서는 각 주(州)별로 4개의 대학교를 무작위 추출한 다음, 각 대학교에서 무작위 추출에 의해 5개의 학과를 선정하여, 학과 사무실을 통해 소속 학생들에게 이메일을 보내는 형식으로 이루어졌다(임정수, 2002). 따라서 장거리에도 불구하고, 많은 표본수를 확보하여 연구하는 데 도움이 된 연구방법이라고 할 수 있다. 인터넷의 양방향 · 공개 커뮤니케이션 장에서 정보와 의견을 적극적으로 발신하는 이용자의 특성을 알아보고자 한 연구에서는 인터넷 카페 게시판을 통해 모집한 응답자에게 이메일 설문조사를 실시하였다(김관규, 2005). 이와 같이 미리 참여의사를 밝힌 사람들을 대상으로 이메일을 통해 설문지를 발송하여 조사하는 것이기 때문에 응답률이 높고, 적극적인 응답자들의 답변을 얻어낼 수 있다는 장점이 있다.

이메일을 활용한 설문조사는 인터넷 활용도가 높은 대상으로 표본을 선별할 수 있으며, 연구목적에 알맞은 표본집단을 선별할 수 있다는 장점이 있으며, 이러한 방법은 이용자 평가를 개별로 실시하는 데 어려움이 많을 경우 사용한다. 하지만 이메일 주소 확보의 어려움이 있을 수 있다. 따라서 이메일 수신을 선택한 사람들을 대상으로 실시해야 한다.

온라인 서베이의 방법을 사용한 인터넷 이용과 정치참여와의 관계를 알아보기 위해 정치참여의 형태로 간주할 수 있는 인터넷 정치정보 사이트의 이용패턴을 분석한 연구에서는 다음커뮤니케이션 회원을 대상으로 인터넷 홈페이지 초기화면 우측상단에 설문조사 배너광고를 게재해 온라인 서베이를 실시하였다(황영석, 2001). 온라인 공간에서의 자기 노출, 친밀감, 공동 공간감의 연구에서는 온라인 커뮤니티 구성원들의 인스턴트 메신저 이용에 대한 인식적 자료를 얻기 위해 국내 2개 주요 포털 사이트에 있는 온라인 동호회와 커뮤니티를 선정하여, 웹 게시판에 공지를 통해 설문에 임하도록 하였다(박성복 · 황하성, 2007). 또한 인터넷 라디오 이용 의도에 영향을 미치는 요인들을 알아보고자 한 연구에서는 MBC 라디오 본부와 iMBC의 협조를 얻어 인터넷 라디오 이용자들을 대상으로 온라인 설문조사를 실시하였다(문성철 · 김경환, 2007). 이 같은 방법은 짧은 시간에 많은 유효 표본을 획득할 수 있다. 그리고 온라인 서베이는 응답자를 선정하는 방식은 다른 조사연구방법과 다르지 않지만, 컴퓨터 보유 여부를 확인해야 하는 절차가 있음을 유의해야 한다.

웹사이트에 대한 충성도 결정 요인을 알아보기 위한 연구, 포털사이트의 뉴스 콘텐츠 전략을 분석하고자 인터넷 뉴스의 이용동기와 지각된 뉴스가치 연구, 웹 이용 행위에 영향을 미치는 심리적인 요인과 구조적인 요인에 초점을 둔 연구, 한국과 미국 양국에서 인터넷 이용 행태와 동기에 초점을 맞춘 연구 등은 연구목적에 맞춰 온라인 패널 서베이 방식으로 인터넷을 이용하는 사람들을 대상으로 샘플을 구성했으며, 구성 방식으로는 비확률 표집의 하나인 쿼터 샘플링 방식을 택했다(김병선, 2004; 박성희 · 최준호, 2004; 배진아, 2002; 성동규 · 김인경 · 김성희 · 성원, 2006). 앞선 연구들은 온라인 서베이를 활용하였고, 온라인 서베이는 전문 온라인 리서치 회사가 각각 자체적으로 보유하고 있는 대표성 있는 패널 중에서 선별되었다. 이러한 방법의 장점은 원하는 특성과 쿼터에 맞게 표본을 추출할 수 있고, 다량의 표본을 확보할 수 있다는 점이다.

3) 면접조사와 심층면접 : 질적 연구방법 적용

질적 연구방법에서의 심층면접은 일반적으로 적은 수의 표본을 이용하여 응답자가 왜 그러한 답변을 했는지의 이유까지 알아볼 수 있다. 또한 응답자의 답변 뿐 만 아니라 비언어적 반응까지도 관찰할 수 있다는 장점이 있다. 심층면접법의 가장 큰 장점은 상세한 대답을 구할 수 있다는 것이다. 다른 서베이 방법과 비교해 볼 때 응답자와 면접원 간의 친밀함을 통해 다른 조사방법에서는 시도하지 못하는 민감한 문제에 대한 정확한 답변을 얻어낼 수 있다. 예를 들어 전문가나 특별한 인터넷 이용을 보이고 있는 집단 등에서는 이 심층면접을 통해서만 조사가 가능하다. 반면 긴 시간을 요구하기 때문에 인터넷 미디어관련 연구에서는 양적 접근방법의 한계보완용으로 사용하는 경우가 많고, 질적 연구만을 사용한 사례는 많지 않다.

어린이의 인터넷·컴퓨터게임 몰입에 미치는 자기통제성의 매개 역할과 어머니의 개방적 커뮤니케이션의 영향을 알아보기 위해 모집단을 어린이들과 해당 자녀의 어머니들로 구성해 구조화된 질문지를 이용하여 1:1개별면접 방법으로 실시하였다(나은영·송종현, 2006). 미리 준비한 구조화된 질문지는 정확한 답변을 유도하기 위함으로써 모든 응답자에게 같은 질문을 사용하여 다양한 답변을 이끌어낸다. 따라서 면접 중 주제에서 벗어나 시간을 소비하는 것을 막고, 연구목적에 맞는 질문만을 사용하기 때문에 답변에 대한 추가적인 심층질문을 하기 어렵다. 하지만 미니홈피 커뮤니티의 사회문화적 특징에 대한 심층분석을 위해 미니홈피를 사용하는 실제 이용자들에 대한 사례연구를 수행한 연구에서는 미니홈피 이용자 중에서 20대 대학생을 대상으로 질적인 분석을 시도한 것을 볼 수 있다. 여학생 3명과 남학생 6명을 선정하여, 심층면접을 실시하였다(윤명희, 2007). 이 면접 대상자들은 전체 미니홈피 이용자들의 표본집단이 되거나 일반적인 특성을 대표한다기보다는 미니홈피의 일상 문화적 과정 및 심층적인 특성을 보여주기 위한 개별 사례들이다. 구조화된 질문지 없이 2시간여 동안 자유로운 집단대화 형식으로 진행하였다. 집단 심층면접과는 별도로 개별적인 대면인터뷰와 전화 인터뷰를 통해 개인적인 내용을 심화하거나 부가적인 질문과 답변을 보완하였다.

또 다른 심층면접의 연구인 블로그 생산의 이윤화 기제에 관한 연구에서는 활발히 블로그를 운영하고 있는 개인 이용자를 중심으로 연구의도를 설명한 후 동의를 얻어 심층면접을 실시하였다(한선, 2007). 또한 연구대상자 25명을 대상으로 심층면접 이외에 약 6개월에 걸친 참여관찰과 민속지학적인 내용분석방법을 사용하였다. 민속지학적인 내용분석은 신문과 같은 인쇄 매스 미디어의 생산물 분석에서 흔히 사용되는 양적 내용분석의 한계점을 보완하기 위해 질적 연구방법의 근간이 되는 주체(연구자의 관점)의 문제를 접합시킨 방법이다. 이 연구에서는 민속지학적인 내용분석과정에서 드러난 개념과 현상을 몸소 체험하고, 심층 면접 단계로 넘어가기 위한 과정으로 참여관찰을 병행한 것이다. 따라서 많은 인터넷 미디어 관련 연구가 양적 연구에 한정해서 이루어진 것에 반해 이 연구에서는 양적 연구의 한계를 보완하고, 질적 연구의 다양한 연구방법을 사용하여 인터넷 미디어를 다른 차원에서 살펴보았다.

••• 참고문헌

권상희·김근위(2004), "뉴스웹사이트 이용자의 인터넷 저널리즘 평가 요인 연구: 뉴스 웹사이트 유형에 따른 이용자의 인식 비교", 〈사이버커뮤니케이션학보〉, 제14호, 사이버커뮤니케이션학회.

김관규(2005), "인터넷의 양방향·공개 커뮤니케이션 장을 창출한 적극적 발신행위자의 속성에 관한 연구: 오피니언 리더의 속성을 중심으로", 〈한국언론정보학보〉, 제31권, 51~84.

김광용·김기수(1999a), "인터넷 설문조사를 활용한 사이버 쇼핑몰에 관한 연구", 〈한국경영정보학회연구〉, 제9권 2호, 134~150.

김기수·정수용(1998), "감성공학적 쇼핑몰 디자인이 구매의사결정에 미치는 영향에 관한 연구", www.kisri.re.kr.

김병선(2004), "웹 이용 행위에 영향을 미치는 심리적 요인과 구조적 요인", 〈한국언론학보〉, 제48권 1호, 112~141.

김유정(2001), "사이버 커뮤니티로서의 인터넷 사이트 연구", 〈한국언론학보〉, 제45권 3호, 5~38.

나은영·박소라·김은미(2007), "청소년의 인터넷 이용 유형별 미디어 이용 양식과 적응", 〈한국언론학보〉, 제51권 2호, 392~425.

나은영·송종현(2006), "어린이의 인터넷·컴퓨터게임 몰입에 미치는 자기통제성의 매개 역할과 어머니의 개방적 커뮤니케이션의 영향", 〈한국언론학보〉, 제50권 2호, 116~147.

명승환·최영훈(2002), "인터넷조사방법론의 가능성과 쟁점", 〈한국행정학보〉, 제36권 2호, 333~352.

문성철·김경환(2007), "인터넷 라디오 mini 이용의도에 영향을 미치는 요인들에 관한 연구",

〈방송과 커뮤니케이션〉, 제 8권 2호, 82~115.

박성복(2007), "온라인 공간에서의 자기노출, 친밀감, 공동 공간감에 관한 연구", 〈한국언론학보〉, 제 51권 6호, 469~494.

박성희 · 박은미(2007), "인터넷 공간에서의 이슈 유형별 여론지각과 의견표명에 관한 연구: 인터넷 여론조사와 게시판을 중심으로", 〈한국언론정보학보〉, 제 39권, 284~323.

박성희 · 최준호(2004), "인터넷 이용 동기와 이용 행태 간 상관관계에 대한 탐색적 비교 연구: 한국과 미국의 네티즌을 대상으로", 〈한국언론학보〉, 제 48권 4호, 243~270.

배진아(2002), "웹사이트에 대한 충성도 결정 요인에 관한 연구", 〈한국언론학보〉, 제 46권 2호, 380~411.

성동규(2007), 《사이버커뮤니케이션》, 세계사.

성동규 · 김인경 · 김성희 · 임성원(2006), "포털사이트의 뉴스 콘텐츠 전략에 관한 연구: 인터넷 뉴스의 이용동기와 지각된 뉴스가치를 중심으로", 〈한국언론학보〉, 제 50권 5호, 132~159.

안문석 · 박성진 · 맹보학(2002), "인터넷을 이용한 설문조사방법", 〈정부학연구〉, 제 8권 1호, 274~308.

양광민 · 박상훈(2000), "온라인 조사와 우편 조사의 결과 차이에 관한 비교 분석", 〈경제학논집〉, 제 26권 2호.

양성관 · 이현우 · 김형석(2002), "인터넷 홈페이지의 이용 만족도와 홍보 효과에 관한 연구: 정부부처 홈페이지 이용사 평가를 중심으로", 〈한국언론학보〉, 제 46권 2호, 412~451.

윤명희(2007), "미니홈피 커뮤니티의 사회문화적 특징: 대학생 이용자의 사례를 중심으로", 〈사이버커뮤니케이션학보〉, 제 21권, 83~122.

이준웅 · 장현미(2007), "인터넷 이용이 현실 위험인식에 미치는 영향: 인터넷 문화계발효과에 대한 탐색적 연구", 〈한국언론학보〉, 제 51권 2호, 363~391.

임정수(2003), "인터넷 이용패턴에 대한 연구", 〈한국언론학보〉, 제 47권 2호, 282~305.

주정민(2006), "인터넷 의존유형과 인터넷 중독과의 관련성 연구", 〈한국언론학보〉, 제 50권 3호, 476~503.

진행남(2002), "인터넷미디어의 뉴스 영역 및 유형에 관한 연구", 〈한국언론학보〉, 제 46권 2호, 606~632.

차배근(1996), 《사회과학 연구방법》, 서울: 세영사.

최 영(2000), "인터넷방송의 매체적 특성에 관한 연구", 〈한국언론학보〉, 제 45권 1호, 297~329.

한국인터넷서베이 & 리서치 연구소(1999), "인터넷 설문조사방법론", www.kisri.re.kr.

황상재 · 박상철(2004), "국내 인터넷 연구의 메타 분석: 연구주제와 방법을 중심으로", 〈한국방송학보〉, 제 18권 2호, 68~92.

황영석(2001), "인터넷 이용과 정치참여에 관한 탐색적 연구: 제16대 총선 기간 동안 인터넷 정치사이트 이용을 중심으로", 〈한국언론학보〉, 제 45권 3호, 421~456.

Batagelj. Z. et al. (1998), "Who are non-respondents in web surveys?", 9th International Workshop on Household Survey Nonresponse. Bled.

Comley, P. (1998), "On-line research, some options, some problem, some case studies", ASC Conference.

Cooper, R. Potter, W. & Dupagne, M. (1994), "A status report on methods used in mass communication research", *Journalism Education*, 48, 54~61.

Dillman, D. A., Tortora, R. D. and Bowker D. (1998b), "Influence of plain vs. fancy design on response rates for web surveys", Proceeding of Survey Methods Section, 1998 Annual Meetings of the American Statistical Association, Dallas, Taxas.

Dillman, D. A., Tortora, R. D. and Bowker D. (1998a), "Principles for constructing web surveys", http://survey.sesrc.wsu.edu/dillman.

Kim, S. T., & Weaver, D. (2002), "Communication research about internet: a thematic meta-analysis", *New Media & Society*, 4(4), 518~536.

Morris, M. & Ogan, C. (1996), "The internet as mass medium", *Journal of Communication*, 46(1), 39~50.

Poster, M. (1997), "Cyber democracy: Internet and the public sphere", [On-line], Available: http://www.hnet.uci.edu/mposter/writings/democ.html.

Rice, R. E. & Williams, F. (1984), "Theories old and new: The study of new media. In R. E. Rice(Ed.), *The New Media*, Beverly Hills, CA: Sage, 55~80

Schillewaert, N., Langerak, F., & Duhamel, T(1998), "Non-probability sampling for www surveys: A comparison of methods", *Journal of the Market Research Society*, Vol. 40, 306~320.

Solomon, M. B. (1995), "Marketing research in cyberspace", http://www.cyberdialogue.com/press/articles/marketingcyberspace.html.

Stempel, G. H III & Stewart, R. K. (2000), "The internet providers both opportunities and challenges for mass communication researcher's", *Journalism & Mass Communication Quarterly*, 77(3), 541~548.

Watt, J. (1997), "Using the internet for quantitative survey research", Quirks Articles, http://www.quirks.com.

●○● 연습문제

1. 인터넷 연구의 한계점은 무엇이며, 이를 해소하기 위해 어떤 기법을 활용할 수 있겠는가?

2. 인터넷미디어에 대한 연구에서 유형별(내용분석, 서베이, 심층면접) 장단점은 무엇이며, 각각 어떤 주제 연구에 적절하겠는가?

3. 블로그, 미니홈피 등의 네트워크 중심형 미디어 연구에 접목할 수 있는 전통적 미디어 연구방법으로 어떤 접근 시각이 가능하겠는가?
   그리고 연결망 분석이 특성을 파악한 후, 위의 개인 미디어 연구에 접목할 수 있는 방안을 모색해보자.

제 22 장

정치 커뮤니케이션 메시지 내용분석 *

김 춘 식

일반적으로 내용분석 연구방법은 "변인측정을 목적으로 커뮤니케이션을 체계적이고 객관적이며 수량적인 방식으로 연구 분석하는 방법"(Kerlinger, 1986, p. 477)으로 정의된다. 내용분석은 정치커뮤니케이션 연구 분야에서 가장 널리 쓰이는 연구방법 가운데 하나이다. 특히 신문, 방송, 인터넷 언론이 선거와 관련하여 어떤 내용들을 보도했는지, 텔레비전 토론에서 후보자들이 언급한 내용들은 무엇인지, 그리고 정치광고의 메시지 내용 등을 분석하는 데 매우 유용한 연구방법이다.

주요 용어: 정치커뮤니케이션, 메시지 내용분석, 미디어 선거캠페인, 분석유목,
코더 간 신뢰도, 코딩틀, 코딩지침서

1. 들어가면서

한국의 정치 커뮤니케이션 현상을 연구한 논문들을 대상으로 이들 논문이 어떤 연구방법을 사용했는가를 분석한 결과, 내용분석 연구방법이 가장 빈번하게 사용되었던 것

* 이 글은 내용분석 연구방법을 활용하여 정치 커뮤니케이션 메시지를 분석한 저자의 책과 논문들을 참조하여 작성했음을 밝힌다. 이 글의 작성에 사용된 대표적인 연구물은 《대통령선거와 정치광고》(한국방송광고공사, 2005), "선거캠페인 환경변화와 후보자의 부정적 캠페인 사용"(2004), "신문보도에 나타난 선거캠페인 관련 인용구 분석"(2007), "참여정부의 언론정책에 관한 뉴스 프레임 연구"(2008a), "2007년 대통령선거 텔레비전 토론회에 나타난 후보자의 캠페인 수사 분석"(2008b) 등이다.

으로 확인되었다. 1959년 6월 30일에 설립된 한국언론학회(구 신문학회)가 1960년에 발간한 〈학술지신문학보〉 1호를 기점으로 하여 2004년 12월 말일까지 약 45년 동안의 정치커뮤니케이션 관련 논문을 분석대상으로 삼은 연구에 따르면 분석대상 논문의 32.4%가 내용분석 연구방법을 채택한 것으로 나타났다(김춘식 · 양승찬 · 이강형 · 황용석, 2005). 연구 참여자들이 12종의 학술지에 수록된 총 4,037건의 논문을 함께 검토한 후 최종적으로 정치커뮤니케이션 영역의 분석대상으로 포함시킨 논문 222건 가운데 내용분석 연구방법을 이용한 논문은 72편이었으며, 설문조사 연구방법 57건(25.7%), '역사문헌연구' 52편(23.4%)의 순이었다. 그리고 실험연구는 다른 양적 연구방법에 비해 사용빈도가 매우 적은 것으로 나타났다.

언론을 감시하는 시민단체들도 자체 모니터링 보고서를 작성할 때 내용분석 연구방법을 즐겨 사용한다. 예를 들어, 시민단체가 언론이 선거보도를 제대로 하고 있는지를 감시하는 차원에서 자체 모니터링 보고서를 작성할 경우 내용분석 연구방법을 사용한다. 가령, '2008년 총선미디어연대(www.vote2008.or.kr)'는 2008년 4월 9일에 실시된 제 18대 국회의원선거와 관련하여 약 한 달(3월 3일~4월 2일) 동안 언론이 여론조사결과를

〈표 22-1〉 각 언론사의 여론조사 횟수 및 기본요건 지면 게재 비율

	경향신문	동아일보	서울신문	조선일보	중앙일보	한겨레	합 계
여론조사 실시횟수	1회	5회	2회	9회	14회	9회	40회
조사기관	1 (100.0%)	5 (100.0%)	2 (100.0%)	9 (100.0%)	4 (28.6%)	9 (100.0%)	30 (75.0%)
조사대상	1 (100.0%)	5 (100.0%)	2 (100.0%)	9 (100.0%)	14 (100.0%)	9 (100.0%)	40 (100.0%)
조사방법	0 (0.0%)	5 (100.0%)	2 (100.0%)	7 (77.8%)	4 (28.6%)	9 (100.0%)	27 (67.5%)
조사기간	1 (100.0%)	5 (100.0%)	2 (100.0%)	9 (100.0%)	14 (100.0%)	9 (100.0%)	40 (100.0%)
표본오차	1 (100.0%)	5 (100.0%)	2 (100.0%)	9 (100.0%)	3 (21.4%)	9 (100.0%)	29 (72.5%)
응답률	0 (0.0%)	5 (100.0%)	2 (100.0%)	9 (100.0%)	12 (85.7%)	1 (11.1%)	29 (72.5%)

* 출처: "선거 관련 신문기사 '여론조사 보도'에 대한 '2008총선미디어연대' 모니터보고서", 2008 총선미디어연대, 2쪽.

제대로 보도했는지를 모니터링한 후, 일부 신문들이 여론조사 보도 시 반드시 포함시켜야 하는 요소들인 조사방법, 표본오차, 응답률 등에 관한 내용을 누락한 채 보도했다고 보고한 바 있다(〈표 22-1〉 참조). 이 책의 다른 장에서 이미 내용분석 연구방법에 대한 자세한 설명이 이루어진 바 있다. 따라서 이 장에서는 언론현상을 연구하는 다양한 영역 가운데 정치커뮤니케이션 연구 분야에서 내용분석 연구방법이 어떻게 활용되고 있는지를 살펴보고자 한다.

2. 정치 커뮤니케이션

정치 커뮤니케이션(*political communication*)에 관한 정의를 내리는 작업은 결코 쉽지 않다. 이 분야의 연구를 개괄적으로 정리한 채피(Chaffee, 1975)는 자신의 저서(*Political Communication: Issues and Strategies for Research*)에서 정치 커뮤니케이션을 '정치과정에서의 커뮤니케이션의 역할'이라고 매우 포괄적으로 정의를 내린 바 있다.

일련의 연구자들은 송신자가 정치 환경에 영향을 주고자 하는 의도에 초점을 맞추어 정치 커뮤니케이션을 설명하기도 한다(김춘식 등 2005). 예를 들어, 덴턴과 우드워드(Denton & Woodward, 1990)는 정치 커뮤니케이션을 '정치적 자원, 공직의 권위, 그리고 공직의 상벌에 대한 공적 논의'라고 정의하면서, 커뮤니케이션을 '정치적'(*political*)으로 만드는 결정적 요인은 메시지의 내용과 목적이라고 강조했다. 이들과 유사하게 맥네어(McNair, 2003)도 정치 커뮤니케이션을 '정치와 관련하여 목적을 가지고 행해지는 커뮤니케이션'이라고 정의하면서 커뮤니케이션의 의도성을 부각시켰다. 구체적으로 맥네어는 ① 특정 목적을 달성하기 위해 정치인과 정치 행위자들이 행하는 모든 형태의 커뮤니케이션, ② 유권자, 저널리스트와 같은 비정치인이 정치인과 정치 행위자들에게 행하는 커뮤니케이션, ③ 정치인과 정치 행위자들에 관한 뉴스 보도나 사설을 포함한 미디어 차원의 다양한 커뮤니케이션 등, 세 가지를 정치 커뮤니케이션으로 보고 있다.

정치 커뮤니케이션의 연구 영역은 커뮤니케이션학, 정치학, 저널리즘, 사회학, 심리학, 역사학, 수사학 등 다양한 학문과 밀접한 관계를 맺고 있다. 물론 정치 커뮤니케이션의 가장 대표적인 유형은 선거라는 상황에서 이루어지는 커뮤니케이션이라 할 수 있다. 예를 들어, 언론이 선거를 어떠한 관점에서 어떤 내용들을 주로 보도하는지 혹은 텔레비전 토론이나 정치광고에 나타난 메시지의 내용은 무엇인지, 그리고 이와 같은 미디어를 이용한 선거캠페인이 유권자들의 투표행위에 어떤 영향을 미치는지 등을 연구하는 것이 이에 해당된다. 이외에도 정부의 통치과정에서의 커뮤니케이션의 역할, 입법·사법·행정 3부의 정책집행에 영향을 미치는 각종 커뮤니케이션 행위들, 정당이나 이익집단 등의 정치적 행위, 다양한 사회 구성원의 정치적 활동 등이 정치 커뮤니케이션 영역에 포함된다(Kaid & Holtz-Bacha, 2008). 이 밖에 21세기 들어 정치 커뮤니케이션 현상을 획기적으로 변화시키고 있는 인터넷 문제 역시 이 분야의 중요한 화두로 부각되고 있다.

3. 내용분석 연구방법

커뮤니케이션 메시지 내용을 분석하기 위한 연구방법론은 양적(*quantitative*) 내용분석과 질적(*qualitative*) 내용분석의 두 가지로 구분할 수 있다. 이 중 양적 내용분석은 메시지 내용에 관한 체계적인 코딩과 범주화 작업을 통해 이루어진다. 커뮤니케이션의 내용을 양적으로 분석하는 연구에서 중요한 요소 중 하나는 분석대상이며, 정치커뮤니케이션의

〈표 22-2〉 내용분석의 절차

1. 연구문제 혹은 가설의 설정
↘
2. 모집단 정의·표집
↘
3. 분석유목 선택 및 정의
↘
4. 코딩틀 및 코딩지침서 제작
↘
5. 코더 훈련 및 예비 분석 실시
↘
6. 코딩 실시 및 통계처리

경우 내용분석 연구의 주요 분석대상은 대통령이나 정치인의 연설, 정치인이나 정치 현상에 대한 신문 및 방송의 보도, 선거캠페인 기간 동안 행해지는 텔레비전 토론이나 정치광고 등이다. 내용분석 연구방법의 분석절차는 〈표 22-2〉와 같다(Wimmer & Dominick, 2006).

1) 연구문제 혹은 가설의 설정

연구문제를 서술할 때 이론적 체계와의 관계는 물론 연구문제와 관련된 기존의 연구와의 관계도 함께 제시해야 한다. 즉 연구문제를 채택하게 된 배경과 필요성을 설명해야 한다. 연구문제는 연구하고자 하는 둘 또는 그 이상의 변인들 간의 관계를 명확히 명시해야 하며, 의문문 형식으로 명확하고 분명하게 서술되어야 한다. 예를 들어, 정당의 대통령후보 경선소식을 포함하여 2007년 대통령선거와 관련된 신문의 보도에 나타난 후보자나 정당관계자들의 직접 인용구와 간접 인용 서술현황을 분석하는 연구(김춘식 · 이강형, 2007)의 경우 다음과 같은 연구문제를 채택할 수 있다.

연구문제 1. 2007년 대통령선거와 관련된 신문기사에서 등장하는 인용의 출처는 어떠한 성격(후보 개인, 정당 관계자, 집단 등)을 지니고 있는가?

연구문제 2. 2007년 대통령선거와 관련된 신문 기사의 지배적인 내용은 무엇이며, 후보자나 정당 관계자의 캠페인 관련 직접 인용구 혹은 간접 인용 서술 활용 현황은 어떠한가?

가설은 두 개 또는 그 이상의 변인들 사이의 관계에 대한 가정적 진술문으로서 연구문제와 그 해답 사이에 개재되어 검증에 의하여 채택되거나 기각될 수 있다. 가설을 세울 때는 이론적 근거 또는 배경을 제시해야 하며, 긍정(그렇다) 또는 부정(아니다)될 수 있도록 평서문 형식으로 서술되어야 한다. 가령, 정치캠페인에 나타난 후보자의 수사를 계량적으로 비교한 선행연구에 따르면 후보자들이 구사한 정치적 수사의 목적은 자신의 장점을 강조하는 '주장' 목적이 가장 빈번하고 상대 후보를 공격하는 발언의 비율이 그 뒤를, 그리고 상대 후보의 공격에 대한 방어 목적의 발언이 가장 비율이 낮은 것으로 나타났다. 또한 발언의 주제는 후보자의 인간적 특성보다는 구체적인 정책과 관련한 것들이 많은 것으로 확인되었다. 2007년 12월에 실시된 제 17대 대통령선거 후보자들이 구사한 정치적 수사의 목적과 주제가 무엇인지를 살피는 연구(김춘식, 2008b)의 경우 위와 같은 선행연구결과를 참고하여 다음과 같은 가설을 설정할 수 있다.

가설 1. 2007년 제17대 대통령선거 텔레비전 합동토론회에 나타난 후보자의 캠페인 수사의 목적 가운데 후보자 자신의 장점을 강조하는 '주장'이 가장 빈번하게 등장할 것이며, 상대 후보의 공격을 반박하는 목적의 '방어'는 가장 낮은 비율을 차지할 것이다.

가설 2. 2007년 제17대 대통령선거 텔레비전 합동토론회에 나타난 후보자의 캠페인 수사의 주제는 '정책'에 관한 언급의 비율이 '인간적 특성'에 관한 언급 비율보다 높을 것이다.

2) 모집단 및 표본집단의 결정

모집단은 연구자가 연구하고자 하는 전체사례의 집합으로 전집(*population*)으로 불린다. 표본집단은 모집단의 부분집합이며 모집단으로부터 표본집단을 추출하는 일을 표집(*sampling*)이라 한다. 표본집단이 적절한 지침에 따라 선정되었고 모집단을 대표한다고 가정하면 그 표본을 이용해 연구한 결과는 모집단 전체의 속성으로 일반화 할 수 있다.

이 단계에서 무엇보다 중요한 것은 분석단위(*unit of analysis*)의 결정이다. 정치 커뮤니케이션 연구의 경우 신문 뉴스의 헤드라인 1건, 정치광고 1건, 30초짜리 방송뉴스 1건, 연설문의 한 문장(혹은 절), 텔레비전 토론에서 후보자가 말한 진술문 등이 대표적인 분석단위이다. 예를 들어, 역대 한국과 미국의 대통령선거에서 사용된 신문 정치광고의 메시지를 분석하는 연구(김춘식, 1999)의 경우 다음과 같이 모집단 및 표본집단 그리고 분석단위를 결정할 수 있다.

> 이 연구는 1963년 이후에 한국과 미국에서 실시된 대통령선거 시 일간신문에 게재된 모든 정치광고를 모집단으로 설정했다. 따라서 이와 같은 기준에 어긋나는 신문 정치광고는 분석대상에서 제외하는 의도적 표집을 실시했다. 이에 따라 한국의 경우 1963년부터 1997년까지 총 7회의 대통령선거 시 신문에 게재된 정치광고가, 미국은 1964년부터 1996년까지 총 9회의 대통령선거 시 신문에 게재된 정치광고가 분석대상으로 선정되었다. 이 연구의 분석단위는 개별 신문 정치광고이며, 표집단위는 일자별 신문이다.

3) 분석유목 설정

분석유목을 결정하는 것은 내용분석 연구의 성패를 좌우하는 중요한 작업이다. 먼저, 분석유목은 상호배제적(*mutually exclusive*)이어야 한다. 상호배제적이라 함은 분석단위가 특정 변인을 구성하는 하위 범주의 한 곳에만 해당되어야지 두 곳 이상에 해당될 수 없다는 것을 의미한다.[1] 또한 분석유목은 총망라성(*exhaustivity*)을 띠어야 한다. 총망라성을 띤다는 것은 모든 분석단위가 사전에 결정된 분석유목의 하위 범주의 어느 한 곳에 포함되어야 한다는 것을 의미한다. 만약 특정 분석단위가 연구자가 채택한 범주에 해당되지 않는다면 이는 총망라성에 어긋나는 것이다.[2]

내용분석 연구에서 분석유목을 결정하는 접근방법은 귀납적 접근방법과 연역적 접근방법의 두 가지로 나뉜다(Semetko & Valkenburg, 2000).

(1) 귀납적 접근방법

귀납적 접근방법은 선행연구에서 사용된 분석유목을 고집하지 않은 채 분석대상인 메시지에서 발견되는 다양한 변인들을 모두 찾아내어 이를 분석유목으로 활용하는 접근방법이다. 메시지에 담겨져 있는 변인들을 고려하여 다양한 유목들을 도출해 낼 수 있다는 것이 가장 큰 장점이지만 선행연구에서 도출된 분석유목을 후속 연구에서 반복하여 사용할 수 없다는 단점이 있다. 예를 들어, 참여정부는 2007년 5월 22일 일부 기관의 송고실이 사실상 출입기자실처럼 변화되어 당초 개방형 브리핑 제도 도입의 취지가 훼손되었다면서 세계 기준에 부합하는 선진시스템 정착 및 개방형 브리핑제도를 보완하고 완성한다는 명분 하에 '취재지원시스템 선진화방안'을 발표한 바 있다. 이러한 정부의 언론정책에 대한 언론보도의 내용을 분석한 연구의 경우 관련 신문 기사의 내

---

1) 예를 들어, '언론 유형' 변인의 하위 범주에 ① 신문, ② 방송, ③ 인터넷, ④ 지역방송이라는 네 개의 범주가 있다고 가정해보자. 대전방송(TJB)은 '② 방송'인 동시에 '④ 지역방송' 두 곳에 해당되기 때문에 상호배제적 원칙에 위배된다. 이 경우 '④ 지역방송' 범주를 없애면 된다.

2) 가령, '선거정보 습득 경로'라는 변인의 하위 범주를 ① 신문, ② 방송, ③ 인터넷의 세 범주를 고려했을 경우, 가족이나 친구와의 대화와 같은 '대인 간 커뮤니케이션'이라는 응답은 위의 범주에 포함되지 않으므로 총망라성을 위배한 것이 된다. 이의 경우 '⑤ 대인 간 커뮤니케이션' 혹은 '⑤ 기타'라는 범주를 만들어 이에 포함시킬 수 있다.

용을 검토한 뒤 기사의 주제를 아래와 같이 10가지로 분류할 수 있다(김춘식, 2008a).

① 일반적인 내용('취재지원시스템 선진화방안'에 관한 일반적 내용)
② 문제점·비판적 평가(정책의 문제점을 지적하고 이를 비판적으로 평가)
③ 긍정적 평가(정부의 정책을 긍정적으로 평가)
④ 여론조사결과보도
⑤ 언론보도 비판('취재지원시스템 선진화방안'에 관한 언론보도를 비판)
⑥ 선진국의 언론정책
⑦ 참여정부의 잘못된 언론정책(참여정부 들어 추진한 대 언론정책을 비판적으로 평가)
⑧ 정당의 대응방안
⑨ 행정정보 공개제도의 취약성
⑩ 외국 언론의 반응 등 10가지로 분류했다.

(2) 연역적 접근방법

연역적 접근방법은 특정 유목을 내용분석 변인으로 미리 정의한 후 이러한 변인이 분석대상인 메시지에서 어느 정도 빈번하게 나타나는지를 검증하는 접근방법이다. 연역적 접근방법은 메시지에 등장할 가능성이 있는 유목의 유형을 사전에 예측할 수 있으며, 선행연구에서 사용된 변인을 후속 연구에서 반복하여 사용할 수 있다는 장점이 있다. 가령, 뉴스에서 발견되는 프레임이 무엇인지를 분석한 선행연구를 참조하여 뉴스 프레임의 유형을 다섯 가지 유형으로 정리한 세멧코와 밸켄버그(2000)의 연구를 예로 들 수 있다.[3)]

세멧코와 밸켄버그는 뉴스에서 발견되는 프레임에 관한 선행연구를 리뷰한 뒤 뉴스 프레임의 유형을 '갈등'(*conflict*) 프레임, '인간적 흥미'(*human interest*) 프레임, '경제적 중요성'(*economic consequences*) 프레임, '도덕성'(*morality*) 프레임, '책임 귀인' (*attribution of*

3) 또한 정치언론학자인 아엔거는 텔레비전 뉴스 기사는 뉴스의 표현방식에 따라 '일화적'(*episodic*) 뉴스 프레임과 '주제적'(*thematic*) 뉴스 프레임의 두 가지로 분류될 수 있다고 전제한 뒤, 텔레비전 뉴스가 정치적 이슈를 어떻게 프레이밍했는지를 분석한 바 있다. 아엔거의 '일화적', '주제적' 뉴스 프레임 구분은 다양한 정치적, 사회적 쟁점을 언론이 어떻게 묘사했는지를 분석하는 연구에서 널리 사용되고 있다.

responsibility) 프레임의 다섯 가지로 정리했다. 이 가운데 '갈등 프레임'(Cappella & Jamieson, 1997)과 '책임 귀인 프레임'(Iyengar, 1991)은 선행연구에서 이미 활발하게 논의되었던 것들이며, '인간적 흥미 프레임', '도덕성 프레임', '경제적 중요성 프레임'은 노이만 등(Neuman, Just & Crigler, 1992)이 심층 인터뷰를 통해 밝혀 낸 미국 언론의 대표적인 뉴스 프레임들이다. 세멧코와 밸켄버그는 1997년 유럽연합 회원국 정상회담에 관한 네덜란드 신문과 방송의 뉴스 분석을 통해 어떤 매체가 위의 다섯 가지 프레임 중 어느 것을 상대적으로 더 빈번하게 사용했는지를 확인한 바 있다.

4) 코딩틀 및 코딩지침서 제작

연구자는 내용분석에 사용되는 변인들을 포함해서 연구문제나 가설들에 대한 답을 어떻게 얻을 것인지를 결정해야만 한다. 내용분석에서 데이터 코딩은 연구문제나 가설에 대한 답을 얻는 가장 중요한 과정이다. 연구자가 코딩에 사용할 표본집단을 정했다면 연구자가 관심을 두고 있는 모든 변인들을 포함하는 코딩틀이나 코딩용지를 개발하고 구체적으로 코딩 방법을 설명하는 코딩 지침서를 제작해야 한다.

가령, 선거 과정에서 후보자가 경쟁자를 공격하는 네거티브 캠페인의 사용은 판세분석·여론조사결과 1위·2위, 지역 경선 종합순위 1위·2위, 기대이상 선전한 후보, 지역경선에 할당된 대의원 수, 후보자 경쟁 구조, 지역경선 1위·2위, 타 후보의 공격대상(역공격), TV 합동토론회 횟수, 최종 후보확정 잔여기간 등과 같은 캠페인 환경(*campaign environment*)에 의해 영향을 받는다는 것을 내용분석 연구방법을 통해 검증한 연구(김춘식, 2004)를 예로 들어보자.

구체적으로 이 논문은 2002년 1월부터 4월까지 실시된 민주당의 대통령후보 경선캠페인을 분석대상으로 삼아 선거캠페인 변화와 후보자의 부정적 캠페인 사용의 관계를 탐색했다. 내용분석을 위해 연구자가 관련변인으로 고려한 것들을 체계적으로 정리하여 내용분석에 사용할 수 있다. 〈표 22-3〉과 〈표 22-4〉는 2002년 민주당 국민경선제 당시 시도별 경선 일시, 선거인단, 후보자 득표 현황, 득표 순위, 선두 후보와 2위 후보, 시도별 지역경선 결과를 정리한 내용이다.

〈표 22-3〉 2002 민주당 국민경선제 시도별 경선일시, 선거인단, 후보자 득표, 득표순위, 선두 차점 후보자 현황

지역	일시	선거인단			노무현 (기호 2)			정동영(기호 3)			이인제(기호 5)			한화갑(기호 6)			김중권(1)		유종근 (7)		김근태 (4)	
		시도	누적	누적%	득표	순위	종합순위	득표	순위	종합순위	득표	순위	종합순위	득표	순위	종합순위	득표	순위	득표	순위	득표	순위
제주	3. 9	792	792	1.2	125	3	-	110	4	-	172	2	2	175	1	1	55	5	18	6	16	7
울산	3.10	1,424	2,216	3.36	298	1	1	65	5	-	222	3	2	116	4	-	281	2	20	6	10	7
광주	3.16	1,932	4,148	6.28	595	1	1	54	5	-	491	2	2	280	3	-	148	4	-	-	-	-
대전	3.17	1,876	6,024	9.12	219	2	2	54	5	-	894	1	1	77	4	-	81	3	-	-	-	-
충남	3.23	2,659	8,683	13.15	277	2	2	39	4	-	1,432	1	1	-	-	-	196	3	-	-	-	-
강원	3.24	2,224	10,907	16.52	630	1	2	71	4	-	623	2	1	-	-	-	159	3	-	-	-	-
경남	3.30	4,202	15,109	22.89	1,713	1	2	191	3	-	468	2	1	-	-	-	-	-	-	-	-	-
전북	3.31	2,974	18,083	27.39	759	1	2	738	2	-	710	3	1	-	-	-	-	-	-	-	-	-
대구	4. 5	3,401	21,484	32.54	1,137	1	1	181	3	-	506	3	2	-	-	-	-	-	-	-	-	-
인천	4. 6	3,528	25,012	37.89	1,022	1	1	131	3	-	816	2	2	-	-	-	-	-	-	-	-	-
경북	4. 7	3,859	28,871	43.73	1,246	1	1	183	3	-	668	2	2	-	-	-	-	-	-	-	-	-
충북	4.13	2,054	30,925	46.94	387	2	1	83	3	-	734	1	2	-	-	-	-	-	-	-	-	-
전남	4.14	3,274	34,199	51.80	1,297	1	1	340	3	-	454	2	2	-	-	-	-	-	-	-	-	-
부산	4.20	5,095	39,294	59.52	1,328	1	1	796	2	2	-	-	-	-	-	-	-	-	-	-	-	-
경기	4.21	12,606	51,900	78.61	1,191	2	1	1,426	1	2	-	-	-	-	-	-	-	-	-	-	-	-
서울	4.27	14,119	66,019	100	3,924	1	1	1,978	2	2	-	-	-	-	-	-	-	-	-	-	-	-
비고	* 전국대의원의회 대의원 2,230명과 인터넷 선거인단 1,750명은 지역별 경선에서 어떻게 표가 갈라졌는지 확인할 수 없으므로 선거인단 계산에서 제외하였음.																					

〈표 22-4〉 2002 민주당 국민경선제 시도별 지역경선

지역 경선	기간	선거인단		경선구도	판세분석 / 여론조사		이전 경선결과		이전 지역 경선 후 종합순위	중요한 지역경선	직전 경선에서 기대 이상으로 선전한 후보	TV 토론 횟수
		시도	합계		선두	2위	선두	2위				
경선 이전	1. 7 ~ 2. 23	-	-	7인 경쟁	이인제	노무현	-	-	-	-	-	1회
제주(3. 9)	2. 23 ~ 3. 11	00792	2, 216	7인 경쟁	이인제	노무현	-	-	-	-	-	4회
울산(3. 10)		01, 424										
광주(3. 16)	3. 12 ~ 3. 18	01, 932	3, 808	5인 경쟁	이인제	노무현	노무현	이인제	1. 노무현 / 2. 이인지 / 3. 김중권 4. 한화갑 / 5. 정동영 6. 유종근 / 7. 김근태	★	한화갑, 김중권	1회
대전(3. 17)		01, 876										
충남(3. 23)	3. 19 ~ 3. 25	02, 659	4, 883	4인 경쟁	이인제	노무현	이인제	노무현	1. 이인제 / 2. 노무현 / 3. 한화갑 4. 김중권 / 5. 정동영	-	노무현	2회
강원(3. 24)		02, 224										
경남(3. 30)	3. 26 ~ 4. 1	04, 202	7, 176	3인 경쟁	노무현	이인제	이인제	노구현	1. 이인제 / 2. 노무현 / 3. 김중권 4. 정동영	-	-	2회
전북(3. 31)		02, 974										
대구(4. 5)	4. 2 ~ 4. 8	03, 401	10, 788	3인 경쟁	노무현	이인제	노무현	이인제	1. 이인제 / 2. 노무현 / 3. 정동영	-	이인제	3회
인천(4. 6)		03, 528										
경북(4. 7)		03, 859										
충북(4. 13)	4. 9 ~ 4. 15	02, 054	5, 328	3인 경쟁	이인제	노무현	노무현	이인제	1. 노무현 / 2. 이연제 / 3. 정동영	-	-	2회
전남(4. 14)		03, 274										
부산(4. 20)	4. 16 ~ 4. 22	05, 095	17, 701	2인 비경쟁	노무현	정동영	노무현	이인제	1. 노무현 / 2. 이인제/ 3. 정동영	-	노무현	2회
경기(4. 21)		12, 606										
서울(4. 27)	4. 23 ~ 4. 29	14, 119	14, 119	2인 비경쟁	노무현	정동영	노무현	정동영	1. 노무현 / 2. 정동영	-	-	0회
		66, 019	66, 019									

〈표 22-5〉는 연구자가 후보자의 네거티브 캠페인 사용을 설명하는 캠페인 환경 가운데 후보자의 순위와 관련된 변인을 어떻게 코딩하는지를 안내하는 코딩지침서이다. 코딩지침서에 따르면 판세분석·여론조사결과 1·2위 후보, 직전 지역경선 1·2위 후보, 기대 이상으로 선전한 후보, 지역경선 종합순위 1·2위 후보에 관한 내용을 어떻게 코딩하는지 그 절차를 설명하고 있다. 앞서 제시한 〈표 22-3〉과 〈표 22-4〉의 내용을 참고하여 〈표 22-5〉에서 지시한 대로 코딩을 실시하면 된다.

〈표 22-5〉 후보자 순위 관련변인 코딩을 위한 지침서

11. 캠페인 메시지를 전파한 해당 후보자가 언론에 보도된 판세분석 / 여론조사결과 선두 후보인지를 확인한다(선두인 경우에는 '1'로, 그렇지 않은 경우에는 '0'으로 코딩한다). (20)
  0. 선두 후보 아님
  1. 선두 후보

12. 캠페인 메시지를 전파한 해당 후보자가 언론에 보도된 판세분석 / 여론조사결과 2위를 달리는 후보(차점자) 인지를 확인한다(2위 차점 후보인 경우에는 '1'로, 그렇지 않은 경우에는 '0'으로 코딩한다). (21)
  0. 2위 후보(차점자)가 아님
  1. 2위 후보(차점자)

13. 캠페인 메시지를 전파한 후보자가 바로 직전에 끝난 지역 경선에서 1위를 한 후보인지를 확인한다(직전 경선 결과 1위를 차지한 후보인 경우에는 '1'로, 그렇지 않은 후보는 '0'으로 코딩한다). (22)
  0. 1위 후보 아님
  1. 1위 후보
  9. 2002. 1. 7 ~ 3. 11일까지의 기사는 '9'로 코딩

14. 캠페인 메시지를 전파한 후보자가 바로 직전에 끝난 지역 경선에서 2위(차점자)를 한 후보인지를 확인한다(직전 경선 결과 2위를 차지한 후보인 경우에는 '1'로, 그렇지 않은 경우에는 '0'으로 코딩한다). (23)
  0. 2위 후보(차점자) 아님
  1. 2위 후보(차점자)
  9. 2002. 1. 7 ~ 3. 11일까지의 기사는 '9'로 코딩

15. 캠페인 메시지를 전파한 후보자가 직전에 실시된 지역 경선에서 기대 이상으로 선전했다고 언론에 의해 평가된 후보인지를 확인한다(기대이상으로 선전한 후보일 경우에는 '1'로, 그렇지 않은 후보자는 '0'으로 코딩한다). (24)

0. 그렇지 않음
1. 기대 이상으로 선전한 후보로 평가됨
9. 해당사항 없음
(2002. 1. 7 ~ 3. 11 / 3. 26 ~ 4. 1 / 4. 9 ~ 4. 15 사이에 보도된 기사는 여기에 해당됨)

16. 캠페인 메시지를 전파한 후보자가 분석대상 메시지가 보도된 현재 시점까지 이루어진 지역 경선의 종합순위에서 1위를 달리고 있는 후보인지를 확인한다(종합순위에서 1위를 달리고 있는 후보자의 경우 '1'로, 그렇지 않은 후보자는 '0'으로 코딩한다). (25)

0. 1위 후보 아님
1. 1위 후보
9. 해당사항 없음(2002. 1. 7 ~ 3. 11 사이에 보도된 기사는 여기에 해당됨)

17. 캠페인 메시지를 전파한 후보자가 분석대상 메시지가 보도된 현재 시점까지 이루어진 지역 경선의 종합순위에서 선두에 이어 2위를 달리고 있는 후보인지를 확인한다(종합순위에서 2위를 달리고 있는 후보자의 경우 '1'로, 그렇지 않은 후보자는 '0'으로 코딩한다). (26)

0. 2위 후보(차점자) 아님
1. 2위 후보(차점자)
9. 해당사항 없음(2002. 1. 7 ~ 3. 11 사이에 보도된 기사는 여기에 해당됨)

5) 신뢰도

신뢰도(*reliability*) 개념은 내용분석 연구에서 매우 중요하다. 내용분석이 객관적으로 이루어졌다면 측정과 진행절차 모두 신뢰할 수 있어야만 한다. 똑같은 분석대상에 대한 측정을 반복했을 때 그 결과가 일관적이라면 그 연구는 신뢰할 수 있다. 코더 간 신뢰도(*intercoder reliability*)는 동일한 코딩 지침에 따라 같은 분석대상(예, 신문기사, 광고물 등)을 코딩하는 독립된 코더 간의 일치의 정도를 의미한다.

코더 간 신뢰도를 계산하는 방법은 다양하지만 다음의 세 가지가 가장 빈번하게 사용된다. 먼저, 홀스티(Holsti, 1969)의 공식으로, 두 명의 코더가 코딩한 분석단위 가운데 코딩이 일치한 분석단위의 비율이 어느 정도인지의 차원에서 명목적 데이터(*nominal data*)의 신뢰도를 결정하는 데 사용된다. 홀스티 공식은 아주 쉽게 코더 간 신뢰도를 계산하는 장점이 있지만, 우연에 의해서 코더 간의 코딩이 일치하는 것을 제대로 고려하지 않았다는 비판을 받기도 한다. 공식은 다음과 같다.

$$\text{신뢰도} = \frac{2M}{N1 + N2}$$

* 설명 M: N1과 N2의 코딩이 일치한 수
N1: 코더 1이 코딩한 수
N2: 코더 2가 코딩한 수

스캇(Scott, 1955)은 홀스티의 공식이 갖는 단점을 고려하여 파이(*pi*) 지수를 개발했으며, 코더가 3명 이상일 경우에는 코헨(Cohen, 1960)의 카파(*kappa*) 공식을 사용한다. 이들 공식에 관한 자세한 내용은 관련문헌을 참조하기 바란다(Wimmer & Dominick, 2006). 코더 간 신뢰도 테스트 결과 보고는 다음과 같다(김춘식, 2008a).

> 연구자가 대학원생 코더 2명에게 내용분석 변인의 정의 및 구성개념 그리고 구체적인 코딩방법에 대한 교육을 실시했으며, 기사 50건을 제공하여 각자 개별 코딩을 실시한 후 코딩의 일치도 여부를 확인했다. 1차 코딩결과에서 불일치를 보인 진술문들에 대해서는 토의를 거쳐 개념을 숙지하고 코딩 교육을 다시 실시하였으며, 다른 기사 30건을 무작위로 표집하여 2차 코딩을 실시한 후 코딩의 일치도를 측정했다. 홀스티(Holsti, 1969) 공식을 이용하여 코더 간 신뢰도를 측정한 결과 20개 각각의 진술문은 91%~96%의 매우 높은 신뢰도를 얻었다. 2명의 코더들이 분석대상 기사의 절반씩을 코딩했으며, 코딩이 끝난 뒤 각 코더들로 하여금 처음 코딩을 실시했던 10%의 기사를 다시 코딩하도록 하여 코더 자신의 내적 일치도를 높이는 작업을 병행했다.

4. 사례논문

2007년에 실시된 제17대 대통령선거 기간 동안 실시된 세 차례의 대통령선거 후보자 합동토론회에서 후보자들이 어떤 캠페인 수사를 사용했는지를 알아보기 위한 연구의 경우 내용분석이 가장 적합한 연구방법이다. 캠페인 수사란 토론회에서 후보자 간한 언급이나 발언을 의미하며, 이 연구는 이러한 발언이 후보자 자신의 장점을 강조하는지 혹은 상대 후보의 부정적인 측면을 부각시키는지 혹은 상대 후보의 공격에 대한 반박 성격의 발언인지를 체계적인 내용분석 연구방법을 이용해 확인했다(김춘식, 2008b).[4] 이 논문의 주요 내용을 요약해서 소개한다.

1) 연구목적

이 글은 말과 이미지 그리고 제스처 가운데 언어적 메시지만을 분석대상으로 삼는다. 구체적으로 내용분석 연구방법을 통해 후보자가 어떤 목적을 위해 정치적 수사를 구사했는지, 그리고 후보자가 구사한 정치적 수사는 어떤 주제를 대상으로 했는지를 확인하고자 한다. 아울러 이 연구는 텔레비전 토론, 정치광고, 후보자 연설과 같은 정치캠페인에 나타난 후보자의 수사를 계량적으로 비교한 베노이트(Benoit, 2007)의 분석틀을 원용하여 2007년 12월에 실시된 제 17대 대통령선거 후보자들이 구사한 정치적 수사의 목적과 주제를 살펴본다. 베노이트는 후보자의 수사의 목적을 주장, 공격, 방어의 세 유형으로, 그리고 수사의 주제는 정책과 인간적 특성의 두 가지로 구분하여 역대 미국 대통령선거 캠페인에 나타난 후보자의 수사를 분석한 바 있다.

2) 문헌연구(관련변인 연구) 및 가설의 설정

전통적으로 선거과정에서 이루어진 후보자의 캠페인 담론을 분석한 선행연구는 메시지의 내용이 후보자 자신의 긍정적인 측면을 강조한 것인지 혹은 경쟁관계에 있는 상대 후보의 부정적인 측면을 부각시킨 것인지를 기준으로 수사의 목적 혹은 유형을 구분했다(Johnson-Cartee & Copeland, 1997; Kaid, 2004). 그런데 일부 학자는 텔레비전 토론과 같은 정치캠페인 담론은 후보자가 선거승리라는 특수한 목적을 성취하기 위해 의도적으로 생산한 메시지이고 그 자체가 매우 기능적(*functional*)이고 도구적(*instrumental*)이라고 주장한다(Benoit, 1999a; Benoit, 2007). 선거가 두 명 이상의 후보 가운데 누가 상대적으로 더 공직에 적합한 정치인인가를 비교하여 선택하는 과정이기

---

4) 연구자가 현재 작성중인 논문("2007년 대통령선거 텔레비전 토론에 나타난 후보자의 캠페인 수사 분석")의 일부를 발췌했다. 이 책의 목적은 학부생으로 하여금 정치 커뮤니케이션 메시지 내용분석의 진행절차에 대한 이해를 돕기 위한 것이므로 연구자가 논문작성에 참고한 관련문헌을 참고문헌 목록에 제시하지 않고 본문에만 저자명과 발표년도만 기록했다는 것을 분명히 밝힌다. 이는 가설의 설정이 임의로 이루어지는 것이 아니라 선행연구 결과에 근거하여 이루어진다는 것을 강조하기 위해서이다. 연구자가 참고한 관련문헌은 학술지에 투고한 논문에서 자세히 기술할 예정이다.

때문에 특정한 기준에 의거해서 자신이 상대방보다 더 선호할만한 인물이라는 것을 강조할 수밖에 없다는 것이 이들 주장의 논거이다(Popkin, 1994).

구체적으로 수사학자인 베노이트는 텔레비전 토론회에서 후보자가 구사한 수사의 기본적인 목적을 주장(*acclaim*), 공격(*attack*), 방어(*defense*)의 세 가지를 구분했다(Airne & Benoit, 2005a; Benoit & Airne, 2005; Benoit & Brazeal, 2002; Benoit & Curie, 2001; Benoit & Harthcock, 1999; Benoit & Klyukovski, 2006; Benoit & Sheafer, 2006; Benoit, Wen & Yu, 2007). 주장은 후보자 자신이 공직에 적합한 자라는 것을 강조하는 언급으로 자신의 상대적인 장점을 강조한다. 공격은 경쟁의 관계에 있는 상대 정당이나 후보가 집권에 적합하지 않은 정당이나 인물이라는 것을 부각시키기 위한 부정적인 언급이다. 공격은 유권자를 위협하여 두려움을 이끌어 낼 수 있기 때문에 매우 효과적인 수단으로 평가 받기도 한다(Meyer, 1996). 방어는 상대방의 공격에 대한 반응 혹은 반박과 관련이 있다. 설득적인 방어는 설득적인 공격에 대한 반응이며, 상대방의 공격이나 의혹 제기에 대항하여 이미지 혹은 평판을 회복하기 위한 시도이다. 베노이트는 이러한 분석틀을 이용하여 미국을 비롯한 다른 민주주의 국가에서 이루어진 텔레비전 토론에 나타난 후보자의 캠페인 수사의 목적을 분석한 바 있다.

기능 이론적 접근방법을 이용하여 대통령선거 텔레비전 토론에 나타난 후보자의 담론을 분석한 연구에 따르면 역대 토론의 경우 부정적인 담론보다는 긍정적인 담론이 더 많이 이루어졌다고 보고하고 있다. 이른 바 1960년 '대 토론회'(Nixon v. Kennedy)의 경우 후보자 자신의 장점을 강조하는 주장에 관한 언급이 49%로 절반에 가까웠고, 상대 후보를 공격하는 발언은 39%, 방어 목적의 발언은 12%였다(Benoit & Harthcock, 1999). 1988년의 토론(Bush v. Dukakis) 또한 주장(59%), 공격(33%), 방어(8%)의 순서로 주장이 차지하는 비율이 가장 높았다(Benoit & Brazeal, 2002). 주장의 비율이 가장 높다는 결과는 역대 부통령 후보 간의 토론(1976년, 1984~2004년)을 분석한 후속 연구의 보고(주장 57%, 공격 40%, 방어 2%)에서도 일관되게 확인되고 있다(Benoit & Airne, 2005).

미국의 경우 후보자 자신에 대한 긍정적인 발언이 상대 후보를 공격하는 발언보다 높은 비율을 차지하여 텔레비전 토론회가 상대적으로 긍정적인 차원에서 이루어졌다는 평가는 우리나라의 경우에도 그대로 적용된다. 1997년(긍정 61.3%, 공격 29.1%, 방어

9.6%)과 2002년(주장 61.6%, 공격 27.6%, 방어 10.9%)의 대통령선거 모두 후보자 자신의 장점을 강조하는 주장이 가장 높은 비율을 차지했다(김춘식 · 송종길 · 이민규 · 전영란, 2004; 김춘식 · 전영란, 2005).

가설 1. 2007년 제17대 대통령선거 텔레비전 합동토론회에 나타난 후보자의 캠페인 수사의 목적 가운데 후보자 자신의 장점을 강조하는 '주장'이 가장 빈번하게 등장할 것이며, 상대 후보의 공격을 반박하는 목적의 '방어'는 가장 낮은 비율을 차지할 것이다.

3) 연구방법

(1) 자료의 수집

헌법기관인 중앙선거관리위원회는 2007년 제17대 대통령 선거운동 기간 중에 대통합민주신당(이하 통합신당: 정동영), 한나라당(이명박), 민주노동당(이하 민노당: 권영길), 민주당(이인제), 창조한국당(문국현), 무소속(이회창)의 후보를 초청하여, 2007년 12월 6일, 11일, 16일 세 차례에 걸쳐 후보자 간 합동토론회를 개최했다. 이 연구는 중앙선거관리위원회가 발간한 합동토론회 녹취록을 내용분석함으로써 후보자의 정치 담론을 비교분석했다. 연구에 사용된 분석단위 현황은 〈표 22-6〉과 같다.

〈표 22-6〉 분석 단위 현황

단위: 건(%)

구 분		전 체	1차	2차	3차
전 체		2858(100)	986(34.5)	936(32.8)	936(32.8)
후보자	정동영	540(18.9)	190(35.2)	179(33.1)	171(31.7)
	이명박	475(16.6)	152(32.0)	167(35.2)	156(32.8)
	이인제	432(15.1)	149(34.5)	146(33.8)	137(31.7)
	권영길	521(18.2)	190(36.5)	158(30.3)	173(33.2)
	문국현	472(16.5)	158(33.5)	149(31.6)	165(35.0)
	이회창	418(14.6)	147(35.2)	137(32.8)	134(32.1)

(2) 분석유목: 수사의 목적

수사학자인 베노이트가 후보자의 캠페인 수사를 분석하기 위해 사용한 분석유목을 원용했다(Airne & Benoit, 2005a; Benoit & Airne, 2005; Benoit & Brazeal, 2002; Benoit & Harthcock, 1999; Benoit & Klyukovski, 2006; Benoit & Sheafer, 2006;Benoit, Wen & Yu, 2007). 구체적인 내용은 다음과 같다.

베노이트는 수사의 목적을 주장, 공격, 방어의 세 가지로 제시했다. 주장은 자신이 대통령에 적합한 인물이며, 대통령에 당선될 경우 자신이 추진할 일들에 대한 약속을 강조하는 긍정적인 언급을 의미한다. 가령, 특정 후보가 과거 자신의 정치적 활동 및 경력 혹은 특정 사건을 제시하며 자신의 긍정적인 측면을 강조하는 언급이 이에 해당된다.

> … 저는 경험이 있습니다. 미국을 설득해서 개성공단 만들었습니다. 김정일 위원장 설득해서 6자회담 재개시켰습니다. 미국과 북한 설득해서 9·19 공동성명 만들어냈습니다. …
>
> (정동영 후보 발언, 1차 토론회 中)

공격은 경쟁관계에 있는 정당이나 후보자가 대통령에 적합한 인물이 아니며, 상대 후보가 대통령에 당선될 경우 추진할 약속을 비판하는 부정적인 언급이다. 예를 들어, 후보자가 정확하게 검증되지 않은 사항이 마치 진실인 것처럼 발언하여 경쟁자를 공격하는 경우이다.

> … 시간과 그리고 모든 준비할 여건을 마련해 준 것밖에 더 됩니까? 북한이 핵실험을 했다는 것은 어마어마한 정세의 변화입니다. 정말 아까운 말씀이지만 호미로 막을 것을 가래로 막게 되는 어려운 상황을 만들어 낸 것입니다. 그런데 계속해서 평화고 김정일 위원장하고 잘 통한다는 말씀만 하시니까 답답합니다.
>
> (이인제 후보 발언, 1차 토론회 中)

방어는 상대방의 공격에 대한 반응 또는 반박에 관한 언급으로 후보자가 자신의 명성을 회복하려는 시도의 표현이다. 예를 들어, 사실을 제시하면서 상대후보의 공격의 내용을 반박하거나 인정하지 않는 발언이 이에 해당된다.

> … ○○○후보께서는 수능등급제를 아직도 시기가 빠르다고 그러는데 저는 수능등급제 하는 것을 안 된다고 했는데 질문을 그렇게 하셨습니다. …
>
> (이명박 후보 발언, 2차 토론회 中)

4) 연구결과

2,858건의 의미단락을 분석단위로 설정하여 내용분석을 실시한 결과 정동영, 이명박, 권영길, 이인제, 문국현, 이회창 후보 모두 소속 정당이나 후보자의 긍정적인 측면을 강조하는 주장(1,765건, 61.8%)이 가장 많았다. 공격(984건, 34.4%) 목적의 발언이 그 뒤를 이었으며, 방어(109건, 3.8%)의 비율이 가장 낮았다. 주장 목적의 발언이 가장 빈번했고 방어적 목적의 수사의 비율이 가장 낮다는 결과는 토론회 일시를 고려하여 1차, 2차, 3차로 나누어 분석한 경우에도 마찬가지였다. 후보자별로 살펴보면 수사의 목적 가운데 주장의 경우 문국현 후보(66.7%), 정동영 후보(66.3%), 그리고 이명박 후보(66.1%)의 비율이 비슷했고, 공격은 권영길 후보(43.2%) 그리고 방어는 이명박 후보(5.1%)가 다른 후보에 비해 상대적으로 더 높은 비율을 차지했으며, 통계적으로 유의미한 차이가 있는 것으로 나타났다(χ^2=47.477, $p < .001$) (〈표 22-7〉 참조).

시기별로 구분하여 분석해 보면, 후보자별 수사의 목적은 시기에 따라 차이가 있었다. 1·2·3차 토론회 모두 주장, 공격, 방어의 사용에 있어서 후보자별 순위가 일관적이지 않았다. 주장은 문국현 후보가 1차(70.9%)·2차(73.8%) 토론회 모두 다른 후보보다 높은 비율을 차지했다. 공격은 권영길 후보가 2차(44.3%)·3차(51.4%) 토론회에서, 방어는 이명박 후보가 1차(6.6%)와 3차(7.7%) 토론회에서 상대 후보보다 일관되게 높은 비율을 차지했다. 특히 이명박 후보의 경우 방어 목적의 수사의 비율은 1·3차 토론회 2차 토론회 사이에 현저한 차이가 있었다. 이는 1차 토론회는 검찰의 BBK 수사결과 발표 다음날, 그리고 3차 토론회는 이명박 한나라당 후보가 2000년 10월 17일 광운대학교 강연에서 'BBK를 설립했다'고 말한 동영상이 공개된 다음날 진행되었기 때문인 것으로 해석된다. 즉, 1·3차 토론회는 BBK 스캔들로 인해 이명박 후보에 대

〈표 22-7〉 후보자의 수사 목적

단위: 건(%)

수사 목적	전체			1차			2차			3차		
	주장	공격	방어	주장	공격	방어	주장	공격	방어	주장	공격	방어
정동영	358 (66.3)	161 (29.8)	21 (3.9)	112 (58.9)	69 (36.3)	9 (4.7)	128 (71.5)	44 (24.6)	7 (3.9)	118 (69.0)	48 (28.1)	5 (2.9)
이명박	314 (66.1)	137 (28.8)	24 (5.1)	104 (68.4)	38 (25.0)	10 (6.6)	112 (67.1)	53 (31.7)	2 (1.2)	98 (62.8)	46 (29.5)	12 (7.7)
권영길	279 (53.6)	225 (43.2)	17 (3.3)	119 (62.6)	66 (34.7)	5 (2.6)	85 (53.8)	70 (44.3)	3 (1.9)	75 (43.4)	89 (51.4)	9 (5.2)
이인제	270 (62.5)	152 (35.2)	10 (2.3)	90 (60.4)	54 (36.2)	5 (3.4)	100 (68.5)	43 (29.5)	3 (2.1)	80 (58.4)	55 (40.1)	2 (1.5)
문국현	315 (66.7)	138 (29.2)	19 (4.0)	112 (70.9)	44 (27.8)	2 (1.3)	110 (73.8)	35 (23.5)	4 (2.7)	93 (56.4)	59 (35.8)	13 (7.9)
이회창	229 (54.8)	171 (40.9)	18 (4.3)	80 (54.4)	62 (42.2)	5 (3.4)	85 (62.0)	45 (32.8)	7 (5.1)	64 (47.8)	64 (47.8)	6 (4.5)
χ^2값	χ^2=47.477***			χ^2=20.759*			χ^2=26.371**			χ^2=42.018***		

*p < .05, **p < .01, ***p < .001

한 타 후보들의 공격이 빈번했기 때문에 이명박 후보는 이에 대한 자신의 입장을 옹호하는 발언이 상대적으로 높은 비율을 차지한 것으로 추론된다.

5. 나오면서

내용분석 연구 결과만으로는 정치커뮤니케이션 메시지 내용이 수용자에 미치는 효과를 진술할 수는 없다. 가령, 대통령선거 기간 동안 신문과 방송에 보도되는 선거관련 뉴스를 분석해보니 지지율 조사에서 누가 앞서고 있는지 혹은 누가 뒤처지고 있는지와 같은 내용이 80%를 차지했다고 해서, 이러한 선거보도가 유권자로 하여금 선거를 마치 경마경기처럼 여겨 선거에 대한 무관심의 원인이 되고 있다고는 진술할 수 없다.

내용분석 연구의 가장 큰 장점은 새로운 후속 연구를 진행시킬 수 있는 자료를 제공한다는 점이다. 가령, 텔레비전 뉴스의 지배적인 내용과 주제는 텔레비전을 많이 이용하는 시청자 사이에 비슷한 정치적 태도를 조장한다는 배양이론(*cultivation theory*) 연구가 그러하다.

뿐만 아니라 내용분석 연구는 실험연구 결과를 실제 현실에서 검증하는 유용한 방법이기도 하다. 예를 들어, 앤솔라베헤어 등(Ansolabehere, Iyengar, Simon & Valentino, 1994)은 실험연구를 통해 부정 정치광고(*negative advertising*)에 노출된 유권자의 경우 투표 참가 의도가 5% 떨어진다는 결과를 발견했다. 이들은 상원의원 선거(1992년)가 열린 34개 주의 선거캠페인 톤이 상대적으로 부정적인 주에서 투표 참여자의 수가 유의미하게 감소했는지를 확인함으로써 이러한 결과를 검증했는데, 선거캠페인 톤이 부정적인지 혹은 그렇지 않은지는 언론의 선거보도 내용을 분석하여 결정했다.

최근 정치 커뮤니케이션 연구 분야에서는 하나의 연구방법보다는 두 개 이상의 연구방법을 함께 사용하여 정치 커뮤니케이션 현상을 설명하려는 시도가 늘고 있다. 가령, 선거 저널리즘 연구 영역에서 선거보도의 구체적인 내용을 분석한 후 전쟁이나 스포츠 분야에서 사용되는 어휘들이 선거보도에서 널리 사용되고 있다는 것을 발견했다면(내용분석), 왜 그러한 어휘들이 빈번하게 사용되는지를 기자들을 대상으로 한 심층 인터뷰(혹은 설문조사)를 통해 그 원인을 밝힐 수 있다.

지금까지 설명했듯이 내용분석은 미디어 연구 분야에서 가장 빈번하게 사용되는 연구방법이다. 일부 언론학자들은 내용분석 연구방법은 많은 시간과 노력을 필요로 하지만 실제의 분석결과는 변인 간의 인과관계를 설명할 수 없기 때문에 그다지 큰 매력이 없는 연구방법이라고 폄하하기도 한다. 연구방법은 연구자의 연구관심을 해결하는 도구적 성격이 강하므로 방법론 간에 어느 것이 뛰어난지 우열을 따지는 것은 학문의 발전을 위해 전혀 도움이 되지 않는다. 중요한 것은 자신의 연구 관심을 해결할 수 있는 가장 적합한 연구방법을 선택하는 것이다.

●○● 참고문헌

김춘식(1999), "정치광고의 시각적 표현에 관한 비교문화연구", 〈한국언론학보〉, 제44권 1호, 140~167.

김춘식(2004), "선거캠페인 환경변화와 후보자의 부정적 캠페인 사용", 〈한국언론학보〉, 제48권 6호, 343~369.

김춘식(2005), 《대통령선거와 정치광고》, 서울: 한국방송광고공사.

김춘식(2008a), "참여정부의 언론정책에 관한 뉴스 프레임 연구 : '취재지원시스템 선진화방안' 보도 분석을 중심으로", 〈한국언론학보〉, 제52권 2호, 303~327.

김춘식(2008b), "2007년 대통령선거 텔레비전 토론에 나타난 후보자의 캠페인 수사 분석", 미발표논문.

김춘식 · 양승찬 · 이강형 · 황용석(2005), "정치커뮤니케이션 연구의 동향과 쟁점 및 미래의 연구방향: 한국의 연구논문 현황 분석을 중심으로", 〈커뮤니케이션이론〉, 제1권 1호, 126~162.

김춘식 · 이강형(2007. 12. 6), "신문보도에 나타난 선거캠페인 관련 인용구 분석", 한국언론학회 · 한국언론재단 공동 주최 '17대 대통령선거 연속토론회: 온라인상의 선거관련 메시지 분석과 언론의 보도' 세미나.

2008 총선미디어연대(2008), 선거 관련 신문기사 '여론조사 보도'에 대한 '2008총선미디어연대' 모니터보고서.

Ansolabehere, S., Iyengar, S., Simon, A., & Valentino, N. (1994), "Does attack advertising demobilize the electorate?", *American Political Science Review* 88(4), 829~838.

Chaffee, S. H. (Ed.). (1975), *Political Communication*, Beverly Hills, CA: Sage.

Cohen, J. (1960), "A coefficient of agreement for nominal scales", *Educational and Psychological Measurement*, 20(1), 37~46.

Denton, Jr., R. E., & Woodward, G. C. (1990), *Political Communication in America*, New York, NY: Praeger.

Holsti, O. R. (1969), *Content Analysis for the Social Sciences and Humanities*, Reading, MA: Addison-Wesley Publishing Company.

Kaid, L. L., & Holtz-Bacha, C. (2008), *Encyclopedia of Political Communication*. Thousand Oks, CA: Sage publications.

Kerlinger, F. N. (1986), *Foundations of Behavioral Research*, New York: Holt, Rinehart, and Winston.

McNair, B. (2003), *An Introduction to Political Communication*, New York, NY: Routledge.

Scott, W. (1955), "Reliability of content analysis: The case of nominal scale coding", *Public Opinion Quarterly*, 17, 321~325.

Semetko, H. A. & Valkenburg, P. M. (2000), "Framing European politics: A content analysis of press and television news", *Journal of Communication*, 50(2), 93~109.

Wimmer, R. D. & Dominick, J. R. (2006), *Mass Media Research: An Introduction*, Belmont, CA: Wadsworth Publishing Company.

연습문제

1. 다음의 연구주제에 대한 내용분석의 경우 분석단위를 어떻게 정할 것인가?
   ① '한반도 대운하' 및 '광우병'에 관한 신문과 방송 그리고 인터넷의 보도 내용 비교
   ② 신문의 한 컷 만평 혹은 네 컷 만평에 나타난 대통령의 이미지 분석
   ③ 국회의원의 홈페이지 분석
   ④ 언론에 나타난 정부의 언론관(대 언론정책) 분석
   ⑤ 언론에 나타난 정부의 북한관(대 북한정책) 분석

2. '한반도 대운하'에 대한 언론의 보도내용을 분석할 경우 연구문제(혹은 가설), 모집단 및 표본집단, 분석단위를 어떻게 선정할 것인지에 대해 고민해 보자.

3. 대통령선거, 국회의원선거, 지방선거 등을 대상으로 언론의 선거보도 내용을 비교해 보자. 정당이나 후보자의 정책 비교와 정당(후보자)의 당선가능성 가운데 어느 쪽에 더 많은 관심을 두고 보도하는지를 확인해보자. 특히 분석유목을 설정하는 과정에서 귀납적 접근방법을 채택할 것인지 혹은 연역적 접근방법을 채택할 것인지를 검토한 후 연역적 접근방법을 채택한다면 어느 학자의 어떤 유목을 채택할 것인지를 고민해보자.

4. 소유구조와 논조에서 분명한 차이를 보이고 있는 조선일보와 한겨레를 대상으로 이들 신문들이 정부의 미국산 쇠고기 수입으로 야기된 '광우병'을 둘러 싼 사회적 갈등을 어떠한 시각에서 바라보는지를 비교해보자.

5. 4번 주제에 관한 내용분석을 진행하는 과정에서 코더 간 신뢰도(*intercoder reliability*)를 계산해보자.

제 23 장

PR 조사연구

이 유 나

이 장에서는 PR 조사연구의 역사에 대한 논의를 시작으로, 앞장에서 다루어진 연구방법들이 PR 업계와 학계에서 어떻게 활용되고 있는가에 대해 살펴본다. 업계에서의 조사연구는 PR 효과 측정방법을 중심으로 하여 논의가 전개된다. 학계에서의 조사연구에 대한 논의는 상황이론, 4 모형 이론 등 고전적인 이론들과 최근 각광을 받고 있는 관계경영이론 등에 대한 소개를 통해 이루어 진다.

주요 용어: 형성적 연구, 평가적 연구, 미디어 내용분석, 광고등가가치(AVE), 조직-공중 관계성(OPR), ROPE 모델, PR

1. PR의 정의 및 PR 조사연구의 역사

PR(*Public Relations*)은 광고나 마케팅에 비해 역사가 짧은 응용 사회과학 분야로, 20세기 후반에 와서야 전문적인 영역으로 인정받기 시작하였다. PR이라는 분야는 과거 단순한 언론대행업 내지는 이벤트 프로모션 정도로 이해되어 온 것이 사실이다. 그러나 PR의 영역이 확장되면서, 일방적인 설득행위라는 편협한 시각에서 벗어나 PR 기능이 재정의되고 있다. 예를 들어 보탄과 헤이즐턴(Botan & Hazelton, 1989)은 PR을 "커뮤니케이션 관리를 통해 조직을 둘러싼 환경에 적응하거나 환경을 변화, 유지시켜 조직의 목적을 달성하도록 하는 경영 기능"이라고 정의하였다. PR 학자인 커틀립, 센터,

브룸(Cutlip, Center, & Broom, 2000)은 PR을 "조직과 조직의 성패를 좌우하는 공중 간에 서로 이득이 되는 관계를 세우고 유지하는 관리 기능"이라고 정의하였다.

조직의 공중들과 커뮤니케이션하기 위해 PR 실무자들은 다양한 기술과 방법을 사용하는데, 일반적으로 보도자료, 소책자, 사보, 이메일 등 글쓰기가 업무의 상당부분을 차지한다. PR 실무자들은 영상 보도자료, 홍보 비디오, 웹사이트 등 시각자료 제작 외에도 기자회견, 기자 간담회, 공청회, 등 대인적인 커뮤니케이션의 기획과 수행을 담당하게 된다. 오늘날, 실무자들은 이러한 PR활동이 조직의 목적달성에 실제로 얼마나 기여했는가를 증명할 것을 요구받고 있으며, 이에 따라 조사연구의 중요성도 지속적으로 강조되고 있는 추세이다.

엄밀히 따지고 보자면, 사회과학적 연구방법이 PR에 도입되기 시작한 것은 제1차 세계대전과 제2차 세계대전 전후이다. 이 시기에 사회과학적 개념과 연구방법을 이용한 공중설득이 PR의 새로운 목적으로 대두되었던 것이다. 특히 미국은 전쟁 선전을 유도하는 과정에서 대중의 태도나 의견 조사에 바탕을 둔 매스 미디어 전략으로 큰 성과를 보게 되었으며, 이러한 사회과학적 방법을 PR에 적극적으로 적용하기 시작하였다. 에드워드 버네이즈(Edward Bernays)는 사회과학적 방법을 PR에 적용하기 시작한 인물로, 1차 대전 당시 국가차원의 전쟁 선전기구에서 일한 경력을 가지고 있었다. 그는 조사연구를 통해 공중의 지각, 태도, 행동을 분석하여 그들의 동의를 얻어내는 것을 PR이라고 보았으며 자신의 경험을 바탕으로 "여론의 결정화(*Crystalizing Public Opinion*)"라는 PR 최초의 교과서를 저술하기도 했다. 월터 린덴만 (Walter Lindenmman)은 버네이즈와 더불어 리서치의 중요성을 PR 영역에서 강조하고 실천한 인물로 평가받고 있다. 특히 그는 2000년 은퇴 전까지 미국 유수의 PR 대행사인 케첨 PR(Ketchum Public Relations Worldwide)에서 13여 년 동안 조사연구팀을 이끌어 왔으며 업계에서 리서치를 전략적 PR의 필수적 요소로 받아들이는 데 기여한 것으로 알려져 있다.

2. PR 영역에서의 조사연구의 역할

1) PR 커뮤니케이션 관리과정 이해하기

PR에서의 리서치를 논하기에 앞서 우선 PR 커뮤니케이션 프로그램의 일반적인 과정에 대한 이해가 필요하다. PR 커뮤니케이션은 조직과 이를 둘러싼 공중들이 서로의 행동이나 의사결정으로 인해 영향을 받을 때 시작된다고 볼 수 있다. 단적인 예를 들어 한 기업이 제품을 생산하는 과정에서 오염 물질을 하천으로 배출시켜 환경에 위해를 가하게 되면, 그 주변에 거주하는 지역주민 (공중)은 이로 인한 직접적인 영향을 받게 된다. 또한 지역 거주민은 아니더라도 원거리의 환경단체가 이러한 사실에 대해 알게 되면 해당 기업의 비윤리적인 행위 시정을 시위나 미디어 접촉 등의 방법을 사용해 요구할 수 있다. 이렇게 되면 해당 기업은 공중의 행위에 의해 영향을 받게 되며, 조직과 공중 간에 커뮤니케이션이 필요해지는 것이다. 조직에게 있어 이러한 PR 문제가 발생될 때, PR 실무자들이 이를 해결하기 위해 전략 및 전술을 수립하고 실행하는 과정이 PR 캠페인 또는 프로그램인 것이다.

일반적으로 PR 커뮤니케이션 관리과정은 ROPE(*Research, objective, planning, and evaluation*) 모델로 설명된다(Hendrix & Hayes, 2007). 조사연구(*Research*) 단계에서는 당면 문제를 규명하기 위해 정보를 수집하고 분석하게 된다. 내외부 환경적 요인에 대한 조사, 조직이 직면하고 있는 도전요인, 기회요인, 강점, 약점 등에 대한 면밀한 검토가 이루어지게 된다. 또 해당 문제로 인해 가장 영향을 받는 공중은 누구인지, 혹은 목표 공중이 누구인가에 대한 분석을 하게 된다. 목표(*objective*) 단계에서는 조사연구를 통해 도출해 낸 결과물을 토대로 구체적인 목표를 설정하고, 계획(*planning*) 단계에서는 전 단계에서 수립한 목적과 목표에 따라 전략과 전술을 세우고 실행하는 것을 의미한다. 평가(*evaluation*) 단계에서는 제시했던 목표를 PR 프로그램이 어느 정도로 달성했는가를 측정하고 평가하는 것이다.

사실, 조사연구는 이러한 PR의 4단계에 걸쳐 지속적으로 진행이 된다고 해도 과언이 아니다. 문제 규명을 위해 리서치 단계에서 서베이 연구를 할 수도 있지만, 목표단계에서도 효과적인 목표의 설정을 위해 목표 공중의 캠페인 실시 이전 태도나 의견에 대한 조사를 수행할 수도 있는 것이다. 또 계획 단계에서는 제시한 전략이나 전술이 효과적인가를 검증해 보기 위한 서베이 연구나 인터뷰 연구 등을 진행할 수 있다. PR 과정에 따라 조사연구의 유형이 구분되기도 하며, 이에 대한 자세한 논의를 다음 절에서 살펴보자.

2) PR 조사연구의 유형

패블릭(Pavlik, 1987)에 따르면 PR에 있어 조사연구는 세 가지로 나뉠 수 있다. 첫 번째는 응용연구로 실제적인 PR 문제해결을 위한 연구를 말하며, 둘째는 기초연구로서 PR과정에 대한 이론형성을 위해 진행되는 연구를 지칭한다. 셋째는 내성적 연구로 PR 직업 그 자체를 고찰하는 것이다.

응용연구는 다시 전략연구와 평가연구로 나뉘며, 전략 연구는 주로 캠페인이나 프로그램 개발에 사용된다. 평가연구란 PR 프로그램의 효율성을 판단하기 위해 진행되는 것이다. 업계에서 진행되는 연구는 주로 이러한 응용연구에 해당되며, 학계에서 진행되는 연구는 많은 경우 기초연구 및 내성적 연구로 분류된다고 볼 수 있다.

이 외에도 PR 프로그램 진행단계에 따라 리서치를 구분하기도 한다. 프로그램을 계획하기 위해 사전적인 성격으로 진행되는 연구를 형성적 리서치(*formative research*)로, PR 프로그램이 종료된 후 실행되는 연구는 평가적 리서치(*evaluative research*)로 분류할 수 있다.

특히 PR 프로그램의 효과를 측정하기 위한 조사연구는 학계와 업계 모두가 지대한 관심을 갖는 응용연구 분야이다. 기업들은 점점 더 PR에 투입된 예산과 인력에 대한 회수율(*Return On Investment*: ROI)을 제시할 것을 요구하고 있기 때문이다. PR 의 궁극적인 목표는 대부분 유형적 자산의 증대보다는 명성, 우호적인 관계, 이미지, 등 무형 자산의 증진인 경우가 많다. 이렇듯 가시적이지 않은 것을 측정하기란 매우 어려운 일이다. PR학자 및 실무자들은 무형자산의 측정을 위해 많은 노력을 기울여 왔다. 다음 절에서는 이러한 PR 효과 측정에 대해 살펴보겠다.

(1) PR 효과 측정

구체적이고 명확한 PR 목표(*Objective*)의 설정은 PR 효과 측정을 위해 선결되어야 하는 작업이다. 즉, 프로그램을 통해 얻고자 하는 기대효과를 구체적으로 제시하고 사후에 이 목표치를 비교대상으로 삼아야 한다는 것이다. PR 목표는 크게 두 가지 유형으로 나뉜다.

첫째는 산출목표(*output objective*)로, 이는 단기적인 차원에서 비교적 즉시 측정이 가능한 것이다. 기사의 수, 방송 노출도, 기자 회견횟수, 등등 기술적인 커뮤니케이션 산물의 빈도를 측정하는 것이다. 과거 PR은 이러한 산출 목표치의 달성에 의지해 PR의 효과성을 주장하였다. 산출 목표는 여전히 중요한 효과 측정의 척도이며, 기본적으로 제공되어야 할 평가 항목으로 간주되고 있다. 둘째는 결과목표(*outcome objective*)로, 이는 보다 장기적인 차원에서 측정 가능한 것이다. 결과목표란 PR 프로그램을 통해 실제로 일어난 변화의 양에 대한 것이다. 즉, 대상 공중이 프로그램에 노출됨으로 인해 어떠한 변화를 경험하였는가를 고찰하는 것이다.

① 산출 목표(*Output Objective*)

산출 목표의 평가척도를 개발하는 데 많은 학자와 실무자들은 노력을 기울여 왔으며 아래는 몇 가지 대표적인 측정방법 들이다.

가. 미디어 내용분석

PR에서 가장 빈번히 이용되는 조사 방법은 내용분석이라고 할 수 있다. 예를 들어 고객 기업의 신상품에 대한 언론 보도의 횟수는 어떠한지, 긍정적인 기사였는지, 의도했던 핵심 메시지는 제대로 전달되었는지, 등을 살펴보는 것이다. PR 대행사마다 조금씩 다른 보도 평가기준을 가지고 있지만, 대부분 논조, 보도의 빈도, 전달된 메시지의 질, 경쟁사와의 비교, 등을 사용한다.

나. 광고 등가가치(*Advertising Value Equivalency*: AVE)

AVE 는 같은 지면을 광고를 내기 위해 구매했을 때 드는 비용을 사용해 PR 보도의 가치를 측정하는 방법이다. 예를 들어 월간 잡지에 3cm 짜리 지면을 구입하는 데 드는 비용이 100,000원일 경우, 이 잡지에 보도자료가 픽업되어 기자가 15cm 짜리 기사를 썼을 경우 총 500,000원의 금전적 가치를 지닌다는 것이다.

그러나 최근 들어 이러한 측정 방법에 대한 많은 문제점이 제기되고 있으며 점점 그 사용빈도가 낮아지고 있다. 왜냐하면, 광고와 PR 보도기사는 근본적으로 그 성격이 다르기 때문이다. 광고는 광고주가 금전을 지불하고 구매하는 것인 만큼 내용의 통제가 쉽고 공중의 신뢰도는 상대적으로 낮다. 그러나 PR 보도자료의 경우 편집권이 매체에 있어 내용의 통제가 어려운 반면 공중의 기사에 대한 신뢰도는 높을 수 있다. 따라서 PR 보도자료의 가치가 과소평가 될 수도, 혹은 과대평가될 수도 있기 때문이다.

다. 기타

웹사이트 트래픽, 이벤트 참가자의 수, 우편 회신율 등도 산출을 평가하는 측정치로 사용된다.

② 결과 목표 (*Outcome Objective*)

PR프로그램을 통해 의도하는 결과 목표에는 네 가지 유형이 있다. 인지도(*awareness*), 이해도(*comprehension*), 태도(*attitude*), 행동(*behavior*) 목표가 그것이다. 대상 공중이 프로그램을 통해 이전에 모르던 것에 대해 알도록 하는 것이 인지 목표이며, 이해 목표는 대상 공중이 이슈나 조직, 새로운 상품이나 서비스 등에 대해 단순히 인지하는 것을 넘어 올바르게 이해하도록 하는 것에 주안점을 두는 것이다. 태도 목표는 대상공중이 PR 프로그램에 노출됨으로 인해 무엇인가에 대해 신념이나 확신을 갖도록 하려는 것을 지칭하며, 행동 목표는 대상 공중이 프로그램을 접함으로 인해 실제적인 행위를 하도록 유도하는 것에 주안점을 두는 것이다.

이러한 결과 목표의 달성을 평가하기 위해서는 사전, 사후 조사가 필요하다. 즉, 프로그램 실행 전의 공중의 상태와 실행 후의 상태를 비교해야 하는 것이다. 결과 목표의 평가를 위해서는 주로 설문조사 방법이 사용된다. 이는 정형화된 질문지를 사용하기 때문에 사전-사후 결과의 비교가 용이하기 때문이기도 하다. 그러나 변화상태에 대한 심화된 정보가 요구될 경우, 집단 심층면접(*Focus Group Interviews*)나 일대일 심층면접 등 정성적인 연구방법이 사용되기도 한다.

예를 들어 한 정부 기관이 새로운 원자력 발전소를 세우는 과정에서 지역 주민의 지지를 얻어내고자 한다고 가정하자. 이에 대한 커뮤니케이션 프로그램을 부탁받은 PR 대행사는 우선 지역 주민의 원자력 발전소에 대한 기존 의식이나 태도를 조사하기 위해 설문조사를 진행할 것이다. 또 지역 의견선도층을 섭외하여 그들의 의견을 일대일 면접을 통해 알아보기도 하고 또는 지역 학교의 학부모 층을 대상으로 집단 심층 면접을 실시할 수도 있을 것이다.

연구 결과를 종합해 본 결과, 지역 주민의 대부분이 원자력 발전소에 대한 두려움을 가지고 있으며 정확히 어떠한 위험이 존재하는지 알지 못하며 혹은 근거 없는 오해를 하고 있다는 사실을 발견했다고 하자. 그렇다면 PR 대행사는 이러한 사실을 토대로 PR 커뮤니케이션 프로그램의 1차적인 목표로 주민의 원자력에 대한 이해의 증진(이해 목표)을 설정할 것이다. 또한 2차적으로는 1단계 목표의 추진과 함께 원자력에 대한 태도를 우호적인 방향으로(태도 목표) 변화시키는 것을 제안할 것이다.

또한, 전략과 전술을 수립하는 과정에서 설문을 실행해 본 결과, 주민의 대부분이 인터넷을 원자력에 대한 정보원으로 사용하고 있다는 사실을 확인하고, 이에 맞게 커뮤니케이션 채널을 설정할 것이다. 또한 캠페인에 사용할 핵심 메시지를 도출해 내고 이 메시지가 어느 정도로 설득력이 있는가를 지역 주민 집단 심층 면접 등을 통해 알아볼 수 있을 것이다.

일련의 프로그램이 종료된 후, 실무자는 역시 설문조사나 심층면접 등의 방법을 사용해 주민의 원자력에 대한 이해도가 어느 정도로 증진되었는지, 또 원자력에 대한 태도가 우호적으로 변화하였는지를 검증해 볼 것이다. 이처럼, 조사연구는 PR 커뮤니케이션의 전 과정에 걸쳐 실시되는 것이다. 전략적인 PR과 주먹구구식 PR의 차이는 이러한 조사연구의 활용에 있다고 하겠다.

(2) PR학계에서의 조사연구

앞서의 장에서는 주로 PR 실무에서 조사연구가 어떻게 활용되는가에 대한 논의를 다루었다. 그럼, 학계에서는 어떠한 조사연구가 이루어지고 있는가를 알아보자. Pavlik이 제시한 조사연구 유형에 따르면 학계에서 이루어지는 연구는 기초연구 혹은 내성적인 연구에 해당되는 것이 대부분이라고 할 수 있다.

업계에서의 조사연구가 주로 PR 프로그램의 효과를 입증하기 위해 수행된다면, 학계에서는 PR 영역 고유의 지식 체계와 철학적 기반을 형성하기 위해 조사연구를 실행하는 것이라고 할 수 있다. 이러한 작업은 PR 실무자 혹은 업계가 전문직의 위상을 확립하고 발전하는 데 기여한다. 만일 PR 현상에 대한 이론화 작업이 없다면, PR 실무자가 하는 일은 그저 의미 없는 바쁜 일로 치부되고 말 것이다. 왜 PR 커뮤니케이션이 중요하고 필요한 것인지, PR이 기업 혹은 더 나아가 이 사회에서 어떤 기여를 하는지 등의 문제를 놓고 고민을 하는 것이 학자들의 몫이라고도 표현할 수 있겠다. 학계에서는 제반 PR 현상에 대해 관심을 가지며, 여러 가지 요소들을 개념화하고 이를 실증적으로 측정하기 위해 여러 가지 방법론을 사용한다.

앞서 논의된 바, 실무에서와 마찬가지로 PR 효과 측정의 문제는 학자들에게 주어진 대과제이다. 왜냐하면, 이는 곧 PR 기능의 존재가치를 입증하는 일과 직결되어 있기 때문이다. 이 외에도 PR 커뮤니케이션의 주체, 혹은 객체가 될 수 있는 공중, 커뮤니케이션 전략 등은 학계에서 주로 다루어지는 주제이다. 각각의 주제에 대해 간략히 살펴보자.

PR 학자들은 그동안 인구통계학적 특성이나 소비행태가 아닌 이슈를 중심으로 모이는 공중들을 세분화하는 문제를 해결하기 위해 노력해 왔다. 예를 들어 그루닉(Grunig, Grunig, & Dozier, 2002) 등은 상황이론(*situational theory*)을 개발하고 연구하였다. 그들은 공중을 특정 이슈에 대한 문제의식을 공유하는 한 사람 이상의 집단으로 규정하였다. 또 연구를 통해 개인의 이슈에 대한 관여도, 문제 인지도, 제약인식의 고저에 따라 이들이 각기 다른 공중 유형(활동적 공중, 잠재적 공중, 단일이슈 공중 등)으로 분류될 수 있음을 보여주었다. 이러한 공중 분류는 실무자들이 보다 효과적인 커뮤니케이션 전략을 세우는 데 도움을 줄 수 있다는 점에서 그 유용성을 인정받았다. 또 효과적인 PR 을 실무적, 프로그램적, 조직적 차원에서 평가하기 위한 우수이론(*excellence theory*)도 PR 영역의 발전에 기여를 한 것으로 간주되고 있다. 이 외에도 동일한 문제나 이슈에 대한 공중과 조직의 서로 다른 의견이나 태도 사이의 간극을 이해하기 위해 정향이론(*coorientation theory*) 등을 PR학 조사연구의 대표적인 성과물이라고 할 수 있다.

PR의 4모형 이론은 조직의 각기 다른 PR 커뮤니케이션 전략을 기술하기 위해 개발된 것이다. 그루닉과 헌트(Grunig & Hunt, 1984)에 의하면 커뮤니케이션의 목적과 방향에 따라 일방향 모형과 쌍방향 모형으로 나눌 수 있다고 설명한다. 일방향 모형에는 언론대행 모형, 공공정보 모형이 속한다. 쌍방향 모형에는 쌍방향 균형, 쌍방향 불균형 모형이 포함된다.

언론대행 모형은 수단과 방법을 가리지 않는 일방적인 선전의 형태를 띠는 PR 커뮤니케이션 전략이다. 공공정보 모형은 진실된 정보의 확산을 목적으로 일방향적인 커뮤니케이션 형태를 지칭한다. 쌍방향불균형 모형은 조사연구를 통해 공중의 지각, 태도, 행동을 분석하여 그들이 조직의 입장을 수용하도록 설득하는 것을 목적으로 항 경우를 말한다. 쌍방향균형 모형은 쌍방향 불균형 모형의 뒤를 이어 발전된 형태로, 주로 조직이 원하는 방향으로 설득을 전개하는 것을 목표로 하던 PR과 달리, 공중과 조직 간의 상호이해의 도모를 그 목적으로 하는 PR을 지칭한다. 그루닉과 그 동료들은 4모형을 측정하기 위한 도구 개발을 하였으며, 반복적인 연구를 진행해 왔다. PR 영역에서 4 모형은 고전적인 이론으로 간주되고 있으며 최근 들어 모형의 발전적인 계승을 위한 연구들이 속속 등장하고 있다(김영욱, 2003).

최근에는 PR을 커뮤니케이션 메시지를 통한 공중 여론의 조작 또는 설득의 기능이 아닌 "상징적 메시지 및 조직의 행동 관리를 통해 상호 우호적인 관계를 촉발, 형성, 유지시키는 기능"(Ledingham & Bruning, 1998, p. 87)으로서 재정의하고 있다. 이는 효과적인 PR을 조직-공중 간 관계의 질을 증진시킬 수 있는 커뮤니케이션 전략을 기획하고 수행하는 활동으로 보는 것이다. 이러한 관계경영관점은(*relationship management perspective*) 특히 구체적으로 PR 효과를 개념화하고 이를 측정할 수 있는 방법을 제안했다는 점에서 인정받고 있다.

브룸과 그의 동료들은(Broom, Casey, &, Ritchey, 2000) 조직-공중 간 관계(*Organization-public relationship*, 이하 OPR)를 다음과 같이 정의하였다. "OPR은 조직과 공중간의 상호작용, 교환, 연결 등의 패턴이다"(p. 18). 레딩햄과 브루닝은(Ledingham & Bruning, 1998) OPR을 "조직과 그 핵심 공중 상호간에 경제적, 사회적, 정치적, 그리고 문화적 이득을 제공하고, 상호 우호감이 존재하는 상태"(p. 62)라고 정의하였다.

현재 많은 학자들이 조직-공중관계의 질을 측정하기 위한 다양한 시도를 하고 있다. 레딩햄과 브루닝(Ledingham & Bruning, 1998)은 신뢰, 개방성, 관여, 투자, 헌신이 조직-공중 간 관계의 질을 구성하는 차원들이라고 주장하였다. 그루닉과 후앙(Grunig & Huang, 2000)은 신뢰, 상호주도권, 헌신, 만족의 네 가지 OPR 차원을 제시하였다.

신뢰는 상대방에 대한 확신의 정도와 자신을 상대에게 개방하고자 하는 의지의 정도를 나타내는 차원이며, 상호주도권은 서로 누가 더 관계에서 주도권을 지니는가에 대한 합의를 나타내는 차원이고, 헌신은 서로 관계를 유지하기 위해 드는 노력이나 에너지를 투자할 가치를 느끼는 정도를 나타내며, 만족은 서로 관계에 대한 긍정적인 기대가 재확인되어 느끼게 되는 호감의 정도를 나타내는 것이라고 설명하고 있다. 조직-공중 간 관계관리의 성공여부, 혹은 PR 커뮤니케이션의 성공여부는 결국 조직과 공중이 서로 신뢰하는 정도, 상호주도권에 대한 합의의 정도, 헌신, 만족의 정도에 따라 판단할 수 있다는 것이다.

관계성 개념은 대인관계의 중요성을 강조하는 사회적 문화를 가진 아시아권 국가의 PR활동을 이해하는 데 유용한 개념이라고 볼 수 있다. 한국에서도 이러한 OPR개념을 적용한 다수의 연구들을 찾아볼 수 있다. 한국 학자들은(김영욱, 2003; 김충현 · 오미영, 2003; 한정호, 2000 등) 기업 이미지, 도시 이미지, 소비 만족도, 충성도와 같은 변인들과 OPR 차원들과의 관계 등을 조사하였으며, 한국의 PR활동을 이해하는 데 OPR개념을 적용할 수 있음을 밝혀내었다.

과거 단순한 기술적 통계나 상관관계를 보는 것에 머무르던 PR학 연구는 이제 보다 진보된 통계분석방법을 도입하여 이론적 진보를 이룩하고 있다. 예를 들어, 관계성 척도 연구에서는 탐사요인분석, 확인적 요인분석, 구조방정식모형 분석 등 보다 정교한 통계기법이 사용되고 있다. 사실 이제까지의 PR학 연구는 주로 정량적인 연구방법에 의존해 왔다. 그러나 심화된 이론의 개발이나 기존 이론의 발전을 위해서는 보다 적극적으로 정성적인 연구방법을 도입할 필요성이 있음을 많은 학자들이 역설하고 있다.

3. 나오면서

본 장에서는 책 전반에 걸쳐 다루어진 조사연구방법들이 어떻게 PR 영역에서 활용이 되고 있는가를 업계와 학계로 나누어 살펴보았다. PR 실무영역에 있어 조사연구는 타깃 공중의 이해, 중요 쟁점의 발견, 인력과 자금의 전략적-효율적 배치, 의도하지 않은 효과의 방지, 평가의 기준 제공 등을 목적으로 실행된다. 또 PR 학문영역에서는 PR이라는 기능이 전문직으로서 확립되고 확장되기 위한 개념적-철학적 토대를 제공하기 위해 조사연구가 실시되고 있다고 할 수 있다. PR은 응용사회과학의 한 분야로서,

사회과학 전반에서 사용되고 있는 다양한 연구방법이 적용되고 있음을 본 장에서는 확인하였다.

앞서 밝혔듯, PR은 광고나 마케팅에 비해 아직 그 역사가 짧고 전문영역으로서의 위상이 완전히 확립되지 않은 신생 분야이다. PR 영역의 도약과 발전을 위해서는 업계나 학계 공히 체계적인 조사연구를 토대로 한 프로그램 계획과 평가 및 이론 개발이 필요하다고 하겠다. 또한, 미래의 PR 전문가를 희망한다면 사회과학 조사연구방법론에 대한 충분한 사전지식과 기초적인 기술을 배양할 필요가 있다.

●○● 참고문헌

김영욱(2003), 《PR커뮤니케이션》, 이화여자대학교 출판부.

김충현·오미영(2003), "조직 공중관계성과 이미지의 관계", 〈한국언론학보〉, 47(2), 78~106.

한정호(2000), "방송사의 공중 관계성(*Public relationship*) 측정 시수의 개발에 관한 연구", 〈홍보학 연구〉, 4(2), 101~132.

Botan, C. & Hazelton, V. (1989), *Public Relations Theory*, Mahwah, NJ: Lawrence Erlbaum.

Broom, G., Casey, S., & Ritchey, J. (2000), "Concept and theory of organization-public relationships", In S. Bruning & J. Ledingham (Eds.), *Public Relations as Relationship Management: a Relational Approach to the Study and Practice of Public Relations*, Mahwah, NJ: Lawrence Erlbaum, 3~21.

Bruning, S. & Ledingham, J. (1999), "Relationship between organizations and publics: Development of a multi-dimensional construct", *Public Relations Review*, 25(2), 157.

Cutlip, S. Center, A. & Broom, G. (2000), *Effective Public Relations*(8th Ed.), Upper Saddle River, NJ: Prentice Hall.

Grunig, L., Grunig, J. & Dozier, D. (2002), *Excellent Public Relations and Effective Organizations: A Study of Communication Management in Three Countries*, Mahwah, NJ: Lawrence Erlbaum.

Grunig, J., & Huang, Y. (2000), "From organizational effectiveness to relationship indicators: Antecedents of relationships, public relations strategies, and relationship outcomes", In J. Ledingham, & S. Bruning (Eds.), *Public Relations as Relationship Management: A Relational Approach to the Study and Practice of Public Relations*, Mahwah, NJ: Lawrence Erlbaum, 23~53.

Grunig, J., & Hunt, T. (1984), *Managing Public Relations*, Orlando, FL: Harcourt Brace Jovanovich College Publishers.

Hendrix, J. & Hayes, D. (2007), *Public Relations Cases*, Belmont, CA: Thomson.

Ledingham, J. A., & Bruning, S. D. (1998), "Relationship management in public relations: Dimensions of an organization-public relationship", *Public Relations Review*, 24(1), 55~65.

Pavlik, J. (1987), *Public Relations: What Research Tells Us*, Newbury Park, CA: Sage.

•○• 연습문제

1. PR 조사연구 유형을 분류하는 데는 여러 가지 기준이 있다. Pavlik이 제시하였던 조사연구 유형에는 어떤 것이 있었는지 기술하고 간단히 설명하시오.

2. PR 효과를 측정하는 데 있어 선결되어야 하는 것이 명확한 목표의 설정이었다. PR에 있어 목표의 유형에는 어떤 것이 있으며 그 개념적 차이는 무엇인지에 대해 논하시오.

3. 광고등가가치 (AVE) 란 무엇이며, 이를 PR 효과 측정도구로 사용하는 것에는 어떠한 문제가 있는가?

제 24 장

방송영상 분석

이 현 숙

방송영상 분석이란 영상커뮤니케이션 차원에서 언어적·비언어적 메시지의 의미작용을 고찰하는 것이다. 등장인물들 간의 대화뿐만 아니라 이들의 외모, 얼굴표정, 몸짓, 제스처, 헤어스타일 등 언어적·비언어적 메시지가 카메라 작동, 소위 방송 기술 메커니즘 속에서 어떻게 그 의미가 달라지느냐를 커뮤니케이션 차원에서 분석하는 것이다. 그러나 이러한 메시지의 의미는 시청자 개인의 경험과 기억, 또 사회 구성원으로서 갖는 그들의 정체성과 관련하여 이들이 어떻게 감각, 선택, 지각하느냐에 따라 다르게 읽혀진다. 여기서는 언어적 메시지와 어적 메시지를 구성하는 요소들을 중심으로 어떻게 시청자와의 의미작용이 일어나는지 그 과정을 살펴보면서 방송영상 분석의 기초를 알아보도록 한다.

주요용어: 비언어적 메시지, 서사 구조, 묘사, 기표와 기의, 외시적 의미와 함축적 의미, 은유, 병치, 환유, 유사성과 유추, 색, 형태, 깊이, 움직임, 신체언어, 공간언어, 의사언어, 색상언어, 카메라 작동, 화면구도, 카메라 각도

1. 방송영상 커뮤니케이션

1) 방송영상의 특성

텔레비전은 친근하고 일상적인 매체이다. 연속적인 텔레비전 영상이미지의 흐름은 대부분 구조와 형식에 있어서도 매우 친숙한 형태로 시청자들에게 전달된다. 따라서 시청자는 방송영상 프로그램을 통해 등장인물들의 대화, 외모, 얼굴표정, 몸짓, 제스처, 헤어스타일 등 언어적·비언어적 영상 메시지를 일상적 맥락에서 자연스럽게 이해

하게 된다. 심지어 시청자들은 텔레비전 영상이 우리 생활 속에서 당연하고 일상적인 일처럼 보일 때 오히려 '잘된 영상'이라고 판단하기까지 한다. 텔레비전 영상의 자연스럽고 일상적인 흐름은 특히 드라마 장르에서 쉽게 찾아볼 수 있다. TV드라마 영상은 화면이 제한적이어서 간단한 카메라 기법들을 활용하여 영상을 구성하는 경향이 있다.

한편 텔레비전은 매우 사실적인 매체이다. 특히 생방송의 경우 사건 발생과 동시에 보도되기 때문에 시청자들은 자신이 보고 있는 그 장면이 실제 일어난 사실이라고 믿게 되며, 연출된 것이라고는 전혀 생각하지 않는다. 뿐만 아니라 순간 포착되는 영상의 파급효과는 대단하다. 예를 들어 전쟁보도, 시위현장, 화재현장 등 사회에서 발생할 수 있는 각종 사건·사고에 대해 아무리 현장보도를 자세하게 하더라도 전쟁 중 불타는 도시, 시위하다 과잉진압으로 쓰러지면서 다친 사람, 불타는 건물 등을 순간 포착한 영상의 설명력을 따라가지는 못한다.

그러나 영상커뮤니케이션은 무한한 다의성을 갖는다. 시청자의 경험과 감각에 따라 다르게 읽혀지기 때문이다. 이처럼 영상 메시지는 우리가 눈으로 보지 못하는 것까지도 영상 메커니즘 속에서 시청자와 상호작용하게 된다. 따라서 방송영상을 본다는 것은 눈으로 단순히 지각하는 데 그치는 것이 아니라 시청자 개인의 축적된 경험에 비추어 시청자의 기억과 관련된 상호작용 행위라 하겠다.

결국 영상커뮤니케이션 차원에서 방송영상을 분석한다는 것은 영상프레임 내에 존재하는 개개의 요소를 파악하고, 이것이 어떠한 이야기로 시청자들의 일상생활과 관련되어 메시지가 생산되는지, 또 어떠한 이미지로 보여지는지 분석해봄으로서 영상제작의 의도까지 파악하는 것이다. 어떻게 영상이 커뮤니케이션 내용을 제한하고 있으며, 어떠한 의미를 창출해내고 있는가를 파악하는 것이라 하겠다. 즉, 영상물의 내재적 의미를 분석하여 이를 근거로 영상물의 심층적 의미를 찾고자 하는 것이다.

2) 방송영상 메시지의 인식과정

방송영상 메시지가 시청자들에게 인식되어지는 과정은 헉슬리의 주장에 따르면 크게 세 단계로 설명된다. 1단계, 감각(*sensing*) 단계를 거친다. 시청자들이 대상을 볼 수 있게 눈으로 충분한 빛이 들어가도록 하는 감각 과정이다. 2단계, 선택(*selecting*) 단계를 거친다.

〈표 24-1〉 방송영상 메시지의 인식과정

감각(*sensing*) + 선택(*selecting*) + 지각(*perceiving*) = 보기(*seeing*)

감각이 제공하는 거대한 가능성의 프레임 내에서 장면의 특정한 부분만을 분리하는 선택 과정을 거친다. 선택과정은 의식적이고 지력을 요하는 행동으로 선택을 하는 경우 단순히 보는 것이라기보다는 장면에 있는 대상에 완전히 집중한다는 것을 의미한다. 3단계, 지각(*perceiving*) 단계를 거친다. 선택한 것을 이해하는 지각 과정이다. 오랫동안 기억하도록 영상 정보를 기억하거나 지식의 기초를 넓힐 가능성이 있는 경우라면 적극적으로 본 것의 의미를 생각하도록 해야 한다. 단순한 지각, 선택보다 높은 수준의 인식으로 이미지를 처리한다는 것은 눈에 보이는 대상을 단순히 관찰하는 것이 아니라 의미를 찾는 것이다. 즉, 고도의 집중적인 정신적 행위를 해야 하는 것을 의미한다. 영상은 감각적인 이미지가 아니라 머릿속에서 만들어지는 상이다. 때문에 많이 알수록 많이 감각하며, 많이 지각할수록 더 많이 선택하게 된다. 또 더 많이 선택할수록 더 많이 지각하게 되고 더 많이 지각할수록 더 많이 기억하게 된다. 또 더 많이 기억할수록 더 많이 배우고, 더 많이 배울수록 더 많이 알게 된다(이준일, 2000, pp. 22~24).

따라서 영상이 시청자에게 어떻게 인식되는지 알기 위해서는 그들의 욕구, 가치, 경험을 고려해야 한다. 우리가 일상적으로 지각하는 것은 오랫동안의 경험과 학습의 결과로 일어나기 때문이다. 이러한 경험과 학습에 의하여 생성된 가치관, 욕구 등에 따라 우리의 영상경험이 다양한 형태로 나타나는 것이다. 영상은 하나의 의미를 생산한다는 점에서 커뮤니케이션 메시지라 하겠다. 영상을 이루는 여러 요소들을 우리는 매우 주관적인 방식으로 해독하는 것처럼 느끼지만, 실제는 영상요소의 대부분은 사회적으로 의미가 부여되어 있으며, 그 동안의 경험을 통해 의미를 생산해내는 것이다.

그렇다면 방송영상 메시지를 어떻게 분석할 것인가? 영상 메시지를 구성하는 각 요소들의 관계, 언어적 혹은 비언어적 메시지가 만들어내는 다양한 상황에 대한 맥락적 이해를 바탕으로 구체적으로 방송영상 프로그램과 시청자와의 관계, 영상의 미학적 의미, 영상언어의 기호학적 의미 등을 도출해 내고 동시에 내재된 사회적 의미와 기능을 고려하는 것이 필요하다.

이러한 관점에서 여기서는 방송영상을 언어적, 비언어적 메시지 차원으로 구분하고 각각 시청자와의 상호작용이 어떻게 일어나는지 분석하고자 한다.

2. 언어적 메시지

1) 언어적 메시지의 구성요소

일반적으로 언어적 메시지는 서사 구조를 지닌다. 채트먼(1990)은 서사를 기본적으로 이야기(내용)와 담론(형식)으로 구분하였다. 서사란 커뮤니케이션의 핵심 요소이며, 서사분석은 언어적 메시지, 즉 '텍스트의 구조'에 초점을 맞춘 방법이다.

구체적으로 이야기(내용) 부분을 살펴보자. 이야기란 '사건', '배경', '인물'을 중심으로 사건과 갈등이 이어지는 행위의 발전을 말한다. 이때 사건들의 배열을 가리켜 이야기의 구성, 즉 플롯이라 한다. 흔히 TV 드라마를 보면 플롯이 진행되면서 사건의 개연성이 줄어드는 것을 알 수 있다. 또 등장인물의 선택은 점차 제한되면서 마지막에는 불가피한 선택을 하게 된다. 배경은 서사가 발생하는 공간을 말하는데, 서사의 분위기를 증폭시키거나 인물의 행위나 감정을 적절하게 연출해주는 역할을 한다. 인물은 플롯상에서 의미 있는 행위를 하는 존재이다. 그런데 인물은 언제나 관습적으로 묘사되며, 지배적인 유형에 따른다. 즉, 선인이나 악인, 협력자, 반대자가 등장하고 이들은 관습적으로 묘사된다.

이번에는 담론(형식)을 알아보자. 담론은 사건이나 갈등을 언어로 표현하여 독자에게 전달하는 표현행위이다. 예를 들어 등장인물들의 실제 대화, 독백 등이나 카메라를 통해 서술되는 작가가 말하는 방식, 즉 '묘사'를 말한다. 그런데 카메라는 대상을 짧거나 길게 촬영할 수 있고, 느리거나 빠르게 이동해서 과거의 것으로 만들 수도 있다. 또 대상을 전체나 부분에서 롱쇼트나 클로즈업으로 재현할 수 있다. 따라서 카메라 기법에 따라 작가가 말하는 방식, 묘사 방법이 달라질 수 있다. 뿐만 아니라 묘사 방법은 장르별 특성에 따라 다르게 나타나기도 하는데, 채트먼(2000, p.63)이 분류한 '명시적 묘사'와 '암시적 묘사'의 경우 일일연속극이나 주말 홈드라마는 대상의 특질에 초점을 맞추거나 선명하게 드러내는 명시적 묘사방법을 주로 사용한다. 반면 역사물이나 공상과학영화에서는 특별하게 보이는 것에 주목하는 문맥상 중요한 상징 등을 암시적으로 묘사하는 방법을 주로 사용한다.

이러한 이야기와 담론은 또 실제 프로그램 안에서 시간과 공간 개념으로 표현된다. '이야기-시간'은 사건들이 지속되는 시간으로 실제 시간을 말한다. '담론-시간'은 읽거나 보는 데 걸리는 시간으로 방송프로그램이 진행되는 시간을 말한다. '이야기-공간'은 사건, 등장인물, 배경 속에서 발전되고 표현되는 공간이다. 인물의 크기(화면에 비춰진 크기), 카메라를 통해서 묘사되는 존재물들(인물과 배경), 화면의 밀도나 짜임새, 위치(카메라의 각도), 조명이나 빛 등에 의해 구체화된 것을 말한다. '담론-공간'은 서술자의 공간으로 서술자가 사건을 말하는 공간이다(Lothe, 2000, p. 50). 즉, 등장인물이 어떤 진술을 하는 배경 또는 작가(카메라)가 사건을 묘사하는 배경에 해당된다(주창윤, 2003, pp. 122~135).

2) 언어적 메시지의 의미작용

(1) 영상언어는 2단계 의미작용을 한다

모든 영상언어는 기표와 기의로 구성된 기호이다. 기호는 사회 내에서 사물이나 대상처럼 존재하지만, 사회에 대한 해석을 포함한다. 기호의 의미는 다른 기호와의 관계와 텍스트의 맥락 내에서 어느 정도 규정되어 있다. 그러나 기호 생산자가 하나의 의미로 고정시켜 놓았다고 하더라도 그것은 수용의 과정에서 다양한 방식으로 받아들여진다. 즉 해석자는 기존의 경험과 관습을 통해서 기호의 의미를 받아들인다.

영상기호는 외시적 의미와 함축적 의미를 지닌다. 외시적 의미란 지시대상이 가리키는 직접적인 의미를 말한다. 기호와 지시대상 사이의 단순히 문자 그대로의 관계를 가리키는 것으로 객관적이고 가치중립적인 사전적 의미이다. 반면 함축적 의미란 영상언어에 내재된 가치, 시정자의 문화적 경험에 의존하여 해석되는 의미, 사회적 차원에서 그 의미가 재해석되는 것으로 특정 이데올로기가 반영된 것이다. 따라서 시청자는 TV 프로그램을 시청하면서 영상기호가 가리키는 외시적 의미와 함축적 의미를 상호작용 과정에서 인식하게 된다.

(2) 영상언어는 은유, 병치, 환유의 방법으로 의미작용을 한다

영상언어 메시지는 은유, 병치, 환유의 방법으로 시청자들에게 의미작용을 한다. '은유'란 비교를 통해 의미가 생산되는 방법을 "A는 A′이다"처럼 직접적인 관계를 형성한다. 흔히 무의식적인 기억이나 이미지 연상과 관련하여 특정 영상언어는 시청자에게 독특한 이미지를 생성하게 되는 것이다. '병치'란 대비를 통해 의미가 생산되는 방법이다. 언뜻 연결되지 않는 두 개 이상의 이미지를 연속적으로 배치함으로써 새로운 의미를 생산하는 방법이다. '환유'란 구체적인 비교를 하지 않고 전체를 표현하기 위해 한 부분만을 사용하는 방법이다. 특히 TV 드라마처럼 복잡한 인간관계를 유형화하여 보여주는 경우 환유의 방법으로 이미지를 생산하는데, 예를 들어 드라마는 현실에 존재하는 다양한 가족상을 집중적이고 편파적으로 보여줌으로서 시청자로 하여금 추정하여 그 이미지를 형성하도록 만든다.

(3) 영상언어는 유사성(*resemblance*)과 유추(*analogy*)로 의미작용을 한다

영상언어는 대상과 대상물 간의 유사성에 의해 의미가 형성된다. 그러나 표상과 이미지는 반드시 동일하지는 않으며, 따라서 유추의 방식으로 의미가 형성된다. 이때 유사성이 너무 지나치면 표상과 이미지의 구분이 모호한 반면, 유사성이 떨어지면 이미지의 유추가 어려워진다(주창윤, 2003).

3. 비언어적 메시지

영상이란 하나의 이미지화이다. 따라서 영상물을 분석할 수 있는 확실하고 타당한 기준을 제시하기란 어렵다. 다만 여러 가지 미학적 요소들을 효과적으로 종합할 수 있는 기준과 방송 영상물 제작의 중요한 구성요소를 중심으로 분석해 볼 수 있을 것이다. 이때 모든 영상을 분석하기란 어려우므로 특징적인 영상물을 중심으로 그 의미가 어떻게 전개되는지, 영향력이 큰 시퀀스의 대표적 장면은 어떠한 메시지를 구성하게 되는지를 분석해 보면 된다. 개별 프로그램의 영상적 특성을 분석하는 예는 다음과 같다.

① 영상의 기초단위인 숏(*shot*), 신(*scene*), 시퀀스(*sequence*)를 구분하여 전체 이야기를 어떻게 구성하고 있는지를 알아본다.
② 메시지를 구성하는 요소들의 결합적 총체로서 각각의 의미는 무엇인가? 즉, 통합적 구조에 대해 이해하는 것이다. 개개의 숏, 신, 시퀀스 등이 어떻게 연결되고 있으며, 그 연결이 나타내는 구조적 의미는 무엇인지를 파악해 본다.
③ 개개의 숏과 신이 어떻게 촬영되었으며 카메라의 초점, 거리, 앵글, 조명, 배경 등에서 나타나는 의미는 무엇인지 비교분석한다.

이를 위해 비언어적 메시지의 구성요소를 화면구성 측면에서 영상화면의 기술적 코드와 비언어적 커뮤니케이션에 근거한 사회문화적 코드를 중심으로 접근하고자 한다.

1) 비언어적 메시지의 구성요소

(1) 영상화면

시각언어로서 비언어적 메시지는 허블과 비셀에 따르면 색, 형태, 깊이, 움직임 등에 따라 영상화면을 구성한다(금동호 역, 1996, pp. 76~77).

① 색(*color*)

비언어적 메시지로서 영상화면에 나타나는 색은 이미 사회 속에서 형성된 색깔의 의미체계를 따른다. 붉은 색, 푸른 색, 검은 색, 흰색 등의 색은 따뜻함, 차가움, 어두움, 밝음으로 표현되며, 열정적인, 냉철한, 점잖은, 도시적인, 이국적인, 이지적인 등 다양한 사회적 의미로 해석된다. 때문에 영상 구성 요소들 사이에서 그 의미를 전이시켜 시청자로 하여금 감정을 유발하는 것이다.

② 형태(*form*)

형태 역시 문화적, 심리학적 함의를 지닌다. 형태는 오랜 기간 동안 동 문화권 안에서 형성된 사회성원 공통의 무의식과 문화적, 종교적 가치가 표현된 것이다. 형태는 가장 간단한 '점'과 '선', 또 점과 선이 결합한 '모양'으로 구분된다. 예를 들어 프레임된 공간 내 점은 시청자로 하여금 즉각적인 관심을 불러일으킨다. 또 프레임된 공간 내 점이 한쪽으로 기울면 레이아웃이 균형을 잃기 때문에 시청자로 하여금 긴장을 유발하게 된다. 한편 프레임된 공간 내 두 개의 점은 보는 사람으로 하여금 주의를 분산시키므로 긴장을 유발한다. 이때 하나의 이미지에서 세 개 그 이상의 점이 보이는 경우, 이미지 라인이 형성되고 이에 따라 새로운 의미가 생성된다. 선들이 모이면 시선을 유도하는 빈 공간을 형성하게 되는데, 이것이 점과 선으로 결합된 모양이다. 점, 선, 모양은 특정 문화권에서 그 의미가 달라지는 문화적 코드라 하겠다.

③ 깊이 (*depth*)

우리는 3차원적으로 사물을 본다. 따라서 그림이 평평한 표면에 제시되더라도 깊이의 환상을 가지게 되고, 각각의 눈으로 본 이미지는 하나로 합쳐져 3차원적인 이미지가 형성된다. 깊이를 인식하는 단서는 공간, 크기, 색, 조명, 삽입물, 시간, 원근감 등이 있다. 예를 들어 열린 야외는 넓은 공간의 느낌으로 깊이감을 더욱 증가시킨다. 반면 대상이 지나치게 눈에 가깝게 있는 경우는 깊이 인식이 제한되기도 한다. 크기 역시 대상의 거리를 결정하는 능력과 밀접하게 연관되어 있다. 프레임에서 확대되거나 축소된 모습에 따라 집중력의 차이를 보이는데, 이때 시청자가 이미 대상의 실제 크기를 알고 있다면 깊이 인식에 도움이 된다. 또 따뜻한 색은 가깝게 보이고, 차가운 색은 멀리 보여 색이 사물을 인식할 때 깊이를 알려주기도 한다. 빛의 강약을 통해서도 깊이를 알 수 있는데, 특히 영상물을 제작할 때 조명은 매우 중요하다. 배경으로부터 사람을 분리하기 위해 앞에 있는 조명보다 약간 더 밝게 하는 등 밝기를 조절한다. 만약 조명의 밝기가 맞지 않으면 방송화면에 대상물이 전혀 나타나지 않을 수 있기 때문이다. 또 깊이의 환상을 주기 위해 영상물 앞에 다른 물체를 삽입하기도 한다. 그 외 시간, 원근감도 시청자가 영상물을 바라볼 때 깊이를 인식하게 되는 중요한 단서로 작용한다.

④ 움직임 (*movement*)

영상의 움직임은 대상의 움직임, 카메라의 움직임, 장면의 변화에 따른 움직임 등에 따른다(강상욱 역, 1997, p. 149). 영상의 움직임은 실제 움직임과 다르다. 단지 고정된 대상이 마치 움직이는 것처럼 시청자가 인식하도록 만드는 환상적 움직임에 속한다. 즉, 영상 속의 인물이 움직이지 않는데도 영상을 보는 사람은 잔상 때문에 마치 움직이고 있다고 착각하는 것이다. 나아가 시청자의 눈을 움직이도록 사물의 배치를 달리하여 움직인다고 느끼도록 만들기도 한다. 대부분의 사람들은 자신이 알고 있는 수준으로 모든 사물을 판단하려는 경향이 있기 때문에 이미지를 인식할 때도 자신의 경험수준으로 영상을 보게 된다. 따라서 특정한 부분은 보고, 다른 부분은 생략하면서 영상을 감지하는 것이다(김석호, 2004).

(2) 비언어 커뮤니케이션 요소

방송영상을 구성하는 비언어적 메시지는 영상화면이 아닌 등장인물에 초점을 맞춰 설명하기도 한다. 특히 대인커뮤니케이션 상황을 바탕으로 등장인물의 신체적 움직임, 또 카메라가 이들을 어떻게 시각화시키며, 이러한 비주얼 표상이 시청자와 어떤 관계 속에 그 의미가 생겨나는지 분석하기도 한다.

① **신체언어** (*Kinesics*)

몸의 움직임, 얼굴표정, 눈의 접촉, 자세 등 신체적 움직임에 의한 영상커뮤니케이션을 말한다. 신체언어는 문화적 차이에 따라 상호간에 오해나 실수를 범할 수도 있다. 특히 얼굴표정은 개인의 성격이나 관심, 반응 등 감정 상태를 전달해 주는 다면적 메시지를 구성할 수 있다(Richmond, 2004, p. 13).

② **공간언어** (*proxemics*)

카메라의 움직임에 따라 표출되는 비주얼 표상이 시청자와의 상호교류 속에서 갖는 사회적 관계로 재개념화할 수 있다. 공간언어는 홀(1964)에 따르면 친밀한 거리(*intimate distance*), 개인적 거리(*personal distance*), 사회적 거리(*social distance*), 공공적 거리(*public distance*)로 구분한다. 이를 카메라 움직임에 따른 사회적 관계로 재개념화시키면 다음과 같다.

가. 친밀한 거리는 보통 신체적 접촉을 동반하며, 이때 시청자는 주로 등장인물의 얼굴과 머리를 보게 된다.

나. 개인적 거리는 가족이나 서로 친한 친구사이의 거리가 여기에 속하는데, 보통 손을 뻗어 접촉할 수 있는 거리를 말한다. 시청자는 주로 등장인물의 머리와 어깨를 보게 된다.

다. 사회적 거리는 기타 사회적 집단 등 사회의 공식적, 비공식적 관계에서의 거리를 말한다. 시청자는 주로 등장인물의 전체를 바라보게 되며 특징적인 부분에 관심을 갖게 된다.

라. 공공적 거리는 시청자로 하여금 최소 3~4명의 공동 등장인물 사이에서 등장인물을 감지하게 되며, 전체 윤곽만을 파악할 수 있도록 한다(Leewen, 2003, p. 29).

③ 의사언어

음질(*voice qualities*), 음색(*vocal characterizers*), 음단절(*vocal segregates*), 음조(*voice tone*) 등 의사언어도 비언어적 커뮤니케이션의 요소라 하겠다. 음조의 범위, 입술의 조절, 리듬의 조정, 말의 속도 등과 같은 음질이나 웃음소리, 한숨소리, 하품 등과 같은 음색, 동의나 만족감을 나타내는 '응' 소리나 경멸이나 불신을 나타내는 '흥' 소리, 갖가지 정지음 등과 같은 음단절, 액센트 등과 같은 음조에 따라 태도와 감정이 전달되며, 화자의 개성과 신분에 관한 정보가 전달되기도 한다. 그 외에도 음고(*pitch*)나 강세(*stress*)에 의해서 언어적 내용을 보충하여 전달하고자 할 때도 있다.

④ 색상언어

사람들의 용모에 영향을 미치는 의복의 색상은 흔히 커뮤니케이션에 영향을 미치는데, 노란색, 오렌지색, 붉은 색과 같은 따뜻한 색은 커뮤니케이션을 자극하는 반면 파란 색, 녹색, 회색과 같은 차가운 색은 커뮤니케이션에 부정적 영향을 미친다.

2) 비언어적 메시지의 의미작용

영상메시지는 시간적 전개에 따라 내러티브를 구성하게 된다. 그러나 영상 하나하나는 카메라 프레임에 의해서 현실의 일정 부분만 '떼어낸' 비주얼 이미지이다. 따라서 카메라로 무엇을 잡는지, 찍는 사람이 그 영상을 통해서 어떠한 메시지를 전달하려고 했는지 그의 의도가 내포된 것이다.

(1) 카메라 작동에 따라 다양한 비주얼 이미지가 구성된다

비언어적 커뮤니케이션 요소들은 다양한 카메라 기법에 의해 비주얼 이미지가 구성된다. 카메라를 운용하는 기법 중 패닝(*panning*)은 카메라 받침대의 위치를 고정시키고 카메라 헤드만 수평으로 움직이는 기법인데, 주위의 광경이나 주제와의 관계를 설명하고자 할 때 사용된다. 틸팅(*tilting*)은 카메라 받침대를 고정시킨 채 카메라 렌즈의 각도를 상하 수직 방향으로 움직이는 것이다. 운집해 있는 군중의 모습을 보여줄 때, 누군가로부터 공격을 당해 쓰러졌다가 공격한 사람을 쳐다보는 장면 등을 연출할 때 사용되는 방법이다. 달리(*dolly*)는 카메라 몸체 전체를 피사체에 가까이 다가서거나 또는 멀어지게 하는 방법이다. 트럭(*truck*)은 카메라 헤드는 고정시킨 채, 카메라의 위치를 오른쪽이나 왼쪽으로 이동시키는 방법이다. 주로 움직이는 피사체를 따라가는 스포츠 중계, 긴장감, 박진감을 표현할 때 사용된다. 줌(*zoom*)은 카메라 받침대를 고정시킨 채, 카메라 렌즈만을 이용하여 피사체에 다가서거나 멀어지게 하는 기법으로 극적인 부분을 강조하거나 매우 빠른 속도감을 표현할 때 사용된다.

(2) 샷에 따라 다양한 비주얼 이미지가 구성된다

피사체, 대상물을 카메라 렌즈에 담을 때 역시 다양한 샷이 구현된다. 클로스업(*close-up*), 미디움 샷(*medium shot*), 풀 샷(*full shot*), 롱 샷(*long shot*), 오버헤드 샷(*overhead shot*), 리액션 샷(*reaction shot*) 등 대표적인 카메라 샷이 있다. 제작 시 어떤 형태의 샷이 많이 사용되는지는 제작 프로그램의 유형에 따라 달라지며, 프로그램 유형에 따라 다양한 비주얼 이미지가 만들어진다.

(3) 화면구도에 따라 다양한 비주얼 이미지가 구성된다

화면구도에 따라서도 다양한 의미가 생성되는데, 화면구도는 대표적으로 대칭분할, 비대칭분할, 삼각구도, 대각선구도 등이 있다. 대칭분할은 가장 안정되고 두드러져 보이며, 비대칭분할은 한 쪽으로 치우치면 시청자의 주의를 많이 끌 수 있다. 삼각구도는 화면 전체가 안정감을 주고 하나의 포인트를 향해 관심을 집중시킬 수 있다. 대각선구도는 독특한 느낌을 갖게 한다. 이 외에도 좌측 위에서 오른쪽 아래로 흐르는 선은 떨어지는 느낌을, 반대로 좌측 아래에서 오른쪽 위로 흐르는 영상은 올라가는 느낌을 주게 된다. 따라서 화면구도를 어떻게 정하느냐에 따라 비주얼 이미지는 달라지는 것이다.

(4) 카메라 각도에 따라 다양한 비주얼이미지가 구성된다

카메라 각도에 따라서도 비주얼 이미지가 달라진다. 예를 들어 부감(*high angle*)은 피사체의 눈높이보다 높은 위치에서 카메라를 위치시켜 밑으로 내려다보고 촬영하는 방법으로 시청자로 하여금 고독감, 무기력, 나약함을 야기시킨다. 수평앵글은 눈높이 정도로 카메라를 위치시키는 방법으로 시청자에게 안정감, 편안함을 준다. 앙각(*low angle*)은 피사체의 눈높이보다 낮은 위치에 카메라를 위치시켜 위로 올려다보며 촬영하는 방법으로 오만함, 우월감, 영웅주의를 표현한다. 경사앵글(*tilted angle*)은 피사체에 대한 카메라의 수평 각도를 오른쪽이나 왼쪽으로 기울여 촬영하는 방법으로 상황을 역동적으로 표현하여 시청자에게 흥미롭고 한편 불안한 느낌을 주기도 한다(김우룡, 2002).

이 외에도 주관적 앵글과 객관적 앵글이 있다. 주관적 앵글은 카메라를 등장인물의 시선을 대신하도록 위치시켜 등장인물의 시점에서 대상을 보도록 하는 방법이다. 주관적 앵글을 사용하면 등장인물의 시점에서 대상을 판단하게 되고 이 관점이 시청자들에게 전달된다. 객관적 앵글은 연출이나 카메라가 등장인물의 움직임에 직접 관여하지 않고 객관적 관찰자의 입장에서 보여 주는 방법이다. 따라서 시청자가 관찰자 입자에서 등장인물이나 대상을 판단하게 된다. 주관적·객관적 앵글은 '눈길'의 의미, 즉 카메라맨과 대상의 관계뿐만 아니라 영상과 그것을 보는 사람과의 관계를 설명하기도 한다. 눈길은 '찍고-찍혀지는 관계', '보고-보여지는 관계'이다. 카메라맨은 카메라를 통해서 찍혀지는 대상의 눈길을 받고 그것을 우리들에게 전하지만 카메라맨이 대상의 시선을 의식하지는 않는다. 오히려 나중에 찍힌 영상을 보는 우리가 대상의 시선을 의식하게 된다. 어떠한 종류의 영상이든 결국 나, 시청자의 눈길을 받아 지각되고 감정이 교차되면서 커뮤니케이션이 일어나게 되는 것이다.

4. 방송영상 분석의 실제

방송영상을 어떻게 분석할 것인가 이론적 논의를 고찰했다면 이제 방송영상을 실제 분석해 보자. 우선 방송영상 프로그램을 선정한다. 그런 다음 본격적인 분석에 앞서 다음의 사항들을 알아본다.

〈표 24-2〉 방송영상 분석표의 예

		언어적 메시지			비언어적 메시지				
시퀀스	신	외시적 의미	함축적 의미	서사구조	비언어적 요소	카메라 작동	샷	화면구도	카메라 각도
1	1 2 3								
2	1 2 3 4								
3	1 2								

① 기획의도: 왜 이 프로그램을 제작했는가?

② 주제: 무엇을 전달하고자 만들었는가?

③ 전체구조: 몇 개의 단락(*sequence*)으로 구성되었는가?

④ 소주제: 단락의 작은 주제는 무엇인가?

⑤ 시청대상: 누구에게 무엇을 보여주려는가?

⑥ 포맷: 어떤 형식이 가장 적절하였는가?

⑦ 단락구성: 각 단락의 구분과 길이는 적절한가?

⑧ 캐스팅: 출연자는 그 작품에 적합하였는가?

⑨ 차별화: 비슷한 다른 작품들과의 다른 점은 어떤 것인가?

자신이 분석하고자 하는 방송 프로그램 전반에 대한 이해가 끝났다면 본격적인 영상 분석 작업에 들어간다.

① 자신이 분석하고자 하는 프로그램 장르의 특성을 분석한다.

② 표현 형태에 있어서 전체적인 영상의 특성을 분석한다.

③ 언어적, 비언어적 메시지의 구성요소를 중심으로 한 분석틀에 맞춰 내용분석을 한다.

④ 또 다른 영상의미를 야기하는 보조적 요소는 없는지 확인하고 부가적 의미 분석한다.

⑤ 분석 내용을 다양한 영상커뮤니케이션 이론을 바탕으로 영상의 의미를 구체적으로 설명한다.

무엇보다 방송영상을 분석하기 위해서는 카메라가 있는 그대로의 현실을 비춘다는 리얼리즘의 허상을 깨야 한다. 특정한 종류의 카메라 움직임과 프레임의 의미는 모든 것이 코드로 이뤄져 있다는 것을 알아야 한다. 따라서 방송영상 분석은 방송 프로그램이 어떤 내용을 전달하는가 보다는 어떻게 내용을 전달하고 있는가 하는 방식에 주목하는 것이다. 예를 들어 방송영상의 표현방식이 언어적 메시지 차원에서 어떠한 서사구조를 지니고 있는지, 이야기와 담론의 구성방식이 어떠한지, 또 비언어적 메시지 차원에서 영상화면의 색, 형태, 깊이, 움직임이나 등장인물의 비언어적 커뮤니케이션 요소들이 어떠한 카메라 기법을 통해 표현되고 있는지를 분석하는 것이다. 즉, 영상 샷의 크기부터, 피사체의 형태, 화면대칭, 주 피사체와 배경과의 관계, 영상의 깊이, 영상의 역동성 등을 분석하여 비주얼 메시지의 의미를 찾아내는 작업이다.

●○● 참고문헌

김석호(2004), 《영상매체론》, 숲속의 꿈.
김우룡(2002), 《현대방송학》, 나남출판.
이준일 · 금동호 · 김영식(2000), 《영상매체학 개론》, 커뮤니케이션북스.
주창윤(2003), 《영상이미지의 구조》, 나남출판.

오카다 스스무 저, 강상욱 역(1997), 《미디어 영상학》, 이진출판사.
Leeuwen, T. V. & Jewitt, C. (2003), *Handbook of Visual Analysis*, Sage.
Lester, P. M., *Visual Communication,* California: Wadsworth Pub, 금동호 · 김성민 역(1996), 《비주얼 커뮤니케이션》, 나남출판.
Messaris, P. (1997), *Visual persuasion*, Sage.
Richmond, V. P. & McCroskey, J. C. (2004), *Nonverbal Behavior in Interpersonal Relations*, Pearson Education.

●○● 연습문제

현재 방영중인 TV 프로그램 하나를 선정, 시청한 후 다음 질문에 대해 기술해 봅시다.

1. 프로그램의 전체 서사구조는 어떠한가?
2. 출연 인물의 대사를 중심으로 2단계 의미작용을 구분하여 기술해 보라.
3. 가장 기억에 남는 영상은 무엇인가?
4. 그 영상의 색, 형태, 깊이, 움직임을 기술해 보라.
5. 영상 속 출연인물의 움직임, 얼굴표정, 눈의 접촉, 자세 등과 의사언어, 색상언어, 공간언어 등을 기술해 보라
6. 그 영상이 카메라 작동, 샷, 화면구도, 카메라 각도에 따라 어떻게 비주얼 이미지가 변하는지 기술해 보라.

제 25 장

광고조사와 연구방법

이 희 복

이 장은 커뮤니케이션 연구의 대상인 광고커뮤니케이션 방법에 대한 내용을 다루고 있다. 수된 내용으로는 광고가 과학인가, 예술인가의 물음으로부터 시작하여 광고조사의 종류와 성공사례, 그리고 내용분석에 대한 단계와 사례를 소개하였다. 특히, 하이트 사례는 국내에서 손꼽히는 성공캠페인으로 그 기저에 조사를 통한 소비자 욕구의 파악이 있었다. 내용분석은 문헌연구의 장점을 살려 실무와 학계에서 고루 사용될 수 있는 비교적 쉬운 방법론이다. 광고의 메시지 분석에, 그리고 효과분석에, 나아가 커뮤니케이션 연구에서 부딪히는 물음을 느낌으로 바꿔놓을 물음느낌표(*interrobang*)와 같은 길을 실무자와 연구자에게 제시하여 줄 것이다.

주요용어: 광고연구, 내용분석, 코더 신뢰도, 슈퍼랩, 눈동자추적, 발성사고법, 오길비,
양적조사, 질적조사, 국내조사회사 현황, 하이트 사례,
광고에 나타난 여성의 이미지, FGI

1. 연구대상으로서 광고, 과학인가? 예술인가?

광고에 있어서 가장 중요한 단어는 조사입니다. 당신 광고의 약속을 조사하십시오. 매체를 조사하십시오. 헤드라인과 일러스트레이션을 조사하십시오. 광고 면의 크기를 조사하십시오. 노출빈도를 조사하십시오. 광고비 수준을 조사하십시오. 결코 조사를 멈추지 마십시오. 그래야 당신의 광고가 끊임없이 개선될 것입니다.

— 오길비(Ogilvy), 〈어느 광고인의 고백〉 중에서

〈그림 25-1〉 현대자동차 SUV 산타페 TV광고

'광고'하면 흔히 멋진 카피와 비주얼을 떠올리기 쉽다. 자동차광고를 하나만 생각해 봐도 이것을 쉽게 이해할 수 있다. 예를 들어 자동차 광고 중 SUV 차량이 있다고 하면 우선 멋진 외국의 도시와 자연을 주행하는 장면이 나올 것이고, 곧이어 헬기촬영이나 컴퓨터그래픽이 활용된 장면이 연출될 것이다. 이런 방식에서는 도회적이며 서구적인 라이프스타일이 화면 가득 보이는 게 정석이다. 마치 보보스(*bobos*)와 같은 젊은 패션 모델이 메인으로 나오고 마지막에 카피는 영어로 제시된다. 비단 자동차 광고뿐만 아니다. 휴대전화, 의류광고는 물론, 아파트 광고에서도 이런 표현은 어렵지 않게 찾아볼 수 있다. 왜 하나같이 외국의 가치를 좋아할까? 광고회사 담당 AE(광고기획자)나 카피라이터에게 물어보면 여러 가지 답이 나올 것이다. 그러나 분명한 답을 하기에는 많은 어려움이 있다. 왜 그렇게 했는지? 오랜 시간 현업의 경험에서 우러난 것인지, 아니면 광고주가 그것을 선호해서인지, 소비자 조사를 통해 나타난 구체적이고 과학적인 결과를 반영한 것인지 확인이 필요하지만 아무래도 전자 쪽일 가능성이 높아 보인다.

모델선정에 있어서도 광고를 만드는 사람들은 김태희, 이효리, 장동건, 비(정지훈)

와 같은 유명한 연예인이 등장하면 광고효과가 있을 것으로 기대한다. 때문에 고액의 출연료를 지불하고도 여러 편에 등장하는 모델의 겹치기 출연을 감내하고 TV광고에 등장시키기도 한다. 왜 이런 현상이 일어날까? 그것은 광고가 마케팅커뮤니케이션으로서 마케팅목표를 달성하기 위한 설득과정이기 때문이다. 목표 달성을 위해서 다소간의 희생도 감수하는 것이다. 결국 광고는 소비자들의 인지과정에 영향을 주어 태도변화를 유도하는, 프로모션 믹스의 하나로 설득기능을 수행하게 되는 것이다.

광고의 콘셉트를 결정하고 타깃 오디언스와 광고목표, 그리고 광고 매체와 비용 등 매체기획까지 시시각각 결정의 압박이 다가올 때 오랜 경험만을 근거로 판단하기에는 너무나 많은 것을 걸어야 하며 그 결과 역시 불확실하다. 따라서 마케팅과 커뮤니케이션 과정에서 전략수립까지 과학적인 분석이 뒤따라야 한다. 이런 분석을 바탕으로 전략수립 이후에라야 소비자의 심금을 울리는 예술적인 노력으로 이어져야 하는 것이다.

그래서 우선 광고는 과학이어야 한다. 올바른 분석을 위해 광고에는 다양한 차원의 조사방법이 동원된다. 광고를 연구하는 학자나 학생이 아닌 일반 소비자라 할지라도 광고에서 많은 조사가 활용된다는 것은 잘 알고 있다. 그러나 광고에는 단순한 설문조사에서 드라마나 영화에서 본 원 웨이 미러(*one way mirror*)가 사용되는 FGI(*focus group interview*) 뿐만 아니라 심리학 실험실에서 사용되는 피부반응이나 눈동자추적(*eye tracking*), 발성사고법(*think aloud*), 슈퍼랩(superlab)[1] 같은 방법까지 다양한 과학적 측정방법이 동원된다.

일찍이 광고인 오길비(Ogilvy)는 "조사 없는 광고는 나침반 없는 배와 같다"고 하면서 광고에서 과학적 접근의 필요성을 강조하였다. 또한 "리서치를 무시하는 광고인들은 적군의 신호해독을 무시하는 군인만큼 위험에 빠져있다"고 하였다. 그 자신이 조사회사 갤럽에서 근무한 경험을 바탕으로 많은 조사와 통계, 연구방법을 광고에 적용한 바 있다. 오길비는 "광고는 과학"이라는 주장으로 당대의 광고인 번박(Bern Bach)의 주장 "광고는 예술"과 대립하였다. 번박은 리서치가 창의성을 세한한다고 히면서 자신의 입장을 굽히지 않았다.

---

1) 미국 cedrus사의 주의투여시간 측정 소프트웨어. 슈퍼랩 2.0 프로그램을 활용하면 1 / 1,000초까지 측정할 수 있다. 광고물 하나에 시선이 머무는 시간을 측정할 수 있다. 단, 주의투여시간은 양적인 의미일 뿐 질적인 것은 설명하지 못한다.

오길비는 갤럽에서 리서치 연구원으로 있을 때 카피테스트 보고서를 작성했고 갤럽박사와 함께 다양한 리서치를 진행하였다. 갤럽박사는 열독률 측정방법을 개발하여 독자들을 샘플로 신문을 읽게 했고 그들이 읽은 것을 지적하게 해서 사설을 읽는 사람보다 만화를 읽는 사람이 더 많다는 사실을 알아냈다. 또한, 기사보다는 사진 아래 캡션이 더 많이 읽힌다는 사실을 밝혀내어 신문 발행인들을 놀라게 했다. 후에 오길비는 광고회사에서 카피라이터가 되었고 자신의 회사를 세운 후에 이러한 경험을 바탕으로 이론과 실무에서 과학적 접근방법을 제시한 초기 광고인으로 손꼽히게 되었다. 이러한 그의 조사에 대한 신념은《광고불변의 법칙》에서 주장한 '리서치가 가져올 수 있는 18가지 기적'[2)]에 잘 나타나 있다.

그러나 조사의 중요성을 강조하며 광고를 과학이라고 했던 오길비조차도 리서치의 함정을 지적하고 있다. 가령, 조사 대상자인 일반인들은 모르는 사람이 다가와서 말을 걸게 되면 불안해하는데 편안한 분위기에서 자기가 스스로 대답하도록 설문하는 편이 좋다고 하면서 응답자가 항상 진실을 이야기하지 않는다고 하였다. 다시 말해 조사대상자의 바람직성이야 말로 설문조사의 가장 큰 맹점이 아닐 수 없다는 것이다. 조사방법이 계속해서 발전하고 과학적인 장치들을 갖춘다 해도 사람의 마음을 완벽하게 측정해 낼 수는 없다. 매번 선거 때마다 언론에서 선거가 끝나기가 무섭게 개표방송을 출구조사로 결과로 시작하는데 번번이 기대에 어긋나는 결과를 발표하고 있다. 대행사나

---

2) ① 리서치는 소비자, 애널리스트, 정부관리, 신문기자, 그리고 학계의 평가를 측정할 수 있다.
② 수학적 모델을 사용하여 신제품 매출이나 수익달성에 필요한 광고비를 추정할 수 있다.
③ 신제품 구상단계에서 리서치를 통해 소비자의 반응을 예측할 수 있다.
④ 현재 소비자들이 사용하는 제품과 비교를 리서치로 알 수 있다.
⑤ 소비자들이 선호하는 제조법, 맛, 향, 색깔을 알 수 있다.
⑥ 어떤 포장 디자인이 제품 판매에 도움이 될지 알 수 있다.
⑦ 제품을 위한 최적의 포지셔닝을 결정을 도와준다.
⑧ 목표청중을 결정하는 데 도움을 준다.
⑨ 구매결정 과정에서 소비자들이 가장 중요하게 생각하는 요소가 무엇인지 알려준다.
⑩ 어떤 라인확장(*line extension*)이 매출에 도움이 되는지 알려준다.
⑪ 시장과 소비자의 불만족을 알려주는 조기경보장치가 되기도 한다.
⑫ 경쟁사의 시장조사결과나 제품개발에 드는 비용과 수익, 마진까지 알려준다.
⑬ 소비자에게 가장 설득력 있는 약속을 결정할 수 있게 해준다.

광고주가 리서치를 잘못 이용하고 있음을 인정해야한다. 자신이 옳다고 증명하기 위해서 조사결과를 인용하기도 한다. 그럼에도 대부분의 리서치는 효과적인 광고를 만드는 데 큰 도움이 되는 것이 사실이다.

2. 광고조사와 광고연구

1) 광고와 조사

위에서 언급한 문제점에도 불구하고 광고조사는 광고와 관련된 실제적인 문제의 해결을 위한 객관적이고 체계적인 자료의 수집과 분석을 가능하게 한다. 조사하면 누구나 딱딱하고 복잡한 것으로 생각하기 쉬우나 광고조사에서는 광고기획과 광고 아이디어 발상, 크리에이티브 과정 전반에서 꼭 필요한 과정이다. 광고조사를 통해 얻어진 결과로 새로운 통찰력을 얻을 수 있어 매우 중요하다. 광고조사의 경우 시장조사나 마케팅 조사와도 부분적으로 관련이 있다. 하봉준(2008)은 《현대사회와 광고》에서 우리가 알고 있는 광고조사와 실제의 광고조사 사이의 차이점에 대해서 지적하면서 광고조사를 다음과 같이 설명하였다.

첫째, 광고조사는 광고와 관련된 '실제적인 문제해결'을 위한 것이다. 광고를 기획하고 광고물을 제작하고, 매체를 집행하는 광고 전 과정에서 수많은 과제가 등장한다. 누구에게 광고를 해야 하는지(목표공중), 무엇을 알릴 것인지(광고 콘셉트), 어떻게 알릴 것인지(크리에이티브), 어떤 매체를 활용할 것인지(광고매체)에 대한 물음의 답을 광고조사가 제공한다.

둘째, 광고조사는 '객관적이고 체계적인 자료의 수집과 분석'을 가능하게 한다. 과학적이고 합리적인 문제해결을 위해서 판단의 근거자료의 수집과 해석이 이루어져야 한다. 주장의 근거가 다른 사람에게 공감이 갈 수 있는, 객관적이고 체계적이어야 하는데 이렇게 하기 위해서 광고조사를 통해 광고전문가들과 공감대를 형성하고 광고주를 설득할 수 있어야 한다.

셋째, 조사는 복잡한 통계분석이란 편견을 버려야 한다. 광고조사 어려운 것이 아니라 생생한 소비자 정보 중심으로 어려운 통계분석 방법보다는 기술통계량에 대한 해석에 초점을 맞춘다. 따라서 소비자의 의견을 심층적으로 분석하는 질적 조사가 중시된다.

넷째, 광고와 연관된 마케팅 조사영역을 포함한다. 광고전략 수립을 위한 조사, 광고효과조사, 광고매체조사 등 광고활동과 관련된 영역만을 의미하지만 실제로 광고회사에서 실시되는 조사는 광범위하다.

요약하면 '광고조사'는 "문제해결을 위해서 객관적인 자료의 수집과 분석이며, 복잡한 절차나 통계만을 강조하는 것이 아닌 마케팅 관련 조사"라는 것이다. 광고조사는 합리적인 의사결정을 가능하게 한다. 위험을 최소화하고 비용을 줄여준다. 기업에서 수십, 수백억 원의 광고비를 지불하면서 객관적인 조사결과를 바탕으로 하지 않고 주관적인 판단에 의존한다면 매우 위험한 상황을 초래할 수 있다. 잘못된 광고로 생긴 역효과를 막기 위해서, 또는 올바른 광고 캠페인 전략의 수립을 위해서 광고조사는 기업에 있어 매우 중요한 역할을 한다. P&G와 같은 다국적기업들이 국내에 새로운 브랜드를 런칭할 때 수년에 걸쳐 많은 비용을 지불하고 다양한 조사를 진행하는 것을 보면 조사의 중요성을 새삼 실감할 수 있다.

〈그림 25-2〉 시장환경 변화와 광고조사의 중요성

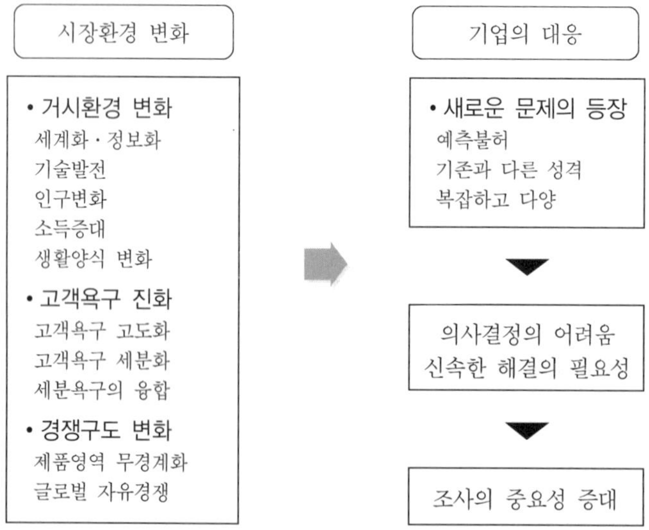

* 출처: 이경자(2008), 《현대사회와 광고》, p. 94.

광고조사는 병의 원인을 정확하게 진단하여 건강을 회복하도록 처방을 내리는 결정적인 도움을 준다. 물론, 잘못된 조사는 병을 더 악화시킬 수 있다. 오늘날 광고조사는 기업의 환경이 급변함에 따라 그 중요성이 더욱 커지고 있는데, 〈그림 25-2〉는 시장환경의 변화와 광고조사의 중요성에 대해 잘 설명하고 있다. 기업의 경쟁구조, 개인의 삶과 소비 모든 측면에서 변화가 일어나고 있다. 이것은 거시적인 환경의 변화와 고객의 욕구진화, 경쟁구도의 변화로 정리할 수 있는데 이에 따른 기업의 대응전략으로 새롭게 등장하는 문제에 대해 신속한 의사결정의 필요성이 대두됨에 따라 광고조사의 중요성과 신속성은 계속 증가하고 있다.

2) 광고조사의 종류

조사의 종류는 그 기준에 따라 매우 다양하다. 첫 번째는 조사가 의도한 목적에 따른 분류로 기본 목적이 사전 탐색에 있는가, 아니면 현상에 대한 기술에 있는가, 또는 인과관계를 밝히는 데 있는가에 따라 탐색조사, 기술조사, 인과조사로 나뉜다. 두 번째로는 이전에 없던 새로운 자료 수집이냐 아니면 기존에 있던 자료의 새로운 분석이냐

〈표 25-1〉 양적조사와 질적조사 비교

	양적조사	질적 조사
주관심사	How much, How many에 초점 • 조사대상자의 몇 %가 어떠한가?	Why에 초점 • 왜 그런가라는 심층 동기는?
특징	• 가설검증 성격, 지표성 • 결론에 대한 확신성 높음 • 생생한 소비자 정보 획득 미흡	• 탐색적, 진단적 성격 • 결론에 대한 확신성 부족 • 소비자의 생생한 언어획득
종류	• 서베이(대인면접, 우편, 전화) • 실험조사 • 관칠조사	• 집단심층면접(F. G. I.) • 개별 심층면접(*Depth Interview*) • 투사법
적용범위	• 소비자관련 제반조사 • Concept 평가조사 • 시청률 조사 • 제품 A&U 조사	• 구매동기 및 태도 조사 • 광고물 사전, 사후 평가 • Concept 추출을 위한 조사

* 출처 : 이경자(2006), 《현대사회와 광고》, p. 106

에 따라 1차 조사와 2차 조사로 구분된다. 셋째로 특정조사를 1회 실시하느냐 아니면 반복해서 하느냐에 따라 횡단조사와 종단조사로 나뉜다. 넷째로 조사시점에 따라 일정한 활동 이전에 실시하는 사전조사와 이후에 실시하는 사후조사로 구분된다. 다섯째는 대상에 따라서 다수를 통계적으로 의미 있게 진행하는 양적조사와 소수의 사람을 대상으로 심층적 동기를 파악하는 질적조사가 있다. 여섯째는 조사의 범위에 따라 모집단 전체를 조사하는 전수조사와 일부만을 조사하는 표본조사가 있다. 마지막으로 조사대상이 누구냐에 따라서 소비자 조사, 전문가 조사 등으로 나눌 수 있다.

3) 국내 조사회사의 현황

우리나라 주요 조사회사에 대한 현황파악이 광고계동향 2007년 6월호에 소개되었다. 대략 23개 회사에 대한 내용을 〈표 25-2〉와 같이 파악하였는데, 이번 조사를 통해 마케팅 리서치회사가 응답한 현안으로는 대통령선거 선거예측 조사와 온라인 리서치 시장의 확대, 정성조사 비중의 증가, 연간 단위 계약의 확산, 조사업계 재편의 가속화 등을 현안으로 꼽았다. 앞으로의 조사는 소비자 매체환경의 다변화로 인해 기존의 정량적 개념(인지도, 도달률)의 측정 중요성이 감소하고 정성적 조사의 중요성이 부각되고 있다고 보았다. 소비자가 수동적으로 매체에 노출되지 않고 능동적으로 브랜드를 체험하려는 경향이 있어 광고와 마케팅 전략 역시 소비자가 직접 브랜드를 체험하고 이를 통해 행동을 유발할 수 있어야 한다고 밝혔다.

4) 광고조사를 통한 성공사례 : 하이트

광고계동향에 소개된 하이트맥주 광고전략의 성공은 다름 아닌 소비자의 욕구를 파악한 조선맥주의 성공적인 광고전략 때문이라고 할 수 있다. 당시 소득증가로 인한 구매력의 증가와 물에 대한 관여가 커지면서 새로운 인식이 생겨나게 된 것을 정확하게 파악한 결과 진입 4년 만에 시장을 석권하게 되었다. 광고커뮤니케이션과 마케팅에 있어서 대표적인 성공사례라고 손꼽을 수 있는데, 10년이 지난 이야기지만 생생한 사례로 소개하기에 적당할 것이다. 당시 하이트맥주 캠페인을 담당했던 조선맥주 김지동 광고과장은 성공의 이유를 아래와 같이 설명하고 있다(〈광고계동향〉 1997. 5).

1996년 말 맥주시장의 30년 아성이 무너졌다. 암반천연수의 깨끗함이 승리한 것이다. 포탄이 날아다니지는 않지만 국내 맥주 3사의 각종 이벤트와 프로모션 등의 판매촉진활동은 그 어느 때보다 치열하며, 생산구조의 효율화와 최상의 품질개발 등 기업 효율극대화를 꾀하기 위한 서로의 노력들은 전쟁터를 방불케 하고 있다. 외산맥주의 대거 출현과 다양한 소비자 욕구에 대처하고 치열한 경쟁에 대응하기 위하여 마케터 및 관련 구성원들은 지금도 노력하고 있다. 1997년 5월로 출시 4주년을 맞는 국내 최초 비열처리 맥주 하이트의 출시 및 마케팅 활동, 광고전략의 흐름은 다음과 같다.

〈표 25-2〉 우리나라 조사회사 현황

회사명	대표자	설립년도	매출액(2006년)		상근직원 총인원	부분별 인원				
			총액	분야별 매출액		F/W 수퍼바이저(상관)	조사연구원	전산	일반관리	기타
나이스리서치앤컨설팅	이용희	1986	6,584	서비스조사 5,898 마케팅조사 751	32	9	15	4	1	3
동서리서치	김진호	1987	8,400	-	65	20	30	5	5	5
리서치렙	도정화	2000	1,848	마케팅 777 산업조사 425 사회조사 646	20	4	13	2	1	-
리서치뱅크	서은주	2000	520	사회여론조사 100 마케팅조사 170 정성조사 150 정량조사 100	6	2	1	1	1	1
리서치21	진영선	1999	3,000	-	24	9	8	-	3	4
리서치커뮤니케이션즈	방찬희 김은영	1996	2,000	마케팅조사 100% (정성 250, 정량 77)	20	5	9	2	2	2
메트릭스	조일상	1999	6,100	사회여론조사 2,745 마케팅조사 3,355	55	3	32	4	6	10
일워드브라운미디어리서치	장구호	1990	13,500	사회여론조사: 마케팅조사=4060/ 정성조사 : 정량조사 =2080	98	15	45	14	10	14

오즈마케팅	오숙영	1997	377	사회여론조사 50 마케팅조사 327 (정상 250, 정량 77)	20	10	3	2	2	3
월드리서치	박승열	1992	3,900	사회여론조사 2,400 정성조사 300 정량조사 1,200	38	7	21	4	4	2
이엠케이티	이장호	1997	1,200	마케팅조사 800 정성조사 100 정량조사 400	10	2	7	1	-	-
중앙리서치	조양출	1994	5,066	사회여론조사(20%) 마케팅조사 (70%) 〔정성조사 (30%) 정량조사 (70%)〕	46	9	27	5	5	-
케이에이디디엔엠알	리차드 바실존스	1985	-	-	68	1	47	8	7	5
코리아데이타네트워크	이정열	1995	4,000	사회여론조사 3,600 마케팅조사 200 그 외 음성 DB구축 200	20	-	16	2	2	-
포커스리서치	최정숙	2001	2,717	정성조사 26.9% 정량조사 73.1%	38	4	25	6	2	1
폴에버	이화진	2003	1,150	-	12	1	6	2	3	-
한국리서치	노익상	1978	31,000	-	180	32	106	19	11	12
현대리서치연구소	이상경	1987	5,500	사회여론조사 3,700 마케팅조사 1,800	39	6	19	10	4	-
AC 닐슨코리아	권오휴	1980	32,400	소비자조사 (54% 1,740) 소매유통조사 (46% 1,500)	271	20	96	32	13	110 (임원 2명, 소매유통 조사직원 외 109명 포함)
AP 마케팅코리아	금태훈	2007	1,300	마케팅조사 70% 기타 30%	3	1	1	-	1	-
M&C리서치	현기룡	1991	1,400	사회여론조사 100 마케팅정성조사 600 마케팅정량조사 700	15	3	5	2	2	3
Teluce Marketing Group	이종수	2003	5,000	마케팅조사 100% (정성:정량=40:60)	40	4	26	3	3	4
TNS 코리아	양정열	1984	30,910	-	201	16	113	23	49	-

* 출처: 광고계동향 국내리서치회사 주요실적 및 현황. 2007. 6

〈그림 25-3〉 하이트맥주 천연 암반수 맥주편

1) 출시배경 및 시장분석

하이트가 출시된 1993년 초에는 당사의 M/S가 30%를 밑도는 열악한 시장상황이었다. 맥주 업계의 야전이라고 일컬어지는 도소매의 종업원들조차도 당사의 영업직원을 특별한 이유 없이 기피하고, 설움과 온갖 역경이 극도에 달했던 해였다. 1992년 말 집계 맥주업계의 총출고량은 1,574 kℓ로 전년 대비 성장률이 0.2%정도로 전체적으로 성장이 둔화된 시기였으며, 당사의 출고량은 479 kℓ로 30.4%의 M/S를 가지고 있었다. 5월 하이트맥주의 출시로 맥주업계의 신선한 충격을 주었던 1993년 또한 1,529 kℓ의 총출고량으로 오히려 29%가 감소하는 최악의 해였다. 또한 새롭게 맥주업계의 시장진입을 한 진로 쿠어스사의 카스맥주가 출시된 1994년에는 89%, 1995년은 2.8%의 성장률을, 1996년도는 9%의 성장률을 보였다. 1997년은 주류 제조면허 개방과 관세율 인하의 예상, 외국 맥주의 국내 직판의 예상으로 약 10%내외의 성장이 예상되고 있다.

국내최초 100%암반천연수로 만든 비열처리 하이트맥주는 1993년 출시를 시작으로 1995년은 전년 대비 87.31%라는 경이적인 성장률을 기록하며, 1996년은 6,226만 C/S를 출시하여 17.17%의 성장률을 기록했다. 하이트맥주의 최초 시장 진입 시 공백시장 발견을 위한 철저한 마케팅 조사가 이루어졌는데, 소비자의 요구(NEED) 파악과 상대사의 불만족 요소 발견, 구매성향 및 외국맥주의 선진 사례 연구를 통한 장단점을 분석하여 국내시장 내에서의 기회를 포착할 시기를 면밀히 검토한 후에 탄생한 것이 바로 하이트맥주였다.

환경보호, 수질오염에 대한 사회 전반적인 분위기의 조성과 경쟁사의 페놀사건으로 인한 소비자의 부정적 기업 이미지 인식이 있었기 때문에, 100%의 천연 암반수 사용 및 MCF 공법의 도입으로 맛에 대한 차별화와 치밀한 마케팅 전략이 작용하여 하이트를 출시하게 되었다.

20~30대 초반의 직장인 가정주부, 대학생을 주요 타깃층으로 하였으며, 신제품 수용도가 가장 강한 층으로 새로움을 갈망 하고 특정 맥주 맛에 길들여지지 않은 음용 빈도가 높은 집단, 사회적인 여론에 매우 민감한 계층을 주요 소구층으로 선정하여 전략을 구사한 것도 중요 성공 요인이 아니었나 생각한다. 그 밖에 제품 측면에서는 엄선된 최고의 원료 사용을 기본으로 원료에 대한 차별화, 즉 지하 150m 암반천연수를 원수로 사용, 맥주보리 껍질을 분리 제조하여 만든 신 드라이 밀 공법을 도입하고, 살균하지 않고 효모를 걸러내어 신선하면서도 장기간 보존이 가능한 MCF 공법을 도입하여 고품질 맥주시장을 선도하게 되었던 것이다.

소비자에 대한 Benefit 측면은 먼저 알코올 도수를 기존 4%에서 일반소비자의 기호를 분석하여 4.5%로 맞추고, 국내 맥주업계 최초로 BACK LABEL, NECK AROUND LABEL를 부착함으로써 패키지를 고급화하여 차별화를 꾀하였다. 또한 가격 전략도 레귤러맥주 대비 약 20%고가, 드라이맥주의 가격 저항감을 고려 드라이보다 약 7.3% 저가로 책정하였다. 유통은 당사의 취약한 유통망을 보강하고 효과적으로 운용하는 것이 하이트의 운명을 결정하는 핵심요소로 파악, 도매상을 확장 강화하기 위하여 R/S(*Root salesman*)를 투입하고, 소매점을 주로 관리하는 M/L을 지원 강화했다. 또한 서울 지역을 목표로 철저한 가정용 중심의 유통전략이 중요하게 작용하였다.

2) 광고 및 판촉전략

마케팅의 모든 과제들은 '지하 150m 100%암반 천연수로 만든 하이트맥주'라는 추출된 콘셉트를 소구하기 위하여 소비자 마인드를 제고하는 데로 모아졌다. 그 한 예로 전파광고의 경우 기존 '맥주 주세요'를 '하이트 주세요'로 브랜드 찾기 캠페인성 광고를 지속하였으며, 인쇄 매체의 경우 철저한 이성적 광고 타입으로 집행하였고, 그에 따르는 상대사의 대응전략을 다각적으로 예상하여 위기상황에 이길 수 있는 논리의 강한 어조로 기존 맥주광고와 차별화를 꾀하였다.

하이트맥주의 신화에 대해 혹자들은 엄청난 성공이라고 말하지만 결코 여기에서 멈추지 않을 것이다. 세계적인 브랜드 칼스버그, 밀러, 하이네켄 등과 같은 유명 브랜드가 한국 내에서도 반드시 존재해야 하며, 새롭게 변하는 시기적 특성에 효과적으로 대처해 하이트를 더욱 발전시켜 나갈 것이다. 새로운 마케팅의 시도와 광고전략으로 항상 노력하는 기업의 이미지를 소비자에게 전달하는 데에 최선을 다할 것이다. 천연 암반수로 만든 깨끗함의 성공은 바로 지금부터라고 생각한다.

(1) 신제품 표적시장 선정 및 포지셔닝 전략

① 표적시장 선정

가. 타깃

연령: 20대 초반~30대 초반

직업: 직장인, 가정주부, 대학생

특징: OB맥주 선호(당사 제품 선호도가 가장 낮은 집단)

〈그림 25-4〉 하이트맥주의 Positioning 전략

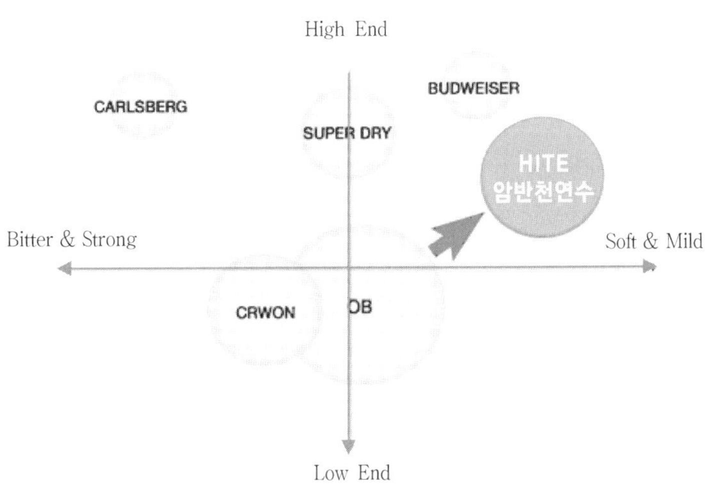

나. 가격 (*Price*)

레귤러 맥주 대비 약 20% 고가, 드라이브보다 약 7.3% 저가

레귤러 맥주 대비 프리미엄 전략(추가적인 소비자 편익제공: 천연수)

드라이 맥주의 가격 저항감 고려

다. 유통 (*Place*)

: 유통채널의 취약한 점을 해결하는 것이 신제품의 운명을 결정하는 핵심요소로 파악

1차 거래선 유통채널을 확장하기 위하여 R/S 투입

2차 거래선(소매점 위주) Merchandising을 위한 M/L 지원

C.V.S 체인 1차 Target

全 체인본부의 구매실권자에 대한 Hi-Touch력 제고

라. Cannibalization현상 최소화

유흥용 출고를 지양하고 철저하게 가정용 중심으로(가정용 당사 M/S가 매우 열악)

서울 등 수도권 지역에 밀착(서울 가정용 시장 M/S 5%)

마. 촉진전략(*Promotion*)

■ **단계별 전략 전개**

1단계: CONCEPT 및 POSITIONING COMMUNICATION 단계

제품 탄생 광고

하이트 이런 맥주를 맛보았는가?

보통물로 만든 맥주와는 맛이 정말 다르네

맥주의 90%는 물, 어느 맥주를 드시겠습니까

하이트 맥주를 만드는 이 물이야말로 수질이 정말 좋은 물입니다

2단계: 공격적이고 IMPACT 있는 광고 시행

맥주를 끓여 드시겠습니까

일반물로 만든 맥주, 천연수로 만든 맥주

전 하이트로 바꿨어요

왜 물은 가려 마시면서 맥주는 가려 마시지 않습니까

말 못하는 맥주, 말할 수 있는 맥주

소비자 만족도 1위중의 1위 — 하이트맥주

3단계: 수요확대 및 신선도 제고를 위한 광고
(인물편) 마셔보면 다른 걸요
1차: 김진영, 박용훈, 오혜원, 유창혁
2차: 재키림, 여균동, 김행, 이정식
4단계: NO.1 Brand로서의 이미지 강화
(대표편) 대표맥주 하이트
1차: 홍명보
2차: 허재
5단계: 기업이미지 확대 유지 전략
(물사랑편) 기업 PR광고
물사랑 하이트
6단계: 경쟁우위 Mult-Spot 전략
'정선경, 명계남, 박철'을 통한 맥주의 속성인 시원함을 소비자가 만족하여 인지하도록 하는 전략
7단계; 하이트맥주의 핵심우위 전략 사용
Concept1: 푸른 산맥의 암반수로 '氣'가 살아있는 시원한 맥주
Concept2: 백두대간 맥주 하이트

■ **판촉전략**

SAMPLING전략 실시: 랜딩용 시제품 제공
하이트 사은 대잔치: 크리넥스 140만개 지원
소매점 영업지원: 업계 최초 1회용 썩는 비닐봉투 제공
쓰레기봉투 묶음끈 제공
소비자 사은대잔치: 죽염비누 100만개
하이트 고객감사 무료 시음회
1994~1995년 국내 프로축구 공식 스폰서
하이트 대학생 스키캠프
명동축제참가: 연 2회
각종 문화행사 및 체육행사 협찬

하이트 심야좌석 무료승차 서비스
남북협력기금 조성 행사
수재의연금 조성 행사

* 참고자료(출처 : www.hite.com/pr/marketing01_07.asp)

3. 광고연구방법의 사례 : 내용분석

1) 내용분석 연구방법론

내용분석(*content analysis*)은 문헌연구방법의 하나지만 일반적인 문헌연구가 자료를 통해 특정 이론, 연구방법, 인물 등을 분석하는 반면에 내용분석은 기존 문헌자료 중 메시지 자체를 분석한다는 차이점이 있다. 다시 말해 내용분석방법은 메시지의 분석을 통해 사용된 기호와 처리방법을 분석하게 되는데 '메시지 안의 이야기(내용자체)' 뿐만 아니라 '메시지의 기호 및 처리방법'도 분석하게 된다.

이명천과 김요한(2003)은 내용분석방법의 특성으로 객관성, 체계성, 일반성을 지적하면서 객관성은 내용분석 단계가 사전에 명확히 설정된 원칙과 절차를 바탕으로 신시되어야 한다는 것을 말한다. 분석유목(*categories*)의 사용, 내용의 분석단위(*coding unit*)의 결정, 분석 후 결론도출 등 연구자의 주관을 최대한 줄일 수 있도록 원칙을 정하고 그것을 실천하는데, 이는 같은 자료를 다른 연구자가 분석하였을 때 동일한 결과를 얻는 신뢰성 문제를 담보하기 위함이다. 체계성은 설정한 원칙이 일관성 있게 유목에 적용되는 것을 말한다. 연구자가 의도적으로 자료를 포함하지 않아야 하는 것이 체계성을 지킬 수 있는 방법이다. 일반성은 연구결과가 이론적인 관련성을 가져야 하는데 이에 따라 내용분석연구에서 이론적 근거를 바탕으로 분석함으로써 연구결과를 일반화할 수 있어야 함을 말한다. 이상을 요약하면, 내용분석은 메시지의 구체적인 특성을 객관적이고 체계적으로 분석하여 누가, 왜, 무엇을, 어떻게, 누구에게 전달해서 어떤 효과를 가져왔는지를 추론하는 문헌연구방법이라고 할 수 있다.

(1) 학술적 내용분석과 응용 내용분석

광고에서의 내용분석은 학술적 내용분석과 실무적 응용 내용분석으로 나눌 수 있는데, 먼저 학술적 내용분석(*academic content analysis*)은 광고실무의 경향, 광고효과와 광고특성의 관계를 이해하는 데 도움을 준다. 이때의 내용분석은 메시지 내용에 대한 환경변인과 정보원의 특성 효과, 그리고 수용자 반응에 대한 메시지 내용의 효과를 평가할 수 있다. 잡지광고의 내용분석의 경우, 발행된 잡지를 대상으로 광고의 특성과 효과 사이의 관계를 통계적으로 분석함으로써 일정한 결론에 이를 수 있다.

반면 실무적 응용 내용분석(*applied content analysis*)은 광고회사나 마케팅회사에서 실시하는 것으로 광고전략의 통찰력을 제공하는 데에 사용되며 광고주가 브랜드의 광고전략을 평가할 때 사용된다. 경쟁사의 크리에이티브 전략을 분석하여 효과를 살펴봄으로써 자사 광고전략 수립에 참고하는 것도 바로 응용 내용분석에 포함된다.

(2) 내용분석 연구방법의 과정

내용분석을 위해서는 준비과정과 실행, 그리고 사후 신뢰도 측정까지 단계별로 진행될 수 있다. 각각은 연구문제 및 가설설정, 자료의 수집, 분석유목 설정, 분석단위 결정, 코딩준비 및 코더 훈련, 신뢰도 측정 등의 6단계로 구성된다(〈그림 25-5〉 참조).

〈그림 25-5〉 내용분석 과정

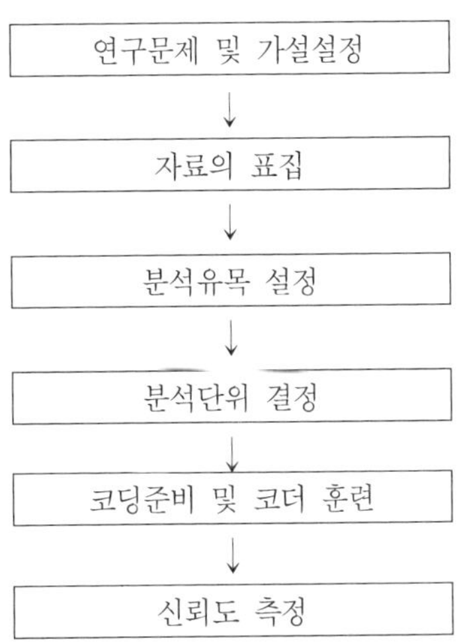

첫 번째, 연구문제 및 가설설정 단계이다. 여기서 연구문제는 여타 방법론과 같이 문헌연구를 통해 이전연구에서 얻은 결론을 바탕으로 가설을 설정한다. 아직 밝혀지지 않은 문제, 또는 현업에서 필요로 하는 연구문제를 선정할 수도 있다. 가령 광고카피 안에 외국어 또는 외래어의 비율을 살펴서 우리언어 사용의 변화를 시대별로 구분하여 보는 것도 가능할 것이다.

두 번째, 내용분석을 위한 자료의 표집단계이다. 표집은 분석하고자 하는 모집단, 즉 분석대상이 되는 모든 자료를 명확히 밝힌 후에 표본이 되는 단위를 구체적으로 명시해야 한다. 가령, '○○잡지의 ○○년 ○월호부터 ○○년 ○월호'까지라는 식으로 내용과 형식을 알려 혼동이 없도록 해야 한다.

세 번째, 분석유목의 결정 단계이다. 내용분석의 핵심적인 단계가 바로 이 분석유목의 결정인데, 분석유목은 종속변인에 해당하는 것을 말한다. 예를 들어 슬로건의 분석에 있어서 슬로건의 표기, 슬로건의 음운론적 특성, 슬로건의 길이 등은 분석유목, 즉 내용분석의 기준과 항목이 된다. 이때 분석유목은 기존연구를 읽어 보고 선행연구자들이 설정한 분석유목을 가져와서 사용하거나 수정하여 사용하는 것이 좋다. 분석유목은 연구주제에 ① 합목적적이어야 하며, ② 소진적이어야 하고, ③ 상호배타적으로 설정되어야한다.

네 번째, 분석단위의 결정 단계이다. 분석단위는 분석유목으로 살펴볼 메시지의 최소단위를 말한다. TV 정치광고를 분석할 때는 개별 광고물은 분석의 단위가 되는데 분석단위가 조작적으로 명확히 정의되어야 분석이 정확하게 될 수 있다.

다섯 번째, 코딩준비 및 코더훈련 단계이다. 여기서는 코딩용지(*coding sheet*)를 준비하고 코더가 분석할 수 있도록 사전준비를 하는데, 코더가 개념을 잘 이해하고 분석할 수 있도록 사전에 반복하여 익숙하도록 예비코딩을 실시한다. 여기서 불성실하거나 능력이 부족한 코더는 배제되어야 한다.

여섯 번째, 신뢰도(*category reliability*) 측정 단계이다. 내용분석에서도 연구결과의 가치를 담보할 수 있도록 신뢰도와 타당토를 높여야한다. 코딩의 신뢰도는 연구결과의 일관성을 말하며, 동일한 코더가 반복하거나 서로 다른 코더가 분석하여도 유사한 결과가 도출될 수 있어야 한다. 신뢰도의 측정방법에는 종합적 신뢰도 계수를 계산하는 방법과 상호일치에 의한 신뢰도 방법이 있는데, 상호일치에 의한 신뢰도 검토방법은

〈표 25-3〉 신뢰도 측정계산식

C.R. = 2M / N1 + N2

* M은 일치된 코딩의 수, N은 각 코더의 코딩.

〈표 25-3〉의 수식과 같이 두 명의 코더가 코딩한 결과를 서로 얼마나 일치했는지 알아보는 것으로 여기서 M은 두 코더가 일치한 코딩의 개수, N1은 코더A가 코딩한 개수, N2는 코더B가 코딩한 개수를 말한다(이명천·김요한 2003).

2) 내용분석 사례: 광고에 나타난 여성의 이미지[3)]

(1) 연구개요

본 연구는 1930년대 잡지광고를 분석하여 그 안에 나타난 여성의 모습은 어떠했는지 알아보았다. 연구문제로 조선일보가 발행한 잡지 〈여성〉광고에 표현된 여성의 이미지를 분석하였고, 특징을 추가하여 살펴보았다. 분석결과 업종별로 화장품·패션 업종이 가장 많았고, 여성의 성격은 신여성이 전통적인 여성보다 많았다. 맛의 근대화로서 아지노모토 광고가 소개되었으며, 새로운 미의 기준으로 일본여성과 서양여성이 제시되었다. 기사식광고(*advertorial*)의 등장은 오늘날의 그것과 크게 다르지 않았음을 보여주었다. 내용분석 방법으로 근대화가 급속히 일어난 1936~1940년 식민지 조선의 대표적인 여성잡지 〈여성〉의 광고를 살펴본 결과, 밖으로는 중일전쟁과 태평양전쟁이 계속되고 안으로는 근대화가 진행되는 과정에서 여성은 소비의 주체로, 새롭게 자각하는 사회의 한 계층으로 자리하였음을 알 수 있었다.

(2) 연구방법

일제 강점기의 3대 여성지로 일컬어지는 〈신여성〉(개벽)과 〈신가정〉(동아일보), 〈여성〉(조선일보)의 광고 전체를 분석대상으로 한 연구는 찾아보기 어렵다. 각 잡지의 발

---

3) 이희복(2007), "1930년대 잡지광고에 나타난 여성: 잡지 〈여성〉을 중심으로", 〈커뮤니케이션학연구〉, 제 15권 3호, 5~29.

〈표 25-4〉〈여성〉 발행현황 및 분석광고 수

구 분	발행기간	총 발행	보관	광고게재	총 광고	분석광고	비고
내 용	1936. 4(창간) ~ 1940. 12(종간)	57호	49호	48호	493편	487편	광고 6편 확인불가

* 총 57호 중 49호 분석, 1호 광고 미게재, 광고게재 48호 중 확인불가 광고 6편 제외 487개 분석

행호수가 〈신여성〉 74호, 〈신가정〉 31호, 〈여성〉 42호로 발행기간도 3년 내외로 길지 않은 것을 고려할 때, 현재 보관된 잡지도 부족할 뿐 아니라 상태도 불량해 연구가 쉽지 않다. 조선일보가 보관중인 〈여성〉의 경우 보존상태가 비교적 양호하고 결호가 많지 않아 연구를 위한 분석대상으로 적절하다. 따라서 선행연구 "한일 근대여성잡지 화장품 광고 비교"(2006), "일제 3대 여성지를 살펴본 기초연구"(2005)를 바탕으로 일제강점기의 광고를 분석하고자 한다. 1936년 4월부터 1940년 12월까지 조선일보가 발행한 〈여성〉을 연구대상으로 하여 여기에 게재된 광고를 분석하여 특징을 기술하고 여기에 나타난 여성의 삶과 사랑, 욕구와 필요, 그리고 구체적인 상으로 드러난 여성의 이미지를 살펴보고자 한다.

연구방법은 내용분석 방법을 택하여 분석하였으며, 분석대상 광고는 전체 광고물로 다음의 기준으로 코딩하였다.

① 광고의 크기에 관계없이 모든 광고를 분석한다.
② 모든 광고물은 업종 분류 후 광고모델의 등장 단계에서 여성이 등장할 경우 계속 코딩한다.
③ 복수의 여성이 등장할 경우 주인공 역할을 하는 모델을 분석한다.
④ 나이가 어린 미성년의 경우는 여성으로 인정하지 않는다.
⑥ 코딩단계에서 분석이 불가능한 경우 토의를 통해 분석에서 제외한다. 〈여성〉 전체 발행 호를 대상으로 하였으므로 별도의 표본 추출은 생략되었다.

(3) 측정유목 및 분석

1930년대 여성 잡지의 광고를 분석함에 있어 선행연구자들의 분석유목을 수정하여 적용하였다. 업종 분류는 한국방송광고공사의 방송광고 표준코드 11개 업종을 바탕으

로 시대적 배경과 미디어 특성으로 인해 적용이 불가능한 업종을 생략하여 7개 업종으로 줄여 분석하였다. 성별은 여성이 등장하는 광고의 구별을 위해 편의상 구성하였으며, 성년이 아닌 경우에는 성별 구분이 없음으로 하였다. 여성모델, 성격, 직업, 연령은 섹스톤과 하버만(Sexton & Harberman, 1974) 연구에서 제품관계, 가치, 배경은 송진희(1991) 연구에서 차용하였다. 이 밖에 연구자가 여성과 관련된 패션, 헤어, 시선, 액세서리, 모자 항목과 광고 표현과 관련 있는 비주얼, 헤드라인 표기, 레이아웃 형식, 제품 등장을 추가하여 분석하였다(〈표 25-5〉).

〈표 25-5〉 내용분석에 사용된 유목

유목 \ 스케일	①	②	③	④	⑤	⑥	⑦
1. 업종	식음료기호	화장패션	제약의료	서적음반	금융	가정용	서비스
2. 성별	여성	남성+여성	남성	없음 (미성년)			
3. 여성모델	한 명	두 명	세 명이상				
4. 성격	전통	신여성	외국인				
5. 직업	어머니	전문직	학생	기타			
6. 패션	한복	양장	기모노	모름/얼굴			
7. 헤어	쪽	퍼머고데	단발생머리				
8. 시선	정면응시	불일치					
9. 액세서리	없음	있음					
10. 모자	없음	있음					
11. 연령	~29세	30대	40세~				
12. 제품관계	제품사용	장식적					
13. 성격	가정적	물질지향	성적	남성의존			
14. 배경	가정	일터	실외	알 수 없음			
15. 그림	사진	일러스트	만화				
16. 노출	없음	무릎 팔이하	과다노출				
17. 헤드라인	국문	일어	병기	영문			
18. 레이아웃	세로쓰기	가로쓰기	기사식				
19. 제품등장	등장	없음					

여성잡지 광고의 내용분석에는 유사한 연구에 참여한 경험이 있는 광고전공 여학생 3명 참여하였다. 사전 교육으로 유목들의 개념을 명확하게 인지하고 에러를 최소화 하기위해 예비코딩을 통해 신뢰도를 높이도록 하였다. 분석대상을 코딩한 후 코더간의 신뢰도(*Coder Reliability*)[4]를 살펴본 결과 '.9014'로 비교적 신뢰할 만한 분석결과를 보여 연구에 반영할 수 있었다.

4. 광고조사와 연구, 어떻게 할 것인가?

기본적으로 광고와 조사는 광고기획과 제작과정의 필요성에서 출발하였다고 볼 수 있다. 이에 대한 학문적 관심이 광고연구로 이어졌는데 결국 광고조사와 광고연구는 실무적 함의와 이것을 학문적 영역으로 이어간다는 차이점에서 둘을 구분할 수 있을 것이다. 광고조사의 경우 광고기획자가 소비자의 통찰력을 개발하기 위해 관심을 갖고 접근하게 되는데 이때 광고의 질적 방법론에 대한 관심을 촉구하는 목소리가 최근 힘을 얻고 있다. 광고기획의 역사는 1960년대 영국에서 시작된 것으로 알려지고 있는데 이때 광고기획은 복잡한 소비자의 심리를 파악하기 위해서 소비자조사를 실시하게 되었다. 소비자를 타깃으로 광고 메시지를 만들어야 했기 때문이었다. 소비자의 욕구와 필요를 이해하기 위해서 조사 과정의 각 단계마다 소비자와 대화하고 내용을 통합과 조정해야 했다. 물론, 광고제작을 맡은 크리에이티브 사람들은 광고자사가 너무 많은 제약을 가해오는 것으로 생각하고 조사에 대해 부정적인 의견을 가질 수 있다. 광고물의 카피테스트, 즉 광고물의 효과를 위해 실시되거나 포커스그룹인터뷰 정도의 수준 조사라 할지라도 그들의 제작물에 수정이나 반영을 해야 한다는 부담이 있을 수 있기 때문이다.

최근에는 광고기획을 담당한 사람은 다양한 기법을 광고 업무에 활용한다. 가령 쇼핑참여(*accompanied shopping*), 단어 연상(*word associations*), 시각적 자극 활용, 비디오 편집, 투사기법, 소비자 일기작성 등 다양한 조사방법이 동원되기도 한다. 특히, 광고기획자가 조사와 관련해서 알아야 할 것은 한 가지 방법으로 모든 것을 알 수 없다는

---

4) C.R. = 2M / N1 + N2 (M은 일치된 코딩의 수, N은 각 코더의 코딩)
이명천 · 김요한(2005), 《광고연구방법론》, 147~148.

것이다. 각 방법이 갖고 있는 장단점을 잘 알고 적절하게 활용하는 것이 중요하다. 또한 대안이 되는 방법을 잘 알고 적합한 조사의 형태를 평가할 수 있어야 한다. 이것은 훌륭한 크리에이티브 전략을 이끌어 내기 위한 적절한 조사방법을 선택할 수 있어야 한다. 광고기획자는 캠페인 과정에서 브랜드와 크리에이티브 전략의 개발, 그리고 캠페인의 효과를 측정하는 2가지 차원에서 조사가 유용하게 활용될 수 있다. 각 단계는 첫째, 광고업무의 발견과 정의, 둘째, 크리에이티브 브리프 준비, 셋째, 크리에이티브 개발, 넷째, 광고주에 대한 프레젠테이션이다〔Lisa Fortini Campbell, 2001: 광고의 질적 연구방법론(2006, 송기인 · 백문현 역)에서 재인용〕.

실무적 합의를 얻기 위해 또는 학문적인 가치를 인정받기 위해서 광고조사와 연구의 필요성이 계속해서 제기되고 있다. 모든 연구가 그러하듯 광고라는 학문은 독립된 과학으로서 고유의 연구대상과 연구문제를 갖고 있다. 또한 연구문제를 과학적 방법으로 해결하고 그 결과를 하나의 체계화된 이론으로 만들어 내고 있다. 광고회사의 회의실이든, 교수의 연구실이든 광고와 관련된 다양한 현상에 대한 분석은 계속 이어질 것이다. 변인과 변인과의 관계를 기술하고 설명하며, 거기에서 얻은 지식을 이론화함으로써 향후 변인간의 관계를 예측하고 통제할 수 있도록 광고의 조사와 연구는 계속될 것이다. 그것이 탐구대상으로서 광고를 조사하고 연구하는 사람들의 몫으로 여전히 남겨질 것이다.

앞으로의 광고는 상호작용적 미디어의 등장으로 새로운 연구과제를 제공하고 있으며 과거와 달리 "설득과 영향을 목적으로 행해지는 명시된 광고주의 유료의 비대인적 제시"가 아닌 새로운 영역으로 확대되고 있다. 아울러 정보메시지 단계를 넘어 콘텐츠로 발전하고 있다. 때문에 광고의 개념 재정립과 이론화를 위한 다양한 연구가 시도되어야 할 때이다(이시훈, 2007). 이러한 광고의 새로운 변화는 더 많은 연구문제를 광고 실무자와 연구자에게 던져주고 있다. 이론과 실제, 이 둘 사이의 비평과 환류가 없다면 그 학문은 정체된 학문, 살아있지만 죽은 학문이라고 할 수 있다. 끊임없는 물음표를 느낌표로 만드는 물음느낌표(*interrobang*: 이어령, 2008)처럼 광고에 대한 조사와 연구가 광고라는 산업과 학문을 살아있게 할 것이다. 연구문제를 통한 끊임없는 문제제기는 새로운 지식과 이론이라는 가치를 생산하는 방법임을 선행과 후행연구들이 보여주게 될 것이다.

●○● 참고문헌

광고단체연합회(2007), "우리나라 주요 리서치회사 주요 실적 및 현황", 〈광고계동향〉, 6월호.
김유경·이상훈·김병희(2007), 《소비자행동과 문화》, 나남출판.
김지동(1997), "이광고의 성공전략: 하이트의 성공전략", 〈광고계동향〉 5월호, 광고단체연합회.
송기인·백문현(2006), 《광고의 질적연구방법론》, 커뮤니케이션북스.
이명천·김요한(2003), 《광고연구방법론》, 커뮤니케이션북스.
이시훈(2007), "광고의 개념 재정립과 이론화: 상호작용 광고의 영향을 중심으로", 〈커뮤니케이션 이론〉, 제3권 2호, 153~188.
이어령(2008), 《젊음의 탄생》, 생각의 나무.
이희복(2007), "1930년대 잡지광고에 나타난 여성: 잡지 〈여성〉을 중심으로", 〈커뮤니케이션학연구〉, 제15권 3호, 5~29.
정상수(2003), 《데이비드 오길비의 어록》, 오길비앤매더코리아.
조용석 외(2007), 《광고홍보실무특강》, 커뮤니케이션북스.
하봉준(2008), "광고와 조사", 《현대사회와 광고》, 이경자 외, 한경사.
데이비드 오길비(David Ogilvy, 2004), 《데이비드 오길비 광고불변의 법칙》, 최경남 역, 거름.

●○● 연습 문제

1. 실무적 광고조사와 학문적 광고연구의 차이점은 무엇인가?
2. 최근의 광고조사가 정량조사에서 정성조사 쪽으로 무게중심이 옮겨지는 이유는 무엇인가?
3. 광고연구의 내용분석에서 주의해야할 점은 어떤 것이 있는가?

저자 약력

(게재순)

김 우 룡

고려대학교 대학원 언론학 박사

현재 한국외국어대학교 언론정보학부 명예교수

강 남 준

미국 시라큐스대학교 언론학 박사

현재 서울대학교 언론정보학과 교수

이 상 식

영국 셰필드대학교 언론학 박사

현재 계명대학교 미디어영상학부 교수

강 형 철

영국 뉴캐슬대학교 정치학 박사

현재 숙명여자대학교 언론정보학부 교수

황 근

고려대학교 대학원 언론학 박사

현재 선문대학교 언론광고학부 교수

박 정 의

미국 미시간주립대학교 언론학 박사

현재 인하대학교 언론정보학과 교수

심 미 선

고려대학교 대학원 언론학 박사

현재 순천향대학교 신문방송학과 교수

김 국 진

고려대학교 대학원 언론학 박사

현재 (사)미디어미래연구소 소장

김 흥 규

미국 미주리대학교(컬럼비아) 언론학 박사

현재 한국외국어대학교 언론정보학부 교수

정 인 숙

한국외국어대학교 대학원 언론학 박사

현재 경원대학교 신문방송학과 교수

마 동 훈

영국 리즈대학교 커뮤니케이션 및 사회학 박사

현재 고려대학교 언론학부 교수

원 종 원

한국외국어대학교 대학원 언론학 박사

현재 순천향대학교 신문방송학과 교수

최 영

미국 뉴욕주립대학교(버펄로) 언론학박사

현재 한국외국어대학교 언론정보학부 교수

이 수 범
미국 오클라호마대학교 커뮤니케이션학 박사
현재 인천대학교 신문방송학과 교수

안 임 준
영국 러프버러대학교 언론학박사
현재 한국외국어대학교 언론정보연구소 연구원

김 영 찬
미국 일리노이대학교(어바나-샴페인) 커뮤니케이션학 박사
현재 한국외국어대학교 언론정보학부 교수

박 성 희
미국 퍼듀대학교 커뮤니케이션학 박사
현재 이화여자대학교 언론홍보영상학부 교수

김 유 경
미국 시라큐스대학교 뉴하우스스쿨 광고학박사
현재 한국외국어대학교 언론정보학부 교수

정 윤 식
고려대학교 대학원 언론학 박사
현재 강원대학교 신문방송학과 교수

유 승 관
미국 서던일리노이대학교 언론학 박사
현재 동명대학교 신문방송학과 교수

성 동 규

영국 러프버러대학교 언론학 박사

현재 중앙대학교 신문방송학과 교수

김 춘 식

한국외국어대학교 대학원 언론학 박사

현재 한국외국어대학교 언론정보학부 교수

이 유 나

미국 메릴랜드대학교 커뮤니케이션학 박사

현재 한국외국어대학교 언론정보학부 교수

이 현 숙

한국외국어대학교 대학원 언론학 박사

현재 대전대학교 정치언론홍보학과 교수

이 희 복

경희대학교 대학원 언론학 박사

현재 상지대학교 언론광고학부 교수

나남커뮤니케이션스 ③

주) 나남 | 나남의 책은 쉽게 팔리지 않고 오래 팔립니다 | 2008

646 **현대사회와 인권**
한상진(서울대) 편
648 **유학심리학: 맹자·순자 篇**
조긍호(서강대) 저
649 **글로벌시대의 국제광고론**
마리케 드 무이/김유경(한국외대)·전성률(한국외대) 공역
650 **충성과 반역: 전환기 일본의 정신사적 위상**
마루야마 마사오/박충석(이화여대)·김석근(고려대) 공역
651 **아레오파지티카: 존 밀턴의 언론 출판 자유에 대한 선언**
존 밀턴/임상원(前 고려대) 역
655 **중국의 중앙-지방관계론: 분권화의 정치경제**
정재호(서울대) 저
657 **아시아경제의 논리: 전예측 아시아 1999**
미쓰비시종합연구소/김경식(한국경제신문) 역
658 **내부고발의 논리**
박흥식(중앙대) 저
659 **한국재벌개혁론: 재벌을 바로잡아야 경제가 산다**
김대환(인하대)·김균(고려대) 공편
663 **대통령학**
함성득(고려대) 저
664 **포토저널리즘**
이병훈(前 조선일보) 저
665 **사회보장론**
이인재·류진석·권문일·김진구 공저
667 **보건경제학**
양봉민(서울대 보건대학원) 저
668 **미디어와 권력: 한국언론— 이제 어떻게 할 것인가**
김중배(언론개혁시민연대 상임공동대표) 저
669 **사회조사방법론: SPSSWIN 통계분석**
김영석(연세대) 저
670 **언론법제와 보도**
임병국(언론중재위원회) 저
673 **멀티미디어시대의 행정: 정보기술을 활용한 행정개혁론**
정충식(경성대) 저
674 **인터넷 광고: 이론과 전략**
최환진(한신대) 저
684 **99 춘천 리포트: 춘천의 삶과 꿈**
한림대 사회과학연구소·(주)춘천 문화방송 편
685 **신문발행인의 권력과 리더십: 장기영의 부챗살 소통망 연구**
안병찬(前 한국일보) 저
686 **직관과 구성**
승계호/김주성(한국교원대) 공역
690 **시원으로의 회귀: 고전과의 대화**
송호근(서울대)·서병훈(숭실대) 공편
693 **땅과 한국인의 삶**
김형국(서울대) 편
695 **영국노동당사: 한 노동운동의 정치화 이야기**
고세훈(고려대) 저
697 **교통계획**
노정현(한양대) 저
699 **스포츠 마케팅**
필 셰이프/김낙회(제일기획)·김호(LANG & Associates) 공역
700 **한국언론과 출판저널리즘**
조상호(나남출판 대표) 저
701 **한국 5대재벌백서 - 1995～1997**
참여연대 참여사회연구소 경제분과
702 **김영섭작업 1980～1999**
김영섭(건축가) 저
708 **모성의 담론과 현실: 어머니의 성, 삶, 정체성**
심영희·정진성·윤정로 공편
709 **정보화시대의 방송교육**
김광호(서울산업대) 편
710 **현대방송학**
김우룡(한국외대) 저
714 **질적 연구방법론**
제니퍼 메이슨/김두섭(한양대) 역
717 **한국의 사회복지체제 연구**
홍경준(성균관대) 저
718 **사회복지실천론**
양옥경(이화여대) 외
720 **상담의 필수기술: 효과적 의사소통을 위한 사례중심 접근법**
에반스 외/성숙진(한신대)
721 **현대 매스커뮤니케이션 개론**
세버린·탠카드/박천일·강형철·안민호 공역
725 **공익 캠페인**
라이스·애트킨/한정호(서강대)·이현우(한양대) 공역
726 **한국의 현대성과 사회변동**
김호기(연세대) 저
728 **정치없는 정치시대**
송호근(서울대) 저
729 **인지발달**
플라벨·P. 밀러·S. 밀러/정명숙(꽃동네현도사회복지대) 역
730 **사회과학의 새로운 지평**
임희섭(고려대) 편
733 **한국의 시민운동**
조대엽(고려대) 저
734 **세계화와 신자유주의**
안병영(연세대)·임혁백(고려대) 공편
735 **저널리즘과 권력**
조용중(한국ABC협회장) 저
737 **몸의 사회학**
쉴링/임인숙(고려대 강사) 역
740 **여성복지론**
김인숙(가톨릭대) 외
742 **텔레비전 제작 실무론**
최충웅(KBS) 저
743 **현대의 현상학**
김덕영(연세대 강사) 저
744 **감성과 커뮤니케이션**
벅/전환성(청주대) 역
745 **딜레마와 행정**
윤견수(충주대) 외
746 **한국의 정보통신혁명: 오명의 리더십 연구**
김정수(고려대) 저
747 **사실성과 타당성**
하버마스/박영도(서울대 강사) 역
748 **현대선거정치캠페인론**
김창남(경희대) 저
750 **동굴 속의 독백**
리영희(前 한양대) 저
762 **광고, 대중문화의 제1원소**
김홍탁(제일기획) 저
763 **중국의 언론과 사회변동**
박용수(강원대) 저
766 **신문방송, 취재와 보도**
윤석홍·김춘옥(단국대) 공저
767 **지역주의선거와 합리적 유권자**
조기숙(이화여대) 저
768 **소비자본주의사회의 여성과 남성**
이영자(가톨릭대) 저